（清）李光坡 著
陳忠義 點校

周禮述註

泉州文庫整理出版委員會
商務印書館

前　言

　　泉州建制一千三百多年，爲中國歷史文化名城和古代海外交通的重要港口。"比屋弦誦，人文爲閩最"，素稱海濱鄒魯、文獻之邦。代有經邦緯國、出類拔萃之才，歐陽詹、曾公亮、蘇頌、蔡清、王慎中、俞大猷、李贄、鄭成功、李光地等一大批傑出人物留下了大量具有歷史、文學、藝術、哲學、軍事、經濟價值的文化遺產。據不完全統計，見載於史籍的著作家有一千四百二十六人，著作多達三千七百三十九種，其中唐五代二十九人三十二種，宋代二百人三百九十一種，元代二十一人四十種，明代五百三十六人一千五百八十五種，清代六百四十人一千六百九十一種；收入《四庫全書》一百一十五家一百六十四種，《四庫全書存目叢書》五十六家七十四種，《續修四庫全書》十四家十七種。二〇〇八年國務院頒布第一批國家珍貴古籍名錄，屬泉人著述、出版者十三種。

　　遺憾的是，雖然泉州典籍贍富，每一時代都有一批重要著作相繼問世，但歷經歲月淘汰、劫難摧殘，加上庋藏環境不良，遺存至今十無二三，多成珍籍孤本。這些文化遺產，是歷史的見證，是泉州人民同時也是中華民族的寶貴文化財富，亟待搶救保護，古爲今用。

　　對泉州地方文獻的搜集與整理，最早有南宋嘉定年間的《清源文集》十卷，明萬曆二十五年《清源文獻》十八卷繼出，入清則有《清源文獻纂續合編》三十六卷問世。這些文獻彙編，或已佚失，或存本極少。二十世紀四十年代，泉州成立"晉江文獻整理委員會"，準備整理出版歷代泉人著作，因經費短缺未果。八十年代，地方文史界發起研究"泉州學"，再次計劃編輯地方文獻叢書，可惜後來也因爲各種條件的限制，其事遂寢。但是這兩次努力，爲地方文獻叢書的整理出版做了準備，留下了珍貴的文獻資料和書目彙編。

　　二〇〇五年三月，中共泉州市委、泉州市政府決定將地方文獻叢書出版工作列爲國民經濟和社會發展第十一個五年規劃的一項文化工程。翌年,正式成立"泉州地方典籍《泉州文庫》整理出版委員會",着手對分散庋藏於全國各大圖書館及民間的古籍進行調查搜集,整理出《泉州文庫備考書目》二百六十七家六百一十四種,以後又陸續檢索出遺漏書目近百家一百八十餘種。經過省內外專家學者多次論證,最後篩選出一百五十部二百五十餘種著作,組成一套有一定規模、自成體系、比較完整,可以概括泉人著作風貌、反映泉州千餘年文化發展脈絡的地方文獻叢書,取名《泉州文庫》,二〇一一年起陸續出版發行。

整理出版《泉州文庫》的宗旨是:遵循國家的文化方針政策,保護和利用珍貴文獻典籍,以期繼承發揚中華民族優秀文化傳統,增進民族團結,維護國家統一,提高民族自信心和凝聚力,加強社會主義核心價值體系建設,增強文化軟實力,爲泉州的物質文明和精神文明建設服務。

《泉州文庫》始唐迄清,原著點校,收錄標準着眼於學術性、科學性、文學性、地域性、原創性、權威性,具有全國重要影響和著名歷史人物的代表作優先。所錄著作涵蓋泉州各縣(市、區),包括金門縣及歷史上泉州府屬同安縣,曾在泉州任職、寄寓、活動過的非泉籍人氏的作品,則取其內容與泉州密切相關的專門著作。文庫採用繁體字橫排印刷,內容涉及政治、經濟、歷史、地理、哲學、宗教、軍事、語言文字、文化教育、文學藝術、科學技術等領域,其中不乏孤稀珍罕舊槧秘笈,堪稱温陵文獻之幟志。

值此《泉州文庫》出版之際,謹向各支持單位、個人和參加點校的專家學者表示誠摯的感謝! 由於涉及的學科和內容至爲廣泛,工作底本每有蛀蝕脱漏,加之書成衆手,雖經反復校勘,但限於水平,不足或錯誤之處還是難免,敬請讀者批評指教。

泉州地方典籍《泉州文庫》整理出版委員會

二〇一一年三月

整 理 凡 例

一、《泉州文庫》(以下簡稱"文庫")收録對象爲有關泉州的專門著作和泉州籍人士(包括長期寓居泉州的著名人物)著作,地域範圍爲泉州一府七縣,即晋江(包括現在的晋江市、石獅市、鯉城區、豐澤區、洛江區)、南安、惠安(包括泉港區)、同安(包括金門縣)、安溪、永春、德化。成書下限爲一九四九年九月以前(個別選題酌情下延)。選題内容以文學藝術、歷史、地理、哲學、政治、軍事、科技、語言教育等文化典籍爲主,以發掘珍本、孤本爲重點,有全國性影響、學術價值高、富有原創性著作優先,兼及零散資料匯總。

二、每種著作盡量收集不同版本進行比較,選擇其中年代較早、内容完整、校刻最精的版本爲工作底本,并與有關史籍、筆記、文集、叢書參校,文字擇善而從。

三、尊重原著,作者原有注釋與説明文字概予保留。後來增加者,則視其價值取捨。

四、凡底本訛誤衍漏,增字以[ ]表示,正字以( )表示,難辨或無法補正的缺脱文字以□表示,明顯錯字徑直改正,均不作校記。

五、凡底本與其他版本文字差異,各有所長,取捨兩難,或原文脱訛嚴重致點讀困難,或史實明顯錯誤者,正文仍從底本,而於篇末校勘記中説明。

六、凡人名、地名、官名脱誤者,均予改正,訛誤而又查不到出處之人名、地名、官名及少數民族部落名同異譯者,依原文不予改動。

七、少數民族名稱凡帶有侮辱性的字樣,除舊史中習見的泛稱以外,均加引號以示區别,并於校記中説明。

八、標點符號執行一九九六年實施的國家《標點符號用法》。文庫點校循新版二十四史及《清史稿》例,一般不使用破折號和省略號。

九、原文不分段者,按文意自然分段。

十、凡異體字、俗體字、通假字,如非人名、地名,改動又無關文旨者,一般改爲通用字;異體字已經約定俗成、容易辨認者不改。個別著作爲保持原本文字語言風貌,其通假字則不校改。

十一、避諱字、缺筆字盡量改正。早期因避諱所產生的詞彙成爲習慣者不改正。

十二、古籍行文中涉及國家、朝廷、皇帝、上司、宗族等所用抬頭格式均予取消。

十三、文庫一般一册收錄一種著作,篇幅小的著作由兩種或若干種組成一册,篇幅大的著作則分成兩册或若干册。

十四、文庫採用橫排、繁體字印刷出版。每册前置前言、凡例。每種著作仿《四庫全書》提要之例,由編者撰寫《校點後記》,簡略介紹作者生平、著作内容及評價、版本情況,説明其他需要説明的問題。

泉州地方典籍《泉州文庫》整理出版委員會辦公室
二〇〇七年二月五日

周禮述註序

　　坡昔者年及壯始治《周禮》，患其難讀，因求解於今人之所爲註者，亦復惘然，後受註疏以卒業，畧知詁釋；而宏綱微言，則元兄先後是正。丙寅春，使類所聞以爲編，於是本述註疏，搜索儒先以相發明，更以愚見次其先後，修成《周禮述註》若干卷可繕寫。嗚呼！唐、虞之書，根柢數語；夏、商之禮，荒略無徵。然明物察倫，所因所革，聖聖相授，遠有淵原；則求觀二帝、三王所以反本修教之道者，舍是書何適乎？傳其心者，雖存乎人；酌其通者，雖存乎變。而其正大之情，周密之義，如身焉。其血氣之順逆，至於一毛之拔，皆關於心，如治室焉。數計之，書録之細大幽顯，皆經於意。所謂以天下爲一家、中國爲一人者，雖百世而見之也若揭焉。乃衆説紛羅，或疑信相參，肆其觝排，以爲非聖之書；或借其大意，敷陳上下，如射策之文；或分割諸官，隸屬顛倒。求其切實訓詁，開解支條，自信於心，示信於人者，蓋鮮歟！夫道之大，原出於天，有廢興而無存亡。若禮樂制度，一不講學，則湮失無餘矣。夫子倦倦於斯文之興喪，朱子晚而於《三禮》之文，尤加意者，誠以六經之書，言道者所以崇其知，言禮者所以卑其行。知崇禮卑，致廣大而盡精微，極高明而道中庸，二者都不可偏廢；故斷簡殘編，依遲顧惜。先聖後聖之心遠矣，其爲道存也。然則緣其文，求其義，去其師心是非如前所云者，而原本先聖所以顧惜之意，固不必卑視訓詁，妄指康成爲支離，已爲方員者禀規矩，帆江海者由通津，高下異量，要於屬厭。區區鄙鈍，豈敢自内僭踰之罪？顧奉承師言，庶幾異日就正君子，存一得於千慮，抑亦小人之心哉！

　　康熙甲申十有一月既朔三日，李光坡序。

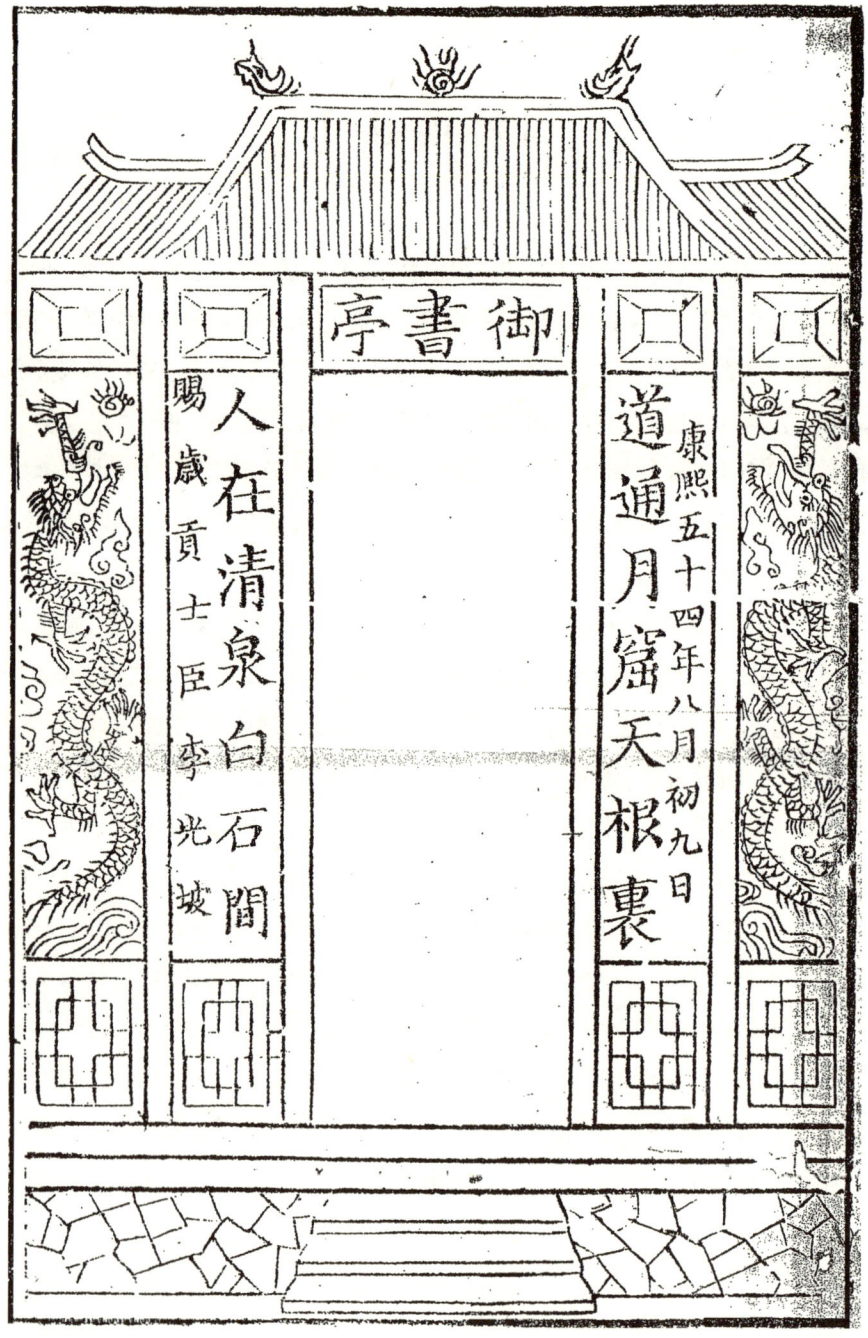

恭　紀

　　臣光坡屢蒙天語注問。康熙五十四年八月,伯兄宰臣光地假歸陛辭,恭蒙皇上特恩賜聯,感泣之私,不能自已。恭紀八韻,以彰盛典。

　　皇仁覆育九州英,愚賤何修動聖明？肩户永思先寡過,投閑將步入汶衡。曩年祇耐青燈苦,末路敢邀雨露宏？仰企楓宸違咫尺,頻煩螭陛注虛名。九天寬大容干奏,御墨褒嘉冒寵榮。半字未經塵乙覽,六龍飛白擲雙行。校書謬探天根奧,隱几兼忘白石情。喜有鴻章長對越,昭回雲漢獻丹誠。

　　臣李光坡恭紀。

引用姓氏

漢

孔氏安國　　　　子國

劉氏歆　　　　　子駿

杜氏子春

賈氏逵　　　　　景伯

鄭氏衆　　　　　仲師　　　　　司農

馬氏融　　　　　季長

鄭氏玄　　　　　康成

唐

賈氏公彦

韓子愈　　　　　退之　　　　　昌黎

宋

劉氏敞　　　　　原父　　　　　公是

鄭氏敬仲

王氏安石　　　　介甫　　　　　臨川

劉氏彝　　　　　執中　　　　　長樂

周子敦頤　　　　茂叔　　　　　濂溪

張子載　　　　　子厚　　　　　横渠

程子顥　　　　　伯淳　　　　　明道

程子頤　　　　　正叔　　　　　伊川

陸氏佃　　　　　農師

陳氏祥道	用之	長樂	
謝氏良佐	顯道	上蔡	
李氏覯	泰伯	盱江	
胡氏宏	仁仲	五峯	
王氏昭禹	光遠	東巖	
朱子熹	元晦	紫陽	
呂氏祖謙	伯恭	東萊	
陳氏傅良	君舉	止齋	
張氏栻	敬夫	南軒	
項氏安世	平甫	平菴	
薛氏季宣	士隆	永嘉	
鄭氏伯熊	景望	永嘉	
葉氏時	秀發	竹埜	
黃氏度	文叔		
蔡氏元定	季通	西山	
黃氏幹	直卿	勉齋	
鄭氏鍔	剛中	三山	
史氏浩	直翁	四明	
劉氏迎			
楊氏恪	謹仲		
陳氏汲	及之		
李氏叔寶	景齋		
易氏袚	彥祥	山齋	長沙
薛氏衡	平仲		
林氏椅	奇卿		
趙氏溥	蘭江		

李氏嘉會	子華		
孫氏之宏	偉夫		
王氏與之	次點	樂清	
王氏十朋	龜齡		
呂氏芸閣			

元

吳氏澂	幼清	草廬	臨川
毛氏應龍	介石	豫章	
丘氏葵	吉甫	釣磯翁	清源

明

何氏喬新	廷秀	椒丘	廣昌
魏氏校	子才	莊渠	
徐氏常吉	儆弦		
王氏應電	昭明	明齋	

國朝

顧氏景范			
伯兄光地	晉卿	厚菴	榕村
從子鍾倫	世得	菜園	

未詳朝代名號

王氏

陳氏

黃氏

吳氏

梁氏

徐氏

李氏

毛氏

周禮述註後跋

　　父諱光坡,字耒卿,別號茂夫,王父贈大學士諱兆慶號惟念公第四子。五歲,舉家陷賊壘,賴仲祖諱日燝號漁仲公孝友,率家僮擊破之,一家生還脫難。後與仲叔二父,受學於伯父諱光地謚文貞公,弟兄自爲師友。家世詩書爲業。曾王父贈大學士諱先春號念次公暨王父,家藏經傳子史、先儒格言數十千卷。父成童後,即爛熟十三經、昌黎全集、宋儒性理大全、子史諸書。弱冠,補弟子員,旋食廩餼。不屑屑揣摩時文,小試多奪前矛,而科舉屢見屈抑。父自言草野書生,生堯、舜之世,沐太平之澤,無由報稱,惟是訓勵後生小子,使知敦本實學,爲國家儲人材,庶幾稍盡吾分耳。中年,授徒講學,夜分不倦。父於諸經中,尤專意《三禮》,以爲禮學繁賾紛紜,歷代儒先非無發明;但得失參半,未有成書。而《周官》一經,元聖八百年,經濟具在;乃秦火而後,闕誤益多,信而註者,分門別戶,不能全瑜,殆有甚焉。康熙丙寅歲,父年三十六,於是根柢註疏,博採先儒經解,衷以己意,撰次成袠。猶未敢自信,凡十餘脫稿,至甲申,閱十九載而後訂本。自序列於編端,名曰《周禮述註》。歲癸未,伯父巡撫畿内,蒙對聖祖仁皇帝垂問海内苦學之士,伯舉父"通經博學,終始不息"爲對。上動容,嘉歎"難爲! 難爲!"。丙戌春正,父以弟兄久離,北行省侍,都居數月。公卿大夫聞其名,多欲識其面。父自分布衣,謙退不願晉謁。有强而見者,皆服其淹博。翊歲旋里,京江張相國贈詩,有"遺經勤在抱,萬卷讀已破。瀾翻辨三禮,獨唱許誰和"之句。伯父貽詩曰:"後生茂起須家法,我老棲遲望子傳。"乙未秋,伯父假歸陛辭,蒙聖恩御書"道通月窟天根裏,人在清泉白石間"特賜父光坡。丙申歲,與伯父家庭講論禮書。凡鄉族有吉凶嘉禮,必指父,言曰"宜問禮於識禮者"。是年,父修《禮記述註》,三載成;又註《儀禮》,至壬寅冬告成,均以"述註"名書。父訓份兄弟曰:"吾寒素,書成未能問世,善藏吾稿。或土苴可棄,抑或溲勃可收,則宣城梅公所云'存與不存,不關刻與不刻也'。"我皇上龍飛元年,命經學大臣總裁纂修《三禮》,知父有遺書,移文福建,謄鈔送館。時份備員刑曹,謹將家藏抄本呈館,以備采錄。嗚呼!父自幼至老,七十年中,手不釋卷,口不絕吟,筆不停書;於《三禮述註》,四十年苦心焦勞,丹青紫墨,點竄塗改,日無間晷,闡幽撮要,疑必晰,誤必刊,無美弗集,實有羽翼聖經之功,安可久秘不登梨棗?今父殁已二十年,兄弟五人,僅份在矣。爰是先刻《周禮述註》,以公寰宇。伏念聖明天縱,德教覃敷,時以學古通經鼓勵天下士,薄海內外,蒸蒸丕化,宿學醇儒,蒐羅爲富,以今準昔,知必瞭然於心目間也。所有親知於父書有微勞者,悉分類附名卷首,不敢專美焉。

時乾隆八年癸亥冬臘月既望,四男鍾份謹跋。

刊 刻 凡 例

一、分卷、分章、提節，或與古註疏稍有不同，一依原本所定。

一、字畫一照監本，校刊毋錯。有應遵古字，如眠、瀘等字，通部畫一，刊刻不差①。

一、夫子聖諱應避，俱改刻㔫字②。

一、字義一遵古註音釋，其引疏、雜引及己意所云，則詳考字典、《正字通》、《音義》註釋。

一、音釋凡書"後同"者，通部皆同，書"下同"者，本章皆同。讀者詳記。

一、音釋如"見"之讀"見"、讀"現"，"予"之讀"予"、讀"與"之類，逐處必註釋明白。如係難解之字，上文已有註釋，下有同者，不復贅註，讀者自能查考。

一、諸儒綴取五官近似以補冬官最無理。試問：《司徒·鄉師》之匠師，《儀禮·大射》之工人，土梓人，覲禮之嗇夫，何代之官？當繫何所？

一、依朱子註例，但解本文者居先，總論者居後，不分別世代為次。

一、或時集串註疏并愚見者，即不復識別。

坡又識。

【校記】

① 按：本書所用古字，如上文所云"眠"、"瀘"等，除特殊情況外，遵叢書體例，今均改為規範的繁體字。

② 按：本書所用避諱字，遵叢書體例，均改為原字。

目　錄

周禮述註序 ··· 李光坡　1
御書亭圖 ·· 2
恭紀 ··· 李光坡　3
茂夫先生小像 ·· 4
引用姓氏 ·· 5
周禮述註後跋 ··· 李鍾份　8
刊刻凡例 ·· 10

周禮述註卷一 ··· 1
　天官冢宰第一 ··· 1
　　序官 ··· 1
周禮述註卷二 ··· 9
　　大宰 ··· 9
　　小宰 ··· 18
　　宰夫 ··· 24
　　宮正 ··· 27
　　宮伯 ··· 29
周禮述註卷三 ··· 31
　　膳夫 ··· 31
　　庖人 ··· 33

內饔 34
　　外饔 35
　　亨人 36
　　甸師 36
　　獸人 37
　　漁人 38
　　鼈人 38
　　腊人 39
　　醫師 39
　　食醫 40
　　疾醫 41
　　瘍醫 42
　　獸醫 43
　　酒正 43
　　酒人 45
　　漿人 46
　　凌人 46
　　籩人 47
　　醢人 50
　　醯人 51
　　鹽人 51
　　幂人 52
周禮述註卷四 54
　　宮人 54
　　掌舍 54
　　幕人 55

掌次	55
大府	57
玉府	59
內府	60
外府	61
司會	62
司書	62
職內	64
職歲	64
職幣	65
司裘	65
掌皮	67
內宰	67
內小臣	70
閽人	71
寺人	71
內豎	72

周禮述註卷五

九嬪	73
世婦	73
女御	74
女祝	74
女史	75
典婦功	75
典絲	76
典枲	77

內司服 ··· 77
　　縫人 ··· 79
　　染人 ··· 79
　　追師 ··· 80
　　屨人 ··· 80
　　夏采 ··· 82
周禮述註卷六 ··· 84
　地官司徒第二 ·· 84
　　序官 ··· 84
周禮述註卷七 ··· 92
　　大司徒 ··· 92
　　小司徒 ·· 104
周禮述註卷八 ·· 111
　　鄉師 ·· 111
　　鄉大夫 ·· 113
　　州長 ·· 115
　　黨正 ·· 116
　　族師 ·· 118
　　閭胥 ·· 118
　　比長 ·· 119
　　封人 ·· 120
　　鼓人 ·· 121
　　舞師 ·· 123
　　牧人 ·· 124
　　牛人 ·· 125
　　充人 ·· 126

周禮述註卷九 … 128

  載師 … 128
  閭師 … 130
  縣師 … 131
  遺人 … 132
  均人 … 133
  師氏 … 133
  保氏 … 135
  司諫 … 136
  司救 … 136
  調人 … 137
  媒氏 … 138
  司市 … 140
  質人 … 143
  廛人 … 144
  胥師 … 144
  賈師 … 144
  司虣 … 145
  司稽 … 145
  胥 … 146
  肆長 … 146
  泉府 … 146

周禮述註卷十 … 149

  司門 … 149
  司關 … 149
  掌節 … 150

遂人	152
遂師	154
遂大夫	156
縣正	156
鄙師	157
酇長	157
里宰	157
鄰長	158
旅師	158
稍人	159
委人	160
土均	160
草人	161
稻人	161
土訓	162
誦訓	163
山虞	163
林衡	164
川衡	164
澤虞	165
迹人	166
卝人	166
角人	166
羽人	167
掌葛	167
掌染草	167

掌炭	167
掌荼	168
掌蜃	168
囿人	168
場人	168
廩人	169
舍人	170
倉人	171
司禄	171
司稼	171
舂人	171
饎人	172
槀人	172

周禮述註卷十一 … 175
春官宗伯第三 … 175
序官 … 175

周禮述註卷十二 … 182
大宗伯 … 182
小宗伯 … 192

周禮述註卷十三 … 197
肆師 … 197
鬱人 … 200
鬯人 … 201
雞人 … 202
司尊彝 … 202
司几筵 … 204

- 天府 ... 206
- 典瑞 ... 207
- 典命 ... 210
- 司服 ... 211
- 典祀 ... 214
- 守祧 ... 214
- 世婦 ... 215
- 內宗 ... 216
- 外宗 ... 216
- 冢人 ... 217
- 墓大夫 ... 218
- 職喪 ... 219

周禮述註卷十四 ... 221
- 大司樂 ... 221
- 樂師 ... 228
- 大胥 ... 230
- 小胥 ... 231
- 大師 ... 232
- 小師 ... 234
- 瞽矇 ... 235
- 視瞭 ... 235
- 典同 ... 236
- 磬師 ... 238
- 鐘師 ... 238
- 笙師 ... 239
- 鎛師 ... 240

鞮鞻師	241
旄人	241
籥師	241
籥章	241
鞮鞻氏	243
典庸器	243
司干	243

周禮述註卷十五 ………… 245

大卜	245
卜師	248
龜人	248
菙氏	249
占人	249
筮人	250
占夢	251
視祲	252
大祝	253
小祝	257
喪祝	259
甸祝	260
詛祝	261
司巫	261
男巫	262
女巫	263

周禮述註卷十六 ………… 265

| 大史 | 265 |

小史 ……………………………………………… 267

馮相氏 …………………………………………… 268

保章氏 …………………………………………… 268

內史 ……………………………………………… 270

外史 ……………………………………………… 271

御史 ……………………………………………… 272

巾車 ……………………………………………… 272

典路 ……………………………………………… 276

車僕 ……………………………………………… 276

司常 ……………………………………………… 277

都宗人 …………………………………………… 279

家宗人 …………………………………………… 280

以神仕者 ………………………………………… 280

周禮述註卷十七 ………………………………… 283

夏官司馬第四 …………………………………… 283

序官 ……………………………………………… 283

周禮述註卷十八 ………………………………… 290

大司馬 …………………………………………… 290

小司馬 …………………………………………… 299

軍司馬 …………………………………………… 299

輿司馬 …………………………………………… 300

行司馬 …………………………………………… 300

司勳 ……………………………………………… 300

馬質 ……………………………………………… 301

量人 ……………………………………………… 302

小子 ……………………………………………… 303

羊人	303
司爟	304
掌固	304
司險	305
掌疆	306
候人	306
環人	306
挈壺氏	307
射人	307
服不氏	310
射鳥氏	311
羅氏	311
掌畜	311
司士	312
諸子	314
司右	315
虎賁氏	316
旅賁氏	316
節服氏	317
方相氏	317

周禮述註卷十九 … 319

大僕	319
小臣	320
祭僕	321
御僕	321
隸僕	322

弁師	322
司甲	324
司兵	324
司戈盾	325
司弓矢	325
繕人	328
槀人	328
戎右	329
齊右	329
道右	330
大馭	330
戎僕	331
齊僕	331
道僕	331
田僕	332
馭夫	332
校人	332
趣馬	335
巫馬	335
牧師	335
廋人	336
圉師	336
圉人	337
職方氏	337
土方氏	344
懷方氏	344

合方氏	344
訓方氏	345
形方氏	345
山師	346
川師	346
邍師	346
匡人	346
撢人	346
都司馬　家司馬	347

周禮述註卷二十 … 349

秋官司寇第五 … 349
　序官 … 349

周禮述註卷二十一 … 355

大司寇	355
小司寇	358
士師	362
鄉士	366
遂士	367
縣士	368
方士	369
訝士	369
朝士	370
司民	372
司刑	373
司刺	373
司約	374

司盟	375
職金	376
司厲	377
犬人	377
司圜	378
掌囚	378
掌戮	379
司隸	380
罪隸	380
蠻隸	381
閩隸	381
夷隸	381
貉隸	381
布憲	381
禁殺戮	382
禁暴氏	382
野廬氏	382
蜡氏	383
雍氏	384
萍氏	384
司寤氏	385
司烜氏	385
條狼氏	386
脩閭氏	386

周禮述註卷二十二 …… 388

| 冥氏 | 388 |

庶氏	388
穴氏	388
翨氏	389
柞氏	389
薙氏	390
硩蔟氏	390
翦氏	391
赤犮氏	391
蟈氏	391
壺涿氏	391
庭氏	392
銜枚氏	392
伊耆氏	392
大行人	393
小行人	399
司儀	402
行夫	407
環人	407
象胥	408
掌客	409
掌訝	413
掌交	414
掌察	414
掌貨賄	414
朝大夫	415
都則	415

都士 415

家士 415

周禮述註卷二十三 417

冬官考工記第六 417

三十三工總叙 417

輪人 423

輿人 430

輈人 431

築氏 436

冶氏 436

桃氏 438

鳧氏 439

㮚氏 441

段氏 442

函人 442

鮑人 444

韗人 445

韋氏 446

裘氏 446

畫繢 446

鍾氏 447

筐人 448

㡛氏 448

周禮述註卷二十四 450

玉人 450

榔人 454

雕人 …………………………………………… 454

磬氏 …………………………………………… 455

矢人 …………………………………………… 455

陶人 …………………………………………… 457

瓬人 …………………………………………… 457

梓人 …………………………………………… 458

廬人 …………………………………………… 462

匠人 …………………………………………… 463

車人 …………………………………………… 470

弓人 …………………………………………… 473

校點後記 ……………………………………… 483

周禮述註卷一

《周禮》六篇，其《冬官》一篇缺。《漢·藝文志》序，列於禮家，後人名之曰《周禮》。《周禮》最後出。蓋秦自孝公已下，用商君之法，其政酷烈，與《周官》相反，故始皇禁挾書，特疾惡，欲絕滅之，搜求焚燒之獨悉。漢文帝嘗召至魏文侯時老樂工，因得《春官·大司樂》之章。景帝子河間獻王，好古學，得《周官》五篇，失其《冬官》一篇；乃購千金不得，取《考工記》以補其缺。武帝求遺書得之，藏於秘府，禮家諸儒，皆莫之見。哀帝時，劉歆校理秘書，始著於錄畧。歆門人河南杜子春，能通其讀。鄭衆、賈逵，受業於杜。漢末，馬融傳之鄭子玄，玄所註行於世。宋程子、張子甚尊信之。朱子謂此經周公所作，但當時行之恐未能盡，後聖雖復損益可也。至若肆爲排觝毀訾之言，則愚陋無知之人耳。以《冬官》之缺，五篇頗爲諸儒所亂，深疑其附離非實，故仍舊本。

天官冢宰第一

序　官①

坡聞之兄曰：天者，君也；官，猶司也。冢宰所司者君之事，故曰天官。宰者，調和膳羞之名。冢，大也。君德者，萬化之本；而飲食盡道者，又君德之本也。冢宰掌王之飲食男女之事，使皆有其節度，此體信之道，其爲宰也大矣。君正，而推以均四海，不過用水、火、金、木，飲食必時，合男女，頒爵位，必當年德，而萬物自育，天地自位。是調和膳羞，其事至小而實大，其義至近而實遠；以此名官，非喻也深哉！知孔子無間於禹之心，即得周公立冢宰之意。

惟王建國，註曰：建，立也。○疏曰：自此至"以爲民極"五句，六官之首同此序者,以其建國設官,爲民不異故也。辨方正位,坡謂:辨方,辨其山林川澤,正陵墳衍原隰之方也。正位,致日景,求地中,正王國之位也。體國經野。坡謂:體,猶分也。體國,分五百里至百里五等之國也。經,謂爲之里數。野,都鄙之地也。設官分職,鄭司農曰:置冢宰、司徒、宗伯、司馬、司寇、司空,各有所職,而百事舉。以爲民極。朱子曰:極者,標準之名。○王次點曰:宅中建國,四方輻湊,至斯爲極。《詩》曰"商邑翼翼,四言之極"是也。設官分職,治教禮政刑事,無不畢舉,何往非民之極!《書》曰"皇建其有極"是也。乃立天官冢宰,使帥其屬而掌邦治,鄭司農曰:邦治,謂總六官之職也。以佐王均邦國。註曰:佐,助也。○呂伯恭曰:天之所以立君命相,不過欲均平天下之不平者爾,令四海之内,貴者貴,賤者賤,士農工商,鰥寡孤獨,事事物物,咸適其宜,則均道盡矣。○帥,音率。後同。輻,音福。

　　治官之屬:疏曰:別言此句,與下六十官爲總目,不唯指此一經而已。大宰,卿一人;小宰,中大夫二人;宰夫,下大夫四人。上士,八人;中士,十有六人;旅下士,三十有二人;註曰:變"冢"言"大",進退異名也。百官總焉,則謂之"冢";列職於王,則稱"大"。冢,大之上也。山頂曰"冢"。旅,衆也。下士,治衆事者。自大宰至旅下士,轉相副貳,皆王臣也。王之卿六命,其大夫四命,士以三命,而下爲差。府,六人;史,十有二人;註曰:府,治藏;史,掌書者。凡府、史,皆其官長所自辟除。○陳君舉曰:上之,不可以爲士;下之,不止於爲農,則任以府、史之職。○疏曰:府、史大例,皆府少而史多,而府又在史上。惟有御史百二十人,特多而在府上,以其掌贊書數多也。有府有史者,以其當職事繁故也。有史無府者,以其事少,得史即足故也。角人、羽人等,直有府無史,以其文書少,而有稅物須藏之也。腊人、食醫等,府史俱無者,以其專官行事,更無所須故也。惟有天府一官,特多於府,以其所藏物重故也。胥,十有二人;徒,百有二十人。註曰:此民給徭役者,若今衛士矣。胥,讀如"諝",謂其有才知,爲什長。○疏曰:有胥必有徒,胥爲什長故也。腊人之類,有徒無胥者,得徒則足,不假長帥也。食醫之類,胥徒並無者,專官行事,不假胥徒也。《禮記·王制》云:下士視上農夫,食九人,禄足以代耕;則府食八人,史食七人,胥食六人,徒食五人禄。其官並亞士,故號庶人在官者也。○大,音泰。後皆放此。謂,音胥。

或問"辨方正位體國"之說,異於註,何也?曰:非敢臆解,據從《大司徒》成文也。今試即是而推言之,則見王者立國,先辨方土民物之宜,相民宅,知利害,而後正王國。是其天下爲家,厚下安宅,而不徒於一人計安享之利矣。次之以體國經野,則建邦設都,以蕃王室,以亂兆民,指臂之勢成,而中土永奠,八字之中,廣大精密,規模宏遠焉。註說雖善,然緣文生義,或偶未察於司徒之全文也。○或問《典命》文,大夫無中、下之别;此《序官》,則有中下大夫,何也?曰:疏云:四命大夫,自分爲中下;似若侯、伯同七命,子、男同五命,爵則有高下不同也。曰:註言士以三命,而下爲差,信乎?曰:信。王之士,命數不著於《典命》,惟《大行人》、《掌客》職云"士視諸侯之卿禮",參於《典命》所謂公之"卿三命","子、男之卿再命",則註信矣。

宮正,上士二人,中士四人,下士八人,府二人,史四人,胥四人,徒四十人。註曰:正,長也。宮正,主宮中官之長。○宮伯,中士二人,下士四人,府一人,史二人,胥二人,徒二十人。疏曰:伯,長也。主宮中卿、大夫、士之適子、庶子。凡六官序官之法,其義有二:一則以義類相從,謂若宮正、宮伯,同主宮中事,膳夫、庖人、内外饔,同主造食之類,故連類序之;二則凡次序六十官,不以官之尊卑爲先後,皆以緩急爲次第,故此宮正之第,士官爲前,内宰等大夫官爲後也。

膳夫,上士二人,中士四人,下士八人,府二人,史四人,胥十有二人,徒百有二十人。註曰:膳之言"善"也,今時美物曰"珍膳"。膳夫,食官之長。○《禮庫》曰:宮正、宮伯之下,即以食官系之,緣此事甚繫利害,非惟是養人主氣體,專是正君之心,防君之欲。《記》曰:飲食男女,人之大欲存焉。使下之所共,必以之正。人主雖欲少肆其欲,亦不可得。若無常制,而共之者惟求以投其好,則縱欲何極！若《周官》所共,各有定法,又且一一關涉冢宰。冢宰得人,則食官皆正,誰敢以四方珍味私投主欲？古者格君心,皆在此處。○庖人,中士四人,下士八人,府二人,史四人,賈八人,胥四人,徒四十人。註曰：庖之言"苞"也,裹肉曰"苞苴"。賈,主市買,知物賈。○內饔,中士四人,下士八人,府二人,史四人,胥十人,徒百人。註曰：饔,割、亨、煎、和之稱。○疏曰：掌王、后、世子及宗廟,皆在內之事。○外饔,中士四人,下士八人,府二人,史四人,胥十人,徒百人。疏曰：掌外祭祀及饗孤子耆老,皆在外之事。○亨人,下士四人,府一人,史二人,胥五人,徒五十人。註曰：主爲內外饔煑肉者。○賈,音賈。亨,普庚反。註"同物賈"之"賈",與"價"同。

甸師,下士二人,府一人,史二人,胥三十人,徒三百人。註曰：郊外曰"甸"。師,猶長也。甸師,主共野物官之長。○疏曰：此官主地事,不在地官者,以其供野之薦,又給薪蒸以供亨飪,故在此,次亨人也。"徒三百人"特多者,天子藉田千畝藉,借此三百人耕耨,故多也。○獸人,中士四人,下士八人,府二人,史四人,胥四人,徒四十人。○漁人,中士二人,下士四人,府二人,史四人,胥三十人,徒三百人。疏曰：徒亦三百人者,馬融云"池塞苑囿,取魚處多"故也。○鱉人,下士四人,府二人,史二人,徒十有六人。○腊人,下士四人,府二人,史二人,徒二十人。疏曰：註：腊之言"夕"也,或作"久"字。久乃乾成,義亦通。○坡謂：自"甸師"至此,以備膳夫之食用六穀,膳用六牲,珍用八物,羞用百有二十品者也。○漁,音魚。腊,音昔。食,音嗣。

醫師,上士二人,下士四人,府二人,史二人,徒二十人。註曰：醫師,衆醫之長。○疏曰：醫亦有齊和飲食之類,故設在飲食之間也。○食醫,中士二人。註曰：食有和齊藥之類。○黄文叔曰：秦醫和謂趙孟曰："國之大臣,榮其寵禄,全其大節,有禍災興而無改焉,必受其咎。今君至於淫以生疾,主不能禦,吾是以云良臣將死也。"夫師之教訓,傅之德義,保其身體,冢宰之事也。周冢宰必兼三公。使其燥濕寒暑之不戒,飲食起居之不節,而疾生焉,則何以爲師保?故食藥之調適,飲膳爲詳,而醫師奉王之事,屬於冢宰,豈可苟而已哉?○疾醫,中士八人。○瘍醫,下士八人。註曰:瘍,創癰也。○獸醫,下士四人。註曰:獸,牛馬之類。○瘍,音羊。後同。創,音瘡。

酒正,中士四人,下士八人,府二人,史八人,胥八人,徒八十人。註曰:酒正,酒官之長。○酒人,奄十人,女酒三十人,奚三百人。奄,精氣閉藏者;不稱士,則亦府史之類,以奄爲異也。女酒,女奴曉酒者。古者從坐男女沒入縣官爲奴,其少才知者以爲奚。女酒三十人,與奚爲什長,若胥徒也。奚三百人,以其造酒故多也。○漿人,奄五人,女漿十有五人,奚百有五十。○凌人,下士二人,府二人,史二人,胥八人,徒八十人。註曰:凌,水室也。○籩人,奄一人,女籩十人,奚二十人。註曰:竹曰"籩"。○醢人,奄一人,女醢二十人,奚四十人。註曰:醢,豆實也。不謂之"豆",此主醢,豆不盡于醢也。○疏曰:天子豆百二十,公四十,侯、伯三十二,子、男二十四,上大夫二十,下大夫十六。彼有臐、膮、䐄、炙、膾之屬,其數甚多,是豆不盡盛醢而已。○醯人,奄二人,女醯二十人,奚四十人。○鹽人,奄二人,女鹽二十人,奚四十人。○冪人,奄一人,女冪十人,奚二十人。註曰:以巾覆物曰"冪"。○坡謂:自"酒正"至此,又以備膳夫之飲用六清,醬用百有二十甕者也。○冪,莫歷反。臐,音香。膮,音熏。䐄,音鴞。䐄,音恣。

宮人,中士四人,下士八人,府二人,史四人,胥八人,徒八十人。薛平仲曰:大宰爲人君身心之防。自宮正至宮伯,自膳夫至腊人,自酒正至冪人,所以密邇於王者,夫皆王宮內人,而猶未及於外也。宮人掌六寢之脩,而及於四方之舍事。掌舍而下,又皆爲王之曾同於國外者設焉;則內外出入之際,其爲王躬之是保者始悉。○掌舍,下士四人,府二人,史四人,徒四十人。

註曰：舍，行所解止之處。○幕人，下士一人，府二人，史二人，徒四十人。註曰：幕，帷覆土者。○掌次，下士四人，府四人，史二人，徒八十人。註曰：次，自脩止之處。○鄭剛中曰：舍者，久留之辭；次者，暫止之義。○幕，武博反。

大府，下大夫二人，上士四人，下士八人，府四人，史八人，賈十有六人，胥八人，徒八十人。註曰：大府爲王治藏之長，若今司農矣。○疏曰：《洪範》②云："一曰食，二曰貨。"已上皆言飲食。此次言貨賄，故大府在此也。有"賈"者，府官須有市買，并須知物貨善惡故也。○《禮庫》曰：自"大府"至"外府"，掌守藏財賦。○玉府，上士二人，中士四人，府二人，史二人，工八人，賈八人，胥四人，徒四十有八人。註曰：工，能攻玉者。○內府，中士二人，府一人，史二人，徒十人。註曰：內府，主良貨賄藏在內者。○外府，中士二人，府一人，史二人，徒十人。註曰：外府，主泉藏在外者。○大，如字。

司會，中大夫二人，下大夫四人，上士八人，中士十有六人，府四人，史八人，胥五人，徒五十人。註曰：會，大計也。司會，主天下之大計，計官之長，若今尚書。○《禮庫》曰：自"司會"至"職歲"，掌會計財賦。○司書，上士二人，中士四人，府二人，史四人，徒八人。註曰：司書，主會計之簿書。○職內，上士二人，中士四人，府四人，史四人，徒二十人。坡謂：職內，主賦入之簿書。○職歲，上士四人，中士八人，府四人，史八人，徒二十人。坡謂：職歲，主賦出之簿書；謂之"歲"者，歲計之也。○職幣，上士二人，中士四人，府二人，史四人，賈四人，胥二人，徒二十人。○司裘，中士二人，下士四人，府二人，史四人，徒四十人。○掌皮，下士四人，府二人，史四人，徒四十人。列職于此者，皮幣相次也。○陳君舉曰：古之皮幣，乃國家所重。天府所用甚廣，故禮贄皆以皮幣爲主。觀當時皮事無所不會，惟王不會，故知出入之數極多，大較與貨賄相敵。此所以亦屬宰府,皆司會爲之長。○會,古外反。

内宰,下大夫二人,上士四人,中士八人,府四人,史八人,胥八人,徒八十人。註曰:内宰,宮中官之長。○陳君舉曰:婦人女子,常與至尊幽居九重,人弗得見,驕恣何所不至!故使之分職於六宮,附屬於大宰。而天官内宰,春官世婦,又得以參檢其事,與夫婦妾賤人,自相使令,而無畏忌者不同矣。漢高之戚夫人子,留侯曰:"骨肉之間,雖臣等百人何益?"袁盎卻慎夫人坐,文帝怒,說以人彘,乃從。使大臣得與内事,其如是乎?○内小臣,奄上士四人,史二人,徒八人。註曰:奄稱士者,異其賢。○李氏曰:《周禮》其餘奄皆不命也,唯"内小臣"則有奄上士四人而已。夫宦官,指其居次,則或在帷薄之内;論其職掌,則或聞牀第之言。固不可以詘辱俊乂,渾淆男子,其用奄人,是乃制事之宜。○徐氏曰:王左右前後,罔非正人,使王出入起居,罔有不欽,後世尚有講明此事者。若后之左右前後,擇人而任之,則千載之曠事,無有明君賢相念及于此,何也?閨門出治之原,《關雎》王化之始,有内聖外王之學者,必不忽于斯。○閽人,王宮每門四人,囿游亦如之。註曰:閽人,司昏晨以啓閉者。刑人墨者使守門。囿,御苑也。游,離宮也。○寺人,王之正内五人。寺之言"侍",奄人也。故寺人披自稱"刑人"。正内,后之路寢也。若王之路寢,不稱内。○内豎,倍寺人之數。註曰:豎,未冠者之官名。

九嬪。註曰:嬪,婦也。《昏義》曰:古者天子、后立六宮,三夫人、九嬪、二十七世婦、八十一御妻,以聽天下之内治,以明章婦順,故天下内和而家理也。不列夫人于此官者,夫人之於后,猶三公之於王,坐而論婦禮,無官職。○世婦。註曰:不言數者,君子不苟於色;有婦德者充之,無則闕。○女御。註曰:《昏義》所謂"御妻"。御,猶"進"也,"侍"也。○女祝四人,奚八人。○女史八人,奚十有六人。劉執中曰:女史八人,蓋擇嬪御之賢者爲之。○鄭剛中曰:古者天子有史官,左記言,右記動。故爲天子者,不敢有過舉。后與王同體,言動不謹,則家道不齊,無以舉天下之内治,故有女史。○嬪,皮賓反。後同。

　　典婦功，中士二人，下士四人，府二人，史四人，工四人，賈四人，徒二十人。註曰：典，主也。"典婦功"者，主婦人絲枲功官之長。○典絲，下士二人，府二人，史二人，賈四人，徒十有二人。○典枲，下士二人，府二人，史二人，徒二十人。枲，絲里反。後同。

　　內司服，奄一人，女御二人，奚八人。註曰：內司服，主宮中裁縫官之長。有女御者，以衣服進或當於王，廣其禮，使無色過。○縫人，奄二人，女御八人，女工八十人，奚三十人。○染人，下士二人，府二人，史二人，徒二十人。○追師，下士二人，府一人，史二人，工二人，徒四人。註曰：追，治玉石之名。○屨人，下士二人，府一人，史一人，工八人，徒四人。疏曰：追師，專掌婦人首服。此兼男子屨舃者，下體賤，故同在此官也。○追，丁回反，一曰"雕"。舃，音昔。

　　夏采，下士四人，史一人，徒四人。註曰：夏采，夏翟。羽色。《禹貢》，徐州貢"夏翟"之羽，有虞氏以爲"綏"。後世或無，故染鳥羽象而用之，謂之"夏采"。○坡謂：自治官之屬至此，辨其內外之職名，次其爵秩之貴賤，列其正師司旅之多寡，等其府史胥徒之繁簡，則設官之事也。後倣此。○夏，戶雅反。綏，如誰反。

【校記】

① 此題爲點校者參照卷首原目錄所加，後同此例，不再註明。
② "淇範"，下文所引出自《書·洪範》文，應作"箕範"。

周禮述註卷二

大　宰

○大宰之職,掌建邦之六典,以佐王治邦國。建邦,猶《湯誥》稱"造邦"也。後倣此。典,常也,經也,法也。國,天子、諸侯所理也。邦,疆國之境。一曰治典,以經邦國,以治官府,以紀萬民。坡謂:經者,理使畫一也;治者,分職稽功也;紀者,詳理而不遺也。二曰教典,以安邦國,以教官府,以擾萬民。坡謂:安者,治生明倫則邦本固,是安之也。教者,教以善民之道也。擾者,順其性之固有,而又敷之以寬也。三曰禮典,以和邦國,以統百官,以諧萬民。坡謂:和者,禮行則上下和親,而不陵犯也。統者,禮辨儀等,所以繫合之也。諧者,防以中和,使民無乖戾也。四曰政典,以平邦國,以正百官,以均萬民。坡謂:物各當其分之謂"平",如九法、九伐所云也。正者,治朝位,詔爵祿之等。均者,均役使,均賦斂,使無多寡之偏也。五曰刑典,以詰邦國,以刑百官,以糾萬民。註曰:詰,猶"禁"也。六曰事典,以富邦國,以任百官,以生萬民。坡謂:任,任之以事也。生,猶"養"也。六者,天子所以治畿內及侯國,而諸侯亦得用之以治其封內者,故邦國之治,可以典待之也。上二典,言官府;下四典,言百官。冢宰之治,司徒之教,於官府無所不行也。禮、政、刑、事,百官有其職則承之。夫治典立,則君德脩,紀綱定,教化可施矣,故以教典次之。教之而有淺深厚薄之不齊者,當有禮以一之,故禮典又次焉。禮之所不能範者,大則威之以兵,小則糾之以刑,故政、刑又次焉。禮、樂、刑、政四達不悖,則君可安富,民得永賴,故事典終焉。○疏曰:自此以下至職末,分爲二段:從此職首至"以富得民"一段十條,明經國之大綱,治政之條目;

自"正月之吉"以下至職末,明頒宣前法,依事而施。

以八灋治官府。坡謂:六典非官不舉,故繼之以治官府也。百官所居曰"府"。一曰官屬,以舉邦治。註曰:官屬,謂六官其屬各六十。二曰官職,以辨邦治。官職,謂六官之職也。官有職,則事各有司存,故曰"辨"。三曰官聯,以會官治。註曰:聯,謂聯事通職,相佐助也。四曰官常,以聽官治。官常,自領其官之常職,不聯。五曰官成,以經邦治。註曰:鄭司農曰:官成,謂官府之成事品式也。《小宰》曰:以"八成經邦治"。六曰官灋,以正邦治。官灋,謂職所主之灋度。官職主祭祀、朝覲、會同、賓客者,則皆自有其灋度。正者,使得其序也。七曰官刑,以糾邦治。刑,謂五刑也。八曰官計,以弊邦治。註曰:弊,斷也。官計,謂《小宰》之六計,所以斷羣吏之治。〇坡謂:八灋皆云邦治。"官聯"、"官常"言"官"者,官聯則取會合眾官,乃始得治;官常則取官有常職,各自治其官也。首之以"官屬"、"官職"者,設官而分職也。次之以"官聯"、"官常",則官職可得而脩矣。"官成"、"官灋",聯者,聯此也,常者,常此也。"官刑"以糾其怠玩,"官計"以稽其功皐,故其序如此。〇灋,古"法"字。皐,古"罪"字。俱後同。

以八則治都鄙。由朝廷而至畿內,故次以治都鄙焉。則,亦法也。典、法、則,所用異,異其名耳。有宗廟國邑曰"都",以在國郊曰"鄙"。都鄙,公卿大夫之采地,王子弟所食邑,周、召、毛、聃、畢、原之屬在畿內者。一曰祭祀,以馭其神。馭,約使受制也。祭祀其先君社稷五祀。馭其神,使之無僭祀,無淫祀也。〇《禮庫》曰:鬼神本無聲與形,然亦可馭。只祭所當祭,合於理,便馭得。如後世淫祀徼福,先自失矣,如何馭得鬼神,便見出來興妖起怪,此理甚明。二曰法則,以馭其官。法則,謂宮室、車旗、衣服之等,皆不得僭也。官,伍兩殷輔也。三曰廢置,以馭其吏。廢,猶"退"也。退其不能者,舉賢而置之。吏,即"官"也。四曰祿位,以馭其士。註曰:祿,若今"月奉"也。位,爵次也。鄭司農云:士,謂學士。五曰賦貢,以馭其用。賦,什一之稅也。貢,九職之功所貢也。馭,用入供其出,奢不犯上,儉不廢禮也。六曰禮俗,以馭其民。註曰:禮俗,昏姻喪紀,舊所行也。七曰刑賞,以馭其威。刑賞皆言"威"者,威,畏服之心志也。八曰田役,以馭其衆。田以簡衆,役以任衆也。〇坡謂:八者之序,其上四者,自神而人,自尊而卑,治貴之事也;其下四者,富而教之,教而用之,治賤之事也。

以八柄詔王馭羣臣。六典、八法、八則,以治邦國、官府、都鄙,有政治則有功過,有功過則有賞罰矣。柄,所執以起事也。詔,告也,助也。此與下八統,獨言詔王者,餘皆羣臣職務,常所依行,歲終致事,乃考知得失。此乃王所操持,王不獨執,羣臣佐之而已。一曰爵,以馭其貴。註曰:爵,謂公、侯、伯、子、男、卿、大夫、士也。二曰禄,以馭其富。三曰予,以馭其幸。註曰:幸,謂言行偶合於善,則有以賜予之,以勸後也。四曰置,以馭共行。行,賢行也。五曰生,以馭其福。生者,臣之罪可殺,而有八議之辟,賜之更生以福之也。六曰奪,以馭其貧。註曰:奪,謂臣有大罪,没入家財者。七曰廢,以馭其罪。八曰誅,以馭其過。註曰:廢,猶"放"也。誅,責讓也。〇坡謂:爵、禄、予、置,順天命也;生、奪、廢、誅,彰天討也。〇予,音與。行,下孟反。

以八統詔王馭萬民。統者,統合於上,而繫屬於下也。八者,民與在上,同有此物事,上行之,下效之,故曰馭萬民也。一曰親親,二曰敬故,三曰進賢,註曰:賢,有善行也。四曰使能,註曰:能,多材藝也。五曰保庸,註曰:保庸,安有功者。六曰尊貴,七曰達吏,註曰:達吏,察舉勤勞之小吏也。八曰禮賓。註曰:禮賓,賓客諸侯。〇坡謂:此詔王敦其德心,以爲賞罰之本也。與《秋官》八議相表裏。然親親、敬故盡乎孝,進賢、使能、保庸、尊貴盡乎弟,達吏、禮賓盡乎慈。人君躬行於上,則民興起於下,而孝弟不倍之俗成矣。

以九職任萬民。坡謂:欲民遂其興起之心,必有厚生之道以處之,而使之有常業者,厚生之道也,故以九職任之焉。一曰三農,生九穀。三農,平地、山、澤也。九穀,黍、稷、秫、稻、麻、大小麥、大小豆;一說無秫、大麥,而有粱、苽。二曰園圃,毓草木。樹果蓏曰"圃"。園,其樊也。圃在田畔。王輶齡曰:園圃藪牧,舉其地以及其民。三曰虞衡,作山澤之材。註曰:虞衡,掌山澤之官,主山澤之民者。○疏曰:山澤之民無名號,故借虞衡之官,以表其民也。四曰藪牧,養蕃鳥獸。註曰:澤無水曰"藪"。牧,牧田,在遠郊,皆畜牧之地。○坡謂:園圃、山澤、藪牧,此三者,三農之兼職也。五曰百工,飭化八材。飭,勤也。八材:骨曰切,象曰磋,玉曰琢,石曰磨,木曰刻,金曰鏤,革曰剝,羽曰析。六曰商賈,阜通貨賄。註曰:行曰"商",處曰"賈"。阜,盛也。金玉曰"貨",布帛曰"賄"。七曰嬪婦,化治絲枲。嬪,婦人之美稱也。化絲而治之以為帛,化枲而治之以為布。八曰臣妾,聚斂疏材。臣妾,男女貧賤之稱。疏,草實,若菱芡之屬。材,木實,若榛栗之屬。九曰閒民,無常職,轉移執事。閒民,謂單丁下戶無力者,轉移為人執事,若今傭賃也。○坡謂:外而農、工、商、賈,內而織、紝、組、紃,則生人之事盡矣。而又不遺乎疏材,以備五禮之物,因能乎臣妾閒民,以佐人力之不逮,財成輔相,可謂周且密矣。此九功之所出也。○秫,音述。苽,音瓜。蓏,力果反。紃,音旬。

　　以九賦斂財賄。有以任之,而後可以斂之。財,泉、穀也。一曰邦中之賦,註曰:邦中,在城郭者。二曰四郊之賦,註曰:四郊,去國百里。三曰邦甸之賦,註曰:邦甸,二百里。四曰家削之賦,疏曰:三百里名"削";其中有大夫采地,謂之"家",故名"家削"。采地中賦稅入大夫家,采地外其地為公邑。公邑之內,其民出賦入王家,故舉家削以表公邑之民也。五曰邦縣之賦,六曰邦都之賦,邦縣,四百里。邦都,五百里。卿采曰"縣",公采曰"都",舉以表公邑者如家削。七曰關市之賦,關市者,王畿四面皆有關門;及王之市廛,其賦廛布也。八曰山澤之賦,山澤,山農、澤農也。九曰幣餘之賦。註曰:幣餘,百工之餘。自"邦中"至"幣餘",每處為一書,所待異也。鄭司農云:

邦中之賦,二十而稅一,各有差。○削,本亦作"稍",又作"鄁",所教反。

以九式均節財用。有以斂之,則可以共用矣。式,謂用財之節度。均之,則無有餘不足之患;節之,則無過不及之差。一曰祭祀之式,疏曰:謂若大祭、次祭用大牢,小祭用特牲之類。二曰賓客之式,疏曰:謂若上公饗飱九牢,殷五牢、五積之類。三曰喪荒之式,喪,王、后、世子以下,及弔諸臣,皆是也。喪有含、襚、贈、奠、賻、賵之數,荒有施、惠、散、利之等,而皆有制焉。四曰羞服之式,疏曰:謂王之膳羞、衣服所用也。五曰工事之式。註曰:工,作器物者。六曰幣帛之式,坡謂:幣帛之式,謂給作幣帛之費也。七曰芻秣之式,芻秣,養牛馬者。草謂之"芻",穀謂之"秣"。八曰匪頒之式,鄭司農曰:匪,分也。頒,謂頒賜也。九曰好用之式。註曰:好用,燕好所賜予。○坡謂:王之羞服至貴,而列於"祭祀"三者之後,則明人君之不爲珍羞侈服,而奉先思孝,接下思恭其先也。工事、幣帛、芻秣,上係乎祭祀、賓客、喪荒、羞服之典,而下關於匪頒、好用之共,故其序如此。○好,呼報反。積,音恣。合,去聲。賻,音附。賵,音奉。

以九貢致邦國之用。此諸侯邦國歲之常貢也。凡貢,各以其所有致者,若其自至然。胡五峰曰:授民以田,則責之賦;授諸侯以國,則責之貢。賦者,養上之禮;貢者,事上之義。一曰祀貢,鄭司農曰:祀貢,犧牲包茅之屬。二曰嬪貢,註曰:嬪貢,絲、枲。三曰器貢,註曰:器貢,銀、鐵、石、磬、丹、漆也。四曰幣貢,註曰:幣貢,玉、帛、皮、馬也。五曰材貢,註曰:材貢,櫄、榦、栝、柏、篠、簜也。六曰貨貢,註曰:貨貢,金、玉、龜、貝也。七曰服貢,服貢,絺、紵、玄纁、纖纊之屬。八曰斿貢,註曰:斿貢,羽毛。九曰物貢。註曰:物貢,雜物,魚、鹽、橘、柚。○坡謂:祀貢以歆神,嬪貢以共喪祭及百用,器貢禮樂之材。先此三者,以其尊也。幣以爲禮,材以辦公器,貨以給用。次此三者,以其急也。服者,一身之共;斿者,旌旗之餙;物者,口腹之需。後此三者,恭儉之主,皆以爲卑而可緩者也。合而言之,則所謂服、食、器、用也。所謂不貴異物,賤用物也。○斿，音游。櫔，勅倫反。斡，古旦反。栝，音括。籐，西了反。簜，音蕩。柚，羊九反。

以九兩繋邦國之民。兩，猶耦也。上下相合耦也。繋，聯綴也。一曰牧，以地得民。牧，謂州長及諸侯，各有封域以居民也。二曰長，以貴得民。長，都鄙主也。采地不世襲，故云貴也。三曰師，以賢得民。師，師氏。賢，德行也。四曰儒，以道得民。儒，保氏。道，六藝也。師儒所得之民，學子也。五曰宗，以族得民。宗，繼別爲大宗，收族者。所得之民，其族人也。六曰主，以利得民。主，采邑宰也。利者，地親情熟，有緩急之利也。七曰吏，以治得民。吏，鄉遂公邑之吏。八曰友，以任得民。同志曰"友"。任，相信任也。學校之友，相任以道，則以道而相得；鄉田之友，相任以事，則以事而相得。九曰藪，以富得民。註曰：藪，亦有虞掌其政令，爲之厲禁，使其地之民守其財物，以時入于玉府，頒其餘于萬民。富，謂藪中材物。○坡謂：上文於萬民，既言馭之、任之矣。然民心無常，難合易暌，使散而不繋，與繋之而不以道，將無以爲施政之地也，故以"九兩"終之焉。牧與長，繋其貴貴之心，使肅於分，而不敢離也；師與保，繋其賢賢之心，使明於義，而知不可離也；宗與主，繋其親親之心，使洽於恩，而不忍離也。牧、長勢遠，有無牧長者，復有吏以治之。師保分嚴，且有非士者，皆有友以維之宗主之所不逮。且無宗主者，又有藪以利之，則其不敢、不可、不忍之心，益固結而無遺矣。○行，下孟反。

正月之吉，始和布治于邦國都鄙，正月，周之正月。吉，謂朔日。"始和"者，如始冰始凍之類。周以建子爲正，一陽初動，和氣之始也。此一節乃下文之總目，言邦國都鄙，則官府萬民在其中矣。○朱子曰：文定《春秋》説夫子以夏時冠周月，以周正紀事，謂如公即位，依舊是十一月，只是孔子改正作春正月。某便不敢信。恁地時二百四十二年，夫子只證得箇"行夏之時"四字？據今《周禮》有正月，有正歲，則周實是元改作春正月；夫子所謂"行夏之時"，只是爲他不順，故改從建寅。○乃縣治象之法于象魏，使萬民觀治象，挟日而斂之。象魏，闕也。雉門之外兩觀，闕高巍巍然。從甲至甲，謂之"挟日"，凡十日。○坡謂：此布治于萬民之事也。○**乃施典于邦國，而建其牧，立其監，設其參，傅其伍，陳其殷，置其輔。**註曰：乃者，更申飭之。以侯、伯有功德者，加命作州長，謂之"牧"，所謂八命作牧者。監，謂公、侯、伯、子、男各監一國。《書》曰："王啓監，厥亂爲民。"參，謂卿三人。伍，謂大夫伍人。殷，衆也，謂衆士也。《王制》諸侯士二十七人，上九、中九、下九。輔，府史，庶人在官者也。○疏曰："伍"言"傅"者，上有卿，下有士，受上政傅於下，受下政傅於上，故云也。○坡謂：此布治于邦國之事也。○**乃施則于都鄙，而建其長，立其兩，設其伍，陳其殷，置其輔。**註曰：長，謂公卿大夫、王子弟食采邑者。兩，謂兩卿。不言三卿者，不足于諸侯。○坡謂：此布治于都鄙之事也。疏曰：上文都鄙在官府下，此在上者，欲見都鄙置臣與諸侯同，又見諸侯下亦有都鄙之義，故進都鄙在上，使文承邦國之後也。○**乃施法于官府，而建其正，立其貳，設其考，陳其殷，置其輔。**正，謂冢宰、大司徒之類。貳，謂小宰、小司徒之類。考，成也。佐成事者，謂宰夫、鄉師之類。○坡謂：此布治于官府之事也。牧、監、長、正、參、伍、殷、輔，自建國時有之。此謂建立者，蓋因施典法則，而示所以建官位事之意，使君臣上下各任其職，非施之後，乃建之立之云云也。且歲終令致事，此申置之，以見上慢下暴，則有廢置之舉。○縣，音賢。監，古銜反。參，七南反。恁，音任。它，音他。

凡治，以典待邦國之治，以則待都鄙之治，以法待官府之治，以官成待萬民之治，以禮待賓客之治。總承上文，言凡冢宰之治，有此五者。以此施之，而令其治，即以此待之，而考其成也。成，八成也。禮，賓禮也。疏曰："官成"在八法中，今特出之者，八成本待萬民，不待官府也。"在八法"者，欲見官府執行禮賓，本在八統；今特出之者，以親親七者皆是王行之於上，以示於民，不必更別有禮，惟禮賓特別有禮，若聘禮之類也。此皆言"以"者，當別有篇卷。

祀五帝，則掌百官之誓戒，與其具脩。五帝，五色之帝，而配以大皥、炎帝、黃帝、少昊、顓頊也。誓戒，要之以刑，重失禮也。《明堂位》所謂"各揚其職,百官廢職服大刑",是其辭之畧也。具,所當共脩,掃除糞洒。○前期十日,師執事而卜日,遂戒。註曰:前期,前所諏之日也。十日,容散齋七日,致齋三日。執事,宗伯、太卜之屬。既卜,又戒百官以始齋。○疏曰:四時迎氣,冬至夏至郊祭等,雖有常時常日,猶須審慎,仍"卜日",故《表記》云"不犯日月,不違卜筮"。註:日月,謂冬夏至正月及四時也。所"不違"者,日與牲尸也;假令不吉,改卜後日。○及執事眂滌濯,註曰:執事,初爲祭事前祭日之夕。滌濯,謂溉祭器及甑甗之屬。○及納亨,贊王牲事。註曰:納亨,納牲將告殺;謂鄉祭之晨既殺,以授亨人。凡大祭祀,君親牽牲,大夫贊之。○疏曰:此祭天無祼,故先迎牲;若宗廟之祭,既祼而後迎牲也。○及祀之日,贊玉幣爵之事。註曰:日,旦明也。玉幣,所以禮神。玉與幣,各如其方之色。爵,所以獻齊酒;不用玉爵,尚質也。○疏曰:三者執以從王,至祭所而授之;王親自執玉幣奠於神坐,親酌爵以獻尸。○祀大神示,亦如之。註曰:大神示,謂天地。○享先王,亦如之,贊玉几玉爵。享不言大者,欲見宗廟六享同然。玉几,所以依神。天子左右玉几。宗廟獻用玉爵。○疏曰:享用玉爵,天地有爵,但不用玉飾。享用玉几,天地亦應有質几;不言之者,文不具。○眂,音視。後同。示,音祇。要,一遙反。溉,古愛反。甗,魚善反。鄉,許亮反。祼,音灌,古字通用。齊,才計反。

大朝覲會同,贊玉幣、玉獻、玉几、玉爵。助王受此四者,時見曰"會",殷見曰"同"。大會同,或於春朝,或於秋覲;舉春秋,則冬夏可知。玉幣,諸侯享幣也;以玉致之,詳見《小行人》。玉獻,獻國珍異,亦執玉以致之。玉几,王所依者。王朝諸侯,立依前,南面,左右玉几,立而設几,優尊也。玉爵,王祼諸侯而諸侯酢王,用玉爵。○見,賢遍反。朝,直遥反。

大喪,贊贈玉、含玉。助嗣王爲之也。贈玉,既窆,所以送先王。含玉,死者口實,天子以玉。鄭司農云:含玉,璧琮。○含,户暗反。後同。窆,波驗反。

作大事,則戒于百官,贊王命。大事,祭祀、賓客、喪荒、軍旅、田役。

凡稱"大"者,大事也。稱"小"者,小治也。贊王命,助王爲教令。

王視治朝,則贊聽治。註曰:治朝,在路門外,羣臣治事之朝;王視之,則助王平斷。○**視四方之聽朝,亦如之。**註曰:謂王巡守在外時。○**凡邦之小治,則冢宰聽之。待四方之賓客之小治。**薛氏曰:王者視朝於路門之內,冢宰有以聽邦之小治;王者視四方之朝,冢宰爲之待四方賓客之小治也。○丘氏曰:賓客小治,凡資糧之費,饔飱幣帛之奉,以至往來出入之期,皆小治也。

歲終,則令百官府各正其治,受其會,聽其致事,而詔王廢置。百官府,三百六十官也。正治,正處其所治文書。受會,受其功事財用之計。聽致事者,聽斷其所致功狀也。○**三歲,則大計羣吏之治而誅賞之。**註曰:大無功,不徒廢,必罪之;大有功,不徒置,必賞之。鄭司農云:三載考績。

或問:疏以經言邦國皆指諸侯,子不從之,何也?曰:舉一例之,如《大宗伯》以"玉作六瑞,以等邦國",而曰"王執鎮圭",則邦國不專爲諸侯明矣。曰:官府萬民盡邦國之有矣,然則,邦國將何指而經之、安之?之等者,又豈有出於官府萬民之外乎?曰:天子、諸侯,自君身以至百度,所以受條受理,使大綱小紀,各得其分,皆經邦國、安邦國等事,蓋兼上下,該事物而言也。百官承流,宣化之司。萬民,則專指仰德之倫也。理雖一貫,言有專指,豈可混乎?曰:經何以爲理使畫一也?曰:試觀冢宰諸屬,自王身之食息起居,以至財用出入,宮府內外大小之事,皆有制節謹度,不敢佚縱,非理使畫一乎?曰:紀何以爲詳理不遺也?曰:八統馭之,九職任之,九兩繫之,其理之也,可謂詳且盡矣!曰:正何以爲治朝位、詔爵祿之等?曰:《夏官·射人·司士》之職可考。○或問:"賦貢"註以"賦"爲口泉,貢爲什一之稅;又于云上求於下爲賦,下納於上爲貢,子皆不從,何也?曰:考本經,明有賦、貢二事,註說得矣。然口泉之法,三代則無之,若于說合賦、貢爲一,求之於經,多所未合。詳見《大府》問目。○或問:註以生爲養,言賢臣之老者,王有以養之,子解異是,何也?曰:此近解也。今以《春官·內史》八枋,參之內史之文,自"三曰廢"以下,皆以一善一惡相間,而

"五曰殺",繼以"六曰生",以"生"次"殺",故知此解長矣。且註所引"成王封伯禽"者,乃爵祿之事,非養也。○或問:"三農"後,鄭謂"原隰平地",子改"從司農",何也?曰:《地官·角人》等職,明著山澤之農,且今山上有田則目驗可知;而《地官·稻人》有"稼澤"之法,安得不以經爲斷乎?曰:閒民非《載師》所云"無職事"之民乎?曰:非也。彼乃指惰游好閒者,故罰以夫家之征。此曰"無常職",則非"無職"也。有夫有婦,然後爲家。單貧之民,未有室家,未能受田,孑然似閒耳,所指異也。○或問:幣帛之式,註爲贈勞賓客,子解違焉。曰:贈勞幣帛,舍在賓客式中矣。且祭祀,有禮神幣帛;喪荒,有賙委幣帛。幣帛所用,非止贈勞也,故云然。曰:給作幣帛,非工事之式乎?曰:《司裘》、《典婦功》諸職,自在《天官》。○或問:註以牧爲州長,長爲諸侯,不亦可乎?曰:諸侯亦有封域,不徒以貴得民也。孟子言:諸侯爲天下之人牧。而此經下文都鄙云"建其長",故牧中疑兼諸侯,而長爲都鄙主也。曰:主爲采邑宰,何據?曰:《司徒·泉府》云"都鄙從其主",註曰"謂別治大夫",故據彼以解此焉。○問:"諏"曰何如?曰:出《儀禮·少牢》文,諏[①],謀也。如祭用丁,則十日前謀此丁日,而卜之吉則祭,不吉則改卜後丁是也。曰:如此,則郊亦卜日矣,故下文云"祀大神祇亦如之"。曰:《郊特牲》亦有"卜郊"之文,然《曲禮》曰"大享[②]不問卜"。僖三十一年魯卜郊,《左氏傳》曰"禮不卜常祀",《公羊傳》亦曰"卜郊非禮也",則又似不卜日者。又,哀元年夏四月辛巳郊,《穀梁傳》曰"我以十二月下辛,卜正月上辛;如不從,則以正月下辛,卜二月上辛;如不從,則以二月下辛,卜三月上辛;如不從,則不郊矣",則又似有卜日者。要當以經爲信,未可雜傳以疑經也。

小　　宰

○小宰之職,掌建邦之宮刑,以治王宮之政令,凡宮之糾禁。宮刑,在王宮中者之刑。王宮,路寢一,小寢五。凡宮,兼后宮而言也。既發者糾舉之未發者,禁止之。○鄭剛中曰:欲治其國,先齊其家。人君雖正身以齊家,苟不用刑以威之，則或恃恩而無所畏。然齊家用刑則傷恩，故使大臣馭之以刑也。法在大臣，恩在人主，家其有不齊乎？

掌邦之六典、八法、八則之貳，以逆邦國、都鄙、官府之治。貳，副也。逆，迎受勾考之，使知功過所在也。

執邦之九貢、九賦、九式之貳，以均財節邦用。均者，量貢賦之入，均之以應九式之用也。節者，非共式不之用，則自節矣。

以官府之六敘正羣吏。坡謂：此即八法之官常也。敘，秩次也，謂先尊後卑也。一曰以敘正其位，正其位，正其朝列上下之位也。二曰以敘進其治，進，作之使前也。進其治者，尊卑各有分治，以敘進之，使尊者理大，卑者共小也。三曰以敘作其事，作，起也。作其事者，振起之，使及時脩舉也。○黃氏曰：以敘進其治，未嘗不欲其治也；又惡其陵節犯上，出位邀功，故以敘進之。頹靡廢曠，不可以不戒也，則又以敘作其事。四曰以敘制其食，註曰：食，禄之多少。五曰以敘受其會，疏曰：歲終進會計文書，受之亦先尊後卑也。六曰以敘聽其情。註曰：情，爭訟之辭。○王介甫曰：自會以上，不得其情，而至於訟；訟，則各以其敘聽之。○坡謂：自一至三，施功之事也；自四至六，程績之事也。○會，古外反。註同。共，音恭。

以官府之六屬舉邦治。一曰天官，其屬六十，掌邦治；大事則從其長，小事則專達。達，決也。○疏曰：大事從其長者，謂若膳夫，食官之長，則下庖人、內外饔、亨人，有事皆來諮白膳夫。小事則專達者，謂若宮人、掌舍，無大事，無長官可諮，自專行事。以下五官，皆如此類也。二曰地官，其屬六十，掌邦教；大事則從其長，小事則專達。三曰春官，其屬六十，掌邦禮；大事則從其長，小事則專達。四曰夏官，其屬六十，掌邦政；大事則從其長，小事則專達。五曰秋官，其屬六十，掌邦刑；大事則從其長，小事則專達。六曰冬官，其屬六十，掌邦事；大事則從其長，小事則專達。上文言百官各有其治與事，此經承之：一以見官盛任使，立長官必有屬官佐之，然後治可立，事可脩也；一以見爲治行事之體要，使卑者不至以小謀敗大作，尊者無以橐朜墮庶務也。故有天、地、春、夏、秋、冬之屬，則位列矣；有治教禮政刑事之治，則治具矣；大事從長，小事專達，則事別矣。正者，正此者也；進者，進此者也；作者，作此者也。○橐，音叢。

以官府之六職辨邦治。疏曰：六官所職不同，邦治得有分辨，故云"辨邦治"也。一曰治職，以平邦國，以均萬民，以節財用。"治典"曰"經"曰"紀"，此曰"平"曰"均"者，執經而理之則"平"，循紀而治之則"均"也。節財用者，劉原父曰"邦國制度，由天官以裁處"，故以"節財用"爲職；否則，制度崇而力不能供矣。二曰教職，以安邦國，以寧萬民，以懷賓客。註曰：懷，亦安也。賓客來，共其委積，所以安之。○疏曰："教典"云"擾萬民"，此云"寧"，擾爲馴，馴則寧，義無異也。三曰禮職，以和邦國，以諧萬民，以事鬼神。王介甫曰：邦國不和，則無與事其先王；萬民不諧，則無與致其禋祀。故"禮職"以"和邦國"、"諧萬民"，而後"以事鬼神"也。四曰政職，以服邦國，以正萬民，以聚百物。註曰：聚百物者，司馬主九畿，職方制其貢，各以其所有。○王介甫曰：政典平邦國政官之屬，推而行之，然後有以服邦國。五曰刑職，以詰邦國，以糾萬民，以除盜賊。六曰事職，以富邦國，以養萬民，以生百物。坡謂：六職無百官者，使官治典，則治之、教之等事在中矣。承上文立長帥屬，而使之各揚其職，皆所以爲邦國萬民也。○積，子賜反。

以官府之六聯合邦治。一曰祭祀之聯事，二曰賓客之聯事，三曰喪荒之聯事，四曰軍旅之聯事，五曰田役之聯事，六曰斂弛之聯事。凡小事皆有聯。葉氏曰：《大宰》以官聯會官治，舉其要也；《小宰》以六聯合邦治，分其詳也。以祭祀言之，宗伯而下，鬱鬯、尊彝、典祀等職，皆聯事也；而太宰則贊玉幣，司徒奉牛，司馬奉魚，司寇奉犬，此非它官之合聯乎？以賓客言之，行人而下，司儀、環人、掌客等職皆聯事也；而大宰則贊玉幣，宰夫掌牢禮，司徒脩委積，封人飾牛牲，此非它官之合聯乎？大宰贊舍，鄉師治役，司徒荒政，小行人令賙委,此喪荒之聯事也。司馬治軍,司徒治民,小宰掌具,縣師受法,此軍旅之聯事也。司馬教陣,司徒致民,鄉師帥民徒,司馬與慮事,此田役之聯事也。大宰掌貢賦,司徒制地貢。司徒弛民力,鄉大夫舍賢能之類,此斂弛之聯事也。六官聯事,不一而足;以至小事,莫不有聯。典祀征役于司隸,鼓人詔鼓于大僕,掌戮致甸師之殺,蠻隸執校人之役,鄉師考辟于司空,稍人聽或于司馬。有同寅協恭,而非畔官離次;有聯事合治,而無分朋植黨。此官治之所以會而邦治之所以合也。○坡謂:上言六職。此六者,為事最大,用人最多,非一職之所能治,故以六聯合之。○弛,音弛。

以官府之八成經邦治。疏曰:官府中有此八事,皆是舊法。成事品式,依而行之,以經紀邦國之政治。○坡謂:六聯行於朝家,八成施於萬民者,其序如此。一曰聽政役以比居。註曰:政,謂賦也。凡其字,或作"政",或作"正",或作"征"。以多言之,宜從"征"。比居,謂伍籍也。比地為"伍",以伍籍者平而無遺脫也。二曰聽師田以簡稽。註曰:簡稽士卒、兵器、簿書。簡,猶"閱"也;稽,猶"計"也,"合"也,合計其士之卒伍,閱其兵器,為之要簿也。三曰聽閭里以版圖,註曰:鄭司農曰:版,户籍;圖,地圖也。聽人訟地者,以版圖決之。易彥祥曰:欲校登其閭里人民之數,則以版圖聽之。四曰聽稱責以傅別,註曰:稱責,謂舉責生子。傅,傅著約束於文書。別,別為兩,兩家各得一也。五曰聽祿位以禮命,坡謂:祿位,謂庶人在官者受祿於官,視百畝之分,則祿有多少。有府、史、胥、徒之別,則位有先後,當亦有禮命以等之。六曰聽取予以書契,坡謂:取予者,如司徒散利遺人施惠之等。官予之,民取之也。書契謂出予受入之凡要。《酒正》云:"凡有秩酒者,以書契授之。"七曰聽賣買以質劑,註曰:質劑,謂兩書一札,同而別之,長曰"質",短曰"劑"。"傅別"、"質劑",皆今之券書也。事異,異其名耳。八曰聽出入以要會。坡謂:出入,如《泉府》之賒者、貸者,出也。受其輸還,入也。《旅師》之春頒出也,秋斂入也。《泉府》曰:"歲終,則會其出入。"是出入之要會也。其上四者,民治於官,有公私之序焉;其下四者,官交於民,有大小之序焉。聽,待也。或以此待其治,或以此決其争,皆聽也。○比,毗志反。予,音與。註同。會,古外反。註同。著,直畧反。

以聽官府之六計,弊羣吏之治。一曰廉善,二曰廉能,三曰廉敬,四曰廉正,五曰廉法,六曰廉辨。聽,待也。弊,斷也。既斷以六事,又以廉爲本。○坡謂:善者,持身及物皆有善,而無惡也。能,展拓有爲也。敬,不解于位也。正,行無傾邪也。法,守法不失也。辨,辨然不疑惑也。六者因其學問材質之高下,各有次第,今不盡釋也。○解,音懈。

以法掌祭祀、朝覲、會同、賓客之戒具,軍旅、田役、喪荒亦如之。七事者,令百官府共其財用,治其施舍,聽其治訟。此《大宰》"八法"中所謂"六曰官法"者也。法,謂其禮法也。"祭祀"以下七者,即上"六聯";然"六聯"不言朝覲、會同者,以彼賓客中可以兼之耳。六聯言百官聯之,此言少宰以法掌而令之也。戒具,戒官有事者所當共。施舍,不給役者。治訟,王介甫曰"理其事謂之治,争其事謂之訟"。財用在於官府,而施舍加於人民。治訟,則或以財用之不共,或以施舍之不治。故先言共其財用,次言治其施舍,後言聽其治訟。○共,音恭。後同。施,讀爲弛。舍,音捨。

凡祭祀,贊玉幣爵之事,祼將之事。《大宰》職"祀五帝","贊玉幣爵";今又贊此三者,是從大宰助王也。將,送也。祼送,送祼,謂贊王酌鬱鬯以獻尸,謂之"祼"。祼之言灌也,明不爲飲,主以祭祀。唯人道宗廟有祼,天地大神至尊不祼,莫稱焉。凡鬱鬯,尸受祭之、啐之、奠之。○祼,古亂反。註同。啐,寸對反。

凡賓客贊祼,凡受爵之事,凡受幣之事。註曰:唯祼助宗伯,其餘皆助大宰。王不酌賓客,而有受酢。○疏曰:賓酢玉爵,大宰受於賓以授王,王卒飲。大宰受爵,以授幣之;受幣之時,王親受以授大宰,大宰以授小宰也。

喪荒,受其含、襚、幣、玉之事。上大宰不言,則此乃小宰專受之。喪,謂王喪,諸侯、諸臣有致舍、襚、幣、玉之禮。口實曰"含",衣服曰"襚"。凶荒有幣玉者,賓客所賙委之禮。○襚,音遂。賙,音周。

月終,則以官府之敘,受羣吏之要。註曰:主每月之小計。○疏曰:受之當先尊後卑,故言"敘"。○贊冢宰受歲會。歲終,則令羣吏致事。註曰:使齎歲盡文書來至,若今"上計"。○坡謂:"歲終"八字,當在贊冢宰之前。

正歲,帥治官之屬而觀治象之法,徇以木鐸,曰:"不用法者,國有常刑。"註曰:正歲,謂夏之正月,得四時之正,以出教令者,審也。古者,將有新令,必奮木鐸以警衆,使明聽也。鐸皆以金爲之,以木爲舌,則曰"木鐸"也。文事奮木鐸,武事奮金鐸。○坡謂:治象,乃正月大宰所施于官府者;至此,小宰乃帥官屬觀之也。正月施之者,王家之典;正歲觀之者,人功之始也。○乃退,以宮刑憲禁于王宮,令于百官府曰:"各脩乃職,考乃法,待乃事,以聽王命。其有不共,則國有大刑。"憲,謂表縣之。上文專指治官之屬。此宮中之官府,所該者衆,若師氏、大僕之等,凡在王宮者皆是也。有職,則有法,修之,考之,以待其事之至,而聽命于王也。大刑者,尊君之誡專,故近君之法嚴也。此二節,即"八法"之"官刑",以糾邦治者也。○憲,讀爲"懸","縣"同。

或問:以六敘爲官常,何也?曰:大宰有官常而無六敘。小宰之文,官屬七者具列,獨不著官常,而別有六敘,依類相當,亦已明已。且此經,位以敘正之,治以敘進之,事以敘作之;是使諸官各揚其常職之所當爲,謂之官常,不亦近乎!曰:註以"治爲功狀",不從,何也?曰:治爲功狀,與受其會之"會"無別。且正之、作之、制之、受之、聽之,皆小宰也;而獨以"進其治爲下進於上",文既不類,況進其功狀矣,方曰"作其事",語亦非倫也。曰:"進其治"如子解,與"作其事"何別?曰:以食官諸屬譬之,如"膳夫"掌王食之治,其屬"庖人"掌畜之治,"內饔"掌內割亨之治,"外饔"掌外割亨之治,皆治也。於一職之中,如膳夫之授祭、嘗食、徹胙俎爲獻主,庖人之共王后、世子,其賓祭、喪紀之類,則治中之事也,推此可見矣。治,其大綱也;事,其節目也。○或問:稱責,疏舉"泉府"以爲民貸於官,何如?曰:此專指在民貸於民者,不兼在官,故《司寇》、《朝士》職云"凡有責者,有判書以治則聽",乃指萬民言之,是不當異也。曰:禄位,如註言,乃指侯、伯、卿、士之等,子何違焉?曰:如註言,則爲官府之治矣。此八成,乃待萬民之治也。忽而雜以此言,不亦不倫乎?且正其位,制其食,上文六敘已具之;藉謂争禄之多少,位之先後,亦當含在以敘聽其情之中,不當在此也。曰:府、史、胥、徒不命者也,何以有禮命?曰:子、男之士,亦不命者,何以在典命?況諸官之下,明云府史幾人,胥徒幾人,是皆著籍朝家者,安得無禮命乎?惜乎"司禄"既闕,無從考其由來;然孟子之書,猶可見其大概也。曰:"聽出入以要會"疏謂"官内自用物",有人争此官物者以要會聽之,如何?曰:無是事。且官出之,人有争,可也;官入之,人何争乎?

宰　　夫

○宰夫之職,掌治朝之法,以正王及三公、六卿、大夫、羣吏之位,掌其禁令。註曰:治朝,在路門之外,其位司士掌焉,宰夫察其不如儀。○王龜齡曰:羣吏,則《司士》所列在路門之左右者。○坡謂:此以敘正其位之事也。

敘羣吏之治,以待賓客之令,諸臣之復,萬民之逆。羣吏,有事於賓者。宗伯、行人等官有事於復、逆者,大僕、小臣、御僕之屬,宰夫恒次敘其職事。三者之來,則應使辨理之。諸臣,三公、孤卿及諸侯也。復之言"報"也、"反"也。反報於王,謂於朝廷奏事。萬民,羣吏庶民也。自下而上曰"逆"。逆,謂上書。

掌百官府之徵令,辨其八職:一曰正,掌官法以治要;二曰師,掌官成以治凡;三曰司,掌官法以治目;四曰旅,掌官常以治數;五曰府,掌官契以治藏;六曰史,掌官書以贊治;七曰胥,掌官敘以治敘;八曰徒,掌官令以徵令。別異諸官之八職,以備王之徵召。正,六卿爲屬之長者。師,六職中每事之長官,皆是爲屬所受教,曰"師"。司,長官之屬,各司其職也。

旅,衆下士也。官成,謂當司之成式成事,非待萬民之八成也。司,亦曰"掌官法"者,正之官法,乃八法治官之法,兼八法言之也;司之官法,乃官法正邦之法,八法中之一也。治要者,必持大法;大法既得,則師惟禀其成而已;師有成法,則司循法以治而已。行法有常,則旅如常以其而已。要,事之要領也。凡,"要"中之凡事也。目,凡事中之節目也。數,目中之繁簡也。尊者兼之,卑者專之;尊者畧之,卑者詳之。治藏,藏文書及器物。贊治,若今起文書草也。治敘,官中須人役使,則科次其徒也。徵令,趨走給召呼。○藏,才浪反。註"治藏"同。別,彼列反。

掌治法,以考百官府、羣都、縣、鄙之治,治法,即六典、八法、八則也。羣都,諸采邑也。六遂五百家爲"鄙",五鄙爲"縣"。言縣、鄙,而六鄉州、黨亦存焉。大宰出法以治之,小宰守法以逆之,宰夫循法以考之。○乘其財用之出入,凡失財用物辟名者,以官刑詔冢宰而誅之。其足用、長財、善物者,賞之。乘,猶"計"也。財用之出,九式也;財用之入,九功九賦也。鄭剛中曰:人能於財利之際,不萌貪欲之心者,廉吏也。故考吏治,而以乘財用爲急。財,泉穀也;用,貨賄也;物,畜獸也。辟名,詐爲書,以空作見,文書與實不相應也。大宰出法以制之,小宰守法以均節之,宰夫循法以勾考之。○坡謂:自敘羣吏之治至此,皆以敘進其治之事也。○辟,普擊反,音僻。見,賢遍反。

以式法掌祭祀之戒具與其薦羞,從大宰而視滌濯。註曰:薦,脯醢也。羞,庶羞,内羞。○疏曰:祭祀大小,皆有舊法式,依而戒敕,使其具之。○凡禮事,贊小宰比官府之具。註曰:比,校次之。○疏曰:上"小宰",於七事已言以法掌戒具;此"宰夫",贊小宰校次之,使知善惡足否也。○比,音彼。

凡朝覲、會同、賓客,以牢禮之法,掌其牢禮、委積、膳獻、飲食、賓賜之飱牽,與其陳數。牢禮之法者,多少之差,與其致之之時也。三牲,牛、羊、豕具爲一牢。掌其牢禮者,下別言委積之等,則此牢禮乃饗食也。委積,謂牢、米、芻、薪,給賓客道用也。委積在道所設,饗在聘日,而先言者,以饗食是禮之大，且委積非直賓來共之，賓去亦共之，在下亦其宜。膳，《掌客》所云"上公殷膳大牢"之等也。獻，《掌客》所云"上公乘禽曰九十雙"之等也。飲，《行人》所云"上公饗禮九獻"之等也。食，《行人》所云"上公食禮九舉"之等也③。賓賜者，以賓之故，而賜其羣下也。飱，客始至時所致禮。牽，牲牢可牽而行者。飱、牢皆殺，而曰"飱牽"者，以《掌客》云"積"，"視飱牽"，據"積"而言之也。賓賜之飱牽者，賓之羣下往來皆有積；及國，亦有飱饗飧，獨言"積"之"飱牽"者，舉始終以包諸禮也。此等之禮，皆"掌客"所主。宰夫雖非正職，以其主陳，當知其數，故言之耳。○"委積"之積，子賜反；此二字相連皆同。食，音嗣。註同。

凡邦之弔事，掌其戒令，與其幣、器、財用，凡所共者。註曰：弔事，弔諸侯諸臣。幣，所用賻也。器，所致明器也。凡喪始死，弔而含襚，葬而賵贈，其間加恩厚，則有賻焉。○疏曰：謂王使人弔諸侯，自弔諸臣，須從王行者，并有贈喪之具，百官當共。故宰夫總戒令之，與幣器財用，凡所共者也。○大喪、小喪，掌小官之戒令，帥執事而治之。註曰：大喪，王、后、世子也。小喪，夫人以下。小官，士也。其大官，則冢宰掌其戒令。治，謂其辨。○三公、六卿之喪，與職喪帥官有司而治之。凡諸大夫之喪，使其旅帥有司而治之。旅，冢宰下士。官有司者，有事於喪家之官有司也。○坡謂：自以式法至此，皆以敘作其事之事也。○辨，簿莧反。

歲終，則令羣吏正歲會；月終，則令正月要；旬終，則令正日成，而以考其治。治不以時舉者，以告而誅之。註曰：歲終，自周季冬。正，猶"定"也。旬，十日也。治不時舉者，謂違時令，失期會。○王氏曰：後世不知要、會之法，故文書愈詳，而愈不可致詰，具文而已。○坡謂：此以敘受其會之事也。註云"歲終，自周季冬"，確矣。何也？周之以十一月爲正月，凡見於經傳及諸儒之說，萬無可疑者；獨至以仲冬爲首春，建亥爲季冬，則論者紛然。惟成十七年九月辛卯用郊，《穀梁傳》曰："夏之始，可以承春。以秋之末承春之始，蓋不可矣。"夫周九月，夏七月也。而以爲秋末自可爲改時，據者即前《大宰》"正月之吉"下所引朱子之言,猶未斷周之果不以冬爲春也。故鄭註之云"私心竊是焉"。○又按《豳風》,十月之後曰"改歲",則建子爲正可知也。"十月穫稻,爲此春酒"。此者,非久之辭。十月爲此春酒,擬後月用之也。古者臨事方作酒。《儀禮・少牢》先期"旬有一日",祭日得卜,宰乃命爲酒是也。上十月曰"爲此春酒",下十月曰"朋酒斯饗④",則建子爲春可知矣。○會,古外反。註"期會"如字。

正歲,則以法警戒羣吏,令修宫中之職事。鄭司農曰:正歲之正月,以法戒勅羣吏。○**書其能者與其良者,而以告于上。**註曰:良,猶善也。上,謂小宰、大宰也。○疏曰:上云"令修宫中之職事",則此謂宫中吏也,正歲則預選之,擬至歲終當舉之也。

或問:要、凡、目、數,可得辟乎?曰:辟於冢宰,如治典是"要"也。於治之中,如小宰掌宫刑、膳夫食飲之類,是"凡"也。於"凡"之中,如宫正掌宫中官府,宫伯掌士庶子,庖人掌畜,内饔掌内亨之類,是凡之"目"也。於"目"之中,如宫正一職,自有比官府辨内外之事,是目之"數"也。曰:官成爲八成,不亦可乎?曰:師之所掌,内而王身,外而祭祀賓客諸大事,非盡於八成而已也。亦有説乎?曰:若必以爲小宰八成,則司寇、士師亦有八成,欲兼之乎?否乎?若必以官法、官成、官常,皆見於八法,不得有異辭,則官契、官書、官敘、官令,豈常見於八法,將何以解乎?如此之類,當在考其意義之合,泥則窒矣!○辟,音譬。

宮　　正

○**宫正,掌王宫之戒、令、糾、禁。**戒其逸怠,令其當爲,糾其過惡,禁其未然。**以時比宫中之官府,次舍之衆寡,**註曰:時,四時。比,校次其人之在否。官府之在宫中者,若膳夫、玉府、内宰、内史之屬。次,諸吏直宿,若今部署諸廬者。舍,其所居寺。**爲之版以待。**註曰:版,其人之名籍。待,待戒令及比。**夕擊柝而比之。**註曰:夕,莫也。莫行夜以比直宿者,爲其有解惰離部署。鄭司農云:柝,戒守者所擊也。○**國有故,則令宿;其比,亦如之。**

註曰：鄭司農云：故，謂禍災。令宿，宿衛王宮。玄謂：故，凡非常也。《文王世子》曰："公有出疆之政⑤，庶子以公族之無事者守於公宮，正室守大廟，諸父守貴宮貴室，諸子諸孫守下宮下室。"此謂諸侯也。王之庶子，職掌國子之倅；國有大事，則帥國子而致於太子，唯所用之者。令宿之事，蓋亦存焉。○坡謂：自"時比"至此，皆比官府之事。○柝，吐各反。註同。莫，音暮。行，下孟反。解，佳賣反。倅，七內反。

辨外內而時禁。外，宮中卿、大夫、士也。內，奄寺之等。禁其非時出入，恐外內交通，伺王動靜以爲非也。稽其功緒，糾其德行，稽，猶"考"也，"計"也。功，吏職也。緒，其志業。在身爲"德"，施之爲"行"。幾其出入，均其稍食。幾其出入，謂微察羣吏之出入也。稍食，禄廩。去其淫怠與其奇衺之民，註曰：民，宮中吏之家人也。淫，放濫也。怠，懈慢也。奇衺，譎觚非常。會其什伍，而教之道藝，疏曰：宮正掌宮中吏，亦兼掌其子弟。會，會合子弟也。五人爲"伍"，二伍爲"什"。會之者，使之宿衛時，語言相體，服容相識，是其羣作也。及其學問，又相親及切磋，是其羣學也。以相勸帥且寄宿衛之令焉。道，謂先王所以教道民者；藝，謂禮、樂、射、御、書、數。○坡謂：自"辨外內"至"均其稍食"，所以使卿士大夫之身一歸於正，無迪上以非典也。而又恐因隸僮子弟以奪其志行，故去之，會而教之，則官府之奉公守職，益專一不紛；且其子孫教而成材，則官之，皆忠厚之意也。月終，則會其稍食；歲終，則會其行事。行事，吏職也。"自辨外內"至此，皆飭宮中吏治之事。○奇，音羈。衺，似嗟反，亦作"邪"，後同。則會，古外反。

凡邦之大事，令于王宮之官府次舍，無去守而聽政令。大事，解見《冢宰》。使居其處，待所爲。○春秋，以木鐸修火禁。大火以季春出，以季秋入。凡陶冶、鑄銅之火，因天出火，民則爲之；因天入火，民則休之。此修火禁者，謂宮正於宮中，特宜慎火，故修之。

凡邦之事，蹕宮中、廟中，則執燭。註曰：事，祭事也。邦之祭社稷七祀於宮中，祭先王、先公於廟中。隸僕掌蹕行者，宮正則執燭以爲明。《春秋傳》曰"有大事於大廟",又曰"有事於武宫"。○蹕,音卑。

大喪,則授廬舍,辨其親疏貴賤之居。廬,倚廬也,於路門之外東壁,倚木爲廬。舍,堊室也,兩下爲之,與廬異。親者、貴者居倚廬,疏者、賤者居堊室。自"凡邦之大事"至此,皆隨時以修宫中之政。○堊,烏各反。

或問:本經言社稷五祀,而註言"七祀",何也?曰:宗伯之社稷五祀,註依《左傳》蔡墨以重該脩、熙犁、句龍五色之臣爲五祀,在四郊,不在宫中。此言宫中,當是《祭法》所謂"司命、中霤、門、行、户、竈、泰厲"之祀也。然考之本經,司命自屬天神,而泰厲又無明文,是所可疑也。特以天子立宫,則中霤、門、行、户、竈,在所當祀;而諸侯祭,因國之在其地而無主後者,推之天子而祭泰厲,理亦宜爾。註説未可廢也。凡此之類,因仍其舊。慎而闕之,聊附所疑,未敢臆斷矣。註引《春秋傳》者,疏云"欲見隷僕蹕于宫中",亦得兼廟中。《公羊》云"魯公稱世室,羣公稱宫",則天子之廟,亦有宫稱也。○句,音勾。

宫　伯

○宫伯,掌王宫之士、庶子。凡在版者,註曰:鄭司農云:版,名籍也。以版爲之,今時鄉户籍,謂之户版。玄謂:王宫之士,謂王宫中諸吏之適子也。庶子,其支庶也。掌其政令,行其秩叙,作其徒役之事。註曰:秩,禄稟也。叙,才等也。作徒役之事,大子所用。○適,丁歷反。

授八次、八舍之職事。註曰:衛王宫者,必居四角四中,於徼候便也。次,其宿衛所在;舍,其休沐之處。○王介甫曰:職事,宿衛之職事也。若邦有大事,作宫衆,則令之。註曰:謂王宫之士庶子,於邦有大事,或選當行。月終,則均秩;歲終,則均叙。宫伯掌之,則爲政令;士庶子任之,則爲職事。内而國中徒役之事,則作之;外而大事之作,則令之。凡秩、叙行之,至于月終、歲終,則均之。○徼,古弔反。

以時頒其衣裘,掌其誅賞。註曰:頒,讀爲班。班,布也。衣裘,若今賦冬、夏衣。○陳氏曰:凡環衛有二等:其一是公卿大夫之子弟,分置八隅,宫伯領之；其一是官府凡在宮庭者，徒役錯置於士庶子八次、八舍之間，周列環衛，以周王宮，宮正領之。二者皆環列之衛。至於人主切身侍御僕從，則令掌於大僕。故宮正、宮伯所掌，是總於大宰。

【校記】

① "諏"字未出現於《少牢饋食禮》之文中，而是出現於《特牲饋食禮》之文中。
② "享"，《曲禮》作"饗"。
③ 以上兩處"《行人》"，均應作"《大行人》"。
④ "朋酒躋堂"，應作"朋酒斯饗"。
⑤ 據《禮記》原文，此處引文"公"下"有"上脫一"若"字。

周禮述註卷三

膳　夫

○膳夫，掌王之食飲膳羞，以養王及后、世子。註曰：食，飯也。飲，酒漿也。膳，牲肉也。羞，有滋味者。凡養之具，大略有四。○疏曰：養王及后、世子，舉尊者而言；其實羣臣及三夫人以下，亦養之。○食，音嗣。註同。

凡王之饋，註曰：進物於尊者曰"饋"。此饋之盛者，王舉之饌也。史直翁曰：饋者，儲之一歲之間，隨所欲食而進之，非謂一日之奉，而咸備食前也。○食用六穀，膳用六牲，飲用六清，羞用百有二十品，珍用八物，醬用百有二十甕。註曰：六牲，馬、牛、羊、豕、犬、雞也。羞，出於牲及禽獸，以備滋味，謂之"庶羞"。《公食大夫禮》、《內則》下大夫十六，上大夫二十。其物數備焉。天子、諸侯有其數，而物未得盡聞。珍，謂淳熬、淳毋、炮豚、炮牂、擣珍、漬、熬、肝膋也。醬，謂醯醢也。王舉則《醢人》"共醢六十甕，以五齊、七醢、七菹、三臡實之"，《醯人》"共齊、菹醯物六十甕"。鄭司農云：羞，進也。六穀，稌、黍、稷、粱、麥、苽。苽，雕胡也。六清，水、漿、醴、涼、醫①、酏。○食，音嗣。註同。甕，屋貢反。熬，五刀反。毋，莫胡反。牂，作郎反。膋，力雕反。齊，作西反。臡，奴兮反。稌，音杜。苽，古吳反。涼，力涼反。醫，於計反。酏，以支反。

王日一舉，鼎十有二，物皆有俎。殺牲盛饌曰"舉"。王日一舉，以朝食也。后與王同庖。鼎十有二，牢鼎九，牛、羊、豕、魚、腊、腸、胃同鼎，膚鮮魚、鮮腊；陪鼎三，膷、臐、膮，並陪牛、羊、豕鼎後。物，謂牢鼎之實。唯牢實各在俎；陪鼎三者爲庶羞，則在豆。○趙商問王曰：一舉，鼎十有二，是爲三牲備焉。案

《玉藻》，天子日食"少牢，朔月大牢"，禮數不同，請聞其説？鄭答曰：《禮記》後人所集，據時而言，或以諸侯同天子，或以天子與諸侯等，禮數不同，難以據也。《王制》之法，與禮違者多，當以經爲正。**以樂侑食**。膳夫授祭，品嘗食，王乃食。侑，猶"勸"也。《王制》云："天子食，日舉以樂。"祭，謂刌肺脊也。《禮》，飲食必祭，示有所先。品者，每物皆嘗之，道尊者也。○朱子曰：古人祭酒於地，祭食於豆間，有版盛之，卒食撤去。○**卒食，以樂徹于造**。疏曰：造，作也。作食之處，即厨是也。徹食器之時，樂章未聞。○**王齊，日三舉**。疏曰：齊，謂散齊、致齊。齊必變食，故加牲體，至三大牢。《玉藻》云朔日"加日食一等"，則於此朔食，當兩大牢。不言之者，文不具。齊時不樂，故不言"以樂侑食"也。○**大喪則不舉，大荒則不舉，大札則不舉，天地有裁則不舉，邦有大故則不舉**。註曰：大荒，凶年。大札，疫癘也。天裁，日月晦食；地裁，崩動也。大故，寇戎之事及刑殺也。○**王燕食，則奉膳、贊祭**。註曰：燕食，謂日中與夕食。奉膳，奉朝之餘膳。所祭者牢肉。○齊，音齋。註同。裁，音災。刌，寸本反。

凡王祭祀賓、客食，則徹王之胙俎。註曰：膳夫親徹胙俎，胙俎最尊也；其餘，則其屬徹之。○疏曰：祭祀，謂祭宗廟。有胙俎者，謂若《特牲》、《少牢》，主人受尸酢，尸東，西面；設主人俎於席前。王受尸酢，禮亦當然。賓客食，王與諸侯禮食於廟，賓在户牖之間，王在阼階上，各有饌，皆設俎，故亦有胙俎。案《公食大夫》，主君與聘大夫禮食，賓前有席，君前無席，退俟於廂。此天子於諸侯，異於諸侯與聘大夫，故王前有俎。○"公食"之"食"，音嗣。

凡王之稍事，設薦脯醢。註曰：稍事，有小事而飲酒。

王燕飲酒，則爲獻主。註曰：鄭司農云：主人當獻賓，則膳夫代王爲主，君不敢臣也。《燕義》曰："使宰夫爲獻主，臣莫敢與君亢禮。"

掌后及世子之膳羞。註曰：亦主其饌之數，不饋之耳。○疏曰：《内饔》"共后及世子之膳羞"，則后、世子内饔饋之。**凡肉脩之頒賜，皆掌之**。

疏曰：加薑桂鍛治者，謂之"脩"；加薑桂、以鹽乾之者，謂之"脯"。○鍛，多貫反。

凡祭祀之致福者，受而膳之。註曰：致福，謂諸臣祭祀，進其餘肉，歸胙于王。○薛士隆曰：《夏官·祭僕》"凡祭祀之致福②，展而受之"，則膳夫之所受，受於祭僕也。○以摯見者，亦如之。註曰：鄭司農云：以羔、雁、雉爲摯者，亦受以給王膳。○薛士隆曰：《夏官·司士》"掌擯士者，膳其摯"，則膳夫之所受，受於司士也。

歲終則會，唯王及后、世子之膳不會。註曰：不會計多少，優尊者，其頒賜諸臣，則計之。○坡謂：《大府》職云"關市之賦，以共③王之膳服"，末云"歲終，則以貨賄之入出會之"。是凡貢賦及九式皆會，未嘗別言王之膳服不會也。然則，膳夫不會王、后、世子之膳，外府不會王后之服，以會之在大府耳，豈可動引《周官》，唯王不會哉？○會，古外反。

庖　　人

○庖人，掌共六畜、六獸、六禽，辨其名物。六畜，六牲也。始養之曰"畜"，將用之曰"牲"。《春秋傳》曰："卜曰：'牲，六獸，麋、鹿、狼、麕、野豕、兔；六禽，羔、豚、犢、麛、雉、鴈。'"凡鳥獸未孕曰"禽"。《司馬》職曰"大獸公之，小禽私之"，而《宗伯》"以禽作六摯"，禽中有羔可見矣。或曰：鴈、鶉、鷃、雉、鳩、鴿爲六禽，《夏官·校人·羊人》、《地官·牛人》、《春官·雞人》、《秋官·犬人》、《冬官·豕人》，總送"六畜"與庖人，"六獸"、"六禽"，即獸人送之。庖人得此，共與膳夫、內外饗，故云"掌共"也。名，號也；物，物色。○麕，居倫反。麛，音迷。鶉，音純。鷃，於諫反。鴿，古合反。

凡其死、生、鱻、薧之物，以共王之膳，與其薦羞之物，及后、世子之膳羞。註曰：凡計數之薦，亦進也。備品物曰"薦"，致滋味乃爲"羞"。王言薦者，味以不褻爲尊。鄭司農云：鱻，謂生肉；薧，謂乾肉。○鱻，悉然反。後同。薧，古老反。後同。

共祭祀之好羞。祭祀，尋常所共者，皆在内外饔。此言"好羞"，乃非常之物；進之，孝也。

其喪紀之庶羞，賓客之禽獻。註曰：喪紀，喪事之祭，謂"虞祔"也。禽獻，獻禽於賓客。○疏曰：凡喪未葬以前，無問朝夕奠及大奠，皆無薦羞之法。庶羞，虞祔之祭乃有之。○凡令禽獻，以法授之。其出入，亦如之。註曰：令，令獸人也。禽獸不可久處，賓客至，將獻之；庖人乃令獸人取之，必書所當獻之數與之；及其來致禽，亦以此書校數之。至于獻賓客，又以此書付使者，展而行之。掌客乘禽於諸侯，各如其命之數。《聘禮》：乘禽於客，"日如其饔餼之數；士，中日則二雙"。

凡用禽獻，春行羔豚，膳膏香；夏行腒鱐，膳膏臊；秋行犢麛，膳膏腥；冬行鮮羽，膳膏羶。註曰：用禽獻，謂煎和以獻於王。膏香，牛脂也。腒，乾雉。鱐，乾魚。膏臊，犬膏也。膏腥，雞膏也。鮮，魚也。羽，鴈也。膏羶，羊脂也。羔豚，物生而肥；犢與麛，物成而充；腒鱐，暵熱而乾；魚鴈，水涸而性定。此八物者，得四時之氣尤盛，爲人食之弗勝；是以用休廢之脂膏煎和膳之。牛屬司徒，土也；雞屬宗伯，木也；犬屬司寇，金也；羊屬司馬，火也。○疏曰：言"行"者，義與"用"同。○腒，其居反。鱐，所留反。臊，素刀反。羶，書然反。暵，呼旱反。

歲終則會，唯王及后之膳禽不會。註曰：膳禽，四時所膳禽獻。加"世子"，可以會之。

內　　饔

○內饔，掌王及后、世子膳羞之割、亨、煎、和之事，辨體名、肉物，辨百品味之物。註曰：割，肆解肉也。亨，煑也。煎和，齊以五味。體名，脊、脅、肩、臂之屬。肉物，胾、燔之屬。百品味，庶羞之屬。言"百"，舉成數。○肆，託歷反。齊，才細反。

王舉，則陳其鼎俎，以牲體實之。陳其鼎俎者，陳鼎有二處：初，陳鼎於鑊西,取牲體於鑊以實鼎;後,陳鼎於阼階下,其俎皆陳於鼎西南,取於鼎以實俎。實鼎曰"脀",實俎曰"載"。○選百羞、醬物、珍物以俟饋。註曰:先進食之時,恒選擇其中御者。○鑊,音穫。脀,職升反。

共后及世子之膳羞。註曰:膳夫掌之,是乃共之。

辨腥、臊、羶、香之不可食者。牛夜鳴則庮;羊泠毛而毳,羶;犬赤股而躁,臊;鳥麃色而沙鳴,貍;豕盲視而交睫,腥;馬黑脊而般臂,螻。註曰:腥、臊、羶、香可食者,是別其不可食者,則所謂者,皆臭味也。泠,毛長;毳,總結也。麃,失色,不澤美也。沙,漸也。交睫腥,"腥"當爲"星",聲之誤也。肉有如米者,似星。般臂,臂毛有文。鄭司農云:庮,朽木臭也;螻,螻蛄臭也。杜子春云:盲視,當爲"望視"。○庮,音由。泠,音零。毳,昌瑞反。麃,芳表反。貍,音鬱。盲,亡亮反。睫,音接。般,音班。螻,音樓。別,彼列反。漸,音西。

凡宗廟之祭祀,掌割亨之事,凡燕飲食亦如之。凡掌共羞脩刑膴胖骨鱐,以待共膳。宗廟之祭祀者,内饔不掌外神也。言"凡"者,謂四時及禘祫并月祭皆在其中。"掌割亨"不言"煎和"者,鬼神尚質,不貴褻味。燕飲,與諸臣燕。燕食,日中及夕食也。掌共,"共"當爲"具"。羞,庶羞也。脩,鍛脯也。刑,鉶羹也。膴,膴肉大臠,所以祭者。胖,半體。骨,牲體也。鱐,乾魚。○膴,火吴反。後同。胖,普半反。鉶,音刑。臠,直輒反。臠,力轉反。

凡王之好賜肉脩,則饔人共之。註曰:好賜,王所善而賜也。○好,呼報反。

外　饔

○外饔,掌外祭祀之割亨,共其脯、脩、刑、膴,陳其鼎俎,實之牲、體、魚、腊。凡賓客之殷、饔、饗、食之事,亦如之。外祭祀,謂天地、四望山川、社稷五祀,凡外神皆是也。殷,客始至之禮。饗,既將幣之禮。致禮於客,莫盛於饗。○食,音嗣。

邦饗耆老、孤子,則掌其割亨之事。饗士、庶子,亦如之。耆老,謂死事者之祖父，兼有國老、庶老。孤子，死事者之子也。士、庶子，衛王宫者。

師役，則掌共其獻賜脯肉之事。註曰：獻，謂酳其長帥。

凡小喪紀，陳其鼎俎而實之。疏曰：小喪紀，謂夫人以下之喪。陳其鼎俎者，殷奠及虞祔之祭，皆有鼎俎。

亨　　人

○亨人，掌共鼎鑊，以給水火之齊。註曰：鑊，所以煮肉及魚臘之器；既熟，乃脀于鼎。齊，多少之量。○疏曰：謂實水於鑊，及爨之以火，皆有多少之齊。○職外、內饔之爨亨煮，辨膳羞之物。註曰：職，主也。爨，今之竈；主於其竈煮物。○疏曰：膳羞，則牢鼎之物也。○齊，才細反。

祭祀共大羹、鉶羹。賓客亦如之。疏曰：大羹，肉湆盛於登，謂太古之羹，不調以鹽菜及五味。鉶羹者，皆是陪鼎臐、膮。牛用藿，羊用苦，豕用薇，調以五味，盛之於鉶器，即謂之"鉶羹"。若盛之於豆，即謂之"庶羞"。賓客亦如之者，謂致饔餼及殷，皆有陪鼎，則鉶羹也；饗食，亦應有大羹。○湆，去及反。盛，音成。

甸　　師

○甸師，掌帥其屬而耕耨王藉，以時入之，以共齍盛。註曰：其屬，府、史、胥、徒也。耨，芸芓也。王以孟春躬耕帝藉，天子三推，三公五推，卿諸侯九推，庶人終於千畝。庶人，謂徒三百人。"藉"之言"借"也。王一耕之，而使庶人芸芓終之。齍盛，祭祀所用穀也，粢稷也。穀者，稷爲長，是以名云。在器曰"盛"。○疏曰："以時入之"者，謂麥則夏熟，禾苗秋熟，則十月穫之，送入地官神倉。○帥，音率。耨，乃豆反。齍，音資。芓，音子。推，出誰反。

祭祀，共蕭茅，註曰：鄭大夫云："蕭"字或爲"茜"，"茜"讀爲"縮"。束茅立之祭前，沃酒其上，酒滲下去，若神飲之，故謂之"縮"。縮，浚也。杜子春讀爲"蕭"。蕭，香蒿也。玄謂：《詩》所云"取蕭祭脂"，《郊特牲》云"蕭合黍稷、臭陽達於牆屋"，故既薦，然後焫蕭合馨香。合馨香者，是蕭之謂也。茅，以共祭之苴,亦以縮酒,苴以藉祭。縮酒,沛酒也。醴,齊縮酌。○疏曰:蕭,祭宗廟時有之。其茅,則內外之神俱用。○共野果蓏之薦。註曰:甸在遠郊之外。郊外曰"野"。果,桃李之屬。蓏,瓜瓞之屬。○滲,所燘反。炳,如悅反。苴,音租。沛,子禮反。齊,才細反。

喪事,代王受眚災。其義未詳。○王之同姓有辠,則死、刑焉。註曰:鄭司農云:"《文王世子》曰'公族有死罪,則磬於甸人④',又曰'公族無宮刑。獄成','致刑于甸人',又曰'公族無宮刑,不踐其類也','刑于隱者,不與國人慮兄弟'"。○眚,生景反。辠,"罪"本字。踐,音翦。

帥其徒以薪、蒸,役外內饔之事。註曰:役,爲給役也。木,大曰"薪",小曰"蒸"。

獸　人

○獸人,掌罟田獸,辨其名物。冬獻狼,夏獻麋,春秋獻獸物。罟,罔也。狼,似犬,銳頭白頰,高前廣後,山獸也。山是聚,故狼膏聚;聚則溫,於冬獻之。麋,澤獸也。澤主銷散,故麋膏散;散則涼,於夏獻之。皆以救時之苦也。春秋寒溫適,凡獸皆可獻之。○時田,則守罟。時田,謂四時田獵。守罟者,備獸觸罟而攫,則取之。及弊田,令禽注於虞中。弊,止也。注,聚也。弊田,謂春火弊,夏車弊,秋羅弊,冬徒弊。虞中,謂虞人萊所田之野,及弊田,植虞旗於其中,致禽而弭焉。獸人主令田衆得禽者,置虞人所立虞旗之中,當以給四時廟社之祭。○罟,音古。攫,俱縛反。萊,音來。

凡祭祀、喪紀、賓客,共其死獸、生獸。共其完者於庖人。

凡獸入于腊人,使乾之以爲脯脩,不必皆完也。皮、毛、筋、角入于玉府。註曰:給作器物。

凡田獸者,掌其政令。凡田,凡庶民之田也。政令,如豺祭獸,然後田獵,及不麛、不卵之類。

漁　　人

○漁人，掌以時漁爲梁。註曰：鄭司農云：梁，水偃也。偃水爲關空，以笱承其空。《詩》曰："敝笱在梁。"○疏曰：取魚之法，歲有五：《月令》孟春云"獺祭魚"，此時得取，一也；季春云"薦鮪於寢廟"，二也；《鼈人》云"秋獻龜魚"，三也；《王制》云"獺祭魚，然後虞人入澤梁"，與《孝經緯》云"陰用事，木葉落，獺祭魚"，是十月得取魚，四也；獺，則春、冬二時祭魚也，《潛》詩云"季冬薦魚"[⑤]，與《月令》季冬漁人始漁同，五也；惟夏不取。《魯語》云"宣公夏濫於泗淵，里革諫之"，以其非時。春獻王鮪。鮪，鱣屬，頭小而銳，口在頷下。王鮪，鮪之大者，出河南鞏縣；至春浮陽，乃入西河，至漆沮，上龍門，故周人取以獻新，獻所無也。《月令》：季春"薦鮪于寢廟"。○辨魚物，爲鮮薨，以共王膳羞。疏曰：此所共者，共於膳夫以共王。○鮪，音委。空，音孔。笱，音苟。鱣，音旃。頷，戶感反。鞏，弓上聲。

凡祭祀、賓客、喪紀，共其魚之鮮薨。疏曰：此所共者，共內外饔；以其膳夫即不掌祭祀之事。

凡漁者，掌其政令。凡漁征，入于玉府。疏曰：近川澤之民，於十月獺祭魚之時，亦得取魚水族之類；其中鬐骨之事，堪飾器物者，所有征稅，漁人收之入于府。

鼈　　人

○鼈人，掌取互物，互物，有甲介者，謂龜、鼈之屬。以時簎魚、鼈、龜、蜃，凡貍物。註曰：蜃，大蛤。鄭司農云：簎，謂以杈刺泥中搏取之。貍物，龜鼈之屬，自貍藏伏於泥中者。玄謂："貍物"，亦謂䗨刀含漿之屬。○疏曰：以時，即下春秋。若然，簎魚鼈，據所取；下經據所獻，其時一也。春獻鼈蜃，秋獻龜魚。註曰：此其出在淺處可得之時。魚亦謂自貍藏。○簎，勅角反。蜃，時軫反。貍，音埋。杈，音叉。䗨，音滅。

祭祀共蠯、蠃、蚳，以授醢人。蠯，蜯也。蠃，螔蝓。蚳，蟻子，白者可爲醢。○蠯，薄佳反。蠃，郎戈反。蚳，直其反。蜯，蒲項反。螔，音夷。蝓，音由。

掌凡邦之籍事。

腊　　人

○腊人，掌乾肉，凡田獸之脯、腊、膴、胖之事。註曰：大物，解肆乾之，謂之"乾肉"。薄析曰"脯"。梴之，而施薑桂，曰"脩"。腊，小物全乾。○疏曰：趙商問掌乾肉而有膴、胖何？鄭答：雖鮮，亦屬腊人。○肆，敕力反⑥。梴，之藥反。

凡祭祀，共豆脯、薦脯、膴、胖，凡腊物。註曰：脯，非豆實。豆，當爲"羞"聲之誤也。膴，脭肉大臠，所以祭者。○坡謂：《有司徹》曰"加膴祭於其上"是也。胖，半體也。《少牢》曰"司馬升羊右胖"，"司士升豕右胖"是也。

賓客、喪紀，共其脯腊，凡乾肉之事。疏曰：此所共者，其內外饔也。

醫　　師

○醫師，掌醫之政令，聚毒藥以共醫事。註曰：毒藥，藥之辛苦者。藥之物恒多毒。○吳氏曰：凡藥，有有毒者，有無毒者。無毒，所以療病；有毒，所以發病。而藥物之性，隨四時而生死；金石之性，稟五行而厚薄。其類不一，其性必偏。而人之身，感陰陽寒暑之偏而有病。病以偏而感，藥以偏而用，必相攻而後相濟。用之不善，則無毒者亦毒矣。必欲醫者知用藥之爲毒，而不敢輕。辨君臣佐使之制，調溫涼燥濕之宜，審表裡吐內之方，達造化性命之理，則雖毒不毒矣。故其職以聚毒藥爲主者，重之也。○療，力弔反。內，音納。

凡邦之有疾病者，疕瘍者造焉，則使醫分而治之。註曰：疕，頭瘍，亦謂禿也。身傷曰"瘍"。分之者，醫各有能。○疕，匹婢反。造，七報反。

歲終，則稽其醫事，以制其食：十全爲上，十失一次之，十失二次之，十失三次之，十失四爲下。註曰：食，禄也。全，猶"愈"也。以失四爲下者，五則半矣。或不治自愈。○程子曰：以十全爲上，非謂十人皆愈爲上。若十人不幸皆死，則奈何？但知可治不可治者，十人皆中，即爲上耳。○中，去聲。

食　　醫

○食醫，掌和王之六食、六飲、六膳、百羞、百醬、八珍之齊。疏曰："六食"已下，皆膳夫所掌。此主調和而已。其六食等義，並在《膳夫》。凡食齊，視春時；羹齊，視夏時；醬齊，視秋時；飲齊，視冬時。註曰：飯宜溫，羹宜熱，醬宜涼，飲宜寒。○疏曰：視，猶"比"也。○和，胡臥反。"六食"以下，皆音嗣。齊，才細反。下同。

凡和，春多酸，夏多苦，秋多辛，冬多鹹，調以滑甘。註曰：各尚其時味，而甘以成之；猶水、火、金、木之載於土。《內則》曰："棗、栗、飴、蜜以甘之，菫、荁、枌、榆、免⑦、槁、瀡、灑以滑之。"○史直翁曰：非謂四時各專一味，謂之多者，就五味中，使一味勝焉，以養其氣也。如春，則肝用事。用則勞，勞則損，損則四藏勝，而疾生焉。曲直作酸，惟酸爲主，可以引諸味以益肝氣，而使適平。夏之苦，秋之辛，冬之鹹，莫不皆然。○和，胡臥反。飴，以之反。菫，音謹。荁，音桓。枌，符云反。免，音問。瀡，思酒反。灑，相纂反。

凡會膳食之宜，牛宜稌，羊宜黍，豕宜稷，犬宜粱，鴈宜麥，魚宜苽。會，成也。謂其味相成。牛，味甘平。稌，稻也，所謂芒種，味苦而溫，此甘苦相成也。羊，味甘熱。黍，穀名，苗似蘆，高丈餘，穗黑色，實圓重，味苦而溫，亦甘苦相成也。豕，牡者味酸，牝者味苦。稷，亦穀也，一名穄，似黍而小，或曰粟也，味甘，皆甘苦相成也。犬，味酸而溫。粱，粟類，有數色，味甘而微寒，此氣味相成也。鴈，味甘平。大麥，味酸而溫，小麥，味甘微寒，亦氣味相成也。苽，生澤中，葉如蔗荻，莖梗秋生米，即茭苗米也。魚族甚多，寒、熱、酸、苦俱有；而宜苽者，或同是水物。○食，音嗣。稌，子計反。蔗，之夜反。荻，音敵。梗，音庚。茭，音交。

凡君子之食恒放焉。註曰：放，猶"依"也。○疏曰：上"六食"、"六飲"一節，爲共王者，不通放也。自"凡和"以下，至"魚宜苽"，齊和相成之事，雖以王爲主，君子、大夫已上亦依之。○放，甫往反。

疾　醫

○疾醫，掌養萬民之疾病，四時皆有癘疾：春時有痟首疾，夏時有癢疥疾，秋時有瘧寒疾，冬時有嗽上氣疾。註曰：癘疾，氣不和之疾。痟，酸削也。首疾，頭痛也。嗽，咳也，上氣逆喘也。○吴氏曰：凡人，四時之間，冬傷於寒，陽主於内。春木用事，而陽發於外，然後寒氣搏之，爲痟首之疾。春木爲肝而主色。火勝於夏，以子勝母，故暑氣溢，而爲癢疥之疾。夏傷於暑，陰主於内。秋金用事，而陰發於外，然後暑氣博之，爲瘧寒之疾。秋金爲肺而主聲。水勝於冬，以子勝母，故寒氣壅，而爲嗽上氣疾。是四者，皆四時不和之氣，故謂之"癘"。○痟，音消。癢，以掌反。疥，音介。嗽，西豆反。上，時掌反。咳，音慨。喘，昌兖反。

以五味、五穀、五藥養其病。註曰：養，猶"治"也。病，由氣勝負而生，攻其贏，養其不足者。五味，醯、酒、飴蜜、薑、鹽之屬。五穀，麻、黍、稷、麥、豆也。五藥，草、木、蟲、石、穀也。其合治之齊，則存乎神農、子儀之術云。○王介甫曰：《素問》曰："形不足，溫之以氣；精不足，補之以味。"味，養精者也；穀，養形者也；藥，則療病者也。養精爲本，養形爲次，療病爲末。○贏，音盈。齊，音劑。

以五氣、五聲、五色視其死生。三者，劇易之徵，見於外者。五氣：肝氣溫，心氣熱，脾氣和，肺氣涼，腎氣寒。五聲：肝聲呼，心聲嘆，脾聲歌，肺聲哭，腎聲呻。五色：面貌青、赤、黄、白、黑也。察其盈虚、休王，吉凶可知。審用此者，莫若扁鵲、倉公。○易，以豉反。王，往放反。

兩之以九竅之變，參之以九藏之動。註曰：兩、參之者，以觀其死生之驗。竅之變,謂開閉非常。陽竅七,陰竅二。藏之動,謂脉之至與不至。正藏五,又有胃、膀胱、大腸、小腸。脉之大候,要在陽明寸口。能專是者,其惟秦、和乎！岐伯、榆拊,則兼彼數術者。○疏曰：兩、參之者,謂九竅與所視爲"兩",兩與九藏爲"參"。○竅,苦弔反。藏,才浪反。拊,音附。

凡民之有疾病者,分而治之；死終,則各書其所以,而入于醫師。註曰：少者曰"死",老者曰"終",所以謂治之不愈之狀也。醫師得以制其禄,且爲後治之戒。○王氏曰：食醫,法通于下,而以王爲主,卑者不能備物也。疾醫,法通于上,而以萬民爲主,尊者不敢斥言也。○少,詩照反。

瘍　　醫

○瘍醫,掌腫瘍、潰瘍、金瘍、折瘍之祝藥,劀、殺之齊。註曰：腫瘍,癰而上生創者。潰瘍,癰而含膿血者。金瘍,刀創也。折瘍,跪跌者。劀,刮去膿血。殺,謂以藥食其惡肉。○鄭剛中曰：王氏謂"疾之惡者,藥或不能攻,則有祝焉",乃引《素問》移精變氣,祝由之説爲證。○坡謂：古字可通,似不必改。如此官,既有獸醫,而《夏官》又有巫馬。疏云：巫知馬祟,醫知馬疾。疾,則以藥治之；祟,則辨而祈之。然則,祝藥並行,牛馬猶然,而況於人乎！王説是也。○折,時設反。劀,音刮。殺,所賣反。齊,才細反。創,初良反。跪,於阮反。跌,待結反。祟,音歲。

凡療瘍,以五毒攻之,註曰：止病曰"療"。攻,治也。五毒,五藥之有毒者。今醫方,有五毒之藥作之,合黃堥,置石膽、丹砂、雄黃、礜石、慈石其中,燒之三日三夜,其煙上著,以雞羽掃取之以注創,惡肉破,骨則盡出。○以五氣養之,以五藥療之,以五味節之。註曰：既刮殺,而攻盡其宿肉,乃養之也。五氣,當爲"五穀",字之誤也。節,節成其藥之力。○氣,讀作"穀"。堥,音務。礜,音豫。著,直畧反。

凡藥,以酸養骨,以辛養筋,以鹹養脉,以苦養氣,以甘養肉,以滑養竅。註曰：以類相養也。酸,木味。木根立地中,似骨。辛,金味。金之纏合異物,似筋。鹹,水味。水之流行地中,似脉。苦,火味。火出入無形,似氣。甘,土味。土含載四者,似肉。滑,滑石也。凡諸滑物,通利往來,似竅。○疏曰:上文以五味節之,即此經酸苦之等是也。今云"凡藥,以酸養骨"。藥味合言者,欲見五味節成五藥,故合言之。

凡有瘍者,受其藥焉。

獸　　醫

○獸醫,掌療獸病,療獸瘍。疏曰:上之人,病與瘍別醫;此獸之疾病及瘍,療同醫者,重人賤畜,故署同在一醫也。

凡療獸病,灌而行之,以節之,以動其氣,觀其所發而養之。註曰:療獸必灌行之者,爲其病狀難知;灌以緩之,且強其氣也。節,趨驟之節也。氣,謂脉氣。既行之,乃以脉視之,以知所病。

凡療獸瘍,灌而劀之,以發其惡,然後藥之、養之、食之。註曰:亦先攻之,而後養之。○食,音嗣。

凡獸之有病者、有瘍者,使療之;死,則計其數,以進退之。

酒　　正

○酒正,掌酒之政令,以式法授酒材。註曰:式法,作酒之法式。作酒,既有米麴之數,又有功沽之巧。《月令》曰:"乃命大酋,秫稻必齊,麴糵必時,湛饎必潔,水泉必香,陶器必良,火齊必得。"鄭司農云:授酒人以其材。○凡爲公酒者,亦如之。註曰:謂鄉射飲酒,以公事作酒者,亦以式法及酒材授之,使自釀之。○酋,將由反。齊,才細反。湛,接廉反。饎,昌志反。釀,女亮反。

辨五齊之名:一曰泛齊,二曰醴齊,三曰盎齊,四曰緹齊,五曰沈齊。註曰:泛者,成而滓浮,泛泛然。醴,猶"體"也,成而滓汁相將。盎,猶"翁"也,成而翁翁然,葱白色。緹者,成而紅赤。沈者,成而滓沈。自"醴"以上尤濁，縮酌者；"盎"以下差清，其象類則然。古之式法，未可盡聞。杜子春讀"齊"皆爲"粢"。玄謂："齊"者，每有祭祀，以度量節作之。〇疏曰：辨五齊之名者，酒正不自造酒，使酒人爲之；酒正辨其名，知其清濁而已。〇齊，才細反。下同。緹，音體。盎，嗚動反。

辨三酒之物：一曰事酒，二曰昔酒，三曰清酒。註曰：鄭司農云：事酒，有事而飲也。昔酒，無事而飲也。清酒，祭祀之酒。玄謂：事酒，酌有事者之酒；其酒，則今之醳酒也。昔酒，今之酋久白酒，所謂舊醳者也。清酒，今中山冬釀，接夏而成。〇疏曰：事酒，謂於祭末，卑賤執事之人並得飲之。昔酒，亦祭末，羣臣陪位，不得行事，並得飲之。清酒，祭祀時，賓獻尸，尸酢賓，不敢與王之神共尊，同酌齊，故酌清以自酢。此三酒，皆盛於罍尊，在堂下。〇醳，音亦。

辨四飲之物：一曰清，二曰醫，三曰漿，四曰酏。註曰：清，謂醴之泲者。醫，《內則》所謂"或以酏爲醴"。凡醴濁，釀酏爲之，則少清矣。"醫"之字，從殹、從酉省也。漿，今之酨漿也。酏，今之粥。《內則》有"黍酏"。酏，飲粥稀者之清也。〇疏曰：漿，亦是酒類。酨之言載，米汁相載也。〇醫，於已反。下同。酏，以支反。下同。泲，子禮反。下同。殹，烏兮反。酨，昨再反。

掌其厚薄之齊，以共王之四飲、三酒之饌，及后、世子之飲與其酒。掌其厚薄之齊者，從五齊以下，皆酒人、漿人作之，酒正不自造，直辨其厚薄之齊而已。饌，謂饌陳具設之也。后、世子不言饌，其饋食不必具設之。五齊止用醴爲飲者，取醴恬，與酒味異也。其餘四齊，味皆似酒。

凡祭祀，以法共五齊、三酒，以實八尊。大祭三貳，中祭再貳，小祭壹貳，皆有酌數。唯齊酒不貳，皆有器量。註曰：酌，器所用注尊中者，數量之多少未聞。鄭司農云：三貳，三益副之也。杜子春云：齊酒不貳，謂五齊以祭，不益也。其三酒人所飲者，益也。《弟子職》曰：周旋而貳，惟嗛之視。玄謂：大祭者，王服大裘袞冕所祭也。中祭者，王服鷩冕毳冕所祭也。小祭者，王服希冕玄冕所祭也。三貳再貳一貳者，謂就三酒之尊而益之，以飲諸臣，若今常滿尊也。祭祀必用五齊者，至敬不尚味而貴多品。〇疏曰：凡祭祀者，兼天地及宗廟之等也。以法共五齊三酒者，祭有大小，齊有多少，各有常法也。八尊者，五齊五尊三酒三尊，此除明水玄酒，若五齊加明水，三酒加玄酒，此八尊爲十六尊。不言之者，舉其正尊而言也。○嚌，苦簟反。鷩，必列反。毳，充芮反。

共賓客之禮酒，共后之致飲于賓客之禮醫、酏、糟，皆使其士奉之。禮酒，謂王有故，不親饗燕，傳人致酒於客館也。王致酒，后致飲，夫婦之義。糟，醫、酏不沛者。沛曰"清"，不沛曰"糟"。后致飲無醴；醫、酏不清者，與王同體，屈也，亦因以少爲貴。士，謂酒人、漿人、奄人。

凡王之燕飲酒，共其計酒，正奉之。註曰：共其計者，獻酬多少，度當足也，故書酒正無"酒"字。鄭司農云：正奉之，酒正奉之也。○鄭剛中曰：不參計於禮飲，而奉於燕飲，使王知其過多，則自爲之戒。○度，徒洛反。

凡饗士、庶子，饗耆老、孤子，皆共其酒，無酌數。註曰：要以醉爲度。

掌酒之賜頒，皆有法以行之。註曰：法，尊卑之差。○疏曰：行之者，謂依法給之。

凡有秩酒者，以書契授之。註曰：鄭司農云：秩，常也。玄謂：所秩者，謂老臣。《王制》曰："九十日有秩。"○王介甫曰：授以書者，使知其所得之數；授以契者，使執之以取酒也。

酒正之出，日入其成，月入其要，小宰聽之。註曰：出，謂授酒材，及用酒之多少也。受用酒者，日言其計於酒正，酒正月盡言於小宰。○王介甫曰：特謹其出，異於其餘物，愍酒之意也。○歲終則會。唯王及后之飲酒不會。以酒式誅賞。註曰：誅賞，作酒之善惡者。○愍，必履反。

酒　　人

○酒人，掌爲五齊、三酒，祭祀則共奉之，以役世婦。註曰：世婦，謂宮卿之官，掌女宮之宿戒及祭祀。比其具，酒人共酒，因留與其奚爲世婦役，亦官聯。○齊，才細反。比，扶利反。

共賓客之禮酒、飲酒而奉之。註曰：酒正使之也。禮酒，饗、燕之酒。飲酒，食之酒。此謂給賓客之稍，王不親饗、燕，不親食，而使人各以其爵，以酬幣侑幣致之，則從而以酒往。○"親食"之"食"，音嗣。

凡事共酒而入于酒府。凡事，謂王之三酒之饌及燕飲之酒也。共而入于酒正之府者，酒正當奉之。

凡祭祀共酒以往。註曰：不言奉，小祭祀。○王介甫曰：自有奉之者，往待其令而已。○賓客之陳酒亦如之。陳酒，謂饗餼之酒，使卿以韋弁歸之；亦自有奉之者，以酒從往。○《雜記》曰：武王《酒誥》，以祭祀爲説。其説爲人子者，當孝養父母，而不敢飲；爲人臣者，當惟王正事，而不敢飲；其里居者，則以助成王德顯，不惟不敢，亦不暇。其叙所聞，則以在昔，商先哲王，迪畏天顯，小民不敢自逸。是則君民臣子，皆不當飲，惟祭祀、賓客方用之。立法之嚴正，與酒正、酒人相表裏。

漿　　人

○漿人，掌共王之六飲：水、漿、醴、涼、醫、酏，入于酒府。註曰：王之六飲，亦酒正當奉之。醴，醴清也。涼，今寒粥，若糗飯雜水也。酒正不辨水、涼者，無厚薄之齊。○糗，北酉反。

共賓客之稍禮。註曰：稍禮，非殽饗之禮；留間，王稍所給賓客者，漿人所給，亦"六飲"而已。○共夫人致飲于賓客之禮：清醴、醫、酏糟，而奉之。註曰：亦酒正使之。三物，有清有糟。夫人不體王，得備之禮。飲醴用柶者，糟也；不用柶者，清也。○間，如字，徐音澗。柶，音四。

凡飲共之。註曰：謂非食時。

凌　　人

○凌人，掌冰正。歲十有二月，令斬冰，三其凌。註曰：正，歲季冬，火星中，大寒，冰方盛之時。《春秋傳》曰："火星中而寒，暑退。"凌，冰室也。三之者,爲消釋度也。故書"正"爲"政"。鄭司農云:掌冰政,主藏冰之政也。杜子春讀掌冰,爲王冰也。政,當爲"正"。正謂夏正。三其凌,三倍其冰。○疏曰:周雖以建子爲正,行事皆用夏之正歲。若據殷、周,則十二月冰未堅;若據夏之十二月,冰則堅厚,故正歲據夏也。

春始治鑑。註曰:鑑,如甀,大口,以盛冰,置食物于中,以禦溫氣;春而始治之,爲二月將獻羔而啓冰。○凡外、内饔之膳羞鑑焉。凡酒、漿之酒、醴,亦如之。註曰:酒醴見溫氣亦失味。酒、漿,酒人、漿人也。○甀,直僞反。

祭祀共冰鑑。賓客共冰。註曰:賓客不以鑑往,嫌使停膳羞。

大喪共夷槃冰。註曰:夷之言尸也。實冰于夷槃中,置之尸牀之下,所以寒尸。漢禮器制度;大槃,廣八尺,長丈二尺,深三尺,漆赤中。○疏曰:亦謂三月以後遭大喪,則共之,舉王喪共。后、世子及三夫人以下,小喪亦共之。但王及后有夷槃,自外當與諸侯已下同大槃等。其世婦已上有冰,則與大夫同。女御與士同,無冰;見賜乃有也。

夏頒冰,掌事。註曰:暑氣盛,王以冰頒賜,則主爲之。○秋,刷。註曰:刷,清也。鄭司農云:刷除冰室,當更内新冰。玄謂:秋涼,冰不用,可以清除其室。○刷,所劣反。

籩　人

○籩人,掌四籩之實。註曰:籩,竹器如豆者,其容實皆四升。

朝事之籩,其實麷、蕡、白、黑、形鹽、膴、鮑魚、鱐。註曰:蕡,枲實也。鄭司農云:熬麥,曰麷;麻,曰蕡;稻,曰白;黍,曰黑;築鹽以爲虎形,謂之"形鹽";故《春秋傳》曰"鹽,虎形"。玄謂:朝事,謂祭宗廟,薦血腥之事;膴,膴生魚爲犬臠;鮑者,於楅室中糗乾之;鱐者,析乾之。王者備物,近者腥之,遠者乾之,因其宜也。○麷,芳弓反。蕡,符文反。鱐,所求反。楅,皮逼反。乾,音干。

饋食之籩，其實棗、㮚、桃、乾獠、榛實。註曰：饋食，薦孰也。今吉禮存者。《特牲》、《少牢》諸侯之大夫、士祭禮也，不祼，不薦血腥，而自薦孰始。是以皆云饋食之禮。乾獠，乾梅也。有桃諸、梅諸，是其乾者。榛，似栗而小。○㮚，古"栗"字。乾，音干。獠，力到反。

　　加籩之實，菱、芡、㮚、脯，菱、芡、㮚、脯。註曰：加籩，謂尸既食，后亞獻尸所加之籩。重言之者，以四物爲八籩。菱，芰也。芡，雞頭也。栗，與饋食同。鄭司農云：菱、芡、脯脩。○菱，音陵。芡，音儉。重，直用反。芰，其寄反。

　　羞籩之實，糗餌、粉粢。疏曰：羞籩，謂若《少牢》賓長致爵受酢，宰夫羞房中之羞于尸祝、主人、主婦之右。天子之禮，賓長受酢後，亦當設此內羞于尸祝及王與后也。糗，熬大豆與米也。粉，豆屑也。○坡謂：餌，粉餅也。《說文》云："餌，屑米爲粉，然後水調之。"粢，稻餅也，謂炊米爛而擣之。粉粢，以豆爲粉，糝粢上也。粢之言滋也。餌之言堅潔若"玉珥"也。○餌，而志反。粢，昨資反。炊，音吹。糝，素感反。後同。珥，音二。

　　凡祭祀，共其籩薦羞之實。疏曰：祭祀言"凡"，謂四時禘祫等。薦者，先薦後獻，祭祀也。據朝踐饋獻時，未獻前所薦之籩豆是也。羞者，謂尸食後、酳尸訖所進羞，即加籩之實是也。○酳，音孕。

　　喪事及賓客之事，共其薦籩羞籩。註曰：喪事之籩，謂殷奠時。○疏曰：殷奠，朔月、月半薦、新祖奠、遣奠之類也。

　　爲王及后、世子，共其內羞。註曰：於其飲食，以共房中之羞。○凡籩事掌之。《禮運》孔疏曰："祭日之旦，王服袞冕而入，尸亦袞冕，祝在後侑之。王不出迎尸。"故《祭統》云君"不迎尸"，以"別嫌也"。尸入室，乃作樂降神，故《大司樂》云"凡樂，圜鐘爲宮"，"九變"而致人鬼是也。乃祼，故《書》云"王入大室祼"。當祼之時，棗尸皆同在大廟中，依次而祼。所祼鬱鬯，《小宰》注云"尸祭之、啐之、奠之，是爲一獻也。王乃出迎牲，后從祼，二獻也"。迎牲而入，至於庭，故《禮器》云"納牲詔於庭"；王親執鸞刀啓其毛，而祝以血毛告於室，故《禮器》云"血毛詔於室"。凡牲，則廟各別牢，故《公羊傳》云"周公白牡，魯公騂犅"。案：《逸禮》云："毀廟之主，昭其一牢，穆其一牢。"於是行朝踐之事，尸出於室，大祖之尸坐於戶西，南面，其主在右。昭在東，穆在西，相對坐，主各在其右。故鄭註《祭統》云"天子、諸侯之祭，朝事延尸於戶外"，是以有北面事尸之禮。祝乃取牲膟膋，燎于爐炭，入以詔神于室，又出以墮于主前。《郊特牲》云"詔祝於室，坐尸於堂"是也。王乃洗肝於鬱鬯而燔之，以制於主前，所謂"制祭"；次乃升牲首於室中，置於北牖下，后薦朝事之豆籩，乃薦腥於尸主之前，謂之"朝踐"，即此《禮運》"薦其血毛，腥其俎"是也。其體解以湯爓之，不全熟；次於腥而薦之堂，並當朝踐之節。王乃以玉爵，酌著尊泛齊以獻尸，三獻也。后又以王爵，酌著尊醴齊以亞獻，四獻也。乃退而合烹，至薦熟之時，陳於堂，故《禮器》云"設饌於堂"⑧，乃後延主入室。太祖東面，昭在南面，穆在北面，徙堂上之饌於室內。坐前祝以斝爵酌奠於饌南，故《郊特牲》註云："天子奠斝，諸侯奠角"，即此之謂也。既奠之後，又取腸間脂、炳蕭合馨薌。《郊特牲》註云"奠謂薦熟時，當此大合樂也。"自此以前，謂之"接祭"，乃迎尸入室，舉此奠斝，主人拜以安尸。故《郊特牲》云"舉斝角，拜妥尸"是也。后薦饋獻之豆籩，王乃以王爵，酌壺尊盎齊以獻尸，爲五獻也。后又以玉爵，酌壺尊醍齊以獻尸，是六獻也。於是尸食十五飯訖。王以玉爵，因朝踐之尊，泛齊以酳尸，爲七獻也。故鄭云："變朝踐，云朝獻，尊相因也。"朝獻，謂此王酳尸，因朝踐之尊也。后乃薦加豆籩，尸酌酢主人，主人受嘏，王所以獻諸侯。於是，后以瑤爵，因酌饋食壺尊醍齊以酳尸，爲八獻也。鄭註《司尊彝》云："變再獻爲饋獻者，亦尊相因也。"再獻，后酳尸獻，謂饋食時后之獻也。於時，王可以瑤爵獻卿也。諸侯爲賓者，以瑤爵酌壺尊醍齊以獻尸，爲九獻。九獻之後，謂之加爵。案：《特牲》有三加，則天子以下，加爵之數依尊卑，不秪三加也。故《特牲》三加爵，別有嗣子舉奠。《文王世子》諸侯謂之"上嗣"，舉奠亦當然。其魯及王者之後，皆九獻。其行之法，與天子同。侯、伯七獻，朝踐及饋獻時，君皆不獻，於九獻之中減二，故爲七獻也。《禮器》云"君親制祭，夫人薦盎；君親割牲，夫人薦酒"是也。子、男五獻者，亦以薦腥、饋熟二。君皆不獻。酳尸之時，君但一獻而已。

九獻之中去其四,故爲五獻,皆崔氏之説。今案《特牲》、《少牢》,尸食之後,主人、主婦及賓備行三獻,主婦因獻而得受酢。今子、男尸食之後,但得一獻,夫人不得受酢,不如卿大夫,理亦不通。蓋子、男饋熟以前,君與夫人並無獻也;食後行三獻,通三灌爲五也。《禮器》所云,據侯、伯"七獻"之制也。○犅,音剛。脺,音律。膋,力雕反。燎,音聊。燔,音煩。燗,音潛。著,直畧反。䇞,音稼。焽,如悦反。薌,音香。醲,音體。秖、祗同。

醢　人

○醢人,掌四豆之實。朝事之豆:其實韭菹、醓醢、昌本、麋臡、菁菹、鹿臡、茆菹、麋臡。註曰:醢,肉汁也。昌本,昌蒲根,切之四寸爲菹。三臡,亦醢也。作醢及臡者,必先脯乾其肉,乃後莝之,雜以粱麴及鹽,漬以美酒,塗置瓶中,百日則成矣。有骨爲"臡",無骨爲"醢"。菁,蔓菁也。茆,鳧葵,即荇菜也。凡菹醢,皆以氣味相成,其狀未聞。○疏曰:豆,木器。豆與籩並設,節數與四籩同時,皆后設之。○韭,音久。醓,吐感反。臡,乃今反。茆,音卯。麋,京倫反。脯,普博反。莝,倉卧反。

饋食之豆:其實葵菹、蠃醢、脾析、蠯醢、蜃、蚳醢、豚拍、魚醢。葵,菜名,味甘滑。蠃,螔蝓。脾析,牛百葉也。蠯,蛤也。蜃,大蛤。蚳,蟻子,拍爲膊。豚拍,豚脇也。○拍,音博。

加豆之實:芹菹、兔醢、深蒲、醓醢、箔菹、鴈醢、筍菹、魚醢。註曰:芹,楚葵也。鄭司農云:深蒲,蒲蒻入水深,故曰"深蒲"。醓醢,肉醬也。箔,水中魚衣。玄謂:深蒲,蒲始生水中子。箔,箭萌。筍,竹萌。○箔,音迫。筍,息尹反。蒻,音弱。

羞豆之實:酏食、糝食。註曰:酏,餰也。《內則》曰:"取稻米舉糔溲之,小切狼臅膏,以與稻米爲餰。"又曰:"糝,取牛、羊、豕之肉,三如一,小切之,與稻米。稻米二,肉一,合以爲餌,煎之。"○食,音嗣。餰,之然反。糔,思柳反。溲,所柳反。臅,昌蜀反。

凡祭祀，共薦羞之豆實。賓客喪、紀，亦如之。

爲王及后、世子共其內羞。王舉則共醢六十罋，以五齊、七醢、七菹、三臡實之。註曰：齊，當爲"齏"。五齏，昌本、脾析、蜃、豚拍、深蒲也。七醢，醓、蠃、蠯、蚳、魚、兔、鴈醢。七菹，韭、菁、茆、葵、芹、箈、筍菹。三臡，麋、鹿、麇臡也。凡醓醬所和，細切爲齏，全物若牒爲菹。《少儀》曰："麋鹿爲菹，野豕爲軒，皆牒而不切。麇爲辟雞，兔爲宛脾，皆牒而切之。切葱若薤，實之醯以柔之。"由此言之，則齏菹之稱，菜肉通。○疏曰：此以下與籩人異，以其王舉不共籩實，唯有豆實。○齊，子西反。軒，音獻。辟，必亦反。薤，音械。

賓客之禮，共醢五十罋。註曰：致饗飧時。○疏曰：案：《秋官·掌客》上公之禮，"醯醢百有二十罋"；侯、伯，"百罋"；子、男，"八十罋"。此其醢五十罋，并醯人所共醯五十罋，共爲百罋。惟據侯、伯饗飧之禮，舉中言之，明兼有上公與子、男。《掌客》上公已下，乃諸侯相待禮；天子待諸侯，亦與之同。又案：《聘禮》待聘臣，亦云"醯醢百罋"，得與諸侯同者，彼別爲臣禮，禮有損之而益，故子、男之卿百罋，其數多於君。○凡事共醢。

醯　人

○醯人，掌共五齊、七菹。凡醯物，以共祭祀之齊、菹。凡醯、醬之物，賓客亦如之。齊、菹、醬三者，皆須醯成味，故與醯人共掌之。醬，即醯臡也。賓客亦如之者，下云"賓客之禮"，據饗飧；此云"賓客"，據饗食致之。○齊，子分反。下同。

王舉，則共齊、菹醯物六十罋。共后及世子之醬、齊、菹。賓客之禮，共醯五十罋。凡事共醯。

鹽　人

○鹽人，掌鹽之政令，以共百事之鹽。註曰：政令，謂受入教所處置，求者所當得。

祭祀，共其苦鹽、散鹽。疏曰：杜子春讀"苦"爲"盬"。盬，謂出於鹽池，今之顆鹽是也。散鹽，煑水爲之，出於東海。

　　賓客共其形鹽、散鹽。王之膳羞共飴鹽。后及世子亦如之。註曰：飴鹽，鹽之恬者，今戎鹽有焉。○疏曰：即石鹽也。

　　凡齊事，鬻鹽以待戒令。註曰：齊事，和五味之事。鬻鹽，湅治之。○鄭剛中曰：先王於鹽，只以爲祭祀、賓客、膳羞之用，初不以爲富國之資。故《周禮》一書，理財居半，鹽獨無賦。自管仲以後，寖以爲富國之資，遂至官與民爭利，豈先王之意哉？○齊，才細反。鬻，音煮。湅，音練。

<h3 style="text-align:center">幂　　人</h3>

　　○幂人，掌共巾幂。註曰：共巾可以覆物。○幂，莫歷反。

　　祭祀，以疏布巾幂八尊。註曰：以疏布者，天地之神尚質。○疏曰：舉天地，則四望山川、社稷、林澤皆用疏布，皆是尚質之義也。○坡謂：尊之名六，而曰"八尊"者，案《春官·司尊彝》"春祠，夏禴"，獻象皆兩之，則四尊也，皆有罍，則四罍尊也。與上四尊，共八尊。獻象四尊，以盛泛、醴、盎、醍四齊，在堂上。即《禮運》所云"醴醆在戶，粢醍在堂"是也。四罍尊，一罍以盛沈齊，三罍以盛三酒，俱在堂下。《禮運》云"澄酒在下"，鄭註云"澄，是沈齊；酒，是三酒"是也。烝嘗間祀亦然。以畫布巾幂六彝。註曰：宗廟可以文畫者，畫其雲氣與。○疏曰：此舉"六彝"，對上經"八尊"無鬱鬯，以言宗廟有鬱鬯。其實，天地亦有秬鬯之彝。用疏布，宗廟亦有八尊，亦用畫布，互舉以明義也。○獻，音莎。秬，音矩。

　　凡王巾皆黼。言"凡"非一。四飲、三酒、籩豆、俎簋之屬，巾皆用黼黼者，繪以斧形，近刃白，近銎黑，周尚武，其用文德，則斁可。○黼，音甫。銎，曲恭反。

【校記】

　　① 查《康熙字典》引本註，"六清"中無"醫"字，乃"醷"字，音醫，酒也。但所謂"六飲"

中有"醫"。

② "凡祭祀之致福",《夏官·祭僕》作"凡祭祀祭福者"。此衍一"之"字,脱一"者"字。

③ "共",乃"待"字之誤。

④ "公族有死罪",《禮記·文王世子》作"公族其有死罪","公族"後,"有"前,脱一"其"字。

⑤ 按:"季冬薦魚"爲《詩序》文。

⑥ "肆",敕力反,原誤作"肆力反",據鄭註改。

⑦ "娩",應作"免"。"槁",《内則》作"薧",通"蒿"。

⑧ "設饌於堂",《禮器》作"設祭於堂"。

周禮述註卷四

宮　人

○宮人，掌王之六寢之脩，註曰：六寢者，路寢一，小寢五。路寢以治事，小寢以時燕息焉。○疏曰：諸侯則三寢，路寢一，燕寢一，側室一。脩，掃除也。○爲其井匽，除其不蠲，去其惡臭。井，漏井，所以受穢，今之滲坑。匽，豬，今之陰溝。《説文》："匽，匿也。"蠲，猶"潔"也。○匽，於建反。蠲，古玄反。滲，所譖反。豬，音諸。

共王之沐浴。凡寢中之事，埽除、執燭、共爐炭，凡勞事。註曰：勞事，勞褻之事。○埽，"掃"本字。

四方之舍事，亦如之。註曰：從王適四方及會同所舍。○易氏曰：夙興夜寐，灑掃庭内，衛武以爲荒耽之警。子有庭内，弗灑弗掃，晉昭以不能修正國之道，朝廷内外之肅，正君臣上下儆戒之機，豈細故哉？

掌　舍

○掌舍，掌王之會同之舍。設梐枑再重。梐枑，謂"行馬"，設三木，中聯之，交互樹之，以爲遮欄。行馬再重者，以周衛有内外別。○疏曰：此梐枑所施，唯據下文"車宮"、"壇宮"止宿而言；其"帷宮"、"無宮"，暫止之間，未必有此梐枑也。○設車宮，轅門。註曰：謂王行止宿險阻之處，備非常。次車以爲藩，則仰車以其轅表門。○爲壇，壝宮，棘門。謂王行止宿平地，築壇。壇邊低垣圍繞者，曰"壝"。棘門，以戟爲門。○爲帷宮，設旌門。註曰：謂王行晝止，有所展肆，若食息，張帷爲宮，則樹旌以表門。○無宮，則共人門。

註曰：謂王行有所逢遇，若住遊觀，陳列周衛，則立長大之人以表門。○凡舍事則掌之。註曰：王行所舍止。○桯，步禮反。柘，戶故反。重，直龍反。壝，唯季反。

幕　　人

○幕人，掌帷、幕、幄、帟、綬之事。王出宮，則有是事。帷，在旁施之，像土壁也。幕，則帷上張之，像舍屋也。帷幕皆以布爲之，四合像宮室，曰"幄"，王所居之帳也。帷，幕之內設之。帟，王在幕若幄中①，坐上承塵。幄帟皆以繒爲之。綬，條也。凡四物者，以綬連繫焉。○幄，烏學反。帟，音亦。條，音叨。

凡朝覲、會同、軍旅、田役、祭祀，共其帷、幕、幄、帟、綬。註曰：共之者，《掌次》當以張。

大喪，共帷、幕、帟、綬。註曰：爲賓客飾也。帷，以帷堂，或與幕張之於庭；帟，在柩上。

三公及卿大夫之喪，共其帟。註曰：唯士無帟，王有惠則賜之。《檀弓》曰："君於士，有賜帟。"○疏曰：此云"三公"，不云"諸侯"與"孤"，下《掌次》云"諸侯"與"孤"，不云"三公"者，"三公"即是"諸侯"，再，重。此不云"孤"，"孤"與"卿、大夫"同，不重。幕人不張，故署不言。

掌　　次

○掌次，掌王次之法，以待張事。註曰：法，大小丈尺。○疏曰：待張事者，王出，則幕人以帷與幕等送至停所，掌次張之。

王大旅上帝，則張氈案，設皇邸。註曰：大旅上帝祭天於圜丘，國有故而祭亦曰"旅"。此以旅見祀也。張氈案，以氈爲牀於幄中。鄭司農云：皇羽覆上。邸，後版也。玄謂：後版，屛風與？染羽象鳳皇羽色以爲之。○疏曰：案，謂牀也。牀上著氈，即謂之氈案。鄭云"於幄中"，則知不徒設氈案皇邸而已；明知并有大次、小次之幄，與下祀五帝互見之也。○朝日，祀五帝，則張大次、小次，設重帟、重案。合諸侯，亦如之。註曰：朝日，春分拜日於東門之外，祀五帝於四郊。次，謂幄也。大幄，初往所止居也；小幄，謂接祭退俟之處。《祭義》曰："周人祭日，以朝及闇。"雖有強力，孰能支之？是以退俟，與諸臣代有事焉。合諸侯於壇，王亦以時休息。重帟，復帟。重案，牀重席也。鄭司農云：五帝，五色之帝。○疏曰：大幄、小幄，幄在幕中。既有幄，明有帷幕可知。云"重案"不言"氈"及"皇邸"，亦有可知。上"氈案"不言"重席"，亦有"重席"可知。互見爲義。○邸，當禮反。朝，直遥反。註同。著，直畧反。

師、田，則張幕，設重帟、重案。註曰：不張幄者，於是臨誓衆，王或回顧瞻察。

諸侯朝覲、會同，則張大次、小次。註曰：大次，亦初往所止居。小次，即宫待事之處。○疏曰：此謂與諸侯張之。四時常朝，在國内；今言朝覲、會同，爲會同而來，故在國外，與大宰"大朝覲會同"一也。王於合諸侯如祭祀，則諸侯從王祭祀，亦與會同同。○師、田，則張幕、設案。疏曰：承上諸侯，謂諸侯從王而師田者，則掌次爲張之。案不言重，則無重席，亦應有單席也。

孤、卿有邦事，則張幕、設案。註曰：有邦事，謂以事從王，若以王命出也。孤，王之孤三人，副三公。論道者，不言公。公如諸侯禮，從王祭祀；合諸侯，張大次、小次；師、田，亦張幕、設案。

凡喪，王則張帟三重，諸侯再重，孤、卿、大夫不重。註曰：張帟，柩上承塵。○疏曰：言"凡"者，以其王已下至大夫，兼有后及三夫人已下。后與王，同三重；世子、三夫人與諸侯，再重；九嬪、二十七世婦與孤卿大夫同，不重，一而已。八十一御妻與士同，無帟，有賜乃得帟也。此諸侯，謂三公王子母弟；若畿外諸侯，掌次不張之。

凡祭祀，張其旅幕，張尸次。註曰：旅，衆也。公卿以下，即位所祭祀之門外，以待事，爲之張大幕。尸則有幄。鄭司農云：尸次，祭祀之尸所居更衣帳。

射，則張耦次。註曰：耦，俱升射者。次，在洗東。《大射》曰："遂命三耦取弓矢于次。"○疏曰：天子大射六耦，在西郊；賓射亦六耦，在朝；燕射三耦，在寢。此六耦、三耦，據諸侯射者；若衆耦，則多，但無常數耳。

掌凡邦之張事。史直翁曰：帷幕幄帟，所用非一處；用罷，則徹之而復用，其爲費亦小矣。後世離宮別館，竭萬家生養之資，爲一日巡幸之備，嗚呼！無惑乎生民息肩之無日也！

大　　府

○大府，掌九貢、九賦、九功之貳，以受其貨賄之入，頒其貨于受藏之府，頒其賄于受用之府。九功，謂九職也。内府曰受藏，外府曰受用。凡貨賄，皆藏以給用耳。或言"受藏"，或言"受用"，又雜言貨、賄，皆互文。○凡官府、都鄙之吏，及執事者，受財用焉。執事，謂爲官執掌其事。須有營造，合用官物者，三者皆受於大府，而大府頒之，故下文遂言"頒財"。○藏，才浪反。註"受藏"同。

凡頒財，以式法授之：關市之賦，以待王之膳服；邦中之賦，以待賓客；四郊之賦，以待稍秣；家削之賦，以待匪頒；邦甸之賦，以待工事；邦縣之賦，以待幣帛；邦都之賦，以待祭祀；山澤之賦，以待喪紀；幣餘之賦，以待賜予。註曰：待，猶"給"也。此九賦之財給九式者。膳服，即羞服也。稍秣，即芻秣也。謂之稍，稍用之物也。喪紀，即喪荒也。賜予，即好用也。鄭司農云：幣餘，使者有餘來還也。○坡謂：以九賦待九式者，酌其所費之豐約，而以所入之多少當之。關市之賦列於首，尊王者之膳服也。"邦甸"序在"家削"之先，今次於下，恐或文錯。○秣，音末。削，梢去聲。予，音與。後"凡賜予"同。好，呼報反。使，色吏反。

凡邦國之貢，以待弔用；註曰：此九貢之財所給也。給弔用，給凶禮之五事。○疏曰：案：《大行人》六服因朝所貢之物，與《大宰》九貢歲之常貢，雖曰時節不同，貢物有異，要亦入弔用之數。

57

凡萬民之貢，以充府庫；註曰：此九職之財。充，猶"足"。○疏曰：九貢，言入弔用；九賦，言入九式。有餘財，亦入府庫。

　　凡式貢之餘財，以共玩好之用。凡邦之賦用，取具焉。此謂先給九式及弔用足，府庫而有餘財，乃可以共玩好。玩好，非共耳目之玩也。宗廟之鎮器，天府之守器，諸侯之分器，皆取于是，以其可玩也，故曰"玩好"。言"式"言"貢"，互文。賦用，用賦也。凡邦之賦用取具，如軍旅之費，田役施惠之費，百府有司禄廩之費，凡九式所不載者，皆取具於式貢之餘財也。

　　歲終，則以貨賄之入出會之。會，古外反。

　　或問：此官有九賦、九功之別，司會有田野民職之令，取於民者有二焉。鄭君以九功爲九職之貢，以九賦爲口率出泉，信乎？曰：口率出泉，漢法也。秦廢井田，始舍地而稅人，漢因而不改，豈可以爲斷於經乎？班固《食貨志》曰："有賦有稅。"稅，謂公田什一，及工商虞衡之入也。顏師古註之曰："賦，謂計口發財。"合斯二者，與鄭君之云不少異焉。朱子《井田類説》中，引用班、顏之言，是然之與？雖然，愚竊疑之。既借其力，以稅什一；復計其口，而算之泉，乃追求無藝，即頭會箕斂，不當復譏之，是乃先王之制矣。愚嘗考諸司徒政斂之官，所得於民，似有貢賦二事。《載師》職云"園廛二十而一"之等，即此九賦也。《閭師》職云"命農②以耕事，貢九穀"之等，即此九功也。"園廛二十而一"之等，曰"任地"，與司會以九賦"令田野之財用"一也。命農"貢九穀"之等，曰"任民"，與司會以九功"令民職之財用"一也。聞之曰：不責之賦，則將有地不毛，有田不耕，而不能無曠土；不使之貢，則將不畜不種，不耕不鹽，而不能無遊民。斯言殆得之矣。曰：既有地畝之征，又有九穀之貢，是取於公，而又斂其私也。然則，魯宣稅畝，何以譏其初？曰：九賦所稅入者，上之宜得也，於私田非有取焉。百畝之產，其制民厚矣。彼農於四時之間，高原下隰，所宜種而有得者，則貢之，等諸烹葵、剥棗，致其愛耳；等諸工商嬪婦，致其有耳，豈横斂歟？且不著其數，蓋惟視有無，不責多寡，是亦微矣。稅畝之云，未之思耶？曰：似矣。九賦有山澤之賦，有關市之賦；而閭師又有商貢貨賄，衡貢山物，虞貢澤物。然則賦貢將何別？曰：九賦之山澤者，山農澤農也；關市之征，廛布也；閭師山澤之貢，則絺紵羽翮之等。關市之貢，則財征也。是亦別矣。曰：言邦中四郊、甸、稍、縣、都，則山田、澤田舉之矣，何以特出山澤，而別爲賦目與？曰：有二說焉。山澤高下，其經界制畆之方，與夫天期地澤之利，皆不同平土。故楚司馬蔿掩，度山林，鳩藪澤，牧隰皐，井沃衍，皆別爲經治，猶此意也。又，王者封國，名山大澤不以封。山澤利遍九州，爲賦至廣，不盡於畿内所有而已。此所以別也。○或問：九賦以待九式，九貢以待弔用，其用悉矣，藉有所餘，何足以當師田禄廩之大事乎？曰：以某財待某事，先王示人有節之道耳，非必盡用也。王畿百同之地，所入至廣；邦國之貢，爲財亦多。如九式者，天子既儉於自奉，至於待人事神，禮雖從豐，亦法無過濫。邦國弔用，不時之舉，度其財之所出，未足以費其所入之四五也。曰：師田禄廩，何以不爲式？曰：禄廩至繁，不可限以一賦；軍旅無常，不可待以經賦。故不爲式也。曰：或謂周官軍旅之行，皆人自齎糧，信乎？曰：是何言與？軍旅之行，廩人給之米穀，外府與之邦布，遺人待以委積，委人共其薪蒸木材，皆上之爲之也。言自齎者，徵以何文乎？嗚呼！語焉不詳，厲民者，豈徒國服之息？○蔿，音委。

玉　　府

○玉府，掌王之金玉、玩好、兵器，凡良貨賄之藏。註曰：良，善也。此物皆式貢之餘財所作。○好，呼報反。藏，才浪反。

共王之服玉、珮玉、珠玉。記云：大圭，長三尺，天子服之。服玉，大圭也。珮玉，佩於革帶之上。珮玉有蔥衡。衡，横也。以蔥玉爲横梁，又以組縣於衡之兩頭，兩組之末，皆有半璧，曰"璜"。以一組縣於衡之中央，於末著衝牙，使前後觸璜。衡璜之外，別有琚瑀。琚瑀所置，在縣衝牙組之中央，又以兩組穿於琚瑀之内角，斜繫於衡之兩頭，於組末繫於璜。凡組繩五，皆蠙珠以内其間。珠玉，琢玉爲珠也。王之五冕，旒數不同，而玉皆十二。又有皮弁、韋弁、冠弁，其會玉亦十二。○著，直畧反。琚，音居。瑀，音羽。縣，音懸。"以内"之

"内",音納。

王齊,則共食玉。註曰:玉是陽精之純者,食之以禦水氣。鄭司農云:王齊,當食玉屑。○齊,音齋。

大喪,共含玉、復衣裳、角枕、角柶。含玉,璧形而小,以爲口實。復,招魂也。衣裳,生時服。角枕,以枕尸。角柶,角匕也,以楔齒。楔齒者,令可飯含。○含,戶暗反。註同。楔,先結反。飯,扶晚反。

掌王之燕衣服、衽席、牀笫,凡褻器。註曰:燕衣服者,巾絮、寢衣、袍襗之屬,皆良貨賄所成。笫,簀也。鄭司農云:衽席,單席也。褻器,溲器,虎子之屬。○笫,側美反。襗,音澤。

若合諸侯,則共珠槃、玉敦。註曰:敦,槃類,珠玉以爲飾。合諸侯者,必割牛耳,取其血,歃之以盟,珠槃以盛牛耳,尸盟者執之。玉敦,歃血玉器。○疏曰:合諸侯者,謂時見曰"會"。○鄭剛中曰:周公當成周盛時,六服羣辟,罔不承德,而設官使共合諸侯歃血之器,何耶?聖人防患之意,以爲盛者有時而衰,合者有時而散,故盟會歃血之事,亦有時而不免。然則,待衰世,慮後患,遠矣。○敦,音對。"盛牛"之"盛",音成。見,音現。

凡王之獻金玉、兵器、文織、良貨賄之物,受而藏之。註曰:謂百工爲王所作,可以獻遺諸侯。古者致物於人,尊之則曰"獻",通行曰"饋"。《春秋傳》曰:"齊侯來獻戎捷,尊魯也。"文織,畫及繡錦。○織,音志。

凡王之好賜,共其貨賄。疏曰:謂王於羣臣有恩好,因燕飲而賜之者也。○王介甫曰:此既言共王好賜之貨賄,《內府》又言共"王及冢宰之好賜予"者,凡王以玉府所受好賜,玉府共之;以內府所受好賜,內府共之。

內　　府

○內府,掌受九貢、九賦、九功之貨賄,良兵、良器,以待邦之大用。受,受之大府也。良兵,謂弓矢、殳、矛、戈、戟五兵之良者。良器,謂車乘及禮樂器之善者。此冬官所作,亦由大府而來。大用,九式及弔用也。○殳,音殊。

凡四方之幣獻之金玉、齒革、兵器，凡良貨賄入焉。註曰：諸侯朝聘，所獻國珍。○疏曰：此因朝聘而貢，先入於掌貨賄，入其要於大府，乃始通之於内府也。○陳及之曰：玉府、内府，所掌金玉、兵器、良貨賄，一也。必分于二官者，蓋玉府所掌，皆式貢餘財所作，及獸人、漁人所入之物，專以共王玩好及賜予耳，邦之大用不與焉；内府所掌，乃九貢、九功之貨賄，及諸侯所獻國珍，皆公家物，以待邦之大用，所以分于二官。○好，呼報反。下同。與，音預。

凡適四方使者，共其所受之物而奉之。適四方使者，謂使公、卿、大夫聘問諸侯。若《大行人》間問、省、頫之等。物，疏云"即《玉府》'王之獻金玉'"已下是也。或云，即所受之幣獻以貽之。蓋各以國之所無者，分錯交送。○坡謂：二說相須，其義始備。○使，所吏反。頫，音眺。

凡王及冢宰之好賜予，則共之。註曰：冢宰，待四方賓客之小治，或有所善，亦賜予之。

外　　府

○外府，掌邦布之入出，以共百物，而待邦之用凡有法者。註曰：布，泉也。布，讀爲"宣布"之"布"。其藏曰"泉"，其行曰"布"。取名於水泉，其流行無不徧。入出，謂受之，復出之。共百物者，或作之，或買之。待，猶"給"也。○坡謂：邦用有法者，如下文所云皆是也。此官掌藏國家鼓鑄之布。然九賦、九功之稅，民有不出粟、米、麻、絲，而或以布代者，當亦入於此府。

共王及后、世子之衣服之用。凡祭祀、賓客、喪紀、會同、軍旅，共其財用之幣齎，賜予之財用。註曰：齎，行道之財用也。《聘禮》曰："問幾月之齎[3]。"鄭司農云：齎，或爲"資"。今禮家定"齎"作"資"。玄謂："齎"、"資"同耳。其字以齊次爲聲，從貝變易。古字亦多或。○疏曰：賜予之財用，亦謂王於羣臣有所恩，好賜予之也。○齎，音咨。好，呼報反。

凡邦之小用，皆受焉。註曰：皆來受。○疏曰：外府所内泉布，所積既少，有小用則給之；若大用，即取餘府。○内，音納。

歲終，則會。唯王及后之服，不會。

司　　會

○司會，掌邦之六典、八法、八則之貳，以逆邦國、都鄙官府之治。以九貢之法，致邦國之財用；以九賦之法，令田野之財用；以九功之法，令民職之財用；以九式之法，均節邦之財用。九賦令田野者，有田則有賦也。九功令民職者，有職則有貢也。詳在《地官》載師、閭師二職。自"六典"至"九式"七者，皆冢宰掌其正，司會則執其貳以佐之如此也。○會，古外反。下同。

掌國之官府、郊、野、縣、都之百物財用，凡在書契、版圖者之貳，以逆羣吏之治，而聽其會計。註曰：郊，四郊，去國百里。野，甸、稍也。甸，去國二百里；稍，三百里；縣，四百里；都，五百里。書，謂簿書；契，其最凡也。版，户籍也；圖，土地形象，田地廣狹。○疏曰：此"書契、版圖"，下文司書掌其正，此司會主鉤考，故掌其副貳。○徐氏曰：百物財用，皆有書契、版圖焉。案：以鉤校其征斂之虛完，放散存積之多少，吏治之寬刻廉貪也。○坡謂：此節承"九賦"、"九功"、"九式"三者，上既令之，此則逆而聽之也。○鉤，居侯反。

以參互考日成，以月要考月成，以歲會考歲成。坡謂：《宰夫》職"歲終則令羣吏正歲會，月終則令正月要，旬終則令正日成，而以考其治"，則此經不獨言會計財用之法，乃承上文掌八法、八則，以逆官府都鄙之治者如此也。參互，相參交互也。

以周知四國之治，坡謂：周，猶"遍"也。承上文以六典逆之，以九貢致之，所以周知四國之治否也。○以詔王及冢宰廢置。坡謂：總結上文。

司　　書

○司書，掌邦之六典、八法、八則、九職、九正、九事，邦中之版，土地之圖，九正，謂九貢、九賦正稅也。九事，九式也。以用財言之，則曰"式"；以用財所爲之事言之，則曰"事"，一也。此一經爲下文之總目。○疏曰：此所掌與司會同者，以其司會主鉤考，司書掌書記之；司書所記，司會鉤考之，故二官所掌，其事通焉。○正，音征。註同。

以周知入出百物，以敘其財，受其幣，使入于職幣。敘，猶比次也。受，謂受録其餘幣，而爲之簿書，使之入于職幣也。夫九職、九正，百物之入也；知其入以敘其財者，職内事也。九事，百物之出也；知其出以敘其財者，職歲事也。受其餘幣而藏之者，職幣事也。司書爲三官書記之長，故周知之、受之。○凡上之用財用，必考于司會。註曰：上，謂王與冢宰。王雖不會，亦當知多少而闕之。司會以九式均節邦之財用。○坡謂："以周知"至此，即司會所掌官府之百物財用也。○長，音掌。

三歲，則大計羣吏之治，以知民之財、器械之數，以知田野、夫家、六畜之數，以知山林、川澤之數，以逆羣吏之徵令。註曰：械，猶"兵"也。逆，受而鉤考之。山林、川澤童枯，則不稅。○疏曰：三年一閏，天道小成。考校羣吏，須有黜陟。"知民之財器"已下，"川澤"已上，恐其羣吏濫徵斂萬民，故知此本數，乃鉤考其徵令也。○坡謂：此一經，即司會所掌郊、野、縣、都之百物財用也。"以知民財"已下，以書契、版圖知之也。○李景齊曰：《豳風》陳王業，《孟子》論王道，可見古人皆以民事爲先。吾觀冢宰三歲大計，意其必功過之大者；至司書之職，而後知其所計者，但如此耳。先王之致意於民事，何如也！後世課羣吏者，責辦賦稅，與夫薄書獄訟之末，民生之厚與否，里野之闢與否，不恤也，安識成周計吏之本意？

凡稅斂，掌事者受法焉；及事成，則入要貳焉。註曰：法，猶"數"也；應當稅者之數。成，猶"畢"也。○疏曰：凡稅斂者，謂若《地官》閭師、旅師徵斂之官，必來受法。又，入要貳者，以司書知財器已下之數，擬後鉤考之也。

凡邦治，考焉。以其自六典至版圖，無不掌其書，故皆此乎考也。

職　　內

○職内，掌邦之賦入，辨其財用之物，而執其總。以貳官府、都鄙之財入之數，以逆邦國之賦用。掌賦入者，謂九職、九貢、九賦之税入，皆掌之。賦，乃總名。下言"賦"者，皆此類也。辨財用之物，處之使種類相從。總，謂簿書之種別與大凡。官府財入，謂内府、外府之屬，凡入貨賄者皆是。都鄙財入，蓋縣都財賦，留其處以待用，而其副皆在職内。賦用，用賦也。

凡受財者，受其貳令而書之。受財，受於大府也。貳令者，大府一令與其人爲信，至某府受財；一爲副令，下職内登書，以備鉤考，若今時之有存案。

及會，以逆職歲與官府財用之出，疏曰：職歲主出，職内主入。以已入財之數，鉤考職歲出財之數，與職歲出財與官府所用之數，並鉤考之也。○會，古外反。

而敘其財，以待邦之移用。註曰：亦鉤考今藏中餘見，爲之簿。移用，謂轉運給他。○坡謂：詳此官，並非職藏之府。夫内府掌貢賦，外府掌邦布。財之良不良，皆舉之矣，安得更有不良者，藏自職内乎？且内府、外府，掌其入亦掌其出，則未知職歲之所出，又果何財也？然則職内、職歲二官，與司會、司書爲類，明是掌文書以鉤考出内之會計，並無府義也。鄭子以爲府者，蓋因職幣振斂餘財，以例此二官，故以爲府耳。然而可疑矣。○藏，才浪反。"藏自"之"藏"，讀本字。内，音納。

職　　歲

○職歲，掌邦之賦出，以貳官府、都鄙之財出、賜之數，以待會計而考之。註曰：以貳者，亦如職内書其貳令而編存之。出，出以給用也。賜，用以賜予也。

凡官府、都鄙羣吏之出財用，受式法于職歲。註曰：百官之公用式法多少，職歲掌出之，舊用事存焉。○坡謂：以出數之貳在此也。

凡上之賜予，以敘與職幣授之。註曰：敘，受賜者之尊卑。○坡謂：以賜數之貳在此也。

及會，以式法贊逆會。疏曰：司會逆羣吏之治，而聽其會計。此官主式法出財用，故以此助之。

職　　幣

○職幣，掌式法，以斂官府、都鄙與凡用邦財者之幣，註曰：幣，謂給公用之餘。凡用邦財者，謂軍旅。○振掌事者之餘財，振，收也。掌事，謂以王命有所作爲。上斂幣者，日用經費之餘也；此振財者，有興作之事而餘也。言"斂"言"振"，變易句名。○皆辨其物而奠其錄，以書楬之，以詔上之小用、賜予。註曰：奠，定也。定其錄籍。鄭司農云：楬之，若今時爲書以著其幣。○楬，其列反。著，張恕反。

歲終，則會其出。凡邦之會事，以式法贊之。

司　　裘

○司裘，掌爲大裘，以共王祀天之服。註曰：鄭司農云：大裘，黑羔裘。服以祀天，示質。○疏曰：祭服，皆玄上纁下。明此裘亦羔之黑者。大裘之上，又有玄衣，與裘同色。○坡謂：直言"祀天"，不及於地。經既無文，註亦不言。惟疏云"崑崙神州，亦用大裘"。程子曰：元祐時，議北郊，只爲五月間，天子不可服大裘，皆以爲難行。案：《宗伯·司服》云："祀昊天上帝，則服大裘而冕，祀五帝亦如之。"若以五月祀地，大裘難服，則四月赤帝，六月黃帝，服之其可乎？蓋祀地之時，其冕如大裘之冕，其服如大裘上之玄衣。玄衣之內，不復有大裘也。赤帝、黃帝，疑亦當爾。故楊氏曰：蒼璧、黃琮，以象天地之性者，不容不異。冕服，王之所服，以事天地，不容不同，但夏至不用大裘耳。屨人之屨，猶辨四時之宜，則冕服可知矣。斯言是也。又聞之兄云：社者，祭地。《司服》云"祭社稷"以"希冕"，則希冕祭地昭然矣。若以父天母地，冕服不宜下於四望、山川，則諸侯相待，子、男醴醴八十罋，至待聘卿，子、男之卿亦百罋。臣乃多君，何與？禮有損之而益，王者尊天親地，未可以是泥也。存此二説，以俟正焉。○纁，音熏。

中秋獻良裘，王乃行羽物。註曰：良，善也。中秋，鳥獸稚毨，因其良時而用之。鄭司農云：良裘，王所服也。玄謂："良裘"，《玉藻》所謂"黼裘"與？羽物，小鳥鶉雀之屬，鷹所擊者。中秋鳩化爲鷹，中春鷹化爲鳩，順其始殺，與其將止，而大班羽物。○疏曰：爲八月誓獮田所用，故獻之。○**季秋獻功裘，以待頒賜。**註曰：功裘，人功微麤，謂狐青、麛裘之屬。鄭司農云：功裘，卿大夫所服。○中，音仲。註同。毨，音毛。毨，先典反。鶉，音淳。獮，息淺反。麤。麤同，音粗。麛，音迷。

王大射，則共虎侯、熊侯、豹侯，設其鵠。諸侯則共熊侯、豹侯，卿、大夫則共麋侯，皆設其鵠。註曰：大射者，謂祭祀射。王將有郊廟之事，以射擇諸侯及羣臣，與邦國所貢之士，可以與祭者。射者可以觀德行，其容體比於禮，其節比於樂，而中多者，得與於祭。諸侯，謂三公，及王子弟封於畿内者。卿大夫，亦皆有采地焉，其將祀其先祖，亦與羣臣射以擇之。凡大射，各於其射宮。侯者，其所射也，以虎、熊、豹、麋之皮飾其側，又方制之以爲準，謂之"鵠"，著于侯中，所謂皮侯。王之大射，虎侯，王所自射也；熊侯，諸侯所射；豹侯，卿大夫以下所射。諸侯之大射，熊侯，諸侯所自射；豹侯，羣臣所射。卿大夫之大射，麋侯，君臣共射焉。凡此侯道，虎，九十弓；熊，七十弓；豹、麋，五十弓。列國之諸侯大射，大侯，亦九十；糝，七十；豻，五十。遠尊得伸，可同耳。所射正謂之侯者，天子中之，則能服諸侯。諸侯以下中之，則得爲諸侯。侯中之大小，取數於侯道。《鄉射·記》曰"弓二寸以爲侯中"，則九十弓者，侯中廣丈八尺；七十弓者，侯中廣丈四尺；五十弓者，侯中廣一丈。《考工記》曰："梓人爲侯，廣與崇方，參分其廣而鵠居一焉。"然則，侯中丈八尺者，鵠方六尺；侯中丈四尺者，鵠方四尺六寸大半寸；侯中一丈者，鵠方三尺三寸少半寸。謂之"鵠"者，取名於鳱鵠。鳱鵠，小鳥而難中，是以中之爲雋。亦取鵠之言"較"。較者，直也。

射所以直己志。用虎、熊、豹、麋之皮,示服猛討迷惑者。射者大禮,故取義衆也。士不大射,士無臣,祭無所擇。○疏曰:此經不云孤。孤六命,亦與卿同。○與,音預。下"得與"同。行,下孟反。比,毗志反。下同。中,丁仲反。下"天子中之"、"以下中之"、"而難中"、"以中"皆同。"所射"之"射",食亦反。下"自射"、"所射"、"共射"皆同。正,音征。下同。豻,音鴈。鴞,音鴈。

大喪,廞裘,飾皮車。註曰:皮車,遣車之革路。廞,興也,若《詩》之興,謂象似而作之。凡爲神之偶衣物,必沽而小耳。○疏曰:裘,謂明器中之裘,即上"良裘"、"工裘"等。飾皮車者,亦謂明器之車,以皮飾之。○廞,音歆。興,去聲。

凡邦之皮事掌之。歲終,則會;唯王之裘與其皮事,不會。

掌　皮

○掌皮,**掌秋斂皮,冬斂革,春獻之**,註曰:皮革踰歲乾,久乃可用。獻之,獻其良者於王,以入司裘,給王用。○疏曰:獸皮治去其毛曰"革"。秋斂皮者,鳥獸毛毨之時,其皮善,故秋斂之。革須治,用功深,故冬斂之。

遂以式法頒皮革于百工。疏曰:良者入司裘,其餘入百工。因上事,故云"遂"也。式法,作物所用多少故事。百工者,冬官裘氏、韋氏、函人之類,用皮者也。

共其毳毛爲氈,以待邦事。毳毛,毛細縟者。共與冬官使作氈,與掌次也。邦事,祭祀、合諸侯之事。

歲終,則會其財齎。註曰:財,斂財本數及餘見者。齎,所給予人以物曰"齎"。今時詔書,或曰齎計吏。○疏曰:"財"與"齎",二者並據皮革而言。○見,賢遍反。予,音與。

内　宰

○内宰,**掌書版圖之法,以治王内之政令,均其稍食,分其人民以**

居之。註曰：版，謂宮中閽寺之屬及其子弟錄籍也。圖，王及后、世子之宮中吏官府之形象也。政令，謂施閽寺者。稍食，吏祿廩也。人民，吏子弟。分之，使衆者就寡，均宿衛。○疏曰：書，書之於版也。内宰所均稍食，謂閽寺及子弟宿衛後宮者。宮正所均，謂宿衛王宮者。○易彦祥曰：《秋官‧掌戮》云"宮者使守内"，蓋王内之職。惟内小臣奄四人爲上士，其餘皆非命士，則皆人民也。

以陰禮教六宮，註曰：鄭司農云：陰禮，婦人之禮。玄謂："六宮"謂后也。婦人稱"寢"曰"宮"。宮，隱蔽之言。后象王立六宮而居之，亦正寢一，燕寢五。教者不敢斥言之，謂之六宮，若今稱皇后爲中宮矣。《昏禮》母戒女曰："夙夜毋違宮事！"○以陰禮教九嬪，註曰：教以婦人之禮，不言教夫人、世婦者，舉中，省文。○以婦職之法教九御，使各有屬，以作二事，正其服，禁其奇邪，展其功緒。註曰：婦職，謂織紝組紃縫線之事。九御，女御也。九九而御于王，因以號焉。使之九九爲屬，同時御，又同事也。正其服，止踰侈。奇邪，若今媚道。展，猶"錄"也。緒，業也。二事，謂絲、枲之事。○疏曰：上文世婦以上，皆直言陰禮，不言職。此言職者，以其世婦已上貴，無絲、枲等職業之法故也。案：《詩》註云：王后織玄紞，公、侯夫人紘綖，卿之内子大帶，大夫命婦成祭服，士妻朝服。庶人已下，各衣其夫。貴賤皆有職者，彼示雖貴，無得遊手；率先之意，非如此絲、枲二事，責其功緒也。○"毋違"之"毋"，音無。紝，女金反。組，音祖。紃，似倫反。紞，都感反。紘，音横。綖，音延。

大祭祀，后祼獻則贊，瑶爵亦如之。註曰：謂祭宗廟。王既祼，后乃從後祼也。《祭統》曰："君執圭瓚祼尸，大宗執璋瓚亞祼。"謂夫人不與而攝耳。獻，謂王薦腥、薦熟，后亦從後獻也。瑶爵，謂尸卒食，王既酳尸，后亞獻之。其爵，以瑶爲飾。○正后之服位，而詔其禮樂之儀。註曰：薦徹之禮，當與樂相應。位，謂房中、户内及阼所立處。○疏曰：服，謂褘衣已下六服。正之，使服當其用。○贊九嬪之禮事。註曰：贊九嬪贊后之事。九嬪者，贊后薦玉齍、薦徹豆籩。○"不與"之"與"，音預。褘，音揮。

凡賓客之祼獻，瑶爵，皆贊。註曰：謂王同姓及二王之後，來朝覲爲賓客者。祼之禮,亞王而禮賓。獻,謂王饗燕,亞王獻賓也。瑤爵,所以亞王酬賓也。《坊記》曰:"陽侯殺繆侯而竊其夫人,故大饗廢夫人之禮。"④○致后之賓客之禮。賓客,謂諸侯來朝覲,及畿内同姓諸侯之夫人會見王后皆是也。禮,謂牢禮。致禮者,使下大夫。此内宰,下大夫也。○繆,音穆。

凡喪事,佐后使治外、内命婦,正其服位。註曰:使,使其屬之上士。内命婦,謂九嬪、世婦、女御。鄭司農云:外命婦,卿大夫之妻。王命其夫,后命其婦。玄謂:士妻亦爲命婦。○疏曰:喪言"凡",則王及后、世子以下皆是。服位者,服之精觕,位之先後。

凡建國,佐后立市,設其次,置其敘,正其肆,陳其貨賄,出其度、量、淳、制,祭之以陰禮。市朝者,君所以建國也。建國者,必面朝後市。王立朝,而后立市,陰陽相承之義。次,謂吏所治舍,司次、介次也。敘,市行列也。正其肆者,物各異肆,正之使不雜也。陳,猶"處"也,謂有諸物皆陳列之。度,丈尺也。量,豆區之屬。淳,謂幅廣也。制,謂匹長。淳制,天子巡守禮所云"制幣丈八尺,純四咫也"。陰禮,婦人之祭禮。一曰陰禮者,市中之社,先后所立社也。○王次點曰:此特體地道以始立市耳。既立,則后何預其事?○純,諸允反。

中春,詔后帥外内命婦始蠶于北郊,以爲祭服。註曰:蠶于北郊,婦人以純陰爲尊,郊必有公桑蠶室焉。○張敬夫曰:嘗考周家立國,自后稷以農爲務,歷世相傳。其君子則重稼穡之事,其室家則躬織紝之勤。相與咨嗟嘆息,服習乎艱難,咏歌乎勞苦。此實王業之根本也。故誦"服之無斁"之章,則知周之所以興;誦"休其蠶織"之章,則知周之所以衰。以是意而考後世治亂成敗之原,皆可得而見矣。○中,音仲。斁,音亦。

歲終,則會内人之稍食,稽其功事。内人,主謂九御。功事,絲枲之事。既均其稍食,歲終則會之;既展其功緒,歲終則稽之。○佐后而受獻功者,比其小大與其粗良而賞罰之。註曰:獻功者,九御之屬。《典婦功》曰:"及秋獻功。"○王介甫曰:小大比其制,粗良比其功。○會内宫之財用。註曰：計夫人已下所用財。

正歲，均其稍食，施其功事。憲禁令于王之北宮，而糾其守。註曰：均，猶調度也。施，猶班也。北宮，后之六宮。謂之北宮者，繫于王言之。明用王之禁令令之。守，宿衛者。○憲，音懸。度，待洛反，或如字。

上春，詔王后帥六宮之人，而生穜稑之種，而獻之于王。註曰：六宮之人，夫人以下，分居后之六宮者。古者，使后宮藏種，以其有傳類蕃孳之祥。必生而獻之，示能育之，使不傷敗，且以佐王耕事，其禘郊也。鄭司農云：先種後熟謂之"穜"，後種先熟謂之"稑"。王當以耕種于藉田，玄謂《詩》云"黍稷穜稑"是也。夫人以下，分居后之六宮者，每宮九嬪一人，世婦三人，女御九人，其餘九嬪三人，世婦九人，女御二十七人從后，唯其所燕息焉。從后者，五日而沐浴，其次又上，十五日而徧。云"夫人如三公，從容論婦禮"。○疏曰：上春者，亦謂正歲。以其春事將興，故云"上春"也。○穜，直龍反。稑，音六。種，章勇反。孳，音兹。

内　小　臣

○内小臣，掌王后之命，正其服位。註曰：命，謂使令所爲，或言王后，或言后，通耳。○后出入，則前驅。疏曰：此小臣是奄人，與后導道，是其常也。

若有祭祀、賓客、喪紀，則擯，詔后之禮事，相九嬪之禮事，正内人之禮事，徹后之俎。註曰：擯，爲后傳辭，有所求爲。詔、相、正者，異尊卑也。俎，謂后受尸之爵，飲于房中之俎。○疏曰：詔、相、正，皆是上擯。但據尊卑不同，故以詔、相別之。○相，息亮反。註同。

后有好事于四方，則使往。有好令於卿大夫，則亦如之。註曰：后於其族親所善者，使往問遺之。○其氏曰：好事，以□問遺也。好令，以言問勞也。○好，呼報反。下同。遺，唯季反。勞，去聲。

掌王之陰事、陰令。註曰：陰事，羣妃御見之事，若今掖庭令。晝漏不盡八刻,日録所記,推當御見者。陰令,王所求爲於北宫。○見,賢遍反。

閽　人

○閽人,掌守王宫之中門之禁,中門於外内爲中,雉門也。王有五門:外曰臯門,二曰庫門,三曰雉門,四曰應門,五曰路門。路門,一曰畢門。○坡謂:上序官言"每門",此言"中門"者,蓋舉中以例之。

喪服、凶器不入宫,潛服、賊器不入宫,奇服、怪民不入宫。註曰:喪服,衰絰也。凶器,明器也。潛服,若衷甲者。賊器,盜賊之任器、兵物皆有刻識。奇服,衣非常。怪民,狂易。○識,式志反。易,以豉反。

凡内人、公器、賓客,無帥則幾其出入,以時啓閉。註曰:三者之出入,當須使者符節乃行。鄭司農云:公器,將持公家器出入者。幾,謂無將帥引之者,則苛其出入時漏盡。○使,色吏反。將,子匠反。苛,呼河反。

凡外内命夫、命婦出入,則爲之闢。註曰:辟行人,使無干也。内命夫,卿、大夫、士之在宫中者。

掌掃門庭。註曰:門庭,門相當之地。○疏曰:閽人掌中門,唯中門外之地謂之門庭也。若餘門庭,則各有守門者掃之。

大祭祀、喪紀之事,設門燎,踂宫門、廟門。註曰:燎,地燭也。踂,止行者。廟在中門之外。○疏曰:喪紀、朝廟及出葬之時燎,天子百,公五十,侯、伯、子、男皆三十;所作之狀,蓋百根葦,皆以布纏之,以蜜塗其上,若今臘燭矣。凡賓客亦如之。疏曰:賓客在宫中、廟中,謂若享,食在廟,燕在寢。

寺　人

○寺人,掌王之内人及女宫之戒令,相道其出入之事而糾之。註曰:内人,女御也。女宫,刑女之在宫中者。糾,猶"割察"也。○相,息亮反。下同。道,徒報反。

若有喪紀、賓客、祭祀之事,則帥女宫而致於有司。註曰:有司,謂宮卿世婦。佐世婦治禮事。註曰：世婦，二十七世婦。掌内人之禁令。内小臣於祭祀三者，正内人之禮事。此則禁令之，使之如小臣所正也。

凡内人弔臨於外，則帥而往，立于其前而詔相之。註曰：從世婦所弔，或自哭其族親。立其前者，賤也。賤而必詔相之者，出入於王宮，不可以闕於禮。

内　　豎

○内豎，掌内外之通令，凡小事。註曰：内，后六宮。外，卿大夫也。使童豎通王内外之命。給小事者，以其無與爲禮，出入便疾。内外以大事聞王，則俟朝而自復。○朝，直遥反。下同。

若有祭祀、賓客、喪紀之事，則爲内人蹕。註曰：内人，從世婦有事於廟者。内豎爲六宮蹕者，以其掌内小事。○疏曰：此豎於三事爲内人蹕者，皆謂在廟時。祭祀在廟，謂禘祫四時之祭也；賓客在廟，謂享食時也；喪紀在廟，謂喪朝廟爲祖奠、遣奠時也。

王后之喪遷于宮中，則前蹕。及葬，執褻器以從遣車。註曰：喪遷者，將葬，朝于廟。褻器，振飾、頮沐之器。○疏曰：及葬，執褻器以從遣車者，謂朝七廟訖，旦將行，在大祖廟中，爲大遣，奠苞牲，取下體。天子九牢，苞九箇，遣車九乘，后亦同。使人持之，往如墓。遣車載牲體，鬼神依之，故使執褻器從之。○頮，呼内反。

【校記】

①"王"，原作"主"，據鄭註改。

②"命農"，應作"任農"。

③"齎"，《儀禮·聘禮》作"資"。

④據《禮記》原文，"陽侯"之後脱一"猶"字。

周禮述註卷五

九　嬪

○九嬪,掌婦學之法,以教九御婦德、婦言、婦容、婦功,各帥其屬,而以時御敘于王所。註曰:婦德,謂貞順。婦言,謂辭令。婦容,謂婉娩。婦功,謂絲枲。自九嬪以下,九九而御於王所。九嬪者,既習於四事,又備於從人之道,是以教女御也。教各帥其屬者,使亦九九相與,從於王所息之燕寢。御,猶"進"也,"勸"也。進勸王息,亦相次敘。凡羣妃御見之法,月與后妃其象也。卑者宜先,尊者宜後。女御八十一人,當九夕;世婦二十七人,當三夕;九嬪九人,當一夕;三夫人,當一夕;后,當一夕。亦十五日而徧云,自望後反之。孔子云:"日者,天之明;月者,地之理。"陰契制,故月上屬爲天使。婦從夫,放月紀。○娩,音晚。見,賢遍反。上,時掌反。放,方往反。

凡祭祀,贊玉齍,贊后薦,徹豆籩。註曰:玉齍,玉敦,受黍稷器。后進之而不徹。○疏曰:助后薦玉齍也。豆籩之薦與徹,皆助后。○敦,音對。

若有賓客,則從后。註曰:當贊后事。○疏曰:后之有事於賓客者,唯諸侯來朝,王親饗燕之,后當從王。

大喪,帥敘哭者亦如之。註曰:亦從后。帥,猶"道"也。后哭之,衆次敘者乃哭。

世　婦

○世婦,掌祭祀、賓客、喪紀之事,帥女宮而濯摡,爲齍盛。註曰:摡,拭也。爲,猶差擇。○疏曰:案:《少牢》饔人摡鼎、俎,廩人摡甑、甗,司宮摡豆、籩。彼以大夫家無婦官及無刑女，故并使男子官。此天子禮。○及祭之日，涖陳女宮之具，凡內羞之物。註曰：涖者，臨也。內羞，謂房中之羞。○疏曰：案：《春官·世婦》宮卿云："掌女宮之宿戒；及祭祀，比其具。"此官直臨之而已。○摡，古愛反。註同。拭，音式。

掌弔臨于卿大夫之喪。註曰：王使往弔。○疏曰：案：《司服》公卿大夫，皆王親弔之；此文使世婦往弔者，此蓋使世婦致禮物。但弔是大名，雖致禮，亦名爲弔。此所弔，不言三公與孤者，文不具也。

女　　御

○女御，掌御敍于王之燕寢。註曰：言"掌御敍"，防上之專妒者。于王之燕寢，則王不就后宮息也。

以歲時獻功事。註曰：絲、枲成功之事。

凡祭祀，贊世婦。註曰：助其帥涖女宮。

大喪，掌沐浴。註曰：王及后之喪。○疏曰：王及后喪，沐用潘，浴用湯，始死爲之於南牖下。但男子不死於婦人之手，今王喪亦使女御浴者，案：《士喪禮》浴時，男子抗衾，則不使婦人；今王喪，沐或使婦人，而浴未必婦人，或亦供給湯物而已，亦得謂之掌也。○潘，鋪官切，音拌。

后之喪持翣。翣，棺飾也。漢禮：翣，方扇，以木爲匡，廣二尺，兩角高二尺四寸，柄長五尺，以布覆之。天子八翣，后同。女御持而從柩車，左右各四人。○翣，所甲反。後同。

從世婦而弔于卿大夫之喪。註曰：從之數，蓋如使者之介云。○疏曰：王之妃妾，夫人象公，嬪象孤、卿，世婦象大夫，女御象元士，但介數依命數爲差。王之大夫四命，世婦之從亦四人。

女　　祝

○女祝，掌王后之內祭祀，凡內禱祠之事。註曰：內祭祀，六宮之中竈、門、户。禱，疾病求瘳也。祠，報福。○疏曰：《月令》：春"祀户"，夏"祀竈"，秋"祀門"。后祀之時，亦當依此也。婦人無外事，無行與中霤之等。

掌以時招、梗、襘、禳之事，以除疾殃。疏曰："以時"者，謂隨其事時，不必要在四時也。招，謂招取善祥。梗，禦捍惡之未至也。除災害曰"襘"。襘，猶"刮"也，刮去見在之災。禳，"攘"也，推卻見在之變恩。○陳君舉曰：胡五峯謂宮闈不當有此，是蓋未察先王之意。古人通天人，徹幽明，動則有祭，故食則祭先食，桑則祭先蠶，農則祭先嗇。與夫門、行、户、竈，表貉、先牧、馬祖等類不一。不唯不忘初之意，蓋神所在有之，故所在祭之，皆先王謹微之意，所以自盡焉。外朝有司巫、男巫、女巫，內朝有女祝。所掌者，大氐類後世淫祀祈望非福。然先王不以爲不可，必設官以掌之者，交三才之道也。若曰人事既盡，此等事一切勿講，則非聖人之意。○梗，古猛反。襘，古外反。禳，如羊反。貉與"禡"同，音罵。朝，直遙反。氐，古"抵"字。

女　　史

○女史，掌王后之禮職，王光遠曰：王后之禮，各有所職。若祭祀則有薦、徹，賓禮則有獻、酬。其職，女史掌之。

掌內治之貳，以詔后治內政。註曰：內治之法，本在內宰，書而貳之。逆內宮，逆內宮者，謂六宮所有功事及費用、財物、粟米，皆鉤考之。書內令。內令，后令也。書而宣布于六宮。

凡后之事，以禮從。疏曰：大史以書協禮事，執書以詔王。此女史亦執禮書以從后。

典　婦　功

○典婦功，掌婦式之法，以授嬪、婦及內人女功之事齎。註曰：婦式，婦人事之模範。嬪、婦，九嬪、世婦。事齎，謂以女功之事，來取絲枲。鄭司農云：內人，謂女御。○坡謂：內宰以作二事。唯據女御，不見九嬪、世婦有絲枲之事。此言嬪婦者，蓋王后所蠶北郊，以爲祭服，故使嬪婦率先有事焉。○齊，音咨。

凡授嬪婦功，及秋獻功，辨其苦良，比其小大，而賈之，物書而楬之，獨舉嬪婦，不言內人，省文也。鄭司農：苦，讀爲"盬"。枲曰"苦"，絲曰"良"，而苦良之中，人功又有良善觕盬，皆當辨之也。比，方也，小大、長短、廣狹也。賈，估其直也。楬，解見《職幣》。上文既言授嬪婦以女功，此承之，言凡授功者，至秋獻功時，則分別其縑、帛、布、紵，與其觕、細，皆比方其大小，書其賈數，而著其物也。以共王及后之用，頒之于內府。○賈，音嫁。楬，其列反。盬，音古。縑，音兼。

問："授"，註以當作"受"，如何？曰：註以嬪、婦爲國中嬪婦，似與上文牴牾；又以國中嬪婦所作，成即送之，不須獻功時。更於上下文理，疑不相蒙。且上未嘗言授國中嬪婦以女功，安得突然受其功乎？故坡謂："凡授嬪婦功"，此句蓋重上文之意，以起下文"及秋獻功"耳。曰：苦良，司農、後鄭異説，子兼之何也？曰：絲曰"良"，枲曰"苦"，司農爲是。然以此官不藏布帛，而使典絲主良，典枲主苦，則於下文頒內府以共王后者，解將不行。後鄭之意，則於下文得矣。然以此官主良，則經明兼苦良，至改典絲之良爲苦，又恐牽合實多。坡謂：《禮》言躬桑，《詩》言刈葛，宮中所成，自有此苦良二事。至典絲之良，典枲之苦，又自以貢入之物爲之，各不相涉也。宮中所成藏內府以共王后，貢入所成藏二官以待政令云。○牴，音底。牾，音吾。重，直龍反。刈，音藝。

典　　絲

○**典絲，掌絲入而辨其物，以其賈楬之。**註曰：絲入，謂九職之嬪婦所貢絲。○疏曰：后宮所贄之絲，自后宮用之以爲祭服，不入典絲。其歲之常貢之絲，若《禹貢》兗州"貢漆、絲"之等，考餘官更無絲入之文，亦當入此典絲也。物，謂絲有善、惡、粗、細不同。○賈，音嫁。

掌其藏與其出，以待興功之時。註曰：絲之貢少，藏之出之，可同官也。時者，若溫暖宜縑帛，清涼宜文繡。**頒絲于外內工，皆以物授之。**註曰：外工，外嬪婦也。内工，女御。○疏曰：以物授之者，若縑帛則授以素絲，文繡則授以彩絲。凡上之賜予，亦如之。註曰：王以絲物賜人。

及獻功，則受良功而藏之，辨其物而書其數，以待有司之政令，上之賜予。政令，謂禮物之幣帛，及司服、弁師法物所宜用，皆是也。鄭司農云：良功，絲功，縑帛。

凡祭祀，共黼畫、組就之物。黼畫，衣服及依巾幎也。組就，以組爲就，冕旒也。白與黑謂之"黼"，采色一成曰"就"。

喪紀，共其絲、纊、組、文之物。絲，以給線、縷、纊，以充衣纊。組者，《士喪禮》曰"握手，玄，纁裏；著，組繫"。《内則》曰："屨，著綦。"綦，屨繫。是用組之事也。青與赤謂之"文"。○著，直畧反。

凡飾邦器者，受文、纖、絲、組焉。註曰：謂茵席、屛風之屬。○歲終，則各以其物會之。註曰：種别爲計。鄭司農云：各以其所飾之物，計會傅著之。○纖，音志。茵，音因。會，古外反。

典　枲

○典枲，掌布、緦、縷、紵之麻草之物，以待時頒功而授齎。緦，十五升布抽其半者。白而細疏曰"紵"。縷，綫也。麻，枲苴也。草，葛藦之屬。授齎，謂授給麻草，使爲布、緦、縷、紵。○綫，先見反。藦，音萌。

及獻功，受苦功，以其賈楬而藏之，以待時頒。註曰：鄭司農云：苦功，謂麻功布紵。○疏曰："以待時頒"者，即下文"頒衣服"及"賜予"是也。○頒衣服，授之。賜予，亦如之。註曰：授之，授受班者。帛言待有司之政令，布言頒衣服，互文。○苦，音古。

歲終，則各以其物會之。

内　司　服

○内司服，掌王后之六服：褘衣、揄狄、闕狄、鞠衣、展衣、緣衣，素沙。註曰：鄭司農云：褘衣，畫衣也。《祭統》曰："夫人副褘。"揄狄、闕狄，畫羽飾。展衣，白衣也。《喪大記》曰：復，"夫人以屈狄"，"世婦以襢衣"。屈，音與"闕"相似。襢，與"展"相似。鞠衣，黃衣也。玄謂："狄"，當爲"翟"。翟，雉名。伊雒而南，素質五色皆備成章曰"翬"；江淮而南，青質五色皆備成章曰"搖"。王后之服，刻繒爲之形，而采畫之，綴於衣以爲文章。褘衣畫翬者，揄翟畫搖者，闕翟刻而不畫，此三者皆祭服。從王祭先王，則服褘衣；祭先公，則服揄翟；祭羣小祀，則服闕翟。今世有圭衣者，蓋三翟之遺俗。鞠衣，黃桑服也，色如鞠塵，象桑葉始生。《月令》：三月"薦鞠衣于先帝"，告"桑事"。展衣，以禮見王及賓客之服，字當爲"襢"。襢之言亶，亶誠也。《詩‧國風》曰"玼兮玼兮，其之翟也"，下云"胡然而天也，胡然而帝也"，言其德當神明；又曰"瑳兮瑳兮，其之展也"，下云"展如之人兮，邦之媛也"，言其行配君子。二者之義，與禮合矣。《雜記》曰："夫人服稅衣，揄狄。"又《喪大記》曰："士妻以褖衣。"①言"褖"者甚衆，字或作"稅"。此"緣衣"者，實作"褖衣"也。褖衣，御于王之服，亦以燕居。男子之褖衣黑，則是亦黑也。六服備於此矣。褘、揄、狄、展，聲相近。緣，字之誤也。以下推次其色，則闕狄赤，揄狄青，褘衣玄。婦人尚專一，德無所兼，連衣裳，不異其色。素沙者，今之白縛也。六服皆袍制，以白縛爲裏，使之張顯。今世有沙縠者，名出于此。○疏曰：王之吉服有九。韋弁以下，常服有三，與后鞠衣以下三服同。但王之祭服有六，后祭服唯三翟者，天地、山川、社稷之等，后、夫人不與，故三服而已。○褘，音暉。揄，音遥。展，同"襢"，俱張彦反。緣，同"褖"，俱吐亂反。翬，音暉。"見王"之"見"，賢遍反。亶，丹但反。玼，音此。瑳，倉我反。行，下孟反。稅，吐亂反。縛，音絹。縠，音斛。與，音預。

辨外內命婦之服：鞠衣、展衣、緣衣，素沙。註曰：內命婦之服鞠衣，九嬪也；展衣，世婦也；緣衣，女御也。外命婦者，其夫孤也，則服鞠衣；其夫卿大夫也，則服展衣；其夫士也，則服緣衣。三夫人及公之妻，其闕狄以下乎？侯、伯之夫人，搖狄；子、男之夫人，亦闕狄。唯二王後褘衣。

凡祭祀、賓客，共后之衣服，及九嬪、世婦，凡命婦，共其衣服。共喪衰亦如之。註曰：凡者，凡女御與外命婦也。言"及"言"凡"，殊貴賤也。春秋之義，王人雖微者，猶序乎諸侯之上，所以尊尊也。臣之命者，再命以上受服，則下士之妻不共也。外命婦唯王祭祀、賓客，以禮佐后，得服此上服，自於其家則降焉。○疏曰："喪衰亦如之"者，外命婦喪衰，爲王服齊衰，於后無服。若九嬪以下及女御，於王服斬衰，於后服齊衰也。

后之喪，共其衣服，凡内具之物。註曰：内具，紛帨、線纊、磬裘之屬。○疏曰：后喪所共衣服者，謂襲時十二稱，小斂十九稱，大斂百二十稱。○帨，如鋭反。磬，音盤。裘，陳乙反。稱，去聲。

縫　　人

○縫人，掌王宮之縫線之事，以役女御，以縫王及后之衣服。註曰：女御裁縫王及后之衣服，則爲役助之；宮中餘裁縫事，則專爲之。鄭司農云：線，縷也。

喪，縫棺飾焉，註曰：孝子既啓，見棺猶見親之身。既載，飾而以行，遂以葬。若存時居于帷幕而加文繡。《喪大記》曰："飾棺，君：龍帷，三池，振容；黼荒，火三列，黻三列；素錦褚，加帷荒；纁紐六；齊，五采五貝；黼翣二，黻翣二，畫翣二，皆戴圭；魚躍拂池。君纁戴六，纁披六。"此諸侯禮也。《禮器》曰："天子八翣，諸侯六翣，大夫四翣。"漢禮器制度，飾棺，天子龍火、黼黻皆五列，又有龍翣二，其戴皆加璧。○衣翣柳之材。註曰：必先纏衣其材，乃以張飾也。柳之言聚，諸飾之所聚。○疏曰：鄭《喪大記》註，引漢禮，翣方扇，以木爲匡，廣三尺，兩角高二尺四寸，柄長五尺，以布覆之。柳，即帷荒是也。○衣，於既反。註同。

掌凡内之縫事。

染　　人

○染人，掌染絲帛。凡染，春暴練，夏纁玄，秋染夏，冬獻功。註曰：暴練，練其素而暴之。鄭司農云：纁，謂絳也。玄謂：纁玄者，謂始可以染此色者；玄纁者，天地之色，以爲祭服。石染當及盛夏熱潤，始湛研之，三月而後可用。《考工記·鍾氏》則染纁術也。染玄，則史傳闕矣。染夏者，染五色。謂之夏者，其色以夏狄爲飾。《禹貢》曰"羽畎夏狄"，是其總名，其類有六：曰翬，曰搖，曰鷸，曰甾，曰希，曰蹲。其毛羽五色皆備成章，染者擬以爲深淺之度，是以放而取名焉。掌凡染事。史直翁曰：天下之染，必因草、木、土、石而成。先王取其色，以配四時之宜，以定上下之分，皆所以爲禮。然先王取色以爲禮，後世因色以起妄，故《傳》曰"五色令人目盲"。使知所謂色者，出於草、木、土、石，不足爲吾損益，則目不盲，而視天下之色，姑以爲禮設耳。○暴，步卜反。畎、畂同。鷸，音儔。放，方往反。

追　　師

○追師，掌王后之首服，爲副、編、次，追衡、笄。爲九嬪及外內命婦之首服，以待祭祀、賓客。註曰：鄭司農云：副者，婦人之首服。衡，維持冠者。玄謂：副之言"覆"，所以覆首爲之飾，其遺象若今步繇矣，服之以從王祭祀。編，編列髮爲之，其遺象若今假紒矣，服之以桑也。次，次第髮長短爲之，所謂髲髢，服之以見王、王后之燕居，亦纚笄總而已。追，猶"治"也。《詩》云"追琢其璋[2]"。王后之衡、笄，皆以玉爲之。唯祭服有衡，垂于副之兩旁當耳，其下以紞縣瑱。笄，卷髮者。外內命婦衣鞠衣、展衣者服編，衣緣衣者服次。外內命婦非王祭祀、賓客佐后之禮，自於其家，則亦降焉。《少牢饋食禮》曰"主婦髲鬄，衣侈袂"，《特牲饋食禮》曰"主婦纚笄，宵衣"是也。《昏禮》"女次，純衣"，攝盛服耳。"王人爵弁"，以迎侈袂緣衣之袂。凡諸侯夫人於其國，衣服與王后同。○追，丁回反。下同。繇，音遙。紒，音計。髲，皮寄反。髢，大計反。纚，所綺反。縣，音懸。瑱，他見反。卷，眷免反。鬄，大計反。純，側其反。

喪紀，共笄、絰亦如之。

屨　　人

○屨人，掌王及后之服屨。爲赤舄、黑舄、赤繶、黃繶、青句、素屨、葛屨。註曰：屨，自明矣，必連言服者，著服各有屨也。複下曰"舄"，禪下曰"屨"。舄屨有絇、有繶、有純者，飾也。凡屨舄，各象其裳之色。《士冠禮》曰"玄端黑屨，青絇繶純"；"素積白屨"，"緇絇繶純"；"爵弁纁屨，黑絇繶純"是也。王吉服有九。舄有三等，赤舄爲上，冕服之舄。《詩》云"王錫韓侯，玄袞赤舄"，則諸侯與王同。下有白舄、黑舄。王后吉服六，唯祭服有舄。玄舄爲上，褘衣之舄也，下有青舄、赤舄。鞠衣以下皆屨耳。句，當爲"絇"，聲之誤也。絇、繶、純者，同色，今云赤繶、黃繶、青絇，雜互言之，明舄屨衆多，反覆以見之。凡舄之飾，如繢之次。赤繶者，王黑舄之飾；黃繶者，王后玄舄之飾；青絇者，王白舄之飾。言繶必有絇純，言絇亦有繶純，三者相將。王及后之赤舄，皆黑飾。后之青舄，白飾。凡屨之飾，如繡次也。黃屨，白飾；白屨，黑飾；黑屨，青飾。絇謂之"拘"，著舄屨之頭，以爲行戒。繶，縫中紃，純緣也。天子、諸侯吉事皆舄，其餘唯服冕，衣翟，著舄耳。士爵弁纁屨，黑絇繶純，尊祭服之屨飾，從繢也。素屨者，非純吉；有凶去飾者，言葛屨，明有用皮時。○疏曰：素屨者，大祥時所服，去飾也。葛屨，自赤舄以下，夏則用葛爲之，若冬則用皮爲。在素屨下者，欲見素屨，亦用葛與皮也。○繶，於力反。句，音劬。"著服"之"著"，丁庶反。絇，音劬。純，章允反。下同。緣，悅面反。"著舄"之"著"，知畧反。

辨外内命夫、命婦之命屨、功屨、散屨。註曰：命夫之命屨，纁屨；命婦之命屨，黃屨。以下功屨，次命屨。於孤卿大夫，則白屨、黑屨。九嬪、内子亦然。世婦、命婦，以黑屨爲功屨。女御、士妻，命屨而已。士及士妻，謂再命受服者，散屨，亦謂去飾。○《鄭志》：趙商問司服：王后六服之制，目不解，請圖之。答曰：大裘、袞衣、鷩衣、毳衣、絺衣、玄衣，此六服皆纁裳、赤舄。韋弁，衣以韎；皮弁，衣以布。此二弁皆素裳、白舄。冠弁服黑衣裳而黑舄，冠弁玄端褘衣玄舄。首服副，從王見先王，揄翟青舄；首服副，從王見先公，闕翟赤舄；首服副，從王見羣小祀，鞠衣黃屨；首服編，以告桑之服，禮衣白屨；首服編，以禮見王之服，緣衣黑屨；首服次，以御於王之服。后服六翟三等，三舄：玄、青、赤。鞠衣以下三屨：黃、白、黑。婦人質不殊裳，屨舄皆同裳色也。○韎，音妹。

凡四時之祭祀，以宜服之。註曰：祭祀而有素屨、散屨者，惟大祥時。○王光遠曰：夏葛冬皮，此隨時之宜；吉祭用赤舃、命屨之等，喪祭有素屨、散屨，此隨事之宜。

夏　采

○夏采，掌大喪以冕服復于大祖，以乘車建綏復于四郊。註曰：求之王平生常所有事之處。乘車玉路，於太廟以冕服，不出宮也。四郊以綏出國門，此行道也。鄭司農云：復，謂始死招魂復魄。大祖，始祖廟也。故書"綏"爲"緌"。杜子春云：當爲"綏"，"緌"非是也。玄謂：《明堂位》曰凡四代之服器，魯兼用之，有虞氏之旂，夏后氏之綏。則旌旂有是"綏"者，當作"緌"字之誤也。緌，以旄牛尾爲之，綴於橦上。所謂注旄於干首者，王祀四郊，乘玉路，建大常。今以之復，去其旒，異之於生，亦因先王有徒緌者。《士冠禮》及《玉藻》"冠緌"之字，故書亦多作"綏"者。今禮家定作"蕤"。○疏曰：復者，各依命數，天子則十二人，各服朝服。○黄文叔曰：夏采掌復，無他事也。特建一官者，生事盡而死事始也。曾子曰："而今而後，吾知免夫。"宋穆公曰："尋保首領，以沒於地。"人主能保其身至此，而冢宰之責盡矣。○復，扶又反。緌，音維。橦，直江反。朝，直遥反。尋，得同。

朱子曰：冢宰一官，兼領王之膳服嬪御，此最是設官之深意。蓋天下之事，無重於此。又曰：《冢宰》一篇，周公輔道成王，垂法後世，用意最深切處。欲知三代人主正心誠意之學，於此可見其實。○坡謂：自"冢宰"至此六十三職，或掌其要焉，或專而司焉，或聯而治焉，則分職之事也。夫冢宰貳王經理天下，而諸官所掌，不越於居處、服御、財賦、絲麻之事。嗚呼！此聖人之議道自己者也。夫飲食男女，人之大欲存焉。然等而下之，至於庶人；推而進之，至於公卿。或有所制，故不敢縱；或有所求，而未必逞。若王者，尊爲天子，富有四海，何求而不應哉？何憚而不爲哉？以是大欲，而勢足以恢其邪心。無制節謹度，於以治天下國家焉，吾不知其可也！周公立冢宰以統百官，以均四海，而知百官之得其統，四海之得其均，其要在王身而不外也。先以宮室安其身焉，次以飲食理其體焉，繼以賦式節其用焉，終以内宮佐其德焉。析其事，則至纖至悉，若無關於政治之要；合其大，則本末兼修，内外交飭，其至醇至備者乎！一之以大宰之權，分之以小宰、内宰之任。一起居，一飲食，一貨用，一擇採進御，多寡豐約，用舍去取，大臣皆得與聞之，而天子不得以自私，女子、小人不得以竊惑。而又司是官者，或以德進，或以藝揚，無邪辟以蕩王心，無壬人以道其惡。則上知之君，就焉而益正；中材之主，守焉而寡過。蓋正心誠意之極功，而天下之治本於此也。人主所宜深思而躬行哉。○辟，芳益反。"上知"之"知"，音智。

坡又謂：有文字來，首部爲《易》。而上經始於飲食，下經始於男女，皆根本於天地，而推其極於世變。故《禮運》究論天道人情，得失死生，要歸於飲食男女；《内則》言后王降德兆民，亦委折陳此二事之數，皆與冢宰之職，不少異焉。然則，自羲皇以迄三古，《墳》、《典》微言，聖聖相授，所以議道自己，錫福於民，舍是無大者矣。深察乎此，斯爲格致；深體乎此，斯爲誠正；藏恕而行，斯爲齊治均平。君人修之，則建極有柄持；爲臣知之，則致主有本末；儒者辨此，則講學有實義。故齊宣病好貨、好色，不能至王，孟子教以好與民同，於王何有？古者人上之所以自審，聖賢之所以格非，不能外此而它有所指也。程、朱發《太極》、《西銘》之理，尊《大學》爲入德之門，不過欲天子至於庶人，明於天性，知其不容己與不可易，而安處善樂循理耳。朱子曰：所以爲教，皆本於人君躬行心得之餘，不待求之民生日用彝倫之外，不既明且至乎？後儒詆冢宰輔王，當啓以窮理正心，此經所職，皆非其要。似矣。然坡考數百年中，學者特理，橫豎鮮有要領，徒以搜章劃句爲格致，冥目端坐爲誠正。彼又未必能然。即或能之，亦何所至？所以達而進説，適以激人主之厭怒；隱而授經，適以誤後。二若存若亡，而無精明的確、親切至到之效。噫！發口必罵漢儒，豈知所執，又出其下之下乎！○至王、於王，俱去聲。詆，音邸。

【校記】

① "士妻以褖衣"，李光坡《禮記述註》作"士妻以税衣"。

② "璋"，《詩經·大雅·棫樸》作"章"。

周禮述註卷六

地官司徒第二

序　官

坡聞之兄曰：地者，民也。司徒所司者，民之事，故曰"地官"。徒，衆也，即民也。司徒，掌又民之食，擾民之性，所謂盡制度品節之詳，極裁成輔相之道也。

惟王建國，辨方正位，體國經野，設官分職，以爲民極。乃立地官司徒，使帥其屬而掌邦教，以佐王安擾邦國。註曰：教所以親百姓，訓五品。有虞氏五，而周十有二焉。擾，亦安也，言饒衍之。

教官之屬：大司徒，卿一人；小司徒，中大夫二人；鄉師，下大夫四人；上士八人，中士十有六人，旅下士三十有二人，府六人，史十有二人，胥十有二人，徒百有二十人。註曰：師，長也。司徒掌六鄉，鄉師分而治之，二人者共三鄉之事，相左右也。

鄉老，二鄉則公一人。鄉大夫，每鄉卿一人。州長，每州中大夫一人。黨正，每黨下大夫一人。族師，每族上士一人。閭胥，每閭中士一人。比長，五家下士一人。註曰：老，尊稱也。王置六鄉，則公有三人也。三公者，內與王論道，中參六官之事，外與六鄉之教。其要爲民，是以屬之鄉焉。州、黨、族、閭、比，鄉之屬別。正、師、胥，皆長也。正之言"政"也。師之言"帥"也。胥，有才知之稱。《載師》職曰："以官田、牛田、賞田、牧田任遠郊之地。"《司勳》職曰："掌六鄉之賞地。"六鄉地在遠郊之內，則居四同。鄭司農云：百里內爲六鄉，外爲六遂。○何氏曰：鄉、遂雖有官，而非在職之選也。何以明之？一鄉不過萬二千五百家。比長以下士爲之，一鄉則二千五百下士矣。閭胥以中士爲之,一鄉則五百中士矣。族師以上士爲之,一鄉則一百二十五上士矣。黨正以下大夫,一鄉則有二十五下大夫也。州長中大夫,一鄉又有五中大夫也。而鄉大夫則鄉之秩也。合一鄉之官,已有三千一百五十五人矣。六鄉不過七萬五千家,而官則有一萬八千餘也。又以禄言之:下士視上農,禄食九人,是五家,則官賦一上家之食也。中士倍下士,禄食十八人,是二十五家,而復賦七上家之食也。上士倍中士,禄食三十六人,是百家,復賦其三十二上家之食也。推此言之,積而至于一鄉,又積而至于畿内,又以共朝廷之百需,又以共王之九賦,是在官之禄,反倍于在民之耕。則服南畝者,其家皆不衣不食,悉以共上,猶爲不足矣。蓋考司徒之職,設官府以治鄉、遂者,惟鄉師、遂師以治六鄉、六遂,載師、閭師,則居鄉、遂之中。縣師則居于都鄙而專治焉。故鄉、遂之中,惟此四官,各有府、史、胥、徒,爲操刑政之權,以治民事之正官。自鄉大夫至比長,自遂大夫至鄰長,無官府之設,無府、史、胥、徒之役,皆鄉、遂之民,使爲保伍,使相教治,異其爵秩,別其貴賤,謂之"教官",謂之"鄉吏",不操刑政之權者也。然則,其禄何如?比長雖統五家,即上農也;閭胥受二家之田也,爲二十五家之長;族師雖統百家,亦受四家之田,又有士田以益之也。此皆農人之中,德行才能足兼五人、二十五人、百人之上者,爲其田以處之,爲其秩以等之。所謂下士即上農,中士倍之,上士又倍者,亦合其子弟授之士田,令其自耕,以共一家之衣食耳。固不如在職之上、中、下士,食民賦稅以爲治也。黨正、州長、鄉大夫,則已嘗爲大夫者,其家既受田矣,別有宅田、士田,以賦其禄。或又有賞田,以益之乎?賢者以次而升,不賢者以次而降。升者加其爵秩,益其田禄,降者下之減之。此小司徒所以考屬官之治而誅賞,鄉師考六鄉之治以詔廢置,以詔誅賞是也。○比,毗志反。與,音預。

封人,中士四人,下士八人,府二人,史四人,胥六人,徒六十人。註曰:聚土曰"封"。謂壝埒塿及小封疆也。○疏曰:封人與大司徒,設社稷之壝相左右,故在地官爲職首。胥徒多者,以畿封事廣故也。○鼓人,中士六人,府二人,史二人,徒二十人。○舞師,下士二人,胥四人,舞徒四十人。註曰：舞徒，給繇役能舞者以爲之。○坡謂：鼓人、舞師二職，在此無屬，當在《春官》鎛師之下，韎師之上。○牧人，下士六人，府一人，史二人，徒六十人。註曰：牧人，養牲於田野者。○牛人，中士二人，下士四人，府二人，史四人，胥二十人，徒二百人。註曰：主牧公家之牛者。《詩》云："誰謂爾無牛？九十其犉。"犉者，九十其餘，多矣。○充人，下士二人，史二人，胥四人，徒四十人。註曰：充，猶"肥"也。養繫牲而肥之。○堳，音眉。埒，音劣。繇，音遥。鎛，音博。犉，而純反，音晌。

或問：移鼓人、舞師二官，何也？曰：太師所掌之樂，鐘、磬、笙、鎛，莫不有師。若鼓者，五聲不得不和，安無專職？今以次之鎛師職下，則金奏鼓鼜之掌，適與相類，而且其官皆中士也。韎樂、散樂、夷樂，猶設韎師、旄人以教，豈山川等祀之舞，舞之正者，而獨缺此？今以首之韎師職上，則教舞之掌，適與相類，而且其官皆下士也。况乎上封人之職，有掌祭祀諸禮，牛牲與牧人、牛人、充人諸官爲類。間此二職，實爲錯綜。舉而歸之，各得其從，庶或可歟！○鼜，音戚。

載師，上士二人，中士四人，府二人，史四人，胥六人，徒六十人。註曰：載之言"事"也，事民而税之。載師者，閭師、縣師、遺人、均人官之長。○閭師，中士二人，史二人，徒二十人。註曰：鄉官有州、黨、族、閭、比，正言閭者，徵民之税，宜督其親民者。凡其賦貢入大府，穀入倉人。○縣師，上士二人，中士四人，府二人，史四人，胥八人，徒八十人。註曰：主天下土地人民已下之數，徵野賦貢也。名曰"縣師"者，自六鄉以至邦國，縣居中焉。鄭司農云：四百里曰縣。○坡謂：載師，徵九賦者。閭師，徵九貢者。縣師，徵野之賦所以左右載師也。徵野之貢者，閭師惟掌鄉貢，故縣師職野焉。○遺人，中士二人，下士四人，府二人，史四人，胥四人，徒四十人。註曰：遺，謂以物有所餽遺。○均人，中士二人，下士四人，府二人，史四人，胥四人，徒四十人。註曰：均，猶"平"也，主平土地之力政者。○薛平仲曰：取之於民，而不知所以予之，則施報之義乖；予之於民，而不知所以均之，則公平之義泯。遺人在此者,所以示施報之義;均人繼之者,所以示公平之義。

師氏,中大夫一人,上士二人,府二人,史二人,胥十有二人,徒百有二十人。註曰:師,教人以道者之稱也。保氏、司諫、司救官之長。○陳及之曰:徒百二十人者,蓋居虎門之左司王朝,帥四夷之隸守王門,其徒不得不多也。○程子曰:古者自天子達於庶人,必須師氏以成其德業。故舜、禹、文、武之聖,亦皆有所從學。後世師傳之職不修,友臣之義未著,所以尊德樂道之風未成於天下。○保氏,下大夫一人,中士二人,府二人,史二人,胥六人,徒六十人。註曰:保,安也,以道安人者也。○司諫,中士二人,史二人,徒二十人。註曰:諫,猶"正"也,以道正人行。○正氏曰:司諫,即今之提學官,將以扶植正學,而維持公論者也。○司救,中士二人,史二人,徒二十人。註曰:救,猶"禁"也,以禮防禁人之過者也。○鄭剛中曰:王者處心,自一身而達天下。己之德已成而無過,亦欲天下之民有德行而無過惡。爲民設司諫,猶己有詔媺之師;爲民設司救,猶己有諫惡之保。○調人,下士二人,史二人,徒十人。註曰:調,猶和合也。○媒氏,下士二人,史二人,徒十人。註曰:媒之言"謀"也,謀合異類,使和成者。今齊人名麴麩曰"媒"。○王氏曰:調人和難教睦,媒氏陰禮教親,故屬師保氏。○朝,直遙反。媺,音美。後同。麴,起六反。麩,魚列反。難,去聲。

司市,下大夫二人,上士四人,中士八人,下士十有六人,府四人,史八人,胥十有二人,徒百有二十人。註曰:司市,市官之長。○薛平仲曰:男女,人之大欲存焉;其次,則財利之所交。先王既爲之設媒氏,以遂人之大欲矣;而就利之心,容可不致其規畫哉?故次以司市等官。○質人,中士二人,下士四人,府二人,史四人,胥二人,徒二十人。註曰:質,平也,主平定物價者。○廛人,中士二人,下士四人,府二人,史四人,胥二人,徒二十人。註曰:廛,民居區域之稱。○胥師,二十肆則一人,皆二史。賈師,二十肆則一人,皆二史。司暴,十肆則一人。司稽,五肆則一人。

胥,二肆則一人。肆長,每肆則一人。註曰:自胥師以及司稽,皆司市所自辟除也。胥及肆長,市中給繇役者。胥師領羣胥,賈師定物價,司虣禁暴亂,司稽察留連不時去者。○泉府,上士四人,中士八人,下士十有六人,府四人,史八人,賈八人,徒八十人。註曰:鄭司農云:故書泉或作錢。○賈,音古。虣,音暴。辟,必亦反。

司門,下大夫二人,上士四人,中士八人,下士十有六人,府二人,史四人,胥四人,徒四十人。每門下士二人,府一人,史二人,徒四人。註曰:司門,若今城門校尉,主王城十二門。○疏曰:以其掌貨賄,與司市相連,故在此。○司關,上士二人,中士四人,府二人,史四人,胥八人,徒八十人。每關下士二人,府一人,史二人,徒四人。註曰:關,界上之門。○疏曰:王畿千里,王城在中,面有五百里界,首面置三關,則亦十二關。其職掌國貨之節,以聯門市,故在此。○掌節,上士二人,中士四人,府二人,史四人,胥二人,徒二十人。註曰:節猶"信"也,行者所執之信。○疏曰:節連於門市,故亦連類在此。

遂人,中大夫二人。遂師,下大夫四人,上士八人,中士十有六人,旅下士三十有二人,府四人,史十有二人,胥十有二人,徒百有二十人。註曰:遂人,主六遂,若司徒之於六鄉也。六遂之地,自遠郊以達示畿,中有公邑、蒙邑、小都、大都焉。鄭司農云:遂,謂王國百里外。○劉執中曰:遂大夫,各居其遂以施政教。遂師,則贊遂人,居司徒之府,以治六遂之政令,猶鄉師贊小司徒,居于內以治六鄉。○遂大夫,每遂中大夫一人。縣正,每縣下大夫一人。鄙師,每鄙上士一人。酇長,每酇中士一人。里宰,每里下士一人。鄰長,五家則一人。註曰:縣、鄙、酇、里、鄰,遂之屬別也。○旅師,中士四人,下士八人,府二人,史四人,胥八人,徒八十人。註曰:主斂縣師所徵野之賦穀者也。旅,猶"處"也。六遂之官,里宰之師也。正用里宰者,亦斂民之稅,宜督其親民。○坡謂:賦穀不入倉人,而在此者,倉人所謂餘法用是也。○稍人，下士四人，史二人，徒十有二人。註曰：主爲縣師令都鄙丘甸之政也。距王城三百里曰"稍"。家邑、小都、大都，自稍以出焉。○委人，中士二人，下士四人，府二人，史四人，徒四十人。註曰：主斂甸、稍芻薪之賦，以共委積者也。○土均，上士二人，中士四人，下士八人，府二人，史四人，胥四人，徒四十人。註曰：均，猶"平"也，主平土地之政令者也。○鄭，作管反。

草人，下士四人，史二人，徒十有二人。註曰：草，除草。○稻人，上士二人，中士四人，下士八人，府二人，史四人，胥十人，徒百人。薛平仲曰：均一之政既行，則斯民之從事於耕稼者，是雖有地利之難致，且將爲之致力，所謂土化之法，下地之稼，孰不各興其事，而使地之無遺利哉？此固草人、稻人，列於土均之後也。○土訓，中士二人，下士四人，史二人，徒八人。註曰：訓，謂能訓説土地善惡之勢。○誦訓，中士二人，下士四人，史二人，徒八人。註曰：能訓説四方所誦習，及人所作爲久時事。○薛平仲曰：遂自草人、稻人之官設，而治地之事舉矣。土訓之地圖，誦訓之方志，凡其載九州之所有，土物之所生，風氣之所宜，於是乎爲王訓之；然後制其賦而各因其有，施其教而不易其俗，其所關蓋甚大也！

山虞，每大山中士四人，下士八人，府二人，史四人，胥八人，徒八十人；中山下士六人，史二人，胥六人，徒六十人；小山下士二人，史一人，徒二十人。註曰：虞，度也，度知山之大小及所生者。○林衡，每大林麓下士十有二人，史四人，胥十有二人，徒百有二十人；中林麓如中山之虞；小林麓如小山之虞。註曰：衡，平也，平林麓之大小及所生者。竹木生平地曰"林"，山足曰"麓"。○疏曰：胥徒多於山虞者，以林麓在平地；盜竊材木者炙，故須巡行者衆。○川衡，每大川下士十有二人，史四人，胥十有二人，徒百有二十人；中川下士六人，史二人，胥六人，徒六十人；小川下士二人，史一人，徒二十人。註曰：川，流水也。《禹貢》曰："九川滌源。"○疏曰：官及胥徒多者，以其川路長遠，巡行勞役故也。○易氏曰：林衡正於山虞，川衡正於澤虞；然林列於山後，川列於澤前者，以山、林、川、澤爲序也。○澤虞，每大澤、大藪中士四人，下士八人，府二人，史四人，胥八人，徒八十人；中澤、中藪如中川之衡；小澤、小藪如小川之衡。註曰：澤，水所鍾也。水希曰"藪"。《禹貢》曰："九澤既陂。"《爾雅》有"八藪"①。○薛平仲曰：山澤天地之藏，財用之淵；國家之所資者厚，民生之所賴者衆。如使括而歸之於上，適以開斯民競利之心；縱而委之於下，重以啓斯民忘本之念。是以爲之虞以嚴其法，爲之衡以平其政，使民知利之爲可資，而不知利之爲可餌，則土物愛而厥心臧，皆教化也。○迹人，中士四人，下士八人，史二人，徒四十人。註曰：迹之言"跡"，知禽獸處。○卝人，中士二人，下士四人，府二人，史二人，胥四人，徒四十人。註曰：卝，之言"礦"也。金、玉未成器曰"礦"。○麓，音禄。卝，音礦，虢猛反。度，徒洛反。陂，彼宜反。藏，才浪反。

角人，下士二人，府一人，徒八人。○羽人，下士二人，府一人，徒八人。○掌葛，下士二人，府一人，史一人，胥二人，徒二十人。○掌染草，下士二人，府一人，史二人，徒八人。註曰：染草，藍、蒨、象斗之屬。○掌炭，下士二人，史二人，徒二十人。○掌荼，下士二人，府一人，史一人，徒二十人。註曰：荼，茅莠。○掌蜃，下士二人，府一人，史一人，徒八人。註曰：蜃，大蛤。《月令》：孟冬，"雉入大水爲蜃"。○囿人，中士四人，下士八人，府二人，胥八人，徒八十人。註曰：囿，今之苑。○場人，每場下士二人，府一人，史一人，徒二十人。註曰：場，築地爲墠，季秋除圃中爲之。《詩》云："九月築場圃，十月納禾稼。"○疏曰：言每場者，以其九穀別場，故言"每"以殊之。○荼，音徒。蒨，千見反。墠，音善。

廩人，下大夫二人，上士四人，中士八人，下士十有六人，府八人，史十有六人，胥三十人，徒三百人。註曰：藏米曰"廩"。廩人、舍人、倉人,司禄官之長。○舍人,上士二人,中士四人,府二人,史四人,胥四人,徒四十人。註曰:舍,猶"宫"也。主平宫中用穀者也。○倉人,中士四人,下士八人,府二人,史四人,胥四人,徒四十人。○司禄,中士四人,下士八人,府二人,史四人,徒四十人。註曰:主班禄。○司稼,下士八人,史四人,徒四十人。註曰:種穀曰"稼",如嫁女以有所生。○坡謂:廪人、倉人入之,舍人、司禄出之。廪人將以歲之上下數邦用,以節其斂發,故次司稼。

春人,奄二人,女春抗二人,奚五人。註曰:女春抗,女奴能春與抗者。抗,抒臼也。《詩》云:"或春或抗。"○饎人,奄二人,女饎八人,奚四十人。註曰:鄭司農云:饎人,主炊官也。《特牲饋食禮》曰"主婦視饎爨",故書"饎"作"鑈"。○疏曰:案其職,凡祭祀,其盛共王及后六食,賓客共簠簋。不在《天官》而在此者,以其因春人,又因地道之成,故在此。○槀人,奄八人,女槀每奄二人,奚五人。註曰:鄭司農云:槀讀爲"犒師"之"犒",主冗食者,故謂之犒。○春,書中反。抗,音由。饎,音熾。槀,註音犒,同苦報反。抒,時女反。鑈,同"爨",七亂反。

【校記】

① 《爾雅·釋地》作"十藪",而"八藪"似見於《漢書·嚴助傳》。

周禮述註卷七

大　司　徒

○大司徒之職,掌建邦之土地之圖,與其人民之數,以佐王安擾邦國。註曰:土地之圖,若今司空郡國輿地圖。○坡謂:司徒掌邦教,然必先知土地之圖,與人民之數,乃可區處之,教育之,以佐王安擾邦國也。○孫偉夫曰:圖之名一也。而職掌不同,圖亦異用。司徒之圖在安擾邦國,必度疆域之廣狹,計五土之多寡。凡土地所生風氣,所宜加詳焉。司馬之圖,爲禁暴平亂設,必記形勢阨塞可以講攻守之宜,道塗通阻,可以達進退之便。凡居重而馭輕,避難而就易,則加詳焉。大而職方,有天下之圖;小而司險,有九州之圖。與司徒所掌,夐不侔矣。在司徒者,可得而見;在司馬者,人不可得而窺也。○度,徒洛反。阨,同"阸",於革反。

以天下土地之圖,周知九州之地域廣輪之數,辨其山林、川澤、丘陵、墳衍、原隰之名物,註曰:周,猶"徧"也。九州,揚、荆、豫、青、兖、雍、幽、冀、并也。輪,從也。積石曰"山",竹木曰"林",注瀆曰"川",水鍾曰"澤",土高曰"丘",大阜曰"陵",水崖曰"墳",下平曰"衍",高平曰"原",下溼曰"隰"。名物者,十等之名與所生之物。○疏曰:馬融云:東西爲廣,南北爲輪。案:《王制》南北兩近一遙,東西兩遙一近,是南北長、東西短,謂知此數也。○坡謂:以圖而周知之者,將以制畿封國也。以圖而辨之者,將以知五地物生也。○溼、濕同。

而辨其邦國都鄙之數,制其畿疆而溝封之,設其社稷之壝而樹之田主,各以其野之所宜木,遂以名其社與其野。註曰:千里曰"畿"。疆,猶"界"也。溝,穿地爲阻固也。封,起土界也。社稷,后土及田正之神。壝,壇與堳埒也。田主,田神,后土、田正之所依也,詩人謂之田祖。所宜木,謂若松栢栗也。若以松爲社者,則名松社之野,以別方面。○疏曰:"辨其邦國"者,謂分別畿外諸侯邦國多少之數;若《王制》云,畿外"八州,州二百一十國"也。"辨其都鄙之數"者,謂分別畿內三等采地之數,若《王制》畿內"九十三國"也。制其畿疆者,王畿內千里中置王城,面有五百里,其邦國都鄙亦皆有疆界也。"而溝封之"者,謂於疆界之上設溝,溝爲封樹,以爲阻固也。設其社稷之壝者,謂於中門之外,右邊設大社、大稷,又於廟門之屏,設勝國之社稷,其社稷外皆有壝埒於四面也。"田主"者,謂藉田之內爲田主,各以其野之所宜木者。王之田主唯一而已,云"各"者,總據邦國都鄙并王者而言也。○坡謂:承上文,既周知其地域,遂疆理其國畿也。設其社稷之壝而樹之爲句,社稷言"樹",田主言"宜木",互文。○别,彼列反。

以土會之法辨五地之物生:會,計也。一曰"山林",其動物宜毛物,其植物宜皁物,其民毛而方;毛物,貂狐貒貉之屬,縟毛者也。方,勁正貌。鄭司農云:皁物,柞栗之屬。今世間謂柞實爲皁斗。二曰"川澤",其動物宜鱗物,其植物宜膏物,其民黑而津;註曰:鱗物,魚龍之屬。膏,當爲"藁"字之誤也。蓮芡之實有藁韜。津,潤也。三曰"丘陵",其動物宜羽物,其植物宜覈物,其民專而長;羽物,翟雉之屬。覈物,李梅之屬。專,不方也。四曰"墳衍",其動物宜介物,其植物宜莢物,其民晳而瘠;介物,龜鱉之屬,水居陸生者。莢物,薺莢王棘之屬。晳,白也。瘠,堅瘦貌。五曰"原隰",其動物宜臝物,其植物宜叢物,其民豐肉而庳。註曰:臝,虎豹貔貅之屬,淺毛者。叢物,萑葦之屬。豐,猶厚也。庳,猶短也。○疏曰:此五地人物之等,皆方以類聚,物以羣分;及民之所生,皆因地氣所感不同,故使形類有異也。又民之資生,取於動植之物,故先言物,後言民。○坡謂:此節承上文辨五地之名物而言也。夫人物之生於五地者,各應五行之氣;氣不能無偏,則性不能無偏也。先王盡人之性,故有十二教以修齊之焉;盡物之性,故有土宜之法以蕃育之焉。詳見下文。○會，古外反。皁，音皂。覈，音核。專，徒丸反。荚，古協反。嬴，力果反。庳，音婢。貁，吐官反。柞，子洛反。氂，古毛反。貆，音毗。貐，勑宜反。萑，音丸。

　　因此，五物者民之常，而施十有二教焉：上言五地，此言五物者，以形言曰"地"，以地所生言曰"物"。此承上文言民之生於五地者，形質不同，則氣有贏乏，而性亦由之有勝負，是其常也。因其常而施教焉，蓋所以一道德，同風俗也。一曰"以祀禮教敬，則民不苟"，以祀禮教敬者，人於鬼神，不見其形，多有苟且怠慢之心，故制祀禮，教以致慤、致存，則民不敢苟也。○疏曰：死者尚敬，則生事其親，不苟且也。二曰"以陽禮教讓，則民不爭"，註曰：陽禮，謂鄉射飲酒之禮也。三曰"以陰禮教親，則民不怨"，註曰：陰禮，謂男女之禮。昏姻以時，則男不曠，女不怨。四曰"以樂禮教和，則民不乖"，以樂禮教和，則民不乖者，樂有聲舞，使人習之，循其節奏，剛者不得急，柔者不得緩，自能化其偏以復於正，無所乖戾也。五曰"以儀辨等，則民不越"，註曰：儀，謂君南面，臣北面，父坐子伏之屬。六曰"以俗教安，則民不愉"，俗，謂土地所生習也。愉，薄也。以俗教安，則民不愉者，因其舊俗而品節之，使民安于所宜，服上之化，益歸於厚也。七曰"以刑教中，則民不暴"，以刑教中者，刑以弼教，使民協于中也。八曰"以誓教恤，則民不怠"，誓，約信也。恤，謂災危相憂。上有約信，使之相保相受之類，故民不怠于爲義也。九曰"以度教節，則民知足"，度，謂宫室、車服之制，使知節制，則民無侈心。十曰"以世事教能，則民不失職"，註曰：世事，謂士、農、工、商之事，少而習焉，其心安焉，因教以能，不易其業。十有一曰"以賢制爵，則民慎德"，註曰：慎德，謂矜其善德，勸爲善也。十有二曰"以庸制禄，則民興功"。註曰：庸，功也。爵以顯賢，禄以賞功。○坡謂：此十二教之序，統而言之，則自一至四，禮樂之事也；自五至十，政刑之事也。析而分之，則敬讓禮也，親和樂也。而以儀辨等，以刑教中，以度教節，皆與敬讓爲類；以俗教安，以誓教恤，以世事教能，皆與親和爲類。然則，禮以節之，樂以和之，政以行之，刑以防之，禮樂刑政，四達不悖，則爵禄所勸，民皆興起於善，而無復氣質不齊之可言矣。○愉、偷同。

以土宜之法，辨十有二土之名物，以相民宅，而知其利害，以阜人民，以蕃鳥獸，以毓草木，以任土事。註曰：十二土分野十二邦，上繫十二次，各有所宜也。相，占視也。阜，猶盛也。蕃，蕃息也。毓，生也。任，謂就地所生，因民所能。○疏曰：知其利害，十二土之中，利處居之，害處遠之。以阜、以蕃、以毓者，皆由知利害使之然也。○辨十有二壤之物，而知其種，以教稼穡樹蓺。註曰：壤亦土也，變言耳。以萬物自生焉，則言土。土，猶吐也。以人所耕而樹蓺焉，則言壤。壤，和緩之貌。《詩》云"樹之榛栗"，又曰"我蓺黍稷"。蓺，猶蒔也。○坡謂：此二節承上文，言動植之物，因五地而有異生，故以所宜辨別而區置之，使動植咸若，而民安物阜也。○相，息亮反。種，章勇反。遠，上聲。蒔，時至反。

以土均之法，辨五物九等，制天下之地征，以作民職，以令地貢，以斂財賦，以均齊天下之政。承上文，言民安物息，五穀其蓺，可以定貢賦，制國用矣。均，平也。五物，五地之物也。九等，騂剛、赤緹之屬。征，稅也，言天下之地征，則并畿外邦國所稅入天子，皆在其中矣。辨五物之所宜，九等之肥磽，乃可以制地征之高下也。民職，九職也。地貢，九貢也。財，謂泉穀。賦，謂九賦及軍賦。均齊天下之政者，土均所云邦國都鄙之政令刑禁，與其施舍、禮俗、喪紀、祭祀，皆以地之媺惡爲輕重而均齊之也。自篇首"以天下土地之圖"至此，皆辨方之事。而凡制畿封國，復性遂生，施職制貢，皆因土事連類言之。○緹，音低。

以土圭之法，測土深，正日景，以求地中。日南，則景短，多暑；日北，則景長，多寒；日東，則景夕，多風；日西，則景朝，多陰。土圭，所以致四時日月之景也。土深者，夏日入地中淺，冬日入地中深，春秋則適均。以土圭之法，進退四時日景，知其淺深也。正日景者，晝漏半，而置土圭表陰陽，審其南北也。土圭之法，下可以測土深，上可以正日景，故用以求地中也。餘解見下文。○日至之景，尺有五寸，謂之地中，天地之所合也，四時之所交也，風雨之所會也，陰陽之所和也。然則百物阜安，乃建王國焉。制其畿方千里，而封樹之。註曰：樹，樹木溝上，所以表助阻固也。鄭司農云：土圭之長，尺有五寸。以夏至之日，立八尺之表，其景適與土圭等，謂之地中。今潁川陽城地爲然。○坡聞之兄曰：鄭註恐理之不可通也。夫夏至，日道入赤道北二十四度，北距嵩高弧背九度餘；夏至，日道下直衡岳，晷無景。從嵩高至衡岳，夏至日道圜天之弧背，以弧矢術求弦，得衡岳距地中，弦徑約九度餘。從陽城至衡岳，地平鳥道相去約二千五百里。夫止二千五百里，而一則尺五寸，一無景，是百六十餘里，景已差一寸矣。則鄭註所云千里而差一寸，恐未然也。又鄭註謂景短者，中表之南千里，景短一寸；景長者，中表之北千里，景長一寸。如此，則日下無景，當在極南萬五千里之外。而衡岳之遠陽城，不能萬五千里昭昭矣！又言景夕者，東表日昳，中表景乃中；景朝者，西表日未中，而中表景已中。如此，則極東之地，日出方及三五尋丈，日景已中；極西之地，日入未及三五尋丈，日景方中。若果地體方平，四際彌天，則信如所云矣。不然，如雞子裹黃之喻，地在天中，不過成形之大耳。彈丸浮寄，四際距天至遠。四際距天之遠若一也，則去日安能有遠近之殊乎？雖日之出也，極東先見；及其入也，極西先昏。然隨其處，各有曉午昏暮，安知日東者，不以吾爲景朝乎？日西者，不以吾爲景夕乎？且此尺有五寸，東西直此一帶中，日景皆如是也，何以定其爲東西之中乎？吾謂"日南，則景短，多暑"，謂從此中表而南之地，則當景短之時，盛暑不堪。若今廣州夏時，炎赫倍於他州，蓋景短即夏至，非短於尺有五寸之謂也。"日北，則景長，多寒"者，謂從此中表而北之地，則當景長之時，隆寒不堪。若今塞外冬時，凜慄亦倍，蓋景長即冬至，非長於尺有五寸之謂也。"日東，則景夕，多風"者，謂從中表而東之地，則景夕之時多風，蓋東地多水，多水則多風。若吾州，午後即海風揚也。風起於夕，故以"景夕"言之。"日西，則景朝，多陰"者，謂從此中表而西之地，則景朝之時多陰，蓋西地多山，多山則雲氣盛。若柳子厚所謂庸蜀之南，恒雨少日是也。陰霾於朝，故以"景朝"言之。如此，則寒暑陰風，偏而不和，是未得其所求。天地之所合者，地中與天中氣合也，合則四時交而無多暑、多寒之患，合則風雨會而無多風，合則陰陽和而無多陰。何以定之？以驗寒暑陰風於五土而知，惟此爲不偏也。然特就中國九州，而奠其四方之中耳。若論大地之中，當在南戴赤道下之國，則未知其何如也？然則，冲和所會，無水旱昆蟲之災，無凶饑妖孼之疾，兆民之衆，含生之類，莫不阜安，是乃王者之都也。日至之景，尺有五寸謂之地中者，非謂必日景尺有五寸乃爲地中，是言地中之處，其景尺有五寸，蓋用以爲標識也。此二節，皆正位之事。○景，音影。昳，音經。塞，音賽。霾，音埋。識，音志。

　　凡建邦國，以土圭土其地而制其域。諸公之地，封疆方五百里，其食者半。諸侯之地，封疆方四百里，其食者參之一。諸伯之地，封疆方三百里，其食者參之一。諸子之地，封疆方二百里，其食者四之一。諸男之地，封疆方百里，其食者四之一。註曰：土其地，猶言度其地。鄭司農云：土其地但爲正四方耳。玄謂：其食者半，參之一，四之一者，土均均邦國地貢輕重之等，其率之也。公之地，以一易；侯、伯之地，以再易；子、男之地，以三易，必足其國。禮俗、喪紀、祭祀之用，乃貢其餘。大國貢重，正之也；小國貢輕，字之也。凡諸侯爲牧、正、帥、長及有德者，乃有附庸，爲其有禄者當取焉。公無附庸。侯附庸九同，伯附庸七同，子附庸五同，男附庸三同。進則取焉，退則歸焉。魯於周法，不得有附庸，故言錫之也。地方七百里者，包附庸，以大言之也，附庸二十四，言得兼此四等矣。○陳君舉曰：公貢重，子、男貢輕，其見於傳。大國若衛，既取於有閻之土，以供王職，又取於相土之東都，以會王之東蒐。小國若鄫，則無賦於司馬，畧可見矣。○朱子曰：先儒言封建，古者公、侯百里，伯七十里，子、男五十里。至周公，則斥大疆界，始大封侯國，公五百里，侯四百里，伯三百里，子二百里，男百里。如此，則是將那小底移動，添封爲大國，豈有此理？禹塗山之會，執玉帛者萬國。後來到夏、商衰時，皆相吞并，漸漸大了，至周時只有千八百國。便是萬國吞并爲千八百國，可見其又大了。周畢竟是因而封之，豈有移去許多小國，卻封爲大國？然聖人立法，亦自有低昂，不如此截然。謂如封五百里這一段，四面大山如大行，卻有六百里，不成又挑出那百里。外如封四百里這一段，卻有三百五十里，不成又去別處討一段五十里來添。都不如此殺。○坡謂：此一節，皆體國之事。○度，徒洛反。相，息亮反。殺，音曬。

　　凡造都鄙，制其地域，而封溝之，以其室數制之。不易之地，家百晦。一易之地，家二百晦。再易之地，家三百晦。註曰：都鄙，王子弟、公卿大夫采地，其界曰"都"。鄙，所居也。《王制》曰：天子之縣內，方百里之國九，七十里之國二十有一，五十里之國六十有三。此蓋夏時采地之數，周未聞矣。《春秋傳》曰：遷鄭焉而鄙留，城郭之宅曰室。《詩》云："嗟我婦子，曰爲改歲，入此室處。"以其室數制之，謂制丘甸之屬。《王制》曰："凡居民，量地以制邑，度地以居民。地、邑、民居，必參相得。"鄭司農云：不易之地，歲種之，地美，故家百晦；一易之地，休一歲乃復種，地薄，故家二百晦；再易之地，休二歲乃復種，故家三百晦。○疏曰："以其室數制之"者，依其城內室數，於四野之中，制地與之。○謝氏曰：邦國主分地，故度地制域；都鄙主治民，故地域大小。除山川邑居等虛數，以居民實數計之，又如受田之數，知家室之數也。○乃分地職，奠地守，制地貢，而頒職事焉，以爲地法，而待政令。註曰：分地職，分其九職所宜也。定地守，謂衡麓、虞候之屬。制地貢，謂九職所稅也。頒職事者，分命使各爲其所職之事。○鄭剛中曰：地職已分，地守已定，地貢已制，則其法立矣，乃頒職掌於都鄙之長，使之循此以爲法，以待王朝之政令。○黃文叔曰：政令，凡師役、會同、賓客、喪紀、稅斂皆是。○坡謂：此二節，皆經野之事。○晦，古"畝"字。度，徒洛反。長，丁丈反。

　　以荒政十有二聚萬民：一曰"散利"，二曰"薄征"，三曰"緩刑"，四曰"弛力"，五曰"舍禁"，六曰"去幾"，七曰"眚禮"，八曰"殺哀"，九曰"蕃樂"，十曰"多昏"，十有一曰"索鬼神"，十有二曰"除盜賊"。上文有任土教稼分職，則有年穀不登之時，恐民離散，故以救荒之政十有二品以聚之。散利,貸種食也。薄征,輕租税也。弛力,息繇役也。舍禁,舍山澤所遮禁者,以與民同利。去幾,謂關市去税而幾之。眚禮,殺吉禮也。殺哀,省凶禮也。杜子春讀"蕃樂"爲"藩樂",謂"閉藏樂器而不作"。多昏,不備禮而昏娶者多也。索鬼神,求廢祀而修之。《雲漢》之詩所謂"靡神不舉,靡愛斯牲"者也。除盜賊,急其刑以除之。饑饉則盜賊多,不可不除也。○坡謂:自一至六,廣上之恩,以豐民食也;自七至十,權五禮之通,以省民財也;十有一、十有二,則理其幽,治其明,消厲氣以致祥也。○舍,音捨。殺,音曬。蕃,方袁反。繇,音遥。

以保息六養萬民:一曰"慈幼",二曰"養老",三曰"振窮",四曰"恤貧",五曰"寬疾",六曰"安富"。註曰:保息,謂安之使蕃息也。慈幼,謂愛幼少也。産子三人,與之母,二人與之餼,十四以下不從征。養老,七十養於鄉,五十異粻之屬。振窮,拼救天民之窮者也。窮者有四:曰矜,曰寡,曰孤,曰獨。恤貧,貧無財業,稟貸之。寬疾,若今癃不可事,不算卒,可事者半之也。安富,平其繇役,不專取。○振,同"拼",音拯。少,詩照反。粻,音章。矜,古頑反。癃,音隆。

以本俗六安萬民:一曰"媺宫室",二曰"族墳墓",三曰"聯兄弟",四曰"聯師儒",五曰"聯朋友",六曰"同衣服"。本,猶"舊"也。媺,善也,謂桷約攻堅,風雨攸除,各有攸宇。族,猶"類"也,同宗者生相近,死相迫。聯,猶"合"也。兄弟,同姓之親也。師儒,設爲庠序,使致仕之賢,以道藝教鄉閭子弟者。同師曰"朋",同志曰"友"。同,猶"齊"也。民雖有富者,衣服不得獨異。○坡謂:自一至五,則韓子所云"安居而粒食,親親而尊尊,生者養而死者藏"之道,備矣。同衣服者,古者長民,衣服不二,以齊其民,則民德一。蓋貧富不相耀,則民無忮心,浮夸者不相慕説,則民無佗志。此又安之之要也。故保息六者,因其自有之分,處以當然之理,是發政施仁之所必先也。本俗六者,疏云不依舊俗,創立制度,民心不安;若依舊俗,民心乃安。此乃盡教養品節之詳,而凡萬民,各得其所,不惟老幼孤獨有養而已矣。夫先王之於民也,值其變則荒政以救之,處其常則保息本俗以安之,真經久宜民之要道,而《周官》精意之所存也。○椓,陟角反。長,丁丈反。

正月之吉始和,布教于邦國都鄙,坡謂:此節亦與下文爲總目,詳見《冢宰》。○乃縣教象之法于象魏,使萬民觀教象,挾日而斂之;坡謂:此布教于萬民之事也。○乃施教法于邦國都鄙,使之各以教其所治民。坡謂:此布教于邦國都鄙之事也。○令五家爲比,使之相保;五比爲閭,使之相受;四閭爲族,使之相葬;五族爲黨,使之相救;五黨爲州,使之相賙;五州爲鄉,使之相賓。註曰:此所以勸民者也。"使之"者,皆謂立其長,而教令使之。保,猶"任"也。救,救凶災也。賓,賓客其賢者。故書"受"爲"授",杜子春云,當爲"受"。玄謂:受者,宅舍有故,相寄託也;賙者,謂禮物不備,相給足也。閭,二十五家。族,百家。黨,五百家。州,二千五百家。鄉,萬二千五百家。○疏曰:此經説《大司徒》設比、閭至於州、鄉等第家數,各立其官長,教勸於民。○坡謂:此乃布教于六鄉之長,使教其所治民。而經文兼詳六鄉之制者,蓋上體國經野,正言封國立家之事,無文可間。此因施教,乃本其始終言之,與冢宰之施典于邦國,方及建其牧、立其監云云,同一意也。文承邦國後者,邦國亦有鄉也。嘗謂自職首至此,陳保民之政凡三:土宜之法,則用天因地,以左右民也;荒政保息本俗,則制畿封國之後,而爲固本寧邦之計,以君養民也;此節所言,施親睦之教,使民相養也。三者相須,王道始備。○縣,音懸。比,毗志反。賙,音周。

頒職事十有二于邦國都鄙,使以登萬民:一曰"稼穡",二曰"樹藝",三曰"作材",四曰"阜蕃",五曰"飭材",六曰"通財",七曰"化材",八曰"斂材",九曰"生材",十曰"學藝",十有一曰"世事",十有二曰"服事"。註曰:鄭司農云:稼穡,謂三農生九穀也;樹藝,謂園圃毓草木;作材,謂虞衡作山澤之材;阜蕃,謂藪牧養蕃鳥獸;飭材,謂百工飭化八材;通財,謂商賈阜通貨賄;化材,謂嬪婦化治絲枲;斂材,謂臣妾聚斂疏材;生材,謂閒民無常職,轉移執事;學藝,謂學道藝;世事,謂以世事教能,則民不失職;服事,謂公家服事者。○疏曰：大司徒主天下人民之數，故頒下民之職事十有二條於天下邦國及畿內都鄙，使以登成萬民。此經不言鄉遂及公邑者，舉外以包內。司徒親主鄉遂、公邑，頒之可知。自一至九，即大宰九職。大宰既掌之，此又重掌者，以大宰尊官，總知其事，此司徒是主民之官，親自頒行，義各有異也。○坡謂：此統鄉遂、邦國都鄙，而盡其教法之詳也。自一至九，農工商賈之職；十則士之職；十有一，則四民各世其職，總言之也；十有二，則四民之外，復有一職，別言之也。此經言民職者亦三：曰以作民職，曰乃分地職，皆承土田之事而及，則專指九職之民；此言頒職事，則凡萬民之有職者，皆悉數之，義各異也。○賈，音古。閒，音閑。別，彼列反。

以鄉三物教萬民，而賓興之。註曰：物，猶"事"也。興，猶"舉"也。民三事教成，鄉大夫舉其賢者、能者，以飲酒之禮賓客之，既則獻其書於王矣。一曰六德：知、仁、聖、義、忠、和；明而不惑曰"知"，公而無私曰"仁"，無所不通曰"聖"，裁制得宜曰"義"，誠實曰"忠"，發而中節曰"和"。六者皆成德之事。然以其序而言，則先明於心，然後能力行，故知先而仁後。聖者，知極其精也；義者，仁之制也；忠則四德之在內者，皆實而無偽；和則四德之外見者，時出而不乖。此大學之極功，知之盡，行之至，而表裏無間，民之最上者也。二曰六行：孝、友、睦、姻、任、恤；註曰：善於父母爲"孝"；善於兄弟爲"友"；睦，親於九族；姻，親於外親；任，信於友道；恤，振憂貧者。○坡謂：此本立而學或未至者，故爲其次。三曰六藝：禮、樂、射、御、書、數；註曰：禮，五禮之義；樂，六樂之歌舞；射，五射之法；御，五御之節；書，六書之品；數，九數之計。○坡謂：此其德行或有所未純，然才足以備任使，而應務不窮者，故又次之。此經陳教民之道凡二：十有二教，則列禮樂、刑政之詳，使賢愚、貴賤，皆範其中，而不敢蕩佚，所以一道德，同風俗也。此乃列設科取人之目，專爲學士而言，蓋以三物教，教成而賓之，或以德進，或以行舉，或以藝揚，三代鄉舉之法皆然也。上文推養民也已詳，故此下遂言教事。○以鄉八刑糾萬民：一曰"不孝之刑"，二曰"不睦之刑"，三曰"不姻之刑"，四曰"不弟之刑"，五曰"不任之刑"，六曰"不弟之刑"，七曰"造言之刑"，八曰"亂民之刑"。註曰：糾，猶"割"，察也。不弟，不敬師長。造言，訛言惑衆。亂民，亂名改作，執左道以亂政也。○疏曰：此"不弟"，即上"六行"、"友"是也。上言友，專施於兄弟；此變言弟，兼施於師長，故退在睦、婣之下。○吳氏曰：造言、亂民，害吾六行之教者，以二者之刑而列於八刑之後，則"六行"之教脩矣。○鄭剛中曰：教民三物，糾民則止於六行者，蓋人之性，有厚薄昏明之異，則德不可以皆同；人之材，有能有不能之別，則藝不可以皆能。夫六行者，日可見之行，人人所當勉者也；苟不修其行，則害于其身，禍于其家，亂人倫而傷聖治，是之謂戮民也。加之以刑，不亦宜乎！○知，音智。行，下孟反。弟，音悌。振，音拯。

以五禮防萬民之僞，而教之中；註曰：禮，所以節止民之侈僞，使其行得中。鄭司農云：五禮，謂吉、凶、賓、軍、嘉。以六樂防萬民之情，而教之和。註曰：樂，所以蕩正民之情思，使其心應和也。鄭司農云：六樂，謂《雲門》、《咸池》、《大韶》、《大夏》、《大濩》、《大武》。○鄭剛中曰：惟五禮由中而制，所以著誠而去僞，故可以防其僞。惟六樂由和而作，所以滌邪心而全正性，故可以防其情。情僞已去，則反其自然之中和，何難之有？○凡萬民之不服教而有獄訟者，與有地治者聽而斷之；其附于刑者，歸于士。服教，服禮樂之教也。爭罪曰"獄"，爭財曰"訟"。有地治者，謂鄉州及治都鄙者也。附，麗也。士，司寇士師之屬。上以禮樂化民，民不服教，而有獄訟者，將斷之時，恐其不審，故與其地部界所屬吏，共聽斷之。若有小罪，則司徒決之；其附于五刑，則歸于士。○坡謂：自以"五禮"至此，推本禮樂以爲立教之要也。蓋民之資稟不齊，其處已爲人者，不能皆實而無僞，故以五禮防之，而教之中焉；其感物而動者，不能節情而不乖，故以六樂防之，而教之和焉。禮樂之教既修，少而習之以爲藝，則氣質可化習；而察之於行，則有序而和，久而熟之，於德則強立而和順。此三代明王化民成俗，所以莫善莫急於此也。是故，教以型之，刑以防之，則人之於德行道藝，其成材也，不亦易乎！○思，悉吏反。韶，上朝反。濩，音護。

祀五帝,奉牛牲,羞其肆;註曰:牛能任載,地類也。奉,猶"進"也。鄭司農云:羞,進也。玄謂:進所肆,解骨體。《士喪禮》曰:肆解去蹄。○享先王,亦如之。疏曰:"享先王"者,謂四時并祫禘也。"亦如之"者,亦如祀五帝。但禘郊之事,先全烝,後豚解。奉牛牲,謂全烝獻腥也。羞其肆,謂體解而進之。若宗廟四時之事,則無全烝,先豚解,次體解。奉其腥獻者,豚解也。羞其肆者,熟獻也。○坡謂:冢宰文,祀五帝之後,有祀大神示,乃及享先王。今闕神示者,案宗伯禮,天地及五帝,牲從玉色;此既言奉五帝牲牲,而不及天地,灼然闕文。○肆,音剔。註同。示,音祇。

大賓客,令野脩道、委積。註曰:令,令遺人,使爲之也。少曰"委",多曰"積",皆所以給賓客。○疏曰:"大賓客"者,謂諸侯來朝。

大喪,師六鄉之衆庶,屬其六引,而治其政令。註曰:衆庶,所致役也。鄭司農云:六引,謂引喪車索也。六鄉,主六引;六遂,主六紼。○疏曰:在棺曰"紼"見繩體,行道曰"引"見用力。○紼,音弗。

大軍旅,大田役,以旗致萬民,而治其徒庶之政令。註曰:旗,畫熊虎者也。徵衆刻日樹旗,期於其下。○疏曰:凡軍旅田獵,所用民徒,先起六鄉之衆。

若國有大故,則致萬民於王門,令無節者不行於天下。註曰:大故,謂王崩及寇兵也。節,六節。有節乃得行,防姦私。○大荒、大札,則令邦國移民、通財、舍禁、弛力、薄征、緩刑。大札,大疫病也。移民,辟災就賤。其有守不可移者,則賤處,通穀米與之。上文荒政,乃自行於國中;此言大荒、大札,則令天下邦國相通也。○辟,音避。

歲終,則令教官正治而致事。註曰:歲終,自周季冬也。教官,其屬六十。正治,明處其文書。致事,上其計簿。○正歲,令于教官曰:"各共爾職,修乃事,以聽王命。其有不正,則國有常刑。"註曰:正歲,夏正月朔日。

小　司　徒

　　○小司徒之職，掌建邦之教法，以稽國中及四郊都鄙之夫家。九比之數以辨其貴賤、老幼、廢疾，凡征役之施舍，與其祭祀、飲食、喪紀之禁令。國中、四郊，皆六鄉之民所居。併言"都鄙"者，兼主采地也。夫家，猶言男女也。九比者，邦中也，四郊也，甸也，稍也，縣也，都也，關市也，山也，澤也。九比之數者，九處校比人民之數也。貴，謂卿大夫。賤，謂服公事者；事人，則賤也。廢疾，謂癃病也。征役，力役之征也。施，當爲"弛"。祭祀者，謂鄉中州祭社、黨祭禜、族祭酺。飲食者，謂若鄉飲酒及族食。喪紀者，謂若四閭爲族，使之相葬之等。禁令者，祭祀已下，皆有禁令，不使失禮法。○比，毗志反。禜，音詠。酺，音步。

　　乃頒比法于六鄉之大夫，使各登其鄉之衆寡、六畜、車輦，辨其物，以歲時入其數，以施政教、行徵令。登，成也。成猶"定"也。衆寡，民之多少。車，謂革車及大車。輦，人挽行。物，家中之財。施政教者，祭祀三者是也。行徵令者，征役與其施舍是也。○黃文叔曰：政教必觀其豐約而爲之隆殺，徵令必稽其有無而爲之寬急，故入其數而後施行之。○坡謂：頒六鄉，則六遂至邦國皆頒之矣。故下惟言"受邦國比要"，皆互文見義。○及三年，則大比。大比，則受邦國之比要。註曰：大比，謂使天下更簡閱民數及其財物也。受邦國之比要，則亦受鄉遂矣。鄭司農云：五家爲比。故以比爲名。今時八月案比是也。要，謂其簿。○坡謂：上文言小司徒掌稽其數，此二節詳其所以得數而稽之之要是也。○殺，音曬。

　　乃會萬民之卒伍而用之。五人爲伍，五伍爲兩，四兩爲卒，五卒爲旅，五旅爲師，五師爲軍。以起軍旅，以作田役，以比追胥，以令貢賦。註口：用，謂使民事之。伍、兩、卒、旅、師、軍，皆衆之名。兩，二十五人。卒，百人。旅，五百人。師，二千五百人。軍，萬二千五百人。此皆先王所因農事而定軍令者也。欲其恩足相恤，義足相救，服容相別，音聲相識。作，爲也。

104

役,功力之事。追,逐寇也。胥,伺捕盜賊也。鄉之田制與遂同。○疏曰：小司徒,佐大司徒以掌六鄉、六軍之事。出自六鄉,故預配卒伍也。而"用之"者,即軍旅、田役是也。○坡謂：賦,載師任地之賦也。貢,閭師任民之貢也。後言"貢賦"者,倣此。○朱子曰：比、閭、族、黨、州、鄉,與鄰、里、酇、鄙、縣、遂制田里之法也。伍、兩、卒、旅、師、軍,此鄉、遂出兵之法也。都、鄙之法,則一甸出長轂一乘,甲士三人,步卒七十二人。此二法所以不同,而貢助之法亦異,大率鄉遂以十爲數,是長連排去,井田以九爲數,是一箇方底物事,自是不同。而永嘉必欲合之,如何合得？又曰：六軍只是六鄉之衆,六遂不與,六遂亦有軍,但不可見其數。侯國三軍,亦只是三郊之衆,三遂不與。大國三郊,次國二郊,小國一郊。蔡季通説：車一乘,不止甲士三人,步卒七十二人。此是輕車。用馬馳者,更有二十五人,將重車在後,用牛載糇糧戈甲衣裝,見七書。如《魯頌》公徒三萬,亦具其説矣。○李景齊曰：《司馬法》曰"兵車一乘,甲士三人,步卒七十二人",是則一乘者,七十五人也。約而言之,兵車一乘則三兩之數,四乘則三卒之數,百乘則三師之所合,五百乘則三軍之所合,積而至於千乘,則六軍聚焉。是則六軍之數,適足以容千乘,乃天子宿衞之兵。其餘六遂都鄙之兵,悉天子之畿內,則爲萬乘矣。諸侯大國,則有千乘,而三鄉三軍,則僅止於五百乘爾。○乃均土地,以稽其人民,而周知其數。上地,家七人；可任也者,家三人。中地,家六人；可任也者,二家五人。下地,家五人；可任也者,家二人。註曰：均,平也。周,猶"徧"也。一家男女七人以上,則授之以上地,所養者衆也。男女五人以下,則授之以下地,所養者寡也。正以七人、六人、五人爲率者,有夫有婦,然後爲家；自二人以至於十爲九等,七、六、五者爲其中。可任,謂丁强任力役之事者。出老者一人,其餘男女强弱相半,其大數。○疏曰：均上地、下地等,使得均平,故曰"均土地"。既給土地,則據上地,計考其人民可任、不可任之事,而周徧知其大數。○坡謂：此總計户口,乃明伍、兩、卒、旅、師、軍之所由出也。○凡起徒役,毋過家一人,以其餘爲羨,唯田與追胥竭作。註曰：鄭司農云：羨,饒也。田,謂獵也。追,追寇賊也。竭作,盡行。○疏曰：此謂六鄉之內，上劑致民，一人爲正卒，其餘皆爲羨卒。若六遂之內，以下劑致民，一人爲正卒，一人爲羨卒，其餘皆爲餘夫。饒遠故也。○坡謂：此總結上文兩節，言五家爲比，及有徒役，則五人爲伍，以至五比爲閭，五伍爲兩之等。家用一人，不得過也。而有三人、五人、二人之可任者，除一人爲正卒，其餘皆籍爲羨，以備大故焉。自"乃會萬民之卒伍"至此，皆六鄉之比法也。夫小司徒欲稽其數，必考于六鄉；六鄉欲入其數，必循乎比法，然後六鄉可登之以入于司徒，司徒可稽之以施其教法矣。○別，彼列反。與，音預。

凡用衆庶，則掌其政教與其戒禁，聽其辭訟，施其賞罰，誅其犯命者。註曰：命，所以誓告之。○疏曰：言"凡用衆庶"，則上經所云是也。○坡謂：上文言"會萬民"，而用以軍旅田役追胥之事，是平日立法如此。此言當"用衆庶"之時，小司徒則掌其政教之等也。○凡國之大事致民，大故致餘子。註曰：大事，謂戎事也。大故，謂災寇也。鄭司農云：國有大事，當徵召會聚百姓，則小司徒召聚之。餘子，謂羨也。○坡謂：上文言會民卒伍，以備大事，籍民羨卒，以防大故，亦平日立法。此則當大事大故之時，小司徒則召而致之也。

乃經土地，而井牧其田野。九夫爲井，四井爲邑，四邑爲丘，四丘爲甸，四甸爲縣，四縣爲都，以任地事，而令貢賦，凡稅斂之事。註曰：此謂造都鄙也。采地制井田，異於鄉遂，重立國。小司徒爲經之，立其五溝、五塗之界。其制似"井"之字，因取名焉。鄭司農云：井牧者，《春秋傳》所謂"井衍沃牧隰皋"者也。玄謂：隰皋之地，九夫爲牧，二牧而當一夫。今造都鄙，授民田，有不易，有一易，有再易，通率二而當一，是之謂"井牧"。昔夏少康在虞思，有田一成，有衆一旅。一旅之衆，而田一成，則井牧之法，先古然矣。"九夫爲井"者，方一里，九夫所治之田也。此制小司徒經之，匠人爲之溝洫，相包乃成耳。邑丘之屬，相連比以出田稅，溝洫爲除水害。四井爲邑，方二里；四邑爲丘，方四里。四丘爲甸，甸之言乘也，讀如"衷甸"之"甸"。甸方八里，旁加一里，則方十里爲一成。積百井、九百夫。其中六十四井，五百七十六夫，出田稅；

三十六井，三百二十四夫，治洫。四甸爲縣，方二十里；四縣爲都，方四十里。四都方八十里，旁加十里，乃得方百里爲同也。積萬井、九萬夫。其四千九十六井，三萬六千八百六十四夫，出田稅；二千三百四井，二萬七百三十六夫，治洫；三千六百井，三萬二千四百夫，治澮。井田之法，備於一同。今止於都者，采地食者皆四之一，其制三等。百里之國，凡四都。一都之田稅入於王。五十里之國，凡四縣。一縣之田稅入於王。二十五里之國，凡四甸。一甸之田稅入於王。地事，謂農牧衡虞也。貢，謂九穀山澤之材也。賦，謂出車徒、給繇役也。《司馬法》曰：六尺爲步，步百爲畮，畮百爲夫，夫三爲屋，屋三爲井，井十爲通。通爲匹馬三十家，士一人，徒二人。通十爲成。成百井三百家，革車一乘，士十人，徒二十人。十成爲終。終千井三千家，革車十乘，士百人，徒二百人。十終爲同。同方百里，萬井三萬家，革車百乘，士千人，徒二千人。○坡謂：賦，蓋兼"田賦"言之。凡税斂者，或亦有漆林及罰布之等。此貢賦，自入其長。八則所云，以馭其用也。其法，則小司徒令之。○問：司馬法車乘、士徒之數，與《周禮》不同，何？朱子曰：古制不明，皆不可考，此只見於鄭氏註。七書中《司馬法》，又不是此。林勳本政書，錯說以爲文王治岐之政，曰"或以《周禮》乃常數，司馬乃調發時數"，是否？曰：不通處如何硬要通？不須思量，枉費心力。乃分地域，而辨其守，施其職，而平其政。註曰：政，稅也。政，當作"征"。○黄文叔曰：域，界也。井、邑、丘、甸、縣、都，各有界域。○坡謂：此專言造都鄙之事，與大司徒之文相表裏。分地域，即大司徒之制其地域而封溝之也。辨其守，施其職，平其政，即大司徒之分地職，奠地守，制地貢也。大司徒以立家爲義，故先言制地，而後及授田；小司徒以比法爲重，故先言井牧田野，而後及分地，各有當也。此與上文皆都鄙夫家之比法。按是而稽之，則征役與其施舍者可均，而祭祀飲食喪紀之禁令可齊矣。○政，音征。有，當去聲。

凡小祭祀，奉牛牲，羞其肆。註曰：小祭祀，王玄冕所祭。○疏曰：小祭祀既用牛，則王之祭祀無不用牛者。○肆，音剔。

小賓客，令野修道、委積。註曰：小賓客，諸侯之使臣。

107

大軍旅,帥其衆庶。註曰:帥,帥而致於大司徒。○小軍旅,巡役,治其政令。大軍旅,天子親行。小軍旅,謂使臣征伐。役,築軍壘,修城塹之役,宜有政令,以齊一之。小司徒則巡行而治之。

大喪,帥邦役,治其政教。註曰:喪役,正棺、引窆、復土。○疏曰:邦役,謂六鄉衆庶役使之事。

凡建邦國,立其社稷,正其畿疆之封。疏曰:"建邦國"者,謂立畿外諸侯邦國。"社稷"者,諸侯亦有三社、三稷,國社、侯社、勝社,皆有稷配之。立其社稷,謂以文書法度與之,不可國國親往也。"正其畿疆"者,謂九畿,畿上皆有疆界封樹,以爲阻固也。

凡民訟,以地比正之;註曰:鄭司農云:以田畔所與比,正斷其訟。地訟,以圖正之。註曰:地訟,争疆界者。圖,謂邦國本圖。○疏曰:凡量地以制邑,初封之時,即有地圖在官府。後有訟者,則以本圖正之。

歲終,則考其屬官之治成而誅賞,註曰:治成,治事之計。令羣吏正要會而致事。疏曰:此亦是歲終之時。正要會而致事者,上經"成",據曰小成之計;此言"要會",謂是月計、歲計,總爲簿書,而致其事之功狀,以待考也。○正歲,則帥其屬而觀教法之象,徇以木鐸,曰:"不用法者,國有常刑。"令羣吏憲禁令,修法糾職,以待邦治。註曰:憲,表縣之。

及大比,六鄉四郊之吏,平教治,正政事,考夫屋,及其衆寡六畜兵器,以待政令。四郊之吏,謂比長、閭胥以上,布列在四郊主民事者。夫屋,即夫家也。教治政事夫屋之等,各有成法。以其三年大比,行黜陟之禮,而更平之、正之、考之,以待國家之政令所須,則供之也。上文"大比"者,簡閱民數也;此"大比"者,廢置羣吏也。更言"考夫屋"之等,亦猶家宰司書三歲大計羣吏,以知民財已下是也。然大比六鄉,則稍甸縣都邦國,亦大比之矣。

問:九比,解與註異?曰:司農以"九比"爲九夫爲井,然國中四郊,乃六鄉之地。六鄉爲溝洫法,則十夫,無九夫也。後鄭以"九比"爲出九賦之人,以爲下文征之施舍張本，得矣。然口泉之法，三代則無之。故愚妄意，但以九處之民爲説，分山澤而二之者，本《閭師》文。曰："征役"，疏以"征"爲"税"，"役"爲"徭役"，子但以爲"力役之征"，何也？曰：以征爲口泉之税，則三代無是法；以征爲田税，則田税無弛而不征之法。夫粟米謂之征，力役亦謂之征，子不觀《遂人》之文乎？云：以令貢賦，以令師田，以起政役。賦貢之外，別言政役。彼註云："政役"，出士徒役，《音釋》云"政音征"，征役之説，此解明矣。○或問：治洫、治澮之説，如何？曰：甸方八里，縣方十六里，小都方三十二里，大都方六十四里。所有夫家，是治田出税者。註以甸旁各加一里爲十里，縣旁各加二里爲二十里，小都旁各加四里爲四十里，大都旁各加八里爲八十里。凡所加一里、二里、四里、八里之夫家，皆治洫，不出税者。註又謂：縣加五里，則二十五里，爲大夫采；小都加十里，則五十里，爲卿采；大都加二十里，則百里，爲公采。而以此大都所加之二十里，其夫家爲治澮，不出税。坡謂：以山川城郭三分乘除，可見大凡。如一縣方二十里，四百井，而四甸僅方十六里，二百五十六井者，則山川城郭等，除一百四十四井，約近三分去一之法，故一縣只有四甸也。縣旁又加五里，得井二百二十五者，容地有一易、再易，以爲消長度。此爲井也、牧也。推之卿采四十里，一千六百井，而四縣方三十二里，只一千奇二十四井者，則山川城郭等，除五百七十六井也，旁加十里，得井九百，亦爲井也、牧也。公采八十里，六千四百井，而四都方六十四里，只四千奇九十六井者，則山川城郭等，除二千三百又四井也，旁加二十里，得三千六百井，亦井、牧法也。妄意大凡多寡不能畢合，故不敢附於註下。○坡嘗經河北及中州，數日行皆平土，無甚高下。遇雨則四野滄溟，禾稼皆淹，車馬失路潯蟠。十日晴，尚在水居。渡黄河，涉漳水，又至塞外，見桑干河，其水渾赤。河旁之地，泥壅沙屯，因仍汩没。乃知鄭子出税治洫之解，真王道也！丘甸縣都，緣邊之民，畀以百畝，不税不役，食其租，專力於溝洫，長無他事之困。彼出税者，息然於耕鑿，無水旱崩襲之災，豈不兩得其利乎？然通率之，治洫澮之夫，多於出税。此李悝、商鞅之徒，所以必欲盡之也。豈知聖人寬然餘裕，多其功於除害，釋其氣於陰陽，歲歲有秋，民足而君樂？

彼徒知富國，而厲民盡利，棄天地之性，得不與善戰連諸侯者，同爲罪乎？且蓄洩無餘所，水旱傷之，修其隄防，補其困敗，揆之先王正大之道，所得所亡，亦無贏餘也。諸儒臆決爲詆，而橫渠張子是之，知道者所見自別。朱子言其不見厎據，古書亡者多矣，安得事求其據？苟合先王廓然不盡之仁，案之經久宜民之法，則此即其據也。王者有作，出稅之田少，治洫澮之田多，或者在所損益，而此二法，則不可易。○濘，音寧。塞，音賽。汩，音滑。塼，音轉。

周禮述註卷八

鄉　　師

○鄉師之職,各掌其所治鄉之教,而聽其治。疏曰:"聽其治"者,自鄉大夫以下至伍長,各自聽斷其民;今鄉師又聽其治者,恐鄉官有濫失,平察之。

以國比之法,以時稽其夫家眾寡,辨其老幼貴賤、廢疾、馬牛之物,辨其可任者、與其施舍者,掌其戒令糾禁,聽其獄訟。國比之法,即小司徒之九比也。可任者,即上地家三人之類。施舍,謂免役,即上廢疾老幼者是也。凡所戒令糾禁者,亦小司徒祭祀、飲食、喪紀之類也。獄訟,即小司徒民訟、地訟與。

大役,則帥民徒而至,治其政令;既役,則受州里之役要,以考司空之辟,以逆其役事。註曰:而至,至作部曲也。既,已也。役要,所遣民徒之數。辟,功作章程。逆,猶鉤考也。鄭司農云:辟,法也。○疏曰:大役者,謂築作隄防、城郭等役。凡邦事,令作秩敘。邦事,凡有營作征行之事皆是也。秩,常食也。敘,功次也。凡功作之事,其食之多少,功之次敘,皆令監督者計而作之,則無冗食,無相冒也。○辟,必益反。

大祭祀,羞牛牲,共茅蒩。註曰:鄭大夫讀"蒩"爲"藉",謂祭前藉也。玄謂"蒩",《士虞禮》所謂刌茅長五寸束之者是也。祝設于几東席上,命佐食取黍稷祭于苴三,取膚祭,祭如初。此所以承祭、既祭,蓋束而去之。《守祧》職云"既祭,藏其隋"是與?○疏曰:案:甸師共蕭茅,彼直共茅,與此鄉師,鄉師得茅,束而切之,長五寸,立之祭前以藉祭,故云"茅蒩"也。○蒩,子餘反。刌,音忖。苴,子都反。祧,他彫反。隋,相惠反。與,音餘。

111

大軍旅會同，正治其徒役，與其輦輂，戮其犯命者。註曰：輂駕馬，輦人輓行，所以載任器也，止以爲蕃營。《司馬法》曰：夏后氏謂"輦"曰"余車"，殷曰"胡奴車"，周曰"輜輦"。輦，一斧，一斤，一鑿，一梩，一鋤。周輦加二版、二築。又曰：夏后氏二十人而輦，殷十八人而輦，周十五人而輦。○疏曰："正治其徒役"者，六軍之外，別有民徒使役，皆出於鄉，故鄉師治之。○輦，音菊。輓，音晚。梩，里其反。

大喪用役，則帥其民而至，遂治之。註曰：治，謂監督其事。○疏曰：大喪用役，謂若喪時，輓六引之等。○反葬，執纛以與匠師御柩，而治役。註曰：匠師，事官之屬，其於司空，若鄉師之於司徒也。鄉師主役，匠師主衆匠，共主葬引。《雜記》曰："升正柩，諸侯執綍五百人，四綍皆銜枚，司馬執鐸，左八人，右八人，匠人執翿以御柩①。"天子六引，禮依此云。鄭司農云：翿，羽葆幢也。《爾雅》曰：纛，翳也，以指揮輓柩之役，正其行列進退。○及窆，執斧以涖匠師。註曰：匠師，主豐碑之事。執斧以涖之，使戒其事。鄭司農云：窆，謂葬下棺也。《春秋傳》曰"日中而塴"，《禮記》所謂封者。涖，謂臨視也。○纛，音道。柩，音舊。綍，音弗。翿，音桃。幢，直江反。行，户剛反。下"行列"同。塴，補鄧反。封，彼驗反。

凡四時之田，前期出田法于州里，簡其鼓鐸、旗物、兵器，修其卒伍。註曰：田法，人徒及所當有。○及期，以司徒之大旗，致衆庶而陳之，以旗物辨鄉邑，而治其政令刑禁，巡其前後之屯，而戮其犯命者，斷其爭禽之訟。司徒致衆庶以熊虎之旗，此又以之，明爲司徒致之。大夫致衆，當以鳥隼之旗。陳之，謂表正其行列，辨別異也。鄉邑者，田時非直六鄉之衆，亦有公邑之民，各有部曲，以其所執旗物別異之。前後之屯，車徒異部也。兵衆屯聚，各有車徒，各於前後而巡行之。黃文叔曰："致衆庶而陳之"句絕。○旟，音餘。

凡四時之徵令有常者，以木鐸徇於市朝。註曰："徵令有常"者，謂田狩及正月命"修封疆"，二月命"雷且發聲"。○以歲時巡國及野，而賙萬民之囏阨,以王命施惠。註曰:"歲時"者,隨其事之時,不必四時也。囏阨,饑乏也。鄭司農云:賙,讀爲"周急"之"周"。○朝,直遥反。囏,古"艱"字。

歲終,則考六鄉之治,以詔廢置。正歲,稽其鄉器,比共吉凶二服,閭共祭器,族共喪器,黨共射器,州共賓器,鄉共吉凶禮樂之器。註曰:吉服者,祭服也;凶服者,弔服也,比長主集爲之。祭器者,簠、簋、鼎、俎之屬,閭胥主集爲之。喪器者,夷槃、素俎、楬豆、輁軸之屬,族師主集爲之。此三者,民所以相共也。射器者,弓、矢、楅、中之屬,黨正主集爲之。爲州長或時射於此黨也。賓器者,尊、俎、笙、瑟之屬,州長主集爲之。爲鄉大夫或時賓賢能於此州也。吉器,若閭祭器者也。凶器,若族喪器者也。禮樂之器,若州黨賓射之器者。鄉大夫備集此四者,爲州黨族閭有故而不共也。此鄉器者,旁使相共,則民無廢事;上下相補,則禮行而教成。○疏曰:案:《載師》職"里布"、"屋粟"註云:罰之,以其吉凶二服及喪器。鄭知必用罰物者,以其不爲官事,明其不用官物可知。自射器已下,皆爲國行禮,得官物所爲,不出民物。若國大比,則考教察辭,稽器展事,以詔誅賞。上文歲終考治,正歲稽器;此則大比之時。鄭剛中曰:考教則察其辭,稽器則展其事,設教而辭不逆理,制器而事不廢常,是守職而可賞者也。教法頒於上而爲非聖之言,器用制於鄉而有不舉之禮,是曠職而可誅者也。故以詔誅賞,又不特詔廢置而已。○輁,九勇反。楅,音福。

鄉　大　夫

○鄉大夫之職,各掌其鄉之政教禁令。註曰:鄭司農云:萬二千五百家爲鄉。

正月之吉,受教法于司徒,退而頒之于其鄉吏,使各以教其所治,以考其德行,察其道藝。註曰:"其鄉吏",州長以下。○王介甫曰:考,考知其實僞;察,察見其精觕。○朱子曰:古人學校,教養德行、道藝、宿衛、征伐、師旅、田役,皆只是一項事。○行,下孟反。

以歲時登其夫家之衆寡，辨其可任者。國中自七尺以及六十，野自六尺以及六十有五，皆征之。其舍者，國中貴者、賢者、能者、服公事者、老者、疾者，皆舍。以歲時入其書。註曰：登，成也，定也。國中，城郭中也；晚征而早免之，以其所居復多役少。野，早征而晚免之，以其復少役多。鄭司農云：征之者，給公上事也；舍者，謂有復除，舍不收役事也。貴者，謂若今宗室及關內侯，皆復也。服公事者，謂若今吏有復除也。老者，謂若今八十、九十，復羨卒也。疾者，謂若今癃不可事者，復之。玄謂"入其書"者，言於大司徒。〇坡謂：郊門以內，通謂之"國中"。七尺，謂年二十也。六尺，謂年十五也。征之者，力役之征也。疏亦云：所征稅者，謂築作、挽引、道渠之役。鄭解《冢宰》九賦，引此征爲口率出泉，今闕之。〇復，音福。

三年則大比，考其德行、道藝，而興賢者、能者。鄉老及鄉大夫帥其吏與其衆寡，以禮禮賓之。註曰：賢者，有德行者。能者，有道藝者。衆寡，謂鄉人之善者無多少也。鄭司農云：興賢者，謂若今舉孝廉；興能者，謂若今舉茂才。賓，敬也。敬所舉賢者、能者。玄謂：變"舉"言"興"者，謂合衆而尊寵之。以鄉飲酒之禮，禮而賓之。〇朱子曰：道藝是能者，蓋曉得許多事物之理，所以屬能。〇厥明，鄉老及鄉大夫、羣吏，獻賢能之書于王；王再拜受之，登于天府，内史貳之。註曰：厥，其也，其賓之明日也。獻，猶"進"也。王拜受之，重得賢者。王上其書於天府，天府掌祖廟之寶藏者。內史副寫其書者，當詔王爵祿之時。〇疏曰：賢能之書，亦是寶物，故藏於天府。〇退而以鄉射之禮五物詢衆庶：一曰"和"，二曰"容"，三曰"主皮"，四曰"和容"，五曰"興舞"。以，用也。以鄉射之禮者，州長春秋二時，習射於序，名爲"鄉射"。今鄉大夫還用此鄉射之禮。詢，謀也。問於衆庶，寧復有賢能者。蓋當射之時，民必觀焉，因詢之也。和，内志正也。容，外體直也。主皮，中也。和容，容體比於禮也。興舞，其節比於樂也。〇疏曰：退者，謂獻賢能之書於王，退來鄉內。〇此謂使民興賢，出使長之；使民興能，入使治之。註曰：言是乃所謂使民自舉賢者，因出之而使之長民，教以德行、道藝於外也；使民自舉能者，因人之而使之治民之貢賦、田役之事於內也。言爲政，以順民爲本也。《書》曰："天聰明，自我民聰明；天明威，自我民明威。"老子曰："聖人無常心，以百姓心爲心。"如是，則古今未有遺民而可爲治。○行，下孟反。長，丁丈反。藏，才浪反。中，去聲。

歲終，則令六鄉之吏，皆會政致事。正歲，令羣吏考法于司徒以退，各憲之於其所治之國。坡謂：上文，正月所受曰"教法"，專指教而言之。此所考曰法，則小司徒所云征役、弛舍、祭祀、飲食、喪紀之禁令皆在焉。○會，古外反。憲，音懸。舍，上聲。

大詢于衆庶，則各帥其鄉之衆寡，而致于朝。註曰："大詢"者，詢國危，詢國遷，詢立君。鄭司農云：大詢于衆庶，《洪範》所謂"謀及庶民"。○疏曰：朝，謂外朝三槐、九棘之所。

國有大故，則令民各守其閭，以待政令。疏曰：大故，謂災變、寇戎之等。警急須人，故使民皆聚於閭胥所治處，以待國之政令。○以旌節輔令，則達之。註曰：民雖以徵令行，其將之者無節，則不得通。○疏曰：國有大故，恐有姦寇，故爾。

州　　長

○州長，各掌其州之教治、政令之法。註曰：鄭司農云：二千五百家爲"州"。

正月之吉，各屬其州之民而讀法，以考其德行、道藝而勸之，以糾其過惡而戒之。註曰：屬，猶合也，聚也。因聚衆而勸戒之者，欲其善。○坡謂：所讀之法，即鄉之三物、八刑之等也。故繼之以考其德行、道藝而勸之，糾其過惡而戒之，意自明矣。○若以歲時祭祀州社，則屬其民而讀法亦如之。春、秋以禮會民，而射于州序。註曰：序，州黨之學也。會民而射，所以正其志也。《射義》曰"射之爲言繹也"，"繹者，各繹己之志"。○疏曰：上云"歲時"，皆謂歲之四時；此云"歲時"，惟有歲之二時春、秋耳。春祭社，以祈膏

115

雨，望五穀豐熟；秋祭社者，以百穀豐稔，所以報功。故云"祭祀州社"也。春、秋以禮會民而射于州序者，州長因春、秋二時，皆以禮會聚其民，而行射禮于州之序學中。言以禮者，亦謂先行鄉飲酒之禮，乃射也。○屬，音燭。

凡州之大祭祀、大喪，皆涖其事。註曰：大祭祀，謂州社稷。大喪，鄉老、鄉大夫於是卒者也。涖，臨也。

若國作民而師田行役之事，則帥而致之，掌其戒令，與其賞罰。註曰：致之，致之於司徒也。掌其戒令賞罰，則是於軍，因爲師帥。○疏曰：師，謂征伐。田，謂田獵。行，謂巡狩。役，謂役作。

歲終，則會其州之政令。正歲，則讀教法如初。註曰：雖以正月讀之，至正歲猶復讀之，因此四時之正重申之。○鄭剛中曰：觀如初之言，則知上正月所讀者，純於教法。

三年大比，則大考州里，以贊鄉大夫廢興。註曰：廢興，所廢退，所興進也。鄭司農云：贊，助也。○史直翁曰：不曰誅賞，而曰廢興者，鄉大夫之教民，興賢能，廢愚不肖而已，至於誅賞，則大司徒王之事也。

黨　正

○黨正，各掌其黨之政令教治。註曰：鄭司農云：五百家爲"黨"。

及四時之孟月吉日，則屬民而讀邦法，以糾戒之。註曰：以四孟之月朔日讀法者，彌親民者，於教亦彌數。○坡謂：州長曰"法"，此曰"邦法"，則不止於教也。凡一年政令及十二教，皆兼之矣。○春秋祭禜亦如之。註曰：禜，謂雩禜水旱之神，蓋亦爲壇位，如祭社稷云。○禜，音詠。數，所角反。

國索鬼神而祭祀，則以禮屬民而飲酒于序，以正齒位：一命齒于鄉里，再命齒于父族，三命而不齒。註曰：國索鬼神而祭祀，謂歲十二月大蜡之時，建亥之月也。正齒位者，《鄉飲酒義》所謂六十者坐，五十者立侍；六十者三豆，七十者四豆，八十者五豆，九十者六豆是也。必正之者，爲民三時務農，將闕於禮；至此農隙而教之尊長養老，見孝弟之道也。黨正飲酒禮亡，以此事屬於鄉飲酒之義，微失少矣。凡射飲酒，此鄉民雖爲鄉大夫，必來觀禮。《鄉飲酒》《鄉射記》大夫"樂作不入"，士"既旅，不入"是也。齒于鄉里者，以年與衆賓相次也。齒于父族者，父族有爲賓者，以年與之相次。異姓雖有老者，居於其上。不齒者，席于尊東，所謂遵。○疏曰：黨正行正齒位之禮，在十二月建亥之月爲之，非蜡祭之禮。而此云"國索鬼神而祭祀"者，以其正齒位禮在蜡月，故言之以爲節耳。當正齒位之時，民內有爲一命以上，必來觀禮，故須言其坐之處。"一命齒於鄉里"者，此黨正是天子之國黨正，則一命亦天子之臣；若有一命之人來者，即於堂下鄉里之中爲齒也。"再命齒于父族"者，謂父族爲賓，即與之爲齒。年大在賓東，年少在賓西。"三命而不齒"者，若有三命之人來，縱令父族爲賓，亦不與之。若非父族，是異姓爲賓，灼然不齒，位在賓東，故云"不齒"也。○問：若據黨正如此，雖說鄉黨莫如齒，到得爵尊後，又不復序齒否？朱子曰：古人貴貴長長，並行而不悖。他雖說不序，亦不相壓，自別設一位，如今之掛位然。○蜡，仕詐反。

　　凡其黨之祭祀、喪紀、昏冠、飲酒，教其禮事，掌其禁戒。註曰：其黨之民。○疏曰：此一經，並是民之所行。上州之祭祀、大喪義異。此祭祀已下，雖是民之所行，民者冥也，非教不可，故黨正皆教其禮事也，因掌其戒命督禁之。○冠，古亂反。

　　凡作民而師田、行役，則以其法治其政事。註曰：亦於軍，因爲旅帥。

　　歲終，則會其黨政，帥其吏而致事。疏曰：帥族師以下之吏，致其所掌之事於州長。○正歲，屬民讀法，而書其德行、道藝。疏曰：三年乃一貢。今每年正歲，皆書記勸勉之。三年即貢之也。○坡謂：上讀法，則糾戒之；此讀法，則書其德行、道藝。禮既異數，是"正月"與"正歲"儼然異時，而不可以"正歲"即"正月"明矣。

　　以歲時涖校比。註曰：涖，臨也。鄭司農云：校比，《族師》職所謂以時屬民而校登其族之夫家衆寡，辨其貴賤、老幼、廢疾、可任者，及其六畜、車輦。

117

如今時小案比。○疏曰：歲時，歲之四時。○及大比，亦如之。

族　　師

○族師，各掌其族之戒令、政事。註曰：政事，邦政之事。鄭司農云：百家爲族。

月吉，則屬民而讀邦法，書其孝弟、睦婣、有學者。註曰：月吉，每月朔日也。故書上句或無"事"字。杜子春云：當爲"正月吉"，書亦或爲"戒令政事"。月吉，則屬民而讀邦法。○疏曰：有學，即六藝也。○春秋祭酺，亦如之。註曰：酺者，爲人物災害之神也。故書"酺"或爲"步"。杜子春云：當爲"酺"。玄謂《校人》職又有"冬祭馬步"，則未知此世所云蝝螟之酺與人鬼之步與？蓋亦爲壇位如雩禜云。族長無飲酒之禮，因祭酺而與其民以長幼相獻酬焉。○酺，音步。蝝，悅全反。螟，莧經反。

以邦比之法，帥四閭之吏，以時屬民而校，登其族之夫家衆寡，辨其貴賤、老幼、廢疾、可任者，及其六畜、車輦。四閭之吏，閭胥比長也。

五家爲比，十家爲聯；五人爲伍，十人爲聯；四閭爲族，八閭爲聯，使之相保相受，刑罰慶賞相及相共，以受邦職，以役國事，以相葬埋。丘氏曰：既以伍法比其居，又以什法聯其居，覆云"五人爲伍、十人爲聯"者，明軍法自此出也。相保，是見居者則保之；相受，是新徙者則受之。刑罰相及相共，則惡者所同惡而無所比；慶賞相及相共，則善者所同好而無所蔽。故聯比其民者，所以歡洽其心也。○見，音現。同惡，去聲。

若作民而師、田、行、役，則合其卒伍，簡其兵器，以鼓鐸旗物帥而至，掌其治令、戒禁、刑罰。註曰：亦於軍，因爲卒長。○歲終，則會政致事。

閭　　胥

○閭胥，各掌其閭之徵令。註曰：鄭司農云：二十五家爲閭。○疏曰：

徵令，即下文"歲時"以下之事是也。

以歲時各數其閭之衆寡，辨其施舍。凡春秋之祭祀，役、政、喪紀之數，聚衆庶，既比則讀法，書其敬、敏、任、恤者。註曰：祭祀，謂州社、黨禜、族酺也。役，田役也。政，若州射、黨飲酒也。喪紀，大喪之事也。四者及比，皆會聚衆民，因以讀法，以勑戒之。○疏曰：喪紀，王之喪也。知者以其聚衆庶，明非上州之大喪。○黃氏曰：數，謂其事之有數者。比，謂因其叙而比之。居則五家爲比，故讀法亦使比而聽之。以祭祀聚，則讀祭祀之法；以役政聚，則讀役政之法；以喪紀聚，則讀喪紀之法。大抵州黨族各有法，則各以其時而讀之。閭亦自有法，則因其聚而讀之。○王龜齡曰：五家之比，比有長；初未有可書之事，不過防其奇衺而已。五比之閭，則書其敬、敏、任、恤，是於六行之中，可書者二。四閭之族，則書其孝、弟、睦、婣，是於六行之中，可書者四。其於德行、道藝，有所未備矣。五族之黨，書其德行、道藝。然書之而未能考之，五黨之州，又從而考之。考之而未能賓興之，五州之鄉，於是而賓興之，以見其人材之成也。

凡事，掌其比、觵、撻、罰之事。註曰：觵、撻者，失禮之罰也。觵用酒，其爵以兕角爲之；撻，朴也。故書或言"觥撻之罰事"。杜子春云：當言觥、撻罰之事。○疏曰：言凡非一，則是鄉飲酒及鄉射飲酒有失禮者，須罰之，故云"凡事"。掌其比者，人聚則有校比之法，皆掌之。○觵，古橫反。

比　　長

○比長，史直翁曰：民之治，自族黨州鄉爲附庸，爲侯邦，爲天下，其本則出於此。欲治天下者，必行比法可也。是故，先王於此尤所致意，雖合爲六鄉，統爲天下，其法亦必以此名之。**各掌其比之治。**王龜齡曰：六鄉之吏，周公命官之意，其輕重皆一字間。閭胥比長，則於政教之事，不使掌也，初不過掌閭之徵令，與比之治而已。鄉大夫州長則詳於教，黨正族師則詳於政，此政教之所以異也。禁令爲上，政令次之，戒令又次之，徵令爲下。比長則於令，又非所掌也。〇五家相受，相和親，有罪奇邪則相及。疏曰：相受者，宅舍有故崩壞，相寄託。相和親者，五家之内，有不和親，則使之自相和親。有罪惡，則相及者，欲使不犯。

徙于國中及郊，則從而授之。徙，謂不便其居也。古者，三歲大比之年，民有願厭於本居之處不便，則任其遷徙；或國中之民出徙郊，或郊民入徙國中。比長皆從而付所處之事，明無罪惡。〇若徙于他，則爲之旌節而行之。註曰：徙于他，謂出居異鄉也。授之者有節乃達。〇若無授無節，則唯圜土内之。註曰：鄉中無授，出鄉無節，過所則呵問，繫之圜土，考辟之也。圜土者，獄城也。獄必圜者，規主仁；以仁心求其情。古之治獄，閔於出之。〇内，音納。呵，呼何反。辟，音壁。

封　　人

〇封人，掌設王之社壝，爲畿封而樹之。註曰：壝，謂壇及堳埒也。畿上有封，若今時界矣。〇疏曰：直言"壝"，不云"壇"，舉外以見内，内有壇可知也。〇鄭剛中曰：小宗伯建國之神位，右社稷，左宗廟；則天子之制，有社而稷從之。自漢以來，謂之大社大稷。若夫王者自爲立社，四方各以其色之土，上冒以黄，明爲天子之有土。是爲土示，而稷無與焉。封人所設之社壝，謂地，兹所以不立稷也。〇示，音祇。

凡封國，設其社稷之壝，封其四疆。疏曰："設其社稷之壝"者，案《禹貢》徐州貢五色土，孔註云：王者封五色土爲社，建諸侯則各割其方色土與之，使立社。燾以黄土，苴以白茅。茅取其潔，黄取王者覆四方。是封乎諸侯，立社稷之法也。〇陳氏曰：祭社必及稷，以其同功均利以養人。祭必有配，而社配以勾龍，稷配以柱，商時又易柱以棄，其功利足以侔社稷。王與諸侯，皆三社、三稷，其位則中門之右，社主陰故也。其位則北面，社向陰故也。其飾則不屋，《記》所謂"必受霜露風雨，以達天地之氣"是也。其表則木，《傳》所謂"松、栢、栗"是也。其主則用石爲之，其列則社東而稷西。先王之制社稷，春有祈，歌

《載芟》；秋有報，歌《良耜》；孟冬大割祠。此祭之常也，凡天地大災之類祭，大故大災之彌祀，君行有宜，宮成有毗，此祭之不常者也。祭之常者用甲，其他則惟吉而已。祭之牲以大牢。其遇天災，則用幣而已。考之於禮，王之祭南面，其服希冕，其牲用騂，其祭血祭，其罇大罍，其樂應鍾，其舞帗舞，其鼓靈鼓。凡此皆因禮樂以致其義。○造都邑之封域者，亦如之。疏曰："都邑"者，謂大都、小都、家邑三等采地。"亦如之"者，亦如上諸侯有四疆也。○唐氏曰：如是，則內諸侯之制，與外諸侯同也。○芟，師參反。毗，音二。帗，音拂。

令社稷之職。 註曰：將祭之時，令諸有職事於社稷者也。《郊特牲》曰："唯爲社事，單出里。唯爲社田，國人畢出。唯爲社②，丘乘共粢盛，所以報本反始也。"○史直翁曰：大司徒設屬，所以教民者已備，然後得以立社稷之壇壝，奉其牲牢，所謂先成民而後致力於神。曷先社稷？蓋國家當以土地爲重。孟子言：諸侯之寶，必以土地居首。《記》亦曰："家主中霤，國主社。"

凡祭祀，飾其牛牲，設其楅衡，置其絼，共其水稾。 註曰：飾，謂刷治潔清之也。鄭司農云：絼，著牛鼻繩，所以牽牛者；今時謂之雉，與古者名同。皆謂夕牲時也。玄謂：楅，設於角；衡，設於鼻，如椵狀也。水稾，給殺時洗薦牲也。"絼"字當以"豸"爲聲。○疏曰：言"凡祭祀"，謂王之天地宗廟，先大次小之祭祀非一，故云"凡"以廣之。○**歌舞牲及毛炮之豚。** 註曰：謂君牽牲入時，隨歌舞之，言其肥香以歆神也。"毛炮豚"者，爓去其毛而炮之，以備八珍。鄭司農云："封人主歌舞，其牲云博碩肥腯。"○絼，音雉。炮，薄交反。著，直畧反。椵，音加。爓，似鹽反。腯，徒忍反。

凡喪紀、賓客、軍旅、大盟，則飾其牛牲。 註曰：大盟，會同之盟。○疏曰：王之喪紀有牲者，除朝夕奠用脯醢以外，大小斂，朔月、月半薦新奠，祖奠，大遣等，皆有牲牢。賓客有殺牲者，唯據致飧及饔餼、饗食，皆有殺牲之事。軍旅殺牲者，謂饗獻軍吏。大盟，謂天子親往臨盟。

鼓　　人

○鼓人，掌教六鼓、四金之音聲，以節聲樂，以和軍旅，以正田役。

以"鼓"名官,而兼教金者,金皆以鼓爲主也。單出曰"聲",雜比曰"音"。音聲,金鼓之音聲也。五聲須鼓乃和,故曰"以節聲樂"。師克在和,故言"和"。田役欲正其行列,故言"正"。"掌教"者,凡有事於祭祀、軍旅、田役而用鼓,皆教之也。

教爲鼓而辨其聲用。註曰:辨聲用,別其聲所用之事。○鄭剛中曰:上言教擊鼓之法,此言教爲鼓而用之之法。然則,教爲鼓者,教輦人爲之。○**以雷鼓鼓神祀**,註曰:雷鼓,八面鼓也。神祀,祀天神也。○**以靈鼓鼓社祭**,註曰:靈鼓,六面鼓也。社祭,祭地祇也。○**以路鼓鼓鬼享**,註曰:路鼓,四面鼓也。鬼享,享宗廟也。○坡謂:雷,天物有聲;祀神之鼓象其聲,因取其名,故曰"雷"。《大戴禮》云"陽氣爲精,陰氣爲靈",故示祭之鼓名"靈"。路,大也。王之寢曰"路寢",門曰"路門",車曰"路車",皆爲"大"意,故鬼享之鼓名"路"耳。八面、六面之等,恐難施用也。○**以鼖鼓鼓軍事**,註曰:大鼓謂之"鼖"。鼖鼓,長八尺。○**以鼛鼓鼓役事**,註曰:鼛鼓,長丈二尺。○**以晉鼓鼓金奏**。註曰:晉鼓,長六尺六寸。金奏,謂樂作擊編鐘。○疏曰:作樂則先擊鐘,故鐘師以鐘鼓奏《九夏》,註云:"先擊鐘,次擊鼓。"則是擊鐘後即擊鼓,故曰"以晉鼓鼓金奏"。○**以金錞和鼓**,註曰:錞,錞于也,圜如碓頭,大上小下,樂作鳴之,與鼓相和。○**以金鐲節鼓**,註曰:鐲,鉦也,形如小鐘,軍行鳴之,以爲鼓節。《司馬》職曰軍行"鳴鐲"。○**以金鐃止鼓**,註曰:鐃,如鈴無舌,有秉,執而鳴之,以止擊鼓。《司馬》職曰"鳴鐃且卻"。○**以金鐸通鼓**。註曰:鐸,大鈴也,振之以通鼓,《司馬》職曰"司馬振鐸"。○疏曰:通鼓者,兩司馬振鐸,軍將已下即擊鼓,故云"通"也。○鼖,音焚。鼛,音羔。錞,音純。鐲,音濁。鐃,女交反。輦,音運。示,音祇。碓,音對。鉦,音征。

凡祭祀百物之神,鼓兵舞、帗舞者。註曰:兵,謂干戚也。帗,列五采繒爲之,有秉。皆舞者所執。○疏曰:"鼓兵舞、帗舞"者,天地之小神,所舞不過此兵舞、帗舞二事。案:下《舞師》,山川用"兵舞",社稷用"帗舞",今此小神等,若義近山川者舞兵舞,義近社稷者舞帗舞。故六舞之中,唯言此二舞而已。

凡軍旅，夜鼓鼜。註曰：鼜，夜戒守鼓也。《司馬法》曰："昏鼓四通爲大鼜③，夜半三通爲晨戒，旦明五通爲發昫。"○疏曰：鼜者，聲同憂戚，取軍中憂懼之意，故名戒守鼓爲鼜也。晨昫之時當發，爲發昫。○軍動，則鼓其衆。疏曰：尋常在道，欲行之時所擊之鼓，則五通發昫是也。今別言"軍動"，據將臨陳之時，軍旅始動，則擊鼓以作士衆之氣。○田役亦如之。疏曰：田獵圍合之時，必擊鼓，象對敵，故《大司馬》職云"鼓，遂圍禁"是也。○鼜，音戚。昫，音煦。

救日月，則詔王鼓。註曰：日月食，王必親擊鼓者，聲大異。《春秋傳》曰："非日月之眚，不鼓。"

大喪，則詔大僕鼓。註曰：始崩及窆時也。○王光遠曰：自雷鼓至通鼓，則鼓人之所辨。自"凡祭祀"至"亦如之"，則鼓人之所鼓；自"救日月"至"大僕鼓"，則鼓人之所詔。

舞　師

○舞師，掌教兵舞，帥而舞山川之祭祀；教帗舞，帥而舞社稷之祭祀；教羽舞，帥而舞四方之祭祀；教皇舞，帥而舞旱暵之事。教，教舞徒也。羽，析白羽爲之，形如帗也。四方，坡謂小宗伯兆山川、丘陵、墳衍，各因其方；今山川既別言之，則四方者，乃丘陵、墳衍、原隰之等布在四方，因方而祀之，故曰"四方之祭祀"也。皇，析五采羽爲之，亦如帗。旱暵之事，謂雩也。暵，熱氣也。凡祀各異其舞，必有義，今不可考。○疏曰：案：《春官·樂師》有六舞，并有"旄舞"施于辟雍，"人舞"施于宗廟。此無此二者，但卑者之子，不得舞宗廟之酎；祭祀之舞，亦不得用卑者之子。彼樂師教國子，故有二者；此教野人，故無旄舞、人舞。○凡野舞，則皆教之。註曰：野舞，謂野人欲學舞者。○暵，呼但反。酎，音宙。

凡小祭祀，則不興舞。興，作也。《文王世子》曰："凡始立學者，既興器，用幣，然後釋菜，不舞不授器。"小祭祀不興舞者，其此類與？

或曰：子以四方爲丘陵、墳衍、原隰，亦有它據乎？曰：頗有之。《夏官·山師》掌山林，《川師》掌川澤，至《邍師》掌四方之地名，而云辨其丘陵、墳衍、原隰之名，則此三等之爲四方，曷疑？○邍，音源。

牧　　人

○牧人，掌牧六牲，而阜蕃其物，以共祭祀之牲牷。註曰：六牲，謂牛、馬、羊、豕、犬、雞。鄭司農云：牷，純也。玄謂牷，體完具。○疏曰：物，謂毛物。五官各有牛人、羊人、犬人、豕人之等，擇取純毛色者，以共牧人。牧人又共與充人，芻之三月，以祭祀。○牷，音全。

凡陽祀用騂牲毛之，陰祀用黝牲毛之，望祀各以其方之色牲毛之。坡謂：陽祀，祈穀於南郊及宗廟。騂牲，赤色。毛之，取純毛也。陰祀，大社也。黝，讀爲"幽"。幽，黑也。望祀，兆五帝於四郊也。《大宗伯》云"蒼璧禮天"，"黃琮禮地"。下云"牲放其色"，則圜丘、方丘，無用騂牲、黝牲者。用騂牲，惟祈穀於南郊；用黝牲，惟大社與宗伯。又云"青圭禮東方"，"赤璋禮南方"，"白琥禮西方"，"玄璜禮北方"，牲放其色。"望祀，各以其方之色牲毛之"者，正謂此也。郊社，詳見宗伯。○黝，讀"幽"。放，音倣。

凡時祀之牲，必用牷物。時祀，四時所常祀。天之時祀，日月以下；地之時祀，五祀五嶽以下皆是也。○疏曰："必用牷物"者，對上方色，是隨其方色，不用尨。尨，是雜色。則此牷物者，非方非雜。雖不得隨方之色，要於其身之中，其物色須純，其體須完，不得雜也。○尨，音龐。

凡外祭、毀事，用尨可也。註曰：外祭，謂表貉及王行所過山川用事者。尨，謂雜色不純。毀，謂副辜、候禳，毀除殃咎之屬。○貉，莫霸反。副，普逼反。

凡祭祀，共其犧牲，以授充人繫之。註曰：犧牲，毛羽完具也。"授充人"者，當殊養之。○坡謂：凡祭祀，總上陽祀、陰祀、望祀、時祀之等也。○凡牲不繫者，共奉之。註曰：謂非時而祭祀者。○疏曰："不繫"者，謂若上文

"凡外祭、毀事用厖可也",是非時而祭祀者也。

問:"陰祀"註謂"祭地北郊及社稷",子不從,何?曰:鄭以方丘祭崑崙,北郊祭神州、社稷爲地之次祀。然崑崙、神州,不見經傳,而社稷,經中多有以當地示言者。坡於《宗伯》辨之詳矣。曰:"望祀"註謂"嶽鎮四瀆",不亦可乎?曰:嶽瀆,各以其方之色牲,不見於經;而五方之帝,牲如方色,則《宗伯》載之,安得棄經而任意?曰:子以"四望"爲日月至雨師與地之四嶽、四瀆,胡不以解此"望祀"?曰:亦以經無"因方用牲"之文。曰:五帝何以言望祀?曰:或者"方"與"望"聲相近而誤讀"望祀",乃"方祀"之誤與?然疑而未敢質矣。〇示,音祇。

牛　　人

〇牛人,掌養國之公牛,以待國之政令。註曰:公,猶"官"也。凡祭祀,共其享牛、求牛,以授職人而芻之。註曰:享,獻也。獻神之牛,謂所以祭者也。求,終也。終事之牛,謂所以繹者也。宗廟有繹者,孝子求神非一處。職,讀爲"樴"。樴,謂之"杙",可以繫牛。樴人者,謂牧人、充人與?芻,牲之芻,牛人擇於公牛之中,而以授養之。〇職,之式反。註"樴",則"杙",餘式反。

凡賓客之事,共其牢禮、積膳之牛。註曰:牢禮,殽饔也。積,所以給賓客之用,若《司儀》職曰"主國五積"者也。膳,所以閒禮賓客,若《掌客》云"殷膳大牢"。〇積,子賜反。

饗食賓射,共其膳羞之牛。註曰:羞,進也。所進賓之膳,《燕禮》小臣"請執冪者與膳羞者",至獻賓,而"膳宰設折俎"。王之膳羞亦猶此。〇疏曰:饗食有牛俎,至於射禮,天子、諸侯皆先行燕禮,其牲猶得有牛者。但天子、諸侯雖用燕禮,直取一獻之禮,未旅而行射節其用牲,則《左傳》云"公當饗"。雖然,燕禮亦用牛,與饗同。若然,云"膳羞",則"庶羞"也。不言正俎之牛者,據庶羞而言,其實兼正俎矣。〇食,音嗣。

軍事,共其犒牛。註曰:鄭司農云:犒師之牛。

喪事,共其奠牛。註曰:謂殷奠、遣奠也。喪所薦饋曰"奠"。○疏曰:喪中自未葬以前,無尸飲食,直奠停置于神前,故謂之爲"奠"。朝夕之奠,無尊卑,皆脯醢酒而已,無牲體。唯有小斂、大斂,朔月、月半薦新,祖奠及遣奠時,有牲體。遣奠,非直牛,亦有馬牲。

凡會同、軍旅、行役,共其兵車之牛,與其牽徬,以載公任器。註曰:牽徬,在轅外輓牛也。人御之,居其前曰"牽",居其旁曰"徬"。任,猶"用"也。○疏曰:會同、軍旅,兼言行役,謂王行巡守,皆六軍從也。"共其兵車之牛"者,但兵車駕四馬之外,別有兩轅駕牛,以載任器者,亦謂之爲"兵車",故云"兵車之牛"也。○徬,旁去聲。

凡祭祀,共其牛牲之互,與其盆簝,以待事。註曰:鄭司農云:互,謂楅衡之屬。盆簝,皆器名。盆,所以盛血;簝,受肉籠也。玄謂:互,若今屠家縣肉格。○史直翁曰:觀《周官》牛人所共,非祭祀,則賓客、燕享、軍旅,初非爲食用,《禮》曰"天子無故不殺牛",所謂故,其祭祀之時與?○簝,音寮。盛,音成。縣,音懸。

充　　人

○充人,掌繫祭祀之牲牷。祀五帝,則繫于牢,芻之三月。註曰:牢,閑也。必有閑者,防禽獸觸齧。養牛羊曰"芻"。三月,一時節氣成。○疏曰:上云"掌繫祭祀之牲牷",則總養天地宗廟之牲;下則言"祀五帝",則畧舉五帝而已,其實昊天及地祇與四望社稷之等外神,皆繫之也。○享先王,亦如之。凡散祭祀之牲,繫于國門,使養之。註曰:散祭祀,謂司中司命山川之屬。國門,謂城門。司門之官,鄭司農云:使養之,使守門者養之。○疏曰:散祭之牲,直言繫于國門,使養之,不言"三月"。則或一旬之內而已,不必三月也。案:楚昭王問于觀射父曰:"芻豢幾何?"對曰:"遠不過三月,近不過浹日。"註曰:"遠,牛、羊、豕。近,犬、雞之屬。"則諸侯祭祀養牲,亦得三月及旬,則天子亦有涗日之義。若然,此散祭祀,亦可涗日而已。

　　展牲,則告牷。王光遠曰:《肆師》言"祭祀展犧牲",則展牲者"肆師"也,充人告牷而已。○坡謂:展牲,亦兼祭善所云朔月、月半,君巡牲是也。穀梁子曰"郊牛日,展觓角而知傷",可見矣。告牷,告以完具無傷也。○碩牲,則贊。王光遠曰:碩,大也。所以告其體之充。若《左傳》奉牲以告,曰"博碩肥腯"是已。蓋君牽牲,宗人告碩,而充人則贊之。《饋食之禮》"宗人視牲,告充",則碩牲為贊宗人明矣。○觓,音虯。

【校記】

① "匠人執翿以御柩",《禮記》作"匠人執羽葆御柩"。
② "出",《禮記》作"作",本句鄭註引亦作"作"。"唯爲社"之"爲"字乃衍,應刪去。
③ "大罍",原作"人罍",據鄭氏原註改。

周禮述註卷九

載　師

○載師，掌任土之法，以物地事，授地職，而待其政令。註曰："任土"者，任其力勢所能生育，且以制貢賦也。物，物色之，以知其所宜之事，而授農牧虞衡，使職之。○疏曰："待其政令"者，謂因其職事，使其賦貢，即下經"園廛二十而一"以下是。

以廛里任國中之地，以場圃任園地，以宅田、士田、賈田任近郊之地，以官田、牛田、賞田、牧田任遠郊之地，以公邑之田任甸地，以家邑之田任稍地，以小都之田任縣地，以大都之田任畺地。註曰：鄭司農云：民宅曰宅。宅田者，以備益多也。士田者，士大夫之子得而耕之田也。賞田者，賞賜之田。《司馬法》曰："王國百里爲郊，二百里爲州，三百里爲野，四百里爲縣，五百里爲都。"杜子春云：五十里爲近郊，百里爲遠郊。玄謂：廛里者，若今云邑里居矣。廛，民居之區域也。里，居也。圃，樹果蓏之屬。季秋於中爲"場"，樊圃謂之"園"。宅田，致仕者之家所受田也。《士相見禮》曰："宅者在邦則曰'市井之臣'，在野則曰'草茅之臣'。"士，讀爲"仕"。仕者亦受田，所謂圭田也。孟子曰：自卿以下，必有圭田。圭田五十畝。賈田，在市賈人，其家所受田也。官田，庶人在官者，其家所受田也。牛田、牧田，畜牧者之家所受田也。公邑，謂六遂餘地，天子使大夫治之，自此以外皆然。二百里，三百里，其卜大夫如州長；四百里、五百里，其卜大夫如縣正。是以或謂二百里爲州，四百里爲縣云，遂人亦監焉。家邑，大夫之采地。小都，卿之采地。大都，公之采地，王子弟所食邑也。畺，五百里，王畿界也。皆言"任"者，地之形，實不方平如圖；受田邑者，遠近不得盡如制，其所生育賦貢，取正於是爾。以廛里任國中，而遂人職授民田。夫一廛田百畞，是廛里不爲民之邑居在都城者與？凡王畿內方千里，積百同，九百萬夫之地也。有山陵、林麓、川澤、溝瀆、城郭、宮室、涂巷，三分去一，餘六百萬夫。又以田不易、一易、再易，上中下相通，定受田者三百萬家也。遠郊之內，地居四同，三十六萬夫之地也。三分去一，其餘二十四萬夫。六鄉之民七萬五千家，通不易、一易、再易，一家受二夫，則十五萬夫之地。其餘九萬夫，廛里也，場圃也，宅田也，士田也，賈田也，官田也，牛田也，賞田也，牧田也。九者亦通受一夫焉，則半農人也，定受田十二萬家也。《食貨志》云："農民戶一人已受田，其家衆男爲餘夫，亦以口受田。"如此，士、工、商家受田，五口乃當農夫一人。今餘夫在遂地之中，如此，則士、工、商以事入在官，而餘夫以力出耕公邑、甸、稍、縣、都，合居九十六同，八百六十四萬夫之地。城郭宮室差少，涂巷又狹，於三分所去六而存一焉。以十八分之十三率之，則其餘六百二十四萬夫之地，通上、中、下六家，而受十三夫，定受田二百八十八萬家也。其在甸七萬五千家爲六遂，餘則公邑。○賈，音古。畺，"疆"本字。監，古銜反。率，音律。

凡任地，國宅無征，園廛二十而一，近郊十一，遠郊二十而三，甸、稍、縣、都皆無過十二，唯其漆林之征二十而五。註曰：征，稅也。言"征"者，以共國政也。鄭司農云：任地，謂任土地以起賦稅也。玄謂：國宅，凡官所有宮室，吏所治者也。周稅[①]，輕近而重遠，近者多役也。園廛，亦輕之者；廛無穀，園少利也。古之宅必樹，而置場有瓜。○疏曰：上經言任地所在，此經言地稅多少不同之事。甸、稍、縣、都，皆無過十二者，但此四處出稅不同。據上文直言公邑任甸地，則甸地之中，兼有六遂矣。其稍、縣、都，上文推言三等采地爲井田助法，不見公邑，則三者之中，皆有公邑。此云"十二"者，除三等采地而言。以其鄉遂公邑，皆爲夏之貢法故也。漆林之稅特重，以其自然所生，非人力所作故也。

凡宅不毛者有里布，凡田不耕者出屋粟，凡民無職事者出夫、家之征。註曰：鄭司農云：宅不毛者，謂不樹桑麻也。布，泉也。宅不毛者有里布,民無職事者出夫、家之征,欲令宅樹桑麻。民就四業,則無税賦以勸之也。玄謂:宅不毛者罰以一里二十五家之泉,空田者罰以三家之税粟,以共吉凶二服及喪器也。民雖有閒無職事者,猶出夫税、家税也。夫税者,百畝之税;家税者,出士徒車輦,給繇役。○朱子曰:宅不毛,爲其爲亭臺也;田不耕,爲其爲池沼也。○閒,音閑。

以時徵其賦。坡謂:賦,田賦也。大宰、大府所謂九賦。《司會》所謂以九賦之法,令田野之財用者也。蓋惟正之供也。○會,古外反。

問:里布既仍鄭註,則口泉之説是矣。若以口泉爲非,則里布之註不仍矣。曰:朱子仍之,坡何敢不仍?或問:里布,朱子云"亦不可考",朱子莫考之,坡何能有考而有以易之?饒氏云:家征是力役之征,夫征是粟米之征,里布是布縷之征。是不以布爲泉也。不以爲泉,而以爲布縷,與不毛之罰,似得其倫類。然本經凡言"布"者,指泉爲多,獨於此爲"布縷",饒氏之云,亦未有他據。況一字而二三其解,又解經之所深避乎?仍而闕之,不害爲慎。雖然,三代遠矣,"里布"或別有所指,爲口泉決非也。

閭　師

○閭師,掌國中及四郊之人民、六畜之數,以任其力,以待其政令,以時徵其賦。國中及四郊,六鄉之中,自廛里至遠郊也。掌六畜數者,農事之本,且祭祀、養老之所必具,車乘之所必役也。政令,賦役皆是也。○坡謂:此所徵賦,乃萬民之貢也。《大宰》所謂九職,《大府》所謂九功,《司會》所謂以九功之法,令民職之財用者也。亦稱"賦"者,疏云"賦其總名"是也。

凡任民,任農以耕事貢九穀,任圃以樹事貢草木,任工以飭材事貢器物,任商以市事貢貨賄,任牧以畜事貢鳥獸,任嬪以女事貢布帛,任衡以山事貢其物,任虞以澤事貢其物。註曰:貢草木,謂葵韭、果蓏之屬。○疏曰:大宰以九職任萬民,有職必有功,有功即有貢,故此論貢之法也。分山澤爲二者,以山澤出貢不同,故分爲二以充八,通閒民爲九耳。貢其物者,山澤出産多,故不名一物。

凡無職者,出夫布。《載師》云"任地",則"無職者",惰農也。有田不耕,故罰重。此云"任民",則"無職者",遊手也。勉以擇業,故罰輕。"夫布"者,以布代九穀與？○吴幼清曰：賦與貢異。賦有常數,貢無常數。此任民以八貢,則隨其地産而貢之,其無者不强。○凡庶民不畜者祭無牲,不耕者祭無盛,不樹者無椁,不蠶者不帛,不績者不衰。註曰：掌罰其家事也。盛,黍稷也。椁,周棺也。不帛,不得衣帛也。不衰,喪不得衣衰也。皆所以恥不勉。○盛,音成。强,上聲。

縣　師

○縣師,掌邦國、都鄙、稍甸、郊里之地域,而辨其夫家人民、田萊之數,及其六畜、車輦之稽。三年大比,則以考羣吏而以詔廢置。註曰：郊里,郊所居也。自邦國以及四郊之内,是所主數,周天下也。萊,休不耕者。郊内謂之"易",郊外謂之"萊",善言近。○吕伯恭曰：先王自封建諸侯,外有閒田,散在諸侯之國。或謂諸侯有罪,則削其地以爲閒田；若有功,則以閒田增封之。天子平時各命王官以掌之。縣師掌邦國、都鄙、稍甸、郊里之地域,而兼天下之閒田,以總其目。此皆古人封建相維之意。

若將有軍旅、會同、田役之戒,則受法于司馬,以作其衆庶及馬牛車輦,會其車人之卒伍,使皆備旗鼓兵器,以帥而至。註曰："受法于司馬"者,知所當徵衆寡。○丘氏曰：作,起也。起其衆庶馬牛車輦,而後會其車人之卒伍。人有人之卒伍,車有車之卒伍。○坡謂：下《稍人》註云"縣師受于司馬",邦國、都鄙、稍甸、郊里,唯司馬所調。"帥而至"者,帥而至司馬也。

凡造都邑,量其地,辨其物,而制其域。疏曰：都,大都、小都。邑,家邑也。物,謂地所有也。若地無所有,不可耕墾若山澤者,不授之。故《王制》云"名山、大澤不以封"。

以歲時徵野之賦貢。坡謂：野,謂甸、稍、縣、都也。所徵貢,與閭師同；

徵賦，則貳載師也。

遺　人

○遺人，掌邦之委積，以待施惠。疏曰：此與下爲總目也。

鄉里之委積，以恤民之囏阨；門關之委積，以養老孤；郊里之委積，以待賓客；野鄙之委積，以待羈旅；縣都之委積，以待凶荒。註曰：委積者，廩人、倉人計九穀之數足國用，以其餘共之，所謂餘法用也。職內邦之移用，亦如此也，皆以餘財共之。少曰"委"，多曰"積"。鄉里，鄉所居也。囏阨，猶困乏也。門關以養老孤，人所出入，易以取饘糜也。羈旅，過行寄止者。待凶荒，謂邦國所當通給者也。○疏曰：鄉里，據國中，郊里即六鄉之民所居郊者。賓客至郊，與主國使者交接，因即與之廩饘，故以待賓客也。野鄙者，六遂在郊外曰"野"，六遂有五百家鄙，故以"鄙"表六遂耳。羈旅處處皆有，獨於此見惠者，甸地在二百里中，於內外有羈旅，皆得取之，故獨見於此也。云縣、都，不見家、稍者，則縣、都中可以兼之。特於此三處見"凶荒"者，凶荒則畿內、畿外皆有。若畿外凶荒，則入向畿內取之；畿內凶荒，則向畿外取之。故於近畿三百里之外，言待凶荒之事也。

凡賓客、會同、師、役，掌其道路之委積。凡國野之道，十里有廬，廬有飲食；三十里有宿，宿有路室，路室有委；五十里有市，市有候館，候館有積。註曰：廬，若今野候，徒有庌也。宿，可止宿，若今亭有室矣。候館，樓可以觀望者也。一市之間，有三廬一宿。○疏曰：上經"委積"，隨其所須之處而委積。此經所陳"委積"，據會同、師役行道所須，故分布於道路。○薛士隆曰：成周封建之制，自諸侯祿地及祿士之外，其閒田之歸於公上者，雖領於王官，皆藏於天下，故自都達竟有委、有積。凡糗糧芻茭具焉，以待軍旅。考之於《詩》"徹申伯土疆，以峙其糧[2]"，而左氏亦云"衛取於相土之東都，以會王之東蒐"。夫糧峙於申，會蒐之備，達於衛境，天下之賦藏，畧可覩矣。○王氏曰：《遺人》會同、司役之委積，邦之大用，不領於大府者，大府主邦中經費之用有品式,式用之餘,所餘猶多,則隨道里之便收貯之,卒然有急而用,可無乏,兼無餽餉輸輓之勞。是以雖行千里,而若袵席上過師也。○庌,音雅。竟,音境。

凡委積之事,巡而比之,以時頒之。疏曰:言"凡委積",上二文委積之事是也。以時頒之,則以待者是也。

均　人

○均人,掌均地政,均地守,均地職,均人民、牛馬、車輦之力政。均人所均地政以下,總均畿內鄉、遂及公邑。政,讀爲"征"。地征,九賦也。地守,虞衡之屬;地職,農圃之屬,二者九貢也。力政,人民則治城郭、涂巷、溝渠,牛馬、車輦則轉委積之屬。○政,音征。下同。

凡均力政,以歲上下:豐年則公旬用三日焉,中年則公旬用二日焉,無年則公旬用一日焉。註曰:豐年,人食四鬴之歲也。人食三鬴爲中歲,人食二鬴爲無歲,歲無贏儲也。公,事也。旬,均也,讀如"營"。營,原隰之營。《易·坤》爲"均",今書亦有作"旬"者。○疏曰:此所"均力政"者,即上人民之力政,不通牛馬、車輦。○鬴,房甫反。營,音旬。

凶札,則無力政,無財賦,無力政,恤其勞也。無財賦,恤其乏困也。財賦,即九賦,地政也。○疏曰:此即《廩人》云"不能人二鬴"之歲。○不收地守、地職,不均地政。無財賦,故不平計地征也。非凶札之歲,當斂賦,乃均之耳。獨言"不均地政",舉其重者。其實,地守、地職既不收,亦不均矣。

三年大比,則大均。註曰:有年、無年,大平計之;若久不脩,則數或闕。

師　氏

○師氏,掌以媺詔王。註曰:告王以善道也。《文王世子》曰:"師也者,教之以事,而諭諸德者也。"○呂伯恭曰:程伊川謂"後世知求治而不知正君,知規過而不知養德",蓋後世諫諍之官,所以正君之惡者,未嘗不設;若從容和緩,以養君之德者則闕焉。師氏以媺詔王,專以從容和緩,養君之德;不幸君有過，則有保氏之官在。故二官皆言王舉則從，聽治亦如之，使人君既有所養，又有所畏，所以二者不可偏廢。○嫩，音美。

以三德敎國子：一曰"至德"，以爲道本；二曰"敏德"，以爲行本；三曰"孝德"，以知逆惡。敎三行：一曰"孝行"，以親父母；二曰"友行"，以尊賢良；三曰"順行"，以事師長。註曰：德行，內外之稱，在心爲"德"，施之爲"行"。孝在三德之下，三行之上。德有廣於孝，而行莫尊焉。○疏曰：以此三敎，敎國子、王大子已下，至元士之適子也。○朱子曰：至德云者，誠意正心，端本清源之事。道則天人性命之理，事物當然之則，修身、齊家、治國、平天下之術也。敏德云者，彊志力行，畜德廣業之事。行，則理之所當爲，日可見之跡也。孝德云者，尊祖愛親，不忘其所由生之事。知逆惡，則以得於己者，篤實深固，有以真知彼之逆惡，而自不忍爲者也。○呂伯恭曰：賢良者，國中之先生長者也。師長者，朝夕與吾處者也。○黃文叔曰：六德、三德，同此德也。六德，舉其成德之可名者也；三德，原始要終，使知所由入也。六行、三行，同此行也，孝弟而已矣。○行，下孟反。知，音智。

居虎門之左，司王朝。註曰：虎門，路寢門也。王日視朝於路寢門外，畫虎焉，以明勇猛，於守宜也。司，猶"察"也。察王之視朝，若有善道可行者，則當前以詔王。○掌國中、失之事，以敎國子弟。註曰：敎之者，使識舊事也。中，中禮者也。失，失禮者也。故書"中"爲"得"。杜子春云：當爲"得"。記君得失，若《春秋》是也。○陳君舉曰：敎以德行，以立其根本，又須敎以國政，使之通達治體。○凡國之貴遊子弟學焉。註曰：貴遊子弟，王公之子弟。遊，無官司者。○疏曰：即上之"國子弟"也。○李景齊曰：國之貴遊子弟，皆宿衛者也。以其在王宮，而於王爲近且密，師氏以嫩詔王，則王聞正言，知正道，固可以格其非心。然退而寒之者衆，則此心易搖，故必敎國子以善，使之在王聽者，長幼卑尊，無非端士，王誰與爲不善乎？○朝，直遙反。中，丁丈反。

凡祭祀、賓客、會同、喪紀、軍旅，王舉則從；註曰：舉，猶"行"也。○疏曰：此數事，王行之時，師氏則從；以王所在，皆須詔王以美道故也。○聽治,亦如之。註曰:謂王舉於野外以聽朝。○疏曰:即上數事,王所在皆有朝以聽治之,故從王。亦如上虎門之左同,故云"亦如之"。○鄭景望曰:王之出入起居,無不與知。隨事而將順救正之,則達善於萌,止惡於微,過易寡而德易成。

使其屬帥四夷之隸,各以其兵服守王之門外,且蹕。屬,即上士、府、史、胥、徒之等。兵服,東方、南方,其服布,其兵劍;西方、北方,其服旃,其兵弓矢,不同也。門外,中門之外。蹕,止行人不得迫王宮也。○朝在野外,則守內列。註曰:內列,蕃營之在內者也。其屬,亦率四夷之隸守之,如守王宮。○疏曰:朝在野外,即上門聽治是也。

保　氏

○保氏,掌諫王惡,註曰:諫者,以禮義正之。《文王世子》曰:"保也者,慎其身以輔翼之,而歸諸道者也。"○而養國子以道。乃教之六藝:一曰"五禮",二曰"六樂",三曰"五射",四曰"五馭",五曰"六書",六曰"九數"。乃教之六儀:一曰"祭祀之容",二曰"賓客之容",三曰"朝廷之容",四曰"喪紀之容",五曰"軍旅之容",六曰"車馬之容"。道,即"藝"與"儀"也。藝者,道之寓,使之得於手而應乎心。容者,道之發,使之根於心而生於色,莫非養其道心之方也。○註曰:五禮,吉、凶、賓、軍、嘉也。六樂,《雲門》、《大咸》、《大韶》、《大夏》、《大濩》、《大武》也。鄭司農云:五射,白矢、參連、剡注、襄尺、井儀也。五馭,鳴和鸞、逐水曲、過君表、舞交衢、逐禽左。六書,象形、會意、轉注、處事、假借、諧聲也。九數,方田、粟米、差分、少廣、商功、均輸、方程、贏不足、旁要。今有重差、夕桀、勾股也。玄謂:祭祀之容,齊齊皇皇;賓客之容,穆穆皇皇;朝廷之容,濟濟翔翔;喪紀之容,纍纍顛顛;軍旅之容,暨暨詻詻;車馬之容,匪匪翼翼。○剡,羊甚反。襄,音讓。差,初佳反。重,直龍反。桀,音的。濟,子禮反。暨,其器反。詻,五格反。

凡祭祀、賓客、會同、喪紀、軍旅,王舉則從,聽治亦如之。使其屬守王闥。註曰：闥，宮中之巷門。〇鄭剛中曰：諫惡之官，尤當自宮闥始。

司　　諫

〇司諫，掌糾萬民之德，而勸之朋友；正其行，而強之道藝；註曰：朋友，相切磋以善道也。強，猶"勸"也。〇朱子曰：人之大倫，其別有五。必欲君臣、父子、兄弟、夫婦之間，交盡其道而無悖，非有朋友以責善輔仁，孰能使之然哉？此古之聖人修道立教，所以必重乎此而不敢忽也！〇行，下孟反。強，其丈反。

巡問而觀察之，以時書其德行道藝，辨其能而可任於國事者；註曰：巡問，行問民間也。可任於國事，任吏職。〇鄭剛中曰：巡而問之，觀而察之。見其德行道藝可書者，則以時書之。其或才能過人，穎脫於倫輩之中，他日可任國家之事者，又別白而條具之。〇吳氏曰：書而辨之，以待賓興。

以考鄉里之治，以詔廢置，以行赦宥。註曰：因巡問強勸③萬民，而考鄉里吏民罪過，以告王所當罪否。

司　　救

〇司救，掌萬民之衺惡、過失，而誅讓之，以禮防禁而救之。註曰：衺惡，謂侮慢長老，語言無忌，而未麗於罪者。過失，亦由衺惡，酗䜁好訟，若抽拔兵器，誤以傷害人，麗於罪者。誅，誅責也。古者重刑，且責怒之，未即罪也。〇疏曰：此經與下二經為總目也。"誅讓之"者，即下二文"三讓"是也。"以禮防禁而救之"者，此衺惡過失，皆去冠飾；役之囚之，皆使困苦，而令改惡從善，是救之也。〇衺，音邪。酗，許御切。虛，去聲。䜁，音詠。

凡民之有衺惡者，三讓而罰，三罰而士加明刑，恥諸嘉石，役諸司空。註曰：罰，謂撻擊之也。"加明刑"者，去其冠飾，而書其衺惡之狀，著之背也。嘉石，朝士所掌，在外朝之門左，使坐焉以恥辱之；既而役諸司空，使事官作之也。坐、役之數，存於司寇。〇著，直畧反。

其有過失者,三讓而罰,三罰而歸於圜土。註曰:圜土,獄城也。過失近罪,晝日任之以事而收之,夜藏於獄,亦加明刑以恥之,不使坐嘉石,其罪已著,未忍刑之。

凡歲時有天患民病,則以節巡國中及郊野,而以王命施惠。註曰:天患,謂災害也。節,旌節也。施惠,賙恤之。

調　　人

○調人,掌司萬民之難而諧和之。註曰:難,相與爲仇讎。諧,猶"調"也。○凡過而殺傷人者,以民成之;註曰:過,無本意也。成,平也。鄭司農云:以民成之,以鄉里之民共和解之。○鳥獸,亦如之。註曰:過失殺傷人之畜產者。○王氏曰:鳥獸,謂畜產猛鷙,殺傷人也。

凡和難:父之讎辟諸海外,兄弟之讎辟諸千里之外,從父兄弟之讎不同國,君之讎視父,師長之讎視兄弟,主友之讎視從父兄弟。註曰:和之使辟於此,不得就而仇之。九夷、八蠻、五戎、六狄,謂之"四海"。主,大夫君也。○疏曰:此經畧言。其不言者,皆以服約之。伯叔父母、姑姊妹,女子子在室及兄弟子、衆子,一與兄弟同。其祖父母、曾祖父母、高祖父母,其孫承後皆斬衰,皆與父同;其不承後者,祖與伯叔同,曾祖、高祖齊衰三月,皆與從父兄弟同,以其同繩屨故也。自外不見者,據服爲斷也。其兄弟及從父兄弟,師長、主友,皆謂無子,復無親於己者,故據己親疏爲遠近;若有子及親於己,則自從親爲斷。復讎之法,可盡五世之內。五世之外,施之於己則無義,施之於彼則無罪。所復者,惟謂殺者之身,乃在被殺者子孫,可盡五世得復之。○坡謂:此經爲過而殺傷人者立法。《虞書》曰"宥過無大",《康誥》曰"大罪非終","乃不可殺",正謂此也。故過而殺傷人者,律之以王法則無死,本之以忠臣孝子之心則無生。惟辟而去焉,因其可生而生之。非惜一人之命而縱逆惡,非墮王章以弛忠孝之倫也。讎者已遠,則臣子之憾,亦可少洩已。所以酌情理之中,而爲是權法耳。君、師、主友,乃因父兄之讎,比類及之。不通上文"和難"爲義,蓋君無過而殺傷之事也。嗚呼！無《關雎》、《麟趾》之意而欲行斯法也，吾恐故殺者布財於官吏，將託爲過殺而出之矣。是啓之也，又在善用之者。○弗辟，則與之瑞節而以執之。註曰：瑞節，玉節之剡圭也。和之而不肯辟者，是不從王命也；王以剡圭使調人執之，治其罪。○辟，音避。下同。從，才用反。

凡殺人有反殺者，使邦國交讎之。註曰：反，復也。復殺之者，此欲除害弱敵也。邦國交讎之，明不和，諸侯得者即誅之。鄭司農云：有反殺者，謂重殺也。

凡殺人而義者不同國，令勿讎，讎之則死。兩下相殺曰"殺"。義，宜也。此乃爲寇攘誘臣妾之小人，身其害而殺之者，爲得其宜。雖所殺者人之父兄，不得讎也，使之不同國而已。如今時王法，殺姦盜於室中，律置不問，其此類與？

凡有鬭怒者成之，不可成者則書之，先動者誅之。註曰：鬭怒，辨訟者也。不可成，不可平也。書之，記其姓名辨本也。鄭司農云：成之，謂和之也。和之，猶今二千石以令解仇怨，後復相報，移徙之，此其類也。

媒　氏

○媒氏，掌萬民之判。註曰：判，半也。得耦爲合，主合其半，成夫婦也。《喪服》傳曰："夫妻判合。"鄭司農云：主萬民之判合。○凡男女自成名以上，皆書年、月、日、名焉。註曰：鄭司農云：成名，謂子生三月，父名之。○令男三十而娶，女二十而嫁。註曰：二、三者，天地相承覆之數也。《易》曰："參天兩地而奇數焉。"○疏曰：王肅曰：《家語》："哀公問於孔子：'男子十六精通，女子十四而化，是則可以生民矣。聞《禮》男三十而有室，女二十而有夫，豈不晚哉？'孔子曰：'夫《禮》言其極，亦不是過。男子二十而冠，有爲人父之端；女子十五許嫁，有適人之道。於此以往，則自婚矣。'"然則三十之男，二十之女，中春之月者，所謂言其極法耳。○奇，音倚。中，音仲。

凡娶判妻入子者，皆書之。鄭剛中曰："判"之爲言，謂夫妻反目，分別而去也。入子者，己無嗣子，或入同宗之子以爲嗣，如今世之立嗣。○坡謂：娶判妻書之，防姦私也；入子書之，恐收養異姓，則他日之婚姻無別也。

中春之月，令會男女。 註曰：中春，陰陽交，以成昏禮，順天時也。○**於是時也，奔者不禁**。坡謂：六禮備爲"漸"。《易》曰"漸，女歸吉"是也。六禮不備爲"奔"。奔者，迅疾之意，不以漸也。古者，夫婦有別，而後父子有親。一禮不備，不可以行。今之奔者不禁，何？容有三十之男、二十之女可以判合而未合者，雖不備禮猶許之，非慕説相奔就之説也。○**若無故而不用令者罰之**。故，謂凶荒札喪也。令，以時以禮之令也。有喪荒者，娶不備禮，不用中春。《大司徒》"荒政"，"十曰多昏"。《雜記》曰："己雖小功，既卒哭，可以冠子④、娶妻。"○中，音仲。"慕説"之"説"，音悦。

司男女之無夫家者而會之。 坡謂：司，猶"察"也。無夫家，謂未有夫家也。男無家者，或單，或貧，而不能娶；女無夫者，或屈於孤賤，過期而不行。且時有天患民病，男女仳離，如此之類，皆司而會之也。若夫鰥寡，聖人亦各從其志耳，豈有抑其貞操，强使判合乎？嗚呼！餓死事極小，失節事極大，曾謂周公而不見此與？○會，古外反。仳，普弭反。强，上聲。

凡嫁子娶妻，入幣純帛，無過五兩。 註曰：純，實"緇"字也。古緇，以才爲聲。納幣用緇，婦人陰也。凡於娶禮，必用其類。五兩，十端也。必言"兩"者，欲得其配合之名；"十"者，用五行十日相成也。士大夫乃以玄纁、束帛，天子加以穀圭，諸侯加以大璋。《雜記》曰："納幣一束，束五兩，兩五尋。"然則，每端二丈。○疏曰：凡嫁子娶妻，含尊卑。但云緇、帛，文主庶人耳。若餘行禮，則用制幣，丈八尺，取儉易共。此昏禮取誠實之義，故以二丈整數爲之也。○純，音緇。

禁遷葬者與嫁殤者。 註曰：遷葬，謂生時非夫婦；死既葬，遷之使相從也。殤，十九以下未嫁而死者，生不以禮相接，死而合之，是亦亂人倫者也。

凡男女之陰訟，聽之于勝國之社；其附于刑者，歸之于士。 註曰：陰訟，爭中冓之事以觸法者。勝國，亡國也。亡國之社，奄其上而棧其下，使無所通，就之以聽陰訟之情，明不當宣露其罪。不在赦宥者，直歸士而刑之，不復以聽。士，司寇之屬。《詩》云："牆有茨，不可掃也。中冓之言，不可道也。所可道也，言之醜也。"○冓，古候反。棧，才產反。

司　市

○司市，掌市之治、教、政、刑、量、度、禁、令。註曰：量，豆區、斗斛之屬。度，丈尺也。○劉原父曰：治，謂正萬民交易之法。教，謂使三市信義不欺。政，謂平百物重輕之價。刑，謂制盜賊姦偽之民。量，平穀米。度，定布帛。禁，謂壞法亂俗之物，不儥於市。令，謂宣教立政之事，必憲於民。○儥，音育。後同。憲，音懸。

以次敘分地而經市。註曰：次，謂吏所治舍，思次、介次也，若今市亭然。敘，肆行列也，經界也。○以陳肆辨物而平市。陳，猶"列"也。辨物，物異肆也。美惡不混，其價自顯而平。即《天官·內宰》所云"正其肆，陳其貨賄"之事也。○以政令禁物靡而均市。註曰：物靡者，易售而無用，禁之則市均。鄭司農云：靡，謂侈靡也。○疏曰：物靡，買之者多，貴而無用；令使用物，買之者少而賤，則市賈不均，故禁之。○以商賈阜貨而行布。註曰：通物曰"商"，居賣物曰"賈"。阜，猶"盛"也。鄭司農云：布，謂泉也。○王光遠曰：布者，所以權百物而通之。貨苟不阜，則布無所通，故必以商賈阜貨而行之。○以量度成賈而徵價。註曰：徵，召也。價，買也。物有定價，則買者來也。○以質劑結信而止訟。註曰：質劑，謂兩書一札而別之也，若今下手書言保物要還矣。○以賈民禁偽而除詐。註曰：賈民，胥師、賈師之屬。必以賈民為之者，知物之情偽與實詐。○疏曰：偽，據物而言；詐，據人而說也。○以刑罰禁虣而去盜。註曰：刑罰，憲徇扑。○以泉府同貨而斂賒。註曰：同，共也。同者，謂民貨不售，則為斂而買之；民無貨，則賒貰而予之。○坡謂：次敘陳肆，先定其規畫也，而後興利，故政令、商賈次之；利聚而後賣者，買者資焉，故次之以量度質劑，則市事盡矣；賈民刑罰去市之害，泉府通市之窮，故又次於後。○"商賈"、"賈民"、"註曰賈"、"賈師",同音古。"成賈"、"註市賈",同音嫁。行,户剛反。下同。貰,音世。

大市,日昃而市,百族爲主;朝市,朝時而市,商賈爲主;夕市,夕時而市,販夫、販婦爲主。註曰:日昃,昳中也。市,雜聚之處,言"主"者,謂其多者也。百族必容來去,商賈家於市城,販夫、販婦朝資夕賣,因其便而分爲三時之市,所以了物極衆。鄭司農云:百族,百姓也。○疏曰:案《匠人》"市、朝一夫",各方百步,就百步而分爲三時之市,恐不可。若然,則一夫者,據市亭置次,司市及賈師、胥師聽事之處,取其列行肆之處,則居地多矣,此三市皆於一院内爲之,大市於中,朝市於東偏,夕市於西偏。《郊特牲》所云是也。○凡市入,則胥執鞭度守門,市之羣吏,平肆、展成、奠賈,上旌于思次以令市。市師涖焉,而聽大治、大訟。胥師、賈師涖于介次,而聽小治、小訟。凡市入,謂三時之市,市者入也。胥,守門也,察詐僞也,必執鞭度,以威正人衆也。繫鞘於上,則爲"鞭";因刻丈尺,則爲"度"。群吏,胥師以下也。平肆,平賣物之行列,使之正也。展,整也。成,平也。所以平成市物者,即今之牙儈也。奠,讀爲"定"。整勑會者,使定物賈,防詿豫也。上旌者,以爲衆望也。見旌,則知當市也。思次,若今市亭也。市師,司市也。介次,市亭之屬,别小者也。涖,視也。思,當爲"司"字,聲之誤也。○凡萬民之期于市者,辟布者,量度者,刑戮者,各於其地之敘。期,謂欲賣買,期決于市也。辟,法也。法布者,鑄泉之處也。量度者,成賈之處也。刑戮者,決罪之處也。各赴于其敘,則事雖繁,而人不雜矣。○凡得貨賄、六畜者,亦如之,三日而舉之。註曰:得遺物者,亦使置其地,貨於貨之肆,馬於馬之肆,則主求之易也。三日而無識認者,舉之没入官。○坡謂:自"大市"至此,惟次敘分地而經市,乃可如此。○昃、昳同。奠,音定。"奠賈"之"賈",音嫁。辟,音璧。昳,音經。鞘,所交反。儈,古外反。易,以豉反。

凡治市之貨賄、六畜、珍異,亡者使有,利者使阜,害者使亡,靡者使微。註曰:利,利於民,謂物實厚者。害,害於民,謂物行苦者。使有、使阜,起其賈以徵之也。使亡、使微，抑其賈以卻之也。侈靡細好，使富民好奢，微之而已。鄭司農云：亡者使有。無此物，則開利其道，使之有。○坡謂：此一節，乃以政令禁物靡而均市也。○亡，音無。下同。賈，音嫁。"好奢"之"好"，呼報反。

凡通貨賄，以璽節出入之。註曰：璽節，印章，如今斗檢封矣。使人執之以通商，以出貨賄者，王之司市也；以内貨賄者，邦國之司市也。○國凶荒、札喪，則市無征而作布。註曰：有災害物貴，市不税，爲民乏困也。金銅無凶年，因物貴，大鑄泉以饒民。○陳及之曰：市既無征，則物聚多。物多則錢重，錢重則物反輕，非所以便商旅也。作布則物雖多而錢不重，商賈獲其利，則來者多矣。○坡謂：自"凡通貨賄"至此，乃以商賈阜貨而行布也。○内，音納。

凡市僞飾之禁：在民者十有二，在商者十有二，在賈者十有二，在工者十有二。註曰：鄭司農云：所以俱十有二者，工不得作，賈不得粥，商不得資，民不得畜。玄謂：《王制》曰"用器不中度，不粥於市；兵車不中度，不粥於市；布帛精觕不中數，幅廣狹不中量，不粥於市；姦色亂正色，不粥於市；五穀不時，果實未熟，不粥於市；木不中伐，不粥於市；禽獸魚鼈不中殺，不粥於市"⑤，亦其類也。於四十八則未聞數十二焉。○坡謂：此一節，乃禁僞而除詐也。○賈，音古。粥，音鬻。下同。中，丁丈反。

市刑：小刑憲罰，中刑徇罰，大刑扑罰。其附于刑者，歸于士。註曰：徇，舉以示其地之衆也。扑，撻也。鄭司農云：憲罰，播其肆也。○疏曰：徇，既將身以示之；則憲，是以文書表示於肆。○國君過市，則刑人赦。夫人過市，罰一幕。世子過市，罰一帟。命夫過市，罰一蓋。命婦過市，罰一帷。註曰：謂諸侯及夫人、世子過其國之市，大夫内子過其都之市也。市者，人之所交利而行刑之處，君子無故不遊觀焉。若遊觀，則施惠以爲説也。國君，則赦其刑人；夫人、世子、命夫、命婦，則使之出罰，異尊卑也。所罰，謂憲、徇、扑也。必罰幕、帟、蓋、帷，市者衆也，此四物者，在衆之用也。此王國之市，而説國君以下適市者。諸侯之於其國，與王同，以其足以互明之。○疏曰：憲、徇，刑之輕者，而赦之。使出帷、幕難備之物者，出物雖重而無恥，憲、徇雖輕而有愧，故以出物爲輕也。○王介甫曰：市人犯刑，以利而已。國君近利，則市人何誅焉？故赦之、罰之。○坡謂：自"市刑"至此，乃以刑罰禁羨而去盜也。至量度、質劑，司在"質人"；陳肆、辨物，職之"肆長"；同貨斂賒，專自"泉府"，各於當官詳之。○斋，音繹。説，如字，解説也。

凡會同、師、役，市司帥賈師而從，治其市政，掌其賣價之事。註曰：市司，司市也。價，買也。會同、師、役，必有市者，大衆所在，來物以備之。

質　　人

○質人，掌成市之貨賄、人民、牛馬、兵器、珍異。註曰：成，平也。會者平物價而來，主成其平也。人民，奴婢也。珍異，四時食物。

凡賣價者質劑焉，大市以質，小市以劑。掌稽市之書契。註曰：質劑者，爲之券藏之也。大市，人民、牛馬之屬，用長券；小市，兵器、珍異之物，用短券。稽，猶"考"也，"治"也。書契，取予市物之券也。其券之象，書兩札，刻其側。○坡謂：此節所謂以"質劑"結信而止訟也。"質劑"與"書契"有別。質劑者，民既貿易，各有執信，若今之"買牛契"之類也。書契者，取予之券，若今之借字、限字也。書契或有虛名詭書，或取者有契而不還其貸，或予者已收責而靳其契，亦皆不信而可致訟者，故又掌稽之。○予，音與。

同其度量，壹其淳制。巡而考之，犯禁者舉而罰之。註曰：杜子春云：淳，當爲"純"。純謂幅廣，制謂匹長也，皆當中度量。玄謂："淳"讀如"淳尸盥"之"淳"。○坡謂：此節所謂以量度成賈而徵價也。同之、壹之，則無長短、多少之差，而賈自定矣。○中，丁丈反。賈，音嫁。

凡治質劑者，國中一旬，郊二旬，野三旬，都三月，邦國期。期內聽，期外不聽。註曰：謂齎券契者來訟也。以期內來，則治之，後期則不治。所以絶民之好訟，且息文書也。郊，遠郊也。野，甸稍也。都，大都、小都。○疏曰：此經總上質劑與書契來訴者。○齎，音賫。

廛　人

○廛人，掌斂市絘布、總布、質布、罰布、廛布，而入于泉府。註曰：布，泉也。鄭司農云：絘布，列肆之稅布。杜子春云：總，當爲儳，謂無肆立持者之稅也。質布者，質人之所罰犯質劑者之泉也。罰布者，犯市令者之泉也。廛布者，貨賄諸物邸舍之稅。○絘，音次。總，讀儳，音讒。

凡屠者，斂其皮、角、筋、骨，入于玉府。註曰：以當稅，給作器物也。○疏曰：屠者其人，亦有地稅。因其屠，即取皮、角、筋、骨堪飾器物者，使入玉府，以當邦賦。

凡珍異之有滯者，斂而入于膳府。註曰：故書"滯"，或作"廛"。玄謂：滯，讀如"沉滯"之"滯"。珍異，四時食物也。不售而在廛久，則瘦癯、腐敗；爲買之入膳夫之府，所以紓民事，而官不失實。○癯，其俱反。

胥　師

○胥師，各掌其次之政令，而平其貨賄，憲刑禁焉。察其詐僞、飾行儥慝者，而誅罰之。刑，憲、徇、扑也。禁，僞飾之禁也。○坡謂：行不堅固也。《唐·韓琬傳》云："器不行窳。"飾行，巧飾其行也。儥，賣也。慝，惡也。聽其小治，小訟而斷之。○"憲刑"之"憲"，音懸。行，下孟反。

賈　師

○賈師，各掌其次之貨賄之治，辨其物而均平之，展其成而奠其賈，然後令市。鄭剛中曰："在肆之物，美惡混淆，故使之辨。"○"賈師"之"賈"，音古。下同。奠，音定。"其賈"之"賈"，音嫁。

凡天患，禁貴儥者，使有恒賈。註曰：恒，常也。謂若豬米穀、棺木，而睹久雨、疫病者，貴賣之；因天災害阨民，使之重困。○史直翁曰：物價翔踊不可禁,禁之則深藏而不出,求者多,則賈不得不貴,雖有知巧,何以弭之?先王之市,已先知其貨賄多寡、有無之所在,故能使其必價,而市價可使不貳。故曰"使有常價"。後世無法以處,徒肆其刑威以禁之,欲求其賈之有常,不可得已。○四時之珍異亦如之。註曰:薦宗廟之物。○疏曰:此珍異,亦是富人賤時豫豬,而後貴時賣之。○賈,音嫁。註同。豬、貯同。重,直龍反。

凡國之賣價,各帥其屬而嗣掌其月。註曰:價,買也。故書"賣"爲"買"。鄭司農云:謂官有所斥令賣,賈師帥其屬而更相代直月,爲官賣之,均勞役。○凡師、役、會同,亦如之。疏曰:此亦從行所在當直,爲官買賣也。

司　　虣

○司虣,掌憲市之禁令,禁其鬭囂者與其虣亂者,出入相陵犯者,以屬遊飲食于市者。註曰:囂,歡也。○徐氏曰:鬭者,以力爭;囂者,以口競;虣者,虐物;亂者,悖理。出入陵犯,謂恃強以相陵。屬遊飲食,謂羣飲而敗禮。○若不可禁,則搏而戮之。丘氏曰:搏,伺而禽之。○史直翁曰:先王有心於愛民,故設吏以禁虣;後世有心於取利,故設吏以爲虣。民有一物,吏思得之。既不可以自取,必藉姦民以爲囊橐。民或不從,則鬭囂、虣亂、陵犯,無所不至,民不得已而予之。吏既受矣,姦民於是愈肆,吏方拱手聽命而敢搏而戮之乎?是以欲行禁虣,當先擇吏之良者以處於上,而下之姦民自化矣。○囂,五羔反。搏,音博,同"捕"。予,音與。

司　　稽

○司稽,掌巡市,而察其犯禁者與其不物者而搏之。註曰:不物,衣服、視占,不與衆同;及所操物,不如品式。

掌執市之盜賊,以徇且刑之。疏曰:市之盜賊,亦無過小盜,徇、扑而已。

胥

○胥，各掌其所治之政，執鞭度而巡其前，掌其坐作、出入之禁令，襲其不正者。註曰：作，起也。坐起禁令，當市而不得空守之屬。杜子春云：襲，謂掩捕其不正者。○凡有罪者，撻戮而罰之。註曰：罰之，使出布。

肆長

○肆長，各掌其肆之政令，陳其貨賄。名相近者相遠也，實相近者相爾也，而平正之。註曰：爾，亦近也。俱是物也，使惡者遠善，善自相近。鄭司農云：謂若珠玉之屬，俱名爲珠，俱名爲玉；而賈或百萬，或數萬，恐農夫愚民見欺，故別異令相遠，使賈人不得雜亂以欺人。○坡謂：此官所謂以陳肆辨物而平市也。○斂其總布，掌其戒禁。註曰：杜子春云：總，當爲儳。○遠，于萬反。註同。而賈，音嫁。賈人，音古。

泉府

○泉府，掌以市之征布，斂市之不售貨之滯於民用者，以其賈買之⑥，物楬而書之，以待不時而買者。買者各從其抵，都、鄙從其主，國人、郊人從其有司，然後予之。註曰：鄭司農云：物楬而書之，物物爲楬書，書其賈，楬著其物也。不時買者，謂急求者也。主者，別治大夫也。玄謂：抵，實"柢"字。柢，本也。本，謂所屬吏、主、有司是也。○疏曰：征布者，即上《廛人》"欽布"已下之布，並入泉府而藏之，故總云"征布"也。○賈，音嫁。予，音與。楬，音戒。

凡賒者，祭祀無過旬日，喪紀無過三月。註曰：鄭司農云：賒，貰也。以祭祀、喪紀故，從官貰買物。

凡民之貸者，與其有司辨而授之，以國服爲之息。註曰：有司，其所屬吏也。與之別其貸民之物，定其賈以予之。○疏曰：此經不言都、鄙主者，有司中兼之。○坡謂：國服爲息，儒者因青苗之害改，爲説者不一，抑無庸也。

其時孫覺奏曰：成周賒貰，特以備民之緩急，不可徒與也。故與國服爲之息。然國服之息，説者不明。鄭氏釋經，乃引王莽爲據，不應周公取息重於莽時。況國用專取，具於泉府，則冢宰九賦，將安用取？聖世宜講求先王之法，不當取疑文虚説，以圖治安。善哉，言也！古今異宜，微文難知。後聖有作，或在損益。此語似可闕疑。〇賈，音嫁。予，音與。

凡國事之財用取具焉。歲終，則會其出入，而納其餘。註曰：會，計也。納，入也。入餘於職幣。〇坡謂：邦之大用，内府待之；小用，外府待之。則此國事之財用者，專指王之膳服也。〇會，古外反。

陳君舉曰：王荆公嘗謂《周禮》一書，理財居其半。自有《周禮》以來，劉歆輔王莽，專爲理財。至荆公熙寧，亦專理財。所以先儒多疑於《周禮》。今細考之，亦誠有可疑者，且以廛人一官論之。所謂"絘布"者，鄭氏謂列肆之税，即今之房廊錢。所謂"廛布"者，鄭氏謂諸物邸舍之税，即今之白地錢。又有罰布者，賣買不平之罰質布者，質人巡考犯禁之罰，即今之搭地錢。又有總布者，子春謂無肆立持之税，若熙寧間不係行錢人。凡屠者斂皮、角、筋、骨入于玉府，即今所謂納筋骨者。斂珍異之滯者，入于膳府，則以供一人之玩好者。德宗宫市之弊，其初只教官與百姓交易，後乃用宦者爲使，買之多不償其本錢。熙寧不係行錢，鄭俠奏議，謂負水、拾髮、擔粥、提茶，皆有免行；然則廛人之弊，安得不至於此？其他自山虞以至澤虞，自卝人以至掌炭，又有上項征税如此。其未至市肆者，在川則有川禁，澤則有澤禁，金玉鈆錫則有禁，齒革羽毛則有禁，絺紵薪炭則有禁，所以取民者，無一不備。與夫司門犯禁之財，司關舉貨之罰，巾車之車折則入齎，馬質之馬死則物更。先王所以不與民争利者，全不見於此書。所以王莽用《周禮》，遂有五均、六幹，列肆、里區，無不征之。荆公用《周禮》，遂有坊場、河渡、白地、房廊、搭罰、六色、免行、市例之類，無所不有，至使《周禮》之書，後人不得嘗試。夫周家之法，果如是耶？抑用之者失其實耶？〇坡謂：此論詳贍明快。然劉、王果能使其君自"冢宰"頭一段，漸次行到"司市"，即無此患。〇卝，音礦。鈆、鉛同。

【校記】

① "周稅",原作"國稅",據鄭氏原註改。

② "糧",《詩·大雅·崧高》作"粻",音異義同。

③ "强勸",《十三經註疏》等本鄭註均作"勸强"。

④ 據《禮記》原文,"冠"後無"子"字,"子"乃衍文。

⑤ 據《王制》原文,"五穀不時"之前,尚有"錦文珠玉成器,不粥于市;衣服飲食,不粥于市"十八字。

⑥ "買之",原作"賈之",據《十三經註疏》等本改。

周禮述註卷十

司　　門

○司門，掌授管鍵，以啓閉國門。管，籥鍵，牡也。入者爲"牡"，容者爲"牝"。管以閉而鍵以啓。○鍵，其展反。

幾出入不物者，正其貨賄。凡財物犯禁者舉之。註曰：不物，衣服、視占不與衆同，及所操物不如品式者。正，讀爲"征"。征，稅也。犯禁，謂商所不資者。舉之，没入官。○陳及之曰：犯禁，即司市僞飾之法，在民、商、賈、工者，十有二是也。○正，音征。賈，音古。

以其財養死政之老與其孤。註曰：財，謂門關之委積也。死政之老，死國事者之父母也。孤，其子。

祭祀之牛牲繫焉，監門養之。散祭祀之牲，則不在牢。繫于門，使監門養之，不必三月也。監門，門徒。○凡歲時之門，受其餘。註曰：鄭司農云：受祭門之餘。○疏曰：歲之四時，祭門非一，故云"凡"以總之。若《月令》秋祭門者，是祭廟門。此門亦謂國門十二者，除四時祭外，仍有爲水祈禱。故莊公二十五年秋大水，有用牲于門之事。○監，古銜反。

凡四方之賓客造焉，則以告。註曰：造，猶"至"也。告，告於王而止客以俟逆。○疏曰：謂四方諸侯來朝覲，至關，關人告王；至郊，郊人告王；至國門，門人告王。王得告，皆遣人往迎。

司　　關

○司關，掌國貨之節，以聯門、市。註曰：貨節，謂商本所發司市之璽節也。自外來者，則案其節而書其貨之多少通之國門，國門通之司市。自內出者，司市爲之璽節，通之國門，國門通之關門，參相連以檢猾商。○猾，音滑。

司貨賄之出入者，掌其治禁與其征廛。註曰：征廛者，貨賄之稅，與所止邸舍也。關下亦有邸客舍，其出布，如市之廛。○疏曰：司貨賄出入，即上經"以聯門市"者也。○凡貨不出於關者，舉其貨，罰其人。註曰：不出於關，謂從私道出辟稅者，則沒其財而撻其人。○辟，音避。

凡所達貨賄者，則以節、傳出之。註曰：商或取貨於民間，無璽節者至關，關爲之璽節及傳出之；其有璽節，亦爲之傳。傳，如今移過所文書。○疏曰：此文重釋上文"國貨"之節。上直云"璽節"，此經兼有"傳"。

國凶札，則無關門之征，猶幾。註曰：鄭司農云：凶，謂凶年饑荒也。札，謂疾疫死亡也。越人謂死爲札。《春秋傳》曰："札瘥夭昏。"無關門之征者，出入關門無租稅。猶幾，謂無租稅猶苛察，不得令姦人出入。○疏曰：此司關所掌，兼言門者，門、關同類，無征是同。司門既不言，故於關并言門也。○瘥，才何反。

凡四方之賓客敂關，則爲之告。註曰：謂朝聘者也。敂關，猶謁關人也。敂，猶"至"也。鄭司農說，以《國語》曰周之秩官有之，曰敵國賓至，關尹以告，行理以節逆之。○敂，音叩。

有外內之送令，則以節、傳出內之。有送令，謂奉貢獻及文書以常事往來。自王國來者，以節、傳出之；自畿外入者，以節、傳內之。○"出內"、"傳內"，俱音納。

掌　　節

○掌節，掌守邦節而辨其用，以輔王命。註曰：王有命，則別其節之用，以授使者。輔王命者，執以行爲信。○王龜齡曰：邦節者，下文所謂玉節、角節，用之於內外諸侯；虎節、龍節、人節，用之於邦國使者；符節、璽節，用之於司門、司關、司市及鄉遂之間。總而言之，皆邦節也。鄭以《典瑞》之珍圭、牙璋等爲邦節,未知是否?○別,彼列反。使,所吏反。下同。

  守邦國者用玉節,守都鄙者用角節。註曰:玉節之制,以命數爲小大。角用犀角,其制未聞。○鄭剛中曰:命爲諸侯,使守邦國者,用玉節以輔之;命爲君長,使守都鄙者,用角節以輔之。

  凡邦國之使節,山國用虎節,土國用人節,澤國用龍節,皆金也,以英蕩輔之。註曰:使節,行道所執之信也。土,平地也。山,多虎。平地,多人。澤,多龍。以金爲節鑄象焉。必自以其國所多者,於以相別爲信,明也。今漢有銅虎符。杜子春云:蕩,當爲"帑",謂以函器盛此節。或曰:英蕩,畫函。○鄭剛中曰:前言玉節、角節,則王命之守;此言虎節、人節、龍節,則王使者執行以爲信。○王光遠曰:掌節所掌,謂之邦節,以輔王命。所謂邦國之使節,使邦國者所執也。小行人所達,謂之天下之節。則邦國都鄙使者所執,非王官所掌。○坡謂:雖非王官所掌,其法式亦必自掌節出。○帑,吐黨反。盛,音成。

  門關用符節,貨賄用璽節,道路用旌節,皆有期以反節。註曰:門關,司門、司關也。貨賄者,主通貨賄之官,謂司市也。道路,主治五涂之官,謂鄉、遂大夫也。凡民遠出,至於邦國。邦國之民若入來,由門者,司門爲之節;由關者,司關爲之節。其商,則司市爲之節。其以徵令及家徙,則鄉、遂大夫爲之節。唯時事而行,不出關,不用節也。變"司市"言"貨賄"者,璽節主以通貨賄,貨賄非必由市,或資於民家焉。變"鄉遂"言"道路"者,容公邑及小都、大都之吏,皆主治五涂,亦有民也。符節者,如今宮中諸官"詔符"也。璽節者,今之"印章"也。旌節,今使者所擁節是也。將送者執此節,以送行者,皆以道里日時課;如今郵行有程矣,以防容姦擅有所通也。凡節有法式,藏於掌節。○黃文叔曰:節皆邦節。有守節,有行節。玉節,邦國守之;角節,都鄙守之,是謂守節。使節及門關道路之節,皆行節也。必自掌節出付,使隨事用之。註言"關市道路之官,皆得爲節"。如此則雜主,掌節何以設專職哉?○涂,音途。

  凡通達於天下者,必有節,以傳輔之;註曰:必有節,言遠行,無有不得節而出者也。輔之以傳者，"節"爲信耳，"傳"說所齎操及所適。○疏曰：此經總解上經門關諸有節，并有傳輔成信驗。或有節無傳，或有傳無節，或節傳俱無，則不得通達於天下也。○無節者，有幾則不達。註曰：圜土内之。○疏曰：此亦總解上文門關已下，應有節傳。今無節者，非直被幾，又不通達前所也。○齎，音賚。内，音納。

遂　　人

○遂人，掌邦之野。註曰：郊外曰"野"。此野，爲甸、稍、縣、都。○疏曰：不言"掌遂"。又下文云以"達于畿"，明"遂人掌野，通至畿疆也"。

以土地之圖經田野，造縣鄙形體之法。五家爲鄰，五鄰爲里，四里爲酇，五酇爲鄙，五鄙爲縣，五縣爲遂，皆有地域，溝樹之，使各掌其政、令、刑、禁，以歲時稽其人民，而授之田野，簡其兵器，教之稼穡。註曰：經形體，皆爲制分界也。鄰、里、酇、鄙、縣、遂，猶郊内比、閭、族、黨、州、鄉也。鄭司農云：田野之居，其比、伍之名，與國中異制，故五家爲鄰。玄謂：異其名者，示相變耳。遂之軍法，追胥起徒役，如六鄉。○疏曰：以土地之圖經田野，所經者，即造縣鄙以下是也。造縣鄙者，此與下五家爲鄰之等爲總目。五家以下有六等，畧言二者耳。使各掌其政、令、形、禁者，五家則鄰長施政令，五鄰則里宰施政令。已上皆施之。其以歲時以下，亦使各掌者以之。○酇，作管反。長，丁丈反。

凡治野：以下劑致甿，以田里安甿，以樂昏擾甿，以土宜教甿稼穡，以興鋤利甿，以時器勸甿，以彊予任甿，以土均平政。上節言經理其居人民之法，此則詳安集其人民之道也。變民言甿，異外内也。甿，猶懵懵無知貌也。致，猶會也。民雖受上田、中田、下田，及會之，以下劑爲準，謂可任者家二人。田，謂百畝之田；里，謂五畝之宅。安甿者，民得業則安。樂昏，勸其昏姻，如媒氏會男女也。擾，順也。高田種黍稷，下田種稻麥，是以土宜教稼穡也。杜子春讀"鋤"爲"助"，謂起民人令相佐助，是與民爲利也。時器，制作耒耜錢鎛之屬。先時脩之，及時用之，所以勸功也。彊予，謂民有餘力，復予之田，若餘夫然。政，讀爲"征"。土均，掌均平其稅。八者之序，以"下劑"致民，受田多而征役少，使其民皆説，而願爲之甿也；然後"田里"以安之，"樂昏"以擾之，則民入有家室之依，其心安焉；"土宜"以教之，"興耡"以利之，則民出有作息之樂，其業成焉；又恐其廢時失事也，復"時器"以勸之；又恐其有曠土游民也，復"彊予"以任之，則征稅由此而出；更以"土均"平之，而民無不均之嘆矣。〇甿，音萌。耡，音助。後同。予，音與。政，音征。幪，音蒙。"猶會"、"及會"，均古外反。鎛，音博。

辨其野之土，上地、中地、下地，以頒田里。上地，夫一廛，田百畮，萊五十畮，餘夫亦如之；中地，夫一廛，田百畮，萊百畮，餘夫亦如之；下地，夫一廛，田百畮，萊二百畮，餘夫亦如之。註曰：萊，謂休不耕者。鄭司農云：户計一夫一婦，而賦之田，其一户有數口者，餘夫亦受此田也。廛，居也。玄謂：廛，城邑之居。《孟子》所云"五畝之宅，樹之以桑麻"者也。六遂之民，餘夫奇受一廛，雖上地猶有萊，皆所以饒遠也。〇坡謂：此詳言分田里以安甿之制也。其餘七者，則田里中事耳。〇奇，居宜反。

凡治野，夫間有遂，遂上有徑；十夫有溝，溝上有畛；百夫有洫，洫上有涂；千夫有澮，澮上有道；萬夫有川，川上有路，以達于畿。註曰：十夫，二鄰之田。百夫，一酇之田。千夫，二鄙之田。萬夫，四縣之田。遂、溝、洫、澮，皆所以通水于川也。遂，廣、深各二尺；溝，倍之；洫，倍溝；澮，廣二尋，深二仞。徑、畛、涂、道、路，皆所以通車徒於國都也。徑，容牛馬；畛，容大車；涂，容乘車一軌；道，容二軌；路，容三軌。都之野涂，與環涂同，可也。萬夫者，方三十三里少半里，九而方一同。以南畝圖之，則遂從溝橫，洫從澮橫，九澮而川，周其外焉。去山陵、林麓、川澤、溝瀆、城郭、宮室、涂巷三分之制，其餘如此，以至于畿，則中雖有都鄙，遂人盡主其地。〇疏曰：九澮，則於四畔爲大川。此川亦人造，雖無丈尺之數，蓋亦倍澮耳。〇坡謂：此承上文一夫受田百畝，而詳言田野形體之制也。

以歲時登其夫家之衆寡，及其六畜、車輦，辨其老幼、廢疾與其施舍者，以頒職作事，以令貢賦，以令師田，以起政役。註曰：登，成也，猶"定"也。夫家，猶言男女也。施，讀爲"弛"。職，謂民九職也。分其農牧、虞衡之職，使民爲其事也。《載師》職云"以物地事，授地職"，互言矣。貢，九貢也。賦，九賦也。政役，出士徒役。○坡謂：自此以下，承上文田有定制，民有常業，而使之供貢賦，給繇役之事。○施，音弛。舍，音捨。政，音征。繇，音遥。

若起野役，則令各帥其所治之民而至，以遂之大旗致之，其不用命者誅之。註曰：役，謂師、田若有功作也。遂之大旗，熊虎。○疏曰：起野役，若《小司徒》凡起徒役，毋過家一人之類也。"令"者，謂令縣正已下。

凡國祭祀，共野牲，令野職。註曰：共野牲，入於牧人，以待事也。野職，薪、炭之屬。○疏曰：令，令委人斂之。

凡賓客，令脩野道而委積。註曰：委積於廬宿市。○疏曰：令，令遺人也。

大喪，帥六遂之役而致之，掌其政令；及葬，帥而屬六綍；及窆，陳役。註曰：致役，致於司徒，給墓上事及窆也。綍，舉棺索也。葬舉棺者，謂載輿說時也。用綍旁六，執之者，天子其千人與。陳役者，主陳列之耳。匠師帥監之，鄉師以斧涖焉。大喪之正棺，殯、啓、朝及引，六鄉役之。載及窆，六遂役之，亦即遠相終始也。鄭司農云：窆，謂下棺時，遂人主陳役也。《禮記》謂之"封"，《春秋》謂之"堋"，皆葬下棺也，聲相似。○屬，音燭。綍，音弗。窆，貶去聲。窆，昌絹反。說，始鋭反。封，彼驗反。堋，補鄧反。

凡事致野役，而師、田作野民，帥而至，掌其政、治、禁令。疏曰：此居職末，總結之言也。○王光遠曰：言事而又言師、田，則事乃力政之事。○政，音征。

遂　　師

○遂師，各掌其遂之政、令、戒、禁，易彥祥曰：政，若頒職作事，以起政役之類。令,若令野職、野賦、令野、脩道之類。戒與禁,則輔此而已。○註:"政役",音征。

以時登其夫家之衆寡、六畜、車輦,辨其施舍與其可任者;經牧其田野,辨其可食者;周知其數而任之,以徵財征;作役事,則聽其治訟;註曰:施,讀亦"弛"也。經牧,制田界與井也。可食,謂今年所當耕者也。財征,賦稅之事。○疏曰:周知其數而任之,以徵財征者,謂周徧知其夫家六畜及田野之等,任之,據人民之數;徵財征,據田野之數也。作役事則聽其治訟者,役事中可兼軍役、田獵、功作之等,皆聽其治訟。

巡其稼穡,而移用其民,以救其時事。註曰:移用其民,使轉相助,救時急事也。四時耕耨、斂艾、芟,地之宜,晚早不同,而有天期、地澤、風雨之急。

凡國祭祀,審其誓戒,共其野牲。註曰:審,亦聽也。○疏曰:案:冢宰,大祭祀掌百官之誓戒,大司寇涖誓百官,并戒百族。此官主審其戒。戒遂之民,故不同也。○王光遠曰:共野牲,贊遂人也。

入野職、野賦于玉府。註曰:民所入貨賄以當九職、九賦中玉府之用者。○疏曰:自甸、稍、縣、都之等,以其在遠郊之外,故皆以"野"言之。○中,丁丈反。

賓客,則巡其道脩,庀其委積。註曰:巡其道脩,行治道路也。庀,具也。○庀,披上聲。

大喪,使帥其屬以幄、帟先,道野役;及窆,抱磨,共丘籠及蜃車之役。註曰:使以幄、帟先者,大宰也。其餘,司徒也。幄、帟先,所以爲葬窆之間,先張神座也。道野役,帥以至墓也。丘籠之役,竁復土也。其器曰"籠"。蜃車,柩路也。柩路載柳,四輪迫地而行,有似於"蜃",因取名焉。行至壙乃說,復更載以龍輴。蜃,《禮記》或作"槫",或作"輇"。役,謂執綍者。磨者適歷,執綍者名也。遂人主陳之,而遂師以名行挍之。○磨,音歷。說,音脱。輴,勑倫反。槫、輇,俱市專反。

軍旅、田獵,平野民,掌其禁令,比敘其事而賞罰。註曰:平,謂正其行列部伍也。○疏曰：比敘者，挍比次敘其行伍，而行賞罰。

遂大夫

○遂大夫，各掌其遂之政令，以歲時稽其夫家之衆寡、六畜、田野，辨其可任者與其可施舍者，以教稼穡，以稽功事，掌其政令戒禁，聽其治訟。註曰：施，讀亦爲"弛"。功事，九職之事，民所以爲功業。○疏曰：此一經與《遂師》職意同，但互見其義耳。○王龜齡曰：遂師、遂大夫，言政令戒禁；縣正至里宰，則特言政令，而戒禁無與。鄰長於政令，又無與。○令爲邑者，歲終則會政致事。註曰：不言其遂之吏，而言爲邑者，容公邑及卿大夫王子弟之采邑，政令戒禁，遂大夫亦施焉。○會，古外反。與，音預。

正歲，簡稼器，脩稼政。註曰：簡，猶"閱"也。稼器，耒耜鎡基之屬。稼政，孟春之《月令》所云"皆脩封疆，審端徑術，善相丘陵、阪險、原隰，土地所宜，五穀所殖，以教道民，必躬親之"。○術，音遂。相，息亮反。道，音導。

三歲大比，則帥其吏而興甿，明其有功者，屬其地治者。註曰：興甿，舉民賢者、能者，如六鄉之爲也。興，猶"舉"也。屬，猶"聚"也。又因舉吏治有功者，而聚勑其餘以職事。○屬，音燭。

凡爲邑者，以四達戒其功事，而誅賞廢興之。註曰：四達者，治民之事，大通者有四：夫家衆寡也，六畜車輦也，稼穡耕耨也，旗鼓兵革也。

縣正

○縣正，各掌其縣之政令徵、比，以頒田里，以分職事。掌其治訟，趨其稼事，而賞罰之。徵，徵召也。比，案比。"頒田里"者，如夫一廛，田百畮也。分職事者，九職之功事也。○李嘉會曰："頒田里，分職事，慮有不得其平，於是掌其治訟，趨其稼事，必有勤惰之分，故有賞罰。○趨，音促。

若將用野民師、田、行、役，移執事，則帥而至，治其政令。註曰：

移執事,移用其民。鄭司農云:謂轉相佐助。○既役,則稽功會事而誅賞。疏曰:此經結上文功役之事。○王氏曰:縣正,即鄉州長。州長有讀法考行,此互備也;無之,則遂大夫興甿將安稽?○會,古外反。行,下孟反。

鄙　師

○鄙師,各掌其鄙之政令、祭祀。註曰:祭祀,祭禜也。○鄭剛中曰:掌其祭祀,則祭祀之時,亦如黨正教其禮事,明矣。

凡作民,則掌其戒令。註曰:作民,謂起從役也。

以時數其眾庶,而察其媺惡而誅賞。註曰:時,四時也。○易氏曰:媺謂成於三物者,惡謂陷於八刑者。○歲終,則會其鄙之政而致事。

酇　長

○酇長,各掌其酇之政令,以時挍登其夫家,比其眾寡,以治其喪紀、祭祀之事。註曰:挍,猶"數"也。○疏曰:治其喪紀,謂民之喪紀,若《鄉師》所云"族共喪器"之類。治其祭祀者,謂若族祭酺之類。若然,縣當祭社,與州同。縣正、鄙師、酇長,皆不言所祭神者,六遂與六鄉,互見其義也。

若作其民而用之,則以旗鼓兵革帥而至,若歲時簡器,與有司數之。註曰:簡器,簡稼器也;兵器亦存焉。有司,遂大夫。○疏曰:作其民而用之者,謂師田及巡守之等。直言"以旗鼓兵革",不言"車輂",文不具。○守,音狩。

凡歲時之戒令皆聽之,趨其耕耨,稽其女功。歲時戒令,出於遂人者也。聽,受而行之也。女功,絲枲之事。○疏曰:酇長彌親民,故趨其耕耨,并稽考女功之事。○趨,音促。

里　宰

○里宰,掌比其邑之眾寡,與其六畜、兵器,治其政令。註曰:邑,猶"里"也。

以歲時合耦于鋤，以治稼穡，趨其耕耨，行其秩敘，以待有司之政令，而徵斂其財賦。註曰：《考工記》曰："耜廣五寸，二耜為耦。"此言兩人相助耦而耕也。杜子春云：鋤，讀為"助"，謂相佐助也。玄謂：鋤者，里宰治處也，若今街彈之室。於此合耦，使相佐助，因放而為名。季冬之《月令》"命農師計耦耕事，脩耒耜，具田器"。是其歲時合人耦，則牛耦亦可知也。○疏曰：六遂賦稅，縣師徵之，旅師斂之。此財賦，言待有司徵斂者，謂縣師、旅師也。周未有牛耦，漢趙過始教民牛耕。今鄭云"牛耦"者，或周末兼有牛耦，至趙過乃絕人耦，專用牛。○鄭剛中曰：宮伯行其秩敘，註云"秩祿稟，敘才"等，此農民耳，所謂秩敘者，何也？蓋力田之賞也，如漢世力田者，賜爵一級、二級之類。○趨，音促。放，音倣。

鄰　　長

○鄰長，掌相糾相受。註曰：相糾，相舉察。○疏曰：鄰長，不命之士為之。○凡邑中之政相贊。註曰：長短使相補助。○疏曰：謂一里之內，有上政令徵求，則五鄰共相贊助。○徙于他邑，則從而授之。註曰：從，猶"隨"也。授，猶"付"也。

旅　　師

○旅師，掌聚野之鋤粟、屋粟、閒粟。野，謂甸、稍、縣、都也。鋤粟，民相助作所出之粟，即九賦之稅粟也，所貢九穀亦存焉。屋粟，民有田不耕，所罰三夫之稅粟。閒粟，閒民無職事者，所出一夫之征粟。○閒，音閑。

而用之以質劑致民，平頒其興積，施其惠，散其利，而均其政令。註曰：而，讀為"若"，聲之誤也。若用之，謂恤民之艱阨。委積於野，如遺人於鄉里也。以質劑致民，案入稅者名，會而貸之興積。所興之積，謂三者之粟也。平頒之，不得偏頗有多少。縣官徵聚物曰"興"，今云"軍興"是也。是粟，縣師徵之，旅師斂之。而用之以賙衣食曰"惠"，以作事業曰"利"。○坡謂：簿書若市券，有長短，故云"質劑"也。均其政令者，視豐阨之甚否，均施散之厚薄也。○凡用粟，春頒而秋斂之。註曰：困時施之，饒時收之。○坡謂：上節言施惠散利，此則言其發斂之時也。○積，子賜反。

凡新甿之治皆聽之，使無征役，以地之媺惡爲之等。註曰：新甿，新徙來者也。治，謂有所求乞也。使無征役，復之也。《王制》曰："自諸侯來徙家，期不從政。"○坡謂：征役，力役之征也。以地媺惡爲之等者，坡從子偷云"無征役暫耳"。以地之媺惡爲之等，不易之地，一年後征役之；一易者二年，再易者三年。

或問：徵斂、賦貢條目之詳。曰：《司徒》載師，徵畿內之九賦；閭師，徵六鄉之九功；縣師，所徵野賦貳載師也。其徵野貢，以閭師不掌及也。外此，有遂師，聚別功賦貨賄中玉府用者；委人，斂甸、稍芻薪。徵稅之官，盡於是矣。其斂之也，賦功之物，穀入于倉人；金玉玩好，凡良貨賄，入于玉府；貨賄入于內府；邦布入于外府；畜獸入于牧人、牛人；絲枲入于典絲、典枲。是斂之也。若乃《遺人》之委積，《旅師》之賦粟，則註所云廩人、倉人，計九穀之數足國用，以其餘共之，所謂餘法用也。《遺人》註王氏所論會同、軍旅委積一節，最爲得之，可以類推其餘。

稍　　人

○稍人，掌令丘乘之政令。註曰：丘乘，四丘爲"甸"。甸，讀與"維禹敶之"之"敶"同；其訓曰"乘"，由是改云。是掌令都、鄙脩治井邑、丘甸、縣都之溝涂。云"丘甸"者，舉中言之。溝涂之人名，井別邑異，則民之家數存焉。○敶，音陣。

若有會同、師、田、行、役之事，則以縣師之法，作其同徒輂輦，帥而以至，治其政令，以聽於司馬。註曰：有軍旅、會同、田役之戒，縣師受法於司馬。邦國、都鄙、稍甸、郊里，唯司馬所調。以其法作其眾庶及馬牛車輦，會其車人之卒伍,使皆備旗鼓兵器,以帥而至。是以書令之耳。其所調若在家邑、小都、大都,則稍人用縣師所受司馬之法作之,帥之以致於司馬也。同徒,司馬所調之同。凡用役者,不必一時皆徧,以人數調之,使勞逸遞焉。○輂,居錄反。遞,徒禮反。

大喪,帥蜃車與其役以至,掌其政令,以聽於司徒。註曰:蜃車及役,遂人共之。稍人者野監,是以帥而致之。《既夕禮》曰"既正柩,賓出。遂、匠納車于階間",則天子以至于士,柩路皆從遂來。

委　　人

○委人,掌斂野之賦,斂薪芻,凡疏材、木材,凡畜聚之物,註曰:野,謂遠郊以外也。所斂野之賦,謂野之園圃山澤之賦也。凡疎材,草木有實者也。凡畜聚之物,瓜、瓠、葵、芋,禦冬之具也。野之農賦,旅師斂之,工商嬪婦,遂師以入玉府。其牧,則遂師又以共野牲。○芋,于附反。

以稍聚待賓客,以甸聚待羇旅,註曰:聚,凡畜聚之物也。○凡其余聚以待頒賜。註曰:余,當爲"餘",聲之誤也。餘,謂縣都畜聚之物。○疏曰:上已云稍甸,此言餘聚,是縣都中畜聚之物。

以式法共祭祀之薪蒸、木材,賓客共其芻薪,喪紀共其薪蒸、木材,軍旅共其委積薪芻,凡疏材,共野委兵器,與其野圃財用。註曰:式法,故事之多少也。薪蒸,給炊及燎,粗者曰"薪",細者曰"蒸"。木材,給張事。委積薪芻者,委積之薪芻也。軍旅又有疏材,以助禾粟。野委,謂廬宿止之薪芻也。其兵器,謂守衛陳兵之器也。野圃之財用者,苑囿藩蘿之材。○凡軍旅之賓客館焉。註曰:館,舍也。必舍此者,就牛馬之用。○疏曰:言軍旅賓客者,謂諸侯以軍旅助王征討者,故謂之軍旅之賓客也。

土　　均

○土均,掌平土地之政,以均地守,以均地事,以均地貢。註曰:

政,讀爲"征"。所平之税,邦國都鄙也。地守,虞衡之屬。地事,農圃之職。地貢,諸侯之九貢。○疏曰:案:下文云"以和邦國都鄙",故知此平者,亦據邦國都鄙,若六鄉、六遂及公邑征税,自均人平之。○政,音征。

以和邦國、都鄙之政令刑、禁,與其施舍、禮俗、喪紀、祭祀,皆以地媺惡爲輕重之法而行之,掌其禁令。註曰:施,讀亦爲"弛"也。禮俗,邦國都鄙民之所行先王舊禮也。君子行禮,不求變俗,隨其土地厚薄,爲之制豐省之節耳。《禮器》曰:"禮也者,合於天時,設於地財,順於鬼神,合於人心,理於萬物。"○項平甫曰:和之,如何以地媺惡爲輕重之法而行之?政令之緩急,刑禁之寬猛,施舍之宜否,禮俗之沿革,喪紀、祭祀之豐約,宜者令之,不宜者禁之,使適於和而已。

草　　人

○草人,掌土化之法以物地,相其宜而爲之種。註曰:土化之法,化之使美,若氾勝之術也。以物地,占其形色。爲之種,黄白宜以種禾之屬。○疏曰:土化之法者,即下經"糞種"是也。○相,息亮反。氾,音凡。

凡糞種,騂剛用牛,赤緹用羊,墳壤用麋,渴澤用鹿,鹹潟用貆,勃壤用狐,埴壚用豕,彊㯺用蕡,輕爂用犬。糞種者,燒獸骨爲灰,以漬其種而植之,今南方田皆然。騂剛,謂地色赤而土剛强也。赤緹,縓色也。墳壤,潤解者。渴澤,故水處也。潟,鹵也。貆,貉類,似狸,鋭頭尖鼻。勃壤,粉解者。埴壚,黏疏者。彊㯺,彊堅者。蕡,麻也。輕爂,輕脆者。○緹,音抵。渴,其列反。潟,音昔。貆,音丸。埴,音實。壚,音盧。彊,强上聲。㯺,音撊。爂,音票。縓,七絹反。黏,音粘。脆,音毳。

稻　　人

○稻人,掌稼下地,註曰:以水澤之地種穀也。謂之稼者,有似嫁女相生。○以瀦畜水,以防止水,以溝蕩水,以遂均水,以列舍水,以澮寫水，以涉揚其芟作田。註曰：鄭司農說"潴、防"，以《春秋傳》曰"町原防，規偃潴"。杜子春讀"蕩"爲"和蕩"，謂以溝行水也。玄謂：偃潴者，畜流水之陂也。防，潴旁隄也。遂，田首受水小溝也。列，田之畦畤也。澮，田尾去水大溝。作，猶"治"也。開遂舍水於列中，因涉之揚去前年所芟之草，而治田種稻。○潴，音諸。列，禄計反。町，徒頂反。陂，音披。畦，音奚。畤，音劣。

凡稼澤，夏以水殄草而芟夷之。註曰：殄，病也，絕也。鄭司農說"芟夷"，以《春秋傳》曰"芟夷，蘊崇之"。今時謂"禾下麥"爲"荑下麥"，言芟刈其禾，於下種麥也。玄謂：將以澤地爲稼者，必於夏六月之時，大雨時行，以水病絕草之後生者；至秋水涸芟之，明年乃稼。○澤草所生，種之芒種。註曰：鄭司農云：澤草之所生，其地可種芒種。○疏曰：水鍾曰：澤有水及鹹鹵，皆不生草，即不得芒種，故云"草所生"。○易彦祥曰：芒種，稻之有芒者。○"芒種"之"種"，章勇反。

旱暵，共其雩斂；註曰：稻人共雩斂，稻急水者也。鄭司農云：雩事所發斂。○疏曰：此旱雩，據夏五月已後脩雩者。暵者，旱之熱氣。若四月，龍見而雩，未必旱暵也。然二種雩，皆共雩斂也。○喪紀，共其葦事。註曰：葦，以闉壙禦溼之物。○暵，音漢。闉，音因。

土　訓

○土訓，掌道地圖，以詔地事。註曰：道，說也。說地圖，九州形勢，山川所宜，告王以施其事也。若云荆、揚，地宜稻；幽、并，地宜麻。○疏曰：其九州地圖，乃是諸國所獻，以入職方。今土訓乃於職方取九州地圖，依而說向王，使依而責其貢獻之物。○道地慝，以辨地物，而原其生，以詔地求。註曰：地慝，若瘴蠱然也。辨其物者，別其所有所無。原其生，生有時也。以此二者告王之求也。地所無及物未生，則不求也。鄭司農云：地慝，地所生惡物害人者，若虺蝮之屬。○虺，虛鬼反。蝮，孚目反。

王巡守，則夾王車。註曰：巡守，行視所守也。天子以四海爲守。○疏曰：夾王車者，亦在國掌道地圖以下之事。

誦　訓

〇誦訓，掌道方志，以詔觀事；註曰：説四方所識久遠之事，以告王觀博古所識；若魯有大庭之庫，殽之二陵。〇掌道方慝，以詔辟忌，以知地俗。註曰：方慝，四方言語所惡也。不辟其忌，則其方以爲苟於言語也。知地俗，博事也。鄭司農云：以詔辟忌，不違其俗也。〇疏曰：誦訓掌道方慝，以詔王辟忌。所以然者，使王博知地俗言語之事也。〇辟，音避。識，音志。

王巡守，則夾王車。疏曰：此亦與《土訓》同，各以所掌以告王也。〇魏氏曰：古左圖右書，土訓"圖學"，誦訓"書學"。

山　虞

〇山虞，掌山林之政令，物爲之厲，而爲之守禁。註曰：物爲之厲，每物有藩界也。爲之守禁，爲守者設禁令也。守者，謂其地之民，占伐林木者也。鄭司農云：厲遮列守之。〇疏曰：下文，林自有衡官掌之。今山虞兼云林者，彼林是竹木生平地者，林衡掌之；此山林并云者，自是山内之林，即山虞兼掌之。山内林木、金玉、錫石、禽獸，所有不同每物，各有藩界，設禁亦不同。

仲冬斬陽木，仲夏斬陰木。註曰：陽木，生山南者；陰木，生山北者。冬斬陽，夏斬陰，堅濡調。〇凡服耜，斬季材，以時入之。服，謂牝服；即車箱皆有鑿孔，以軨子貫之，故謂之牝服。季，猶"稺"也。服與耜宜用稺材，尚柔忍也。時入者，以其須堅，故須依仲冬、仲夏之時也。〇軨，音陵。

令萬民時斬材，有期日。註曰：時斬材，斬材之時也。有期日，入、出有日數，爲久盡物。〇疏曰：案：《王制》云："草木零落，然後入山林。"彼據萬民伐木之時，謂十月之中；此云萬民時斬材，亦謂十月時。〇凡邦工入山林而掄材，不禁。註曰：掄，猶"擇"也。不禁者，山林國之有，不拘日也。〇春秋之斬木，不入禁。註曰：非冬夏之時，不得入所禁之中斬木也，斬四野之木，可。○疏曰：上文據國家使工取擇木，故非冬夏，亦得入山林；此據萬民取木，故十月入山；春秋之斬木，不入禁。凡竊木者，有刑罰。

若祭山林，則爲主，而脩除且蹕。爲主，主供時用，相禮儀也。脩除，治道路、場壇。○疏曰：此山林在畿內，王國四方，各依四時而祭。○相，息亮反。

若大田獵，則萊山田之野。及弊田，植虞旗于中，致禽而珥焉。註曰：萊，除其草萊也。弊田，田者止也。植，猶"樹"也。田止樹旗，令獲者皆致其禽，而校其耳，以知獲數也。山虞有旗，以其主山，得畫熊虎，其仞數則短也。鄭司農云：珥者，取禽左耳以效功也。《大司馬》職曰："獲者取左耳。"○疏曰：大田獵者，謂王親行。○珥，音二。

林　衡

○林衡，掌巡林麓之禁令，而平其守，註曰：平其守者，平其地之民，守林麓之部分。○疏曰：此林衡兼"麓"者，以《爾雅》"山足曰麓"，雖連於山，山虞不掌，以麓上有林，故屬林衡也。○以時計林麓而賞罰之。註曰：計林麓者，計其守之功也。林麓蕃茂，民不竊盜則有賞，否則罰之。

若斬木材，則受法于山虞，而掌其政令。註曰：法，萬民入出時日之期。

川　衡

○川衡，掌巡川澤之禁令，而平其守，以時舍其守，犯禁者執而誅罰之。註曰：舍其守者，時案視守者於其舍，申戒之。○疏曰：川，注瀆者皆是也。水鍾曰"澤"。澤與川不同官。今川衡兼云"澤"者，澤與川連者，則川衡兼掌之。謂若濟水溢爲滎澤，滎澤則與濟連，則管濟川者兼滎澤掌之。如此之類，皆是。○滎，音榮。[1]

祭祀、賓客，共用莫。註曰：川奠、籩、豆之實，魚鱐、脣蛤之屬。○鱐，所留反。

澤　虞

○澤虞，掌國澤之政令，爲之厲禁，使其地之人守其財物，以時入之于玉府，頒其餘于萬民。註曰：其地之人，古取澤物者，因以部分使守之。以時入之于玉府，謂皮、角、珠、貝也。入之以當邦賦，然後得取其餘以自爲也。入出，亦有時日之期。○疏曰：以時入之于玉府，頒其餘于萬民，亦據中所出入玉府者多，故特言之，無妨山虞、川衡之等亦入玉府，互見其義也。萬民入澤，雖無正文，案《王制》"獺祭魚，然後虞人入澤梁"，"草木零落，然後入山林"，則萬民入澤可同時。

凡祭祀、賓客，共澤物之奠。註曰：澤物之奠，亦籩、豆之實，芹、茆、菱、芡之屬。

喪紀，共其葦蒲之事。註曰：葦以闉壙，蒲以爲席。

若大田獵，則萊澤野。及弊田，植虞旌以屬禽。註曰：澤虞有旌，以其主澤；澤鳥所集，故得注析羽。○疏曰：案：山虞致禽之義，謂輸之於公，當致之於虞旗之中，而珥焉以効功。此"屬禽"者，謂百姓致禽訖，虞人屬聚之，別其等類，每禽取三十焉。致與屬不同，山虞、澤虞文皆不足，互見爲義也。

陳君舉曰：古者金玉之所出，皆掌之王官，侯國不得擅而有也。關譏所禁，皆歸之公上，侯國不得擅而私也。是以名山大澤，畿外不以封列土之諸侯，畿內不以頒祿仕之王臣，皆天子使吏治之，而納其貢賦。諸侯自食稅田之外，餘不敢過而問焉。蓋先王不以予諸侯之意，所以抑制其強，而防閑其侈心也。考之《周禮》，凡山澤之數，司書掌之，以計吏治山澤之賦，大府掌之，以待邦用。九州之川浸、山藪，職方掌收天下之圖，而諸侯無所隸焉。至於伯禽侯于東魯而錫之山川，乃天子之加賜，是固異恩，而非可以例觀也。人謂周制：山林、川澤，有虞衡之官爲之厲禁；疑若專利於上，而無遺利在民矣。考之山虞令萬民時斬材，有期日，未嘗不與民共之，而有司特禁其不使戕賊而已。澤虞則使人守其財物，以時入于玉府,則實爲民守之,王官特以其賦入于玉府。而推本先王領於王官之意,蓋使侯國不得以障管云爾,非不知與民共財也。周德既衰,凡王國所恃者,諸侯皆得專利之。齊幹山海之藏,晏子告之以"山澤各有所守,不可爲也",是猶知守先王之法。至於桃林之塞,古函谷也,晉守之;郇瑕之地,古解池也,晉實有之。凡天子之塞邑,皆不領於王官,而惟私意是取。《春秋》之作,於鄭不系虎牢,於衛不系楚丘。其類非一,蓋所以別天下之重,慮侯國擅而兼之也。○予,音與。塞,音賽。解,音懈。

迹　人

○迹人,掌邦田之地政,爲之厲禁而守之。註曰:田之地,若今"苑"也。

凡田獵者,受令焉。註曰:令,謂時與處也。○疏曰:受令者,謂夏官主田獵者。○禁麛卵者,與其毒矢射者。註曰:爲其夭物,且害必多也。麛,麋鹿子。○疏曰:此謂四時常禁。○,麛,音迷。

丱　人

○丱人,掌金玉錫石之地,而爲之厲禁以守之。註曰:錫,鈏也。○易彥祥曰:天地之寶,生於山澤。金、玉、錫、石之貴,饑不可食,寒不可衣。先王不盡以予民,設之官爲厲禁以守之,非私之也。上以資邦用,下以使斯民之棄末厚本而已。○丱,音礦。鈏,以忍反。予,音與。

若以時取之,則物其地,圖而授之。註曰:物地,占其形色,知鹹淡也。授之,教取者之處。○巡其禁令。註曰:行其禁,明其令。

角　人

○角人,掌以時徵齒、角,凡骨物於山澤之農,以當邦賦之政令。註曰:山澤出齒、角、骨物,大者犀、象,其小者麋、鹿。○陳及之曰:自此下,凡所謂山農、澤農,蓋平時以射田獵,取絺綌及染草爲業者,非此則不徵。○坡謂:自此至"掌蜃",皆閭師山澤之貢也。言賦者,疏云"賦,其總名是也",平地無它產,其農惟貢九穀而已。此農近山澤,有是骨物齒角,採而入官,雖不貢穀,以此當之,故云"以當邦賦"也。○以度量受之,以共財用。註曰:骨入漆浣者,受之以量;其餘以度,度所中。○浣,戶豏反。度,上如字,下待洛反。中,丁丈反。

羽　　人

○羽人,掌以時徵羽翮之政于山澤之農,以當邦賦之政令。註曰:翮,羽本。○疏曰:此羽人所徵羽者,當入於鍾氏,染以爲后之車飾,及旌旗之屬也。○凡受羽,十羽爲審,百羽爲摶,十摶爲縛。註曰:審、摶、縛,羽數束名也。《爾雅》曰:"一羽謂之箴,十羽謂之縛,百羽謂之緷。"其名音相近也。一羽有名,蓋失之矣。○摶,音篆。縛,音袞。緷,古本反。

掌　　葛

○掌葛,掌以時徵絺綌之材于山農,凡葛征;徵草貢之材于澤農,以當邦賦之政令。註曰:草貢出澤,藬紵之屬可緝續者。○疏曰:絺綌之材,即葛是也。又云"凡葛征"者,總結之也。○以權度受之。註曰:以知輕重長短也。○藬,苦迴反。

掌　染　草

○掌染草,掌以春秋斂染草之物,註曰:染草,茅蒐、橐蘆、豕首、紫茢之屬。○以權量受之,以待時而頒之。註曰:權量,以知輕重多少。時,染夏之時。○蒐,音搜。茢,音列。

掌　　炭

○掌炭,掌灰物、炭物之徵令,以時入之,註曰:灰炭,皆山澤之農所出也。灰給澣練，炭之所共多。○以權量受之，以共邦之用。凡炭灰之事。

掌　荼

○掌荼，掌以時聚荼，以共喪事。註曰：共喪事者，以著物也。《既夕禮》曰："茵著用荼。"○徵野疏材之物，以待邦事，凡畜聚之物。註曰：荼，茅莠、疏材之類也，因使掌焉。徵者徵於山澤，入於委人。

掌　蜃

○掌蜃，掌斂互物蜃物，以共闉壙之蜃，註曰：互物，蚌蛤之屬。闉，猶"塞"也。將井椁先塞下以蜃，禦濕也。鄭司農說，以《春秋傳》曰"始用蜃炭"，言僭天子也。○祭祀共蜃器之蜃，註曰：飾祭器之屬也。《鬯人》職曰：凡四方山川用蜃器[2]。《春秋》定十四年秋，天王使石尚來歸脤，脤之器以蜃飾[3]，因名焉。鄭司農云：蜃可以白器，令色白。○共白盛之蜃。註曰：盛，猶"成"也；謂飾墻使白之蜃也。今東萊用蛤，謂之"叉灰"云。○盛，音成。叉，音釵。

囿　人

○囿人，掌囿游之獸禁，註曰：囿游，囿之離宮小苑觀處也，養獸以宴樂視之。禁者，其蕃衛也。鄭司農云："囿游之獸，游牧之獸。"○牧百獸，註曰：備養眾物也。今掖庭有鳥獸，自熊、虎、孔雀，至於狐狸、鳧鶴，備焉。

祭祀、喪紀、賓客，共其生獸、死獸之物。吳氏曰：生獸、死獸之物，獸人既共之，而囿人又共之。蓋獸人共者，田獵所獲也；囿人共者，苑囿所養也。

場　人

○場人，掌國之場圃，而樹之果蓏珍異之物，以時斂而藏之。註曰：果，棗、李之屬。蓏，瓜瓠之屬。珍異，蒲桃、枇杷之屬。○疏曰：場圃連言，場圃同地耳；春夏爲圃，秋冬爲場，其場因圃而爲之，故并言之也。○坡謂：「閭師」任圃以樹事，貢草木。此場人又掌之者，此官之斂，國圃所樹也；閭師之徵，百姓所貢也。

凡祭祀、賓客共其果蓏，享亦如之。疏曰：享，謂祭祀宗廟二灌後，君迎牲納之於庭時，后、夫人薦朝事之豆籩，豆籩中有果蓏之物。故云「享亦如之」。若然，上言祭祀，餘祭祀也。

廩　人

○廩人，掌九穀之數，以待國之匪頒、賙賜、稍食。註曰：匪，讀爲「分」。分頒，謂委人之職諸委積也。賙賜，謂王所賜予給好用之式。稍食，禄廩。○疏曰：廩人掌米，倉人掌穀。今云九穀者，以廩人雖專主米，亦兼掌穀也。天子有御廩，單云「廩」，則平常藏米之廩；此不言「御廩」，則廩中可以兼之矣。○食，音嗣。予，音與。

以歲之上下數邦用，以知足否，以詔穀用，以治年之凶豐。數，猶「計」也。詔，詔告在上用穀之法。項平甫曰：以歲之升降，得穀之多少，計國之所用。多則足，少則否。乃詔在上用穀之隆殺，以治年之凶豐。故年適豐，雖粒米狼戾，不侈於有餘；年適凶，雖饑饉薦臻，不苦於不足，則以有治之術也。○殺，所賣反。下同。

凡萬民之食食者，人四鬴，上也；人三鬴，中也；人二鬴，下也。註曰：此皆謂一月食米也。六斗四升曰「鬴」。○疏曰：此謂給萬民糧食之法，故云「凡萬民之食食者」，謂民食國家糧食者。○若食不能人二鬴，則令邦移民就穀，詔王殺邦用。註曰：就穀，就都鄙之有者。殺，猶「減」也。○鬴，音輔。

凡邦有會同、師、役之事，則治其糧，與其食。註曰：行道曰「糧」，謂糒也；止居曰「食」，謂米也。○糒，音備。

大祭祀,則共其接盛。註曰:接,讀爲"一扱再祭"之"扱"。扱以授舂人舂之。大祭祀之穀,藉田之收藏於神倉者也,不以給小用。○疏曰:此即廩人兼掌御廩所藏藉田之收,以共祭祀之用者也。○接,音扱。扱,初洽反。盛,音成。

舍　人

○舍人,掌平宮中之政,分其財守,以法掌其出入。平,謂平其給米之多少也。政,謂用穀之政也。財,即米也。《喪大記》云"納財,朝一溢米",亦謂米爲財。分其財守者,計其用穀之數,分送宮正內宰,使守而頒之也。出,謂米出於廩人,以出給;入,謂其有空缺,則還入廩人,皆當以法,不可虛也。

凡祭祀,共簠簋,實之、陳之。簠,內圓外方;簋,內方外圓,皆受斗二升。《儀禮·公食大夫》,簠盛稻粱,簋盛黍稷。祭祀言"凡",則天地宗廟大次、小祭,皆有黍稷。○食,音嗣。下同。盛,音成。

賓客亦如之,共其禮車米、筥米、芻禾。註曰:禮,致饔餼之禮。○疏曰:亦如之者,亦有簠簋實之、陳之之事。言實之、陳之,則據饔餼及饗食之時也。

喪紀,共飯米、熬穀。註曰:飯,所以實口,不忍虛也。君用粱,大夫用稷,士用粱,皆四升,實者唯盈。熬穀者,錯于棺旁,所以惑蚍蜉也。《喪大記》曰:"熬,君四種八筐,大夫三種六筐,士二種四筐,加魚、腊焉。"○飯,扶晚反。蚍,鼻夷反。蜉,音孚。

以歲時縣穜、稑之種,以共王后之春獻種。註曰:縣之者,欲其風氣燥達也。鄭司農云:春,王當耕于籍,則后獻其種也。后獻其種,見《內宰》職。○縣,音懸。穜,直郎反。稑,音陸。

掌米粟之出入,辨其物。米,六米也。六米者,九穀之中黍、稷、稻、粱、苽、大豆。六者皆有米。麻與小豆、小麥,三者無米。粟,九穀也。辨其物,別爲書也。○歲終,則會計其政。註曰:政,用穀之多少。

倉　人

○倉人，掌粟入之藏。註曰：九穀盡藏焉，以粟爲主。○辨九穀之物，以待邦用。若穀不足，則止餘法用；有餘，則藏之，以待凶而頒之。註曰：止，猶"殺"也。殺餘法用，謂道路之委積，所以豐優賓客之屬。○殺，所賣反。

凡國之大事，共道路之穀積、食飲之具。註曰：大事，謂喪、戎。

司　禄

○司禄。闕。

司　稼

○司稼，掌巡邦野之稼，而辨穜、稑之種，周知其名與其所宜地，以爲法而縣于邑閭。註曰：周，猶"徧"也。徧知種所宜之地，縣以示民後年種穀，用爲法也。○疏曰：巡邦野之稼者，謂秋熟之時觀之。

巡野觀稼，以年之上下出斂法。註曰：斂法者，豐年從正，凶荒則損，若今十傷二三，實除減半。○疏曰：此觀稼，亦謂秋熟時。

掌均萬民之食，而賙其急，而平其興。註曰：均，謂度其多少。賙，稟其艱阨。興，所徵賦。○疏曰：平其興者，當各計什一而稅，不得特多特少也。○王氏曰：後世倉廩之官，知爲國斂儲而已。周公於倉廩之下，特設"司稼"，周知地所宜種，爲耕法以示民，使穀之所出，自倍巡行年之上下；爲斂法以示吏，使穀之徵斂不頗，又周其急，平其興焉。此所以異於後世也。

舂　人

○舂人，掌共米物。註曰：米物，言非一物。

祭祀，共其齍盛之米。註曰：齍盛，謂黍、稷、稻、粱之屬，可盛以爲簠、筐實。

　　賓客，共其牢禮之米。註曰：謂可以實筐筥。

　　凡饗食，共其食米。註曰：饗有食米，則饗禮兼燕與食。○掌凡米事。

饎　　人

　　○饎人，掌凡祭祀共盛。註曰：炊而共之。○饎，音熾。

　　共王及后之六食。註曰：六食，六穀之食。

　　凡賓客，共其簠、簋之實。註曰：謂致飧饔。○饗食亦如之。

槀　　人

　　○槀人，掌共外、內朝冗食者之食。註曰：外朝，司寇斷獄弊訟之朝也。今司徒府中有百官朝會之殿，云天子與丞相舊決大事焉。是外朝之存者與內朝路門外之朝也。冗食者，謂留治文書，若今尚書之屬諸直上者。○疏曰：天子三朝：路寢庭朝，是圖宗人嘉事之朝，大僕掌之；又有路門外朝，是常朝之處，司士掌之；又有外朝，在皋門內庫門外，三槐九棘之朝，朝士掌之。○冗，"戎"上聲。

　　若饗耆老、孤子、士、庶子，共其食。註曰：士、庶子，卿大夫之子弟，宿衛王宮者。

　　掌豢祭祀之犬。註曰：養犬、豕曰"豢"。不於饎人，言其共至尊。雖其潘瀾戔餘，不可褻也。

　　坡謂：冢宰總百官以治，舉其要耳。其僚屬庶尹，皆經理王宮之政。至於明遂生復性，以寵綏斯民者，未遑也，故設"司徒"之職焉。是職也，任大而責重，舉天王作君作師之事，而致之于民，乃順承天萬物資生，故曰"地官"也。凡此七十八官之序，或先或後，各有攸理。大司徒長官，不待言矣。教始於郊里，故自小司徒至比長八職，專主六鄉。而牧田、牛田在鄉中者，故封人、牧人、牛人、充人四職次之,亦以牲者祭事之重也。鄉之政有二:曰征役施舍,曰德行道藝。載師至均人五職,詳征役施舍之事也。師氏至媒氏六職,詳德行道藝之教也。然則教養之道備矣,施之天下,何以加茲,故曰"觀於鄉,而知王道也。"王國面朝後市,王門十二在六鄉之內,十二關門則臨畿上。今次於鄉之下、遂之上者,市雖在國,容五百里疆界中,凡五十里之市皆在焉。門關則連於市,以達貨賄者,關市有譏,用節為多,故司市至掌節十三職,相為一類,以次於此。遂人至里宰,專及田野之制,稼穡之緒,與六鄉互見為義。旅師,如鄉之閭師也。稍人,如鄉之縣師也。委人、土均,如鄉之遺人、均人也。此鄉、遂之制,豈惟鄉遂與?鄉之封人、載師、縣師,遂之稍人、土均,通公邑都鄙邦國之政,皆舉之矣。草人、稻人,教民以耕。與諫、救、調、媒諸官,道民以善類也。土訓之詔地圖,誦訓之道方志,與師保之詔媺惡亦類也。若夫山林、川澤,賦貢之末者,而其財用,國家於是有取資焉。故自山虞至場人十有五職,又次之。冢宰所列九賦、九貢之目,盡於此矣。賓祭之所取,軍旅、喪紀之所共,膳羞祿廩,凡為九式,用財者,將於是乎在,故廩人至槀人八職終焉。斯其先後本末,或以內外,或以羣分,單舉以見義,互文以相足。錯其一則非倫類,分之為二者,未審其條貫之同歸也。或曰:司徒敷教也,而教職惟鄉官、師保等十數人耳,其間所措理者,養民之事居多焉。先儒疑為司空之錯簡,將無信然否也?是不然。夫先王之世,辨物居方。秀者為士,而樸者為農。下及工商,各有常居,皆有守法。使之父以此教其子,兄以此教其弟,習其耳目,而定其心思,閑其道藝,而世其家業。無非神道設教之深意,豈必東膠西序始名教哉?抑又聞之:孟子曰"無恒產而有恒心者,惟士為能。若民,則無恒產,因無恒心。苟無恒心,放僻邪侈,無不為已",故制民之產,"然後驅而之善",此所謂物畜然後有禮,不養則不可動者也。天下不由養而能教者,希矣。力能為長厚之行,而民者,冥也。左右曲成,君相不先,則士、農、工、商,生者不得其情,死者不盡其常,相與矍矍然喪其降衷秉彝之心。其鈍頑無恥者,固已率而歸於乖戾悖逆,不可復制,即常性未移者,亦頹墮委靡,消沮而不復振。嗚呼!道之不行,從可知矣。《司徒》一篇,教養相侔,蓋聖人酌乎天理人情之安措之天下，既並舉而相成，著之爲經，亦貫通而匪二，是乃盡倫盡制之道也，何疑其錯簡哉？然則，司空所司之職者何與？竊疑《周禮》爲書，委曲周詳，無不備者。獨至壇兆、廟社之法，井田長廣之方，附庸閒田所餘之多寡，山林川澤城郭宮室涂巷三分之乘除，天時有生，耕穫何以無失其序？地理有宜，高下何以無拂其性？山川沮澤，民居有度焉。興事任力，遠近有量焉。宮室之制，器皿之宜，舟車之用，凡數事者，雖畧見於諸官，皆未詳其規度。意司空之職，必如前所云者；而春秋戰國之世，強凌弱，下替上，開阡陌，盡地力，相兼以力，相侈以僭，《司空》一篇，必最其所深病，而急欲去其籍者也。其失蓋已久矣。若夫竄綴紛紜，離散全經，區區之心，則病其援周公以從己也。

【校記】

① 此爲"榮"註音，疑誤作本字，應作"熒"或"縈"。

② 據《周禮·邕人》職，原文作"凡山川、四方用蜃"，而"蜃"後無"器"字。

③ "天王使石尚來歸脤，脤之器以蜃飾"，兩"脤"字原均作"蜃"，《十三經註疏》本同，據《春秋》文及《四部叢刊》影印本改。

周禮述註卷十一

春官宗伯第三

序　官

坡聞之兄曰：春者，其氣則天地溫厚之氣，其時則陰陽適均之時，中和之極也。宗伯，掌禮以教民中，掌樂以教民和，故曰"春官"。宗伯者，鄭目録云：宗，尊也；伯，長也。不言"司"者，典禮以事神爲上，鬼神示人之所尊，不敢主之故也。○長，丁丈反。

惟王建國，辨方正位，體國經野，設官分職，以爲民極。乃立春官宗伯，使帥其屬而掌邦禮，以佐王和邦國。註曰：禮，謂曲禮五：吉、凶、賓、軍、嘉，其別三十有六。鄭司農云：宗伯，主禮之官。故《書·堯典》曰："帝曰：'咨，四岳！有能典朕三禮？'僉曰：'伯夷！'帝曰：'俞。咨！伯，汝作秩宗。'"宗官又主鬼神，故《國語》曰："使名姓之後，能知四時之生，犧牲之物，玉帛之類，采服之宜，彝器之量，次主之度，屏攝之位，壇場之所，上下之神祇，氏姓之所出，而率舊典者爲之宗。"《春秋》：禘于大廟，躋僖公。而《傳》曰："夏父弗忌爲宗人。"又曰："使宗人釁夏獻其禮。"《禮·特牲》曰："宗人升自西階，視壺濯及豆籩。"然則，唐、虞歷三代，以宗官典國之禮，與其祭祀，漢之大常是也。○徐氏曰：《樂》主和同，《禮》主簡別。曰"和"者，禮之用，和爲貴也。一失其禮，則瀆神悖人，上下皆失其分，安得而和？成周合《禮》、《樂》于一官。和，蓋包《禮》、《樂》于其間矣。

禮官之屬：大宗伯，卿一人；小宗伯，中大夫二人；肆師，下大夫四人，上士八人，中士十有六人，旅下士三十有二人，府六人，史十有二人,胥十有二人,徒百有二十人。註曰:肆,猶陳也。肆師,佐宗伯,陳列祭祀之位,及牲器粢盛。

鬱人,下士二人,府二人,史一人,徒八人。註曰:鬱,鬱金香草,宜以和鬯。○疏曰:鬱人爲首者,祭祀宗廟先灌,灌用鬱。○王龜齡曰:有秬鬯,有鬱鬯。鬱鬯用之於宗廟,秬鬯用之於天地社稷等祀。《表記》曰:"新耕,粢盛秬鬯以事上帝。"是祭天不用祼,然亦用秬鬯。鬯人社祭等事,亦用秬鬯。但鬱鬯求諸陰,用之於宗廟。○鬯人,下士二人,府一人,史一人,徒八人。註曰:鬯,釀秬爲酒,芬香條暢於上下也。秬,如黑黍,一稃二米。○稃,音孚。

雞人,下士二人,史一人,徒四人。

司尊彝,下士二人,府四人,史二人,胥二人,徒二十人。註曰:彝,亦尊也,鬱鬯曰彝。彝,法也,言爲尊之法也。

司几筵,下士二人,府二人,史一人,徒八人。註曰:筵,亦席也。鋪陳曰"筵",藉之曰"席"。然其言之,筵、席通矣。○疏曰:在此者,凡祭祀,先設席。

天府,上士一人,中士二人,府四人,史二人,胥二人,徒二十人。註曰:府,物所藏。言"天"者,尊此所藏,若天物然。○王龜齡曰:天府所藏,國之寶器也,然豈止於玉哉?官府鄉州都鄙之治中,民數穀數賢能之書,皆國之寶。是知先王以政事爲寶,以人民爲寶,以民食爲寶,以賢能爲寶,非特寶珠玉而已。○典瑞,中士二人,府二人,史二人,胥一人,徒十人。註曰:瑞,節信也。典瑞,若今"符璽郎"。○疏曰:在此者,玉瑞,祭時所執;玉器,所以禮神。雖有餘事,以事神爲主,在此宜也。

典命,中士二人,府二人,史二人,胥一人,徒十人。註曰:命,謂王遷秩羣臣之書。○疏曰:凡官之所屬,義有多種。以宗伯主禮及祭祀之事,故凡是祭祀及禮事,皆屬焉。此典命遷秩羣臣,亦是禮事,又爵命屬陽,故《禮記》云"古者於禘也"。發爵賜服,賞以春夏,不於夏官者,貴始,故於春見之在此。○司服,中士二人,府二人,史一人,胥一人,徒十人。疏曰:《公羊傳》

云:"命者何？加我服也。"再命已上,得命即得服,故《司服》列職於《典命》之下也。

　　典祀,中士二人,下士四人,府二人,史二人,胥四人,徒四十人。○守祧,奄八人,女祧每廟二人,奚四人。註曰:遠廟曰"祧"。周爲文王、武王廟,遷主藏焉。奄,如今之"宦者"。女祧,女奴有才知者。天子七廟,三昭三穆。奚,女奴也。○疏曰:奄八人者,以其與女祧及奚婦人同處,故須奄人。通姜嫄爲八廟,廟一人,故八人也。○坡謂:廟祧之辨,鄭氏、王氏各師其説,詳在《禮記·王制》"天子七廟"孔疏下,今不具列也。○祧,他堯反。知,音智。

　　世婦,每宮卿二人,下大夫四人,中士八人,女府二人,女史二人,奚十有六人。註曰:世婦,后宮官也。王后六宮。漢始大長秋、詹事、中少府、大僕,亦用士八人。女府、女史,女奴有才智者。○坡謂:婦者,婦人之稱,非所以名男子之官。又如小宰、内宰,雖掌宮政,皆無女府、女史之等,則是官非丈夫也。考之於經,與女子共事者,惟"奄"耳。是以賈、馬皆云"奄卿"。然《天官》内小臣上士,是奄爲之者,則曰"奄上士"。卿大夫,重官也,必不使奄;設或用之,更宜著奄名。此決非奄也。或以女人爲之,則《天官》女祝、女史,皆著女名,何此不言乎？且女子而與男官同卿大夫之號,尤非所宜,則非女士也,似當闕疑。○内宗,凡内女之有爵者。註曰:内女,王同姓之女,謂之"内宗";有爵,其嫁於大夫及士者。凡,無常數之言。○外宗,凡外女之有爵者。註曰:外女,王諸姑姊妹之女,謂之"外宗"。

　　冢人,下大夫二人,中士四人,府二人,史四人,胥十有二人,徒百有二十人。註曰:冢,封土爲丘壠,象冢而爲之。○墓大夫,下大夫二人,中士八人,府二人,史四人,胥二十人,徒二百人。註曰:墓,冢塋之地,孝子所思慕之處。

　　職喪,上士二人,中士四人,下士八人,府二人,史四人,胥四人,徒四十人。註曰:職,主也。

大司樂，中大夫二人。樂師，下大夫四人，上士八人，下士十有六人，府四人，史八人，胥八人，徒八十人。註曰：大司樂，樂官之長。○疏曰：在此者，宗伯主禮，禮樂相將，是故列職於此。○大胥，中士四人。小胥，下士八人，府二人，史四人，徒四十人。註曰：胥，有才知之稱。《禮記·文王世子》曰："小樂正學干，大胥佐之。"○大師，下大夫二人。小師，上士四人。瞽矇，上瞽四十人，中瞽百人，下瞽百有六十人。眡瞭三百人。府四人，史八人，胥十有二人，徒百有二十人。註曰：凡樂之歌，必使瞽、矇爲焉，命其賢知者以爲大師、小師。晉杜蒯云：曠也，大師也。眡，讀爲"虎視"之"視"。瞭，目明者。鄭司農云：無目眹，謂之"瞽"；有目眹而無見，謂之"矇"；有目無眸子，謂之"瞍"。○典同，中士二人，府一人，史一人，胥二人，徒二十人。註曰：同，陰律也。不以陽律名官者，因其先言耳。《大師》職曰："執同律以聽軍聲。"○薛平仲曰：自大師至視瞭，既以掌奏歌之節，則夫因其聲之所合，達其聲之所寓，度數齊量，要必有托而可考。此典同已下之官，所以繼此也。○磬師，中士四人，下士八人，府四人，史二人，胥四人，徒四十人。○鐘師，中士四人，下士八人，府二人，史二人，胥六人，徒六十人。○笙師，中士二人，下士四人，府二人，史二人，胥一人，徒十人。○鎛師，中士二人，下士四人，府二人，史二人，胥二人，徒二十人。註曰：鎛，如鐘而大。○坡謂：此下脫司徒"鼓人"、"舞師"二職。○韎師，下士二人，府一人，史一人，舞者十有六人，徒四十人。註曰：鄭司農說以《明堂位》曰："韎，東夷之樂。"玄謂：讀如"韎韐"之"韎"。○薛平仲曰：自司樂之掌樂事，大師之教樂事，典同之爲樂器，雅樂備矣。納蠻夷之樂於祭祀、燕享之用，豈非悅遠人之極功乎？○鄭剛中曰：作四夷之樂，當從其國，不變其俗。故韎師所服者赤韋，示不變其所服；旄人所執者牛尾，示不變其所執也；鞮鞻氏所履者革履，示不變其所履。○旄人，下士四人，舞者衆寡無數，府二人，史二人，胥二人，徒二十人。註曰：旄，旄牛尾，舞者所持以指麾。○籥師，中士四人，府二人，史二人，胥二人，徒二十人。註曰：籥，舞者所吹。《春秋》宣八年壬午，猶繹，萬入去籥，《傳》曰："去其有聲者，廢其無聲者。"《詩》云："左手執籥，右手秉翟。"○籥章，中士二人，下士四人，府一人，史一人，胥二人，徒二十人。註曰：籥章，吹籥以爲詩章。○鞮鞻氏，下士四人，府一人，史一人，胥二人，徒二十人。註曰：鞻，讀如"屨"也。鞮屨，四夷舞者所屝也。今時倡蹋、鼓沓行者，自有屝。○典庸器，下士四人，府四人，史二人，胥八人，徒八十人。註曰：庸，功也。鄭司農云：庸器，有功者鑄器銘其功。《春秋傳》曰："以所得於齊之兵，作林鐘而銘魯功焉。"○司干，下士二人，府二人，史二人，徒二十人。註曰：干，舞者所持，謂楯也。《春秋傳》曰："萬者何？干舞也。"○坡伯兄曰：右自"大司樂"以下，爲官二十。自大司樂至小胥，皆以教國子爲職，而掌樂之政令焉。自大師至眡瞭，則專乎聲歌樂器之事，故次之。典同，本律呂，審聲音，以造樂器，故又次之。磬師、鐘師、笙師、鏄師，其所掌之樂器，蓋大師以下所未備，故又次之。有聲歌必有舞，籥師教舞，故又次之。籥章、韎師、旄人、鞮鞻氏，或前世之音，或列國四夷之樂，王者蓋常肄而時用焉，故又次之。典庸器，聲器也；司干，舞器也，皆藏器以待事而已，故又次之。然則，三代樂官，於是爲著；雖節目不能具備，其大要可知也。夫其用，至於無所不周；其效，至於無所不格。然乃國之所以教，師弟子之所以講，古人之於樂，何如哉！後世樂云樂云，其亦未考諸此矣。○眡，音視。鏄，音博。韎，音妹。鞮，丁兮反。鞻，九具反。知，音智。眹，直忍反。韐，音閤。屝，房味反。蹋，徒臘反。楯，食允反。

大卜，下大夫二人，卜師，上士四人。卜人，中士八人，下士十有六人，府二人，史二人，胥四人，徒四十人。註曰：問龜曰"卜"。大卜，卜筮官之長。○薛平仲曰：《禮運》曰："宗祝在廟，三公在朝，三老在學，王前巫而後史，卜筮瞽侑，皆在左右。"極至於禮行於五祀，而正法則焉。然則，王之所以賴於左右前後者，其關於禮樂甚大也。卜祝、巫史，不列於此，當何屬哉？○龜人，中士二人，府二人，史二人，工四人，胥四人，徒四十人。註曰：

工，取龜、攻龜。○䇑氏，下士二人，史一人，徒八人。註曰：燋焌，用荆、䇑之類。○占人，下士八人，府一人，史二人，徒八人。註曰：占蓍龜之卦兆吉凶。○簭人，中士二人，府一人，史二人，徒四人。註曰：問蓍曰"筮"，其占《易》。○占夢，中士二人，史二人，徒四人。○眡祲，中士二人，史二人，徒四人。註曰：祲，陰陽氣相侵，漸成祥者。《魯史》梓慎云："吾見赤黑之祲。"○䇑，時髓反。簭、筮同。祲，子鴆反。燋，哉灼反。焌，音俊。

大祝，下大夫二人，上士四人。小祝，中士八人，下士十有六人，府二人，史四人，胥四人，徒四十人。註曰：大祝，祝官之長。○薛平仲曰：卜也者，先王所以求諸幽，以決吾心之疑；祝者，先王所以告諸幽，以薦吾心之信。此敘官之相爲先後歟？○喪祝，上士二人，中士四人，下士八人，府二人，史二人，胥四人，徒四十人。○甸祝，下士二人，府一人，史一人，徒四人。註曰：甸之言田也，田狩之祝。○詛祝，下士二人，府一人，史一人，徒四人。註曰：詛，謂祝之，使沮敗也。○詛，側慮反。

司巫，中士二人，府一人，史一人，胥一人，徒十人。註曰：司巫，巫官之長。○鄭剛中曰：巫與祝異。祝，則以辭告神；巫，則神所降。古者，民之精爽不攜貳者，神明降之。在男曰"覡"，在女曰"巫"。是故國家用之，使制神之處位次主。分而言之，有覡、巫之異；合而言之，皆謂之巫。巫既多，故立"司巫"以統之。○男巫，無數。女巫，無數。其師，中士四人，府二人，史四人，胥四人，徒四十人。註曰：巫，能制神之處位次主者。○覡，音檄。

大史，下大夫二人，上士四人。小史，中士八人，下士十有六人，府四人，史八人，胥四人，徒四十人。註曰：大史，史官之長。○林氏椅曰：巫史卜祝，宜以鬼神爲類。彼六典、八法、八則、八枋，皆治職事類也。顧列于此者，謂宗廟之典祐歟。○王龜齡曰：《玉藻》有"左史書動，右史書言"。以《左傳》考之，左史即大史，右史即内史。襄二十五年，載大史書崔杼之事，非書動乎？僖二十八年，載王命內史策命晉侯之事，非書言乎？○馮相氏，中士二人，下士四人，府二人，史四人，徒八人。註曰：馮，乘也。相，視也。世登高臺，以視天文之次序。天文屬大史。《月令》曰："乃命大史，守典奉法，司天日月星辰之行，宿離不貸。"○保章氏，中士二人，下士四人，府二人，史四人，徒八人。註曰：保，守也。世守天文之變。○馮，音憑。相，息亮反。祐，音石。

內史，中大夫一人，下大夫二人，上士四人，中士八人，下士十有六人，府四人，史八人，胥四人，徒四十人。孫偉夫曰：史官隸之宗伯，以宗廟典籍具存，非博古通今之士，不能勝其任也。○外史，上士四人，中士八人，下士十有六人，胥二人，徒二十人。○御史，中士八人，下士十有六人，其史百有二十人，府四人，胥四人，徒四十人。註曰：御，猶"侍"也，"進"也。其史百有二十人，以掌贊書，人多故也。

巾車，下大夫二人，上士四人，中士八人，下士十有六人，府四人，史八人，工百人，胥五人，徒五十人。註曰：巾，猶"衣"也。巾車，車官之長。○薛平仲曰：巾車一屬，列於史官之後，蓋器之藏，禮莫大於車，周人所上者，莫先於車。○典路，中士二人，下士四人，府二人，史二人，胥二人，徒二十人。註曰：路，王之所乘車。○車僕，中士二人，下士四人，府二人，史二人，胥二人，徒二十人。○司常，中士二人，下士四人，府二人，史二人，胥四人，徒四十人。註曰：司常，主王旌旗。

都宗人，上士二人，中士四人，府二人，史四人，胥四人，徒四十人。註曰：都，謂王子弟所封，及公卿所食邑。○家宗人，如都宗人之數。註曰：家，謂大夫所食采邑。

凡以神士者，無數，以其藝為之貴賤之等。註曰：以神士者，男巫之俊有學問才知者。藝，謂禮、樂、射、御、書、數。高者為上士，次之為中士，又次之為下士。○疏曰：在都、家之下者，欲見都、家，神亦處置之。

周禮述註卷十二

大　宗　伯

〇大宗伯之職，掌建邦之天神、人鬼、地示之禮，以佐王建保邦國。坡謂：邦禮有五，獨言掌吉禮者，禮有五經，莫重於祭，舉首以該終也。建，立也。保，安也。正倫理則立，篤恩義則安。上下各得其所而皆安。故曰"建保邦國"也。〇示，音祇。後同。

以吉禮事邦國之鬼神示。註曰：謂祀之祭之、享之。吉禮之別十有二。〇丘氏曰：上以神、鬼、示，言上下也；此以鬼、神、示，言內外也。〇以禋祀祀昊天上帝，以實柴祀日、月、星、辰，以槱燎祀司中、司命、飌師、雨師。註曰：禋之言煙，周人尚臭，煙氣之臭聞者。槱，積也。《詩》曰："芃芃棫樸，薪之槱之。"三祀皆積柴，實牲體焉。或有玉帛，燔燎而升煙，所以報陽也。鄭司農云：昊天，天也。上帝，玄天也。昊天上帝，樂以《雲門》。實柴，實牛柴上也。故書"實柴"，或為"賓柴"。司中，三能三階也。司命，文昌宮星。風師，箕也。雨師，畢也。玄謂：星，謂五緯。辰，謂日月所會十二次。司中、司命，文昌第五、第四星，或曰中能、上能也。祀五帝，亦用實柴之禮云。〇疏曰：辰，即二十八星也。〇程子曰：天與帝一也。天言其體，帝言其主。〇朱子曰：說上帝，是總說帝；說五帝，是五方帝；說昊天上帝，只是說天。〇以血祭祭社稷、五祀、五嶽，以貍沈祭山林、川澤，以疈辜祭四方、百物。註曰：不言祭地；此皆地示，祭地可知也。陰祀自血起，貴氣臭也。社稷，土穀之神，有德者配食焉。共工氏之子曰句龍，食於社；有厲山氏之子曰柱，食於稷，湯遷之而祀棄。故書"祀"作"禩"。疈，為罷。鄭司農云：禩當為祀。書亦或作"祀"。罷辜，披磔牲以祭，若今時磔狗祭以止風。玄謂：五祀者，五官之神，在四郊。四時迎五行之氣於四郊，而祭五德之帝，亦食此神焉。少昊氏之子曰重，爲勾芒食於木。該，爲蓐收，食於金。脩及熙，爲玄冥，食於水。顓頊氏之子曰黎，爲祝融，食於火。共工氏有子曰勾龍，爲后土，食於土。五嶽，東曰岱宗，南曰衡山，西曰華山，北曰恆山，中曰嵩高山。不見四瀆者，四瀆，五嶽之匹，或省文。祭山林曰"貍"、川澤曰"沈"，順其性之含藏。疈，疈牲胸也。疈而磔之，謂磔禳及蜡祭。《郊特牲》曰："八蜡以祀四方①。"又曰："蜡之祭也，主先嗇而祭司嗇也。祭百種以報嗇也。饗農及郵表畷、禽獸，仁之至，義之盡也。"〇疏曰：五嶽歆神，雖與社稷同用血，五嶽、四瀆山川之類，亦當貍沈也。〇坡謂：祀天神，祭地示，其時其地，詳見於《大司樂》，而此經下文云"以蒼璧禮天，以黃琮禮地"。《典瑞》云："四圭有邸以祀天，旅上帝。兩圭有邸以祀地，旅四望。"神祇之祀，燦然並列。《王制》云："天子祭天地，諸侯祭社稷。"則祭地祭社，實難從同。然此經序祭，有社無示。又《司徒·鼓人》職曰："以雷鼓鼓神祀，以靈鼓鼓社祭。"是二者皆言社，而不及示。《典瑞》以圭璧禮諸神，祀地之外，不著社稷。《大司樂》分樂以祭，亦不別著社稷於祭地之後。二者又言示而不及社，似乎彼此相成，各見爲義。而示祭社祭，禮無殊也。勉齋黃氏曰：社祭土，稷祭穀。土穀之祭，達于上下，故方丘與社，皆祭地也。而宗伯序祭，有社無示。舉社，則其禮達於上下；舉示，則天子獨用之。《鼓人》職曰"以雷鼓鼓神祀，以靈鼓鼓社祭"，不曰示祭，而曰社祭，亦是禮之達乎上下也。《大司樂》雷鼓、雷鼗以祀天神，靈鼓、靈鼗以祭地示。是則示祭社祭，其用同矣。斯言確哉！較於賈疏所謂以小該大者，尤爲長於理而合於經也。曰：《禮記·祭法》，王有大社，又有王社，何歟？曰：孔氏云，大社在庫門內之右；王社所在，書傳無文。安意大社立於王宮，惟祭京師之地；王社則天子祭天下之地示，惟天子得行之，或者兆在北郊，將王社即方丘歟？曰：張子不云，大社祭天下之地示，王社祭京師之地示乎？曰：張子説本《白虎通》，惟據大與王而分之，則大者統天下，王者自一人而言耳。然京，大也；師，衆也。京師之社，亦可云大，王者無外，社繫以王，首以見此禮惟王有之，諸侯以下則否。次以見王者君天下，則王社亦統天下矣。雖然，張子之言，足爲天子二社，一及京師，一及天下之明徵也。四方，解見《司徒·舞師》。後倣此。○以肆、獻、祼享先王，以饋食享先王，以祠春享先王，以禴夏享先王，以嘗秋享先王，以烝冬享先王。註曰：宗廟之祭，有此六"享"。肆、獻、祼、饋食，在四時之上，則是祫也、禘也。肆者，進所解牲體，謂薦熟時也。獻，獻醴，謂薦血腥也。祼之言灌，灌以鬱鬯，謂始獻尸求神時也。祭必先灌，乃後薦腥、薦熟，於祫逆言之者，與下共文，明六享皆然。祫言肆、獻、祼，禘言饋食者，著有黍稷，互相備也。魯禮：三年喪畢，而祫於大祖；明年春，禘於羣廟。自爾以後，率五年而再殷祭，一祫一禘。○疏曰：天地宗廟，皆樂爲下神始。從"禋祀"已下至此，吉禮十二，爲歆神始也。○槱，羊九反。飌，音風。貍，亡皆反。後同。䡷，孚逼反。肆，他力反。食，音嗣，禩，音祀，罷，芳皮反。磔，張格反。重，直龍反。薅，音辱。竇，音瀆。畷，音綴。邸，音底。

以凶禮哀邦國之憂：註曰：哀，謂救患分災。凶禮之別有五。以喪禮哀死亡，註曰：哀，謂親者服焉，疏者含襚。以荒禮哀凶札，註曰：荒，人物有害也。凶，歲凶，年穀不登。札，讀爲"截"，謂疫癘。以弔禮哀禍災，註曰：禍災，謂遭水火。宋大水，魯莊公使人弔焉，曰：天作淫雨，害於粢盛，如何不弔？廐焚，孔子拜鄉人爲火來者拜之。士一，大夫再，亦相弔之道。以檜禮哀圍敗，註曰：同盟者會合財貨，以更其所喪。《春秋》襄三十年冬會于澶淵，宋災故，是其類。以恤禮哀寇亂。註曰：恤，憂也，鄰國相憂。兵作於外爲"寇"，作於內爲"亂"。○坡謂：自一至三，天患也；四、五，人戜也。天患者，先死亡，次凶札，由親及疏也；次水、火，由重及輕也。人戜者，圍敗，則喪師失地；寇亂，未有喪失，亦先重後輕焉。○戜，音禍。檜，古外反。含，戶暗反。"所喪"之"喪"，息浪反。澶，善然反。

以賓禮親邦國，註曰：親，謂使之相親附。賓禮之別有八。○春見曰"朝"，夏見曰"宗"，秋見曰"覲"，冬見曰"遇"，時見曰"會"，殷見曰"同"，註曰：此六禮者，以諸侯見王爲文。六服之內，四方以時分來。或朝春，或宗夏，或覲秋，或遇冬。名殊禮異，遞更而徧。朝，猶"朝"也，欲其來之早。宗，尊也，欲其尊王。覲之言勤也，欲其勤王之事。遇，偶也，欲其若不期而偶至。時見者，言無常期。諸侯有不順服者，王將有征討之事，則既朝覲，王爲壇於國外，合諸侯而命事焉。《春秋傳》曰"有事而會，不協而盟"是也。殷，衆也。十二歲，王如不巡狩，則六服盡朝。朝禮既畢，王亦爲壇，合諸侯以命政焉。所命之政，如王巡狩，殷見。四方四時分來，終歲則徧。○時聘曰"問"，殷覜曰"視"。註曰：時聘者，亦無常期。天子有事，乃聘之焉。竟外之臣，既非朝歲，不敢瀆爲小禮。殷覜，謂一服朝之歲；以朝者少，諸侯乃使卿以大禮衆聘焉。一服朝，在元年、七年、十一年。○疏曰：此二經者，是諸侯遣臣聘問天子之事。上時會，是當方諸侯不順服；其順服者，當方盡朝，無遣臣來之法。其餘三方諸侯不來，聞天子有征伐之事，則遣大夫來問天子，必知時會。遣大夫，不使卿者，以經稱"問"。案：《聘禮》，"小聘曰問"，使大夫。此經云"問"，明使大夫也。○鄭剛中曰：考《行人》"時聘以結諸侯之好，殷覜以除邦國之慝"，此乃王見諸侯之文，與此諸侯見王之文不合。合二官考之，盡聘覜之禮，王與諸侯交用之。但諸侯行之，則曰問視；天子行之，則曰除慝結好。○見，賢遍反。覜，他弔反。竟，音境。

以軍禮同邦國：註曰：同，謂威其不協僭差者。軍禮之別有五。○鄭剛中曰：天子用之，侯國亦用之，所以謂之"同"。大師之禮，用衆也；註曰：用其義勇。○疏曰：大師者，謂天子六軍，諸侯大國三軍，次國二軍，小國一軍。出征之法。大均之禮，恤衆也；註曰：均其地政、地守、地職之賦，所以憂民。○疏曰：此大均必在軍禮者，謂諸侯賦稅不均者，皆是諸侯僭濫無道，致有不均之事，當合衆以均之，故在軍禮也。大田之禮，簡衆也；註曰：古者因田習兵，閱其車徒之數。○疏曰：此謂天子、諸侯親自四時田獵。大役之禮，任衆也；註曰：築宮邑，所以事民力強弱。大封之禮，合衆也。註曰：正封疆溝塗之固，所以合聚其民。○王介甫曰：合衆者，地有定域，民有常主，所以合其志。○坡謂：兵以衛國，賦以足食，故居首；田以習戰，與大師相表裏，賦役一也，故大役與大均，亦表裏焉。凡四者，皆必民聚而後可爲，故以大封之禮終之。

以嘉禮親萬民：註曰：嘉，善也，所以因人心所善者而爲之制。嘉禮之別有六。○疏曰：餘四禮皆云"邦國"，獨此云"萬民"者，餘四禮萬民所行者少，故舉邦國而言；此嘉禮六者，萬民所行者多，故舉萬民。其實上下通也。以飲食之禮，親宗族兄弟；註曰：親者，使之相親。人君有食宗族飲酒之法，所以親之也。《文王世子》曰："族食世降一等。"《大傳》曰："繫之以姓而弗別，綴之以食而弗殊。"以昏冠之禮，親成男女；註曰：親其恩，成其性。以賓射之禮，親故舊朋友；註曰：《射禮》，雖王亦立賓主也。王之故舊朋友，爲世子時，共在學者，天子亦有友諸侯之義。武王曰"我友邦冢君"，是也。《司寇》職有"議故之辟"，"議賓之辟"。以饗燕之禮，親四方之賓客；註曰：賓客，謂朝聘者。○疏曰：此經饗燕並言。殊食於上者，食無獻酢之法，故別言於上，與私飲同科。以脤膰之禮，親兄弟之國；註曰：脤膰，社稷宗廟之肉，以賜同姓之國同福祿也。兄弟有共先王者，魯定公十四年，天王使石尚來歸脤。○疏曰：此文雖主"兄弟之國"，至於二王後，及異姓有大功者，得與兄弟之國同。故僖九年夏，王使宰孔賜齊侯胙；又僖公二十四年，宋成公如楚，還入於鄭。鄭伯將享之，問禮於皇武子。對曰：宋，先代之後也，於周爲客。天子有事膰焉，有喪弔焉。是二王後及異姓有大功者，亦得脤膰之賜。是以《大行人》直言"歸脤以交諸侯之福"，不辨同姓異姓。是亦容有非兄弟之國，亦得脤膰也。以賀慶之禮，親異姓之國。註曰：異姓，王昏姻甥舅。○疏曰：《大行人》云"賀慶以贊諸侯之喜"，不別同姓異姓，則兼同姓可知。○坡謂：飲、食、昏、冠，所以親於家也；賓、射、饗、燕，所以親於國也；脤、膰、賀、慶，所以親於天下也。而家國天下之中，親疏內外，又各有序焉。夫先王之治天下，報本反始，敬之至也；救災恤患，愛之大也。吉凶之禮備矣。敬之至，愛之大，則諸侯悦服，以正王面，爲賓禮以賓之，而謀其不協，威其不軌，於是又有大師之禮。至若通乎上下，因其所善，以厚道先之。親，親敬，故使貴賤疎戚，皆維繫於厚，則嘉禮之爲也。○脤，上忍反。膰，音煩。共，讀如字。辟，音僻。

以九儀之命，正邦國之位：註曰：每命異儀，貴賤之位乃正。《春秋傳》曰："命位不同，禮亦異數。"○王光遠曰：命以德定其數，儀以命制其節，位以儀辨其分。壹命受職，註曰：始見命爲正吏，謂列國之士，於子、男爲大夫；王之下士，亦一命。鄭司農云：受職，治職事。再命受服，註曰：受服，受玄冕之服。列國之大夫再命，於子、男爲卿；卿大夫自玄冕而下，如孤之服；王之中士亦再命，則爵弁服。三命受位，註曰：此列國之卿，始有列位於王，爲王之臣也。王之上士，亦三命。四命受器，註曰：此公之孤，始得有祭器者也。《禮運》曰："大夫具官，祭器不假，聲樂皆具，非禮也。"王之下大夫，亦四命。五命賜則，註曰：鄭司農云：則者，法也。出爲子、男。玄謂：則，地未成國之名。王之下大夫，四命；出封，加一等，五命。賜之以方百里，二百里之地者。方三百里以上爲成國。王莽時，以二十五成爲則，方五十里，合今俗説子、男之地。獨劉子駿等，識古有此制焉。六命賜官，註曰：此王六命之卿，賜官者，使得自置其臣，治家邑如諸侯。春秋襄十八年冬，晉侯以諸侯圍齊，荀偃爲君禱河，既陳齊侯之罪，而曰"曾臣彪將率諸侯以討焉，其官臣偃實先後之"。七命賜國，註曰：王之卿六命，出封加一等者，鄭司農云：出就侯、伯之國。八命作牧，註曰：謂侯、伯有功德者，加命，得專征伐於諸侯。鄭司農云：一州之牧。王之三公，亦八命。九命作伯。註曰：上公有功德者，加命爲二伯，得征五侯、九伯云。鄭司農云：長諸侯爲方伯。○坡謂：職服位器，皆曰"受"者，自下言之，不敢自專也，則與官國，皆曰"賜"，自上言之，恩出非常也。牧與伯，皆曰"作"者，必有過人之功德，方可作而在此位也。

以玉作六瑞，以等邦國。瑞，信也。等，猶"齊等"也。王執鎮圭，註曰：鎮，安也；所以安四方。鎮圭者，蓋以四鎮之山爲琢飾，圭長尺有二寸。○疏曰：此鎮圭，王祭祀時所執。公執桓圭，註曰：公，二王之後及王之上公。雙植謂之"桓"。桓，宮室之象，所以安其上也。桓圭，蓋亦以桓爲琢飾，圭長九寸。○疏曰：此所"執"，謂朝時。桓，謂若屋之桓楹。桓若豎之，則有四稜，此於圭上而言。下二稜，著圭不見，惟有上二稜，故以"雙"言。宮室在上，須桓楹乃安；若天子在上，須諸侯衛守乃安。**侯執信圭，伯執躬圭**，註曰：信，當爲"身"聲之誤也。身圭、躬圭，蓋皆象以人形爲瑑飾，文有粗縟耳，欲其慎行以保身。圭皆長七寸。**子執穀璧，男執蒲璧**，註曰：穀，所以養人。蒲爲席，所以安人。二玉蓋或以穀爲瑑飾，或以蒲爲瑑飾，璧皆徑五寸。不執圭者，未成國也。〇坡謂：圭之長短，依命數，其形則《雜記》贊大行云"博三寸，厚半寸，剡上左右各寸半"是也。璧，形圓，內有孔謂之"好"，外有玉謂之"肉"。肉倍好，謂之璧。〇**以禽作六摯，以等諸臣**。註曰：摯之言至，所執以自致。**孤執皮帛，卿執羔，大夫執鴈，士執雉，庶人執鶩，工商執雞**。註曰：皮帛者，束帛而表以皮爲之飾。皮，虎豹皮。帛，如今璧色繒也。羔，小羊；取其羣而不失其類。鴈，取其候時而行。雉，取其守介而死，不失其節。鶩，取其不飛遷。雞，取其守時而動。《曲禮》曰"飾羔鴈者以繢"，謂衣之以布，而又畫之者。自雉以下，執之無飾。士相見之禮，卿大夫飾摯以布，不言"繢"。此諸侯之臣，與天子之臣異也。然則，天子之孤，飾摯以虎皮；公之孤，飾摯以豹皮與？此孤卿、大夫、士之摯，皆以爵，不以命數。凡摯無庭實。〇疏曰：凡此所執，王之臣尊，侯之臣卑。雖尊卑不同，命數有異，爵同則摯同。此雖以王臣爲主，文兼侯臣。是以士相見，卿、大夫、士所執，亦與此同，但飾有異耳。庶人、府、史、胥、徒新升之時。〇鄭剛中曰：古之工商，亦有見君之理。如工執藝事以諫，鄭商人以乘韋先牛犒師，匠慶、伶州鳩之徒，皆工商之得以見君者也。〇信，音身。"慎行"之"行"，下孟反。剡，音琰。繢，音潰。

　　以玉作六器，以禮天地四方。註曰：禮，謂始告神時，薦於神坐，《書》曰周公"植璧秉圭"是也。〇疏曰：此以玉禮神，在作樂下神後，與宗廟祼同節。若然，祭天當實柴之節也。**以蒼璧禮天，以黃琮禮地，以青圭禮東方，以赤璋禮南方，以白琥禮西方，以玄璜禮北方**。註曰：此禮天以冬至，禮地以夏至者也。禮東方以立春，謂蒼精之帝，而太昊勾芒食焉。禮南方以立夏，謂赤精之帝，而炎帝祝融食焉。禮西方以立秋，謂白精之帝，而少昊蓐收食焉。禮北方以立冬,謂黑精之帝,而顓頊玄冥食焉。禮神者,必象其類。璧圓,象天。琮八方,象地。圭銳,象春物初生。半圭曰璋,象夏物半死。琥猛,象秋嚴。半璧曰璜,象冬閉藏。地上無物,惟天半見。皆有牲幣,各放其器之色。註曰:幣以從爵,若人飲酒有酬幣。〇坡謂:九儀者,正尊卑之位也。六瑞六摯者,等尊卑相見之物也。後及六器者,自明以及幽也。吉、凶、賓、軍、嘉五者,以治神人。九儀四者,以和上下。故其敘如此。〇放,音倣。

以天產作陰德,以中禮防之。以地產作陽德,以和樂防之。坡謂:產,生也。《禮器》亦曰"德產"。天產者,倫理之次第,皆天生也。《書》曰:"天敘有典。"作陰德者,制爲綱常,截然有定,故曰"陰德"。以中禮防之者,氣質不齊於綱常,或有過不及,故以中防之也。地產者,聲氣之清濁,皆地生也。《漢書》曰:"音聲不同,係水土之風氣。"作陽德者,制爲歌詠,揚詡情志,故曰"陽德"。以和樂防之者,教俗各異,歌詠者或即於慆淫,故以和防之也。言以倫理之自然作爲綱常,而以中防其過不及之弊也;以聲氣之自然作爲歌詠,而以和防其慆淫之失也。以禮樂合天地之化,百物之產,以事鬼神,以諧萬民,以致百物。坡謂:以禮樂合天地之化,百物之產者,推言禮樂之功用也。人君建中和之極,萬民服中和之教,於是以中感中,以和召和,格于上下,則天地訴合,陰陽相得,煦嫗覆育萬物,暨于含生,則草木茂,區萌達,羽翼奮,角觡生,蟄蟲昭蘇,羽者嫗伏,毛者孕鬻,胎生者不殰,而卵生者不殈,合之謂也。惟其可以合天地之化,故以事鬼神,則天神格,人鬼享;惟其可以教中和,故以諧萬民,則移風易俗,天下皆寧;惟其可以合百物之產,故以致百物,則麟鳳降,龜龍格。上文言治神人和上下之禮詳矣,此二節,推其關極天地,聖人體之,贊化育物,還以達於天地,故其志氣天人,交相感動,而其應如此。兼言樂者,禮樂一事也。〇訴,音忻。煦,音姁,吁句切。嫗,音傴,於語切。區,音勾。觡,音格。殰,音犢。殈,音洫。

凡祀大神,享大鬼,祭大示,帥執事而卜日,宿,視滌濯,涖玉鬯,省牲鑊,奉玉齍,詔大號,治其大禮,詔相王之大禮。註曰:執事,諸有事於祭者。宿,申戒也。滌濯,溉祭器也。玉,禮神之玉也,始沰之,祭又奉之。鑊,烹牲器也。大號,六號之大者,以詔大祝,以爲祝辭。治,猶"簡習"也,豫簡習大禮,至祭,當以詔相王。羣臣禮爲小禮。沰,視也。○疏曰:此亦法三才,故"享大鬼"在其中。沰玉鬯者,天地有禮神之玉,無鬱鬯;宗廟無禮神之玉,而有鬱鬯。但宗廟仍有圭瓚、璋瓚,亦是玉。故《曲禮》云"玉曰嘉玉",《郊特牲》云"用玉氣"是也。奉玉齍者,此玉還是上文所沰者。齍,謂黍稷,天地當盛以瓦簋。但"齍"與上"鬯"互見爲義,皆始時臨之,祭又奉之。○若王不與祭祀,則攝位。攝,代也。王不與祭祀,謂有疾及哀慘之等,則代行其祭事。○凡大祭祀,王后不與,則攝而薦豆、籩徹。註曰:薦徹豆籩,王后之事。○疏曰:天地及社稷外神等,后、夫人不與。此言凡大祭祀,王后不與,謂后應與而不與。又云大祭祀,明非羣小祀,則大祀者,惟宗廟而已。○齍,音咨。相,息亮反。與,音預。

大賓客,則攝而載果。註曰:載,爲也。果,讀爲"祼",代王祼賓客以鬯。君無酢臣之禮,言"爲"者攝酌獻耳,拜送則王也。鄭司農云:王不親爲主。○疏曰:案《大行人》云"上公之禮","再祼而酢"。此再祼者,有后祼則亦攝爲之,内宰贊之。侯、伯一祼而酢,子、男一祼不酢,此皆無后祼。王不親酌,則皆使大宰宗伯攝而爲之。○果,讀"祼"。

朝覲、會同,則爲上相。大喪,亦如之。王哭諸侯,亦如之。相,詔王禮也。出接賓曰"擯",入詔禮曰"相"。相者五人,卿爲上擯。大喪,王后及世子也,或王或嗣王爲喪主。哭及拜賓,宗伯亦爲上相也。哭諸侯者,謂薨於國,爲位而哭之。《檀弓》曰:"天子之哭諸侯也,爵弁,絰、紂衣。"若來朝,薨於王國,則王爲之緦麻,不應直哭之而已。○相,息亮反。紂,側其反。

王命諸侯,則儐。註曰:儐,進之也。王將出命,假祖廟立依前南鄉;儐者進當命者,延之,命使登。内史由王右以策命之。降,再拜稽首,登受策以出。此其署也。諸侯爵祿其臣,則於祭焉。○假,音格。鄉,許亮反。

國有大故,則旅上帝及四望。註曰:故,謂凶災。旅,陳也,陳其祭事以祈焉。禮不如祀之備也。○陳氏曰：《掌次》"大旅上帝"，"祀五帝"，則上帝異乎五帝也。《典瑞》"祀天，旅上帝"，則上帝異乎天也。"上帝"之文，既不主昊天上帝，又不主於五帝，而《周禮》所稱帝者，昊天上帝與五帝而已，則"上帝"爲昊天上帝及五帝明矣。鄭氏以上帝爲五帝，而不及天；王肅以上帝爲昊天上帝，而不及五帝，皆非也。又曰：旅，非常祭也。國有大故，然後旅於羣神而祭之，陳樂而不懸，廞樂而不鼓，告以其凶災，或言"旅"，或言"大旅"，蓋故有大小，而旅亦隨異也。○坡謂：四望，以《大司樂》言之，天神稱"祀"，地示稱"祭"，於四望曰"祀"，則不主於嶽瀆也。以《典瑞》言之，既有日月星辰，又有四望，則不主於日月等之祀也。鄭司農云"四望，日月星海"，許氏慎曰"日月星辰，河海大山"，坡足其説，詳《小宗伯》。○廞，許今反。

王大封，則先告后土。註曰：后土，土神也。○丘氏曰：王封諸侯，取大社之土，苴之以白茅而授之，故大宗伯先告焉。○**乃頒祀于邦國、都家、鄉邑。**頒，讀爲"班"，班其所當祀及其禮。鄉邑，鄉遂公邑也。鄉邑之中亦有祀，如社、禜、酺之類。先邦國，次都家，次鄉邑，自外至内之序也。

或問："血祭"章，註以黎爲祝融后土，食於火土，子添改，非也！曰：鄭以爲見其先師之説也，然無他考。而《左傳》蔡墨之言，明分二官。鄭既據其言以解五祀，獨此相悖。恐未知者惑矣，妄欲載傳文，附己意，則反覆汙浩，支離無極，故遂益入，實仍傳舊，非敢蹈僭。○或問："以天産"章，註及諸儒之説詳矣，而俱不從，何？曰：諸儒之説，皆不及註。然觀上文，以玉作六瑞，以禽作六摯，以玉作六器，凡言"作"者，皆爲"造作"之作。此云以天産作陰德，以地産作陽德，句法一也，乃頓以"作"爲"作起"之作。故註與諸儒所解，於理非不可觀，僅因二"作"字無著，四"以"字折轉難通，而文與理上下俱窒，則雖談元極奧，終未敢爲據也。曰：樂由天作，禮以地制。今反以禮自天産，樂自地産，何也？曰：上二句，是因天性之自然，而定其分，非即禮也；以地氣之自然而成其聲，非即樂也。下二句，方是以禮樂防其失，則又是現成之禮樂，非至此方制也。此與《大司徒》防僞"教中"、防情"教和"一理。然司徒主以禮樂教，故自禮樂説起；此主以禮樂合天地之化,故自天地説來。文義至明,詳之。

小宗伯

○小宗伯之職,掌建國之神位,右社稷,左宗廟。註曰:庫門内、雉門外之左右,故書"位"作"立"。鄭司農云:立,讀爲"位"。古者,立、位同字。古文《春秋》經:公即位,爲公即立。○疏曰:建國之神位者,從內向外,故據國中神位而言,對下經在"四郊"等,爲外神也。○兆五帝於四郊。四望、四類,亦如之。坡謂兆,爲壇之營域。五帝,蒼精之帝,大昊食焉;赤精之帝,炎帝食焉;黄精之帝,黄帝食焉;白精之帝,少昊食焉;黑精之帝,顓頊食焉。黄帝亦於南郊。四望者,天神,則兆日於東郊,兆月與風師於西郊,兆司中、司命於南郊,兆雨師於北郊。地示,則五嶽。四鎮,四竇也。四類,類上帝也。類上帝者,師祭也。四方皆有類,故云"四類"也。類上帝在"四望"後者,非常祀也。○兆山川、丘陵、墳衍,各因其方。註曰:順其所在。○疏曰:案:《大司徒》職地有十等,此不言林、澤、原、隰,亦順所在可知,故畧不言。○坡謂:宗伯掌邦禮,治神人,自經首至此,皆治神之禮也。

掌五禮之禁令,與其用等。五禮,吉、凶、賓、軍、嘉也。禁者,不當爲而爲,與得爲而不爲者,皆有禁也。令者,令其當爲與得爲也。用等,牲器尊卑之差也。○辨廟祧之昭穆。註曰:祧,遷主所藏之廟。自始祖之後,父曰"昭",子曰"穆"。○坡謂:辨廟祧之昭穆者,正欲以序生者之昭穆也。若辨立廟之昭穆,則上文建國神位左宗廟中,已包之矣。○辨吉凶之五服,車旗宮室之禁。丘氏曰:九章、七章、五章、三章、一章,此吉服也。斬衰、齊衰、錫衰、緦衰、疑衰,此凶服也。○坡謂:禁令用等,禮之節也;衣服宮車,禮之器也。掌其節,辨其器,皆所以明分貴賤也。○掌三族之別,以辨親疏,其正室皆謂之門子,掌其政令。註曰:三族,謂父、子、孫,人屬之正名。《喪服小記》曰:"親親以三爲五,以五爲九。"正室,適子也,將代父當門者也。○疏曰:辨親疏者,據已上至高祖,下至元孫,傍至緦麻,重服者則親,輕服者則疏也。正室皆謂之門子者，還據九族之内，但是適子正體主，皆是正室，亦謂之門子。○徐氏曰：掌其政令者，治其昭穆，明其適庶，使不得以卑代尊，以孼代宗也。夫王道，莫先於親親；親親之道，莫要於辨昭穆，分族屬，明宗法。故昭穆辨而世次明，尊卑序矣；三族別，而親疏分矣；門子立，而宗法正矣。○坡謂：既辨昭穆，而昭穆遞衍，又各有親疏之殺；既辨親疏，而親疏之中，在彼又各有宗支之分，掌而辨之，則族法明。自掌五禮至此，皆治人之禮也。人道之大，惟貴賤親疏，各得其分則理，故反覆言之。

毛六牲，辨其名物，而頒之于五官，使共奉之。註曰：毛，擇毛也。鄭司農云：司徒主牛，宗伯主雞，司馬主馬及羊，司寇主犬，司空主豕。○疏曰：祭日之旦，在廟門之前頒與五官，使共奉之，助王牽入廟。○辨六齍之名物與其用，使六宮之人共奉之。註曰：齍，讀爲"粢"。六粢，謂六穀，黍、稷、稻、粱、麥、苽。○坡謂：用者，祭有大小，則用有多寡。○辨六彝之名物，以待果將。註曰：六彝，雞彝、鳥彝、斝彝、黃彝、虎彝、蜼彝。果，讀爲"祼"。○辨六尊之名物，以待祭祀、賓客。註曰：待者，有事則給之。鄭司農云：六尊，獻尊、象尊、壺尊、著尊、大尊、山尊。○疏曰：案：《司尊彝》惟爲祭祀陳六彝、六尊，不見爲賓客陳六尊。此兼言賓客，則在廟饗賓客時陳六尊，亦依祭禮四時所用。若在野外饗，不用祭祀之尊，故《左傳》云"犧象不出門也"。若然，案《鬱人》云"掌祼器，凡祭祀、賓客之祼事"，則上六彝，亦爲祭祀、賓客而辨之。而不言祭祀、賓客者，舉下以明上，故畧而不言。○坡謂："毛六牲"至此，承首節建神示、人鬼之位，此則備其祀享之物也。○果，讀"祼"。斝，音假。蜼，音誄。獻，素何反，"犧"同。著，直略反。

掌衣服、車旗、宮室之賞賜。註曰：王以賞賜有功者。《書》曰："車服以庸。"掌四時祭祀之序事與其禮。坡謂：此承次節"衣服宮車"，既掌其禁，此因其有功，而予以所當得也。昭穆親疏，既掌其辨；此因祭祀而次序之，即《中庸》所謂宗廟之禮，序昭穆、序齒之等也。舊說序事爲視滌、省牲等事，此事明在下文，恐非矣。○予，音與。

若國大貞，則奉玉帛以詔號。問事之正曰"貞"。大貞，謂卜立君、卜大封也。玉帛，所以禮神者。詔，詔大祝也。號，神號、幣號。

大祭祀，省牲，視滌濯。祭之日，逆齍，省鑊，告時于王，告備于王。註曰：逆齍，受饎人之盛以入。省鑊，視亨腥熟。時，薦陳之早晚。備，謂饌具。○饎，音熾。亨，普庚反。

凡祭祀、賓客，以時將瓚祼。註曰：將，送也，猶"奉"也。祭祀，以時奉而授王；賓客，以時奉而授宗伯。天子圭瓚，諸侯璋瓚。○疏曰：案：《小宰》職云：凡祭祀，贊"祼將之事"。此小宗伯又奉而授王者，此據授王，彼小宰據授尸。謂瓚既在王手，小宰乃贊王授尸，故二官俱言也。

詔相祭祀之小禮。凡大禮，佐大宗伯。註曰：小禮，羣臣之禮。○疏曰：此經所云，既未至職末，輒言此者，此以下皆小宗伯專行事，不佐大宗伯，故於中言之，以結上也。○相，息亮反。

賜卿、大夫、士爵，則儐。註曰：賜，猶"命"也。儐之，如命諸侯之儀。《春秋》文元年，天王使毛伯來錫公命。《傳》曰："錫者何？賜也。命者何？加我服也。"

小祭祀，掌事如大宗伯之禮。王光遠曰：《大宗伯》祀大神示，"帥執事而卜日"，以至"詔大號"。小祭祀，小宗伯之所掌，故其事亦如之。

大賓客，受其將幣之齎。註曰：謂所齎來貢獻之財物。○疏曰：此謂諸侯來朝覲禮畢，每國於廟貢國所有，行三享之禮，以玉幣致享。既訖，其庭實之物，則小宗伯受之以束，故云"受其將幣之齎"也。○齎，音賚。

若大師，則帥有司而立軍社，奉主車。註曰：有司，大祝也。王出軍，必先有事於社，及遷廟而以其主行。社主曰"軍社"，遷主曰"祖"。《春秋傳》曰："軍行，祓社釁鼓，祝奉以從。"《曾子問》曰："天子巡守，以遷廟主行，載于齊車，言必有尊也。"《書》曰："用命賞于祖，不用命戮于社。"社之主，蓋用石爲之。奉，謂將行。若軍將有事，則與祭有司將事于四望。註曰：軍將有事，將與敵合戰也。祭有司，謂大祝之屬，蓋司馬之官實典焉。○黃文叔曰：與，如字。祭禱□自有主者，小宗伯與之偕。○袚，孚物反。齊，側皆反。

若大甸，則帥有司而饁獸于郊，遂頒禽。註曰：甸，讀曰"田"。有司，大司馬之屬。饁，饋也，以禽饋四方之神於郊，郊有羣神之兆。頒禽，謂以予羣臣。《詩》傳曰："禽雖多，擇取三十焉，其餘以予大夫、士，以習射於澤宫而分之。"○甸，音田。饁，于輒反。予，音與。

大災，及執事禱祠于上下神示。註曰：執事，大祝及男巫、女巫也。求福曰"禱"，得求曰"祠"。謂曰："禱爾于上下神示。"○疏曰：大災者，謂國遭水、火及年穀不熟。○謂，音誄。

王崩，大肆以秬鬯涗。註曰：鄭司農云：大肆，大浴也。杜子春讀"涗"爲"泯"。以秬鬯浴尸。玄謂：大肆，始陳尸，伸之。○疏曰：大祝以肆秬鬯涗，小祝贊涗。此又言之者，察其不如儀也。○及執事涖大歛、小歛，率異族而佐。註曰：執事，大祝之屬。涖，臨也。親歛者，蓋事官之屬爲之。《喪大記》曰：小歛，"衣十九稱"，"君、大夫、士一也"。大歛，君百稱，大夫五十稱，士三十稱。異族佐歛，疏者可以相助。○縣衰冠之式于路門之外。註曰：制色宜齊同。○及執事視葬獻器，遂哭之。註曰：執事，蓋梓匠之屬。至將葬，獻明器之材，又獻素、獻成，皆於殯門外，王不親哭，有官代之。○疏曰：小宗伯哭此明器，哀其生死異也。○卜葬兆，甫竁，亦如之。註曰：兆，墓塋域。甫，始也。鄭大夫讀"竁"，皆爲"穿"。杜子春讀"竁"爲"毳"，皆謂葬穿壙也。今南陽名"穿地"爲"竁"，聲如"腐脆"之"脺"。○既葬，詔相喪祭之禮。註曰：喪祭，虞祔也。《檀弓》曰："葬日虞，弗忍一日離也。是日也，以虞易奠。卒哭，曰'成事'。是日也，以吉祭易喪祭。明日，祔于祖父。"○成葬，而祭墓、爲位。註曰：成葬，丘已封也。天子之冢，蓋不一日而畢。位，壇位也。先祖形體，託於此地，祀其神以安之。《冢人》職曰："大喪，既有日，請度甫竁，遂爲之尸。"○涗，亡婢反。縣，音懸。稱，去聲。竁、毳，並昌瑞切。脆、脺，並七歲反。

凡王之會同、軍旅、甸、役之禱祠，肄儀爲位。註曰：肄，習也，若今時肄司徒府也，小宗伯主其位。○坡謂：禱祠，即上文將事四望，禷獸于郊之等也。肄儀爲位，此方言之者，文相足也。○國有既災，則亦如之。註曰：謂有所禱祈。○坡謂：疏云"既災，謂國遭水火凶荒"，即上文之大災也。上言禱祠，此言肄儀爲位，亦文相足。○凡天地之大災，類社稷、宗廟，則爲位。註曰：禱祈禮輕。類者，依其正禮而爲之。○疏曰：天災，謂日月食，星辰奔殞；地災，謂震裂。

　　凡國之大禮，佐大宗伯。凡小禮，掌事，如大宗伯之儀。疏曰：凡言大禮者，王親爲之；小禮者，羣臣攝爲之。○易彦祥曰：上經言大禮、小禮，則祭祀之禮而已。此終篇，則總結之以五禮之大小者也。

【校記】

① "祀"，《禮記》作"記"。

周禮述註卷十三

肆　　師

○肆師之職,掌立國祀之禮,以佐大宗伯。立大祀,用玉、帛、牲牷;立次祀,用牲幣;立小祀,用牲。註曰:鄭司農云:大祀,天地;次祀,日月星辰;小祀,司命已下。玄謂:大祀,又有宗廟;次祀,又有社稷、五祀、五嶽;小祀,又有司中、風師、雨師、山川、百物。○疏曰:宗廟次祀,即先公是也。小祀,馬君云"殤"與"無後"也。立大祀用玉帛牲牷者,天神中非直有升禋玉帛牲,亦有禮神者也;地示中非直瘞埋中有玉帛牲,亦兼有禮神玉帛牲也;宗廟中無禋瘞埋,直有禮神幣帛與牲,又不見有禮神之玉,或可以灌圭當之。○以歲時序其祭祀,及其祈珥。註曰:序,第次其先後大小。○疏曰:歲時序其祭祀者,即上"立大祀"至"小祀",皆依歲之四時次序之。○易彥祥曰:《小子》職"珥于社稷,祈于五祀",《羊人》職"祈珥,共羊牲"①,與此文同。至《秋官·士師》職,則曰"凡刏珥,奉犬牲"②,後鄭皆改"祈"爲"刏",且以"珥"之字,當從"血"爲"衈",引《雜記》釁廟之説。然《羊人》、《小子》有言"釁積"、"釁邦器軍器"③之事,皆直謂之"釁",不應宮兆始成之釁而獨謂之"祈珥"。況"祈珥"見於經者三,不應以三出之"祈"盡改爲"刏"。劉中義云:珥,"弭"字之誤也。祈,謂小祝之祈福祥;弭,謂小祝之弭兵災。今從之。○大祭祀,展犧牲,繫于牢,頒于職人。註曰:展,省閲也。職,讀爲"樴"。樴,可以繫牲者。此"職人",謂充人及監門人。○疏曰:肆師以將有天地宗廟大祭祀,牧人以牲與充人之時,肆師省閲其牲,看完否及色堪爲祭牲,乃繫于牢,頒付于職人也。○牷,音全。珥,音二。職,之弋反。註"樴"同。瘞,壹計反。刏,居依反。衈,

197

而志反。監,古咸反。

　　凡祭祀之卜日、宿、爲期,詔相其禮。視滌濯亦如之。註曰:宿,先卜祭之夕。〇疏曰:詔相其禮者,謂肆師詔告相助其卜之威儀及齊戒之禮。視滌濯,祭前之夕也。〇李嘉會曰:内而六宫,外而有司,其滌濯摡拭之類,大小次第之節,不可紊也,故亦"詔相"。〇**祭之日,表齍盛告絜,展器陳告備,及果築鬻。相治小禮,誅其慢怠者。**註曰:粢,六穀也。在器曰"盛"。陳,陳列也。果築鬻者,所築鬻以祼也。表,徽識也。鄭司農云:築煮,築香草,煮以爲鬯。〇疏曰:展器陳告備者,謂祭日於堂東陳祭器實,又省視之,而告備具也。宗廟有果,鬱人掌鬱。此又掌之者,彼官正職,此肆師察其不如儀者也。**掌兆中、廟中之禁令。**註曰:兆,壇塋域。〇劉原父曰:兆中、廟中,執事者衆,欲其行事致肅,故有禁令。〇**凡祭祀禮成,則告事畢。**〇果,古亂反。下同。鬻,音煮。相,息亮反。下同。識,式志反。

　　大賓客,涖筵几,築鬻,註曰:此王所以禮賓客。〇疏曰:筵几云涖,謂司几筵設之,肆師臨之也。〇**贊果將。**註曰:酌鬱鬯授大宗伯載祼。〇鄭剛中曰:小宗伯言祭祀、賓客,以時將瓚祼;肆師言贊果,明贊小宗伯矣。

　　大朝覲,佐儐,疏曰:此言大朝覲爲承儐。謂大會同朝覲時,若四時常朝,則小行人爲承儐,小行人所云者是也。〇**共設匪甕之禮。**註曰:設於賓客之館。《公食大夫禮》曰:"若不親食,使大夫以侑幣致之。豆實,實于甕;簋實,實于筐。"匪,其"筐"字之誤與?禮不親饗,則以酬幣致之,或者匪以致饗。〇疏曰:肆師不掌飲食。而其設者,肆師主禮事,謂依禮使掌客之等及諸官共設之也。〇**饗、食,授祭。**註曰:授賓祭肺。〇疏曰:饗,大牢以飲賓,獻依命數。食者,亦亨大牢以食賓,舉依命數。祭,謂祭先造食者。

　　與祝侯、禳于疆及郊。註曰:侯、禳小祝職也。疆,五百里;遠郊,百里;近郊,五十里。〇疏曰:侯者,候迓善祥。禳者,禳去殃氣。

　　大喪,大渳以鬯,則築煮。註曰:築香草,煮以爲鬯以浴尸。香草,鬱也。〇令外、内命婦序哭。疏曰：哭法以服之輕重爲先後。若然，則内命婦爲王斬衰，居前；諸臣之妻從服齊衰者，居後也。〇禁外、内命男女之衰不中法者，且授之杖。註曰：外命男，六鄉以出也。内命男，朝廷卿、大夫、士也。其妻爲外命女，喪服爲夫之君齊衰，不杖。内命女，王之三夫人以下。不中法，違升數與裁制者。鄭司農云：三日授子杖，五日授大夫杖，七日授士杖。此舊說也。《喪大記》曰"君之喪，三日，子、夫人杖；五日，既殯，授大夫、世婦杖"，無"七日授士杖"文。玄謂：授杖日數，王喪依諸侯與？七日授士杖，四制云。〇衰，七雷反。中，丁仲反。

凡師、甸，用牲于社、宗，則爲位。註曰：社，軍社也。宗，遷主也。《尚書傳》曰："王升舟入水，鼓鐘亞，觀臺亞，將舟亞，宗廟亞。"〇疏曰：用牲社、宗者，二者在外，或有祈請也。〇坡謂："甸"字疑衍。〇類造上帝，封于大神。祭兵于山川，亦如之。註曰：造，猶"即"也。爲兆以類禮，即祭上帝也。類禮，依郊祀而爲之者。封，謂壇也。大神，社及方嶽也。山川，蓋軍之所依止。《大傳》曰："牧之野，武王之大事也。既事而退，柴於上帝，祈于社，設奠於牧室。"〇疏曰：上經用牲於社宗，據在軍；下云"師不功"，據敗退後。即此經，據尅勝後事，告天及社之事。〇凡師不功，則助牽主車。註曰：助，助大司馬也。故書"功"爲"工"。鄭司農：工，讀爲"功"。古者，"工"與"功"同字。謂師無功，肆師助牽之，恐爲敵所得。〇疏曰：主中有二，爲社之石主，遷廟木主也。〇甸，音田。下同。

凡四時之大甸獵，祭表貉，則爲位。註曰：貉，師祭也。貉讀爲"十百"之"百"，於所立表之處，爲師祭造軍法者，禱氣勢之增倍也。其神蓋蚩尤，或曰黃帝。〇貉，音陌。蚩，音尤。

嘗之日，涖卜來歲之芟；註曰：芟，芟草除田也。古之始耕者，除田種穀。嘗者，嘗新穀，此芟之功也。卜者，問來歲宜芟不。《詩》云："載芟載柞，其耕澤澤。"〇疏曰：餘事卜，則大宗伯涖卜，或大卜涖卜。此及下三事，皆肆師涖卜也。〇獮之日，涖卜來歲之戒；註曰：秋田爲獮，始習兵，戒不虞也。卜者，問後歲兵寇之備。○社之日，涖卜來歲之稼。註曰：社祭土，爲取財焉。卜者，問後歲稼所宜。○疏曰：類上文嘗獮是秋，則此社亦是秋祭社之日也。○獮，思淺反。柞，側百反。

若國有大故，則令國人祭。註曰：大故，謂水旱凶荒。所令祭者，社及祭酺。○歲時之祭祀，亦如之。註曰：《月令》仲春"命民社"。此其一隅。

凡卿大夫之喪，相其禮。註曰：相其適子。

凡國之大事，治其禮儀，以佐宗伯。註曰：治，謂如今每事者更奏白王禮也。故書"儀"爲"義"。鄭司農云："義"，讀爲"儀"。古者書儀但爲義，今時所謂義爲誼。○凡國之小事，治其禮儀，而掌其事，如宗伯之禮。疏曰：此一經，於職末總結之也。

鬱　　人

○鬱人，掌祼器。註曰：祼器，謂彝及舟與瓚。

凡祭祀、賓客之祼事，和鬱鬯以實彝而陳之。註曰：築鬱金煮之，以和鬯酒。鄭司農云：鬱，草名。十葉爲貫，百二十貫爲築，以煮之鐎中，停於祭前。鬱爲草，若蘭。○疏曰：天地、大神，至尊不祼。至於山川及門社等事，在鬯人亦無祼事。此云祭祀，惟據宗廟耳。○凡祼玉，濯之、陳之，以贊祼事，註曰：祼玉，謂圭瓚、璋瓚。○詔祼將之儀與其節。註曰：節，謂王奉玉送祼早晏之時。○凡祼事沃盥。疏曰：言"凡"非一。若賓客，則大宗伯祼；若祭祀，王及后祼者，鬱人沃以水，盥手及洗瓚也。○鐎，子遙反。

大喪之渳，共其肆器。註曰：肆器，陳尸之器。《喪大記》曰："君設大盤，造冰焉；大夫設夷盤，造冰焉；士併瓦盤，無冰。設牀襢笫，有枕。"此之謂肆器，天子亦用夷盤。○及葬，共其祼器，遂貍之。註曰：遣奠之彝與瓚也。貍之於祖廟階間，明奠終於此。○襢，章善反。笫，側几反。貍、埋同，亡皆反。

大祭祀，與量人受舉斝之卒爵而飲之。註曰：斝，受福之嘏，聲之誤也。王酳尸，尸嘏王，此其卒爵也。《小④牢饋食禮》：主人受嘏，詩懷之，卒爵；執爵以興，出；宰夫以籩受嗇黍，主人嘗之，乃還獻祝。此鬱人受王之卒爵，亦王出房時也。必與量人者，鬱人贊祼尸，量人制從獻之脯燔，事相成。○疏曰：與大夫、士獻祝及佐食同節。○嘏，古雅反。燔，音煩。

鬯　人

○鬯人，掌共秬鬯而飾之。註曰：秬鬯，不鬱者。飾之，謂設巾。

凡祭祀社壝用大罍，註曰：壝，謂委土爲塁壇，所以祭也。大罍，瓦罍。○禜門用瓢齎，註曰：禜，謂營鄭所祭。門，國門也。《春秋傳》曰："日月星辰之神，則雪霜風雨之不時，於是乎禜之；山川之神，則冰旱癘疫之不時，於是乎禜之。"魯莊二十五年秋，大水，鼓，用牲于社于門。瓢，謂瓢蠡也。齎，讀爲"齊"，取甘瓢割去柢，以齊爲尊。○廟用脩，凡山川、四方用蜃，凡祼事用概，凡疈事用散。註曰："祼"，當爲"埋"字之誤也。蜃，水中蜃也。脩、蜃、概、散，皆漆尊也。蜃，畫爲蜃形，蚌曰合漿，尊之象。概尊，以朱帶者。無飾曰"散"。○坡謂：鬯人一官，所共者皆祭地示之事，自社稷至百物備之矣，獨五祀五嶽之尊無聞焉。蓋祼事，即五祀也。本經故書"祀"作"禩"，與"祼"似而訛耳。"廟"疑作"嶽"，蓋"嶽"與"岳"同。《儀禮》"廟"作"庿"。又今北方有讀"嶽"音如"益"者。三樂之樂，則廟或方音，或字磨之，傳失也。脩，亦尊名，勿讀"卣"矣。祭四方百物以疈辜，今既有四方，又曰"疈事"者，此疈事，蓋專指百物也；以用器有異，故復別言之。○齎，在兮反。柢，音帝。卣，音酉。

大喪之大渳，設斗，共其釁鬯。註曰：斗，所以沃尸也。釁尸以鬯酒，使之香美者。鄭司農云：釁，讀爲徽。

凡王之齊事，共其秬鬯。註曰：給淬浴。○疏曰：鬯非如三酒可飲之物，大喪以浴尸，明此亦共以給王浴而已。○齊，音齋。淬，七內反。

凡王弔臨，共介鬯。註曰：以尊適卑曰"臨"。《春秋傳》曰："照臨敝邑。"《曲禮》曰："摯，天子鬯。"王至尊，介爲執致之，以禮於鬼神與？《檀弓》⑤曰："臨諸侯,畛於鬼神曰:'有天王某父。'"此王適四方,舍諸侯祖廟,祝告其神之辭。介於是進圀。○父,音甫。

雞　人

○雞人,掌共雞牲,辨其物。註曰:物,謂毛色也。辨之者,陽祀用騂,陰祀用黝。

大祭祀,夜嘑旦以叫百官。註曰:夜,夜漏未盡,雞鳴時也。嘑旦以警起百官,使夙興。○凡國之大賓客、會同、軍旅、喪紀,亦如之。凡國事爲期,則告之時。註曰:象雞知時也,告其有司主事者。《少牢》曰:"宗人朝服,北面。曰:'請祭期。'主人曰:'比於子。'宗人曰:'旦明行事。'"告時者,至此旦明而告之。○坡謂:凡國事,通上文祭祀、賓客五者皆是。引《少牢》者,舉其一隅。○嘑,音呼。晛,古弔反。比,毗志反。

凡祭祀、面禳、釁,共其雞牲。註曰:釁,釁廟之屬。釁廟以羊,門夾室皆用雞。鄭司農云:"面禳,四面禳也。釁,讀爲徽。"○疏曰:祭祀,謂宗廟之屬;面禳,謂祈禱之屬。

司　尊　彝

○司尊彝,掌六尊、六彝之位,詔其酌,辨其用,與其實。註曰:位,所陳之處。酌,沛之使司酌,各異也。用,四時祭祀所用亦不同。實,鬱及醴齊之屬。○沛,子里反。齊,才計反。

春祠,夏禴,祼用雞彝、鳥彝,皆有舟;其朝踐用兩獻尊,其再獻用兩象尊,皆有罍,諸臣之所昨也。秋嘗,冬烝,祼用斝彝、黃彝,皆有舟;其朝獻用兩著尊,其饋獻用兩壺尊,皆有罍,諸臣之所昨也。凡四時之間祀,追享,朝享,祼用虎彝、蜼彝,皆有舟;其朝踐用兩大尊,其再獻用兩山尊,皆有罍,諸臣之所昨也。註曰:謂以圭瓚酌鬱鬯,始獻尸也,后於是以璋瓚酌亞祼。《郊特牲》曰:"周人尚臭,灌用鬯臭,鬱合鬯臭,陰達於淵泉。灌以圭璋,用玉氣也。既灌,然後迎牲,致陰氣也。"朝踐,謂薦血腥酌醴,始行祭事后,於是薦朝事之豆籩,既又酌獻。其變朝踐爲朝獻者,尊相因也。朝獻,謂尸卒食,王酳之;再獻者,王酳尸之後,后酌亞獻。諸臣爲賓,又次后酌盎齊,備卒食三獻也。於后亞獻,内宗薦加豆籩。其變再獻爲饋獻者,亦尊相因。饋獻,謂薦熟時,后於是薦饋食之豆籩。此凡九酌,王及后各四,諸臣一,祭之正也。以今祭禮《特牲》、《少牢》言之,二祼爲奠,而尸飲七矣。王可以獻諸臣。《祭統》曰"尸飲五,君洗玉爵獻卿",是其差也。《明堂位》曰"灌用玉瓚大圭","爵用玉琖",加用璧角、璧散⑥。又《鬱人》職曰"受舉斝之卒爵而飲之",則王酳尸以玉爵也。王酳尸用玉爵,而再獻者用璧角、璧散可知也。雞彝、鳥彝,謂刻而畫之爲雞、鳳凰之形。皆有舟,皆有罍。言春、夏、秋、冬及追享、朝享有之同。昨,讀爲"酢",字之誤也。諸臣獻者,酌罍以自酢,不敢與王之神靈共尊。鄭司農云:舟,尊下臺。若今時承槃。獻,讀爲"犧"。犧尊,飾以翡翠。象尊,以象骨飾尊。《明堂位》曰:"犧象,周尊也。"尊以祼神。罍,臣之所飲也。斝,讀爲"稼"。稼彝,畫禾稼也。黃彝,黃目尊也。《明堂位》曰:"夏后氏以雞彝,殷以斝,周以黃目。"《爾雅》曰:"彝、卣、罍,器也。"著尊,著地無足。《明堂位》曰:"著,殷尊也。"壺者,以壺爲尊。《春秋傳》曰:"尊以魯壺。"追享,謂禘祫也,在四時之間,故曰"間祀"。大尊,大古之瓦尊。山尊,山罍也。《明堂位》曰:"泰,有虞氏之尊也。山罍,夏后氏之尊。"玄謂:黃目,以黃金爲目。《郊特牲》曰:"黃目,鬱氣之上尊也。黃者,中也;目者,氣之清明者也。言酌於中而清明於外。"朝享,謂朝受政於廟。《春秋傳》曰:"閏月不告朔,猶朝于廟。"雖,禺屬,仰鼻而長尾。山罍,亦刻而畫之,爲山雲之形。○兩"獻",註作"犧",同素何反。昨,音酢。下同。著,直畧反。朝享,直遥反。雖,音誅。兩"大",音泰。註同。琖,莊産反。禺,音遇。

凡六彝、六尊之酌,疏曰:六彝,與鬱齊爲目。六尊,與醴齊盎齊爲目。下有凡酒,而上不言罍者,文不具也。凡言酌者,皆是泲之使可酌。○鬱齊獻酌,醴齊縮酌,盎齊涗酌,凡酒脩酌。註曰:《禮運》曰:"玄酒在室,醴醆在户,粱醳在堂,澄酒在下。"以五齊次之,則醆酒,盎齊也。《郊特牲》曰:"縮酌用茅,明酌也。醆酒涗于清,汁獻涗于醆酒,猶明清與醆酒于舊澤之酒也。"此言轉相涗成也。獻,讀爲"摩莎"之"莎",齊語聲之誤也者。鬱和秬鬯,以醆酒摩莎涗之,出其香汁也。醴齊尤濁,和以明酌,涗之以茅,縮去滓也。盎齊差清,和以清酒,涗之而已。其餘三齊,泛從醴,醍沈從盎。凡酒,謂三酒也。脩,讀如"滌濯"之"滌"。滌酌,以水和而涗之。今齊人命"浩酒"曰"滌"。明酌,酌取事酒之上也。澤,讀曰"醳"。明酌清酒、醆酒涗之,皆以舊醳之酒也。凡此四者,祼用鬱齊,朝用醴齊,饋用盎齊。諸臣自酢,用凡酒。唯大事于大廟,備五齊三酒。○鬱齊、醴齊、盎齊,俱才計反。獻酌,素何反。涗,舒鋭反。脩,讀如"滌"。醆,莊產反。醍,音體。醳,音亦。

大喪,存奠彝。註曰:存,省也。謂大遣時,奠者朝設,夕乃徹也。○大旅,亦如之。註曰:旅者,國有大故之祭也。亦存其奠彝,則陳之不即徹。○疏曰:案:《小宰》註"天地至尊不祼",此得用彝者,此告請非常,亦如大遣奠之而已,亦非祼耳。

司　几　筵

○司几筵,掌五几、五席之名物,辨其用與其位。註曰:五几,左右玉、彫、彤、漆、素。五席,莞、藻、次、蒲、熊。用位,所設之席及其處。

凡大朝覲、大饗射,凡封國、命諸侯,王位設黼依,依前南鄉設莞筵紛純,加繅席畫純,加次席黼純,左右玉几。註曰:"斧"謂之黼,其繡白黑采,以絳帛爲質。依,其制如屏風然。於依前爲王設席,左右有几,優至尊也。鄭司農云:紛,讀爲"豳",又讀爲"和粉"之"粉",謂白繡也。純,讀爲"均服"之"均"。純,緣也。繅,讀爲"藻率"之"藻"。次席,虎皮爲席。玄謂:紛,如綬,有文而狹者。繅席,削蒲蒻展之,編以五采,若今合歡矣。畫,謂雲氣也。次席,桃枝席,有次列成文。○祀先王昨席,亦如之。註曰:昨,讀曰"酢",謂祭祀及王受酢之席。尸卒食,王酳之。卒爵,祝受之;又酌授尸,尸酢王。於是席王於户内，后、諸臣致爵乃設席。○鄉，許亮反。純，章允反。下同。繅，讀"藻"。昨，讀"酢"。率，音律。蒻，音弱。

諸侯祭祀，席蒲筵繢純，加莞席紛純，右彫几；註曰：繢，畫文也。不莞席加繅者，繅柔耎，不如莞清堅，又於鬼神宜。○昨席莞筵紛純，加繅席畫純。筵國賓于牖前，亦如之，左彫几。註曰：昨，讀亦曰"酢"。國賓，諸侯來朝，孤卿大夫來聘。後言"几"者，使不蒙如也。朝者彫几，聘者彫几。○坡謂：國賓之席，如尸酢主君昨席，而別言"左彫几"，則昨席無几可知也。諸侯祭祀席，有右彫几，則王祀先王有几可知也。然則，王之祀先王及昨席，經雖統承上文三席左右玉几，曰"亦如之"；而祀先王之有左右玉几，昨席無左右玉几者，可以類得矣。鄭言"朝者彫几"，然生人几在左，鬼神几在右，則朝雖如祭祀之彫几，亦如彫几之左也。○繢，胡內反。耎，如兗反。

甸役，則設熊席，右漆几。註曰：謂王甸，有司祭表貉所設席。○甸，音田。

凡喪事設葦席，右素几；其柏席用萑黼純，諸侯則紛純，每敦一几。註曰：喪事，謂凡奠也。萑，如葦而細者。鄭司農云：柏席，迫地之席，葦居其上；或曰柏席，載黍稷之席。玄謂：柏，"椁"字磨滅之餘。椁席，藏中神坐之席也。敦，讀曰"燾"。燾，覆也。棺在殯，則椁燾；既窆，則加見，皆謂覆之。周禮雖合葬，及同時在殯，皆異几，體實不同祭於廟，同几精氣合。○萑，音丸。敦，讀"燾"，音導。

凡吉事變几，凶事仍几。註曰：鄭司農云：變几，變更其質，謂有飾也。仍，因也；因其質，謂無飾也。《爾雅》曰："儴，仍因也。"玄謂：吉事，王祭宗廟，祼於室，饋食於堂，繹於祊，每事易几。神事文，示新之也。凶事，謂凡奠，几⑦朝夕相因，喪禮畧。○疏曰：凡几之長短，阮諶云"几長五尺，高二尺，廣二尺"，馬融以爲"長三尺"，舊圖以爲"几兩端赤，中央黑"也。○儴，如羊反。祊，補耕反。

天　　府

○天府，掌祖廟之守藏，與其禁令。註曰：祖廟，始祖后稷之廟。其寶物世傳守之，若魯寶玉大弓者。○徐氏曰：禁令，謂防守及陳藏之法。○藏，才浪反。

凡國之玉鎮、大寶器藏焉。若有大祭、大喪，則出而陳之，既事藏之。註曰：禘祫及大喪陳之，以華國也。鄭司農云：《書·顧命》曰"王崩"、"陳寶"，此其行事見於經。○鄭剛中曰：玉鎮，如洪璧、琬琰，夏后氏之璜之類。大寶器，如崇鼎、貫鼎、大貝、鼖鼓和弓垂矢之類。○凡官府、鄉、州及都鄙之治中，受而藏之，以詔王察羣吏之治。註曰：察，察其當黜陟者。鄭司農云：治中，謂其治職簿書之要。○疏曰：經雖言治中，兼有不中在其間。中者陟之，不中黜之。經直言中，偏舉一邊而言也。○鼖，扶云反。

上春，釁寶鎮及寶器。註曰：上春，孟春也。釁，謂殺牲以血血之。○凡吉凶之事，祖廟之中，沃盥執燭。註曰：吉事，四時祭也。凶事，王后喪朝于祖廟之奠。○疏曰：小祝大祭祀，沃尸盥；小臣大祭祀，沃王盥。此二官所沃盥，在祖廟中，則天府為之執燭。若士師祀五帝沃尸盥，非祖廟事，則不與執燭也。○季冬，陳玉以貞來歲之媺惡。註曰：問事之正曰"貞"。問歲之美惡，謂問於龜。《大卜》職"大貞"之屬。陳玉，陳禮神之玉。凡卜筮，實問於鬼神，龜筮能出其卦兆之占耳。龜有天地四方，則玉有六器者與？言陳者，既事藏之，不必貍之也。鄭司農云：貞，問也。《國語》曰："貞於陽卜。"

若遷寶，則奉之。疏曰：遷寶，謂王者遷都，則寶亦遷，天府奉送之於彼新廟之天府，藏之如故也。

若祭天之司民、司禄，而獻民數、穀數，則受而藏之。註曰：司民，軒轅角也。司禄，文昌第六星，或曰下能也。禄之言穀也，年穀登，乃後制禄。祭此二星者，以孟冬既祭之，而上民穀之數於天府。○坡謂：《秋官》有《司民》之職，掌民數及大比以詔司寇；司寇及孟冬祀司民之日，獻其數於王，登于天府。

然則《地官》有《司禄》之職，獻穀數者，必司徒也，司禄文闕。凡此一職，上下文理相足。寶鎮、寶器既藏之，及上春釁之，喪祭陳玉，而兼陳於貞嫕惡。受藏治中，而復藏民數、穀數；蓋互言以盡此官之職。王氏曰：賢能之書，登于天府，見於鄉大夫，而此不見者，互文也。

典　　瑞

○典瑞，掌玉瑞、玉器之藏，辨其名物，與其用事，設其服飾。註曰：人執以見曰"瑞"，禮神曰"器"。瑞，符信也。服飾，服玉之飾，謂繅藉。○坡謂：天府所藏玉，乃先王之遺物，謂宗器也。典瑞之玉，乃今王所用以有事者。疏謂"美者，入天府，平者在典瑞"，未詳。

王晉大圭，執鎮圭，繅藉五采五就，以朝日。註曰：繅有五采文，所以薦玉。木爲中幹，用韋衣而畫之。就，成也。王朝日者，示有所尊，訓民事君也。天子常春分朝日，秋分夕月。《覲禮》曰："拜日於東門之外。"鄭司農云：晉，謂插於紳帶之間，若帶劍也。《玉人》職曰："大圭長三尺，杼上，終葵首，天子服之"；"鎮圭尺有二寸，天子守之。"繅，讀爲"藻率"之"藻"。五就，五币也。一币爲一就。○公執桓圭，侯執信圭，伯執躬圭，繅皆三采三就；子執穀璧，男執蒲璧，繅皆二采再就；以朝、覲、宗、遇、會、同于王。註曰：三采，朱、白、蒼。二采，朱、緑也。鄭司農云：以圭璧見于王。《覲禮》曰："侯氏入門右，坐奠圭，再拜稽首。"侯氏見于天子，春曰"朝"，夏曰"宗"，秋曰"覲"，冬曰"遇"，時見曰"會"，殷見曰"同"。○諸侯相見，亦如之。註曰：鄭司農云"亦執圭璧以相見"，故郊隱公朝於魯，《春秋傳》曰"邾子執玉高，其容仰"。○币，"匝"本字。

瑑圭、璋、璧、琮，繅皆二采一就，以頫聘。註曰：璋以聘后、夫人，以琮享之也。大夫衆來曰"頫"，寡來曰"聘"。鄭司農云：瑑，有圻鄂瑑起。○疏曰：此遣臣行聘問之所執者。若本君親自朝所執，上文桓圭之等是；若遣臣聘，不得執君之圭璧，無桓信躬與蒲穀之文，直瑑之而已。此謂公、侯、伯之臣也。

若子、男之臣，豈得過本君，用以圭璋乎？明子、男之臣亦用琢璧、琮也。

　　四圭有邸以祀天，旅上帝。註曰：鄭司農云：於中央爲璧，圭著其四面，一玉俱成。《爾雅》曰："邸，本也。"圭本著於璧，故"四圭有邸"，圭末四出故也。或説：四圭有邸，有四角也。邸，讀爲"抵欺"之"抵"。○王光遠曰：祀天，謂圜丘之祀大神也。○兩圭有邸以祀地，旅四望。註曰：兩圭者，以象地數二也，僢而同邸。○王光遠曰：祀地，謂方澤之祭大示也。○坡謂：《大宗伯》六器與六瑞、六摯相次，則蒼璧、黃琮，疑或初致其神，奠玉而禮之，如執贄以見者，故曰禮天、禮地。此"四圭有邸"，"兩圭有邸"，與"祼圭有瓚"爲類。是邸，當亦瓚屬。瓚注鬱鬯者，然《表記》曰"秬鬯以祀⑧上帝"，則此邸疑或注秬鬯者。雖不以祼，而奠以享神，故曰祀天、祀地。推之下文圭璧者，是於圭頭爲器，如璧璋邸射者；是於璋頭爲器，如邸而射，皆挹鬯爵也。以類次之，或近。鄭子見《大宗伯》有蒼璧、黃琮之文，此官無之，而別云"四圭有邸"，"兩圭有邸"，遂以蒼璧所禮者，冬至圜丘之祀，四圭則夏正郊天。黃琮所禮者，崑崙之祭，兩圭則神州之神。或者嫌出於緯書不從，又見明有四器，因合而一之曰"蒼璧爲邸，四圭託焉；黃琮爲邸，兩圭託焉"。更無他據，今且闕之。○祼圭有瓚，以肆先王，以祼賓客。註曰：鄭司農云：於圭頭爲器，可以挹鬯祼祭，謂之瓚。故《詩》曰："邮⑨彼玉瓚，黃流在中。"《國語》謂之"鬯圭"，以肆先王，祼先王祭也。玄謂：肆，解牲體以祭，因以爲名。爵行曰祼。漢禮：瓚槃大五升，口徑八寸，下有槃，口徑一尺。○圭璧，以祀日月星辰。註曰：圭，其邸爲璧，取殺於上帝。○璋邸射，以祀山川，以造、贈賓客。註曰：璋有邸而射，取殺於四望。鄭司農云：射，剡也。○疏曰：造、贈賓客者，謂致稍餼之時，造館贈之。言"贈"，則使還之時，所贈賄之等，亦執以致命耳。○肆，他歷反。射，食亦反。著，直畧反。僢，昌絹反。邮，音瑟。殺，色界反。

　　土圭以致四時日月，封國則以土地。註曰：以致四時日月者，冬夏以致日，春秋以致月。土地，猶度地也。○珍圭以徵守，以邮凶荒。註曰：杜子春云：珍，當爲鎮。書亦或爲鎮。以徵守者，以徵召守國諸侯，若今時徵郡守以竹使符也。鎮者，國之鎮。諸侯亦一國之鎮，故以鎮圭徵之也。凶荒，則民有遠志，不安其土，故以鎮圭鎮安之。玄謂：王使人徵諸侯，憂凶荒之國，則授之執以往，致王命焉。郵者，闡府庫，振救之。凡瑞節，歸又執以反命。〇坡謂：掌節之節，守國行道之用也。典瑞之瑞，作事之信也。司者異官，器亦各掌。謂瑞即節，疑於漏矣。詳見《掌節》王氏。〇牙璋以起軍旅，以治兵守。註曰：鄭司農云：牙璋，瑑以爲牙。牙齒兵象，故以牙璋發兵，若今時以銅虎符發兵。玄謂：兵守，用兵以守。若齊人戍遂，諸侯戍周。〇璧羨以起度。註曰：鄭司農云：羨，長也。此璧徑長尺，以起度量。《玉人》職曰"璧羨度尺"，"以爲度"。玄謂：羨，不圓之貌。蓋廣徑八寸，袤一尺。〇李子華曰：此璧本徑九寸。今言羨，則旁減一寸，以益上下。故高一尺，橫徑八寸，十寸尺也，八寸亦尺也。一從一橫，皆可以爲尺度。〇駔圭、璋、璧、琮、琥、璜之渠眉，疏璧、琮以斂尸。註曰：以斂尸者，於大斂焉加之也。駔，讀爲"組"，與組馬同，聲之誤也。渠眉，玉飾之溝瑑也。以組穿聯六玉溝瑑之中，以斂尸，圭在左，璋在首，琥在右，璜在足，璧在背，琮在腹。蓋取象方明，神之也。疏璧琮者，通於天地。〇疏曰：此六玉，兩頭皆有孔，又於兩孔之間爲溝渠，於溝之兩畔稍高爲眉瑑。〇穀圭以和難，以聘女。註曰：穀，善也。其飾若粟文然。難，仇讎。和之者，若《春秋》宣公及齊侯平莒及郯，晉侯使瑕嘉平戎于王。其聘女，則以納徵焉。〇琬圭以治德，以結好。註曰：諸侯有德，王命賜之。及諸侯使大夫來聘，既而爲壇會之，使大夫執以命事焉。《大行人》職曰："時聘以結諸侯之好。"鄭司農云"琬圭，無鋒芒"，故治德以結好。〇琰圭以易行，以除慝。註曰：鄭司農云"琰圭，有鋒芒"，傷害征伐誅討之象，故以易行除慝，易惡行令爲善者，以此圭責讓喻告之也。玄謂"除慝"，亦於諸侯使大夫來頫，既而使大夫執而命事於壇。《大行人》職曰："殷頫以除邦國之慝。"〇駔，音祖。難，乃旦反。行，下孟反。度，待洛反。闡，音開。戍，傷遇反。袤，音茂。郯，音談。

大祭祀、大旅，凡賓客之事，共其玉器而奉之。註曰：玉器，謂四圭、祼圭之屬。

大喪，共飯玉、含玉、贈玉。註曰：飯玉，碎玉以雜米也。含玉，柱左右顛及在口中者。《雜記》曰"含者執璧將命"，則是璧形而小耳。贈玉，蓋璧也。贈有束帛，六幣璧以帛。○顛，《儀禮》作"齻"，音顛，牙也。此作"顛"，疑或通用。

凡玉器出，則共奉之。鄭剛中曰：上言"共奉"，主於祭祀、賓客，嫌其他事之時，或不共奉。故言此以結之，見其無往而不共奉。

典　　命

○典命，掌諸侯之五儀，諸臣之五等之命。註曰：五儀，公、侯、伯、子、男之儀。五等，謂孤以下四命、三命、再命、一命、不命也。或言"儀"，或言"命"，互文也。

上公九命爲伯，其國家、宮室、車旗、衣服、禮儀，皆以九爲節；侯、伯七命，其國家、宮室、車旗、衣服、禮儀，皆以七爲節；子、男五命，其國家、宮室、車旗、衣服、禮儀，皆以五爲節。註曰：上公，謂王之三公有德者，加命爲二伯。二王之後，亦爲上公。國家，國之所居，謂城方也。公之城，蓋方九里，宮方九百步；侯、伯之城，蓋方七里，宮方七百步；子、男之城，蓋方五里，宮方五百步。《大行人》職，則有諸侯圭、藉、冕服、建常、樊纓、貳車、介牢禮，朝位之數焉。

王之三公八命，其卿六命，其大夫四命；及其出封，皆加一等。其國家、宮室、車旗、衣服、禮儀，亦如之。註曰：四命，中下大夫也。出封，出畿內，封於八州之中。加一等，襃有德也。大夫爲子、男，卿爲侯、伯，其在朝廷，則亦如命數耳。王之上士三命，中士再命，下士一命。

凡諸侯之適子，誓於天子，攝其君，則下其君之禮一等；未誓，則以皮帛繼子、男。註曰：誓，猶"命"也。言誓者，明天子既命以爲之嗣，樹子不易也。《春秋》桓九年，曹伯使其世子射姑來朝，行國君之禮是也。公之子，如侯、伯而執圭；侯、伯之子，如子、男而執璧；子、男之子，與未誓者，皆次小國之君,執皮帛而朝會焉。其賓之,皆以上卿之禮焉。○疏曰:若行朝禮,擯介依諸侯;其饗餼饗,一與卿同也。此經誓與未誓,皆據父在而言。若父卒後得誓者,皆得與諸侯序,以無父得與正君同故也;若未誓,則亦當執皮帛也。○適,丁歷反。射,音亦。朝,直遥反。

公之孤四命,以皮帛視小國之君;其卿三命,其大夫再命,其士一命。其宮室、車旗、衣服、禮儀,各視其命之數。侯、伯之卿、大夫、士,亦如之。子、男之卿再命,其大夫一命,其士不命。其宮室、車旗、衣服、禮儀,各視其命之數。註曰:視小國之君者,列於卿、大夫之位,而禮如子、男也。鄭司農云:九命上公,得置孤卿一人。《春秋傳》曰:"列國之卿,當小國之君。"固周制也。玄謂:《王制》曰:"大國三卿,皆命於天子,下大夫五人,上士二十七人。次國三卿,二卿命於天子,一卿命於其君,下大夫五人,上士二十七人。小國二卿,皆命於其君,下大夫五人,上士二十七人。"

司　　服

○司服,掌王之吉凶衣服,辨其名物,與其用事。註曰:用事,祭祀,視朝,甸、凶、弔之事。衣服各有所用。

王之吉服:祀昊天上帝,則服大裘而冕,祀五帝亦如之。享先王則袞冕,享先公、饗、射則鷩冕,祀四望、山川則毳冕,祭社稷、五祀則希冕,祭羣小祀則玄冕。註曰:六服同冕者,首飾尊也。先公,謂后稷之後,大王之前,不窋至諸盩。饗、射,饗食賓客與諸侯射也。羣小祀,林澤、墳衍、四方百物之屬。鄭司農云:大裘,羔裘也。袞,卷龍衣也。鷩,雉衣也。毳,罽衣也。玄謂:《書》曰:"予欲觀古人之象,日、月、星辰、山龍、華蟲、作繢、宗彝、藻、火、粉米、黼黻、希繡。"此古天子冕服十二章,舜欲觀焉。華蟲,五色之蟲。《繢人⑩》職曰"鳥、獸、蛇,雜四時五色以章之",謂是也。希,讀爲"絺",或作"黹"字之誤也。王者相變,至周而以日月星辰,畫於旌旗,所謂三辰旂旗,昭其明也。而冕服九章,登龍於山,登火於宗彝,尊其神明也。九章:初一曰龍,次二曰山,次三曰華蟲,次四曰火,次五曰宗彝,皆畫以爲繢;次六曰藻,次七曰粉米,次八曰黼,次九曰黻,皆希以爲繡。則袞之衣五章,裳四章,凡九也。鷩,畫以雉,謂華蟲也;其衣三章,裳四章,凡七也。毳,畫虎蜼;其衣三章,裳二章,凡五也。希,刺粉米,無畫也;其衣一章,裳二章,凡三也。玄者,衣無文,裳刺黻而已,是以謂"玄"焉。凡冕服,皆玄衣、纁裳。○黃文叔曰:宗伯序社稷、五祀,先於五嶽;司服序四望、山川,先於社稷。祭之秩,當如宗伯、司服,自以服爲敘。地祭以社稷見,不別出,則方丘不服大裘矣。諸儒紛紛,蓋未嘗考先王制祀之義。○劉執中曰:《書》稱舜曰"予欲觀古人之象",舜而欲觀乎古,則天子衣裳之章十有二,其來遠矣。且交龍爲旂,周之衣不去其龍;熊虎爲旗,周之裳不去其虎蜼,何獨日月爲常,而去衣章日月星辰乎?《典命》上公九命,以九爲節,則其衣裳九章,推而上之,天子袞冕十有二章明矣。○鷩,必滅反。毳,直留反。絺,居例反。黼,張里反。蜼,音誄。

凡兵事,韋弁服。註曰:韋弁,以韎韋爲弁,又以爲衣裳。《春秋傳》曰"晉郤至衣韎韋"之跗注是也。○鄭剛中曰:韋弁服者,爵弁也。○視朝,則皮弁服。註曰:視朝,視內外朝之事。皮弁之服,十五升白布衣,積素以爲裳。王受諸侯朝覲於廟,則袞冕。○凡甸,冠弁服。註曰:甸,田獵也。冠弁,委貌;其服緇布衣,亦積素以爲裳。諸侯以爲視朝之服。《詩·國風》曰"緇衣之宜兮",謂王服。此以田,王卒食而居,則玄端。○疏曰:言"凡甸冠弁服"者,據習兵之時,若正四時,則當戎服習兵,《月令》之"習五戎"是也。○凡凶事,服弁服。註曰:服弁,喪冠也;其服,斬衰、齊衰。○凡弔事,弁絰服。註曰:弁絰者,如爵弁而素,加環絰。《論語》曰:"羔裘玄冠不以弔。"絰大如緦之絰,其服錫衰、緦衰、疑衰。

凡喪,爲天王斬衰,爲王后齊衰;註曰:王后,小君也,諸侯爲之不杖期。○王爲三公六卿錫衰,爲諸侯緦衰,爲大夫、士疑衰,其首服皆弁絰。註曰:君爲臣服,弔服也。鄭司農云:錫,麻之滑易者。十五升去其半,有事其布,無事其縷。緦,亦十五升去其半,有事其縷,無事其布。疑衰,十四升衰。玄謂：無事其縷，衰在內；無事其布，衰在外。"疑"之言"擬"也，擬於吉。○疏曰：君爲臣無服，直弔服；既葬，除之。不見三孤者，與六卿同。又不辨同姓、異姓，亦以臣故也。凡弔皆不見婦人弔服者，以婦與夫同，故《喪服》云"大夫弔於命婦，錫衰。命婦弔於大夫，錫衰"，是婦與夫同。其首服，即鄭註《喪服》云"凡婦人弔服，吉笄，無首，素總"是也。○大札、大荒、大災，素服。註曰：大札，疫病也。大荒，饑饉也。大災，水火爲害。君臣素服縞冠，若晉伯宗哭梁山之崩。

公之服，自袞冕而下如王之服；侯、伯之服，自鷩冕而下如公之服；子、男之服，自毳冕而下如侯、伯之服；孤之服，自希冕而下如子、男之服；卿大夫之服，自玄冕而下如孤之服，其凶服加以大功、小功；士之服，自皮弁而下如大夫之服，其凶服亦如之，其齊服有玄端、素端。註曰：自公之袞冕，至卿大夫之玄冕，皆其朝聘天子及助祭之服。諸侯非二王後，其餘皆玄冕而祭於己。《雜記》曰："大夫冕而祭於公，弁而祭於己，士弁而祭於公，冠而祭於己。"大夫爵弁，自祭家廟，惟孤爾，其餘皆玄冠，與士同。玄冠自祭其廟者，其服朝服、玄端。諸侯之自相朝聘，皆皮弁服。此天子日視朝之服。喪服，天子、諸侯齊斬而已，卿、大夫加以大功、小功，士亦如之，又加緦焉。士齊有素端者，亦爲札、荒，有所禱請。變素服言素端者，明異制。鄭司農云：衣有襦裳者爲端。玄謂：端者，取其正也。士之衣袂，皆二尺二寸，而屬幅，是廣袤等也。其祛尺二寸，大夫以上侈之。侈之者，蓋半而益一焉。半而益一，則其袂三尺三寸，祛尺八寸。○疏曰：此文自袞冕以下，差次如之。上得兼乎下，下不得僭上也。舊説天子九章，據大章而言，其章別小章。章依命數，則皆十二爲節。上公亦九章，與天子同，無升龍，有降龍。其小章，章別皆九而已。自餘鷩冕、毳冕以下皆然。必知有小章者，若無小章，絺冕三章，則孤有四命、六命；卿大夫玄冕一章，卿大夫中則有三命、二命、一命。天子之卿六命，大夫四命，明中有小章，乃可得依命數。○鄭剛中曰：子、男毳而下如侯、伯，則上不服鷩可知。侯、伯自鷩而下如公，則上不服袞可知。公自袞而下如王，則上不服日月星辰可知。經文謂"自袞冕而下,如王之服",則袞冕而上之章,非日月星辰而何？○齊,側皆反。襦,音儒。屬,音燭。

凡大祭祀、大賓客,共其衣服而奉之。註曰：奉,猶"送"也。送之於王所。○疏曰：大祭祀,則中兼有次,小祭祀,以其皆是王親祭,故舉大而言。賓客言大者,據諸侯來朝也,王者不敢遺小國之臣,則其臣來聘,亦有接待之法,亦畧舉大而言。

大喪,共其復衣服、斂衣服、奠衣服、廞衣服,皆掌其陳序。註曰：奠衣服,今坐上魂衣也。鄭司農云：廞,陳也。玄謂：廞衣服,所藏於椁中。○疏曰：大喪,中兼小喪也。

典　祀

○典祀,掌外祀之兆守,皆有域,掌其禁令。外祀,謂所祀於四郊者,即《小宗伯》所云"兆五帝"至"山川丘陵"已下,皆是典祀掌之也。兆域,據壇外爲溝渠,爲表塋域者也。

若以時祭祀,則帥其屬而脩除,徵役于司隸而役之。註曰：屬,其屬胥徒也。脩除,芟掃之。徵,召也。役之,作使之。

及祭,帥其屬而守其厲禁而蹕之。註曰：鄭司農云：遮列禁人,不得令入。

守　祧

○守祧,掌守先王、先公之廟祧,其遺衣服藏焉。註曰：廟,謂大祖之廟及三昭三穆。遷主所藏曰"祧",先公之遷主藏于后稷之廟,先王之遷主藏于文武之廟。遺衣服,大斂之餘也。此王者之宮,而有先公,謂大王[11]以前爲諸侯。○若將祭祀,則各以其服授尸。註曰：尸當服卒者之上服,以象生時。○程子曰：古人祭祀用尸,極有意。人之魂氣既散,必求其類而依之。人與人既爲類,骨肉又爲一家之類。己與尸,各既心齊潔,至誠相通,以此求神,宜其享之，後世直以尊卑之勢，遂不肯行。

其廟則有司脩除之，其祧則守祧黝堊之。註曰：廟，祭此廟也。祧，祭遷主。有司，宗伯也。脩除，黝、堊互言之，有司恒主脩除，守祧恒主黝、堊。鄭司農云：黝，讀爲"幽"；幽，黑也。堊，白也。《爾雅》曰："地謂之黝，牆謂之堊。"〇既祭，則藏其隋與其服。註曰：隋，尸所祭肺、脊、黍、稷之屬，藏之以依神。〇堊，烏路反。隋，許恚反。

世　婦

〇世婦，掌女宮之宿戒，及祭祀，比其具。註曰：女宮，刑女給宮中事者。宿戒，當給事豫告之齊戒也。比，次也。具，所濯溉及粢盛之纂。鄭司農"比"讀之"庀"。庀，具也。〇鄭剛中曰：《天官·世婦》："祭之日，涖陳女宮之具。"涖陳在彼，而挍比之在此也。〇詔王后之禮事。註曰：薦徹之節。〇帥六宮之人共齍盛。註曰：帥世婦女御。〇鄭剛中曰：《天官·世婦》言帥女宮濯溉爲齍盛。所帥者，刑女耳，爲之於未共之前。此所帥者，六宮之人，共之於正祭之日。〇相外内宗之禮事。註曰：同姓、異姓之女，有爵佐后者。〇疏曰：禮事者，外宗之佐后薦徹豆籩，内宗之佐傳豆籩是也。〇比，音庇。相，息亮反。

大賓客之饗、食，亦如之。註曰：比⑫、帥、詔、相其事同。

大喪，比外、内命婦之朝莫哭，不敬者而苟罰之。註曰：苟，譴也。〇莫，音暮。下同。

凡王后有擽事於婦人，則詔相。拜，拜謝之也。《喪大記》曰"夫人亦拜寄公夫人於堂上"，知天子之喪，世子亦拜二王後於堂下，后亦拜二王後夫人於堂上也。夫人有赴王喪者，或家在畿内來歸寧，値王喪，則弔赴也。〇擽，古"拜"字。

凡内事有達於外官者，世婦掌之。註曰：主通之，使相共授。〇黄文叔曰：掌之，蓋得糾正之也。

内宗

○内宗,掌宗廟之祭祀,薦加豆、籩,註曰:加爵之豆、籩。○疏曰:天子禮,以尸既食,后亞獻尸爲加爵;此時薦之,即醢人、籩人加豆、加籩之實是也。○及以樂徹,則佐傅豆、籩。註曰:佐傅,佐外宗。

賓客之饗、食,亦如之。王后有事則從。王光遠曰:有事則從者,則吉凶之事皆在焉。○從,才用反。

大喪序哭者,註曰:次序内外宗及命婦哭王。○哭諸侯亦如之。凡卿、大夫之喪,掌其弔臨。註曰:王后弔臨諸侯而已。是以言掌卿大夫云。○疏曰:此諸侯來朝,薨於王國,王爲之緦衰者也。若《檀弓》云以"爵弁、絰、紂衣"哭諸侯,彼謂薨於本國,王遙哭之,則婦人不哭之,婦人無外事故也。《天官·世婦》云"掌弔臨于卿大夫之喪"者,彼爲王;此内宗掌弔臨之事,乃爲后掌之。○紂、緇同。

外宗

○外宗,掌宗廟之祭祀,佐王后薦玉豆,視豆籩,及以樂徹亦如之。疏曰:薦玉豆者,凡王之豆籩皆玉飾之。不云籩者,文畧。視豆籩者,謂在堂東未設之時,視其實也。○王后以樂羞齍則贊。疏曰:后進黍稷之時,依樂以進,則佐之。案:《九嬪》職"凡祭祀,贊玉齍,贊后薦,徹豆籩",則薦、徹俱言。玉齍,玉敦盛黍稷。言"贊"不言"徹",則后薦而不徹也。其徹,諸官爲之。若然,籩豆與齍,此官已贊,九嬪又贊者,以器多,故諸官共贊。○凡王后之獻,亦如之。註曰:獻,獻酒於尸。○王后不與,則贊宗伯。註曰:后有故不與祭,宗伯攝其事。○與,音預。敦,音對。

小祭祀,掌事。賓客之事,亦如之。疏曰:小祭祀,謂在宮中,后無外事故也。賓客饗食,亦掌事,如小祭祀。

大喪，則敘外內朝莫哭者。哭諸侯，亦如之。註曰：內，內外宗及外命婦。〇疏曰：若內命婦，則九嬪叙之。

冢人

〇冢人，掌公墓之地，辨其兆域而爲之圖，先王之葬居中，以昭穆爲左右。註曰：公，君也。圖，謂畫其地形及丘壟所處而藏之。先王，造塋者。昭居左，穆居右，夾處東西。〇疏曰：子孫據昭穆，夾處左右。若兄死弟及，俱爲君，則以兄弟爲昭穆，以其弟已爲臣。臣子一例，則如父子，故別昭穆也。〇凡諸侯居左右以前，卿、大夫、士居後，各以其族。註曰：子孫各就其所出王，以尊卑處其前後，而亦併昭穆。〇疏曰：此因上而言。以其王之子孫，皆適爲天子，庶爲諸侯、卿、大夫、士。若出封畿外者，彼因國葬，而爲造塋之主矣。此則言先王之子孫爲畿內諸侯，王朝之卿、大夫、士死者，則居先王前後之左右也，各以其族者謂次第。假令同昭穆，則兄近王墓，弟遠王墓爲次第。諸侯言左右，卿、大夫、士下云"各以其族"，互相通也。〇坡謂：以前，在卿、大夫、士之墓前；居後，在諸侯之墓後。〇凡死於兵者，不入兆域。註曰：戰陳無勇，投諸塋外以罰之。〇凡有功者，居前。註曰：居王墓之前，處昭穆之中央。〇疏曰：居前，則不問諸侯與卿、大夫、士，但是有功，則皆得居前，以表顯之也。此則死寇。曰兵者，兼餘功，若司勳六功之等，皆是也。〇以爵等爲丘封之度，與其樹數。註曰：別尊卑也。王公曰"丘"，諸臣曰"封"。漢律曰：列侯墳高四丈。關內侯以下至庶人，各有差。〇疏曰：此文，自王以下皆有，而云"爵等"者，則天子亦爵號也。

大喪，既有日，請度甫竁，遂爲之尸。註曰：甫，始也。請量度所始竁之處地。鄭司農云：既有日，既有葬日也。始竁時，祭以告后土，冢人爲之尸。〇疏曰：天子七月而葬，葬用下旬。請，請於冢宰。〇及竁，以度爲丘隧，共喪之窆器。註曰：隧，羨道也。度丘與羨道廣袤所至。窆器，下棺豐碑之屬。

《喪大記》曰："凡封，用綍，去碑負引。君封以衡，大夫以咸[13]。"○及葬，言鸞車、象人。鸞車，巾車所飾遣車也，亦設鸞旗。象人，俑也。言，猶"語"也。語巾車之官，將明器鸞車及象人，使行向壙。○及窆，執斧以涖，疏曰：案："鄉師執斧以涖匠師"，則此亦臨匠師。葬事大，故二官共臨也。遂入藏凶器，註曰：凶器，明器。○正墓位，蹕墓域，守墓禁。註曰：位，謂丘封所居前後也。禁，所爲塋限。○凡祭墓爲尸。疏曰：上文祭墓，謂始穿地時，此文據成墓爲尸。○王光遠曰：凡祭墓爲尸，非特甫竁爲之尸。○張子曰：墓祭非古也。體魄則降，知氣在上，故立之主以祀之，以致其精神之極，而謹藏其體魄，以竭其深長之思。此古人明於鬼神之情狀，而篤於孝愛之誠實者也。然考之《周禮》，則有"冢人"之官，凡祭於墓爲尸，是則成周之盛，亦有祭於墓者，雖非制禮之本經，而出於人情之所不忍，而於義理不至於甚害，則先王亦從而許之。其必立之尸者，乃所以致其精神；而示享之者，非體魄之謂，其爲義益精矣。○度，待洛反。竁，充芮反。隧，音遂。窆，彼驗反。

凡諸侯及諸臣葬於墓者，授之兆，爲之蹕，均其禁。疏曰：上文惟見王及子孫之墓地，不見同姓、異姓諸侯之墓地，故此經總見之。若然，此墓地舊有兆域，今新死者，隨即授之耳。

墓　大　夫

○墓大夫，掌凡邦墓之地域，爲之圖。註曰：凡邦中之墓地，萬民所葬地。○令國民族葬而掌其禁令，註曰：族葬，各從其親。○疏曰：經云"族葬"，則據五服之內，親者共爲一所而葬，異族即別塋。《左傳》云"同族於禰廟"，故知族是服內。○正其位，掌其度數，註曰：位，謂昭穆也。度數，爵等之大小。○疏曰：鄭見有爵者，謂本爲庶人設墓；其有子孫爲卿、大夫、士，其葬不離父祖。○使皆有私地域。註曰：古者，萬民墓地同處，分其地使各有區域，得以族葬，使相容。

凡争墓地者,聽其獄訟。註曰:争墓地,相侵區域。

帥其屬而巡墓厲,居其中之室以守之。註曰:厲,塋限遮列處。鄭司農云:居其中之室,有官寺在墓中。○劉執中曰:聖人父母斯民,生則富其衣食而教以仁義,死則爲之地域而守其丘樹,則子孫者,其有不忠於君而不服其教者乎?

職　　喪

○職喪,掌諸侯之喪,及卿、大夫、士凡有爵者之喪,以國之喪禮涖其禁令,序其事。註曰:國之喪禮,喪服、士喪、既夕、士虞今存者,其餘則亡。事,謂小斂、大斂、葬也。○凡國有司以王命有事焉,則詔贊主人。註曰:有事,謂舍、禭、贈、賵之屬。詔贊者,以告主人,佐其受之。國有司,有司從王國以王命往。○賵,芳鳳反。

凡其喪祭,詔其號,治其禮。註曰:告以牲號、齍號之屬,當以祝之。○疏曰:喪祭,餘文皆爲虞。此言"凡"者,以其喪中自相對,則虞爲喪祭,卒哭爲吉祭。若對二十八月爲吉祭,則祥禫以前,皆是喪祭,故言"凡"以該之。

凡公有司之所共,職喪令之,趣其事。註曰:令,令其當供物者,給事之期也。有司,或言公,或言國。言國者,由其君所來。居其官曰"公",謂王遣使奉命,有贈之物,各從其官出,職喪當催督也。

【校記】

① 據《周禮·羊人》職原文,"羊牲"前尚有一"其"字。
② 據《周禮·秋官·士師》職原文,"奉"字前尚有一"則"字。
③ 據《周禮》原文,"軍器"之前有"及"字。
④ "小",應作"少"。以下文字,當爲撮其要義,非原文。
⑤ 以下所引之言,非出自《檀弓》,而是出自《曲禮》。
⑥ 此處引《明堂位》之言,不連續。"加用璧角、璧散",原文應作"加以璧散、璧角"。

⑦"几",原作"凡",據《十三經註疏》改。

⑧"祀",《禮記·表記》作"事"。

⑨"郵",《詩》作"瑟"。

⑩"繢人",應作"畫繢"。《冬官·考工記》之職有"畫繢",無"繢人"。

⑪"大王",原作"人王",據《十三經註疏》改。

⑫"比",原作"此",據《十三經註疏》改。

⑬此處引文,"大夫"後脫一"士"字。

周禮述註卷十四

大　司　樂

○大司樂,掌成均之法,以治建國之學政,而合國之子弟焉。註曰:董仲舒云:成均,五帝之學。成均之法者,其遺禮可法者,國之子弟、公卿大夫之子弟當學者,謂之"國子"。《文王世子》曰:"於成均,以及取爵於上尊。"然則,周人立此學之宫。○疏曰:五帝大學,總名"成均"。當代則各有別稱,若三代天子學,總曰"辟雍",當代各有異名也。○坡伯兄曰:法,則樂德、樂語、樂舞之類,皆其所以教也。

凡有道者、有德者,使教焉;死則以爲樂祖,祭於瞽宗。註曰:道,多才藝者。德,能躬行者。若舜命夔典樂,教胄子是也。死則以爲樂之祖,神而祭之瞽宗,殷學也。○李景齊曰:有道、有德者,使教焉,則保氏養國子以道,師氏以三德教國子也。

以樂德教國子:中、和、祇、庸、孝、友;吕伯恭曰:此所謂教之條目。金石八者,樂之物而詭。樂之德,非有道、有德者,不能知之。中和,固是樂之本,其節奏各有條理,使之肅然。祇,敬。祇之端,條暢流通;庸之端,易直子諒之心。使人事親從兄之際,油然而生孝友之端。此謂"樂之德"。○鄭剛中曰:中和則取六德之終,孝友則取六行之首。國子德行欲其兩全,故成之以樂,謂之"樂德"。六德之終者能之,其上可知;六行之首者能之,其下亦可知。祇、庸所以進乎德行,惟"祇"則於德行不敢忽,惟"庸"則於德行不敢輟。○行,下孟反。

以樂語教國子:興、道、諷、誦、言、語;註曰:興者,以善物喻善事。道,讀曰"導"。導者,言古以剴今也。倍文曰"諷",以聲節之曰"誦"。發端曰

221

"言",答述曰"語"。○興,許應反。劀,古愛反。

以樂舞教國子:舞《雲門》、《大卷》、《大咸》、《大磬》、《大夏》、《大濩》、《大武》。註曰:此周所存六代之樂。黃帝曰《雲門》、《大卷》,黃帝能成名萬物,以明民共財,言其德如雲之所出,民得以有族類。《大咸》,《咸池》,堯樂也,堯能殫均刑法以儀民,言其德無所不施。《大磬》,舜樂也,言其德能紹堯之道也。《大夏》,禹樂也,禹治水傅土,言其德能大中國也。《大濩》,湯樂也,湯以寬治民而除其邪,言其德能使天下得其所也。《大武》,武王樂也,武王伐紂以除其害,言其德能成武功。○坡伯兄曰:先儒謂義理以養其心,聲音以養其耳,舞蹈以養其血脉。古人所謂以樂教者如此。○卷,音權。磬,上昭反。傅,音孚。

以六律、六同、五聲、八音、六舞大合樂,以致鬼、神、示,以和邦國,以諧萬民,以安賓客,以説遠人,以作動物。註曰:六律,合陽聲者也。六同,合陰聲者也。此十二者,以銅爲管,轉而相生。黃鐘爲首,其長九寸,各因而三分之。上生者益一分,下生者去一焉。《國語》曰:"律,所以立均出度也。"古之神瞽,考中聲而量之,以制度律均鐘;言以中聲定律,以律立鐘之均。動物,羽、蠃之屬。○疏曰:以六律、六同者,此舉十二管以表其鐘。樂器之中,不用管也。○梁氏曰:大合樂者,乃成均習樂之事,非用之於祭也。○坡伯兄曰:大合樂,乃肄習於學之事。其用之,則至於格鬼神、動民物,如下文祭祀饗燕之類也。律以爲聲之和,聲以爲音之節,故其立文之序如此。鬼、神、示至動物,其序亦自尊而卑,自近而遠也。○又曰:大司樂,即尚書典樂之職。國之子弟,即胄子也。六德,即直、寬、剛、簡之類,異其文耳。興、道、諷、誦、言、語,則"詩言志,歌永言"之事也。於是以聲依之,以律和之;播之以音,動之以舞,則樂於是爲至,而用之於是乎神,蓋所謂神人以和者也。然則樂者,其先王之所以教而因推之於宗廟、朝廷、邦國,以和神人,《書》、《禮》所稱,其致一也。後世不知樂爲教之具,故其職領於有司而已。學士先生鮮有知者,其精微之旨不傳,而徒索之鏗訇節奏,以庶幾和神人之治,亦不可得已。○説,音悦。度,待洛反。

羸，力果反。訇，音轟。

乃分樂而序之，以祭，以享，以祀。註曰：分，謂各用一代之樂。○坡伯兄曰：自此以下，皆用樂之事也。乃奏黃鐘，歌大呂，舞《雲門》，以祀天神；註曰：以黃鐘之鐘，大呂之聲爲均者，黃鐘陽聲之首，大呂爲之合，奏之以祀天神，尊之也。○疏曰：此黃鐘言"奏"，大呂言"歌"者，奏據出聲而言，歌據合曲而説，其實歌、奏通也。○坡謂：天神，蓋指春祈穀、夏大雩、秋明堂，及五帝四類之等也。乃奏大蔟，歌應鐘，舞《咸池》，以祭地示；註曰：大蔟，陽聲第二，應鐘爲之合。咸池，大咸也。○坡謂：地示，蓋指大社，及春祈、秋報者。乃奏姑洗，歌南呂，舞《大磬》，以祀四望；註曰：姑洗，陽聲第三，南呂爲之合。乃奏蕤賓，歌函鐘，舞《大夏》，以祭山川；註曰：蕤賓，陽聲第四，函鐘爲之合。函鐘，一名"林鐘"。乃奏夷則，歌小呂，舞《大濩》，以享先妣；註曰：夷則，陽聲第五，小呂爲之合。小呂，一名"中呂"。先妣，姜嫄也。姜嫄履大人跡，感神靈而生后稷，是周之先母也。周立廟，自后稷爲始祖，姜嫄無所妃，是以特立廟而祭之，謂之閟宮。閟，神之。乃奏無射，歌夾鐘，舞《大武》，以享先祖。註曰：無射，陽聲之下也，夾鐘爲之合。夾鐘，一名"圜鐘"。先祖，謂先王先公。○坡伯兄曰：上言祭、享、祀三事，而乃有此六樂者，蓋有祀日月星辰不繫於天，祭嶽瀆山川不繫於地，特祭閟宮，分享群廟之時也。然其曰祀、曰祭、曰享，則仍蒙上文，其實三事而已。黃鐘，陽辰之始，而大呂合之。天主大始，故以祀天也。應鐘，陰辰之終，而大蔟合之。地居成物，故以祭地也。姑洗，陽辰之終，而南呂合之。四望次於天，故以祀四望也。函鐘，陰辰之始，而蕤賓合之。山川次於地，故以祭山川也。夷則四方，而小呂合之。夾鐘東方，而無射合之。人事始於卯而終於申，故以享先妣、先祖也。蓋不特以先後之序爲尊卑之等，而其所取類者如此。天主奏，地主歌，祖妣則反是者，人事取其交也。○凡六樂者，文之以五聲，播之以八音。註曰：六者言其均，皆待五聲、八音乃成也。播之言"被"也。○坡伯兄曰：每二律歌奏，則成二調，然通謂之一樂者，所用同也。凡此二律者，特爲宮耳。其餘四聲，蓋各以其律從，以成一調，而爲八音之節。六樂者,調也。五聲者,聲也。知聲調之分,則知古人作樂之法矣。○大蔟,音太。蔟,七豆反。蓏,人誰反。射,音亦。妃,音配。

凡六樂者,一變而致羽物及川澤之示,再變而致臝物及山林之示,三變而致鱗物及丘陵之示,四變而致毛物及墳衍之示,五變而致介物及土示,六變而致象物及天神。註曰:變,猶"更"也,樂成則更奏也。每奏有所感,致和以來之。凡動物敏疾者,地示高下之甚者易致,羽物既飛又走。川澤有孔竅者,蛤蟹走則遲,墳衍孔竅則小矣,是其所以舒疾之分。土示,原隰及平地之神也。象物,有象在天。所謂四靈者,天地之神。四靈之知,非德至和則不至。○疏曰:案:《大司徒》"五地之物生",動、植俱有。此俱言動物,不言植物者,據有情可感者而言也。○坡伯兄曰:此一條,通論爲樂感召之理,以起下六變、八變、九變之端也。人鬼神示百物,莫不有感召之理焉。羽物輕清,得氣之先;其次,則臝物,爲其近於人也;其次則鱗,次毛,次介,以動静之性爲別也。川澤之竅大,山林之氣疏,其次丘陵,次墳衍,次土示,以氣之通塞爲叙也。象物,聚而成象而不可常者。天神,即上所祀之天神也。六變而致此,故下云"凡樂六變,則天神皆降,可得而禮也"[1]。由此而八變以興地示,由此而九變以來人鬼。此不究言之者,緣下有其文,則此固可省也。

凡樂,圜黄鐘爲宫,黄鐘爲角,大蔟爲徵,姑洗爲羽;雷鼓、雷鼗,孤竹之管,雲和之琴瑟,《雲門》之舞,冬日至於地上之圜丘奏之;若樂六變,則天神皆降,可得而禮矣。凡樂,函鐘爲宫,大蔟爲角,姑洗爲徵,南小吕爲羽;靈鼓、靈鼗,孫竹之管,空桑之琴瑟,《咸池》之舞,夏日至於澤中之方丘奏之;若樂八變,則地示皆出,可得而禮矣。凡樂,黄圜鐘爲宫,大吕爲角,大蔟圜鐘爲徵,應鐘爲羽;路鼓、路鼗,陰竹之管,龍門之琴瑟,《九德》之歌,《九磬》之舞,於宗廟之中奏之;若樂九變,則人鬼可得而禮矣。註曰:先奏是樂以致其神,禮之以玉而祼焉,乃後合樂而祭之。圜鐘,夾鐘也。函鐘,林鐘也。此樂無商者,祭尚柔;商,堅剛也。鄭司農云:《九德》之歌,《春秋傳》所謂六府三事,謂之九功;九功之德,皆可歌也,謂之九歌也。玄謂:孤竹,竹特生者;孫竹,竹枝根之末生者;陰竹,生於山北者。雲和,空桑,龍門,皆山名。九聲,讀當爲"大韶",字之誤也。○王光遠曰:言天神,則昊天上帝,日月星辰,風師雨師之屬,莫不以類而畢降。言地示,則大示社稷,五祀五嶽,山林川澤,四方百物之屬,莫不以類而畢出。○坡伯兄曰:上六樂者,用以祭、享、祀,各有二焉,此則合二者而一之。蓋陽生而郊天,配以日月星辰;陰生而祭地,配以嶽瀆山川。大禘大祫,有事大廟,配以羣后之時也。其所分以祀、以祭、以享之律,則與前文同。但錯互黃鐘、圜鐘之宮,又誤小呂爲南呂耳。此則訛舛相□□其所以,則以黃鐘爲角之文,致疑重複,或者遂以意易之,小之爲南傳寫偶異,以此生誤。蓋所謂某律爲宮者,即本律爲之也;所謂某律爲角、爲徵、爲羽者,非本律爲之也。乃謂本律之角、之徵、之羽也,且若黃鐘爲宮,宮固黃鐘也。黃鐘之角,角則姑洗也。大蔟之徵,徵則南呂也。姑洗之羽,羽則大呂也。此四者,皆所以祀天神、四望,故天神可得而禮也。函鐘之宮,宮即函鐘也。大蔟之角,角則蕤賓也。姑洗之徵,徵則應鐘也。小呂之羽,羽則大蔟也。此四者,皆所以祭地示山川,故地示可得而禮也。圜鐘之宮,宮即圜鐘也。大呂之角,角則小呂也。大蔟之徵,徵則南呂也。應鐘之羽,羽則夷則也。此四者,皆所以享先妣、先祖,故人鬼可得而禮也。此其所同者也。其所異者,前樂則二律爲宮,各具五聲;此則四律一爲宮,一爲角,一爲徵,一爲羽,各不相係,亦自具五聲也。必名爲某之角、某之徵、某之羽者,以六律、五聲之叙求之,則當之者名之也。如宮之下當爲角,自黃鐘以下求之,則姑洗適當黃鐘之角矣。角之下當爲徵,自黃鐘以下求之,則南呂適當大蔟之徵矣。徵之下當爲羽,自大蔟以下求之,則大呂適當姑洗之羽矣。以至方丘、宗廟之樂,莫不皆然。無商聲者,祭祀吉禮,而商屬金,爲殺伐之聲,故去。人鬼之樂,卯與戌合,當用無時,而用南呂者,戌爲乾維,乾,金也,西方殺伐之盛,故亦去之,而用卯衝焉。蓋去商者,去其調也;去無射者,去其律之調也。至於調中之聲律,則雖商與無射,未嘗不用焉。此三樂之與前不同,而實未嘗不同也。其必以黃鐘、函鐘、圜鐘爲宮者,天氣始於子,終於辰;地氣始於未,終於亥;人事始於卯,終於申,故以

"三始"者爲宫也。義既有取，氣亦相應。冬至祀天；黄鐘，冬至之律也。夏至祭地；林鐘，夏至之律也。宗廟之祭，以春爲首；圜鐘，春分之律也。樂有八音，而止於鼗鼓管、琴瑟者，堂上之樂，主於琴瑟；堂下之樂，主於管鼗鼓，故舉三者，爲樂綱紀。其所用三舞，亦與前異者，在天則統以天神之所用，故止用《雲門》也；在地則統以地示之所用，故止用《咸池》也；在人則亦以古樂爲尊，故改用《大䭾》焉。其三樂之變數多寡不同者，天動而地静，動者速，静者遲，天地伸，而人鬼屈，伸者易求，屈者難致也。以此三樂而通上文之説，則自一至九，樂之每變，所感愈遠；作樂者各以所欲，求而致之。則凡在天地之間者，幽明遠近，無不以其類；至此，樂之成也。○坡嘗請伯兄曰：此三祀四聲，即上分祀六樂，深得大樂必易之理，可謂神合。然不用商，明見於經。若無射分祀奏之，於此去之，未有他考。竊意宗廟之大蔟爲徵，似複上天神之䚢也，請并改太蔟爲圜鐘。伯兄曰"諾"。○又案：朱子言，祭天，無將許多百神一齊排下都祭。然觀本經皆降、皆出，則註疏所云"祀天，則天文從祀；祀地，則地理從祀"，自是蓋必多神，故云"皆"也。○靁，音雷。

凡樂事，大祭祀宿縣，遂以聲展之。疏曰：舉"大祭祀"而言，其實中、小祭祀亦宿縣也。至於饗食燕賓客有樂事，亦兼之矣。言"宿縣"者，皆於前宿豫縣之。遂以聲展之者，謂相叩使作聲，而展省聽之，知其完否善惡也。王出入，則令奏《王夏》；尸出入，則令奏《肆夏》；牲出入，則令奏《昭夏》。註曰：三夏，皆樂章名。帥國子而舞。註曰：當用舞者，帥以往。○縣，音懸。下同。

大饗不入牲，其他皆如祭祀。註曰：大饗饗賓客也，不入牲。牲不入，亦不奏《昭夏》也。其他謂王出入，賓客出入，亦奏《王夏》、《肆夏》。○疏曰：祭祀，則君牽牲入殺。今大饗亦在廟，其牲在廟門外殺，因即烹之，升鼎乃入。故云"不入牲"也。○坡伯兄曰：其宿縣、展聲、命舞，亦與祭祀同也。

大射，王出入，令奏《王夏》；及射，令奏《騶虞》。註曰：《騶虞》，樂章名，在《召南》之卒章。王射以騶虞爲節。詔諸侯以弓矢舞。註曰：舞，謂執弓、挾矢揖讓進退之儀。○疏曰：此諸侯來朝，將助祭，預天子大射之時。

　　王大食，三侑，皆令奏鐘鼓。註曰：大食，朔月、月半，以樂侑食時也。侑，猶"勸"也。

　　王師大獻，則令奏愷樂。註曰：大獻，獻捷於祖。愷樂，獻功之樂。

　　凡日月食，四鎮、五嶽崩，大傀異災，諸侯薨，令去樂。註曰：四鎮，山之重大者，謂揚州之會稽，青州之沂山，幽州之醫無閭，冀州之霍山。五嶽，岱在兖州，衡在荆州，嵩在豫州，華在雍州，恆在并州。傀，猶"怪"也。大怪異災，謂天地奇變，若星辰奔賣，及震裂爲害者。去樂，藏之也。○大札、大凶、大災、大臣死，凡國之大憂，令弛縣。註曰：札，疫癘也。凶，凶年也。災，水火也。弛，釋下之，若今休兵鼓之爲。○疏曰：大憂，若國亡大縣邑及戰敗之類是也。○徐氏曰：憂之，日短則去樂，日長則弛縣。○傀，音怪。賣，于敏反。

　　凡建國，禁其淫聲、過聲、凶聲、慢聲。註曰：淫聲，若鄭衛也。過聲，失哀樂之節。凶聲，亡國之聲。若桑間、濮上慢聲，惰慢不恭。○疏曰：建國，謂新封諸侯之國。樂者移風易俗，當用其正樂以化民，故禁此四者也。

　　大喪，涖廞樂器。註曰：涖，臨也。廞，興也。臨笙師、鎛師之屬，興樂器也。興，謂"作之"也。○及葬，藏樂器亦如之。

　　坡伯兄曰：鄭氏以此六變者，爲大蜡之樂。特因上下各言鬼、神、示之祀，中間及於百物，緣文生義爲此說耳。夫大蜡而用樂，則有之矣。其索物而致之，感通之理，無異此所稱焉。然考之經，則祭蜡而吹豳頌，擊土鼓，以息老物，蓋籥章氏之所掌，非"大司樂"之司也。又據註文，四方之蜡，各用其律。是則四樂而已，又蒙六樂之文，何哉？愚故曰：通言樂理，非爲蜡也。夫《虞書》所稱，舜所以享於宗廟者耳。然而百獸蹌蹌，靈鳥一來儀，亦俟蜡之而後可致也乎？○或曰：陽始於子，終於巳；陰始於午，終於亥；人統始於寅。今曰：陽終於辰，陰始於未，人始於卯，又何說哉？坡伯兄曰：陽終於巳，而巳陰辰也；陰始於午，而午陽辰也。惟子、寅、辰爲陽中之陽，故曰"陽終於辰"。未、酉、亥爲陰中之陰，故曰"陰始於未"。寅雖人統，然人之六辰，固欲兼天地而用之，自卯至申，各用陰陽之半也，故曰"人始於卯"。又曰"三樂"、"四聲"，説者既舛，且以圜鐘祀天，黄鐘享廟，逆於氣而乖於理，其害殆有甚焉！惟唐祖孝孫制十二和，定以圜丘黄鐘，方澤林鐘，宗廟大蔟。彼非不知有《周官》之文者，其義必有所考矣。夫黄鐘，律之首；冬至，氣之初；天者，羣物之始也。冬至祀天，而義不於黄鐘之宫，則曷取爾？或曰：上六變者，山林川澤，其陵墳衍原隰之示，皆已畢至。而此謂樂八變，地示乃出，何哉？曰：前所致者，山川之類也。經別"地示"於"山川"，則所謂地示者，必有所指；八變而出，又何疑乎！

樂　　師

○樂師，掌國學之政，以教國子小舞。註曰：謂以年幼少時教之舞。《内則》曰：十三舞《勺》，成童舞《象》，二十舞《大夏》。○疏曰：此樂師教小舞，即下文"帗舞"以下是也。此言小舞，即大司樂教《雲門》已下，爲大舞也。○凡舞，有帗舞，有羽舞，有皇舞，有旄舞，有干舞，有人舞。註曰：鄭司農云："帗舞者，全羽；羽舞者，析羽；旄舞者，氂牛之尾；干舞者，兵舞；人舞者，手舞。"社稷以帗，辟廱以旄。玄謂：帗，析五采繒。今靈星舞子持之是也。皇，雜五采羽，如鳳皇色，持以舞。人舞，無所執，以手袖爲威儀。四方以"羽"，宗廟以"人"，山川以"干"，旱嘆以"皇"。○鄭剛中曰：旄，即"旄人"所教之舞也。夷樂、散樂，賓客之燕樂用之。辟雍用旄，無所考。○帗，音拂。氂，音貍。

教樂儀：坡伯兄曰：樂儀，凡行、趨、登車、環拜及射，其節應于樂者，皆是也。○行以《肆夏》，趨以《采薺》，車亦如之。環拜以鐘皷爲節。註曰：鄭司農云：《肆夏》、《采薺》，皆樂名，或曰皆逸詩。謂人君行步，以《肆夏》爲節；趨疾於步，則以《采薺》爲節。若今時行禮於大學，罷出以皷陔爲節。環，謂旋也。拜，直拜也。玄謂：行者，謂於大寢之中；趨，謂於朝廷。《爾雅》曰："堂上謂之'行'，門外謂之'趨'。"然則，王出，既服至堂，而《肆夏》作；出路門，而《采薺》作。其反入至應門、路門，亦如之。此謂步迎賓客。王如有車出之事，登車於大寢西階之前，反降於阼階之前。《尚書傳》曰："天子將出，撞黄鐘之鐘，右五鐘皆應；入則撞蕤賓之鐘，左五鐘皆應。大師於是奏樂。"○薺，徐私反。陔，改才反。

凡射，王以《騶虞》爲節，諸侯以《貍首》爲節，大夫以《采蘋》爲節，士以《采蘩》爲節。註曰：《騶虞》、《采蘋》、《采蘩》，皆樂章名，在《國風·召南》。惟《貍首》在《樂記》。《射義》曰："《騶虞》者，樂官備也；《貍首》者，樂會時也；《采蘋》者，樂循法也；《采蘩》者，樂不失職也。是故天子以備官爲節，諸侯以時會②爲節，卿大夫以循法爲節，士以不失職爲節。"鄭司農說以《大射禮》曰："樂正命大師曰③：'奏《貍首》，間若一！'大師不興，許諾。樂正反位。奏《貍首》以射。"貍首，曾孫。

凡樂掌其序事，治其樂政。疏曰：掌其序事，謂陳列樂器及作樂之次第。治其樂政，謂治理樂聲，使得其正，不淫放也。○坡伯兄曰："凡"，下"祭、饗、射、獻"之事。○凡國之小事用樂者，令奏鐘鼓。註曰：小事，小祭祀之事。○坡伯兄曰：令奏鐘鼓，則樂隨以作矣。○凡樂成則告備。註曰：成，謂所奏一竟。《書》曰："《簫韶》九成。"《燕禮》曰："大師告于樂正曰：'正歌備。'"○疏曰：凡奏樂，八音俱作，一曲終則爲一成，則樂師告備。如是者六，則六成。餘八變、九變，亦然。○詔來瞽，皋舞。註曰：鄭司農云：瞽，當爲鼓。皋，當爲告。呼擊鼓者，又告當舞者，持鼓與舞俱來也。"鼓"字，或作"瞽"。詔來瞽，或曰"來"，勑也，勑爾瞽，率爾衆工，奏爾悲誦。肅肅雍雍，毋怠毋凶。玄謂：詔來瞽，詔視瞭扶瞽者來入也。"皋"之言"號"，告國子當舞者舞。○及徹，率學士而歌徹，註曰：學士，國子也。徹者，歌《雍》。《雍》在《周頌·臣工》之什。○疏曰：學士主舞，瞽人主歌。今云帥學士而歌徹者，此絕讀之，然後合義。歌徹之時，歌舞俱有。謂帥學士使之舞，歌者自是瞽人歌《雍》詩也。徹者，主宰君婦耳。○令相。註曰：令視瞭扶工。鄭司農云：告當相瞽師者，言當罷也。瞽師，盲者，皆有相道之者。

饗食諸侯，序其樂事，令奏鐘鼓，令相，如祭之儀。疏曰：言"如祭之儀"者，非直序樂。令鐘鼓，令相其，中詔來瞽、歌徹等，皆如之。但祭祀歌

《雍》，而徹饗食、徹器，亦歌《雍》。知者，下《大師》，與此文皆云"大饗亦如祭祀"，"登歌"、"下管"，故知皆同也。

燕射，帥射夫以弓矢舞。註曰：射夫，衆耦也。

樂出入，令奏鐘鼓。註曰：樂出入，謂笙歌舞者及其器。○坡謂：總結上文祭祀、饗食、燕射三者，凡其樂之出入，皆令奏鐘鼓也。

凡軍大獻，教愷歌，遂倡之。師還未至之時，預教瞽矇愷歌。入祖廟，樂師倡之，羣工和之也。

凡喪，陳樂器，則帥樂官。註曰：帥樂官往陳之。○疏曰：樂官，笙師鎛師之屬。陳之者，謂如《既夕禮》，陳器於祖廟之前庭，及壙道東者也。○及序哭，亦如之。註曰：哭，此樂器亦帥之。○疏曰：序哭，謂使人持此樂器向壙及入壙之時，序哭之也。

凡樂官掌其政令，聽其治訟。疏曰：凡樂官，謂此已下"大胥"至"司干"。

大　胥

○大胥，掌學士之版，以待致諸子。註曰：鄭司農云：學士，謂卿大夫諸子學舞者。版，籍也。今時鄉戶籍，世謂之戶版。大胥主此籍，以待當召聚學舞者。卿大夫之諸子，則按此籍以召之。漢大樂律曰：卑者之子，不得舞宗廟之酎。除吏二千石到六百石，及關内侯到五大夫子，先取適子，高七尺以上，年十二到年三十，顔色和順，身體脩治者，以爲舞人。與古用卿大夫子同義。○酎，直救反。

春入學，舍采，合舞。註曰：春始以學士入學宮而學之。合舞，等其進退，使應節奏。舍，即"釋"也。采，讀爲"菜"。始入學必釋菜，禮先師也。菜，蘋蘩之屬。○秋頒學，合聲。註曰：春使之學，秋頒其才藝所爲。合聲，亦等其曲折，使應節奏。○疏曰：春物生之時，學子入學；秋物成之時，頒分也。分其才藝高下。○以六樂之會正舞位，註曰：大同六樂之節奏，正其位使相應也。言爲大合樂習之。○疏曰：案：《月令》仲春，"上丁，命樂正習舞、釋菜"；季春云"大合樂"，則此云"六樂之會"爲季春大合樂習之也。以序出入舞者。註曰：以長幼次之，使出入不紕錯。○徐氏曰：正舞位，使左右前後之有倫。序舞者，使出入行綴之有序。○比樂官。註曰：比，猶"挍"也。杜子春云：次比樂官也。展樂器。註曰：展，謂陳數之。○舍，讀"釋"。采，讀"菜"。紕，匹毗反。

凡祭祀之用樂者，以鼓徵學士。註曰：擊鼓以召之。《文王世子》曰："大昕鼓徵，所以警衆。"○疏曰：天地宗廟之祀，用樂舞之處，以鼓召選之，當舞者往舞焉。

序宮中之事。坡伯兄曰：兼序宮中之事，其意深矣。《商書》曰"敢有恆舞于宮，酣歌于室"，此所以大爲之防也。

小　胥

○小胥，掌學士之徵令而比之，觵其不敬者；註曰：比，猶"挍"也。不敬，謂慢期不時至也。觵，罰爵也。《詩》云："兕觵其觩。"○王光遠曰：徵則召之使來，令則使之有爲。○巡舞列，而撻其怠慢者。註曰：撻，猶扶也。扶以荊朴。觵，古橫反。觩，巨樛反。撻，勑乙反。

正樂縣之位：王宮縣，諸侯軒縣，卿大夫判縣，士特縣。辨其聲。註曰：樂縣，謂鐘磬之屬，縣於筍簴者。鄭司農云：宮縣四面縣，軒縣去其一面，判縣又去其一面，特縣又去其一面。四面象宮室四面有牆，故謂之"宮縣"。軒縣三面，其形曲，故《春秋傳》曰"請曲縣，繁纓以朝，諸侯之禮也"。玄謂：軒縣，去南面，辟王也；判縣，左右之合，又空北面；特縣，縣於東方，或於階間而已。○凡縣鐘磬，半爲堵，全爲肆。註曰：鐘磬者，編縣之，二八十六枚，而在一簴，謂之"堵"。鐘一堵，磬一堵，謂之"肆"。半之者，謂諸侯之卿、大夫、士也。諸侯之卿、大夫，半天子之卿大夫，西縣鐘，東縣磬。士亦半天子之士，縣磬而已。鄭司農云：以《春秋傳》曰"歌鐘二肆"。○疏曰：經直言"鐘磬"，不言"鼓鎛"者，周人縣鼓與鎛之大鐘，惟縣一而已，不編縣，故不言之。其十二辰頭之零鐘，亦縣一而已。今所言縣鐘磬者，謂編縣之二八十六枚，共在一簴者也。○縣，音懸。簴，音巨。辟，音避。

大　師

○大師，掌六律、六同以合陰陽之聲。陽聲：黃鐘、大蔟、姑洗、蕤賓、夷則、無射。陰聲：大呂、應鐘、南呂、函鐘、小呂、夾鐘。皆文之以五聲：宮、商、角、徵、羽。皆播之以八音：金、石、土、革、絲、木、匏、竹。註曰：以合陰陽之聲者，聲之陰陽各有合。黃鐘，子之氣也，十一月建焉，而辰在星紀。大呂，丑之氣也，十二月建焉，而辰在玄枵。大蔟，寅之氣也，正月建焉，而辰在娵訾。應鐘，亥之氣也，十月建焉，而辰在析木。姑洗，辰之氣也，三月建焉，而辰在大梁。南呂，酉之氣也，八月建焉，而辰在壽星。蕤賓，午之氣也，五月建焉，而辰在鶉首。林鐘，未之氣也，六月建焉，而辰在鶉火。夷則，申之氣也，七月建焉，而辰在鶉尾。中呂，巳之氣也，四月建焉，而辰在實沈。無射，戌之氣也，九月建焉，而辰在大火。夾鐘，卯之氣也，二月建焉，而辰在降婁。辰與建交錯貿處，如表裏然，是其合也。其相生，則以陰陽六體為之。黃鐘初九也，下生林鐘之初六。林鐘又上生大蔟之九二。大蔟又下生南呂之六二。南呂又上生姑洗之九三。姑洗又下生應鐘之六三。應鐘又上生蕤賓之九四。蕤賓又上生大呂之六四。大呂又下生夷則之九五。夷則又上生夾鐘之六五。夾鐘又下生無射之上九。無射又上生中呂之上六。同位者，象夫妻；異位者，象子母。所謂律娶妻，而呂生子也。黃鐘長九寸，其實一籥。下生者三分去一，上生者三分益一。五下六上，乃一終矣。大呂長八寸二百四十三分寸之一百四。大蔟長八寸。夾鐘長七寸二千一百八十七分寸之千七十五。姑洗長七寸九分寸之一。中呂長六寸萬九千六百八十三分寸之萬二千九百七十四。蕤賓長六寸八十一分寸之二十六。林鐘長六寸。夷則長五寸七百二十七分寸之四百五十一。南呂長五寸三分寸之一。無射長四寸六千五百六十一分寸之六千五百二十四。應鐘長四寸二十七分寸之二十。文之者，以調五聲，使之相次，如錦繡之有文章。播，猶"揚"也。揚之以八音，乃可得而觀之矣。金，鐘、鎛也。石，磬也。土，塤也。革，鼓、鼗也。絲，琴、瑟也。木，柷、敔也。匏，笙也。竹，簫、管也。○疏曰：黃鐘、大蔟、姑洗等，據左旋而言；大呂、應鐘、南呂等，據右轉而説。○枹，虚驕反。姑，子榆反。蕤，子斯反。中，音仲。

教六詩：曰"風"，曰"賦"，曰"比"，曰"興"，曰"雅"，曰"頌"。 註曰：風，言聖賢治道之遺化也。賦之言"鋪"，直鋪陳今之政教善惡。雅，正也。言今之正者，以爲後世法。頌之言"誦"也，"容"也。誦今之德，廣以美之。鄭司農云：古而自有風、雅、頌之名。故延陵季子觀樂於魯時，孔子尚幼，未定《詩》、《書》。而因爲之歌《邶》、《鄘》、《衛》，曰："是其衛風乎？"又爲之歌《小雅》、《大雅》，又爲之歌頌。《論語》曰："吾自衛反魯，然後樂正，《雅》、《頌》各得其所。"時禮樂自諸侯出，頗有謬亂不正，孔子正之。比者，比方於物也。興者，託事於物。○徐氏曰：六詩之教，教國子也。○坡伯兄曰：風、雅、頌者，詩之三部；賦、比、興，蓋所以爲之之體也。此所謂六義。其於風之下，而繼以賦、比、興，乃及雅、頌者，詩以風爲首，有風，則有三者矣。○**以六德爲之本**，疏曰：凡受教者，必以行爲本，故使先有六德，乃可習六詩也。○坡伯兄曰：六德，中、和、祗、庸、孝、友也。○**以六律爲之音**。黃文叔曰：聲成文謂之"音"。不以六律，音不可得而正也。○坡伯兄曰：凡樂，以人聲爲主。人聲生於心，而發爲言。言成文謂之詩。歌詩而節之以聲律，則樂著矣。被之以八音，則樂成矣。故人聲者，主也；金、石、土、革、絲、木、匏、竹者，輔也。六律、五聲者，節乎人聲八音者也。言六律、五聲、八音，而歸之於教詩，得其本矣。

大祭祀，帥瞽登歌，令奏擊拊；註曰：擊拊，瞽乃歌也。鄭司農云：登歌，歌者在堂也。樂或當擊，或當拊。登歌、下管，貴人聲也。玄謂：拊形如鼓，以韋爲之，著之以糠。○**下管播樂器，令奏鼓朄**。註曰：鼓朄，管乃作也。特言管者，貴人氣也。鄭司農云：下管，吹管者在堂下。朄，小鼓也。先擊小鼓，乃擊大鼓；小鼓爲大鼓先引，故曰"朄"。朄，讀爲"導引"之"引"。玄謂：鼓棘,猶言擊棘。《詩》云:"應棘縣鼓。"④○疏曰:聲出曰"播",謂播揚其聲。奏即播,亦一也。欲令奏樂器之時,亦先擊棘道之也。大饗亦如之。疏曰:祭饗及賓射,升歌下管,一皆大師令奏,小師佐之。其鐘鼓,則大祝令奏,故《大祝》云"隋釁、逆尸,令鐘鼓。右亦如之"。若賓射及饗,鐘鼓亦當大祝令,與祭同。○棘,音胤,"引之""引"並同。隋,許規反。

大射,帥瞽而歌射節。註曰:射節,主歌《騶虞》。

大師,執同律以聽軍聲,而詔吉凶。註曰:大師,大起軍師。《兵書》曰:"王者行師,出軍之日,授將弓矢,士卒振旅,將張弓大呼。大師吹律合音,商則戰勝,軍士強;角則軍擾多變,失士心;宮則軍和,士卒同心;徵則將急數怒,軍士勞;羽則兵弱,少威明。"鄭司農云:以師曠曰:"吾驟歌北風,又歌南風。南風不競,多死聲,楚必無功。"

大喪,帥瞽而廞;作柩、謚。註曰:廞,興也。興言王之行。謂諷誦其治功之詩,故書廞爲淫。鄭司農云:淫,陳也。陳其生時行迹爲作謚。

凡國之瞽矇正焉。註曰:從大師之政教。

小　　師

○小師,掌教鼓、鼗、柷、敔、塤、簫、管、弦、歌。教,教瞽矇也。出音曰"鼓"。鼗,如鼓而小,持其柄搖之,旁耳還自擊。柷,如漆筩,方二尺四寸,深一尺八寸,中有椎;樂始作,撞其底及左右擊,以起樂。敔,如伏虎,背有二十七刻,別有木長尺,櫟之,以止樂。塤,燒土爲之,大如雁丘,銳上平底,有六孔以發聲。簫,編以竹,長尺四寸,頌簫尺二寸,象鳥翼,有吹處;大者二十四管,小者十六管,管如篴而小,六孔併兩而吹之。絃,謂琴、瑟也。歌,依詠詩也。○坡伯兄曰:此八者,其序蓋自下而及上,自觕以及精,小師皆教之,而鎛與金石不在焉。蓋磬師、鐘師、笙師、鎛師掌之矣,鐘、鎛、笙、磬,其類不□器也,故各有專之者。○箙,音動。篴,音狄。

大祭祀,登歌,擊拊;註曰:亦自有拊擊之,佐大師令奏。鄭司農云:拊者擊石。○下管，擊應鼓；註曰：應，鼙也。應與鞷及朔，皆小鼓也。其所用別，未聞。○徹，歌。註曰：於有司徹而歌《雍》。○大饗亦如之。疏曰：其大饗，饗諸侯之來朝者，徹器亦歌《雍》，若諸侯自相饗，徹器即歌《振鷺》，故《仲尼燕居》云"大饗有四焉"。云"徹以《振羽》"，"《振羽》"當爲《振鷺》，是其事也。

大喪，與廞。註曰：從大師。○與，音預。

凡小祭祀、小樂事，鼓鞷。註曰：如大師。鄭司農云：鞷，小鼓名。

掌六樂聲音之節與其和。徐氏曰：以六代之樂，而文之以五聲，播之以八音。五聲，若大不踰宮，細不過羽之類。八音，若升歌在上，匏竹在下之類。是之謂"節"。然上下大小，欲其周旋而相應，故曰"和"。

瞽矇

○瞽矇，掌播鼗、柷、敔、塤、簫、管、弦、歌，註曰：播，謂發揚其音。

諷誦詩，世奠繫，鼓琴瑟。註曰：諷誦詩，謂闇讀之，不依詠也。鄭司農云：諷誦詩，主誦詩以刺君過。故《國語》曰："瞍賦矇誦，謂詩也。"杜子春云：世奠繫，謂帝繫諸侯、卿、大夫世本之屬是也。小史主次序先王之世，昭穆之繫，述其德行；瞽矇主誦詩，并誦世繫，以戒勸人君也。故《國語》曰："教之世，爲之昭明德而廢幽昏焉，以怵懼其動。"○坡伯兄曰：此謂人君燕居之時，瞽矇主誦詩，并誦世繫，以戒勸之，鼓琴瑟以安樂之也。○奠，音定。

掌《九德》、六詩之歌，以役大師。註曰：役，爲之使。

視瞭

○視瞭，掌凡樂事播鼗，擊頌磬、笙磬；註曰：視瞭播鼗又擊磬。磬在東方曰"笙"。笙，生也。在西方曰"頌"。頌，或作"庸"，庸功也。《大射禮》曰"樂人宿縣于阼階東，笙磬西面，其南笙鐘，其南鎛，皆南陳"，又曰"西階之西，頌磬東面，其南鐘，其南鎛，皆南陳"。○縣，音懸。下同。

掌大師之縣；註曰：大師當縣，則爲之。○坡伯兄曰：凡縣者，鐘磬之屬，非瞽矇所職，故視瞭掌之。必言大師之縣，謂大師當命奏者也。

凡樂事相瞽。註曰：相，謂扶工。

大喪，廞樂器。大旅，亦如之。註曰：旅，非常祭，於時乃興造其樂器。○坡伯兄曰：凡瞽矇所掌者，皆視瞭代廞之。然視瞭之職，既云"擊頌磬、笙磬"，又云"掌大師之縣"，則鐘磬之屬，亦必視瞭廞之也。故下磬師、鐘師，獨無廞器之文，則知其職具是矣，其餘，則笙師所廞者。竽笙以下，鎛師所廞晉鼓，籥師羽籥，司干干盾，典庸器筍虡，各以其所掌者廞之也。大旅亦如之。然惟於視瞭、笙師言之者，見例而已。自是以下，可以義推。

賓射，皆奉其鐘鼓。註曰：擊楝以奏之，其登歌，大師自奏之。○疏曰：《大師》職云，下管"令奏鼓楝"，鐘鼓與管俱在下。管既擊楝令奏，則鐘鼓亦擊楝奏之可知。○鼜愷獻，亦如之。註曰：愷獻，獻功愷樂也。杜子春云：讀"鼜"爲"憂戚"之"戚"，謂戒守鼓也。擊鼓聲疾數，故曰"戚"。○鼜，音戚。

典　　同

○典同，掌六律、六同之和，以辨天地、四方、陰陽之聲，以爲樂器。註曰：陽聲屬天，陰聲屬地。天地之聲，布於四方。爲，作也。律，述氣者也。同，助陽宣氣。與之同，皆以銅爲之。○坡伯兄曰：六律爲陽，六同爲陰，布十有二辰以從八風，故能知律同之和者，則能辨天地、四方、陰陽之聲矣。樂器，金石之類也。造八音之器，必本於律也。

凡聲：高聲䃂，正聲緩，下聲肆，陂聲散，險聲斂，達聲贏，微聲韽，回聲衍，侈聲筰，弇聲鬱，薄聲甄，厚聲石。註曰：鄭大夫讀"䃂"爲"衰冕"之"衰"。玄謂：高，鐘形大上，上大也。高則聲上藏，衰然旋如裹。正，謂上下直，正則聲緩無所動。下，謂鐘形大下，下大也。下則聲出去放肆。陂，讀爲"險陂"之"陂"。陂謂偏侈，陂則聲離散也。險，謂偏弇也，險則聲斂不越也。達，謂其形微大也。達則聲有餘，若大放也。微，謂其形微小也。韽，讀爲

"飛鉆湼簅"之"簅"。簅，聲小不成也。回，謂其形微圜也。回則其聲淫衍無鴻殺也。侈，謂中央約也。侈則聲迫笮，出去疾也。弇，謂中央寬也。弇則聲鬱勃不出也。甄，讀爲"甄燿"之"甄"。甄，猶"掉"也。鐘微薄則聲掉，鐘大厚則如石，叩之無聲。○坡伯兄曰：此聲之病也。八音之聲皆然。○硜，古本反。陂，彼義反。簅，音庵。笮，音謫。弇，音掩。甄，音震。鉆，其廉反。殺，色界反。

凡爲樂器，以十有二律爲之數度，以十有二聲爲之齊量。註曰：數度，廣長也。齊量，侈弇之所容。○疏曰：數度者，《律曆志》云：古之神瞽，度律均鐘，以律計倍半。如黃鐘九寸，倍之爲尺八寸，半之得四寸半。總二尺二寸半，爲鐘口徑及上下之數。自外十二辰頭皆然。○坡謂：齊，均也。量，度也。吹十二律之聲，均度所造器，使之相應。二者，皆以防其硜緩等之失。○凡和樂，亦如之。註曰：和，謂調其故器也。

坡伯兄曰：或問：六律、五聲、八音別其名、合其用者安在？曰：樂之有五聲也，謂夫歌之、調之，別有此五者，而非僅高下之謂也。是故，志有喜樂哀怒，詩有《雅》、《頌》、《國風》，於是而歌聲之部分焉。含宏廣大者，謂之宮；激揚奮厲者，謂之商；流動和暢者，謂之角；敏速疾捷者，謂之徵；嘈雜瑣細者，謂之羽。含宏廣大者，君之道也；激揚奮厲者，臣之操也；流動和暢者，民之理也；敏速疾捷者，事之宜也；嘈雜瑣細者，物之象也。此五聲之分，樂之全也。今之爲五聲者不然。曰五聲者，以清濁高下爲別而已。於是有一章一句而五聲並用。夫一章一句，五聲之用無不在焉，然非其本也。《清廟》之篇，則宮音之奏也。《無衣》之什，則商聲之謳也。是之謂五聲。若夫清濁高下，則六律之用也，五聲之紀也。宮、商、角、徵、羽，各有清濁高下焉。十二管以律之，是之謂六律。律既成矣，而非吹律以作樂之謂也。古者制律備而鑄鐘。鑄鐘者，象律之聲也。憂擊其鐘，以爲八音之綱紀，故《國語》曰："金石以動之，絲竹以行之，詩以道之，歌以詠之，匏以宣之，瓦以贊之，革木以節之。"又曰："律，所以立均出度也。"古之神瞽，考中聲而量之，以制度律均鐘，百官軌儀。是故鐘法律，磬法鐘。編鐘、編磬，皆十六爲一堵法，律之十二及四清聲也。故兼總條貫，金聲而玉振之，則六律備，五聲應，八音齊，聖人比德焉。然則八音者，六律五聲備焉。《國語》謂樂器重者從細，輕者從大，何謂也？曰：六律、五聲、八音者，經也；輕重鉅細，必於和者，權也。唯人聲，則中和之始。是故，清濁高下，有所裁制。其次，笙管亦以人氣吹之，近人聲者也，若金石之類，其物性既異，則洪纖之響，率有所偏。是故高者抑之，下者揚之。細者昭其大也，大者鳴其細也。大昭小鳴，和之道也。故其言琴瑟，尚宮鐘，尚羽石，尚角匏竹利。制重者，謂鐘也。尚羽，所以從細也。輕者，謂琴瑟也。尚宮，所以從大也。石音在輕重之間，故尚角，角在清濁之間也。匏則笙也，竹則管也。尚制者，笙管近人聲，有所裁制也。

磬　師

○磬師，掌教擊磬，擊編鐘。註曰：教，教視瞭也。磬亦編於鐘言之者，鐘有不編，不編者，鐘師擊之。杜子春讀"編"爲"編書"之"編"。○劉原父曰：宮縣有特磬十二，鎛鐘十二，皆依辰次陳之，以應其方之律。編磬、編鐘，各十有六，共爲一簾。而磬師之職，掌教視瞭擊特磬與編磬，而又教之擊編鐘也。

教縵樂、燕樂之鐘磬。註曰：縵，謂雜聲之和樂者也。《學記》曰："不學操縵，不能安弦。"燕樂，房中之樂，所謂陰聲也。二樂皆教其鐘磬。○疏曰：《學記》鄭註云："操縵雜弄，即今之調辭曲。"○及祭祀，奏縵樂。易彥祥曰：祭祀奏縵樂，亦取其和而已。

鐘　師

○鐘師，掌金奏。註曰：金奏，擊金以爲奏樂之節。金謂鐘及鎛。○疏曰：此鐘師自擊不編之鐘。凡作樂，先擊鐘，故云"金奏"。

凡樂事，以鐘鼓奏"九夏"：《王夏》、《肆夏》、《昭夏》、《納夏》、《章夏》、《齊夏》、《族夏》、《祴夏》、《驁夏》。註曰：以鐘鼓者，先擊鐘，次擊鼓，以奏"九夏"。夏，大也。樂之大歌有九。杜子春云：祴，讀爲"陔鼓"之"陔"。王出入，奏《王夏》；尸出入，奏《肆夏》；牲出入，奏《昭夏》；四方賓來，奏

《納夏》；臣有功，奏《章夏》；夫人祭，奏《齊夏》；族人侍，奏《族夏》；客醉而出，奏《陔夏》；公出入，奏《驁夏》。《肆夏》，詩也。《春秋傳》曰：穆叔如晉，晉侯享之，金奏《肆夏》三，不拜工；歌《文王》之三，又不拜；歌《鹿鳴》之三，三拜，曰：三夏，天子所以享元侯也，使臣不敢與聞。《肆夏》與《文王》、《鹿鳴》，俱稱三，謂其三章也。以此知《肆夏》，詩也。《國語》曰：金奏《肆夏》、《繁遏渠》，天子所以享元侯；《肆夏》、《繁遏渠》，所謂三夏矣。呂叔玉云：《肆夏》、《繁遏渠》，皆《周頌》也。《肆夏》，《時邁》也；繁遏，執競也；渠，思文也。肆，遂也。夏，大也。言遂於大位，謂王位也。故《時邁》曰：“肆于時夏，允王保之。”繁，多也。遏，止也。言福祿止於周之多也。故《執競》曰“降福穰穰，降福簡簡”，“福祿來反”。渠，大也。言以后稷配天王，道之大也。故《思文》曰：“思文后稷，克配彼天。”故《國語》謂之曰：“皆昭令德，以合好也。”玄謂：以《文王》、《鹿鳴》言之，則九夏皆詩篇名，頌之族類也。此歌之大者，載在樂章，樂崩亦從而亡，是以頌不能具。〇疏曰：鐘師擊鐘而兼鼓者，凡作樂，先擊鐘，次擊鼓，見先後次第，故兼言之。鐘中得奏九夏者，謂堂上歌之，堂下以鐘鼓應之，故《左氏傳》云“晉侯歌鐘二肆”。〇齊，音齋。祴，音陔。驁，五羔反。

凡祭祀、饗、食，奏燕樂。註曰：以鐘鼓奏之。

凡射，王奏《騶虞》，諸侯奏《貍首》，卿、大夫奏《采蘋》，士奏《采蘩》。註曰：鄭司農云：騶虞，聖獸。〇疏曰：言“凡射”，則大射、賓射等，同用此爲射節。〇坡伯兄曰：大師帥瞽而歌射節，其鐘鼓之事，則鐘師奏之，故曰“奏”。凡九夏四節之奏，大司樂所令者，蓋鐘師焉。

掌磬，鼓縵樂。註曰：鼓，讀如“莊王鼓”之“鼓”。玄謂：“作縵樂，擊磬以和之。”〇疏曰：此官主擊磬；於磬師作縵樂，則擊磬以和之。

笙　師

〇笙師，掌教吹竽、笙、塤、籥、簫、篪、笛、管，舂牘、應、雅，以教《祴》樂。教，教視瞭[5]也。竽，三十六簧，宮管在中，長四尺二寸。笙，長四尺，十三簧，宫管在左。籥，如笛，三孔其中，則中聲；其上下一孔，則聲之清濁所由生也。篪，長尺四寸，圍三寸，七孔；一孔上出，徑三分，凡八孔。橫吹之篴，長三尺四寸，六孔。舂牘，以竹，大五六寸，長七尺，短者一二尺，其端有兩空，髹畫，以兩手築地。應，亦以竹，長六尺五寸，其中有椎。雅，狀如漆筒而弇口，大二圍，長五尺六寸，以羊韋鞔之，有兩紐，疏畫。《祴》樂，《祴夏》之樂。牘、應、雅，教其舂者，謂以築地，笙師教之；則三器在庭可知矣。賓醉而出奏《祴夏》，以此三器築地，爲之行節，明不失禮。○坡伯兄曰：竽笙以下八者，皆笙之屬，故笙師教之。塤、簫、管，蓋與小師雜教瞽矇，其餘或教視瞭也。○歙，音吹。髹，香牛反。鞔，莫官反。

凡祭祀、饗、射，共其鐘笙之樂。註曰：鐘笙，與鐘聲相應之笙。燕樂，亦如之。

大喪，廞其樂器；及葬，奉而藏之；大旅，則陳之。註曰：陳於饌處而已，不沧其縣。○疏曰：其沧縣者大司樂。○坡伯兄曰：視瞭言興樂器，不言"陳"與"藏"者，省文也，故曰"大旅亦如之"，如其興器而已。笙師言興，又言藏，旅則不藏也，故曰"大旅，則陳之"。

鎛　　師

○鎛師，掌金奏之鼓。鄭剛中曰：鎛師掌鎛，而一職皆言鼓，豈爲鎛師又擊鼓乎？觀《鼓人》言"以晉鼓鼓金奏"，則此所謂鼓者，考擊以作之之義也。當金奏之時，鼓人以鼓作之，鎛師則以鎛作之，故皆以鼓言。三鼜皆鼓之，是鎛師皆擊鎛而鼓之也。鎛師固宜掌鎛，今畧無擊鎛之文，皆言擊鼓，則"鼓"爲"鼓作"之意明矣。先儒之說，似非鎛師本意。

凡祭祀，鼓其金奏之樂；饗食、賓射，亦如之。王次點曰：金，鐘也。鼓者，所以擊其鐘也。

軍大獻，則鼓其愷樂。凡軍之夜，三鼜皆鼓之，守鼜亦如之。註曰：守鼜，備守鼓也。杜子春云：一夜三擊，備守鼜也。《春秋傳》所謂賓將趨者,音聲相似。○趡,《左傳》作"椒",莊九反。

大喪,廞其樂器,奉而藏之。

靺師

○靺師,掌教靺樂;祭祀,則帥其屬而舞之。註曰:舞之以東夷之舞。○疏曰:凡舞夷樂,皆門外爲之。大饗,亦如之。坡伯兄曰:按:下《旄人》"舞夷樂",又有《鞮鞻氏》"掌四夷之樂與其聲歌",此乃特別"東夷"者,或其樂爲優與? 不可考矣。

旄人

○旄人,掌教舞散樂、舞夷樂。註曰:散樂,野人爲樂之善者,若今"黄門倡"矣。自有舞夷樂,四夷之樂,亦皆有聲歌及舞。○疏曰:旄人教樂而不掌,鞮鞻氏掌樂而不教,互相統耳。○凡四方之以舞仕者,屬焉。疏曰:四方之舞仕,即野人能舞者,屬旄人。選舞人,當於中取之。

凡祭祀、賓客,舞其燕樂。註曰:饗燕作燕樂時,使四方舞士舞之以夷樂。

籥師

○籥師,掌教國子舞羽龡籥。註曰:文舞有持羽吹籥者,所謂籥舞也。《文王世子》曰:"秋冬學羽籥。"《詩》云:"左手執籥,右手秉翟。"

祭祀,則鼓羽籥之舞。註曰:鼓之者,恒爲之節。○疏曰:祭祀先作樂下神。及合樂之時,則使國子舞,鼓動以羽籥之舞,與樂節相應,使不相奪倫。賓客、饗食,則亦如之。

大喪,廞其樂器,奉而藏之。疏曰:此所廞者,惟羽籥而已。

籥章

○籥章,掌土鼓、豳籥。註曰:杜子春云:土鼓,以瓦爲匡,以革爲兩面，可擊也。玄謂：豳籥，豳人吹籥之聲章。《明堂位》曰："土鼓，蒯桴⑥，葦籥，伊耆氏之樂。"○蒯，苦對反。

中春，晝擊土鼓，龡《豳》詩，以逆暑。註曰：《豳》詩，《豳風·七月》也。吹之者，以籥爲之聲。七月言寒暑之事，迎氣歌其類也。此"風"也，而言詩，詩總名也。迎暑以晝，求諸陽。○中秋，夜迎寒，亦如之。註曰：迎寒以夜，求諸陰。○中，音仲。

凡國祈年于田祖，龡《豳》雅，擊土鼓，以樂田畯。註曰：祈年，祈豐年也。田祖，始耕田者，謂神農也。《豳》雅，亦《七月》也。七月又有"于耜舉趾，饁彼南畝"之事，是亦歌其類。謂之雅者，以其言男女之正。鄭司農云：田畯，古之先教田者。《爾雅》曰："畯，農夫也。"○疏曰：此祈年于田祖，并上迎暑迎寒，并不言有祀事。既告神，當有祀事可知。但以告祭弗常，故不言之耳。若有禮物，不過如《祭法》"埋少牢"之類耳。此田祖與田畯，所祈當同日，但位別禮殊，樂則同，故連言之也。○國祭蜡，則龡《豳》頌，擊土鼓，以息老物。註曰：故書"蜡"爲"蠱"。杜子春云：蠱當爲蜡。《郊特牲》曰"天子大蜡八。伊耆氏始爲蜡"，"歲十二月，而合聚萬物而索饗之也"⑦。蜡之祭也，主先嗇而祭司嗇也"，"黃衣黃冠而祭，息田夫也"，"既蜡而收，民息已"。玄謂：十二月，建亥之月也。求萬物而祭之者，萬物助天成歲事，至此爲其老而勞，乃祀而老息之，於是國亦養老焉。《月令》孟冬，"勞農以休息之"是也。《豳》頌，亦《七月》也。《七月》又有"穫稻"作酒，"躋彼公堂，稱彼兕觥，萬壽無疆"之事。是亦歌其類也。謂之頌者，以其言歲終人功之成。○王光遠曰：逆暑迎寒，召其氣之和。聲和則氣和，故先言擊土鼓，以聲爲主。祈則以言通其意，蜡則美其成功，故先言雅頌，以詞爲主。○坡伯兄曰：《豳》詩，《豳風》之《七月》也。《豳》雅，《豳》頌者，先儒析《七月》之篇，以爲風、雅、頌皆備焉。朱子謂雅之《甫田》、《大田》，頌之《載芟》、《良耜》，或其類也，然不可考矣。又曰：豳，諸侯之國。以其爲受命之基，故不可夷於列國之樂，而特以"籥章氏"掌之。其用之必於田事者，后稷以來，世勤稼穡，實王業所以兆，用之歲事，不忘本矣。然宗廟

242

之中，列國四夷之樂，莫不陳而觀焉，所以一風俗，示無外。《豳》詩，王者之本，獨不陳之，何歟？曰：王者，功成而作樂。《豳》，非王者之樂也，故不可與《韶夏》《濩武》比。然又不可與燕樂、縵樂、夷樂混而陳之，非所以尊祖宗之德，推受命之符，於是用之，不亦宜乎？○以樂，音洛。鑰，于輒反。

鞮鞻氏

○鞮鞻氏，掌四夷之樂與其聲歌。註曰：四夷之樂，東方曰"韎"，南方曰"任"，西方曰"侏離"，北方曰"禁"。《詩》云"以雅以南"是也。王者必作四夷之樂，一天下也。言"與其聲歌"，則云"樂者主於舞"。

祭祀，則龡而歌之。燕，亦如之。註曰：吹之，以管籥爲之聲。

典庸器

○典庸器，掌藏樂器、庸器。註曰：庸器，伐國所獲之器，若崇鼎、貫鼎，及以其兵物所鑄銘也。

及祭祀，帥其屬而設筍簴，陳庸器。註曰：設筍簴，視瞭當以縣樂器焉。陳功器，以華國也。杜子春云："筍"，讀爲"博選"之"選"。橫者爲筍，從者爲簴。饗、食、賓射，亦如之。○選，胥袞反。從，于容反。簴，音距。

大喪，廞筍簴。疏曰：案：《檀弓》"有鐘磬而無筍簴"，鄭註云"不縣之彼"。見此文有筍簴，明有而不縣，以喪事畧故也。

司干

○司干，掌舞器。註曰：舞器，羽籥之屬。○坡伯兄曰：舞器者，羽籥干戚之類。獨名"司干"者，周以武功興，大武之樂，朱干玉戚以舞，故舉"干"名也。

祭祀，舞者既陳，則授舞器；既舞，則受之。註曰：既，已也。受，取藏之。賓饗，亦如之。

大喪,廞舞器;及葬,奉而藏之。疏曰:此官云干盾及羽籥,及其所廞,廞干盾而已。其羽籥,則籥師廞之。

【校記】

① 下所云,"凡"作"若","也"作"矣"。
② 據《禮記》,"時會"之後脫"天子"二字。
③ "大師"後之"曰",原文無。
④ "應棟縣鼓",《詩》作"應田縣鼓",箋謂"'田'當作'棟'"。
⑤ "視瞭","視"字原脫,據《十三經註疏》補。
⑥ "蒯",《禮記》作"蕢"。
⑦ "合聚"之"合"字前,《禮記》無"而"字。

周禮述註卷十五

大　卜

○大卜，掌三兆之法：一曰玉兆，二曰瓦兆，三曰原兆。註曰：兆者，灼龜發於火，其形可占者，其象似玉、瓦、原之罌墫，是用名之焉。上古以來，作其法可用者有三。原，原田也。杜子春云：玉兆，帝顓頊之兆；瓦兆，帝堯之兆；原兆，有周之兆。○疏曰：大卜所掌，先三卜，後三《易》，次三夢者，筮短龜長，夢以叶卜筮，故以先後爲次。○趙商問杜子春所云，并下子春云"《連山》宓戲，《歸藏》黃帝"，敢問子春何由知之？鄭答云：此數者，非無明文，改之無據，故著子春説而已。近師皆以爲夏、殷、周。○其經兆之體皆百有二十，其頌皆千有二百。註曰：頌，謂"繇"也。三法，體、繇之數同，其名占異耳。百二十，每體十繇，體有五色，又重之以墨坼也。五色者，《洪範》所謂"曰雨，曰濟，曰圛，曰蟊，曰尅"[①]。○坡謂：疏云"龜兆有五"，而爲百二十者，則兆別分爲二十四分，此言是也。蓋以木、火、土、金、水，與春、夏、秋、冬相乘，一歲有二十四氣。五行運於其間，各有生死，以此視其衰死王相，以決吉凶也。○罌，音問。墫，火嫁反。宓戲，讀伏羲。坼，勑白反。圛，音亦。蟊，音濛。

掌三《易》之法：一曰《連山》，二曰《歸藏》，三曰《周易》。註曰：易者，揲蓍變易之數，可占者也。名曰《連山》，以山出内氣也。《歸藏》者，萬物莫不歸而藏於其中。杜子春云：《連山》宓戲，《歸藏》黃帝。○其經卦皆八，其別皆六十有四。註曰：三《易》卦別之數亦同，其名占異也。每卦八別者，重之數。○坡伯兄曰：龜，象也；筮，數也。求象於兆，求數於變，其法不同。體有百二，卦有六十，其道亦異。蓋卜身之亡久矣。學者因莫之見，遂謂卜筮皆出於《易》，而授《易》繫卜筮蓍龜之言以證之。考之《春秋》內外傳、先秦古書，所舉卜筮之繇，其繫於筮者，皆今《周易》文也。卜繇別爲言語，絕無隻句與《易》相似者，豈可溷乎？愚則以爲卜書，五行也；筮書，陰陽也。《洪範》曰"卜五，占用二"，此卜筮之大要也。《春秋傳》晉卜救鄭，遇水適火，而史趙董皆舉五行尅勝之義占之。卜之畧例，於此可見。○溷，音混。

掌三夢之法：一曰致夢，二曰觭夢，三曰咸陟。註曰：夢者，人精神所寤可占者。○鄭剛中曰：有心而夢，出於有所因，故曰"致"。觭，從角、從奇，蓋角出奇異，所謂怪異之夢。無心感物謂之"咸"，升而有至者，謂之"陟"。咸陟，言無心所感，精神升降，有所致而得夢也。○其經運十，其別九十。註曰：運，或爲"緷"，當爲"煇"，是"視祲"所掌"十煇"也。王者於天，日也。夜有夢，則晝視日旁之氣，以占其吉凶。凡所占者"十煇"，每煇九變。此術今亡。○坡伯兄曰："三夢"舊註亦分三代，其説無據。且直云"其經運十，其別九十"，異於前文，則知三夢一法。致夢者有以致之，如晝所思爲，夜則成夢，是致夢也。觭，杜讀爲"奇"。奇夢，亦思爲所致，而詭異不測。衛玠謂夢有想、有因，致夢、觭夢之謂也。咸，感也；陟，升也。精神感而上通，與鬼神合其吉凶，以其無心焉，故謂之"咸"也。此三者，足以盡夢之變矣。○觭，居綺反。緷、煇同，音運。

以邦事作龜之八命：一曰征，二曰象，三曰與，四曰謀，五曰果，六曰至，七曰雨，八曰瘳。註曰：國之大事，待蓍龜而決者有八，定作其辭於將卜，以命龜也。鄭司農云：征，謂征伐人也。象，謂災變雲物，如衆赤鳥之屬②，有所象似。《易》曰"天垂象，見吉凶"，《春秋傳》曰"天事恒象"，皆是也。與，謂予人物也。謀，謂謀議也。果，謂事成與不也。至，謂至不也。雨，謂雨不也。瘳，謂疾瘳不也。玄謂：征，亦云行巡守也。與，謂所與共事也。果，謂以勇決爲之。○坡謂：八命之序。征者，存亡所係；象者，休咎所關，國之大故也。次以曰與、曰謀，事之從內出而未決者也；曰果、曰至，事之從外來而未決者也；次以曰雨、曰瘳，則一時一身事耳。蓋以大、小、內、外爲序也。○以八命者，贊三兆、三《易》、三夢之占，以觀國家之吉凶，以詔救政。疏曰：以上文八事命龜之辭。贊,佐也,佐明三兆、三《易》、三夢之占辭。將此辭演出其意,以觀國家之吉凶。詔,告也。凶則告凶,救其政,使王改過自新。

凡國大貞,卜立君,卜大封,則視高作龜;註曰:卜立君,君無冢適,卜可立者。卜大封,謂竟界侵削,卜以兵征之,若魯昭元年秋,叔弓帥師疆鄆田是也。視高,以龜骨高者可灼處,示宗伯也。大事,宗伯涖卜。卜因龜之腹骨,骨近足者,其部高。貞,問也。問於正者,必先正之,乃從問焉。作龜,謂以火灼之,以作其兆也。春灼後左,夏灼前左,秋灼前右,冬灼後右。《士喪禮》曰:"宗人受卜人龜,示高。涖卜受視,反之。"又曰:"卜人坐,作龜。"○疏曰:貞,正也。凡國家有大事,正問於龜之事有二,則卜立君、卜大封是也。云"則視高作龜"者,凡卜法在禰廟,廟門閾外閫西,西面有席,先陳龜於廟門外之西塾上;又有貞龜,謂正龜於國外席上;又有涖卜命龜,視高作龜六節。尊者宜逸,卑者宜勞,從下向上差之。作龜、視高二者勞事,以大貞事大,故大卜身爲勞事,則大宗伯臨卜。其餘陳龜、貞龜,皆小宗伯爲之也。○適,丁歷反。竟,音境。鄆,音運。

大祭祀,則視高命龜;註曰:命龜,告龜以所卜之事。不親作龜者,大祭祀輕於大貞也。《士喪禮》曰:宗人即席,"西面坐,命龜"。

凡小事,涖卜。註曰:代宗伯。○疏曰:小事既大卜涖卜,則陳龜、貞龜、命龜、視高,皆卜師爲之,其作龜,則卜人也。

國大遷、大師,則貞龜。註曰:正龜於卜位也。《士喪禮》曰"卜人抱龜燋,先奠龜,西面[3]"是也。又,不親命龜,亦大遷、大師輕於大祭祀也。○疏曰:貞龜上有涖卜,亦大宗伯爲之。陳龜,亦宜小宗伯也。其視高、命龜,卜師;作龜,卜人。○燋,哉約反。

凡旅,陳龜。註曰:陳龜於饌處也。《士喪禮》曰"卜人先奠龜于西塾上,南首"是也。不親貞龜,亦以卜旅祭非常,輕於大遷、大師也。○疏曰:涖卜,仍是大宗伯。貞龜、命龜、視高,皆卜師。亦卜人作龜。

凡喪事,命龜。註曰:重喪禮,次大祭祀也。《士喪禮》則"筮宅"卜日,天子卜葬兆。凡大事，大卜陳龜、貞龜、命龜、視高，其他以差降焉。○疏曰：命龜之上，有陳龜、貞龜，亦小宗伯；涖卜還是大宗伯；視高作龜，卜師也。

卜　　師

○卜師，掌開龜之四兆：一曰方兆，二曰功兆，三曰義兆，四曰弓兆。註曰：方、功、義、弓之名，未聞。○黃文叔曰：卜師揚火作龜，開龜之四兆，正謂作龜，其兆有四：方、功、義、弓。璺坼之象，《龜筴傳》首足俯仰開跲，蓋其餘法。○坡伯兄曰：舊註"開出其占書"而以占者，下占人之事也。卜師所掌，在於作龜，而不在於占龜。所謂開龜者，蓋若鑿龜之義云耳。四兆者，鑿龜之四方。上篇鄭氏云"春灼後左，夏灼前左，秋灼前右，冬灼後右"，以正此四兆者，爲得其實。○筴、策同。

凡卜事，視高，疏曰：凡卜視高者，謂大卜；不視高者，皆卜師視高，以龜高處示涖卜也。○揚火以作龜，致其墨。註曰：揚，猶"熾"也。致其墨者，孰灼之，明其兆。○坡伯兄曰：墨者，墨其將灼之處而灼之，以致其兆也。《書》曰"惟洛食"，蓋食墨之謂。愚謂：卜蓋有龜焦者，有不食墨者，皆不待兆成而知其凶也。夫墨，水也；燋，契火也。火過而陽，則焦矣；水過而陰，則不食矣。

凡卜辨龜之上、下、左、右、陰、陽，以授命龜者，而詔相之。註曰：所卜者，當各用其龜也。大祭祀、喪事，大卜命龜，則大貞；小宗伯命龜，其他卜師命龜，卜人作龜，則亦辨龜以授卜師。上，仰者也；下，俯者也；左，左倪也；右，右倪也；陰，後弇也；陽，前弇也。詔相，告以其辭及威儀。

龜　　人

○龜人，掌六龜之屬，各有名物：天龜曰靈屬，地龜曰繹屬，東龜曰果屬，西龜曰靁屬，南龜曰獵屬，北龜曰若屬。各以其方之色與其體辨之。註曰：屬，言非一也。色，謂天龜玄，地龜黃，東龜青，西龜白，南龜赤，北龜黑。龜，俯者靈，仰者繹，前弇果，後弇獵，左倪靁，右倪若，是其體也。

東龜、南龜,長前後,在陽象,經也;西龜、北龜,長左右,在陰象,緯也。天龜俯,地龜仰,東龜前,南龜卻,西龜左,北龜右,各從其耦也。杜子春讀"果"爲"臝"。○果,魯火反。

凡取龜用秋時,攻龜用春時。各以其物,入于龜室。註曰:六龜各異室也。秋取龜,及萬物成也。攻,治也。治龜骨以春,是時乾解,不發傷也。○疏曰:六龜各入於一室,以其蓍龜歲易,秋取春攻訖,即欲易去前龜也。○解,音懈。

上春釁龜,祭祀先卜。註曰:釁者,殺牲以血之,神之也。先卜,始用卜筮者。言"祭"言"祀",尊焉,天地之也。《世本》作曰"巫咸作筮",卜未聞其人也。是上春者,夏正建寅之月。《月令》孟冬云"釁祠④龜策",相互矣。秦以十月建亥爲歲首,則《月令》秦世之書,亦或欲以歲首釁龜耳。

若有祭事,則奉龜以往。註曰:奉,猶"送"也。送之,所當於卜。○旅亦如之。喪亦如之。

菙　氏

○菙氏,掌共燋契,以待卜事。註曰:《士喪禮》曰:"楚焞置于燋,在龜東。"楚焞即契,所用灼龜也。燋,謂炬其存火。

凡卜,以明火爇燋,遂龡其焌契,以授卜師,遂役之。註曰:杜子春云:明火,以陽燧取火於日。玄謂:焌,讀如"戈鐏"之"鐏"。謂以契柱燋火而吹之也。契既然,以授卜師用作龜也。役之,使助之。○王光遠曰:焌者,契之銳頭也。○焌,音俊。鐏,存悶反。

占　人

○占人,掌占龜,以八筮占八頌,以八卦占筮之八故,以視吉凶。占人亦占筮。言"掌占龜"者,筮短龜長,主於長者。以八筮占八頌,謂將卜八事,先以筮筮之;八頌者,八事之將卜諸頌也。《筮人》職所謂"大事,先筮而後卜"也。以八卦占筮之八故，謂八事不卜而徒筮之也。

凡卜筮，君占體，大夫占色，史占墨，卜人占坼。註曰：體，兆象也。色，兆氣也。墨，兆廣也。坼，兆釁也。體有吉凶，色有善惡，墨有大小，坼有微明。尊者，視兆象而已；卑者，以次詳其餘也。周公卜武王，占之曰"體，王其無害"。凡卜，象吉，色善，墨大，坼明，則逢吉。○疏曰：此已下皆據卜言。兼云筮者，凡卜皆先筮，故連言之。體，謂金、木、水、火、土五種之兆。兆之墨縱橫，其形體象似金、木、水、火、土也。凡卜欲作龜之時，灼龜之四足，依四時而灼之。其兆直上向背者爲木，兆直下向足者爲水，兆邪向背者爲火，兆邪向下者爲金。兆橫者爲上。兆色，兆中氣色，似有雨及雨止之等。墨，據兆之正釁處。坼，就正墨傍有奇釁罅者。

凡卜筮既事，則繫幣以比其命。歲終，則計其占之中否。註曰：謂既卜筮，史必書其命龜之事及兆於策，繫⑤其禮神之幣而合藏焉。《書》曰："王與大夫盡弁，開《金縢》之書⑥，乃得周公所自以爲功代武王之説。"是命龜書。○中，丁仲反。

筮　　人

○筮人，掌三《易》。以辨九筮之名：一曰《連山》，二曰《歸藏》，三曰《周易》。九筮之名：一曰巫更，二曰巫咸，三曰巫式，四曰巫目，五曰巫易，六曰巫比，七曰巫祠，八曰巫參，九曰巫環，以辨吉凶。註曰：此九"巫"，讀皆當爲"筮"，字之誤也。更，謂筮遷都邑也。咸，猶"僉"也，謂筮衆心歡否也。式，謂筮制作法式也。目，猶事衆筮其要所當也。易，謂民衆不説，筮所改易也。比，謂筮與民和比也。祠，謂筮牲與日也。參，謂筮御與右也。環，謂筮可致師不也。○劉公是曰：此乃前世通於占者九人，其遺法存於書可傳者也。古者占筮之工，通謂之"巫"；更、咸、式、目等，皆其名也。巫咸，見於他書多矣。易疑爲易。易，古陽字，所謂巫陽也。其它則未聞。雖未聞，不害其有也。○坡謂：《漢書·郊祀志》晉巫所祀，有巫祠之名，亦其一徵。

凡國之大事，先筮而後卜。註曰：當用卜者，先筮之，即事漸也。於筮之凶，則止不卜。

上春相筮。註曰：相，謂更選擇其蓍也。蓍龜，歲易者與？○凡國事共筮。○相，息亮反。

占　　夢

○占夢，掌其歲時觀天地之會，辨陰陽之氣。註曰：其歲時，今歲四時也。天地之會，建厭所處之日辰。陰陽之氣，休王前後。○疏曰：建，謂斗柄所建，謂之陽建，故左旋於天；厭，謂日前一次，謂之陰建，故右旋於天。堪輿天老曰：假令正月，陽建於寅，陰建於戌。○以日月星辰占六夢之吉凶：註曰：日月星辰，謂日月之行，及合辰所在。《春秋》：昭三十一年十二月辛亥朔，日有食之。是夜也，晉趙簡子夢童子倮而轉以歌。旦而日食。占諸史墨，對曰："六年及此月也，吳其入郢乎？終亦弗克。入郢必以庚辰，日月在辰尾。庚午之日，日始有謫。火勝金，故弗克。此以日月星辰占夢者，其術，則今八會其遺象也。用占夢則亡。"○一曰正夢，註曰：無所感動，平安自夢。二曰噩夢，註曰：杜子春云：噩，當爲"驚愕"之"愕"，謂驚愕而夢。三曰思夢，註曰：覺時所思念之而夢。四曰寤夢，註曰：覺時道之而夢。○坡謂：寤，寐覺也。寤夢者，謂如覺所見，而實夢也，如狐突遇太子申生然。五曰喜夢，註曰：喜悅而夢。六曰懼夢。註曰：恐懼而夢。○噩、愕同。王，于況反。倮，魯火反。郢，以井反。謫，直革反。

季冬，聘王夢，獻吉夢于王，王拜而受之。註曰：聘，問也。夢者，事之祥。吉凶之占，在日月星辰。季冬，日窮于次，月窮于紀，星迴于天，數將幾終。於是發幣而問焉，若休慶之云爾。因獻羣臣之吉夢于王，歸美焉。《詩》云："牧人乃夢，衆維魚矣，旐維旟矣。"此所獻吉夢。○坡伯兄曰：古者占夢，必參以天地陰陽，謂人感天地陰陽之氣，於是乎有動於機而形於夢。夫天地之會，陰陽之氣，變化於四時，不可睹也，故察之乎日月星辰而象見矣。《春秋傳》趙簡子之事，詳自註中。《史記》：宋元王夢一丈夫，延頸而長頭，衣元繡之衣，而乘輜車，曰："我爲江使，於河而幕。網當吾路，豫且得我，我不能去。王有德義，故來告訴。"召博士衛平問之。平乃援式而起，仰天而視月之光；觀斗所指，定日處鄉；四維已定，八卦相望；視其吉凶，介蟲先見。乃對元王曰："今昔壬子，宿在牽牛；河水大會，鬼神相謀；漢正南北，江河固期；南風新至，江使先來；白雲擁漢，萬物盡留；斗柄指日，使者當囚。"元服輜車，其名爲龜。"王急使人，問而求之。此皆以日月星辰占夢之法也。噩，謂所夢可驚愕。此六夢者，致夢、奇夢、咸、陟皆有焉。問王之夢而獻其吉者，則凶者在，所脩省可知。

乃舍萌于四方，以贈惡夢。註曰：舍，讀爲"釋"。舍萌，猶"釋菜"也。古書，釋菜、釋奠，多作"舍"字。萌，菜始生也。贈，送也。欲以新善去故惡。

遂令始難毆疫。註曰：令，令方相氏也。難，謂執兵以有難卻也。方相氏"掌蒙熊皮，黃金四目，玄衣朱裳，執戈揚盾，帥百隸"爲之。毆疫，厲鬼也。〇疏曰："始難"，文承"季冬"之下，是據季冬"大難"而言。〇難、儺同。

視祲

〇視祲，掌十煇之法，以觀妖祥，辨吉凶：註曰：妖祥，善惡之徵，鄭司農云：煇，謂日光炁也。〇坡伯兄曰：視祲，蓋贊占夢以觀日月星辰之氣，即《史記》所謂"暈者"是也。大卜註，以此十煇爲十運。愚意謂：經運十者，日之經運，固有十耳，煇氣以贊經運之占，而占固不止於煇也。〇一曰祲，二曰象，三曰鑴，四曰監，五曰闇，六曰瞢，七曰彌，八曰敘，九曰隮，十曰想。註曰：鄭司農云：祲，陰陽氣相侵也。象者，如赤鳥也。鑴，謂日旁氣四面反向，如煇狀也。監，雲氣臨日也。闇，日月食也。瞢，日月瞢瞢無光也。彌者，白虹彌天也。敘者，雲有次序，敘如山在日上也。隮者，升氣也。想者，煇光也。玄謂：鑴，讀如"童子佩鑴"之"鑴"。謂日旁氣刺日也。監，冠珥也。彌，氣貫日也。隮，虹也。《詩》云："朝隮于西。"想，雜氣有似可形想。〇煇，音運，本亦作"暈"，音同。鑴，音攜。瞢，音夢。隮，子兮反。炁，音氣。

掌安宅敘降。註曰：宅，居也。降，下也。人見妖祥則不安。主安其居處也。次敘其凶甉所下，謂禳移之。○疏曰：人見妖祥則不安。此官主安宅，故敘次凶甉所下之地，禳移之，其心則安。

正歲則行事，註曰：占夢，以季冬贈惡夢；此正月而行安宅之事，所以順民。○歲終則弊其事。註曰：弊，斷也。謂計其吉凶然否多少。

大　祝

○大祝，掌六祝之辭，以事鬼神示，祈福祥，求永貞：一曰順祝，二曰年祝，三曰吉祝，四曰化祝，五曰瑞祝，六曰筴祝。註曰：永，長也。貞，正也。求多福，歷年得正命也。○徐氏曰：順祝者，天人和同，納于大順也。年祝者，謂五氣時若，常大有年也。吉祝者，斂時五福，吉無不利也。化祝者，謂化彼六極，以爲和氣也。瑞祝者，不愛道寶，而形爲上瑞也。筴祝者，龜筮不違于人，是謂大同也。○坡謂：順祝、年祝，天地之福祥也；吉祝、化祝，人之福祥也；瑞祝、筴祝，物之福祥也。故其序如此。

掌六祈，以同鬼神示：一曰類，二曰造，三曰禬，四曰禜，五曰攻，六曰說。註曰：祈，噫也。謂爲有災變，號呼告于神以求福。天神、人鬼、地示不和，則六癘作見，故以祈禮同之。造，祭於祖也。鄭司農云：類、造、禬、禜、攻、說，皆祭名也。類，祭于上帝。禜，日月星辰山川之祭也。《春秋傳》曰："日月星辰之神，則雪霜風雨之不時，於是乎禜之；山川之神，則水旱癘疫之災，於是乎禜之。"玄謂：類、造，加誠肅，求如志。禬、禜，告之以時有災變也。攻、說，則以辭責之。禜，如日食，以朱絲禜社；攻，如其鳴鼓然。董仲舒救日食，祝曰："炤炤大明，瀸滅無光，奈何以陰侵陽？以卑侵尊？"是之謂"說"也。禬，未聞焉。類、造、禬、禜皆有牲，攻、說用幣而已。○項平甫曰：六祝所以求福，六祈所以禳禍。○造，七報反。噫，音禱。見，賢遍反。炤，章搖反。

作六辭，以通上、下、親、疏、遠、近：一曰祠，二曰命，三曰誥，四曰會，五曰禱，六曰誄。註曰：鄭司農云：祠，當爲"辭"，謂辭令也。命，《論語》所謂"爲命裨諶草創之"。誥,謂《康誥》、《盤庚》之"誥"之屬也。盤庚將遷于殷,誥其世臣卿大夫,道其先祖之善功,故曰"以通上、下、親、疏、遠、近"。會,謂王官之伯,命事於會,胥命於蒲,主爲其命也。禱,謂禱於天地、社稷、宗廟,主爲其辭也。《春秋傳》鐵之戰,衛太子禱曰之屬。誄,謂積累生時德行,以錫之命,主爲其辭也。《春秋傳》:孔子卒,哀公誄之。此皆有文雅辭令難爲者也,故大祝官主作六辭。玄謂:一曰祠者,交接之辭。《春秋傳》曰:"古者,諸侯相見,號辭必稱先君,以相接辭之辭也。"會,謂會同盟誓之辭。○坡謂:辭與命,所包者廣,五禮皆有焉。誥與會,則各因一事而發。禱與誄,則事起無常。此其序也。

辨六號:一曰神號,二曰鬼號,三曰示號,四曰牲號,五曰齍號,六曰幣號。註曰:號,謂尊其名,更爲美稱焉。神號,若云昊天上帝。鬼號,若云皇祖伯某。示號,若云后土地示。幣號,若玉云"嘉玉",幣云"量幣"。鄭司農云:牲號爲犧牲,皆有名號。《曲禮》曰:"牛曰一元大武,豕曰剛鬣,羊曰柔毛,雞曰翰音。"齍號,爲黍稷,皆有名號也。《曲禮》曰:"黍曰薌合,粱曰薌萁,稻曰嘉疏。"《少牢饋食禮》曰:"敢用柔毛、剛鬣。"《士虞禮》曰:"敢用潔牲、剛鬣、香合。"○齍,音咨。鬣,力輒反。薌,音鄉。萁,音姬。

辨九祭:一曰命祭,二曰衍祭,三曰炮祭,四曰周祭,五曰振祭,六曰擩祭,七曰絕祭,八曰繚祭,九曰共祭。註曰:鄭司農云:擩祭,以肝肺菹擩鹽醢中以祭也。繚祭,以手從肺本循之,至于末乃絕,以祭也。絕祭,不循其本,直絕肺以祭也。《特牲饋食禮》曰:"取菹擩于醢,祭于豆間。"《鄉射禮》曰:"取肺,坐絕祭。"《鄉飲酒禮》曰:"右取肺,左卻手執本,坐,弗繚,右絕末以祭。"⑦《少牢》曰:"取肝擩于鹽⑧,振祭。"玄謂:九祭,皆謂祭食者。命祭者,《玉藻》曰君"若賜之食,而君客之,則命之祭,然後祭"是也。"衍"字,當爲"延";"炮"字,當爲"包",聲之誤也。延祭者,《曲禮》曰"主人延客祭"是也。包,猶"兼"也。兼祭者,有司曰"宰夫贊者取白黑以授尸,尸受,兼祭于豆間"是也。周,猶"徧"也。徧祭者,《曲禮》曰"殽之序,徧祭之"是也。振祭、擩祭本同，不食者擩則祭之，將食者既擩必振乃祭也。絕祭、繚祭亦本同，禮多者繚之，禮畧者絕則祭之。共，猶"授"也。主祭食，宰夫授祭。《孝經》說曰："共綏執授。"○坡謂：凡此九祭，祭祀及生人飲酒皆有焉。命祭，以祭祀言之，《特牲》所謂"尸坐"、"祝命授祭"是也。衍，依作衍。衍祭者，尸卒食，主人酳而尸祭。註云"酳"，猶"衍"也。在生人則養老執爵，而酳是也。兼祭，以生人言之，《公食大夫禮》賓之兼祭庶羞是也。徧祭，以祭祀言之，《少牢》"尸十一飯"所舉所祭，見其周矣。命、衍、炮、周，列祭食之式，其別有四也。振、擩、絕、繚，列祭食之儀，亦有四者之別也。共祭，則几祭，皆共之，故終焉。○炮，百交反。擩，音蕤。繚，音了。共，音恭。授，音墮。

辨九拜：一曰稽首，二曰頓首，三曰空首，四曰振動，五曰吉拜，六曰凶拜，七曰奇拜，八曰襃拜，九曰肅拜，以享、右祭祀。註曰：稽首，拜頭至地也。頓首，拜頭叩地也。空首，拜頭至手，所謂"拜手"也。吉拜，拜而後稽顙，謂齊衰不杖以下者。言"吉"者，此殷之凶拜，周以其拜與頓首相近，故謂之"吉拜"云。凶拜，稽顙而後拜，謂三年服者。杜子春云：奇，讀爲"奇偶"之"奇"，謂先屈一膝，今"雅拜"是也。鄭大夫云：奇拜，謂一拜也。襃，讀爲"報"，報拜，再拜是也。鄭司農云：肅拜，但俯下手，今時揖是也。介者不拜，故⑨曰"爲事故，敢肅使者"。玄謂：振動，戰栗變動之拜。《書》曰："王動色變。"一拜，答臣下拜；再拜，拜神與尸。享，獻也，謂朝獻饋獻也。右，讀爲"侑"，侑勸尸食而拜。○疏曰：此九拜之中，四種是正拜；稽首、頓首、空首，此三者相因而爲之。空首者，先以兩手拱至地，乃頭至手，以其不至地，故名"空首"。頓首者，爲空首之時，引頭至地，首頓地即舉，故名"頓首"。稽，稽留之字，頭至地多時，則爲"稽首"也。稽首，拜中最重，臣拜君之拜。頓首，平敵自相拜之拜。空首，君答臣下拜。肅拜，但屈膝鞠躬以爲禮，惟軍中有此，婦人亦以肅拜爲正。其餘五者，附此四種：振動，附稽首；吉拜，附頓首；凶拜，亦附稽首；奇拜，附空首；襃拜，亦附稽首。此九拜不專爲祭祀，以祭事重，故舉以言。○坡謂：六祝，候善氣；六祈，弭變氣，所以交於神；六辭，所以交於人。此治神人之文辭也。六號者,祭先祝,祝有號。既祝迎尸入食,則有祭,故辨九祭;食必拜送、拜受,故辨九拜。而凡生人祭拜之禮倣焉。此治神人之威儀也,此其序也。○誚、稽同,音啓。襃,音報。摯,於至反。

凡大禋祀、肆享、祭示,則執明水、火而號祝。註曰:明水、火,司烜所共日月之氣,以給烝享,執之如以六號祝,明此圭潔也。禋祀,祭天神也。肆享,祭宗廟也。○疏曰:號祝,執明水火,明主人圭潔之德。○隋釁、逆牲、逆尸,令鐘鼓。右,亦如之。註曰:隋釁,謂薦血也。凡血祭曰“釁”。既隋釁,後言逆牲,容逆鼎。右,讀亦當爲“侑”。○坡謂:逆尸乃逆牲。牲殺乃薦血。釁,薦血也。薦血之後,乃有脾脀隋于主前之禮。蓋以自下向上,爲立言之序也。○來瞽,令皋舞,註曰:皋,讀爲“卒嘷呼”之“嘷”。來嘷者,皆謂呼之入。○相尸禮。註曰:延其出入,詔其坐作。○既祭,令徹。○隋,許規反。皋,戶高反。相,息亮反。烜,況晚反。脾,音律。脀,音聊。

大喪,始崩,以肆鬯渳尸,相飯,贊斂,徹奠;註曰:肆鬯,所謂陳尸設鬯也。鄭司農云:渳尸,以鬯浴尸。○疏曰:浴訖,即飯含,故言“相飯”也。不言“相含”者,大宰贊含玉,此故不言。贊斂者,冬官主斂事,大祝贊之。奠,始死之奠。小斂、火斂奠,並大祝徹之。○言甸人讀禱;付、練、祥,掌國事。註曰:言,猶“語”也。禱,六辭之屬禱也。甸人喪事,代王受眚災,大祝爲禱辭語之,使以禱於藉田之神也。付,當爲祔祭於先王,以祔後死者。掌國事,辨護之。○疏曰:辨護者,供時用,相禮儀。○渳,彌爾反。飯,扶晚反。

國有大故、天災,彌祀社稷,禱祠。註曰:大故,兵寇也。天災,疫癘水旱也。彌,猶“徧”也。徧祀社稷及諸所禱,既則祠之以報焉。

大師,宜于社,造于祖,設軍社,類上帝,國將有事于四望,及軍歸獻于社,則前祝。註曰:鄭司農説“設軍社”,以《春秋傳》曰“所謂軍以師行,祓社釁鼓,祝奉以從者也”。玄謂:前祝者,王出也、歸也,將有事于此神,大祝居前,先以祝辭告之。○鄭剛中曰:大師必載社主與遷廟主以行,故有宜社、造祖之祭。此二者國内之禮。及軍之所在,必設軍社于其地,以事類而告上帝。

此二者國外之禮。國有事于四望，則將戰地之四望，與夫軍有功獻捷于社。凡此六事，皆大祝前辭。○祓，芳弗反。

大會同，造于廟，宜于社。過大山川，則用事焉；反行，舍奠。註曰：用事，亦用祭事告行也。《玉人》職有"宗祝"以黃金勺"前馬"之禮。是謂告大山川與？《曾子問》曰："凡告必用牲幣⑩，反亦如之。"○疏曰：反行舍奠者，王出行時造于廟，將遷廟主行，反行還祭七廟。非時而祭曰"奠"。○舍，音釋。

建邦國，先告后土，用牲幣。註曰：后土，社神也。○疏曰：雖告，祭非常，有牲有幣，禮動不虛故也。禁督逆祀命者。註曰：督，正也，正王之所命諸侯之所祀，有逆者則刑罰焉。○王光遠曰：非所命而祀，則在所禁；命之祀而弗祀，則在所督。頒祭號于邦國、都鄙。註曰：祭號，六號。○王介甫曰：頒其所得，用之祭號。

小　　祝

○小祝，掌小祭祀，將事侯、禳、禱、祠之祝號，以祈福祥，順豐年，逆時雨，寧風旱，彌災兵，遠罪疾。註曰：侯之言"候"也。候嘉慶，祈福祥之屬。禳，禳却凶咎，寧風旱之屬。順豐年，而"順"爲之祝辭。逆，迎也。彌，讀曰"敉"。敉，安也。○王光遠曰：非祀大神、享大鬼、祭大示，皆祭祀之小者。侯，以候福之將至。禳，以卻禍之方來者。禱，以先事而求之。祠，以後事報之。言小祭祀將事，而繼之以侯、禳、禱、祠之祝號，則小祭祀所奉事者，亦祝號而已。○敉，亡爾反。

大祭祀，逆齍盛，送逆尸，沃尸盥，贊隋，贊徹，贊奠。註曰：隋，尸之祭也。奠，奠爵也。祭祀，奠先徹後；反言之者，明所佐大祝非一。○疏曰：逆齍盛者，祭宗廟饋獻後，尸將入室食，小祝於廟門外迎饎人之齍盛，於廟堂東實之，薦於神座前。送逆尸者，爲始祭迎尸而入；祭末，送尸而出。沃尸盥者，尸尊，不就洗。按：《特牲》、《少牢》，尸入廟門，盥於槃；其時，小祝沃水。贊隋者，按《特牲》《少牢》，尸始入室拜妥尸，尸隋祭，以韭菹擩于醢⑪，以祭於豆間；小祝其時，贊尸以授之。贊徹者，諸宰君婦徹時，小祝贊之也。贊奠者，大祝酌酒奠于鉶南，則《郊特牲》註天子奠斚，諸侯奠角，小祝其時贊之。○坡謂：論禮之先後，則"逆齍盛"當在"沃尸盥"之後，"贊奠"當在"贊隋"之上。今如此者，恐或文錯。至上三者，小祝專職；下三者，則贊爲之。各以其類，不可以後先言矣。○凡事，佐大祝。註曰：唯大祝所有事。○隋，許規反。

大喪，贊渳，註曰：杜子春云：渳，謂浴尸。○設熬，置銘。註曰：銘，今書或作"名"。鄭司農云：銘書死者名於旌，今謂之"柩"。《士喪禮》曰："爲銘，各以其物。亡，則以緇長半幅，赬末長終幅，廣三寸。書名于末，曰'某氏某之柩'。竹杠長三尺，置於西階上。重木置于中庭，參分庭一，在南。粥餘飯，盛以二鬲，縣于重，冪用葦席，取銘置于重。"玄謂：熬者，棺既蓋，設於其旁，所以惑蚍蜉也。《喪大記》曰："熬，君四種八筐，大夫三種六筐，士二種四筐，加魚、腊焉。"《士喪禮》曰："熬黍稷各二筐，有魚腊，饌于西坫南。"又曰："設熬，旁一筐，乃塗。"○及葬，設道齎之奠。分禱五祀。註曰：齎，猶"送"也。送道之奠，謂"遣奠"也。分其牲體，以祭五祀，告王去此宮中不復反，故興祭祀也。王七祀。五者，司命、大厲平生出入不以告。○熬，五羔反。齎，音咨。赬，勑貞反。杠，音江。重，直龍反。粥，之六反。鬲，音歷。冪，音覓。蚍，音毗。蜉，音浮。

大師，掌釁、祈、號、祝。註曰：鄭司農云：釁，謂釁鼓也。《春秋傳》曰："君以軍行，祓社釁鼓，祝奉以從。"○有寇戎之事，則保郊祀于社。註曰：保、祀互文。郊社皆守而祀之，彌災兵。○黃文叔曰：郊非有司所當祀也，直保之，祀社而已。

凡外内小祭祀、小喪紀、小會同、小軍旅，掌事焉。疏曰：林澤四方百物，是外小祭祀；其內小祭祀，謂宮中七事之等。小喪紀者，王后以下之喪。小會同，諸侯遣臣來王，王使卿大夫與之行會同之禮。小軍旅者，王不自行，遣卿大夫征伐。○坡謂：所掌之事，如大祝所掌大祭、大喪、大師、大會同之事，但禮有等差耳。

喪　祝

○喪祝，掌大喪勸防之事。註曰：鄭司農云：勸防，引柩也。杜子春云：防，當爲"披"。玄謂：勸，猶倡帥前引者；防，謂執披備傾戲。○疏曰：勸，即下經"御柩"一也。執披，六軍之士。○及辟，令啓。註曰：鄭司農云：辟，謂除菆塗椁也。令啓，謂喪祝主命役人開之也。《檀弓》曰："天子之殯也，菆塗龍輴以椁，加斧於椁上，畢塗屋。天子之禮也。"○及朝，御柩，乃奠。註曰：鄭司農云：朝，謂將葬，朝於祖考之廟而後行，則喪祝爲御柩也。玄謂：乃奠，朝廟奠。○疏曰：言"及朝"者，謂侵夜啓殯，昧爽朝廟。御柩者，發殯宮，輴車載至廟。其時，喪祝執翿居前，以御正柩也。乃奠者，按《既夕禮》朝廟之時，"重先，奠從，燭從，柩從"。彼奠作夜夕奠。至廟下棺於廟兩楹之間，棺西設此宿奠，至明徹去宿奠，乃設此朝廟之奠於柩西，故云"乃奠"。○及祖，飾棺乃載，遂御。註曰：鄭司農云：祖，謂將葬祖於庭，象生時，出則祖也，故曰"事死如事生"，禮也。祖時，喪祝主飾棺。乃載，遂御之，喪祝爲柩車御也。玄謂：祖，爲行始飾棺，設柳池紐之屬。其序，載而後飾。既飾，當旋車向外，喪祝御之。御之者，執翿居前，卻行爲節度。○及葬，御柩出宮，乃代。註曰：喪祝二人，相與更也。○及壙，説載，除飾。註曰：鄭司農云：壙，謂穿中也。説載，下棺也。除飾，去棺飾也。四翣之屬，令可舉移安錯之。玄謂：除飾，便其窆爾。周人之葬，牆置翣。○疏曰：説載，謂下棺於地。除飾，謂除去帷荒。下棺於坎訖，其帷荒還入壙，張之於棺。○小喪，亦如之。疏曰：小喪，王、后、世子已下之喪，亦有勸防以下之事，故云"亦如之"。○掌喪祭祝號。註曰：喪祭，虞也。《檀弓》曰："葬日虞，不忍⑫一日離也。是日也，以虞易奠。卒哭曰'成事'。是日也，以吉祭易喪祭。"○辟，音闢。朝，直遥反。説，吐活反。戲，音虧。菆，才官反。翿，音道。翣，所甲反，本亦作"翣"。錯，七故反。

王弔，則與巫前。註曰：鄭司農云：喪祝與巫，以桃、茢、執戈在王前。

《檀弓》曰："君臨臣喪，以巫、祝、桃、茢，執戈，惡之也，所以異於生也。"○疏曰：桃者，鬼所惡。茢，苕帚，所以掃不祥。桃、茢二者，祝與巫執之。執戈者，是小臣也。《檀弓》言"惡之也，所以異於生也"。死者之傍，有凶邪之氣，故須桃、茢以惡之，是異於生。○厲，《記》作"茢"，音列。惡，烏路反。

掌勝國邑之社稷之祝號，以祭祀、禱、祠焉。註曰：勝國邑，所誅討者。社稷者，若亳社是矣；存之者，重神也。蓋奄其上而棧其下，為北牖。○棧，才產反。

凡卿大夫之喪，掌事而斂、飾棺焉。疏曰：言"掌事"者，雖禮有隆殺，勸防以下皆掌之，兼主斂事，故總云"掌事而斂飾棺焉"。○殺，音曬。

甸　祝

○甸祝，掌四時之田，表貉之祝號；註曰：杜子春讀"貉"為"百爾所思"之"百"。書亦或為"禡"。貉，兵祭也，甸以講武治兵，故有兵祭。《詩》曰"是類是禡"，《爾雅》曰"是類是禡"，師祭也。玄謂：田者習兵之禮，故亦禡祭，禱氣勢之十百而多獲。○陳氏曰：古人祭貉于立表之處，無壇墠，置甲冑弓矢于神座之側，建稍于神座之後，故謂之"表貉"。○貉，莫駕反，"禡"同。稍，音朔。

舍奠于祖廟、禰，亦如之。註曰：舍，讀為"釋"。釋奠者，告將時田，若將征伐。鄭司農云：禰，父廟。○疏曰：天子將出，告廟而行。言釋奠於祖廟者，非時而祭即曰"奠"，以其不立尸；奠之言"停"，停饌具而已。七廟俱告，故祖、禰並言。○舍，音釋。下同。

師甸，致禽于虞中，乃屬禽，及郊，饁獸。舍奠于祖、禰，乃斂禽。禂牲、禂馬，皆掌其祝號。註曰：師田，謂大起眾以田也。致禽於虞中，使獲者各以其禽來致於所表之處。屬禽，別其種類。饁，饋也，以所獲獸饋於郊，薦於四方群兆。入，又以奠于祖、禰，薦且告反也。斂禽，謂取三十入臘人也。杜子春云：禂，禱也。為馬禱，無疾，為田禱多獲禽牲。《詩》云："既伯既禱。"《爾雅》曰："既伯既禱,馬祭也。"玄謂:禷,讀如"伏誅"之"誅",今侏大字也。爲牲祭求肥充,爲馬祭求肥健。○坡謂:郊鳙,與司馬同。祖廟惟言舍奠,更無四仲祀方衶烝文,則註言因田有此四祭漏矣。○屬,音燭。禷,音禱,又音誅。衶,音藥。

詛祝

詛祝,掌盟、詛、類、造、攻、説、襘、禜之祝號。註曰:八者之辭,皆所以告神明也。盟詛主於要誓,大事曰"盟",小事曰"詛"。○疏曰:類、造以下,即大祝六祈。大祝不掌祝號,故此詛祝與盟,同爲祝號。秋官自有司盟之官,此兼言之者,司盟直掌盟載之法,不掌祝號與載辭。

作盟、詛之載辭,以叙國之信用,以質邦國之劑信。註曰:載辭,爲辭而載之於策,坎用牲加書於其上也。國,謂王之國。邦國,諸侯國也。質,正也,成也。鄭司農云:"載辭"以《春秋傳》曰:"使祝爲載書。"○疏曰:人多無信,故爲辭對神要之,使用信,故云"以叙國之信用"。云"以質邦國之劑信"者,邦國之劑,謂要券,故對神成正之,使不犯。○王氏曰:詛必大聲,聲感氣,氣感神也。人無所不至,惟天不容偽,故詛盟,以輔政而省刑,古聖王不廢焉。

司巫

○司巫,掌羣巫之政令。若國大旱,則帥巫而舞雩。註曰:雩,旱祭也。天子於上帝、諸侯於上公之神。

國有大災,則帥巫而造巫恒。註曰:杜子春云:司巫帥巫官之屬,會聚常處,以待命也。

祭祀,則共匰主,及道布,及蒩館。註曰:杜子春云:匰,器名。主,謂木主也。玄謂:道布者,爲神所設巾。中霤禮曰"以功布爲道布",屬于几也。蒩之言"藉"也,祭食有當藉者。館所以承蒩,謂若今筐也。主先匰,蒩後館,互言之者,明共主以匱,共蒩以筐。大祝取其主蒩陳之器,則退也。《士虞禮》曰"苴刌茅,長五寸","實于筐⑬,饌于西坫上",又曰"祝盥,取苴降⑭,洗之;升,入設于几東席上,東縮"。○丘氏曰:主在廟,則藏於石室,謂之宗祐;及合祭於廟,則以匱盛而至。○匱,音丹。蒩,子都反。刌,音寸。祐,音石。

凡祭祀,守瘞。註曰:瘞,謂若祭地示,有埋牲玉者也。守之者,以祭禮未畢,若有事然;祭禮畢,則去之。

凡喪事,掌巫降之禮。註曰:降,下也。巫下神之禮,今世或死既斂,就巫下楊,其遺禮。○坡謂:巫降者,神降巫身也。《左傳》所謂"將有巫者而見我焉",蓋申生欲憑巫身而見也。近今多有之,但不明不正,惟淫誣耳。○楊,音商。馮,音平。

男　　巫

○男巫,掌望祀、望衍授號,旁招以茅。註曰:杜子春云:授號,以所祭之名號授之。旁招以茅,招四方之所望祭者。玄謂:衍,讀"延",聲之誤也。望祀,謂有牲粢盛者。延,進也,謂但用幣致其神。二者,詛祝所授類、造、攻、說、禬、禜之神號,男巫為之招。○疏曰:望祀者,類、造、禬、禜,遙望而祀之。望衍者,是攻、說之禮,遙望延其神,以言語責之。○衍,音延。

冬堂贈,無方無算。註曰:杜子春云:無方,四方爲可也;無算,道里無數,遠益善也。玄謂:冬歲終,以禮送不祥及惡夢,皆是也。其行必由堂始。巫與神通言,當東則東,當西則西,可近則近,可遠則遠,無常數。○坡謂:方者,如所謂兆山川丘陵等,各因其方。此不祥之氣,非可以方拘也,故曰"無方"。算者,秩祀之神,名號有數,不祥之氣,非可以眾寡計,故"無算"也。○春招弭,以除疾病。註曰:招,招福也。杜子春讀"弭"如"彌兵"之"彌"。玄謂:弭,讀爲"敉",字之誤也。敉,安也,安凶禍也。招敉,皆有祀衍之禮。

王弔,則與祝前。註曰:巫祝,前王也,故書"前"爲"先"。鄭司農云:

爲先,非是也。

女　巫

○女巫,掌歲時祓除、釁浴。註曰:歲時祓除,如今三月上巳如水上之類。釁浴,謂以香薰草藥沐浴。○旱暵,則舞雩。註曰:使女巫舞旱祭,崇陰也。鄭司農云:求雨以女巫。故《檀弓》曰"歲旱,穆公召縣子而問焉",曰:"吾欲暴巫而奚若? 曰:'天則不雨,而望之愚婦人,無乃已疏乎⑮?'"○上巳,詞上聲。繆,音穆。

若王后弔,則與祝前。註曰:女巫與祝,前后如王禮。○疏曰:與天官女祝前后。

凡邦之大災,歌哭而請。註曰:有歌者,有哭者,冀以悲哀感神靈也。疏曰:歌者,憂愁之歌,若《雲漢》之詩是也。

【校記】

① "曰雨,曰濟,曰圛,曰蟊,曰尅",《尚書·洪範》作"曰雨,曰霽,曰(蒙)雺,曰(驛)圛,曰克"。

② "赤烏",《十三經註疏》等本皆作"赤鳥"。

③ "面",應作"首"。

④ 據《禮記》原文,"釁"之後無"祠"字。

⑤ "繫",原作"者",據《十三經註疏》等本改。

⑥ "開《金縢》之書",《尚書·金縢》作"以啓《金縢》之書"。

⑦ 據《儀禮》原文,"右"之後脫一"手"字,"左"字應在"卻"字之後。

⑧ 據《儀禮》原文,"鹽"字前脫一"俎"字。

⑨ 此文引之《左傳》成十六年,"故"前脫一"之"字。

⑩ 據《禮記》原文,"用"字前無"必"字。

⑪ "擩于醢",原作"孺于鹽",據《十三經註疏》改。

⑫ "不忍",《禮記》作"弗忍",意同。

⑬ "筐",《儀禮》作"筐"。

⑭ "取苴降"之前,據《儀禮》原文,脱一"升"字。

⑮ 此處所引,省略了中間部分。

周禮述註卷十六

大　史

○大史,掌建邦之六典,以逆邦國之治;掌法以逆官府之治,掌則以逆都鄙之治。註曰:六典,八法、八則,冢宰所建以治百官,大史又建焉,以爲王迎受其治也。大史,日官也。○凡辨法者考焉。不信者刑之。註曰:謂邦國官府都鄙以法争訟來正之者。○疏曰:不信事理妄冒不信者。

凡邦國、都鄙及萬民之有約劑者藏焉,以貳六官,六官之所登。註曰:約劑,要盟之載辭及券書也。貳,猶"副"也。藏法與約劑之書以爲六官之副,其有後事,六官又登焉。○坡謂:六官之所登,"六官"二字疑衍,蓋此約劑,各爲一通,登于六官,副寫一通,上于大史藏焉,以貳六官之所登。○若約劑亂,則辟法,不信者刑之。註曰:謂抵冒盟誓者。辟法者,考按讀其然不。○疏曰:辟,開也。法,則約劑也。爲之開約劑,考按其然否。不信者,不依約劑。○辟,婢亦反。

正歲年以序事,頒之于官府及都鄙。註曰:中數曰"歲",朔數曰"年"。中朔大小不齊,正之以閏,若今時作曆日矣。定四時,以次序授民時之事。○疏曰:中數曰"歲",朔數曰"年"。一年之内,有二十四氣。二月立春節雨水中至十二月小寒節大寒中,皆節氣在前,中氣在後。節氣一名"朔氣",中數一名"中氣"。節氣有入前月法,中氣無入前月法。中氣帀則爲歲,朔氣帀則爲年。○鄭剛中曰:周以建子爲正,而四時之事,有用夏正建寅者。用建寅謂之歲,用建子謂之年。《爾雅》云:"夏曰歲,周曰年。"大史正歲與年,而次序其事,頒于官府、都鄙,使以次舉,先後不失其序。○頒告朔于邦國。註曰:天

265

子頒朔于諸侯,諸侯藏之祖廟。至朔,朝于廟,告而受行之。○閏月,詔王居門終月。註曰:門,謂路寢門也。鄭司農云:《月令》十二月分在青陽、明堂、總章、玄堂左右之位,惟閏月無所居,居于門,故於文;王在門,謂之"閏"。○疏曰:明堂路寢及宗廟,皆有五室、十二堂、四門。十二月聽朔於十二堂,閏月各於時之門。

大祭祀,與執事卜日。註曰:執事,大卜之屬。與之者,當視墨。○戒及宿之日,與羣執事讀禮書而協事。註曰:協,合也。合,謂習錄所當共之事也。○疏曰:戒謂散齋七日,宿謂致齋三日。讀禮書而協事,恐事有失錯,物有不供故也。○祭之日,執書以次位常。註曰:謂按呼之,教其所當居之處。○疏曰:言執書者,謂執行祭祀之書。以次位常者,各居所掌位次。常者此禮一定,常行不改,故云常也。○辨事者考焉,不信者誅之。註曰:謂抵冒其職事。○疏曰:此謂助祭之人。

大會同朝覲,以書協禮事。註曰:亦先習錄之也。○及將幣之日,執書以詔王。註曰:將,送也。詔王,告王以禮事。○疏曰:使不錯誤。

大師,抱天時與大師同車。註曰:鄭司農云:大出師,則大史主抱式以知天時處吉凶。史官主知天道,故《國語》曰:"吾非瞽史,焉知天道?"《春秋傳》曰:"楚有雲如衆赤鳥,夾日以飛,楚子使問諸周大史。"大史主天道。玄謂:瞽即大師。大師,瞽官之長。

大遷國,抱法以前。註曰:法,司空營國之法也。抱之以前,當先王至,知諸位處。

大喪,執法以涖勸防。註曰:鄭司農云:勸防,引六紼。○遣之日,讀誄。註曰:遣,謂祖廟之庭,大奠將行時也。人之道終於此,累其行而讀之。大師又帥瞽廞之而作謚。瞽史知天道,使共其事,言王之誄謚成於天道。○疏曰:案:《禮記‧曾子問》"惟天子,稱天以誄之"。瞽史既知天道,又於南郊祭天之所,稱天以誄之,是王之謚成於天道也。若然,先於南郊制謚,乃於遣之日讀之，葬後則稱謚。○凡喪事考焉。註曰：爲有得失。○小喪賜謚。註曰：小喪，卿大夫也。○疏曰：君親制謚，使大夫將往賜之。此直言"小喪賜謚"，則三公諸侯亦在焉。○行，下孟反。

凡射事，飾中，舍算，執其禮事。註曰：舍，讀曰"釋"。鄭司農云：中，所以盛算也。玄謂：設算於中，以待射時而取之，中則釋之。《鄉射禮》曰：君，國中射，則皮豎中；於郊，則閭中；於竟，則虎中。大夫，兕中。士，鹿中。天子之中未聞。○疏曰：執其禮事者，大史主禮者。天子、諸侯射，先行燕禮，後乃射。其中禮事，皆大史掌之。○中，丁仲反。舍，音釋。盛，音成。竟，音境。

小　　史

○小史，掌邦國之志，奠繫世，辨昭穆。若有事，則詔王之忌諱。註曰：鄭司農云：志，謂記也。《春秋傳》所謂《周志》，《國語》所謂《鄭書》之屬是也。史官主書，故韓宣子聘于魯，觀書大史氏繫世，謂"帝繫，世本之屬"是也。小史主定之，瞽矇諷誦之。先王死日爲忌，名爲諱。玄謂：王有事，祈祭於其廟。○疏曰：辨昭穆者，帝繫世本之上，皆自有昭穆親疏，故須辨之。○坡謂：鄭剛中曰：邦國之志，非雜記"邦國之事"，乃志天子、諸侯所出之繫世，與其廟祧之昭穆，小史掌其志，定其繫世，又辨其昭穆是也。若有事，則詔王忌諱，祈祭其一耳。更如男女辨姓，東郭偃所云"君出自丁，臣出自桓"，如此之類，皆所當詔。

大祭祀，讀禮法，史以書敘昭穆之俎簋。註曰：讀禮法者，大史與羣執事。史，此小史也。言讀禮法者，小史敘俎簋以爲節。故書簋或爲几。鄭司農云：几讀爲軌，書亦或爲簋，古文也。大祭祀，小史主敘其昭穆，以其主定繫世。祭祀，史主敘其昭穆，次其俎簋。玄謂：俎簋牲與黍稷，以書次之挍比之。○疏曰：此言敘昭穆之俎簋，則非外神耳。則大祭祀，惟謂祭宗廟三年一祫之時，有尸主，兼敘昭穆俎簋也。

大喪、大賓客、大會同、大軍旅，佐大史。凡國事之用禮法者，掌其小事。卿大夫之喪，賜謚，讀誄。註曰：其讀誄，亦以大史賜謚爲節，事相成也。

馮相氏

○馮相氏，掌十有二歲，十有二月，十有二辰，十日，二十有八星之位，辨其序事，以會天位。註曰：歲，謂大歲。歲星與日同次之月，斗所建之辰。《樂説》説歲星與日常應，大歲月建以見。然則，今曆大歲非此也。歲日月辰星宿之位，謂方面所在。辨其序事，謂若仲春，辨秩東作；仲夏，辨秩南譌；仲秋，辨秩西成；仲冬，辨在朔易。會天位者，合此歲日月辰星宿五者，以爲時事之候。若今曆日，大歲在某月某日某甲朔日直某也。《國語》曰：“王合位于三五。”《孝經説》曰：“故勑以天期。”四時節有晚早，趣勉趣時，無失天位，皆由此術云。○馮，音憑。譌，五和反。直，音植。

冬夏致日，春秋致月，以辨四時之敘。註曰：冬至日在牽牛，景丈三尺；夏至日在東井，景尺五寸。此長短之極，極則氣至。春分日在婁，秋分日在角。而月弦於牽牛東井，亦以其景，知氣至不。春秋冬夏氣皆至，則是四時之敘正矣。○坡謂：日在南陸，行疾歷，故當春分而日已過交二度。日在北陸，行縮歷，故當秋分而日猶未及交二度。古來欲得氣至之正爲難，惟今西曆以春秋二仲月日月對望之時以求二分，蓋冬行南陸，則地上之天少，地下之天多。夏行北陸，則地上之天多，地下之天少。其日月之東西相對者，或非望也。惟春秋分行於中道，則日月對衡，於地平天體上下適均，乃真望矣。然雖真望，而日月之望有對宮不同道，苟平分天度，皆爲望限。若對望未及卯酉之交，或過交而後望，以至前後月有閏。春分或在月首，或在月杪，則因真望增損。檢日至交暑刻，以得氣至之正，豈有過不及之患乎？秋分亦然。此法自侈其秘，而不知古之聖人，知此久矣。○景，音影。

保章氏

○保章氏，掌天星，以志星、辰、日、月之變動，以觀天下之遷，辨其吉凶。註曰：志，古文"識"。識，記也。星，謂五星。辰，日月所會。五星有贏、縮、圜、角，日有薄、食、暈、珥，月有盈、虧、朓、側、匿之變。七者右行列舍，天下禍福變移，所在皆見焉。○疏曰：上"馮相氏"，掌日、月、星、辰不變，依常度者；此官掌日、月、星、辰變動，與常不同，以見吉凶之事。○識，音志。朓，他了反。

以星土辨九州之地，所封封域皆有分星，以觀妖祥。註曰：星土，星所主土也。封，猶"界"也。鄭司農說"星土"以《春秋傳》曰"參爲晉星，商主大火"，《國語》曰"歲之所在，則我有周之分野之屬"是也。玄謂：大界則曰九州。州中諸國中之封域，於星亦有分焉。其書亡矣。堪輿雖有郡國所入度，非古數也。今其存可言者，十二次之分也。星紀，吳越也。玄枵，齊也。娵訾，衛也。降婁，魯也。大梁，趙也。實沈，晉也。鶉首，秦也。鶉火，周也。鶉尾，楚也。壽星，鄭也。大火，宋也。析木，燕也。此分野之妖祥，主用客星彗孛之氣爲象。○娵，子須反。訾，子斯反。彗，以歲反。孛，音佩。

以十有二歲之相，觀天下之妖祥。註曰：歲，謂大歲。歲星與日同次之月，斗所建之辰也。歲星爲陽，右行於天；大歲爲陰，左行於地。十二歲而小周，其妖祥之占，甘氏歲星經，其遺象也。鄭司農云：大歲所在，歲星所居，《春秋傳》曰"越得歲而吳伐之，必受其凶"之屬是也。○鄭剛中曰：歲星，色欲明，光潤澤，赤而角，則其國昌；赤黃而沈，其野大穰。故其占色相，色相變異，則天下之妖祥，皆可得而知。○相，息亮反。下同。

以五雲之物，辨吉凶、水旱，降豐、荒之祲象。註曰：物，色也，視日旁雲氣之色。降，下也，知水旱所下之國。鄭司農云：以二至二分觀雲色。青爲蟲，白爲喪，赤爲兵荒，黑爲水，黃爲豐，故《春秋傳》曰"凡分至啓閉，必書雲物爲備故也"，故曰"凡此五物，以詔救政"。○坡謂：降其祲象于所當備之國者，知使備之。

以十有二風，察天地之和命、乖別之妖祥。註曰：十有二辰，皆有風。吹其律，以知和不。其道亡矣。《春秋》襄十八年，楚師伐鄭。師曠曰："吾驟歌北風,又歌南風。南風不競,多死聲,楚必無功。"是時,楚師多凍,其命乖別審矣。○疏曰:艮爲條風,震爲明庶風,巽爲清明風,離爲景風,坤爲涼風,兑爲閶闔風,乾爲不周風,坎爲廣莫風。四維之風主兩月。○吴氏曰:乖則異,別則離,此天地之不和而爲妖祥也。故命之,使知所趨避。○坡謂:日月星辰,常居而有變動,則天下之大異也。星土之妖祥,占在一國,歲之相,五雲之物,歲可占。十有二風,月可占。蓋以大小久近爲序。

凡此五物者,以詔救政,訪序事。註曰:訪,謀也。見其象,則當預爲之備,以詔王救其政,且謀今年天時占相所宜,次序其事。○疏曰:凡此五物者,謂從掌天星以下五經,並是已見之物,有此五事。○坡謂:詔救政者,補既往;訪序事者,慎將來。

内　　史

内史,掌王之八枋之法,以詔王治:一曰爵,二曰禄,三曰廢,四曰置,五曰殺,六曰生,七曰予,八曰奪。註曰:大宰既以詔王,内史又居中貳之。○疏曰:案:"大宰"有"誅"無"殺",此有"殺"無"誅"者,誅與殺相因;欲見爲過不止,則殺之。○坡謂:自"三曰"已下,不與大宰次第同者,大宰以賞罰自相從爲類,此則以一賞一罰相間爲類也。廢置,榮辱而已;生殺,止其身;予奪,及子孫,亦有輕重之敘焉。○枋,本作"柄"。予,音與。間,去聲。

執國法及國令之貳,以考政事,以逆會計。註曰:國法,六典、八法、八則。○坡謂:國令,即《天官·司會》職"令田野"、"令民職"之令也。執國法之貳,以考政事;執國令之貳,以逆會計。

掌敘事之法,受納訪以詔王聽治。註曰:敘,六敘也。納訪,納謀於王也。○坡謂:《天官·宰夫》職云"敘羣吏之治,以待①諸臣之復,萬民之逆"。此言"敘事之法",與"敘羣吏之治"一也。"受納訪",與"待復逆"一也;蓋貳宰夫。

凡命諸侯及孤卿大夫,則策命之。註曰:鄭司農說以《春秋傳》曰"王命内史興父,策命晉侯爲侯、伯"。策,謂以簡策書王命。○疏曰:周法爵及士,餘文更不見命士之法,明士亦内史命之。不言者,以其賤,畧之也。○父,音甫。

凡四方之事書,内史讀之。註曰:若今尚書入省事。○疏曰:言四方之事書者,諸侯凡事有書奏白於王。

王制禄,則贊爲之,以方出之。註曰:贊爲之,爲之辭也。鄭司農云:以方出之,以方版書出之。上農夫,食九人;其次,食八人;其次,食七人;其次,食六人。下農夫,食五人。庶人在官者,其禄以是爲差。諸侯之下士視上農夫,禄足以代其耕也。中士倍下士,上士倍中士,下大夫倍上士。卿,四大夫禄;君,十卿禄。杜子春云:方,直謂今時"牘"也。玄謂:《王制》曰:"王之三公視公、侯,卿視伯,大夫視子、男,元士視附庸。"○賞賜亦如之。項平甫曰:賞賜,或以土田,或以車服,或以器物,皆贊其等,書之於"方",出而命之。

内史掌書王命,遂貳之。註曰:副寫藏之。○坡謂:書王命,即上所書"爵禄之命"也。

外　　史

○外史,掌書外令,註曰:王令下畿外。

掌四方之志,註曰:志,記也。謂若魯之《春秋》,晉之《乘》,楚之《檮杌》。○掌三皇五帝之書,註曰:楚靈王所謂"三墳、五典"。

掌達書名于四方。註曰:謂若《堯典》、《禹貢》,達此名使知之。或曰:古曰"名",今曰"字",使四方知書之文字,得能讀之。○徐氏曰:掌四方之志,則下以知其政俗之舊;掌三皇五帝之書,則上以考古昔之所行;掌達書名于四方,所以使書同文。

若以書使于四方,則書其令。註曰:書王令以授使者。○王光遠曰:掌外令故也。

御 史

○御史,掌邦國、都鄙及萬民之治令,以贊冢宰。註曰:王所以治之令。冢宰掌王治。○王光遠曰:邦國、都鄙及萬民之治令,所謂六典以治邦國,八則以治都鄙,官成以待萬民。其法,則冢宰以道治之;其命,則御史掌之,故以"贊冢宰"爲職。○凡治者受法令焉。註曰:爲書寫其治之法令,來受則授之。○掌贊書。註曰:王有命,當以書致之,則贊爲辭,若今尚書作詔文。○吳氏曰:内史書王命,外史書外令,御史爲之屬則贊二官之書。○凡數從政者。註曰:自公卿以下至胥徒凡數,及其現在空缺者。鄭司農讀"言掌贊書數"。書數者,經禮三百,曲禮三千,法度皆在。玄以爲不辭,故改之云。○丘氏曰:自公卿以下,至於庶人在官者,皆從政也。不可不知登下多寡之計,故有凡有數,御史當糾察之。

巾 車

○巾車,掌公車之政令,辨其用與其旗物,而等敘之,以治其出入。註曰:公,猶"官"也。用,謂祀賓之屬。旗物,大常以下。等敘之,以封同姓、異姓之次序。○疏曰:出入,謂若下文"凡車之出入,則會之"。冬官造車訖,來入巾車,又當出封同姓之等,亦是也。

王之五路:一曰玉路,錫,樊纓十有再就,建大常,十有二斿,以祀;註曰:王在焉曰"路"。玉路,以玉飾諸末。錫,馬面當盧額,刻金爲之,所謂鏤錫也。樊,讀如"鞶帶"之"鞶",謂今馬大帶也。鄭司農云:纓,謂當胸。《士喪禮·下篇》曰:"馬,纓三就。"禮家説曰:"纓,當胸,以削革爲之;三就,三重、三匝也。"玄謂:纓,今馬鞅,夾馬頸者。玉路之樊及纓,皆以五采罽飾之十二就。就,成也。大常,九旗之畫日月者。正幅爲縿,斿則屬焉。○金路,鉤,樊纓九就,建大旂,以賓,同姓以封;註曰:金路,以金飾諸末。鉤,婁領之鉤也。金路無錫有鉤,亦以金爲之。其樊及纓,以五采罽飾之而九成。大旂,九旗之畫交龍者。以賓，以會賓客。同姓以封，謂王子母弟率以功德出封，雖爲侯、伯，其畫服猶如上公，若魯衞之屬。其無功德各以親疏食采畿內而已。○疏曰：《詩》云"鉤膺"，"鉤"連言"膺"，明鉤在膺前。○象路，朱，樊纓七就，建大赤，以朝，異姓以封；註曰：象路，以象飾諸末。象路無鉤，以朱飾勒而已。其樊及纓，以五采罽飾之而七成。大赤，九旗之通帛。以朝，以日視朝。異姓，王甥舅。○革路，龍勒，條纓五就，建大白，以即戎，以封四衞；註曰：革路，鞔之以革而漆之，無他飾。龍，駹也。以白黑飾韋，雜色爲勒。條，讀爲"絛"。其樊及纓，以絛絲飾之而五就。不言"樊"，字蓋脫爾。以此言絛，知玉路、金路、象路飾樊纓，皆不用金、玉、象矣。大白，殷之旗。即戎，謂兵事。四衞，四方諸侯守衞者，蠻服以內。○疏曰：自玉、金、象四者，皆以革鞔。但象路以上，更有玉、金、象爲飾；此革路，亦用革鞔，以無他飾，則名爲"革路"也。勒，馬頭絡銜也。此四衞，非謂在衞服者，以其諸侯非同姓，與王無親，即是庶姓，在四方六服已內衞守王。○木路，前樊鵠纓，建大麾，以田，以封蕃國。註曰：木路，不鞔以革，漆之而已。前，讀爲"緇翦"之"翦"。翦，淺黑也。木路無龍勒，以淺黑飾韋爲樊，鵠色飾韋爲纓。不言就數，飾與革路同。大麾，不在九旗中，以正色言之則黑，夏后氏所建。田，四時田獵。蕃國，謂九州之外，夷服、鎮服、蕃服。○錫，音陽。樊，讀"鞶"。條，讀"絛"，他刀反。前，讀"翦"。朝，直遙反。鞔，音快。罽，居例反。纓，所銜反。則"屬"，音燭。率，音律。鞔，莫官反。駹，音龙。

王后之五路：重翟，錫面，朱總；厭翟，勒面，繢總；安車，雕面，鷖總，皆有容蓋；註曰：重翟，重翟雉之羽也。厭翟，次其羽使相迫也。勒面，謂以如王龍勒之韋爲當面飾也。雕者，畫之，不龍其韋。安車，坐乘車。凡婦人車皆坐乘。鄭司農云："錫，馬面錫。"鷖，讀爲"鳧鷖"之"鷖"。鷖總者，青黑色，以繒爲之，總著馬勒，直兩耳與兩鑣。容爲幨車，山東謂之"裳幃"，或曰"潼容"。玄謂：朱總、繢總，其施之如鷖總；車衡軛亦宜有焉。繢，畫文也。蓋，如今小車蓋也，皆有容。有蓋，則重翟、厭翟謂"蔽"也。重翟，后從王祭祀所乘；

厭翟,后從王賓饗諸侯所乘;安車無蔽,后朝見於王所乘,謂去飾也。《詩·衛風·碩人》曰"翟蔽②以朝",謂諸侯夫人始來,乘翟蔽之車,以朝見於君,盛之也。此翟蔽,蓋厭翟也。然則,王后始來,乘重翟乎?○疏曰:云車,衡輈亦宜有者,以其皆是革飾之事,故兼施於車也。○翟車,貝面,組總,有握;註曰:翟車,不重不厭,以翟飾車之側爾。貝面,貝飾勒之當面也。有握,則此無蓋矣,如今"軿車"是也。后所乘以出桑。○疏曰:凡言翟者,皆謂翟鳥之羽,以爲兩旁之蔽。重翟者,二重。厭翟者,謂相次以厭其本。翟車者,又不厭其本也。龍勒,馬之轡飾,勒面則在面。組總,以組條爲總。凡言"總"者,謂以總爲車馬之飾。若婦人之"總",亦既繫其本,又垂爲飾,故皆謂之總也。○丘氏曰:有握,有帷幕也。○輦車,組輓,有翣,羽蓋。註曰:輦車,不言飾,后居宮中,從容所乘,但漆之而已。爲輇輪,人輓之以行。有翣,所以禦風塵。以羽作小蓋,爲翳日也。○鷖,鳥兮反。輓,音晚。翣,所甲反。著,直略反。幨,昌廉反。輨,音管。輧,薄經反。輇,市專反。翳,烏帝反。

王之喪車五乘:木車,蒲蔽,犬襠,尾囊,疏飾,小服皆疏;註曰:木車,不漆者。鄭司農云:蒲蔽,謂蠃蘭車,以蒲爲蔽。天子喪服之車,漢儀亦然。犬襠,以犬皮爲覆笭。玄謂:蔽,車旁禦風塵者。犬,白犬皮。既以皮爲覆笭,又以其尾爲戈戟之弢,粗布飾二物之側,爲之緣。服,讀爲"箙"。小箙,刀劍短兵之衣。此始遭喪所乘。爲君之道尚微,備姦臣也。《書》曰以"虎賁百人,逆子釗",亦爲備焉。○素車,棼蔽,犬襠,素飾,小服皆素。註曰:素車以白土堊車也。棼,讀爲"蕡"。蕡麻以爲蔽。其襠服以素繒爲緣。此卒哭所乘,爲君之道益著。在車可以去戈戟。○藻車,藻蔽,鹿淺襠,革飾。註曰:藻,水草蒼色,以蒼土堊車,以蒼繒爲蔽也。鹿淺襠,以鹿夏皮爲覆笭,又以所治去毛者緣之。此既練所乘。○駹車,萑蔽,然襠,髹飾。註曰:駹車,邊側有漆飾也。萑,細葦席也。以爲蔽者,漆則成藩,即吉也。然,果然也,猿屬。髹,赤多、黑少之色韋也。此大祥所乘。○漆車,藩蔽,豻襠,雀飾。註曰:漆車,黑車也。藩,今時小車藩,漆席以爲之。豻,胡犬。雀,黑多、赤少之色韋也。此襈所乘。○疏曰：天子至士，喪車五乘。尊卑等，則大夫、士襈，亦得乘漆車。所以大夫、士襈，即乘漆車，與吉同者，禮窮則同也。○禩，莫歷反。槾，音羔。藻，音藻。藋，音丸。髤，香求反。豻，五旦反。笭，力丁反。殳，吐刀反。箙，音服。堊，烏路反。蔍，扶文反。襈，直感反。

服車五乘：孤乘夏篆，卿乘夏縵，大夫乘墨車，士乘棧車，庶人乘役車。註曰：服車，服事者之車。鄭司農云：夏篆，篆讀爲"圭琢"之"琢"。夏篆，穀有約也。玄謂：夏篆，五采畫穀約也；夏縵，亦五采畫，無琢爾。墨車，不畫也。棧車，不革鞔而漆之。役車，方箱，可載任器以供役。○疏曰：后，別見車五乘。此孤卿以下，不見婦人車者，婦人與夫同，故《昏禮》云"婦車亦如之"。○凡良車、散車不在等者，其用無常。註曰：給遊燕及恩惠之賜。○疏曰：不在等者，不在於服車五乘之等列。作之有精粗，故有良、散之名。○棧，仕限反。穀，音谷。

凡車之出入，歲終則會之。註曰：計其完敗多少。○疏曰：車之出，謂給官用；車之入，謂用罷歸官。○凡賜，闕之。註曰：完敗不計。○疏曰：以其賜人以後，完敗隨彼受賜之人，在官不復須知，故闕之不會計。○毀折，入齎于職幣。註曰：計所傷敗，入其直。杜子春云：齎，讀爲"資"。資，謂財也。乘官車毀折者，入財以償繕治之直。

大喪，飾遣車，遂廞之，行之。註曰：廞，興也，謂陳駕之。行之，使人以次舉之，以如墓也。遣車，一曰"鸞車"。○疏曰：遣車，謂將葬，遣送之車，入壙者也。言飾者，還以金象革飾之，如生存之車，但粗小爲之耳。○及葬，執蓋從車，持旌。註曰：從車，隨柩路持蓋與旌者。王平生時，車建旌，雨則有蓋；今蜃車無蓋，執而隨之，象生時有也。所執者銘旌。○疏曰：蜃車既設帷荒，不得設蓋，是以執而隨柩車。旌在柩車前，亦使巾車之官執持。因言之耳，非謂持旌亦"從車"也。○及墓，嘑啓關，陳車。註曰：關，墓門也。車，貳車也。《士喪禮·下篇》曰："車至道左北面立，東上。"○小喪，共柩路，與其飾。註曰：柩路,載柩車也。飾,棺飾也。

歲時更續,共其弊車。疏曰：歲時更續者,謂一歲四時皆有受官車。更,謂車雖未破,日月已久,舊壞者更易以新者。續,謂雖未經久,其有破壞不中用者,復以新車續之。共其弊車者,既更、續以新車,其本或舊或壞,皆是弊車,巾車受取,以共冬官車人,材或有中用之。

大祭祀,鳴鈴以應雞人。註曰：雞人主呼旦,鳴鈴以和之,聲且警衆。必使鳴鈴者,車有和鸞,相應和之象。

典　　路

○典路,掌王及后之五路,辨其名物,與其用說。註曰：用,謂將有朝祀之事而駕之。鄭司農云：說,謂舍車也。○疏曰：上"巾車"已主王后之五路,今此又掌之者,以其冬官造得車訖,以授"巾車",飾以玉、金、象等。其王及后所乘者,又入"典路"別掌之。○說,書銳反。下"駕說"同。

若有大祭祀,則出路,贊駕說。註曰：出路,王當乘之。贊駕說,贊僕與趣馬也。○大喪、大賓客,亦如之。註曰：亦出路,當陳之。鄭司農說,以《書·顧命》曰"成王崩,康王既陳先王寶器",又曰"大路在賓階面,綴路在阼階面,先路在左塾之前,次路在右塾之前"。漢朝,上計律陳屬車於庭,故曰"大喪、大賓客亦如之"。○趣,倉口反。

凡會同、軍旅,弔于四方,以路從。註曰：王出於事無常,王乘一路,典路以其餘路從行,亦以華國。○易彥祥曰：謂因會同、軍旅而行弔事。○從,才用反。

車　　僕

○車僕,掌戎路之萃,廣車之萃,闕車之萃,苹車之萃,輕車之萃。註曰：萃,猶"副"也。此五者皆兵車,所謂"五戎"也。戎路,王在軍所乘也。廣車,橫陳之車也。闕車,所用補闕之車也。苹,猶"屏"也,所用對敵自蔽隱之車也。輕車，所用馳敵致師之車也。《春秋傳》曰"公喪戎路"，又曰"其君之戎，分爲二廣"，則諸侯戎路，廣車也；又曰"帥旅闕四十乘，孫子八陳，有苹車之陳"，又曰"馳車千乘"。五者之制及萃數，未盡聞也。《書》曰："武王戎車三百兩。"○疏曰：戎路，則巾車所云"革路"也。此車僕，惟掌五戎之萃。其五戎之正，不言所掌者，巾車雖掌正戎之一，其下四戎之正，亦巾車掌之矣。○萃，七內反。苹，薄輕反。

凡師，共革車，各以其萃。註曰：五戎者，共其一以爲王，優尊者所乘也。而萃，各從其元焉。○疏曰：經不云"革路"，總云"共革車"，則革車之言，所含者多，五戎皆是。會同，亦如之。註曰：巡守及兵車之會，則王乘戎路。乘車之會，王雖乘金路，猶共以從，不失備也。

大喪，廞革車。註曰：言興革車，則遣車不徒戎路，廣、闕、苹、輕皆有焉。○疏曰：王喪，遣車九乘；除此五乘之外，加以金、玉、象、木四者，則九乘矣。

大射，共三乏。疏曰：以其爲革車，用皮；其乏，亦用皮，故因使爲之大射共乏。至於賓射、燕射之等，則亦使共矣。舉大射，尊者而言。

司　常

○司常，掌九旗之物名，各有屬，以待國事。日月爲常，交龍爲旂，通帛爲旜，雜帛爲物，熊虎爲旗，鳥隼爲旟，龜蛇爲旐，全羽爲旞，析羽爲旌。註曰：物名者，所畫異物則異名也。屬，謂"徽識"也，《大傳》謂之"徽號"。今城門僕射所被，及亭長著絳衣，皆其舊象。通帛，謂大赤，從周正色，無飾。雜帛者，以帛素飾其側；白，殷之正色。全羽、析羽，皆五采，繫之於旞、旌之上，所謂注旄於干首也。凡九旗之帛，皆用絳。○疏曰：引注旄於干首者，明此旞、旌，非直有羽，亦有旄。雖據旞、旌，至於大常已下，首皆有之，故衛之臣雖旐物而有旄羽，則大常已下，皆有明矣。全羽、析羽，直有羽而無帛；而註云"九旗之帛"者，據衆有者而言。○旜，之然反。隼，息允反。旟，音餘。旐，音兆。旞，音遂。識，式志反。

及國之大閲,贊司馬頒旗物:王建大常,諸侯建旂,孤卿建旜,大夫、士建物,師都建旗,州里建旟,縣鄙建旐,道車載旞,斿車載旌。註曰:仲冬教大閲,司馬主其禮。自王以下治民者,旗畫成物之象。王畫日月,象天明也。諸侯畫交龍,一象其升朝,一象其下復也。孤卿不畫,言奉王之政教而已。大夫、士雜帛,言以先王正道佐職也。畫熊虎者,象其守猛,莫敢犯也。州里、鄉遂之官,鳥隼象其勇健也,龜蛇象其扞難避害也。道車,象路也,王以朝夕燕出入。斿車,木路也,王以田以鄙。全羽、析羽,五色,象其文德也。大閲,王乘戎路,建大常焉。玉路、金路不出。○疏曰:此九旗,發首雖總爲"大閲"而言,其道車載旞、斿車載旌,非爲軍事也。道車,在朝則建大赤,今以朝夕燕出入,則建旞也。斿車,正田時建大麾,今以小田及巡行縣鄙,則建旌爲異耳。○鄭剛中曰:此旗物,司常與大司馬或頒之、或辨之,然王與諸侯或建、或載,不出乎大常與旂,至於旜,則孤卿建之矣,師都又載之。物,則大夫、士建之矣,鄉遂又載之。旗,則師都建之矣,軍吏又載之。旟,則州里建之矣,百官又載之。旐,則縣鄙建之矣,郊野又載之。何也?余以爲軍吏也,孤卿也,師都也,三者不同名,考其實,則皆孤卿而已。平日爲孤卿,有事則命爲軍將。所謂軍將者,非軍吏乎?在朝爲孤卿,食采皆在師都。所謂師都者,非孤卿乎?孤卿可以謂之軍吏,又可以謂之師都。故所互建者,旗也、旜也;所迭載者,亦旗也、旜也。鄉遂也,大夫、士也,百官也,州里也,四者不同名,考其實,皆大夫、士而已。判而言之,則曰大夫、曰士;合而言之,則曰百官。鄉則有州,遂則有里。曰"鄉遂"者,總名也。曰州、里者,各舉其一以名之。其實則鄉遂也。鄉遂、州里之官,皆大夫、士爲之。爲大夫、士者,乃所謂官也。故所互建者,物也、旟也;所迭載者,亦物也、旟也。郊野也,縣鄙也,二者不同名。考其實,皆公邑之吏而已。鄉遂餘地,與夫封王子弟之餘地,謂之"公邑",亦謂之"閒田"。自其地言之,名曰郊野;自天子使吏治言之,名曰縣鄙。夫公邑、閒田之地,既名郊野,又名縣鄙,何也?蓋是田邑也,有在六遂之縣者,有在采地之縣者,康成所謂"二百里爲州,四百里爲縣"者,謂此地爾。故所互建者,旐也;所迭載者,亦旐也。○皆畫其象焉：官府各象其事，州里各象其名，家各象其號。註曰：事、名、號者，徽識所以題別衆臣，樹之於位，朝各就焉。《覲禮》曰"公、侯、伯、子、男，各③就其旂而立"，此其類也。或謂之事，或謂之名，或謂之號，異内外也。三者，旌旗之細也。《士喪禮》曰："爲銘，各以其物。亡，則以緇長半幅，頳末長終幅，廣三寸，書名於末。"此蓋其制也。徽識之書，則云某某之事，某某之名，某某之號。今大閲禮，象而爲之。兵凶事若有死事者，亦當以相別也。杜子春云：畫，當爲書。玄謂：畫，畫雲氣也。異於在國軍事之飾。○疏曰：云大閲象爲之者，此在軍之旌，綴於身，大小象銘旌，及在朝者爲之。○亡，音無。頳，音稱。

凡祭祀，各建其旗。註曰：王祭祀之車，則玉路。○疏曰：乘玉路，則建大常。經云"各建其旗"，則諸侯已下，所得路各有旗。○項平甫曰：各建其旗，所以屬衆。王則建大常，諸侯助祭者，百官執事者，各有之。○會同、賓客，亦如之，置旌門。註曰：賓客，朝覲、宗遇，王乘金路；巡守兵車之會，王乘戎路，皆建其大常。《掌舍》職曰："爲帷宮，設旌門。"○疏曰：引《掌舍》職者，彼官設之，此官供旌。

大喪，共銘旌，註曰：銘旌，王則大常也。《士喪禮》曰："爲銘，各以其物。"○建廞車之旌；及葬，亦如之。註曰：葬云建之，則行廞車解説之。○疏曰：此謂在廟陳時，以廞旌建於遣車之上。"及葬，亦如之"，此謂入壙亦建之。○説，吐活反。

凡軍事，建旌旗，及致民置旗，弊之。註曰：始置旗以致民，民至仆之。誅後至者。甸亦如之。○仆，薄北反，一音赴。

凡射，共獲旌。註曰：獲旌，獲者所持旌。○疏曰：謂若《大射》，服不氏唱獲所持之旌。三侯皆有獲，旌也。

歲時，共更旌。註曰：取舊予新。

都　宗　人

○都宗人，掌都祭祀之禮。凡都祭祀，致福于國。註曰：都或有山川及因國無主,九皇六十四民之祀,王子弟則立其祖王之廟。其祭祀,王皆賜禽焉。主其禮者警戒之。糾其戒具,其來致福,則率而以造祭僕。

正都禮與其服。註曰:禁督其違失者。服,謂衣服及宮室、車旗。

若有寇戎之事,則保羣神之壝。註曰:守山川、丘陵、墳衍之壇域。

國有大故,則令禱、祠;既祭,反命于國。註曰:令,令都之有司也。祭,謂報塞也。反命,還白王。○塞,西代反。

家宗人

○家宗人,掌家祭祀之禮。凡祭祀,致福。註曰:大夫采地之所祀與都同。若先王之子孫,亦有祖廟。

國有大故,則令禱、祠;反命。祭,亦如之。註曰:以王命令禱、祠,歸白王;於獲福,又以王命令祭之,還又反命。

掌家禮與其衣服、宮室、車旗之禁令。註曰:掌,亦正也。不言寇戎。保羣神之壝,則都家自保之。都宗人所保者,謂王所祀明矣。

以神仕者

○凡以神仕者,掌三辰之法,以猶鬼、神、示之居,辨其名物。註曰:猶,圖也。居,謂坐也。天者,羣神之精,日月星辰其著位也。以此圖天神、人鬼、地示之坐者,謂布祭衆寡,與其居句。《國語》曰:"古者民之精爽不攜貳者,而又能齊肅中正,其知能上下比義,其聖能光遠宣朗,其明能光照之,其聰能聽徹之,如是則神明降之。在男曰'覡',在女曰'巫'。是以使制神之處位次主,而爲之牲器時服。巫既知神如此,又能居以天法,是以聖人用之。今之巫祝,既闇其義,何明之見,何法之行,正神不降?或於淫厲,苟貪貨食,遂誣神人,令此道滅,痛矣!"○徐氏曰:三辰日、月、星,所至次舍,天神、人鬼、地示皆一氣。其本在地,其精在天,而各有常居。若五帝座及北辰,大乙常居也;輿鬼下天社、天稷,地示所居;虛危、宗廟,人鬼居也。明者,能按三辰所臨之時日謀,猶鬼、神、示之處位次主，而辨其名，牲牢器服，各以其物享焉。○居，紀慮反。句，紀具反。齊，側皆反。知，音智。覡，胡歷反。

以冬日至，致天神、人鬼；以夏日至，致地示、物魅，以禬國之凶荒、民之札喪。註曰：天人，陽也；地物，陰也。陽氣升而祭鬼神，陰氣升而祭地示、物魅，所以順其爲人與物也。百物之神曰"魅"。《春秋傳》曰："螭魅魍魎。"杜子春云：禬，除也。玄謂：此"禬"讀如"潰癰"之"潰"。○薛士隆曰：致天神，而人主與之，荀卿所謂"郊則拜百王"，於上而祭之是已。郊天合百王，則祭地合物魅宜矣。用祭天地之明日，於經無據。○黃文叔曰：是必有推候之法，可睹之實。至漢郊祀，猶候神先下，天子望拜，則司樂六變。天神降八變，地示出九變，人鬼格，非無其事。○魅，眉秘反。

易彥祥曰：春官設屬，最有統紀。所典之禮，五禮爲先。五禮之中，吉禮爲本。是蓋天秩天敘自然之理。觀大宗伯，其用亦博矣，實以天神、人鬼、地示爲主。然後小宗伯爲之建國之神位，肆師爲之立國祀之禮，而五禮從之。自其設屬而言，雖五禮之用爲不同，莫先於祭祀之禮。於是因禮事之緩急，而爲職掌之先後。○坡謂："大宗伯"至職末，爲官七十。宗伯雖曰掌邦禮，治神人，和上下，要則事神爲重，故其設官先後，皆以神事次之焉。小宗伯立鬼、神、示之位，肆師掌其玉帛牲牷，所以貳大宗伯也。祭莫先於祼，故首以鬱人、鬯人、司尊彝，鋪筵設同几爲依神，故司几筵次之。陳其宗器，故天府次之。禮之以玉，故典瑞又次之。祭有尊卑，服有等差，次之以司服。先雞人於司尊彝者，明禬祠烝嘗，欲及時事也。先典命於司服者，古者於禘，發爵賜服，所謂祭有十倫，此其一也。典祀、守祧，未祭守之職之專也，當祭巡之、藏之，亦職之微也。次之世婦至外宗，贊王后内事也。又次之，爲之宗廟，以鬼享之，卜其宅兆而安厝之，祭事致敬，喪事致哀。次之以冢人至職喪，蓋其意與禮交動乎？上樂交應乎下，故大司樂至師干④二十官繼之焉。貞諸夢卜，以知其情，故有大卜八官。紛若告虔，得能享之，故有祝、巫八官。知器知來，謹於若之，故有大史四官。凡此三者，原反諸幽，求諸鬼神之道也。於此竭情盡愼者，以爲無餘耳。次以内史三官，猶典命之意也,抑亦治人之禮也。祭必乘大路,載大常,故繼以自巾車至司常四職。都宗人、家宗人,祭有賜,禽有事,命禱;非王祭之常,而亦王祭之所及,故特附見焉。終之以凡以"神仕"者,猶鬼、神、示之居。與始之以大宗伯掌建邦之三禮,則終始見"春官"一職,皆事神之重矣。雖其間名分之嚴,教育之方,凶、賓、軍、嘉之禮,莫不備舉,而無非推仁孝誠敬之心,以及於天下,默契天親之理,以順其秩序命討之公。此天道之至教,聖人之至德也。

【校記】

① 據《周禮》原文,"以待"之後脫"賓客之令"四字。
② "蔽",《詩經》作"茀",意同相通。
③ "各",原文作"皆"。
④ "師干",應作"司干"。

周禮述註卷十七

夏官司馬第四

序　　官

鄭目録云：象夏所立之官，馬者，武也，言爲"武"者也。夏整齊萬物，天子立司馬，共掌邦政。政可以平諸侯，正天下，故曰"統六師，平邦國"。○坡謂：司馬主兵，而曰"馬者"，軍政莫重於馬也。制畿曰"萬乘"，制國曰"千乘"，制家曰"百乘"，皆以"馬"率焉。

惟王建國，辨方正位，體國經野，設官分職，以爲民極。乃立夏官司馬，使帥其屬而掌邦政，以佐王平邦國。註曰：政，"正"也，政所以正不正者也。《孝經説》曰："政者，正也。正德名以行道。"○吕氏曰：夏后氏命胤侯掌六師，舉政典以誓衆。則邦政之掌於司馬，舊矣。

政官之屬：大司馬，卿一人；小司馬，中大夫二人；軍司馬，下大夫四人；輿司馬，上士八人；行司馬，中士十有六人；旅下士三十有二人，府六人，史十有六人，胥三十有二人，徒三百有二十人。註曰：輿，衆也。行，謂軍行列。晉作六軍，而有三行，取名於此。○疏曰：諸官皆云史十二人，胥十二人，徒百二十人；獨此與諸官異者，以大司馬總六軍，軍事尚嚴，特須監察，故胥徒尚多。○凡制軍，萬有二千五百人爲軍。王六軍，大國三軍，次國二軍，小國一軍。軍將皆命卿。二千有五百人爲師。師帥皆中大夫。五百人爲旅。旅帥皆下大夫。百人爲卒。卒長皆上士。二十五人爲兩。兩司馬皆中士。五人爲伍。伍皆有長。註曰：軍、師、旅、卒、兩、伍，皆衆名也。伍，一比。兩，一閭。卒，一族。旅，一黨。師，一州。

軍,一鄉。家所出一人。將帥長司馬者,其師吏也。言軍將皆命卿,則凡軍帥不特置選於六官、六鄉之吏,自卿以下,德任者使兼官焉。鄭司農云:王六軍,大國三軍,次國二軍,小國一軍,故《春秋傳》有大國、次國、小國,又曰"成國不過半天子之軍。周爲六軍,諸侯之大者,三軍可也"。《詩·大雅·常武》曰:"整我六師,以脩我戎。"《大雅·文王》曰:"周王于邁六師及之。"①此周爲六軍之見于經也。《春秋傳》曰:"王使虢公命曲沃伯以一軍爲晉侯。"此小國一軍之見于傳也。百人爲卒,二十五人爲兩,故《春秋傳》曰"廣有一卒,卒偏之兩"。○一軍,則二府,六史,胥十人,徒百人。疏曰:此非"掌"也。在軍則置之,無則已。○長,丁丈反。

司勳,上士二人,下士四人,府二人,史四人,胥二人,徒二十人。註曰:故書"勳"作"勛"。鄭司農云:勛,讀爲"勳"。勳,功也。此官主功賞,故曰"掌六鄉賞地之法,以等其功。"○疏曰:司馬主征伐。軍無賞,士不往。凡軍以賞爲先,故"司勳"列位在前。

馬質,中士二人,府一人,史二人,賈四人,徒八人。註曰:質,平也。主買馬,平其大小之賈直。○疏曰:司馬者,主以供軍之用。馬質主平馬,賈買之,故亦列職居前也。○薛平仲曰:賞典所以振士氣,故"司勳"之官不可緩;馬材所以謹戎備,故"馬質"之官亦不敢後。先王於歲時,稽鄉遂之牛馬,以辨其可任之物。馬之在民,固無不足之慮。而公馬之備闕,不以責乎民,而取材於公以給之,是以有"馬質"。然馬質宜校人之屬,今在此者,蓋掌主馬之政,而詳及於六馬者,校人之官,固在所當重,量三馬之材,惟急於戎馬者,馬質之官,實在所當先。○賈音,古註賈直,音嫁。下同。

量人,下士二人,府一人,史四人,徒八人。註曰:量,猶"度"也。謂以丈尺度地。○小子,下士二人,史一人,徒八人。註曰:小子,主祭祀之小事。○薛平仲曰:量人既量地,以集師旅之衆。當其將戰,所以必其用命者,要必有托以申誓之,故"大司馬"誓群吏,斬牲以左右徇陳;誓者,"司馬";斬其牲者,則"小子"也。斬牲者"小子";共其牲者,則"羊人"也。是以小子、羊人,次於此焉。○羊人，下士二人，史一人，賈二人，徒八人。○度，待洛反。

司爟，下士二人，徒六人。註曰：故書"爟"爲"燋"。杜子春云：燋，當爲爟。書亦或爲爟。爟爲私火。玄謂：爟，讀如"予若觀火"之"觀"。今燕俗名湯熱爲觀，則爟火謂熱火與？○疏曰：此職行火之政令。火屬南方，故在此也。○爟，音貫。燋，哉約反。觀，古喚反。

掌固，上士二人，下士八人，府二人，史四人，胥四人，徒四十人。註曰：固，國所依阻者也。國曰"固"，野曰"險"。《易》曰："王公設險，以守其國。"○司險，中士二人，下士四人，史二人，徒四十人。○掌疆，中士八人，史四人，胥十有六人，徒百有六十人。註曰：疆，界也。○候人，上士六人，下士十有二人，史六人，徒百有二十人。註曰：候，候迎賓客之來者。○疏曰：《詩》云"彼候人兮，何戈與祋"，亦是武事，故在此也。○祋，丁外反。

環人，下士六人，史二人，徒十有二人。黃文叔曰：以"環"名官，取巡邏周匝之義。○鄭剛中曰：夏官環人，掌軍中循環往來，無所不察之事；而秋官環人，則掌送迎賓客，循環往來之事，皆以循環往來爲義。軍中之環人，有戰攻之事，則置之，非如秋官掌送迎之職。

挈壺氏，下士六人，史二人，徒十有二人。註曰：挈，讀如"挈髮"之"挈"。壺，盛水器也。世主挈壺水以爲漏。

射人，下大夫二人，上士四人，下士八人，府二人，史四人，胥二人，徒二十人。○服不氏，下士一人，徒四人。註曰：服不，服不服之獸者。○射鳥氏，下士一人，徒四人。○羅氏，下士一人，徒八人。註曰：能以羅罔搏鳥者。《郊特牲》曰："大羅氏，天子之掌鳥獸者。"○掌畜，下士二人，史二人，胥二人，徒二十人。註曰：畜，謂斂而養之。○"射鳥"之"射"，食亦反。

司士，下大夫二人，中士六人，下士十有二人，府二人，史四人，胥四人,徒四十人。疏曰:其職掌詔爵、詔禄,與司馬進賢興功同,故在此。○諸子,下大夫二人,中士四人,府二人,史二人,胥二人,徒二十人。註曰:諸子,主公卿、大夫、士之子者。或曰"庶子"。○司右,上士二人,下士四人,府四人,史四人,胥八人,徒八十人。註曰:右,謂有勇力之士,充王車右。○黃文叔曰:左主射,右持車。故司右與射人聯職。

虎賁氏,下大夫二人,中士十有二人,府二人,史八人,胥八十人,虎士八百人。註曰:不言"徒"曰"虎士",則虎士徒之選有勇力者。○旅賁氏,中士二人,下士十有六人,史二人,徒八人。薛平仲曰:虎,言其有力如虎也;旅,言其旅力方剛也。○節服氏,下士八人,徒四人。註曰:世爲王節所衣服。○方相氏,狂夫四人。註曰:方相,猶言"放想",可畏怖之貌。

大僕,下大夫二人;小臣,上士四人;祭僕,中士六人;御僕,下士十有二人。府,二人,史四人,胥二人,徒二十人。註曰:僕,侍御於尊者之名;大僕,其長也。○疏曰:在此者,凡言"僕御"者,是武衛之事。○隸僕,下士二人,府一人,史二人,胥四人,徒四十人。註曰:此"吏"而曰"隸",以其事褻。

弁師,下士二人,工四人,史二人,徒四人。註曰:弁者,古冠之大稱。委貌緇布曰冠。○弁,皮彥反。稱,尺證反。

司甲,下大夫二人,中士八人,府四人,史八人,胥八人,徒八十人。註曰:甲,今之"鎧"也。司甲,兵戈盾官之長。○司兵,中士四人,府二人,史四人,胥二人,徒二十人。○司戈盾,下士二人,府一人,史二人,徒四人,註曰:戈,今時"句孑戟"。○句,古侯反。孑,音結。

司弓矢,下大夫二人,中士八人,府四人,史八人,胥八人,徒八十人。註曰:司弓矢,弓弩矢箙官之長。○繕人,上士二人,下士四人,府一人,史二人,胥二人,徒二十人。註曰:繕之言勁也,善也。○槀人,中士四人,府二人,史四人,胥二人,徒二十人。註曰:鄭司農云:槀,讀爲"芻

"櫜"之"櫜"。箭幹謂之櫜。此官主弓弩箭矢,故謂之"櫜人"。○箙,音服。

戎右,中大夫二人,上士二人。註曰:右者參乘,此充戎路之右,田獵亦爲之右焉。○疏曰:案《巾車》,玉路居前,戎路在後。此右在前,官又尊者。夏官主事尚威武,故戎右居前,使官尊也。○齊右,下大夫二人。註曰:充玉路、金路之右。○道右,上士二人。註曰:充象路之右。○李子華曰:自"戎右"而下,止説大夫、士,而無府、史、胥、徒等人,似是臨時取之司右,無特置也。

大馭,中大夫二人。註曰:馭之最尊。○戎僕,中大夫二人。註曰:馭言"僕"者,此亦侍御於車。○齊僕,下大夫二人。註曰:古者王將朝覲、會同必齊,所以敬宗廟及神明。○道僕,上士十有二人。註曰:王朝朝暮夕,主御王以與諸臣行先王之道。○疏曰:朝夕在朝往來,駕稅難而且煩,故人最多。○田僕,上士十有二人。疏曰:人亦多者,王有四時之田,兼有園囿遊獵及取鮮獸之等,亦事類故也。○馭夫,中士二十人,下士四十人。疏曰:按《校人》,良馬三十六匹一馭夫,計良二千一百六十匹,則六十馭夫;又駑,一馭夫主四百三十二匹,駑千二百九十六匹,則馭夫三人,并前六十三人。與此不合者,蓋此序官脱三人也。○朝覲、王朝、在朝,俱直遥反。朝暮,朝夕,與如字。

校人,中大夫二人,上士四人,下士十有六人,府四人,史八人,胥八人,徒八十人。註曰:校之爲言"校"也,主馬者,必仍校視之。校人,馬官之長。○薛平仲曰:自戎右至馭夫,凡九職,掌五路之車;自校人至圉人,凡七職,掌五路之馬。先王時,國馬足以共軍,公馬足以稱賦。周制六軍,所謂馬、牛車輦者,皆因歲時以數之。若校人而下,所謂頒馬者,非分頒於民,頒之卿大夫之從軍旅也。○趣馬,下士皁一人,徒四人。註曰:趣馬,趣養者也。鄭司農説以《詩》曰"蹶維趣馬"。○巫馬,下士二人,醫四人,府一人,史二人,賈二人,徒二十人。註曰:巫馬,知馬祖、先牧、馬社、馬步之神者。馬疾若有犯焉,則知之,是以使與醫同職。○疏曰:有賈者,治馬死生,須知馬價,故有賈人。○牧師,下士四人,胥四人,徒四十人。註曰:主牧放馬而養之。○鄭剛中曰:地官有牧人,掌牧六牲,則馬亦在牧。又有牧師者,蓋牧人所牧,以共祭祀之牲牷,非以備駕車之用。此牧師,正掌牧馬之地,不與牧人之官相通。○廋人,下士閑二人,史二人,徒二十人。註曰:廋之言數。○圉師,乘一人,徒二人。圉人,良馬匹一人,駑馬麗一人。註曰:養馬曰"圉",四馬為"乘"。良,善也;麗,耦也。○校,戶教反。趣,清須反。皁,才早反。廋,所求反。

職方氏,中大夫四人,下大夫八人,中士十有六人,府四人,史十有六人,胥十有六人,徒百有六十人。註曰:職,主也。主四方之職貢者。職方氏,主四方官之長。○疏曰:在此者,司馬主九畿,職方制其貢,事相成,故在此。○陳君舉曰:職方掌天下之圖而隸司馬者,謹之也。《戰國策》士每言闚周室,則可案圖籍,以爭天下。故蕭何入秦,獨收圖籍以此。自漢守之司空,寖以世布,當時如江都、淮南諸王,皆案輿地謀變。而王鳳亦云《太史公書》有地形阨塞,不宜在諸侯王,然則古圖志,雖司徒掌之,而藏在司馬,秘不得見。先王所以弭姦消患者,其慮遠哉!○土方氏,上士五人,下士十人,府二人,史五人,胥五人,徒五十人。註曰:土方氏,主四方邦國之土地。○懷方氏,中士八人,府四人,史四人,胥四人,徒四十人。註曰:懷,來也。主來四方之民及其物。○合方氏,中士八人,府四人,史四人,胥四人,徒四十人。註曰:合方氏,主合同四方之事。○訓方氏,中士四人,府四人,史四人,胥四人,徒四十人。註曰:訓,道也。主教道四方之民。○形方氏,中士四人,府四人,史四人,胥四人,徒四十人。註曰:形方氏,主制四方邦國之形體。○山師,中士二人,下士四人,府二人,史四人,胥四人,徒四十人。疏曰:案:《王制》云"名山大澤,不以封",故天子立山川之師,以遙掌之使貢,故與職方連類在此。○川師,中士二人,下士四人,府二人,史四人,胥四人,徒四十人。○遂師,中士四人,下士八人,府四人,史八人,胥八人,徒八十人。註曰:遂,地之廣平者。○遂,音原。道,音導。

匡人,中士四人,史四人,徒八人。註曰:匡,正也。主正諸侯以法則。○撢人,中士四人,史四人,徒八人。註曰:撢人,主撢序王意,以語天下。○李泰伯曰:天下之情欲上達,故訓方氏之職設;人主之志欲下通,故撢人之職設。古者君民一體,上下交孚,而無壅遏之患如此。○撢,音探。語,魚據反。

都司馬,每都上士二人,中士四人,下士八人,府二人,史八人,胥八人,徒八十人。註曰:都,王子弟所封及三公采地也。司馬主其軍賦。○疏曰:此王自以臣爲司馬,遙掌都內。○家司馬,各使其臣,以正於公司馬。註曰:家,卿大夫采地。正,猶"聽"也。公司馬,國司馬也。卿大夫之采地,王不特置司馬,各自使其家臣爲司馬,主其地之軍賦,往聽政於王之司馬。王之司馬,其以王命來,有事則曰"國司馬"。

【校記】

① 所引詩句,非出自《大雅·文王》,而出自《大雅·棫樸》。

周禮述註卷十八

大司馬

○大司馬之職,掌建邦國之九法,以佐王平邦國:註曰:平,成也,正也。制畿封國,以正邦國;徐氏曰:制九服之畿,封五等之國,則地之大小正。設儀辨位,以等邦國;註曰:儀,謂諸侯及諸臣之儀。辨,別也,別尊卑之位。進賢興功,以作邦國;註曰:興,猶"舉"也。作,起也。○鄭剛中曰:見於德行之謂"賢",見於事業之謂"功"。賢可尊也,受七命者,進爲八命之牧;受八命者,進爲九命之伯。功可録也,或加之以地,或進之以律。進其賢者,則不賢者自礪;興其功者,則無功者知奮,邦國可作。建牧立監,以維邦國;註曰:牧,州牧也。監,監一國,謂君也。維,猶"連結"也。制軍詰禁,以糾邦國;註曰:詰,猶"窮治"也。糾,猶"正"也。○坡謂:制之、詰之,皆王也。軍,大國三軍,次國二軍,小國一軍也。禁,如葵丘五禁之類。鄭剛中曰:有軍以馭其亂,有禁以詰其違,則邦國可糾矣。施貢分職,以任邦國;註曰:職,謂職稅也。任,猶"事"也。事以其力之所堪。簡稽鄉民,以用邦國;註曰:簡,謂比數之。稽,猶"計"也。均守平則,以安邦國;註曰:諸侯有土地者,均之。尊者守大,卑者守小。則,法也。○疏曰:平則者,謂五等職貢之等,皆有常法。○坡謂:上言制畿封國,此則均其所守,使之有大小之差也;上言施貢分職,此則平其法則,使之有輕重之等也。比小事大,以和邦國。註曰:比,猶親,使大國親小國,小國事大國,相合和也。○坡謂:制畿封國,分土也,大小不同,禮亦異數,故設儀辨位以等之。位必稱德,則人知自奮,故進賢興功以作之。德足長人,則如命爲侯、伯,故建牧立監。牧監立,以維邦國,則上下無離心。有軍有禁,以糾邦國,則上下無悖志;而奉上急公,可以任之、用之矣。均守平則,則內得其分;比小事大,則外通共情。而凡任之、用之者,皆有常法。天子牧伯,無過於取;四方小侯,無過於共,則安則和也。○監,古銜反。比,毗志反。

以九伐之法正邦國:註曰:諸侯有違王命,則出兵以征伐之,所以正之也。諸侯之于國,如樹木之有根本,是以言"伐"云。馮弱犯寡,則眚之;註曰:馮,猶"乘陵"也,言不字小而侵侮之。眚,猶人眚瘦也。《王霸記》曰:"四面削其地。"賊賢害民,則伐之;註曰:《春秋傳》曰"觕者曰'侵',精者曰'伐'",又曰"有鐘鼓曰'伐'"。則伐者,兵入其境,鳴鐘鼓以往,所以聲其罪。暴內陵外,則壇之;註曰:內,謂其國;外,謂諸侯。壇,讀如"同墠"之"墠"。《王霸記》曰:"置之空墠之地。"玄謂:置之空墠之地,以出其君,更立其次賢者。○疏曰:暴內,即上云"賊賢害民"是也。陵外,即上云"馮弱犯寡"是也。上二文各有其一,故伐之、眚之,不奪其位。此則內外之惡兼有,故壇之,奪其位,立其次賢。野荒民散,則削之;註曰:荒,蕪也。田不治,民不附,削其地,明其不能有。負固不服,則侵之;註曰:負,猶"恃"也。固,險可依以固者也。不服,不事大也。侵之者,兵加其竟而已,用兵淺者。《詩》曰:"密人不恭,敢距大邦。"賊殺其親,則正之;註曰:正之者,執而治其罪。《王霸記》曰:"正,殺之也。"《春秋》僖二十八年冬,晉人執衛侯歸之于京師,坐殺其弟叔武。○疏曰:正者,執而治其罪,未必即是殺也。放弒其君,則殘之;註曰:放,逐也。殘,殺也。《王霸記》曰:"殘,滅其爲惡。"○坡謂:放,如鄭突之出忽;弒,如楚商臣之弒頵,皆放弒其君而自立者也。此經專指諸侯之事,而若季氏逐昭,崔杼弒莊之類,亦在所殘焉。犯令陵政,則杜之;註曰:令,命也。《王霸記》曰:"犯令者,違命也。"陵政者,輕政法不循也。杜之者,杜塞,使不得與鄰國交通。○坡謂:用兵侵而不服,則伐之,伐而不服,則圍之。上文言侵伐,此言杜,意即圍也。蓋革制度者爲"叛",叛者君討,令諸侯環之,杜塞使不通。外內亂,鳥獸行,則滅之。註曰:《王霸記》曰:"悖人倫,外內無以異於禽獸,不可親百姓,則誅滅去之也。"《曲禮》曰:"夫惟禽獸無禮,故父子聚麀。"○坡謂:九者之序,以王法所加爲先後。曰眚、曰伐、曰壇,差重者在先;曰殘、曰杜、曰滅,至重者在後;曰削、曰侵、曰正,輕者在中。蓋前三者,則害及於人;次三者,虐止其國;至後三者,則滅紀法而窮人欲矣。○馮,皮冰反。壇,音善。行,下孟反。觕,音粗。竟、境同。頯,於倫反。

正月之吉,始和布政于邦國都鄙,乃縣政象之法于象魏,使萬民觀政象,挾曰而斂之。疏曰:布政,謂上九法、九伐并下。凡令以下,皆此時布之。○縣,音懸。

乃以九畿之籍,施邦國之政職:方千里,曰國畿;其外方五百里,曰侯畿;又其外方五百里,曰甸畿;又其外方五百里,曰男畿;又其外方五百里,曰采畿;又其外方五百里,曰衛畿;又其外方五百里,曰蠻畿;又其外方五百里,曰夷畿;又其外方五百里,曰鎮畿;又其外方五百里,曰蕃畿。註曰:畿,猶"限"也。自王城以外,五千里爲界,有分限者九。籍,其禮差之書也。政職,所共王政之職,謂賦稅也。○疏曰:侯者,候也,爲王伺候非常也。甸者,爲王治田,以出賦貢。男者,任也,任王之職事。采者,采取美物以共王。衛者,爲王衛守。蠻者,縻也,以近夷狄,縻係之以政教。自此以上六服,是中國之九州;自此已外,是夷狄之諸侯。此蠻服,出《大行人》云"要服",亦一也。言"要"者,亦見要束以文教也。夷者,以夷狄而得夷稱也。鎮者,蓋中國稍遠,理須鎮守。蕃者,以其最遠,故得蕃屏之稱。此三服,總號"蕃服",故《大行人》云"九州之外,謂之蕃國,世一見",指此三服也。○坡謂:此經即施貢分職,以任邦國也。下文"令賦",即簡稽鄉民,以用邦國也。九法皆經理諸侯之政,惟此二事,則王所得於諸侯者,故特詳之。○蕃、藩同。要,於遙反。

凡令賦,以地與民制之:上地,食者參之二,其民可用者家三人;中地,食者半,其民可用者二家五人;下地,食者參之一,其民可用者家二人。註曰:賦,給軍用者也。令邦國之賦,亦以地之美惡、民之衆寡爲制,如六遂矣。鄭司農云:上地,謂肥美田也。食者參之二,假合一家有三頃,歲種二頃,休其一頃。下地食者參之一,田薄惡者,所休多。○疏曰:此文承上"邦國"之下,而云"令賦",是還據邦國諸侯而説也。○坡謂:此徵兵邦國之制。朱子曰:"賦,兵也。"古者以田賦出兵,故謂兵爲賦。或曰:《孟子》云"請野九一,國中什一",是諸侯亦有鄉、遂、都、鄙也。鄉、遂、都、鄙,兵制多少不同。而天子調發國兵,概如鄉遂,不已悉乎?曰:凡天子六軍,大國三軍,次國二軍,小國一軍,皆以鄉言之,而甸、稍、縣、都不與焉。即天子調兵於侯,無過其鄉之軍耳,故九法云"簡稽鄉民,以用邦國",斯其是也。若諸侯有遍境出法,斯乃非常之變,不爲令。

中春,教振旅,司馬以旗致民,平列陳,如戰之陳。註曰:以旗者,立旗期民於其下也。兵者,守國之備。孔子曰:"以不教民戰,是謂棄之。"兵者,凶事,不可空設,因蒐狩而習之。凡師,出曰"治兵",入曰"振旅",皆習戰也。四時各教民以其一焉。春習振旅,兵入收衆,專於農。平,猶"正"也。○辨鼓、鐸、鐲、鐃之用:王執路鼓,諸侯執賁鼓,軍將執晉鼓,師帥執提,旅帥執鼙,卒長執鐃,兩司馬執鐸,公司馬執鐲。註曰:《鼓人》職曰"以路鼓鼓鬼享,以賁鼓鼓軍事","以晉鼓鼓金奏","以金鐃止鼓,以金鐸通鼓","以金鐲節鼓"。鄭司農云:辨鼓、鐸、鐲、鐃之用,謂鉦鐸之屬,鐲讀如"濁",其原之濁。鐃,讀如"謹曉"之"曉"。提,讀如"攝提"之"提",謂馬上鼓有曲木提,持鼓立馬髦上者,故謂之"提"。杜子春云:公司馬謂五人爲伍,伍之司馬也。玄謂:王不執賁鼓,尚之於諸侯也。伍長謂之公司馬者,雖卑同其號。○疏曰:此春、夏、秋三時,各教其一。必春辨鼓鐸者,鼓雷之類,象中春雷,發聲於外。○以教坐、作、進、退、疾、徐、疏數之節。註曰:習戰法。○疏曰:按下"大閱"禮,"中軍以鼙令鼓"已下,有此"坐作"等之節,彼大閱具言,於此畧。○中,音仲。陳,直覲反。鐲,音濁。鐃,鬧平聲。賁,扶云反。數,音朔。蒐,所留反。鉦,音征。曉,女交反。

遂以蒐田。有司表貉,誓民,鼓,遂圍禁。火弊,獻禽以祭社。註曰:春田爲蒐。有司,大司徒也。掌大田役,治徒庶之政令。表貉,立表而貉祭也。誓民,誓以犯田法之罰也。誓曰:"無干車,無自後射。"立旌,遂圍禁。旌弊,爭禽而不審者,罰以假馬。禁者,虞衡守禽之屬禁也。既誓,令鼓而圍之,遂蒐田。火弊,火止也。春田主用火,因焚萊,除陳草,皆殺而火止。獻,猶"致"也,"屬"也。田止,虞人植旌,衆皆獻其所獲禽焉。《詩》云:"言私其豵,獻肩于公。"春田主祭社者,土方施生也。鄭司農云:貉,讀爲"禡"。禡,謂師祭也,書亦或爲"禡"。○疏曰:蒐,搜也。春時鳥獸字乳,搜擇取不孕任者,故以"蒐"爲名。誓民即大閱,群吏聽誓于陳。前鼓者,即中軍以鼙令鼓,鼓人三鼓以下。○坡謂:《穀梁傳》曰"四時之田,皆爲宗廟之事",是因祭方田也。而因田有祭,未見他文焉;且此祭社,與《月令》仲春"命民社"正同,可謂非常祭乎?然惟冬、夏言享廟,而春言社、秋言祊者,春爲民祈,秋爲民報,重民敬祀,互見爲義耳。正祭在四孟,《王制》孔疏詳之,始終可疑,今以經爲正。○貉、禡,並莫駕反。祊,音方。

中夏,教茇舍,如振旅之陳。群吏撰車徒,讀書契。辨號名之用:註曰:茇,讀如"萊沛"之"沛"。茇舍,草止之也。軍有草止之法。撰,讀曰"算"。算車徒,謂數擇之也。讀書契,以簿書校錄軍實之凡要。○黃文叔曰:號名,爲夜事。今軍夜有號。註以爲徽識,披之以備死事,夫徽識綴於膊上,夜事將何以辨?○帥,以門名;縣鄙,各以其名;家,以號名;鄉,以州名;野,以邑名;百官,各象其事以辨軍之夜事。帥,謂軍將及師帥、旅帥至伍長也。以門名者,軍將皆命卿。古者軍將,蓋爲營治於國門。魯有東門襄仲,宋有桐門右師,皆上卿爲軍將者也。縣鄙,謂公邑大夫也。家,謂食采地者之臣也。鄉以州名,即六鄉也。野以邑名,即六遂也。百官,以其職從王者。夜事,戒夜守之事。草止者,俱於夜,於是主別其部職。○其他,皆如振旅。王光遠曰:若平列陳,與夫以教、坐、作、進、退、疾、徐、疏數之節,皆然。○中,音仲。撰,息轉反。識,音志。

遂以苗田,如蒐之法。車弊,獻禽以享礿。註曰:夏田爲苗,擇取不孕任者,若治苗去不秀實者。云車弊,驅獸之車止也。夏田主用車,示所取物希,皆殺而車止。《王制》曰:"天子殺,則下大綏;諸侯殺,則下小綏;大夫殺,則止佐車;佐車止,則百姓田獵。"礿,宗廟之夏祭也。冬夏田主于祭宗廟者,陰陽始起,象神之在内。○王光遠曰:夏田爲苗,除禽獸之害而已。如蒐之法,則其它表貉、誓民、鼓、遂圍禁之類,皆與蒐同。享礿,則所謂以禴夏享先王。○礿,餘若反。

中秋,教治兵,如振旅之陳。疏曰:言教治兵者,凡兵出曰"治兵",入曰"振旅"。春以入兵爲名,尚農事;秋以出兵爲名,秋嚴尚威,故也。○辨旗物之用:王載大常,諸侯載旂,軍吏載旗,師都載旜,鄉遂載物,郊野載旐,百官載旟,各書其事與其號焉。其他,皆如振旅。軍吏,諸軍帥也。師都,孤卿也。鄉遂,六鄉、六遂也。郊野,公邑之吏也。百官,大夫、士也。凡旌旗,有軍旅者,畫異物;無者,帛而已。書,當爲畫,事也號也,皆畫以雲氣。○疏曰:各書其事與其號者,即仲夏百官各象其事,及號名之等。此秋雖不具辨號名,亦畧舉之,見四時皆有此物也。○中,音仲。書,音畫。

遂以獮田,如蒐田之法。羅弊,致禽以祀祊。註曰:秋田爲獮。獮,殺也。羅弊,網止也。秋田上①用罔,中殺者多也,皆殺而罔止。祊,當爲"方"聲之誤也。秋田主祭四方,報成萬物。《詩》曰:"以社以方。"○獮,息淺反。祊,音方。中,丁丈反。

中冬,教大閲。註曰:春辨鼓鐸,夏辨號名,秋辨旗物。至冬大閲簡軍實,凡頒旗物,以出軍之旗,則如秋;以尊卑之常,則如冬。司常佐司馬時也。大閲,備軍禮,而旌旗不如出軍之時,空辟實。○疏曰:"春辨鼓鐸"以下,見春夏秋各教其一,至冬大閲之時總教之。○**前期,群吏戒衆庶,脩戰法。**註曰:群吏,鄉師以下。○**虞人萊所田之野爲表,百步則一,爲三表;又五十步爲一表。田之日,司馬建旗于後表之中,群吏以旗物、鼓、鐸、鐲、鐃各帥其民而致。質明弊旗,誅後至者,乃陳車徒,如戰之陳,皆坐。**註曰:鄭司農云:虞人萊所田之野,芟除其草萊,令車得驅馳。《詩》曰:"田卒汙萊。"玄謂:萊,芟除可陳之處。後表之中,五十步表之中央。表,所以識正行列也。

四表積二百五十步。左右之廣,當容三軍。步數未聞。致,致之司馬。質,正也。弊,仆也。皆坐,當聽誓。○疏曰:《月令》"司徒北面以誓之",此經云"司馬建旗於後表之中",車徒皆坐,則此於可陳之中,從南頭立表,以北頭爲後表也。○群吏聽誓于陳前,斬牲以左右徇陳,曰:"不用命者,斬之!"註曰:群吏,諸軍帥也。陳前,南面向表也。《月令》:季秋,"天子教于田獵,以習五戎","師徒搢扑,北面以誓之"②。此大閲禮,實正歲之中冬,而説季秋之政,於周爲中冬,爲《月令》者失之矣。斬牲者,小子也。凡誓之大畧,《甘誓》、《湯誓》之屬是也。○疏曰:群吏聽誓于陳前者,士卒皆於後表,北面坐;群吏諸軍帥,皆在士卒前,南面立,以聽誓。○中軍以鼙令鼓,鼓人皆三鼓。司馬振鐸,群吏作旗,車徒皆作,鼓行,鳴鐲,車徒皆行,及表乃止。三鼓,摝鐸,群吏弊旗,車徒皆坐。註曰:中軍,中軍之將也。天子六軍,三三而居一偏,群吏既聽誓,各復其部曲。中軍之將令鼓,鼓以作其士衆之氣也。鼓人者,中軍之將。師帥,旅帥也。司馬,兩司馬也。振鐸以作衆,作,起也。既起,鼓人擊鼓以行之,伍長鳴鐲以節之。伍長,一曰"公司馬"。及表,自後表前至第二表也。三鼓者,鼓人也。鄭司農云:摝,讀如"弄"。玄謂:如"涿鹿"之"鹿"。掩上振之爲"摝"。摝者,止行息氣也。《司馬法》曰:"鼓聲不過閶,鼙聲不過闟,鐲聲不過琅。"○疏曰:此經總説聽誓既已,將欲向南第二表,象戰陳初發面敵。此即中春振旅疾徐坐起之事一也。中軍者,此六軍,三軍居一偏,皆自有中軍也。○又三鼓,振鐸,作旗,車徒皆作。鼓進,鳴鐲,車驟,徒趨,及表乃止,坐、作如初。註曰:趨者,赴敵尚疾之漸也。《春秋傳》曰:"先人有奪人之心。"及表,自第二前至第三。○乃鼓,車馳,徒走,及表乃止。註曰:及表,自第三前至前表。○鼓戒三闋,車三發,徒三刺,註曰:鼓戒,戒攻敵。鼓壹闋,車壹轉,徒壹刺;三而止,象敵服。○鄭剛中曰:凡此萊野立表、仆旗、聽誓、鼓行,以至於擊刺,如戰之陳,皆四時教戰之常法。不於振旅、茇舍、治兵述之,獨詳具於此,蓋以明其爲大閲故也。○乃鼓退,鳴鐃,且卻,及表乃止,坐、作如初。註曰:鐃,所以止鼓。軍退,卒長鳴鐃以和衆,鼓人爲止之也。退自前表至後表,鼓鐸則同,習戰之禮,出入一也,異者,廢鐲而鳴鐃。○疏曰:此言乃鼓退者,謂至南表,軍吏及士卒回身向北,更從南爲始也。鳴鐃且卻者,此鳴鐃且卻,據初至南表,退軍之時象在軍,軍退亦鳴鐃。○中,音仲。擁,音鹿。闃,苦穴反。辟,音避。閶,吐剛反。闒,吐獵反。

遂以狩田。以旌爲左右和之門,羣吏各帥其車徒以敘和出,左右陳車徒,有司平之。旗居卒間以分地,前後有屯百步,有司巡其前後。險野人爲主,易野車爲主。註曰:冬田爲狩,言守取之,無所擇也。軍門曰"和",今謂之"壘門",立兩旌以爲之。敘和出,用次第出和門也。左右,或出而左,或出而右。有司平之,鄉師居門,正其出入之行列也。旗,軍吏所載。分地,調其部曲疏數。前後有屯百步,車徒異羣相去之數也。車徒畢出和門,鄉師又巡其行陳。鄭司農云:險野人爲主,人居前;易野車爲主,車居前。○疏曰:此一經,總論教戰,訖入防田獵之事,故云"遂以狩田"也。以旌爲左右和之門者,六軍分三軍,各處東西爲左右,各爲一門。旗居卒間者,軍吏各領已之士卒,執旗以表之。○既陳,乃設驅逆之車,有司表貉于陳前。註曰:驅,驅出禽獸,使趨田者也。逆,逆要不得令走。設此車者,田僕也。○中軍以鼙令鼓。鼓人皆三鼓,羣司馬振鐸,車徒皆作,遂鼓行,徒銜枚而進。大獸公之,小禽私之。獲者取左耳。註曰:羣司馬,謂兩司馬也。枚,如箸銜之,有繩結項中,軍法止語,爲相疑惑也。進,行也。鄭司農云:大獸公之,輸之於公;小禽私之,以自畀也。《詩》云:"言私其豵,獻肩③于公。"一歲爲豵,二歲爲豝,三歲爲特,四歲爲肩,五歲爲慎。此明其獻大者於公,自取其小者。玄謂"慎",讀爲"麎"。《爾雅》曰:"豕生三曰豵。"④豕牝曰"豝",麋牡曰"麎"。獲,得也。得禽獸者,取左耳,當以計功。○及所弊,鼓皆駴,車徒皆譟。註曰:鄭司農云:及所弊,至所弊之處。玄謂:至所弊之處,田所當於止也。天子、諸侯,蒐狩有常。至其常處,吏士鼓譟,象攻敵尅勝而喜也。疾雷擊鼓曰"駴"。譟,讙也。《書》曰:"前師乃鼓。"簸譟,亦謂喜也。○徒乃弊,致禽饁獸于郊,入獻禽以享烝。註曰:徒乃弊,徒止也。冬田主用衆,物多,衆得取也。

致禽饁獸于郊，聚所獲禽，因以祭四方神於郊。《月令》季秋，天子既田，"命主祠祭禽四方"是也。入，又以禽祭宗廟。○疏曰：致禽饁獸于郊者，謂因田過郊之神位而饋之。○坡謂：夏冬無外祀，故夏惟曰享礿，冬惟曰享烝，春秋則有二社與祠嘗。而外祀，惟社有田。《郊特牲》曰："惟爲社田，國人畢作。"然春秋惟著社方者，乃舉外以包内。或是親祠嘗而先社，如左氏所云"后稷親而先帝"耳。四時之田，皆爲宗廟之事，鄭豐卷欲祭請田是也。既爲祭有田，然則田在仲月，則祭在仲月明矣。鄭子入於《晏子春秋》，言正祭在孟月，遂以此四祀爲因田而祭，不考宗伯甸祝，凡田歸僅曰饁獸于郊，舍奠于祖廟，而無社方礿烝之文乎？因傳以改經，微少失矣。○馘，胡楷反。課，素報反。要，於遥反。繡，户卦反。麎，音辰。簸，音符。

及師，大合軍，以行禁令，以救無辜，伐有罪。註曰：師，所謂王巡守，若會同。司馬起師合軍以從，所以威天下，行其政也。不言大者，未有敵，不尚武。○若大師，則掌其戒令，涖大卜，帥執事涖釁主及軍器。註曰：大師，王出征伐也。涖，臨也。臨大卜，卜出兵吉凶也。《司馬法》曰："上卜下謀，是謂參之。"主，謂遷廟之主，及社主在軍者也。軍器，鼓鐸之屬。凡師既受甲，迎主于廟及社主，祝奉以從，殺牲以血塗主及軍器，皆神之。○疏曰：案《小子》職云"釁邦器及軍器"，彼官釁之，而大司馬臨之。○及致，建大常，比軍衆，誅後至者。註曰：致，鄉師致民於司馬。比，校次之也。○及戰，巡陳，視事而賞罰。註曰：事，謂戰功也。○若師有功，則左執律、右秉鉞以先，愷樂獻于社。註曰：功，勝也。律，所以聽軍聲。鉞，所以爲將威也。先，猶"道"也。兵樂曰"愷"。獻于社，獻功于社也。《司馬法》曰："得意，則愷樂、愷歌，示喜也。"鄭司農云：故城濮之戰，《春秋傳》曰"振旅，愷以入于晉"。○若師不功，則厭而奉主車。註曰：鄭司農云：厭，謂厭冠，喪服也。軍敗則以喪禮，故秦伯之敗于殽也，《春秋傳》曰："秦伯素服郊次，鄉師而哭。"玄謂：厭，伏冠也。奉，猶"送"也，送主歸於廟與社。○王弔勞士、庶子，則相。註曰：師敗，王親弔士庶子之死者，勞其傷者，則相王之禮。庶子，卿大夫之子從軍者,或謂之"庶士"。○厭,於涉反。勞,力報反。相,息亮反。從,才用反。道,音導。"鄉師"之"鄉",許亮反。

大役,與慮事,屬其植,受其要,以待考而賞誅。註曰:大役,築城邑也。鄭司農云:國有大役,大司馬與謀慮其事也。植,謂部曲將吏。故宋城,《春秋傳》曰"華元爲植巡功"。屬,謂聚會之也。要者,簿書也。考,謂考校其功。玄謂:慮事者,封人也。於有役,司馬與之。植,築城楨也。屬,賦丈尺,與其用人數。○與,音預。註同。與其,如字。屬,音燭。植,直吏反。楨,音貞。

大會同,則帥士、庶子,而掌其政令。註曰:帥師以從王。

若大射,則合諸侯之六耦。註曰:大射,王將祭,射于射宮,以選賢也。王射三侯,以諸侯爲六耦。○疏曰:大射,是將祭而射,故用諸侯爲六耦。若賓射,射人亦用六耦,但不用諸侯,當用卿大夫爲之。燕射三耦,自然用卿大夫已下爲之。

大祭祀、饗食,羞牲魚,授其祭。註曰:牲魚,魚牲也。祭,謂尸賓所以祭也。鄭司農云:司馬主進魚牲。○食,音嗣。

大喪,平士大夫。註曰:平者,正其職與其位。○疏曰:必使司馬爲之者,司馬之屬有司士,主群吏;今王喪,不得使司士,故司馬平之也。喪祭,奉詔馬牲。註曰:王喪之以馬祭者,蓋遣奠也。奉,猶"送"也。送之至墓,告而藏之。

小　司　馬

○小司馬之職,掌註曰:此下字脱滅,札爛文闕,漢興求之不得,遂無識其數者。凡小祭祀、會同、饗射、師田、喪紀,掌其事,如大司馬之法。

軍　司　馬

○軍司馬,闕。

輿　司　馬

○輿司馬，闕。

行　司　馬

○行司馬，闕。○疏曰：軍司馬，當下大夫四人；輿司馬，當上士八人；行司馬，當中士十六人。餘官皆無異稱，此獨有之者，以軍事是重，故特生別名。

司　勳

○司勳，掌六鄉賞地之法，以等其功：註曰：賞地，賞田也。在遠郊之內，屬六鄉焉。等，猶"差"也。以功大小爲差。

王功曰勳，註曰：輔成王業。國功曰功，註曰：保全國家。民功曰庸，註曰：法施於民。事功曰勞，註曰：以勞定國。○鄭剛中曰：事功者，或從王事，或在國事，或有所營爲，或有所創制，黽勉從之，不畏其適我也。勞者，經營艱苦之意也。治功曰力，註曰：制法成治。○鄭剛中曰：治功者，或平水土，或辟草萊，或任土地，或疏導溝洫。力，謂其用力以作爲也。戰功曰多，註曰：尅敵出奇，若韓信、陳平。《司馬法》曰："上多前虜。"○鄭剛中曰：多者，算數過人之義。人算其一，我算其十；人算其百，我算其千。出奇無窮，人莫能測。以多算勝者，斯可以爲戰功矣。○坡謂：六者之序，自君而民、而事也，本末偏全，各有次第。

凡有功者，銘書於王之大常，祭於大烝，司勳詔之；註曰：銘之言名也。生則書于王旌，以識其人與其功也，死則於烝先王祭之。詔，謂告其神以辭也。《盤庚》告其卿大夫曰"茲予大享于先王，爾祖其從與享之"是也。今漢祭功臣於廟庭。○疏曰：詔之，謂詔司常書之，又以辭使春官告神。○王介甫曰：大烝，冬之大享。當是時，百物皆報焉，祭有功宜矣。○大功，司勳藏其貳。註曰：貳，猶"副"也。功書藏於天府，又副於此者，以其主賞。○坡謂：天府無藏功書之文。所謂貳，貳司常也。蓋凡有功者，書於大常。大功，則既書大常，司勳又藏其貳也。既曰"凡有功"，又曰"大功"，則統而觀之，六功相形大小；析而言之，每功自有輕重矣。自"王功"至此，皆等其功之事。○識，音志。

掌賞地之政令。坡謂：政令，如下文所云者是也。○凡賞無常，輕重視功。註曰：無常者，功之大小不可豫。○凡頒賞地，參之一食。註曰：賞地之稅，參分計稅，王食其一也，二全入於臣。○惟加田無國正。註曰：加田，既賞之，又加賜以田，所以厚恩也。鄭司農云：正，謂稅也。禄田亦有給公家之賦貢，若今時侯國有司農少府錢穀矣，獨加賞之田無征耳。○疏曰：加田未知所在，或可與賞田同處。○坡謂：自"掌賞地"至此，所謂六鄉賞地之法也。凡有功者，皆頒賞地；加田，則待大功。

馬　質

○馬質，掌質馬，馬量三物：一曰戎馬，二曰田馬，三曰駑馬，皆有物賈。註曰：此三馬，買以給官府之使，無種也。鄭司農云：皆有物賈，皆有物色及賈直。○易彥祥曰："物"云者，國馬之輈，深四尺有七寸；田馬之輈，深四尺；駑馬之輈，深三尺有三寸。其用各有等，其材各有宜，故皆以"三物"量之。有物則有價，故謂之質。○綱惡馬。註曰：綱，以縻索維綱狎習之。○賈，音稼。

凡受馬於有司者，書其齒毛與其賈。馬死，則旬之內更；旬之外入馬耳，以其物更；其外否。註曰：鄭司農云：更，謂償也。玄謂：旬之內死者，償以齒毛與賈，受之日淺，養之惡也；旬之外死，入馬耳，償以毛色，不以齒賈，任之過其任也；其外否者，旬之外踰二十日而死，不任用，非用者罪。○疏曰：所受之馬，謂給公家之使。○更，音庚。

馬及行，則以任齊其行。註曰：識其所載輕重及道里，齊其勞逸，乃復用之。○坡謂：及行，始駕也。此二句，或在"綱惡馬"之下，蓋同爲教馬事也。

若有馬訟，則聽之。註曰：訟，謂賣買之言相負。

禁原蠶者。註曰：原，再也。天文，辰爲馬。《蠶書》：蠶爲龍精。月值大火，則浴其種。是蠶與馬同氣，物莫能兩大，禁再蠶者，爲傷馬與？○坡謂：禁原蠶者，言牧馬之處，與牧馬之人，皆不得再養蠶也。

量　　人

○量人，掌建國之法，以分國爲九州，營國城郭，營後宮，量市、朝、道、巷、門、渠。造都邑，亦如之。註曰：建，立也。立國有舊法式，若《匠人》職云分國定天下之國分也。后，君也。言君，容王與諸侯。○疏曰：量市、朝、道、巷者，若《匠人》云"市、朝一夫"，"經塗九軌"；巷及門渠，亦有尺數，若門容二轍三个之等。造都邑，但與之制度大小，未必身往也。○國分，扶問反。

營軍之壘、舍，量其市、朝、州涂、軍社之所里。註曰：軍壁曰"壘"。州，一州之衆，二千五百人爲師，每師一處。市也，朝也，州也，皆有道以相之。軍社，社主在軍者。里，居也。○疏曰：一州則一師。每一師各自一處，各立市朝，各有道以相湊。○坡謂：出軍有社主，又有遷廟主，此獨言"軍社"，省文也。或軍即"宗"字之誤。○涂，本又作"塗"。

邦國之地，與天下之涂數，皆書而藏之。註曰：書地，謂方圜山川之廣狹；書涂，謂支湊之遠近。

凡祭祀、饗賓，制其從獻脯、燔之數量。註曰：燔，從於獻酒之肉炙也。數，多少也；量，長短也。○疏曰：饗賓，獻有脯從，若燕行獻賓，薦脯醢是也。祭禮，獻以燔從，故總之言也。

掌喪祭、奠竁之俎實。註曰：竁，亦有俎實，謂所包遣奠。《士喪禮·下篇》曰："藏包⑤筲於旁。"○竁，昌絹反。筲，所交反。

凡宰祭，與鬱人受斝歷而皆飲之。註曰：言宰祭者，冢宰佐王祭，亦容攝祭。鄭司農云：斝，讀如"嫁娶"之"嫁"。斝，器名。《明堂位》曰："爵，殷以斝。"玄謂：斝，讀如"椵尸"之"椵"。○疏曰：歷者，謂與鬱人歷皆飲之也。

小　子

○小子，掌祭祀羞羊肆、羊殽、肉豆。註曰：鄭司農云：羞，進也。羊肆，體薦全烝也。羊殽，體解節折也。肉豆者，切肉也。玄謂：肆，讀爲"鬄"。羊鬄者，所謂豚解也。○坡謂：《周頌·我將》詩云："維羊維牛，維天其右之。"是祀天亦用羊，則此祭祀乃兼指內外神。或謂專言宗廟者，非是。○肆、鬄，並他歷反。

而掌珥于社稷，祈于五祀。坡謂：易氏說，詳見《肆師》。○凡沈、辜、侯禳，飾其牲。註曰：鄭司農云：沈，謂祭川。《爾雅》曰："祭川曰浮沈。"辜，謂磔牲以祭也。《月令》曰："九門磔禳，以畢春氣。"侯禳者，候四時惡氣，禳去之也。○易彥祥曰：飾其牲，被之以文繡，謂羊牲也。○釁邦器及軍器。註曰：邦器，謂禮樂之器，及祭器之屬。○鄭剛中曰：小子掌用羊血以釁也。

凡師、田，斬牲以左右徇陳。註曰：示犯誓必殺之。○鄭剛中曰：不用命者，皆狠而不率之人，令小子斬羊以示之。羊者，至狠之物。宋義曰："狠如羊。"強不可制者，皆斬之，此類是也。

祭祀，贊羞，受徹焉。疏曰：贊羞，若司馬羞魚牲之等，則贊之。受徹，祭畢廢徹之時，則受之。

羊　人

○羊人，掌羊牲。凡祭祀，飾羔。註曰：羔，小羊也。《詩》曰："四之日其蚤，獻羔祭韭。"○王介甫曰：飾羔若禮。所謂飾羔鴈者，以繢也。

祭祀，割羊牲，登其首。註曰：登，升也。升首，報陽也，升首于室。

凡祈珥，共其羊牲。賓客，共其法羊。註曰：法羊，殷饔積膳之羊。○凡沈、辜、侯、禳、釁、積，共其羊牲。註曰：積，故書爲"眦"。鄭司農云：眦，讀爲"漬"。謂釁國器、漬軍器也。玄謂：積，積柴禋祀，槱、燎，實柴。○眦，徐賜反。

若牧人無牲，則受布于司馬，使其賈買牲而共之。

司　爟

○司爟，掌行火之政令，四時變國火，以救時疾。註曰：行，猶"用"也。變，猶"易"也。鄭司農説以《鄹子》曰："春取榆柳之火，夏取棗杏之火，季夏取桑柘之火，秋取柞楢之火，冬取槐檀之火。"

季春出火，民咸從之。季秋内火，民亦如之。註曰：火所以用陶冶，民隨國而爲之。鄭人鑄刑書，火星未出而出火，後有災。鄭司農云：以三月本時昏，心星見于辰上，使民出火；九月本黃昏，心星伏在戌上，使民納火。故《春秋傳》曰"以出、内火"。○疏曰：上經"四時變國火"，據食火；明此春秋，據陶冶。○時則施火令。註曰：焚萊之時。○内，音納。

凡祭祀，則祭爟。註曰：報，其爲明之功，禮如祭爨。○疏曰：祭爨，祭老婦也。則此祭爟，謂祭先出火之人。

凡國失火，野焚萊，則有刑罰焉。註曰：野焚萊，民擅放火。○疏曰：野焚萊有罰者，《大司馬》中春田獵云"火弊"，則二月後；擅放火，則有罰也。

掌　固

○掌固，掌脩城郭、溝池、樹渠之固，頒其士庶子，及其衆庶之守。註曰：樹，謂枳棘之屬，有刺者也。衆庶，民遞守固者也。鄭司農説樹以《國語》曰："城守之木，於是乎用之。"○黃文叔曰：士庶子守固，與宿衛王宮，同其事任。霍光曰：函谷，京師之固；武庫，精兵所聚。故以丞相弟爲關都尉，子爲武庫令。漢人猶識此意。○王龜齡曰：《宫伯》云"士、庶子之[6]在版者"，謂守於王宮也。此謂頒其士庶子之守，謂守於城郭等處也。○設其飾器，註曰：兵甲之屬，今城郭門之器亦然。○疏曰：飾器，若城郭門傍所執矛戟，皆有幡飾之等是也。○分其財用，均其稍食，註曰：財用，國以財所給守吏之用也。稍食，禄廩。○任其萬民，用其材器。註曰：任，謂以其任使之也。民之材器，其所用塹築及爲藩落。○塹,七艷反。

凡守者受法焉,以通守政,有移甲與其役財用,唯是得通,與國有司帥之,以贊其不足者。註曰:凡守者,士庶子及他要害之守吏。通守政者,兵甲、役財,難易多少,轉移相給也。其他非是,不得妄離部署。國有司,掌固也。其移之者,又與掌固帥致之。贊,佐也。○疏曰:甲,飾器也。變"材器"言"役財"者,欲見材器是民役之材,非財用也。○晝三巡之,夜亦如之。註曰:巡,行也。行守者,爲衆庶之解惰。○疏曰:此乃掌固設法與所守之處,非是掌固自巡行之也。○夜三鼜以號戒。註曰:鼜,擊鼜,警守鼓也。三巡之間,又三擊鼜。○鼜,音戚。解,佳賣反。

若造都邑,則治其固,與其守法。註曰:都邑,亦爲城郭。○凡國都之竟,有溝樹之固;郊亦如之。註曰:竟,界也。○疏曰:王國及三等都邑,所在境界之上,亦爲溝樹,以爲阻固。郊,謂近郊、遠郊。民皆有職焉。註曰:職,謂守與任。○疏曰:此亦兼上王國及都合守之處,其民皆職任,使勞役遞均也。若有山川,則因之。註曰:山川,若殽、皋、河、漢。○竟,音境。

司　　險

○司險,掌九州之圖,以周知其山林、川澤之阻,而達其道路。註曰:周,猶"徧"也。達道路者,山林之阻,則開鑿之;川澤之阻,則橋梁之。

設國之五溝、五涂,而樹之林以爲阻固,皆有守禁,而達其道路。註曰:五溝,遂、溝、洫、澮、川也。五涂,徑、畛、涂、道、路也。樹之林,作藩落也。○疏曰:此五溝、五涂,而言樹之林以爲阻固,皆有守禁,則非"遂人"田間五溝、五涂。但溝涂所作,隨所須大小而爲之,皆準約田間五溝、五涂;其溝上亦皆有道路,以相支湊,故以五溝、五涂而言也。

國有故,則藩塞阻路而止行者,以其屬守之,唯有節者達之。註曰:有故,喪災及兵也。閉絕要害之道,備姦寇也。○疏曰:以其屬守之者,謂使司險之下胥、徒四十人之屬,守其要者;其餘,使其地之民爲守也。

掌　　疆

○掌疆，闕。

候　　人

○候人，各掌其方之道治與其禁令，以設候人。註曰：道治，治道也。《國語》曰"候不在竟"，譏不居其方也。禁令，備姦宄也。以設候人者，選士卒以爲之。《詩》云："彼候人兮，何戈與祋。"○若有方治，則帥而致于朝；及歸，送之于竟。註曰：方治，其方來治國事者也。《春秋傳》曰"晉欒盈過周，王使候人出諸輾轅"，是其送之。○疏曰：方治，謂國有事不能自決，當決於王國；或有國事，須報在上，皆是也。○竟，音境。何，胡我反。祋，都外反。

環　　人

○環人，掌致師。註曰：致師者，致其必戰之志。古者將戰，先使勇力之士犯敵焉。《春秋傳》曰："楚許伯御樂伯，攝叔爲右，以致晉師。許伯曰：'吾聞致師者，御靡旌摩壘而還。'樂伯曰：'吾聞致師者，左射以菆，代御執轡，御下兩馬，掉鞅而還。'攝叔曰：'吾聞致師者，右入壘，折馘執俘而還。'皆行其所聞而復之。"察軍慝。註曰：慝，陰姦也。視軍中有爲慝者，則執之。環四方之故。坡謂：環，周廻也。軍行，慮有伏敵；軍舍，恐有莫夜之戎，周廻四方，詳其有否，以爲警備。今行軍者重此。○易彥祥曰：察軍慝，則察其在我者；環四方之故，則環其在人者。巡邦國。搏諜賊。註曰：諜賊，反間爲國賊。○疏曰：此諜賊，即上"軍慝"之類。據邦國，故異言之。訟敵國。註曰：敵國兵來，則往之與訟曲直。若齊國佐如師。揚軍旅。註曰：爲之威武以觀敵。降圍邑。註曰：圍邑欲降者，受而降之。《春秋傳》曰："齊人降鄣。"○黃文叔曰：環人掌致師，志於戰也；而以降圍邑終焉，不殺之仁也。雖然，受降如受敵，斯亦當察，故環人掌之。○諜，音牒。降，戶江反。菆，側留反。輛，音兩。掉，徒弔反。

鹹,古獲反。莫,音暮。閒,去聲。鄣,音章。

挈壺氏

○挈壺氏,掌挈壺以令軍井,挈轡以令舍,挈畚以令糧。註曰:鄭司農云:挈壺以令軍井,謂爲軍穿井;井成,挈壺縣其上,令軍中士衆皆望見,知此下有井。壺,所以盛飲,故以壺表井。挈轡以令舍,亦縣轡于所當舍止之處,使軍中望見,知當舍止于此。轡,所以駕舍,故以轡表舍。挈畚以令糧,亦縣畚于所當稟假之處,令軍望見,知當稟假于此下也。畚,所以盛糧之器,故以畚表稟。軍中人多,車騎雜會謹囂,號令不能相聞,故各以其物爲表,省煩趨疾,于事便也。○畚,音本。縣,音懸。下同。盛,音成。稟,彼錦反。

凡軍事,縣壺以序聚𣝔;凡喪,縣壺以代哭者,皆以水火守之,分以日夜。註曰:鄭司農云:縣壺以爲漏。以序聚𣝔,以次更聚擊𣝔,備守也。玄謂:擊𣝔,兩木相敲,行夜時也。代,亦"更"也。《禮》,未大斂代哭。以水守壺者,爲沃漏也。以火守壺者,夜則火視刻數也。分以日夜者,異晝夜漏也。漏之箭,晝夜共百刻,冬夏之間有長短焉。大史立成法,有四十八箭。○及冬,則以火爨鼎水,而沸之,而沃之。註曰:鄭司農云:冬,水凍,漏不下,故以火炊水,沸以沃之,謂沃漏也。○𣝔,音託。敲,苦交反。

射　人

○射人,掌國之三公、孤、卿、大夫之位:三公北面,孤東面,卿、大夫西面。其摯:三公執璧,孤執皮帛,卿執羔,大夫鴈。註曰:位,將射始入見君之位。不言士者,此與諸侯之賓射,士不與也。《燕禮》曰:"公升,即位于席,西鄉。小臣納卿大夫,卿大夫皆入門右,北面,東上。士立于西方,東面,北上。"《大射》亦云。則凡朝、燕及射,臣見于君之禮同。○疏曰:三公北面者,君南面答陽,臣北面答君。三公,臣中最尊,故屈之,使北面答君之義。孤東面者,西方賓位;孤無職,而賓客之也。卿大夫西面者,皆有職,故在東近君,居主位也。○諸侯在朝，則皆北面，詔相其法。註曰：謂諸侯來朝而未歸，王與之射於朝者，皆北面從三公位。法，其禮儀。○疏曰：按《司几筵》云："大饗、射，王立戺前，南鄉。"《司服》云："饗、射則鷩冕。"此云"王與之射"，言在朝，當皮弁，又何得有戺？所以然者，彼二者據《大射》在學，故有著冕在戺之事；此賓射在路門之外朝，故與彼異也。

　　若有國事，則掌其戒令，詔相其事。註曰：謂王有祭祀之事，諸侯當助其薦獻者也。戒令，告以齊與期。○**掌其治達。**註曰：謂諸侯因與王射及助祭而有所治，受而達之於王。王有命，又受而下之。○坡謂：《司士》職云："凡祭祀，掌士之戒令，詔相其法事。"彼雖掌士，而文與此同，故以此國事當祭事也。諸侯復逆，自大僕掌之，故治達亦專爲射祭。○齊，側皆反。

　　以射法治射儀。王以六耦，射三侯，三獲，三容，樂以《騶虞》，九節，五正。諸侯以四耦，射二侯，二獲，二容，樂以《貍首》，七節，三正。孤、卿、大夫以三耦，射一侯，一獲，一容，樂以《采蘋》，五節，二正。士以三耦，射豻侯，一獲，一容，樂以《采蘩》，五節，二正。註曰：射法，王射之禮。治射儀，謂肄之也。鄭司農云：容者，乏也，待獲者所蔽也。正，所射也。《詩》云："終日射侯，不出正兮。"玄謂：三侯者，五正、三正、二正之侯也；二侯者，三正、二正之侯也；一侯者，二正而已。此皆與賓射於朝之禮也。《考工・梓人》職曰："張五采之侯，則遠國屬。"遠國，謂諸侯來朝者也。五采之侯，即五正之侯也。正之，言正也。射者內志正，則能中焉。畫五正之侯，中朱，次白，次蒼，次黃，玄居外。三正，損玄黃；二正，去白蒼；而畫以朱綠，其外之廣，皆居侯中三分之一，中二尺。《大射禮》"豻"作"干"，讀如"宜豻宜獄"之"豻"。豻，胡犬也。士與士射，則以豻皮飾侯，下大夫也。大夫以上與賓射，飾侯以雲氣，用采各如其正。九節、七節、五節者，奏樂以爲射節之差。言節者，容侯道之數也。《樂記》曰："明乎其節之志，不失其事，則功成而德行立。"○射三侯，食亦反。下及註射侯、所射、射牲、射豕，皆同。正，音征。下同。豻，五旦反。肄，餘二反。

若王大射,則以貍步,張三侯。註曰:鄭司農云:貍步,謂一舉足爲一步。於今爲半步。玄謂:貍,善搏者也。行則止而擬度焉,其發必獲,是以量侯道法之也。侯道者,各以弓爲度。九節者,九十弓。七節者,七十弓。五節者,五十弓。弓之下制,長六尺。《大射禮》曰"大侯九十,參七十,干五十"是也。三侯者,司裘所"共虎侯、熊侯、豹侯"也。列國之君,大射亦張三侯,數與天子同。大侯,熊侯也。參,讀爲"糝"。糝,雜也。雜者,豹鵠而糜飾,下天子、大夫。○疏曰:此射人主賓射,兼主大射之事,故爲大射張侯也。弓之上制,六尺六寸;中制,六尺三寸;下制,六尺。六尺與步相應。○搏,音博。擬度,待洛反,餘如字。糝,素感反。干、豻同。

王射,則令去侯,立于後,以矢行告,卒,令取矢。註曰:鄭司農云:射人主令人去侯所,而立於後也。以矢行告,射人主以矢高下左右告于王也。《大射禮》曰:"大射正立於公後,以矢行告於公:下曰'留',上曰'揚',左右曰'方'。"卒,令取矢,謂射卒,射人令當取矢者,使取矢也。玄謂:令去侯者,命負侯者去侯也。《鄉射》曰:"司馬命獲者執旌以負侯。"○疏曰:此文承賓射。大射之王,則王射,射人皆令去侯,立於後,以矢行告,卒令取矢。○祭侯,則爲位。註曰:祭侯,獻服不,服不以祭侯爲位,爲服不受獻之位也。《大射》曰:"服不侯西北三步,北面拜受爵。"○與大史數射中。註曰:射中,數射者中侯之算也。《大射》曰:"司射適階西,釋弓,去扑,襲;進由中東,立於中南,北面視算。"○佐司馬治射正。註曰:射正,射之法儀也。○疏曰:司馬所主射儀,謂若命去侯、命取矢、乘矢之等,皆當佐之。

祭祀,則贊射牲,相孤、卿、大夫之法儀。註曰:烝嘗之禮,有射豕者。《國語》曰:"禘郊之事,天子必自射其牲。"今立秋有貙劉云。○易彦祥曰:方其迎牲於門,則君執紖,卿大夫從,士執芻。至於君親射牲,而孤、卿、大夫從射焉。此射人相孤、卿、大夫之法儀,以其掌射法、治射儀故也。○貙,力朱反。

會同、朝覲,作大夫介。凡有爵者。註曰:作,讀如"作止爵"之"作"。諸侯來至,王使公卿有事焉,則作大夫使之介也。有爵者,命士以上,不使賤者。○疏曰：會同、朝覲，王命公卿有事，則射人使大夫爲上介。使凡有爵者，命士以上爲衆介也。

大師，令有爵者乘王之倅車。註曰：倅車，戎車之副。○疏曰：王乘戎車，副車十二乘，皆從王行，則使有爵者命士以上乘之。○倅，七內反。

有大賓客，則作卿、大夫從，註曰：作者，選使從王見諸侯。○疏曰：大賓客，不言會同，則是秋冬覲遇，并春夏受享在廟之時，從王見諸侯也。○戒大史及大夫介。註曰：戒，戒其當行者。《覲禮》曰："諸公奉篋服，加命書于其上；升自西階，東面；大史氏⑦右。"○疏曰：此謂王有命，使三公命諸侯，及衣服就館賜之時，則射人戒大史及大夫與諸公爲介。○從，才用反。

大喪，與僕人遷尸，作卿、大夫掌事，比其廬；不敬者，苛罰之。註曰：僕人，大僕也。僕人與射人，俱掌王之朝位也。王崩，小斂、大斂、遷尸于室堂，朝之象也。《檀弓》曰："扶君，卜人師扶右，射人師扶左。君薨以是舉。"苛，謂詰問之。○疏曰：掌事，謂王喪宜各有職掌。比其廬，如《宮正》云"親者、貴者居廬"⑧，當比其本服親疏及貴賤。

服　不　氏

○服不氏，掌養猛獸而教擾之。註曰：猛獸，虎、豹、熊、羆之屬。擾，馴也。教習使之馴服。王者之教無不服。○羆，比皮反。

凡祭祀，共猛獸。註曰：謂中膳羞者，獸人冬獻狼。《春秋傳》曰："熊蹯不熟。"○蹯，音煩。

賓客之事，則抗皮。註曰：鄭司農云：謂賓客來朝聘，布皮帛者，服不氏主舉藏之。抗，讀爲"亢其讎"之"亢"。玄謂：抗者，若《聘禮》曰"有司二人舉皮以東"。

射，則贊張侯，以旌居乏而待獲。註曰：贊，佐也。《大射禮》曰："命量人、巾車張三侯。"杜子春云：乏，讀爲"匱乏"之"乏"，持獲者所蔽。玄謂：待獲，待射者中，舉旌以獲。

射鳥氏

○射鳥氏，掌射鳥。註曰：鳥，謂"中膳羞"者，鳧、雁、鴇、鷃之屬。○射，食亦反。鴇，音保。鷃，于苗反。

祭祀，以弓矢毆烏鳶。凡賓客、會同、軍旅，亦如之。註曰：烏鳶，善⑨鈔盜，便汙人。○射，則取矢。矢在侯高，則以并夾取之。註曰：鄭司農云：并夾，鍼箭具。夾，讀爲"甲"。故《司弓矢》職曰："大射、燕射，共弓矢⑩并夾。"○毆，起俱反。鈔，初教反。鍼，其炎反。

羅氏

○羅氏，掌羅烏鳥。註曰：鳥，謂卑居鵲之屬。○蜡，則作羅襦。註曰：作，猶"用"也。鄭司農云：襦，細密之羅。襦，讀爲"繻有衣袽"之"繻"。玄謂：蜡，建亥之月。此時火伏，蟄者畢矣。豺既祭獸，可以羅網圍取禽也。《王制》曰"豺祭獸，然後田⑪"，又曰"昆蟲已蟄，可以火田"。今俗，放火張羅，其遺教。○中春，羅春鳥，獻鳩以養國老，行羽物。註曰：春鳥，蟄而始出者，若今南郡黄雀之屬。是時，鷹化爲鳩。鳩與春鳥，變舊爲新，宜以養老助生氣。行，謂賦賜。○疏曰：此文中春，"行羽物"，《司裘》職云："中秋獻良裘，王乃行羽物。"若然，則一年二時"行羽物"。○陳及之曰：天子所養之老三，國老、庶老、死政之老是也。貴胄謂之"國子"，則貴而老者，謂之"國老"；賤者庶人，則賤而老者，謂之"庶老"；又有死政者之老焉。故羅氏獻鳩以養者，國老也；司徒以保息養之者，庶老也；司門以財養之者，死政之老也。若夫外饔、酒正、槁人所謂耆老者，總三者而言之。○中，音仲。

掌畜

○掌畜，掌養鳥，而阜蕃教擾之。註曰：阜，猶"盛"也。蕃，蕃息也。鳥之可養，使盛大蕃息者，謂鵝、鶩之屬。祭祀，共卵鳥。註曰：其卵可薦之鳥。○疏曰：還謂上經鵝鴨之屬，其雞亦在焉。○歲時，貢鳥物。註曰：鴽雁之屬，以四時來。○疏曰：不言鵝、鶩、雞者，所畜非貢物，故以野鳥爲貢者也。○共膳獻之鳥。註曰：雉及鶉、鴽之屬。○鴽，音如。

司　　士

○司士，掌群臣之版，以治其政令。歲登下其損益之數，辨其年歲，與其貴賤，周知邦國、都家、縣鄙之數，卿、大夫、士庶子之數。註曰：損益，謂用功過黜陟者。縣鄙，鄉遂之屬。版，名籍。○以詔王治。註曰：告王所當進退。○以德詔爵，以功詔禄，以能詔事，以久奠食。註曰：德，謂賢者。食，稍食也。賢者，既爵乃禄之；能者，事成乃食之。《王制》曰："司馬辨論官材，論進士之賢者以告於王，而定其論。論定然後官之，任官然後爵之，位定然後禄之。"○疏曰：賢者，試功之後，其德堪用，乃詔王授以正爵；有功，乃詔王授以正禄也。能者，先試之以事，事成乃定以稍食；其能堪用，乃後亦授以正爵禄。○惟賜無常。註曰：賜多少由王，不如禄食有常品。○奠，音定。

正朝儀之位，辨其貴賤之等：王，南鄉；三公，北面，東上；孤，東面，北上；卿、大夫，西面，北上；王族故士、虎士，在路門之右，南面，東上；大僕、大右、大僕從者，在路門之左，南面，西上。註曰：此王日視朝事於路門外之位。王族故士，故爲士，晚退留宿衛者。未嘗仕，雖同族，不得在王宫。大右，司右也。大僕從者，小臣、祭僕、御僕、隸僕。○疏曰：經所云上者，皆據近王爲上，不據陰陽左右也。此王日視朝之位，《大僕》職，路寝庭有"燕朝"，《朝士》職庫門外有"外朝"。但外朝有諸侯在焉。諸侯既在西方右九棘之下，孤避之，在東方群臣之位西面。其餘三公、卿、大夫等，仍與此位同也。○司士擯。註曰：詔王出擯公、卿、大夫以下朝者。○孤、卿，特擯；大夫，以其等旅擯；士，旁三擯；王還，擯門左，擯門右。註曰：特擯，一一擯之。

旅,衆也。大夫爵同者,衆揖之。公及孤、卿、大夫始入門右,皆北面,東上。王揖之乃就位。群士及故士、大僕之屬,發在其位。群士位東面;王西,南鄉而揖之。三揖者,士有上、中、下;王揖之,皆逡遁,既復位。鄭司農云:卿、大夫、士,皆君之所揖禮。《春秋傳》所謂"三揖在下"。○疏曰:上文別三公位。此不言三公,直言孤卿者,舉輕以明重。孤卿尚特揖,明三公亦特揖可知也。○易彥祥曰:在王門左右者,其位皆南向,而在王後,故還而揖之。○大僕前。註曰:前,正王視朝之位。○王入,內朝皆退。註曰:王入,入路門也。王入路門內朝,朝者皆退,反其官府治處也。王之外朝,則朝士掌焉。《玉藻》曰"朝服以日視朝於內朝。朝,辨色始入。君日出而視之,退適路寢聽政,使人視大夫。大夫退,然後適小寢⑫",謂諸侯也。王日視朝,皮弁服,其禮則同。○鄉,音向。遁,音巡。

掌國中之士治,凡其戒令。註曰:國中,城中。○疏曰:國中之士治者,謂朝廷之臣及六鄉之臣皆是。所有治功善惡皆掌之,以擬黜陟。此一職之士,皆臣總號,惟有"作士適四方使,爲介",是單士,不兼卿、大夫。又"作六軍之士",是甲士,其餘皆臣之總號耳。○掌擯士者,膳其摯。註曰:擯士,告見初爲士者於王也。鄭司農云:膳其摯者,王食其所執羔雁之摯。玄謂:膳者,入於王之膳人。

凡祭祀,掌士之戒令,詔相其法事。疏曰:戒令者,齊戒告令也。詔相其法事者,謂告語并擯相其行禮之事。○及賜爵,呼昭穆而進之;註曰:賜爵,神惠及下也。此所賜王之子姓兄弟。《祭統》曰:"凡賜爵,昭爲一,穆爲一,昭與昭齒,穆與穆齒。凡群有司皆以齒。此之謂長幼有序。"○疏曰:賜爵者,謂祭末旅酬、無算爵之時。○帥其屬而割牲,羞俎豆。註曰:割牲,制體也。羞,進也。○坡謂:此割牲,兼"羞俎豆"文承祭祀之後,則據祀事也,當在賜爵之前,疑或錯簡。

凡會同,作士從;賓客,亦如之。註曰:作士從,謂可使從於王者。○作士適四方使,爲介。註曰:士使,謂自以王命使也。介,大夫之介也。

《春秋傳》曰："天王使石尚來歸脤。"○從，才用反。使，色吏反。脤，上軫反。

大喪，作士掌事，註曰：事，謂奠斂之屬。○作六軍之士執披。註曰：作，謂使之也。披，柩車行所以披持棺者，有紐以結之，謂之戴。結披必當棺束，於束係紐。天子、諸侯載柩三束，大夫、士二束。《喪大記》曰：君"繶披六"；大夫披四，"前纁後玄"；士"二披用纁"。人君禮文，欲其數多，圍數兩旁言"六"耳，其實旁三。○疏：六軍之士，即六鄉之民。但天子喪用千人，而此云"六軍"者，千人出自六軍，故號六軍之士，非謂執披有七萬五千人也。○凡士之有守者，令哭，無去守。註曰：守官不可空也。

國有故，則致士而頒其守。註曰：故，非喪則兵災。

凡邦國，三歲則稽士任，而進退其爵祿。註曰：任，其所掌治。○王光遠曰：邦國之士，皆命於王。其任有勤惰，有功過，而爵祿有進退者，則司士於三歲而稽放之。此黜陟勸沮之法，所以皆本於王朝，而國無異政也。春秋之時，列國之爵位名號，皆自己出，故孔子譏之。

諸　　子

○諸子，掌國子之倅，掌其戒令，與其教治，辨其等，正其位。註曰：故書"倅"爲"卒"。鄭司農云：卒，讀如"物有副倅"之"倅"。國子，謂諸侯、卿、大夫、士之子也。《燕義》曰："古者，周天子之官有庶子官。"與《周官·諸子》職文同。玄謂：四民之業，而士者亦世焉。國子者，是公、卿、大夫、士之副貳。戒令，致於大子之事。教治，脩德學道也。位，朝位。○疏：等，謂才藝高下。位，謂朝天子時，依父蔭高下爲列。○倅，七內反。大子，音泰。下同。

國有大事，則帥國子而致於大子，惟所用之。坡謂：大事，凡大兵、大喪，當警備非常；及王出疆巡守、征伐，皆須令宿。則帥致於大子，惟所調用，此所謂"守曰監國"也。○若有兵甲之事，則授之車甲，合其卒伍，置其有司，以軍法治之，司馬弗正。註曰：軍法，百人爲卒，五人爲伍。弗，不也。國子屬大子，司馬雖有軍事，不賦之。○坡謂：此所謂"從曰撫軍"也。

○凡國正弗及。疏曰：上文云"弗正"，謂兵賦；此云"國正"，謂鄉遂之中，所有甸徒力征之等，並不及也。○正，音征。

大祭祀，正六牲之體。註曰：正，謂枚載之。○枚，音比。

凡樂事，正舞位，授舞器。註曰：位，佾處。○疏曰：樂有舞之處，皆使正舞人八八六十四人之位，并授其舞之器。文舞，則羽籥；武舞，則干鏚。○黃文叔曰：大胥合舞，致諸子，故諸子於此"正舞位，授舞器"。○鏚，音戚。

大喪，正群子之服位，會同、賓客，作群子從。註曰：從於王。○疏曰：位，謂在殯宮外內哭位也。服者，公、卿、大夫之子，爲王斬衰，與父同。

凡國之政事，國子存遊倅，使之脩德學道：春合諸學，秋合諸射，以考其藝而進退之。註曰：遊倅，倅之未仕者。學，大學也。射，射宮也。《王制》曰："春秋教以《禮》、《樂》，冬夏教以《詩》、《書》。王大子，王子，群后之大子，卿大夫、元士之適子，國之俊選，皆造焉。"○疏曰：凡國之政事，謂國內有繇役之事，皆是也。《周禮》若言異代之學，則舉其學名，即成均、瞽宗之類；今此直言"學"，明是周之大學也。大學在國中，即夏后氏東序，在王宮之左也。射，射宮，即國之小學，在西郊，則虞庠是也。○呂芸閣曰：大子，君之貳。國子之倅，諸侯諸臣之貳也。以諸侯諸臣之貳，事其君之貳，學相同則好相合矣。《王制》謂"教以《禮》、《樂》、《詩》、《書》，王大子，王子，群后之大子，卿大夫、元士之適子，皆造焉"是也。事相同，則情相信矣。"國有大事，則帥國子而致于大子，唯所用之"是也。故大子雖未爲君也，君臣之交已盡，賢不肖之知已悉，可任使之才已備，則先王之慮後世者豫矣。

司　右

○司右，掌群右之政令。註曰：群右，戎右、齊右、道右。○李子華曰：戎右、齊右、道右，天子乘車之右，皆中大夫、下大夫，非司右之屬也。司右之右乃兵車之右，用以征行侵伐，故凡國中之有勇力者皆屬焉。一旦有事，則取之以爲右。○齊，側皆反。

凡軍旅、會同，合其車之卒伍，而比其乘，屬其右。註曰：合、比、屬謂次第相安習也，車亦有卒伍。○疏曰：車之卒伍者，按宣十二年《傳》云，"其君之戎，分爲二廣，廣有一卒，卒偏之兩"，《司馬法》曰"二十五乘爲偏，百二十五乘爲伍"。

凡國之勇力之士，能用五兵者屬焉，掌其政令。註曰：勇力之士屬焉者，選右當於中。《司馬法》曰："弓、矢圍，殳、矛守，戈、戟助。凡五兵，長以衛短，短以救長。"

虎賁氏

○虎賁氏，掌先後王而趨以卒伍。註曰：王出將，虎賁士居前後，雖群行，亦有局分。○軍旅、會同，亦如之。舍，則守王閑。註曰：舍，王出所止宿處。閑，梐枑。○王在國，則守王宮。註曰：爲周衛。○梐，薄禮反。枑，戶故反。

國有大故，則守王門。大喪，亦如之。註曰：非常之難，要在門。○疏曰：大故，謂兵災。○及葬，從遣車而哭。註曰：遣車，王之魂魄所馮依。

適四方使，則從士、大夫。註曰：虎士從使者。○疏曰：天子有下聘諸侯法。《大行人》所云"歲徧問"之等⑭。○若道路不通，有徵事，則奉書以使於四方。註曰：不通，逢兵寇，若泥水。奉書，徵師役也。《春秋》隱公七年冬，戎伐凡伯于楚丘⑮以歸。

旅賁氏

○旅賁氏，掌執戈盾，夾王車而趨；左八人，右八人，車止則持輪。註曰：夾王車者，其下士也。下士十有六人，中士爲之帥焉。

凡祭祀、會同、賓客，則服而趨。註曰：服而趨，夾王車趨也。會同、賓客,王亦齊服,服袞冕,則此士之齊服,服玄端。

喪紀,則衰、葛,執戈盾。註曰:葛,葛絰。武士尚輕。

軍旅,則介而趨。註曰:介,被甲。

節　服　氏

○節服氏,掌祭祀、朝覲袞冕。六人,維王之大常。註曰:服袞冕者,從王服也。維,維之以縷。王旌十二旒,兩兩以縷綴連,旁三人持之。《禮》:天子旌,曳地。鄭司農云:維,持之。○諸侯則四人,其服亦如之。郊祀,裘冕,二人執戈,送逆尸從車。註曰:裘冕者,亦從尸服也。裘,大裘也。凡尸服,卒者之上服。從車,從尸車,送逆之往來。《春秋傳》曰:"晉祀夏郊,董伯爲尸。"

方　相　氏

○方相氏,掌蒙熊皮,黃金四目,玄衣朱裳,執戈揚盾,帥百隸而時難,以索室毆疫。註曰:蒙,冒也。冒熊皮者,以驚毆疫癘之鬼,如今魌頭也。時難,四時作方相氏以難卻凶惡也。《月令》季冬⑯"命國難"。索,廋也。○王氏曰:凡陰陽之氣,初則爲利,功成者退,留則爲災。《月令》季春國門之儺,曰"畢春氣",恐寒氣留也。仲秋天子之儺,曰"達秋氣",恐暑氣伏也。季冬大儺,辟一歲邪慝之氣也。此於大虛間,不過氣之宿留者而已。留而中于物,則爲災、爲疫,有鬼物焉,居聲氣之間以主之,故儺以毆使,蕩而不留。○難,同儺,乃多反。註同。毆,起俱反。魌,音欺。廋,音搜。

大喪,先柩。註曰:葬使之道。○疏曰:喪所多有凶邪,故使之道也。○及墓,入壙,以戈擊四隅,毆方良。註曰:壙,穿地中也。方良,罔兩也。天子之椁,柏黃腸爲裏,而表以石焉。《國語》曰:"木石之怪夔罔兩。"○鄭剛中曰:葬,則用木石。木石久而變怪生,故始葬則毆之,亦厭勝之術。○壙,音曠。方良,上音罔,下音兩,又並如字。道,音導。

【校記】

① "上",《十三經註疏》等本註文均作"主"。

② 據《禮記》原文,此引文中"天子"後脱一"乃"字,"師徒"之"師"應作"司"字,"誓之"前衍一"以"字。

③ "肩",《詩·七月》作"豜"。

④ 此引文衍一"曰"字。

⑤ "包",《儀禮·喪禮》作"苞"。

⑥ "之",《周禮·宫伯》作"凡"。

⑦ "氏",《儀禮·覲禮》作"是"。

⑧ 此處所引非《宫正》所云,乃鄭註。"盧"前脱一"倚"字。

⑨ "善",原作"喜",據《十三經註疏》等本改。

⑩ 據《周禮·司弓》原文,"矢"後脱"如數"二字。

⑪ 據《王制》原文,"田"後脱一"獵"字。

⑫ 據《禮記·玉藻》原文,"小寢"後脱"釋服"二字。

⑭ 據《大行人》職原文,有"歲遍存"與"歲相問",而無"歲遍問",疑原作者記憶不準確。但"存"、"問"同義,不影響文義。

⑮ "丘",原作"其",據《春秋》及《十本經註疏》改。

⑯ 據《月令》原文,"季冬"應爲"季春"之誤。

周禮述註卷十九

大　僕

○大僕，掌正王之服位，出入王之大命，註曰：服，王舉動所當衣也。位，立處也。出大命，王之教也；入大命，群臣所奏行。○掌諸侯之復逆。註曰：鄭司農云：復，謂奏事也；逆，謂受下奏。

王視朝，則前正位而退；入亦如之。註曰：前正位而退，道王，王既立，退居路門左，待朝畢。○疏曰：入亦如之，王退入路寢聽事時，亦前正王位，卻位立也。

建路鼓于大寢之門外，而掌其政，註曰：大寢，路寢也。其門外，則内朝之中，如今宮殿端門下矣。政，鼓節與早晏。○疏曰：此鼓所用，或擊之，以聲早晏；或有窮遽者擊之，以聲冤枉，故建之正朝之所。○以待達窮者與遽令；聞鼓聲，則速逆御僕與御庶子。註曰：鄭司農云：窮，謂窮冤失職，則來擊此鼓，以達於王，若今時上①變事擊鼓矣。遽，傳也，若今時驛馬軍書當急聞者，亦擊此鼓。玄謂：達窮者，謂司寇之屬。朝士掌以肺石達窮民，聽其辭以告於王。遽令，郵驛上下程品。御僕御庶子，直事鼓所者。大僕聞鼓聲，則速逆此二官，當受其事以聞。○疏曰：御庶子者，御僕有下士十二人，分之爲御庶子，總名曰"御僕"也。○傳，張戀反。郵，音尤。

祭祀、賓客、喪紀，正王之服位，詔法儀，贊王牲事。註曰：詔，告也。牲事，殺、割、七載之屬。○王光遠曰：法，是於度數者；儀，見於動容者，皆大僕以言告之。○王出入，則自左馭而前驅。註曰：前驅，如今道引也。道而居左自馭，不參乘，辟王也，亦有車右焉。○疏曰：王出入者，謂朝覲、會

319

同，並凡祭祀、巡守、征伐，皆是。〇辟，音避。

　　凡軍旅、田役，贊王鼓。疏曰：軍旅、田役，王執路鼓。路鼓四面，將居鼓下，則前面不得擊之；惟有三面，王自擊其一，大僕佐擊一面，戎右擊一面，故二官皆言贊王鼓。〇救日月，亦如之。註曰：日、月食時，《春秋傳》曰"非日月之眚，不鼓"。〇疏曰：日食，陰侵陽，當與鼓神祀，同用雷鼓；月食，當用靈鼓。

　　大喪，始崩，戒鼓傳達于四方。窆，亦如之。註曰：戒鼓，擊鼓以警衆也。鄭司農云：窆，謂葬下棺也。《春秋傳》所謂"日中而堋"。《禮記》謂之"封"，皆葬下棺也。音相似。窆，讀如"慶封氾祭"之"氾"。〇疏曰：傳達于四方，謂以鼓聲相傳，聞達四方。〇縣喪首服之法于宮門。註曰：首服之法，謂免髽、笄總廣狹長短之數，縣其書于宮門，示四方。〇疏曰：案：《小宗伯》云"縣衰冠之式"，彼云"冠"，專據男子；云"衰"，則兼婦人。此云"首服"，明無衰與男子冠，直是婦人首服。《小宗伯》云"縣于路門"，此宮門，亦路門也。〇掌三公、孤、卿之弔勞。註曰：王使往。〇疏曰：此等皆王合親往；或有故，故使大僕也。〇窆，彼驗反，註之"封"，音同。堋，補鄧反。氾與汎同。免，音問。髽，莊瓜反。

　　王燕飲，則相其法。註曰：相左右。〇疏曰：此燕飲，謂與諸侯燕，或與群臣燕，皆是其法。有主獻賓，賓酢主，主酬賓，洗爵升降之法，皆相助之。

　　王射，則贊弓矢。註曰：贊，謂授之、受之。〇疏曰：此謂大射也。知者，見《小臣》職曰"賓射，掌事如大僕之法"，則知大射，此大僕所掌者是也。

　　王視燕朝，則正位，掌擯相。註曰：燕朝，朝於路寢之庭。王圖宗人之嘉事，則燕朝。〇王光遠曰：擯，則相賓；相，則助王，皆大僕掌之。

　　王不視朝，則辭於三公及孤、卿。註曰：辭，謂以王不視朝之意告之。《春秋傳》曰："公有疾，不視朔。"

　　　　　　小　　臣

　　〇小臣，掌王之小命，詔相王之小法儀。註曰：小命，時事所勅問也。

小法儀,趨、行、拱、揖之容。○掌三公及孤、卿之復逆。疏曰:不見大夫、士者,孤、卿中兼之矣。

正王之燕服位。註曰:謂燕居時也。《玉藻》曰:"王卒食,玄端而居。"○王之燕出入,則前驅。註曰:燕出入,若今游於諸觀苑。

大祭祀、朝覲,沃王盥。疏曰:大祭祀,天地宗廟皆是。○王龜齡曰:《鬱人》云"凡祼事沃盥",此云"大祭祀、朝覲沃王盥"者,蓋大饗不入牲,其他皆如祭祀,九獻、七獻、五獻,皆須盥也。《鬱人》之"沃盥",但於祼獻事耳。其朝踐、饋獻、卒食之獻,所以沃盥者,小臣也。

小祭祀、賓客饗、食、賓射,掌事如大僕之法。註曰:賓射,與諸侯來朝者射。○掌士、大夫之弔勞。凡大事,佐大僕。

祭　　僕

○祭僕,掌受命于王以視祭祀,而警戒祭祀有司,糾百官之戒具。註曰:謂王有故,不親祭也。祭祀有司,有事於祭祀者。糾,謂校錄所當共之牲物。○既祭,帥群有司而反命,以王命勞之,誅其不敬者。

大喪,復于小廟。註曰:小廟,高祖以下也。始祖曰"大廟"。《春秋》僖八年秋七月,禘于大廟。○疏曰:此祭僕復小廟,夏采復大廟,下隸僕復小寢、大寢。其二祧不言"復",亦應此祭僕復,但無寢耳。

凡祭祀,王之所不與,則賜之禽;都家,亦如之。註曰:王所不與,同姓有先王之廟。○疏曰:都家,謂畿內三等采地。則上云祭祀,是畿外同姓,魯、衛之屬者也。凡祭祀致福者,展而受之。註曰:臣有祭事,必致祭肉於君,所謂歸胙也。展,謂錄視其牲體數。體數者,大牢,則以牛左肩、臂、臑、折九个;少牢,則以羊左肩,七個;特牲,則以豕左肩五个。○臑,奴報反。

御　　僕

○御僕,掌群吏之逆,及庶民之復,與其弔勞。註曰:群吏,府史以下。○坡謂：群吏、庶民，王亦有弔勞者。蓋死於王事，則有弔；力於師役，則有勞與？

大祭祀，相盥而登。註曰：相盥者，謂奉槃授巾與？登，謂爲王登牲體於俎。《特牲饋食禮》：“主人降盥，出舉，入乃匕載。”

大喪，持翣。註曰：翣，棺飾也。持之者，夾靈車。

掌王之燕令，註曰：燕居時之令。以序守路鼓。註曰：序，更。

隸僕

○隸僕，掌五寢之埽除糞、洒之事。註曰：五寢，五廟之寢也。周天子七廟，惟祧無寢。《詩》云“寢廟繹繹”，相連貌也。前曰廟，後曰寢。氾埽曰“埽”，埽席前曰“拚”。洒，灑也。鄭司農云：洒，當爲灑。○氾，音汎。拚，音奮。灑，所賈反。

祭祀，脩寢。註曰：於廟祭，寢或有事焉。《月令》：“凡新物，先薦寢廟。”○王行，洗乘石。註曰：鄭司農云：乘石，王所登上車之石也。○掌蹕宮中之事。註曰：宮中有事，則蹕。鄭司農云：蹕，謂止行者清道。若今時“儆蹕”。○坡謂：宮中之事，祭事也。詳見冢宰、宮正。

大喪，復于小寢、大寢。註曰：小寢，高祖以下廟之寢也。始祖曰“大寢”。

弁師

○弁師，掌王之五冕，皆玄冕、朱裏、延紐。註曰：冕服有六，而言五冕者，大裘之冕蓋無旒，不聯數也。延，冕之覆，在上，是以名焉。紐，小鼻，在武上，笄所貫也。今時冠卷當簪者，廣袤以冠縫，其舊象焉。○疏曰：古者績麻三十升布，染之。上以玄，下以朱。延者，以版廣八寸，長尺六寸，以此上玄、下朱衣之，覆在冕上，以爵弁，前後平，則得弁稱。冕則前低一寸餘，得冕名。冕，則俛也。紐，綴於冕兩傍，垂之武，傍孔相當，以笄貫之。○陸農師曰：大裘、襲裘則戴冕纊十有二旒，大裘與袞同一冕，故服六而冕五。○五采繅十有二就，皆五采玉十有二，玉笄，朱紘。註曰：繅，雜文之名也。合五采絲爲之繩，垂於延之前後各十二，所謂邃延也。就，成也。繩之每一币而貫五采玉，十有二旒，則十二玉也。每就間蓋一寸。朱紘，以朱組爲紘也。紘一條，屬兩端於武。繅不言"皆"，有不皆者。此爲袞衣之冕，十二旒，則用玉二百八十八。鷩衣之冕，繅九旒，用玉二百一十六。毳衣之冕，七旒，用玉百六十八。希衣之冕，五旒，用玉百二十。玄衣之冕，三旒，用玉七十二。○繅，音藻。數，所主反。卷，起全反。袞，音袞。縗，所買反。旒，音留。鷩，必滅反。

諸侯之繅旒九就，瑉玉三采；其餘如王之事。繅旒皆就，玉瑱、玉笄。註曰：侯，當爲"公"字之誤也。三采，朱、白、蒼也。其餘，謂延紐皆玄覆、朱裏，與王同也。出此則異。繅旒皆就，皆三采也。每繅九成，則九旒也。公之冕，用玉百六十二。玉瑱，塞耳者；故書"瑉"作"璑"。鄭司農云：繅，當爲"藻"。繅，古字也；藻，今字也，同物同音。璑，惡玉名。○疏曰：上王冕繅玉別文，則繅有差降，玉無差降。此諸公繅玉同文則惟有一冕而已，故鄭計一冕爲九旒，旒各九玉。據冕九旒，不別計鷩冕已下，以其一冕，而已冠五服故也。已下侯、伯、子、男，亦皆一冕冠數服也。王不言"玉瑱"，於此言之者，王與諸侯互見爲義。○瑉，本又作"珉"，亡貧反。瑱，吐練反。璑，音无。

王之皮弁，會五采玉璂，象邸玉笄。註曰：會，縫中也。璂結也。皮弁之縫中，每貫結五采玉十二以爲飾，謂之"璂"。《詩》云"會弁如星"，又曰"其弁維璂"是也。邸，下柢也，以象骨爲之。○徐氏曰：皮弁，以皮六方縫之。邸，柢也，謂弁內上頂輳處，以象骨飾之。○易彥祥曰：王之吉服，其弁三：皮弁用之於視朝，韋弁用之於兵事，冠弁用之於田獵。兵田之弁，有時而用之者也；皮弁視朝，則日視朝之禮，其用數矣，此所以特言皮弁之制。○王之弁絰，弁而加環絰。註曰：弁絰，王弔所服也；其弁如爵弁而素，所謂素冠也，而加環絰。環絰者，大如緦之麻絰，纏而不糾。《司服》職曰："凡弔事，弁絰服。"○會，古外反。璂，音其。邸，丁禮反。璂，音其。柢，音帝。

323

諸侯及孤、卿、大夫之冕、韋弁、皮弁、弁絰，各以其等爲之，而掌其禁令。註曰：各以其等，繅斿玉瑱，如其命數也。冕，則侯、伯繅七就，用玉九十八；子、男，繅五就，用玉五十，繅、玉皆三采；孤，繅四就，用玉三十二；三命之卿，繅三就，用玉十八；再命之大夫，繅再就，用玉八，繅、玉皆朱綠。韋弁、皮弁，則侯、伯瑱飾七，子、男瑱飾五，玉亦三采；孤則瑱飾四，三命之卿瑱飾三，再命之大夫瑱飾二，玉亦二采。弁絰之弁，其辟積如冕繅之就。然庶人弔者素委貌，一命之大夫冕而無旒，士變冕爲爵弁，其韋弁、皮弁之會無結飾，弁絰之弁不辟積。禁令者，不得相僭踰也。《玉藻》曰："君未有命，不②敢即乘服"，不言冠弁。冠弁兼於韋弁、皮弁矣。不言服弁，服弁自天子以下，無飾無等。○疏曰：上天子與公，不言韋弁；此言之，亦是互見之義。各以其等爲之，不言爵而言等，則依命數矣。爵弁制如冕，但無旒爲異；則無旒之冕，亦與爵冕不殊。得謂冕者，亦前低一寸餘，故得冕名。○辟，必亦反。

司　甲

○司甲，闕。

司　兵

○司兵，掌五兵、五盾，各辨其物與其等，以待軍事。註曰：五盾，干櫓之屬，其名未盡聞也。等，謂功沽上下。鄭司農云：五兵者，戈、殳、戟、酋矛、夷矛。

及授兵，從司馬之法以頒之；及其受兵輸，亦如之；及其用兵，亦如之。註曰：從司馬之法令，師、旅、卒、兩，人數所用多少也。兵輸，謂師還，有司還兵也。用兵，謂出給衛守。○陳及之曰：周制，甸出革車一乘，凡兵甲盾戈旗物鼓鐸悉備焉。在農，則四時田獵，合其卒伍，治其徒役，簡其兵器與夫旗物鼓鐸，一一治之。其調發，則各以其具行。此所頒者，頒諸卿、大夫、士從軍旅、會同者也。

祭祀，授舞者兵。註曰：授以朱干、玉戚之屬。○疏曰：案：此則《春官·司干》所授者，又是羽籥之等，非干戚可知也。

大喪，廞五兵。註曰：廞，興也。興作明器之役器五兵也。《士喪禮·下篇》有"甲、冑、干、笮"。○笮，側白反。

軍事，建車之五兵；會同，亦如之。註曰：車之五兵，鄭司農所云者是也。步卒之五兵，則無夷矛而有弓、矢。○疏曰：凡器在車，皆有鐵器屈之在車較及輿，以兵掐而建之，故有出先刃、入後刃之事。○掐，測洽反。

司　戈　盾

○司戈盾，掌戈盾之物而頒之。註曰：分與授用。

祭祀，授旅賁殳、故士戈盾；授舞者兵，亦如之。註曰：亦頒之也。故士，王族故士也。與旅賁當事，則衛王也。殳，如杖，長尋有四尺。○王光遠曰：旅賁氏執戈盾而趨者，謂軍旅、會同之時也。若祭祀，則執殳而已。○鄭剛中曰：舞者執戈盾，未嘗執殳；所謂亦如之者，亦如授故士以戈盾也。

軍旅會同，授貳車戈盾，建乘車之戈盾；授旅賁及虎士戈盾。註曰：乘車，王所乘車也。軍旅，則革路；會同，則金路。○及舍，設藩盾；行，則斂之。註曰：舍，止也。藩盾，盾可以藩衛者，如今之扶蘇輿。○疏曰：《天官·掌舍》，王行止不言"設藩盾"者，當宿衛之事，非止一重，除彼桎枑車宮之外，別有此藩盾之等也。

司　弓　矢

○司弓矢，掌六弓、四弩、八矢之法，辨其名物，而掌其守藏與其出入。註曰：法，曲直長短之數。○中春，獻弓弩；中秋，獻矢箙。註曰：箙，盛矢器也，以獸皮爲之。○坡謂：弓人爲弓，夏秋冬造，至春被弦，故弓弩中春獻之。《槁人》職，矢箙春作秋成，故矢箙中秋獻之。○藏，才浪反。中，音仲。箙，音服。

及其頒之，王弓、弧弓以授射甲革、椹質者，夾弓、庾弓以授射豻侯、鳥獸者，唐弓、大弓以授學射者、使者、勞者。註曰：王、弧、夾、庾、唐、大六者，弓異體之名也。往體寡，來體多，曰王、弧；往體多，來體寡，曰夾、庾；往體、來體若一，曰唐、大。甲革，革甲也。《春秋傳》曰："蹲甲而射之。"質，正也。樹椹以爲射正。射甲與椹，試弓習武也。豻侯，五十步。及射鳥獸，皆近射也。近射用弱弓，則射大侯者用王、弧，射參侯者用唐、大矣。學射者，弓用中，後習强弱則易也。使者、勞者，弓亦用中，遠近可也。勞者，勤勞王事，若晉文侯文公受王弓矢之賜者。○其矢箙，皆從其弓。註曰：從弓數也。每弓者，一箙、百矢。○凡弩，夾、庾利攻守，唐、大利車戰、野戰。註曰：攻城壘者，與其自守者相迫近，弱弩發疾也。車戰、野戰，進退非强則不及。弩無王、弧，王、弧恒服弦。往體少者，使矢不疾。○疏曰：弓用則服弦，不用則弛。惟弩，則用與不用，一張之後，竟不弛，故恒服弦。用弱者，以其强弓久不弛，則就弦；弱則隨體，不就弦也。○椹，張林反。夾，古洽反。庾，師儒相傳讀"庾"，本或作"庚"。豻，音岸。使者，所吏反。參，素感反。

凡矢，枉矢、絜矢，利火射，用諸守城車戰；殺矢、鍭矢，用諸近射、田獵；矰矢、茀矢，用諸弋射；恒矢、痺矢，用諸散射。註曰：此八矢者，弓、弩各有四焉。枉矢、殺矢、矰矢、恒矢，弓所用也；絜矢、鍭矢、茀矢、痺矢，弩所用也。枉矢者，取名變星，飛行有光，今之飛矛是也。或謂之兵矢，絜矢象焉。二者皆可結火以射敵。守城車戰，前於重，後微輕，行疾也。殺矢，言中則死，鍭矢象焉。鍭，之言候也。二者皆可以司候射敵之近者及禽獸。前尤重，中深而不可遠也。結繳於矢，謂之矰。矰，高也。茀矢象焉。茀之言刜也。二者皆可以弋飛鳥，刜羅之也。前於重，又微輕，行不低也。《詩》云"弋鳧與鴈"。恒矢，安居之矢也；痺矢象焉。二者皆可以散射也，謂禮射及習射也。前後訂，其行平也。凡矢之制，枉矢之屬，五分，二在前，三在後。殺矢之屬，三分，一在前，二在後。矰矢之屬，七分，三在前，四在後。恒矢之屬，軒輖中，所謂志也。○王龜齡曰：上文云"四弩"，用於攻守與戰。此枉矢、絜矢，用諸守城、車戰。是以二矢而當四弩之用明矣。二矢既當四弩，其餘六矢當六弓之用，豈不曉然？經曰"王、弧以授射甲革、椹質者"，甲革椹質，軍射也。殺矢、鍭矢，用於田獵之射也。田獵所以治兵講武，則軍射、田射一事也。故《考工記·矢人》之兵矢、田矢，亦同其制。則以此二矢而當二弓明矣。經曰"夾、庾以授射犴侯、鳥獸者"，今矰矢、茀矢用諸弋射，則此二矢而當二弓明矣。"唐、大授學射者、使者、勞者"，即散射也。今恒矢、痺矢，用於散射，則此二矢而當二弓明矣。○綮，苦結反。鍭，音候。矰，音增。茀，扶弗反。痺，必二反。繳，音酌。刜，孚物反。輖，定周反。

天子之弓合九而成規，諸侯合七而成規，大夫合五而成規，士合三而成規。句者謂之弊弓。註曰：體，往來之衰也。往體寡，來體多，則合多；往體多，來體寡，則合少而圜。弊，猶"惡"也。句者惡，則直者善矣。○疏曰：此皆據角弓反張不被弦而合之。○句，音鉤。

凡祭祀，共射牲之弓矢。註曰：射牲，示親殺也。殺牲，非尊者所親，惟射爲可。《國語》曰："禘郊之事，天子必自射其牲。"○疏曰：言凡語廣，則天地宗廟，皆有射牲之事。○澤，共射椹質之弓矢。註曰：鄭司農云：澤，澤宮也，所以習射選士之處也。《射義》曰："天子將祭，必先習射於澤。澤者，所以擇士也。已射於澤，而後射於射宮，射中者得與於祭。"

大射、燕射，共弓矢如數并夾。註曰：如數，如當射者之數也。每人一弓、乘矢，并夾，矢籋也。○夾，音甲。籋，音聶。

大喪，共明弓矢。註曰：弓矢，明器之用器也。《士喪禮·下篇》曰："用器弓矢。"

凡師役、會同，頒弓弩，各以其物從授兵甲之儀。註曰：物，弓弩、矢箙之屬。○王光遠曰：從授兵甲之儀，凡頒弓弩，其多寡之數，一視兵甲之儀而已。

田弋，充籠箙矢，共矰矢。註曰：籠，竹箙也。矰矢不在箙者，爲其相繞亂，將用乃共之。

凡亡矢者，弗用則更。吳氏曰：更，償也。用而棄之，則不償；若不用而亡之，則償也。

繕　　人

○繕人，掌王之用弓、弩、矢、箙、矰、弋、抉拾。註曰：鄭司農云：抉，謂引弦彄也。拾，謂韝扞也。玄謂：抉，挾矢時所以持弦飾也，著右手巨指。《士喪禮》曰"抉，用正王棘，若檡棘"，則天子用象骨與？韝扞著左臂裏，以韋爲之。○疏曰：此繕人所掌，謂司弓矢選擇大善者，入繕人，以共王用也。○抉，古穴反。彄，苦侯反。韝，古侯反。扞，胡旦反。著，丁略反。檡，音宅。

掌詔王射，註曰：告王當射之節。○疏曰：王射，先行燕禮，以大夫爲賓，賓與王爲耦。所告之事，亦如大射禮，大射正告公之儀。○贊王弓矢之事。註曰：授之、受之。○疏曰：案：《大僕》職已授之、受之，此又贊者，大僕尊。大僕贊時，此官助贊也。

凡乘車，充其籠服，載其弓弩。註曰：充籠箙以盛矢。○疏曰：繕人惟主王所乘之車而言。○既射，則斂之。註曰：斂，藏之也。《詩》云："彤弓弨兮，受言藏之。"○疏曰：所斂者，惟據王所乘車上有弓矢者。既射，還斂取藏之。無會計。註曰：亡敗多少不計。○會，古外反。弨，冒遥反。

槀　　人

○槀人，掌受財于職金，以齎其工。註曰：齎其工者，給市財用之直。○弓六物爲三等，弩四物亦如之。註曰：三等者，上、中、下人各有所宜。《弓人》職曰："弓長六尺六寸，謂之上制，上士服之；弓長六尺三寸，謂之中制，中士服之；弓長六尺，謂之下制，下士服之。"弩及矢箙長短之制未聞。○矢八物皆三等，箙亦如之。春獻素，秋獻成，註曰：矢箙，春作秋成。○疏曰：案《司弓矢》，弓、弩各有四矢，應作四等，而言三等，蓋據長短爲三等法。○齎，音咨。

書其等以饗工。註曰：鄭司農云：書工功拙高下之等，以制其饗食也。玄謂：饗，酒肴勞之也。上工作上等，其饗厚；下工作下等，其饗薄。○乘其事，試其弓弩，以上下其食而誅賞。註曰：鄭司農云：乘，計也。計其事之成功也，故書試爲考。玄謂：考之而善，則上其食，尤善又賞之，否者反是。○乃入功于司弓矢及繕人。註曰：功，成。

凡齎財與其出入，皆在槀人，以待會而考之，亡者闕之。註曰：皆在槀人者，所齎工之財，及弓弩矢箙出入，其簿書，槀人藏之。闕，猶"除"也。弓弩矢箙棄亡者，除之，計今見在者。

戎　右

○戎右，掌戎車之兵革使。註曰：使，謂王使以兵，有所誅斬也。《春秋傳》曰："戰於殽，晉梁弘御戎，萊駒爲右。戰之明日，襄公縛秦囚，使萊駒以戈斬之。"○詔贊王鼓，註曰：既告王當鼓之節，又助擊之。○疏曰：大僕已贊王鼓，此亦同是助擊其餘面也。○傳王命于陳中。註曰：爲王大言之也。

會同，充革車。註曰：會同，王雖乘金路，猶以革車從行也。充之者，謂居左也。《曲禮》曰："乘君之乘車，不敢曠左。"○盟，則以玉敦辟盟，遂役之。鄭剛中曰：以玉敦而辟盟者，奉血以告神，乃辟開盟載之書也。猶大史辟法之辟。○註曰：役之者，傳敦血授當歃者。○贊牛耳，桃茢。註曰：鄭司農云：贊牛耳，《春秋傳》所謂"執牛耳"者。玄謂：尸盟者，割牛耳取血，助爲之；及血在敦中，以桃茢拂之，又助之也。耳者盛以珠盤，尸盟者執之。桃，鬼所畏也。茢，苕帚，所以掃不祥。○疏曰：殺牲取血，旁有不祥，故執此桃茢於血側也。○敦，音對。辟，音闢。苕，音條。帚，之受反。

齊　右

○齊右，掌祭祀、會同、賓客前齊車；王乘，則持馬；行，則陪乘。

註曰：齊車，金路，王自整齊之車也。前之者，已駕，王未乘之時。陪乘，參乘，謂車右也。齊右與齊僕同車，而有祭祀之事，則兼玉路之右，然則，戎右兼田右與。○凡有牲事，則前馬。註曰：王見牲，則拱而式。居馬前，卻行備驚奔也。《曲禮》曰："國君下宗廟，式齊牛。"③○齊，側皆反。下"齊車"、"齊僕"、"齊牛"同。乘，繩證反，一音繩。

道　右

○道右，掌前道車，王出入，則持馬、陪乘，如齊車之儀。註曰：道車，象路也。王行道德之車。○疏曰：言象，據飾爲名；言道，據行道爲稱。自車上諭命于從車。詔王之車儀。疏曰：《禮》云"式視馬尾，顧不過轂"，皆是車上威儀，故須詔之。齊右不云者，文不具。王式，則下，前馬；王下，則以蓋從。註曰：以蓋從，表尊。○疏曰：蓋有二種：一者禦雨，二者表尊。此則表尊之蓋也。

大　馭

○大馭，掌馭玉路以祀。及犯軷，王自左馭；馭下祝，登，受轡，犯軷，遂驅之。註曰：行山曰"軷"。犯之者，封土爲山象，以菩芻、棘柏爲神主。既祭之，以車轢之而去，喻無險難也。《春秋傳》曰"跋涉山川"。自，由也。王由左馭，禁制馬，使不行也。○疏曰：此據祭天之時，故有"犯軷"之事。○及祭，酌僕，僕左執轡，右祭兩軹，祭軓，乃飲。註曰：杜子春云：軹，謂兩轊也。軓，當爲軌。軌，謂車軾前也。○疏曰：及祭、酌僕者，即上文將犯軷之時，當祭左右轂，末及軾前，乃犯軷而去。酌僕者，使人酌酒與僕。僕，即大馭也。大馭則左執轡，右祭三處訖，乃飲，如轢軷而去。○軷，蒲末反。軹，音止。軓，音犯。菩，音負。轢，音歷。轊，音衛。

凡馭路，行以《肆夏》，趨以《采薺》。註曰：凡馭路，謂五路也。《肆夏》、《采薺》，樂章也。行，謂大寢至路門。趨，謂路門至應門。○凡馭路儀，以鸞和爲節。註曰：舒疾之法也。鸞在衡，和在軾，皆以金爲鈴。○薺，才私反。

戎　　僕

○戎僕，掌馭戎車。註曰：戎車，革路也。師出，王乘以自將。○掌王倅車之政，正其服。註曰：倅，副也。服，謂衆乘戎車者之衣服。○疏曰：鄭註《坊記》云"僕右，恒朝服"，據非在軍時；若在軍，則服韋弁服。○犯軷，如玉路之儀。凡巡守及兵車之會，亦如之。註曰：如在軍。○疏曰：謂如其犯軷。○倅，七內反。

掌凡戎車之儀。註曰：凡戎車，衆之兵車也。《書·序》曰："武王戎車三百兩。"○易彥祥曰：上文言馭戎車，則王之革路；此言凡戎車，則衆之兵車也。武王戎車三百兩，其進退之節，不愆於六步、七步，不愆於四伐、五伐、六伐、七伐，乃止齊焉，則戎車之儀可知。至大司馬於蒐田之時，亦有所謂坐作、進退、疾徐、疏數之節。戎僕所以掌其儀者，此也。

齊　　僕

○齊僕，掌馭金路以賓。註曰：以待賓客。○朝覲、宗遇、饗食，皆乘金路；其法儀，各以其等，爲車送逆之節。註曰：節，謂王乘車迎賓客及送相去遠近之數。上公九十步，侯、伯七十步，子、男五十步。《司儀》職曰"車逆，拜辱"，又曰"及出，車送"。○疏曰：春夏受贄於朝，無迎法；受享，則有之。秋冬一受之於廟，受贄、受享，皆無迎法。今言朝覲、宗遇、饗食皆乘金路者，謂因此朝覲、宗遇，而與諸侯行饗食在廟，即有乘金路迎賓客之法也。

道　　僕

○道僕，掌馭象路，以朝夕燕出入；其法儀如齊車。註曰：朝夕，朝朝、莫夕。○疏曰：在正朝來往而言"燕"者，以其在宮中行事皆稱"燕"。○掌貳車之政令。註曰：貳，亦副。

田　僕

○田僕，掌馭田路，以田、以鄙。註曰：田路，木路也。田，田獵也。鄙，循行縣鄙。○掌佐車之政。註曰：佐，亦副。○設驅逆之車。註曰：驅，驅禽使前趨獲；逆，衙還之，使不出圍。○令獲者植旌。註曰：以告獲也。植，樹也。○鄭剛中曰：山虞植虞旗，澤虞植虞旌，爲屬禽設。此則令獲禽自植，以告獲也。○及獻，比禽。註曰：田弊，獲者各獻其禽。比，種物相從次數之。

凡田，王提馬而走，諸侯晉，大夫馳。註曰：提，猶"舉"也。晉，猶"抑"也。使人扣而舉之、抑之，皆止奔也。馳，放不扣。○王介甫曰：提，節之；晉，進之；馳，則亟進之。尊者安舒，卑者戚速。

馭　夫

○馭夫，掌馭貳車、從車、使車。王介甫曰：貳車，副車；從車，謂屬車也；使車，謂使者所乘之車。○分公馬而駕治之。註曰：乘調六種之馬。

校　人

○校人，掌王馬之政。註曰：政，謂差擇養乘之數也，月令曰班馬政。○辨六馬之屬：種馬一物，戎馬一物，齊馬一物，道馬一物，田馬一物，駑馬一物。註曰：種，謂上善似母者。以次差之：玉路駕種馬，戎路駕戎馬，金路駕齊馬，象路駕道馬，田路駕田馬，駑馬給宮中之役。○王光遠曰：其毛、其足、其力，皆所謂物也。《司馬法》曰："宗廟，齊毫尚純也；田事，齊足尚疾也；戎事，齊力尚強也。"此其物，不可不辨。○校，戶校反。齊馬，側皆反。

凡頒良馬而養乘之：乘馬一師，四圉；三乘爲皂，皂一趣馬；三皂爲繫，繫一馭夫；六繫爲廄，廄一僕夫；六廄成校，校有左右。駑馬，三良馬之數，麗馬一圉，八麗一師，八師一趣馬，八趣馬一馭夫。註曰：良，善也。善馬，五路之馬。鄭司農云：四匹爲乘，養馬爲圉。故《春秋傳》曰："馬有圉，牛有牧。"玄謂：二耦爲乘。師，趣馬，馭夫，僕夫，帥之名也。趣馬，下士；馭夫，中士；則僕夫，上士也。自乘至廄，其數二百一十六匹。《易》乾爲馬，此應乾之策也。至"校"，變爲言"成"者，明六馬各一廄，而王馬小備也。校有左右，則良馬一種者四百三十二匹，五種合二千一百六十匹，駑馬三之，則爲千二百九十六匹；五良一駑，凡三千四百五十六匹。然後王馬大備。《詩》云"騋牝三千"，此謂王馬之大數與。麗，耦也。駑馬自圉至馭夫，凡馬千二十四匹，與三良馬之數不相應，"八"皆宜爲"六"字之誤也。師十二匹，趣馬七十二匹，則馭夫四百三十二匹矣，然後而三之。既三之，無僕夫者，不駕於五路，卑之也。○疏曰：言養乘之者，已下皆四四爲耦，是因養馬而乘習之。○乘，繩證反。皂，才早反。趣，倉走反。繫，音計。廄，音救。騋，音來。

天子十有二閑，馬六種；邦國六閑，馬四種；家四閑，馬二種。註曰：降殺之差，每廄爲一閑。諸侯有齊馬、道馬、田馬。大夫有田馬，各一閑。其駑馬則皆分爲三焉。○趙商問大夫采地四甸，一甸稅又給王，其餘三甸，才有馬十二匹，與《校人》職相校甚異。曰："此馬皆君所制爲，非謂民賦。"《司馬法》："甸有戎馬四匹，長轂一乘。"此爲民出軍賦，無與於天子國馬之數。事條未理，而多紛紜。○凡馬，特居四之一。註曰：欲其乘之，性相似也，物同氣，則心一。鄭司農云：四之一者，三牝一牡。○殺，音曬。

春祭馬祖，執駒。註曰：馬祖，天駟也，《孝經說》曰："房爲龍馬。"鄭司農云：執駒，無令近母，猶攻駒也。二歲曰"駒"，三歲曰"駣"。玄謂：執，猶拘也。春通淫之時，駒弱血，氣未定，爲其乘匹，傷之。○疏曰：春時通淫，來馬蕃息，故祭馬祖。○夏祭先牧，頒馬，攻特。註曰：先牧，始養馬者，其人未聞。夏通淫之後，攻其特，爲其蹄齧不可乘用。鄭司農云：攻特，謂騸之。○疏曰：

祭先牧者，夏草茂，求肥充。○秋祭馬社，臧僕。註曰：馬社，始乘馬者，《世本》作曰"相土作乘馬"。鄭司農云：臧僕，謂簡練馭者，令皆善也。玄謂：僕，馭五路之僕。○疏曰：秋時馬肥盛，可乘用，故祭始乘馬者。○冬祭馬步，獻馬，講馭夫。註曰：馬步，神爲災害馬者。獻馬，見成馬於王也。馭夫，馭貳車、從車、使車者。講，猶簡習。○駣，音肇。騬，音繩。相，息亮反。

凡大祭祀、朝覲、會同，毛馬而頒之。註曰：毛馬，齊其色也。頒，授當乘之。○疏曰：此三者，皆須馬從王。毛馬者，案《毛詩傳》云："宗廟齊毫，尚純也；戎事齊力，尚強也；田獵齊足，尚疾也。"《爾雅》亦云。雖據宗廟，至於田獵、軍旅，既尚疾、尚力，亦尚色也。《詩》云"四驪彭彭"，武王所乘；又云"四鐵孔阜"④，秦襄公以田。是齊色不專，據宗廟。○飾幣馬執扑而從之。註曰：鄭司農云：校人主飾之也。幣馬，以馬遺人，當幣處者也。《聘禮》曰："馬則北面，奠幣于其前。"《士喪禮·下篇》曰："薦馬，纓三就；入門，北面；交轡，圉人夾牽之。馭⑤者執策立于馬後。"○扑，普卜反。遺，惟季反。

凡賓客，受其幣馬。註曰：賓客之幣馬，來朝覲而享王者。

大喪，飾遣車之馬；及葬，埋之。註曰：言埋之，則是馬塗車之芻靈。

田獵，則帥驅逆之車。註曰：帥，猶"將"也。

凡將事于四海山川，則飾黃駒。註曰：四海，猶四方也。王巡守過大山川，則有殺駒以祈沈禮與？《玉人》職有"宗祝"以黃金勺"前馬"之禮。○疏曰：山川地神，土色黃，故用黃駒。

凡國之使者，共其幣馬。註曰：使者所用私覿。○疏曰：使者，王使之下聘問諸侯者。上文飾幣馬，是以馬遺人，法非聘，故無私覿。前賓客來朝聘，不言私覿者，諸侯之臣於天子，不敢行私覿故也。

凡軍事，物馬而頒之。註曰：物馬，齊其力。○陳及之曰：亦頒於官府共軍事者耳。不然，校人六廄安能及庶民乎？

等馭夫之祿，註曰：馭夫，於趣馬僕夫爲中，舉中見上下。宮中之稍食。註曰：師圉、府史以下也。鄭司農云：稍食曰稟。○項平甫曰：廄庫皆近王宮。一云馬有養于內,非也。

趣　　馬

○趣馬,掌贊正良馬,而齊其飲食,簡其六節。註曰：贊,佐也。佐正者,謂校人、臧僕講馭夫之時。簡,差也。節,猶量也。差擇王馬,以爲六等。

掌駕說之頒。註曰：用馬之次第。○疏曰：凡用馬,當均勞逸,故"駕說"須依次第。○說,音稅。

辨四時之居治,以聽馭夫。註曰：居,謂牧廄所處。治謂執駒、攻特之屬。○疏曰：馬二月已前,八月已後,在廄；二月已後,八月已前,在牧,故云"四時"也。趣馬下士,屬馭夫中士,故云"聽馭夫"。○廄,音雅。後同。

巫　　馬

○巫馬,掌養疾馬而乘治之,相醫而藥攻馬疾,受財于校人。註曰：乘,謂驅步以發其疾；知所疾處,乃治之。相,助也。○疏曰：巫知馬祟,醫知馬疾。疾則以藥治之,祟則辨而祈之。二者相須,故巫助醫也。受財者,謂其祈具及藥直。○馬死,則使其賈粥之,入其布于校人。註曰：布,泉也。鄭司農云：賈,謂其屬官小吏賈二人。粥,賣也。○相,息亮反。註同。疏,如字。賈,音古。粥,音育。祟,音歲。

牧　　師

○牧師,掌牧地,皆有厲禁而頒之。註曰：頒馬授圉者所牧處。○疏曰：厲禁,謂可牧馬之處,亦使其地之民遮護禁止,不得使民輒放牛馬。○孟春焚牧,註曰：焚牧地以除陳,生新草也。○中春通淫。註曰：中春,陰陽交、萬物生之時,可以合馬之牝牡也。《月令》季春"乃合累牛騰馬,遊牝于牧"。秦時書也,秦地寒涼,萬物後動。○掌其政令。凡田事,贊焚萊。註曰：焚

335

萊者，山澤之虞。〇中，音仲。

廋　　人

〇廋人，掌十有二閑之政教，以阜馬、佚特、教駣、攻駒，及祭馬祖，祭閑之先牧，及執駒、散馬耳、圉馬。註曰：九者，皆有政教焉。阜，盛壯也。《詩》云："四牡孔阜。"杜子春云：佚，當爲"逸"。鄭司農云：馬三歲曰駣，二歲曰駒。散，讀爲"中散大夫"之"散"，謂釳馬耳，毋令善驚也。玄謂：逸者，用之不使甚勞，安其血氣也。教駣，始乘習之也。攻駒，騬其蹄齧者。閑之先牧，先牧制閑者。散馬耳，以竹括押其耳，頭動搖則括中物，後遂串習，不復驚。〇鄭剛中曰：考此文二及字之義，當爲七事耳。廋人職卑，安得主馬祖之祭？於校人祭馬祖之時，己則祭閑之先牧；於校人命執駒之時，己則散馬耳、圉馬。〇王介甫曰：圉馬，則成馬而圉之。圉馬以校人執駒爲節也。〇佚，音逸。釳，古活反。

正校人員選。註曰：校人，謂師圉也。〇王介甫曰：正其員，使員稱馬數；正其選，使選惟其能。

馬八尺以上爲龍，七尺以上爲騋，六尺以上爲馬。註云：大小異名。《爾雅》曰："騋牝驪牡，玄駒褭驂。"鄭司農云：以《月令》曰"駕蒼龍"。〇王介甫曰：小大異名，使各從其類，以待乘頒，及以爲種。〇鄭剛中曰：校人不辨六馬之屬，廋人職卑，乃於此言龍騋之尺寸，何耶？蓋十二閑之廣，二千五百餘匹之多，馬有超然卓異藏乎其中，人所不見，自非主者表而出之，則神駿之才，逐電之足，誰其知之？故特於廋人言之。〇褭，奴了反。

圉　　師

〇圉師，掌教圉人養馬。春除蓐，釁廄，始牧。夏庌馬。冬獻馬。射則充椹質。茨牆則剪闔。註曰：蓐，馬茲也。馬既出而除之，新釁焉，神之也。《春秋傳》曰："凡馬日中而出，日中而入。"庌，廡也，廡所以庇馬涼也。

充,猶"居"也。茨,蓋也。闉,苫也。楰質剪闉,圉人所習也。○徐氏曰:楰質以木爲之,縛草以代侯者。到草爲苫,苫之以蓋牆也。○蓐,音辱。庌,五稼反。茨,在私反。闉,户獵反。廡,亡甫反。縛,房入聲。到,千卧反。苫,傷占反。

圉　人

○圉人,掌養馬芻牧之事,以役圉師。註曰:役者,圉師使令焉。

凡賓客、喪紀,牽馬而入陳。註曰:賓客之馬,王所以賜之者。《詩》云:"雖無予之,路車乘馬。"喪紀之馬,啓後所薦馬。○疏曰:雖同牽馬入陳,賓客與喪紀所陳有異。賓客則在館,天子使人就館而陳之;若喪紀,則天子將葬,朝廟時,在祖廟中陳設明器之時,遣人薦馬及纓,入廟陳之。○廞馬亦如之。註曰:廞馬,遣車之馬。人捧之,亦牽而入陳。

職　方　氏

○職方氏,掌天下之圖,以掌天下之地,辨其邦國、都鄙、四夷、八蠻、七閩、九貉、五戎、六狄之人民,與其財用、九穀、六畜之數要,周知其利害。註曰:天下之圖,如今司空輿地圖也。鄭司農云:東方曰夷,南方曰蠻,西方曰戎,北方曰貉狄。玄謂:閩,蠻之别也。《國語》曰:"閩,羋蠻矣。"四、八、七、九、五、六,周之所服國數也。財用,泉穀貨賄也。利,金、錫、材箭之屬;害,神姦鑄鼎所象百物也。《爾雅》曰:"九夷、八蠻、六戎、五狄,謂之四海。"○坡謂:周知其利害者,周知其山川、江湖之支湊,可以設險之利與要害之處也。○乃辨九州之國,使同貫利。註曰:貫事也。○疏曰:使同其事,利不失其所也。○鄭剛中曰:自中國以至夷狄兼舉,而周知之矣。乃若國之有九州,爲五政之所加,七賦之所養,王者所治之區域也。必使貫無不同,則九州共貫,利無不同,則四海蒙利。○閩,梅巾反。貉,孟白反。羋,音弭。

東南曰揚州,易彦祥曰:《禹貢》揚州之域,東距海,北據淮,故曰"淮海惟揚州"。殷人以淮入徐,故揚州止謂之"江南";周人復以淮入揚,而循禹之舊。不言淮海,而曰東南者,變《禹貢》之文也。○其山鎮曰會稽,其澤藪曰具區,其川三江,其浸五湖,其利金、錫、竹箭,其民二男五女,其畜宜鳥獸,其穀宜稻。註曰:鎮,名山安地德者也。大澤曰"藪"。浸,可以爲陂灌溉者。錫,鑞也。箭,篠也。鳥獸,孔雀、鷩、鷂、鵠、犀、象之屬。○顧景范曰:會稽山在浙江紹興府城東南十二里。具區,即太湖也,亦曰"震澤",在南直蘇州府西南五十里,接常州府及浙江湖州府界。三江,一曰松江,自太湖分流,出蘇州吳江縣南長橋口,至嘉定縣東南四十里吳松口入海;一曰婁江,亦自太湖分流,經蘇州城東,至太倉州東南七十里劉家河口入海;一曰東江,亦自太湖分流,從吳江縣東南入浙江嘉興府境,至海鹽縣東北三十五里乍浦入海,今由南直松江府合松江入海。五湖,孔氏云太湖東岸五彎,曰菱湖、游湖、莫湖、貢湖、胥湖。水瀰漫而灘淺者曰藪,窪下而鍾水者曰浸。○王介甫曰:九州之序,《禹貢》始於冀,次以兗,而終於雍,《職方》始於揚,次以荆,而終於并者,蓋《禹貢》言治水之序,《職方》言遠近之序。治水自帝都而始,然後順水性所便,自下而上,故自兗至雍而止。以遠近言之,則周之化,自北而南,以南爲遠,故《關雎》《鵲巢》之詩,分爲"二南";《漢廣》亦言文王之道,被于南國,德化所及,以遠爲至故也。始於揚州,則以揚在東南;次以荆,則以荆在正南;終於并,則以并在正北。先遠而後近也。○會,古外反。陂,彼宜反。鑞,音獵。篠,素了反。鷂,音交。鵠,音精。

正南曰荆州,易彥祥曰:《禹貢》"荆及衡陽惟荆州"。殷之荆州,南不言衡陽,循禹之舊也。其北境則曰漢南。以地志考之,荆山在南郡臨沮縣,即今荆門軍當陽縣之地;漢水又在其北,正屬襄陽。言漢南,則殷之荆州,實跨荆山之北;至周復以荆門之北屬豫,復禹封域,以荆及衡陽爲荆州。荆山即南條,衡山即南嶽,皆在正南之地,故曰正南。○其山鎮曰衡山,其澤藪曰雲瞢,其川江、漢,其浸潁、湛,其利丹、銀、齒、革,其民一男二女,其畜宜鳥獸,其穀宜稻。註曰:潁,出陽城,宜屬豫州,在此非也。齒,象齒也。革,犀兕革也。杜子春云:湛或爲淮。○顧景范曰:衡山,在湖廣衡州府衡山縣西三十里。雲曹,在湖廣德安府城南五十里。江水發原四川成都府茂州西北之岷山,歷梁、荆、揚三州之域,至今南直揚州府海門縣東入海。漢水發原于陝西漢中府沔縣西嶓冢山,至湖廣漢陽府城東北入大江。潁水發原河南府登封縣東陽乾山,至南直鳳陽府潁州潁上縣界入淮。湛,未詳。今河南汝州境内有湛水。二水本在《禹貢》豫州之域。○薈,鳴鳳反。湛,直減反。

河南曰豫州,易彥祥曰:《禹貢》"荆河惟豫州",其封在大河之南,南條荆山之北,故曰荆河。殷之豫州則南境距漢,北境接河,故曰河南。周人於豫州亦曰河南,而南境則仍《禹貢》之舊。不曰荆河,互文以見也。○其山鎮曰華山,其澤藪曰圃田,其川滎、雒,其浸波、溠,其利林、漆、絲、枲,其民二男三女,其畜宜六擾,其穀宜五種。註曰:波,讀爲"播"。《禹貢》曰:"滎播既都。"《春秋傳》曰:"楚子除道梁溠,營軍臨隨。"則溠,宜屬荆州,在此非也。林,竹木也。六擾,馬、牛、羊、豕、犬、雞。五種,黍、稷、菽、麥、稻。○顧景范曰:華山,在陝西西安府華州華陰縣南十里。圃田,在開封府中牟縣西北七里。滎,滎澤也,今開封府鄭州滎澤縣是。洛水,出陝西西安府商州南冢嶺山,至河南府鞏縣北入河。波水,《通典》云"出歇馬嶺",在今汝州魯山縣西北。溠水,《通典》云"出黄山",在今湖廣襄陽府棗陽縣東北。○滎,户扃反。溠,音詐。播,音波。都,張魚反。

正東曰青州,易彥祥曰:《禹貢》有青、有兖、有徐。殷并青於徐,而徐兼揚州之淮,故江南曰"揚州"。周復以淮歸揚,而并徐於青,正在畿東,故曰"正東"。○其山鎮曰沂山,其澤藪曰望諸,其川淮、泗,其浸沂、沭,其利蒲、魚,其民二男二女,其畜宜雞、狗,其穀宜稻、麥。註曰:二男二女,數等,似誤也,蓋當與兖州同二男三女。鄭司農云:淮或爲雎,沭或爲洙。○顧景范曰:沂山,在青州府臨朐縣南百五十里。孟豬,在河南歸德府虞城縣,《禹貢》屬豫州。淮水發原河南南陽府唐縣東南桐柏山,至南直淮安府安東縣東北入海。泗水,出兖州府泗水縣東陪尾山,至南直淮安府清河縣南入淮,今名南清河。沂水,出青州府莒州沂水縣西北雕崖山,至淮安府邳州南入泗。沭水,出臨朐縣沂山，至淮安府安東縣西入淮。○沭，音述。朐，音劬。厓，音崖。

河東曰兗州，易彦祥曰：夏、殷皆言濟河惟兗州，謂東河之東，濟水之北也。周人以青兼徐，而兗州又得越乎濟之東南，故徐之岱山，《職方》以爲兗之所鎮，徐之大野，《職方》以爲兗之澤藪是也，故曰"河東"。○其山鎮曰岱山，其澤藪曰大野，其川河、泲，其浸廬、維，其利蒲、魚，其民二男三女，其畜宜六擾，其穀宜四種。註曰：廬、維，當爲"雷、雍"字之誤也。《禹貢》曰："雷夏既澤，雍、沮會同。"雷夏在城陽。四種，黍、稷、稻、麥。○顧景范曰：岱，泰山也，在濟南府泰安州北五里。大野，在兗州府濟寧州鉅野縣東五里。河，從西域崑崙山，至陝西西寧衛積石山乃入中國，歷雍、豫、冀、兗四州之域，東北入海，今從東南合淮入海。濟水發原河南懷慶府濟源縣西王屋山，至山東濟南府濱州利津縣東入海，亦曰大清河。廬水，在濟南府長清縣西廢廬縣境。濰水，出青州府莒州西北箕屋山，至萊州府濰縣東北入海。《禹貢》屬青州。○泲，子禮反。沮，七餘反。

正西曰雍州，易彦祥曰：《禹貢》有雍、有梁，故梁爲正西，而雍爲西北。殷、周皆省梁入雍，故雍州爲"正西"。○其山鎮曰嶽山，其澤藪曰弦蒲，其川涇、汭，其浸渭、洛，其利玉石，其民三男二女，其畜宜牛、馬，其穀宜黍、稷。註曰：鄭司農云：弦或爲汧，蒲或爲浦。○顧景范曰：嶽山，在陝西鳳翔府隴州南百四十里。弦蒲，在隴州西四十里。涇水，出陝西平涼府城西南笄頭山，至西安府高陵縣西南入渭。汭水，出弦蒲藪東北，歷平涼府境，至西安府邠州長武縣而合于涇。渭水，出陝西臨洮府渭原縣西鳥鼠山，至西安府華州華陰縣北入大河。洛水，出慶陽府城東北廢洛原縣，南流合漆、沮二水，至西安府同州朝邑縣南而入渭。《通典》曰："洛，即漆沮也。"○汭，如鋭反。汧，口千反。

東北曰幽州，易彦祥曰：舜十二州，本有幽州，水土既平，以冀爲帝都，省幽入冀。殷人南都河南之亳，復舜幽州之名。周人又以幽州兼殷之營州，實《禹貢》青州隔海東北之境，故曰"東北"。○其山鎮曰醫無閭，其澤藪曰貕養，其川河、泲，其浸菑、時，其利魚、鹽，其民一男三女，其畜宜四擾，其穀宜三種。註曰：四擾，馬、牛、羊、豕。三種，黍、稷、稻。杜子春讀"貕"爲"奚"。○顧景范曰：醫無閭山，在遼東廣寧衛西五里。貕養，在山東登州府萊陽縣，在《禹貢》屬青州。菑水，在濟南府淄川縣東南七十里。時水，在青州府臨淄縣西二十五里。○易彥祥曰：經於兖州，言"其川河泲"，蓋兖州北距河而南據泲。《禹貢》言"濟、河惟兖州"，則惟兖州之川宜也。幽州遠在東北，於河、泲何與？蓋幽州雖跨有遼水爲東北，而實西南越海，兼有青州之東北境，所以琅琊郡之貕養澤，泰山郡之淄水，千乘郡之時水，皆在幽州之域。光武十三年，以遼東屬青州；二十四年，還屬幽州。是知幽州實可以有青州。王璜、張楫云"九河陷海中"。是九河未陷之前，凡登、萊海岸，及濱、滄二州之東境，皆在幽州之地，與兖州東西分界，故其川同於河、泲。○貕，音兮。菑，《禹貢》作"淄"。

河內曰冀州，易彥祥曰：舜十有二州，有幽、有并、有冀，水土既平之後，以冀爲堯都，省十有二州之幽、并入焉。以餘州準之，則知《禹貢》冀州，東、西、南之三面距河南，而北境則越平常山，今之燕、雲、營、平諸州，皆其地也。殷人復以冀州北境復舜之幽州，而東、西、南皆禹迹之舊，蓋東河之西，西河之東，南河之北也，故曰兩河間。周人又分冀而復舜之并州，故曰"河內"而已。○其山鎮曰霍山，其澤藪曰楊紆，其川漳，其浸汾、潞，其利松、柏，其民五男三女，其畜宜牛、羊，其穀宜黍、稷。顧景范曰：霍山，在今山西平陽府霍州東南三十里。《爾雅》"秦有楊紆"，未詳。漳水有二：濁漳，出山西潞安府長子縣西發鳩山；清漳，出太原府平定州樂平縣西南少山，至河南彰德府臨漳縣西合焉。其下流復分爲二：或從北直河間府獻縣，今滹沱河；或從山東東昌府館陶縣合衛河。汾水，出太原府靜樂縣北管涔山，至平陽府蒲州榮河縣西，入大河。潞水，闞駰曰"即濁漳水也"。今潞安府城西南二十里濁漳經焉，土人猶呼爲潞水。《通典》曰"潞河在密雲縣"，即今北直順天府境白河也。○滹，喚胡反。沱，唐何反。涔，鋤林反。

正北曰并州，易彥祥曰：舜有并州，《禹貢》以并入冀州，殷因之。周復分冀，復舜并州。以天下之勢言之，冀州在西河之東，雍州在西河之西，并州介乎雍、冀之間，故曰"正北"。○其山鎮曰恒山，其澤藪曰昭餘祁，其川虖池、嘔夷，其浸淶、易，其利布、帛，其民二男三女，其畜宜五擾，其穀宜五種。註曰：五擾，馬、牛、羊、犬、豕。五種，黍、稷、菽、麥、稻也。凡九州及山鎮、澤藪言"曰"者，以其非一，曰其大者耳。此州界，揚、荊、豫、兗、雍、冀，與《禹貢》畧同。青州，則徐州地也。幽、并，則青、冀之北也。無徐、梁。○顧景范曰：恒山，在北直真定府定州曲陽縣西北百四十里。昭餘祁，在太原府祁縣東七里。虖沱水，出太原代州繁畤縣東北秦戲山，至北直河間府静海縣北小直沽入海。嘔夷水，出山西大同府蔚州靈丘縣西北高是山，一名"唐河"，至北直保定府安州北，合于易水。淶水，在保定府易州淶水縣東北三十里，亦名"北易水"。易水，在保定府安州城北，亦名"南易水"。○李氏曰：《禹貢》無幽、并，《職方》無梁、徐。蓋周合梁、徐于雍、青，分冀野爲幽、并。《考工記》言："天下之大⑥勢，兩山之間必有川焉，兩川之間⑦必有涂焉。"廣谷、大川，風俗之所以分，故推其高且大者先正之，然後九州可別。如大山定，而山之西爲兗；大河定，而河之南爲豫。此分畫之要也。○陳氏曰：九州山川、澤藪，各在《職方》，不屬諸侯之版。觀《詩》不以《圃田》⑧係鄭，《春秋》不以沙麓係晉，畧可覩矣。周季諸侯，始擅不盼之利。齊幹山海，而桃林之塞，郇瑕之地，晉實私之。此諸侯所以僭侈，王室所以衰微也。○并，卑盈反。虖，喚胡反。池，徒多反。嘔，焉侯反。盼、頒同。塞，音賽。

乃辨九服之邦國。方千里曰王畿，其外方五百里曰侯服，又其外方五百里曰甸服，又其外方五百里曰男服，又其外方五百里曰采服，又其外方五百里曰衛服，又其外方五百里曰蠻服，又其外方五百里曰夷服，又其外方五百里曰鎮服，又其外方五百里曰藩服。註曰：服，事天子也。《詩》云："侯服于周。"

凡邦國千里，封公以方五百里，則四公；方四百里，則六侯；方三百里，則七伯；方二百里，則二十五子；方百里，則百男。以周知天下。註曰：以此率，徧知四海、九州、邦國多少之數也。方千里者，爲方百里者百。

以方三百里之積以九約之，得十一有奇。云"七伯"者，字之誤也。周九州之界，方七千里。七七四十九，方千里者四十九。其一爲畿內，餘四十八。八州各有方千里者六。周公變殷湯之制，雖小國地，皆方百里。是每事言"則"者，設法也。設法者，以待有功而大其封。一州之中，以其千里封公，則可四；又以其千里封侯，則可六；又以其千里封伯，則可十一；又以其千里封子，則可二十五；又以其千里封男，則可百。公、侯、伯、子、男，亦不是過也。州二百一十國，以男備其數焉，其餘以爲附庸。四海之封，黜陟之功，亦如之。雖有大國，爵稱子而已。鄭司農云：此制亦見《大司徒》職。○坡謂：此九法，所謂"制畿封國，以正邦國"也。有公、侯、伯、子、男之異爵，則設儀辨位，以等邦國，亦在中焉。

凡邦國，小大相維，註曰：大國比小國，小國事大國，各有屬相維聯也。○疏曰：《王制》云："五國以爲屬，屬有長；十國以爲連，連有帥；三十國以爲卒，卒有正；二百一十國以爲州，州有伯。"彼雖是殷制，亦可證"各有屬相維聯"之事。○**王設其牧。**註曰：選諸侯之賢者爲牧，使牧理之。○坡謂：此與上節，即九法所謂"建牧立監，以維邦國"也；而"比小事大，以和邦國"，亦在中焉。○比，毗志反。

制其職，各以其所能；註曰：牧、監、參、伍之屬，用能所任秩次。○坡謂：制其職，各以所能，則賢與功可得有爲，而所以作邦國在此矣。

制其貢，各以其所有。註曰：國之地物所有。○坡謂：此一節，即九法所謂"施貢分職，以任邦國"也。

王將巡守，則戒于四方曰："各脩平乃守，考乃職事，無敢不敬戒，國有大刑。"註曰：乃，猶"女"也。守，謂國竟之內。職事，所當共具。○**及王之所行，先道，帥其屬而巡戒令。**註曰：先道，先由王所從道君前，行其前日所戒之令。○**王殷國，亦如之。**註曰：殷，猶"衆"也。十二歲王若不巡守，則六服盡朝，謂之殷國。其戒四方諸侯，與巡守同。○疏曰：王殷國，所在無常。或在畿內國城外即爲之，或向畿外諸侯之國行之，故有"戒令"之事。○巡守，音狩。女，音汝。竟，音境。

土　方　氏

○土方氏，掌土圭之法，以致日景。註曰：致日景者，夏至，景尺有五寸；冬至，景丈三尺；其間，則日有長短。以土地相宅，而建邦國都鄙；註曰：土地，猶度地，知東、西、南、北之深，而相其可居者。宅，居也。○坡謂：邦國都鄙，兼王國侯邦畿內、畿外皆在焉。○相，息亮反。度，待洛反。深，音譖。

以辨土宜、土化之法，而授任地者。註曰：土宜，謂九穀植稺所宜也。土化，地之輕重糞種所宜用也。任地者，載師之屬。○疏曰：既爲土方氏，非直度地相宅，亦當相地所宜，故須辨之。授，謂以書作法授之。○黃文叔曰：所謂景短多寒，景長多暑，景朝多陰，景夕多風，土宜土化，由是而有其法焉。

王巡守，則樹王舍。註曰：爲之藩羅。○疏曰：謂若掌舍設楼柂之時，則此官亦爲王於外周帀樹藩羅。

懷　方　氏

○懷方氏，掌來遠方之民，致方貢，致遠物，而送逆之，達之以節。註曰：遠方之民，四夷之民也。諭德延譽以來之。遠物，九州之外無貢法而至者。達民以旌節，達貢物以璽節。○坡謂：遠方之民，非直四夷也，自他州而來者皆是。遠物，非直藩國之貨也，凡貿遷有無者皆是。上土方既使其有奠居，此官主綏懷之，令相來往也。治其委積、館舍、飲食。註曰：續食其往來。○疏曰：案：《遺人》云："十里有廬，廬有飲食；三十里有宿，宿有委；五十里有市，市有積。"⑨

合　方　氏

○合方氏，掌達天下之道路。註曰：津梁相湊，不得陷絶。通其財利，註曰：茂遷其有無。同其數器，註曰：權衡不得有輕重。壹其度量，註曰：尺丈釜鍾，不得有大小。除其怨惡，註曰：怨惡，邦國相侵虐。同其好善。註曰：所好所善，謂風俗所高尚。○坡謂：馮弱犯寡，則眚之，司馬之九伐也。以俗教安，司徒之十二教也。妄意此官皆柔遠人之事，抑文承通財利之後，則除其怨惡者，禁土著爲孤客患，同其好善者，彼此地産交相好善，則茂遷者利其息。上懷方來遠方之民，此官達其道路，以濟不通也；懷方致遠物，此官爲之均平，使樂來往也。

訓方氏

○訓方氏，掌道四方之政事，與其上下之志，註曰：道，猶"言"也。爲王説之。四方，諸侯也。上下，君臣也。誦四方之傳道。註曰：傳道，世世所傳説往古之事也。爲王誦之，若今論聖德堯舜之道矣。○疏曰：政事及上下之志，知則向王道，未必誦之。古昔之善道，恒誦之在口；王問，則爲王誦之。

正歲，則布而訓四方，註曰：布告以教天下，使知世所善惡。○坡謂：四方政事與上下之志，皆有善惡。王既知之，則布而訓之，使善者知勉，惡者知改，且以傳道訓之，使則古昔。而觀新物。註曰：四時於新物出，則觀之，以知民志所好惡。志淫行辟，則當以政教化正之。○黄文叔曰：布而訓四方，使述其舊美也。觀新物，察風俗之變也。

形方氏

○形方氏，掌制邦國之地域，而正其封疆，無有華離之地。註曰：華，讀爲"觚哨"之"觚"。正之，使不觚邪離絶。○疏曰：形方氏主知四方土地形勢，故使掌作邦國之地域，大小形勢，又當正其封疆，勿使相侵。觚者，兩頭寬，中狹。邪者，一頭寬，一頭狹。○使小國事大國，大國比小國。註曰：比，猶"親"也。○鄭剛中曰：其所以使地不華離者，蓋使小國近大國，事之以自立；大國近小國，比之以自固。然非形方氏制其地形，使各相聯屬，雖欲使小大相事相比，不相侵其疆場，亦不可得也。○華，音誇。觚，若哇反。哨，羊售反。

山　師

〇山師，掌山林之名，辨其物，與其利害，而頒之于邦國，使致其珍異之物。註曰：山林之名與物，若岱畎絲枲嶧陽、孤桐矣。利，其中人用者；害，毒物及螫噬之蟲獸。〇疏曰：此"山師"及下"川師"、"邍師"等，皆是遥掌畿外邦國之内山川、原隰之等，使出税珍異以供王家也。〇畎，古犬反⑩。嶧，音亦。螫，音釋。

川　師

〇川師，掌川澤之名，辨其物，與其利害，而頒之于邦國，使致其珍異之物。註曰：川澤之名與物，若泗濱浮磬、淮夷蠙珠暨魚澤之萑蒲。〇萑，音丸⑪。

邍　師

〇邍師，掌四方之地名，辨其丘陵、墳衍、邍隰之名。註曰：地名，謂東原大陸之屬。物之可以封邑者。註曰：物之，謂相其土地，可以居民立邑。〇疏曰：《小司徒》云"四井爲邑"，據田中；"千室之邑"，據城。二者皆須物色其善惡，然後封民。〇劉執中曰：此謂五等封國之餘地，未有邑以管其民者。不爾，則諸侯吞之矣。亦可以贊司馬正邦國之封疆。〇邍，同"原"。

匡　人

〇匡人，掌達法則，匡邦國，而觀其慝，使無敢反側，以聽王命。註曰：法則，八法、八則也。邦國之官府，都鄙亦用焉。慝，姦偽之惡也。反側，猶背違法度也。《書》曰："無反無側，王道正直。"

撢　人

〇撢人，掌誦王志，道國之政事，以巡天下之邦國而語之，註曰：

道,猶"言"也。以王之志與政事,諭説諸侯,使不迷惑。**使萬民和説,而正王面**。註曰:面,猶"鄉"也。使民之心曉而正鄉王。○疏曰:以上二事,向諸侯説之,使諸侯化民,而萬民正鄉于王。○撢,音探。語,魚據反。和説,音悦。鄉,音向。

都司馬　家司馬

○**都司馬,掌都之士、庶子及其衆庶、車馬、兵甲之戒令**,註曰:庶子,卿、大夫、士之子。車馬、兵甲,備軍發卒。○疏曰:士,適子。庶子,其支庶。若王家有軍事徵兵于采地都鄙,則都司馬以書致於士、庶子。有此衆庶、車馬、兵甲之戒令,士、庶子受而行之。**以國法掌其政學**,政,謂軍之賦税也;學,脩德學道。○王次點曰:古者,國之子弟,無時不知教,無處不有學。退在學校,受教於司樂、大胥、諸子;進在王所,受教於師保氏。入而宿衛,有宮伯案其在版者而教之;出而守禦,有都司馬掌其政學以教之。出入進退,教未嘗不行乎其間,非若後世之教止於庠序,而庠序之教,又爲具文。**以聽國司馬**。註曰:聽者,受行其所徵爲也。國司馬,大司馬之屬皆是。**家司馬,亦如之**。註曰:大夫家臣爲司馬者。《春秋傳》曰:"叔孫氏之司馬鬷戾。"○鬷,子公反。

坡謂:大司馬掌邦政,而以兵事爲先。故凡兵甲、車馬之政,隸僕御從之官,九州邦國之形勝阨塞要害皆屬焉。軍無賞,士不往。凡軍以賞爲先,故首司勳。軍行以馬,故馬質次之。軍舍有壘,故量人次之。小子斬羊牲徇陳,示罰也,次之。羊人共羊牲,又次之。繼以司爟者,火政兵事之要也。設險守固,制勝於未形,故掌固、司險、掌疆、侯人次之。譏察非常,簫勺群慝,故環人之察巡,挈壺之序檛,又次之。射以習戰,兵事所急,故射人次之。服不、射鳥、羅氏、掌畜四職,皆因射而及,故并屬之焉。司士辨論官材,進退爵禄,古司馬之遺也。抑朝爲卿、士、大夫,軍爲將、帥司馬,師中丈人,得賢非要乎?而諸子之治國子,司右之治戎右,皆此意也。自是以下,至圉人數十職,則詳衛王之政。虎賁、旅賁,夾衛王車,節服、方相,皆因衛車而及,故相次焉。大僕、小臣、祭僕、御僕、隸僕，王之出入，或馴乘，或先後，皆武衛之官，又次之。王車有五路，乘車之冕弁各有宜，故弁師次之。車中甲兵戈盾弓矢具，故司甲、司兵、司戈盾、司弓矢、繕人、槀人次之。戎右、齊右、道右爲車右者，所謂勇士也。大馭、戎僕、齊僕、道僕、田僕、馭夫御車者，所謂僕夫也。馬以駕車，次之校人、趣馬、巫馬、牧師、廋人、圉師、圉人，皆掌馬官也。然馬質不列此者，蓋馬質所給者軍馬，此所共者王馬；職掌不同，文亦異設，宜矣。職方、土方、懷方、合方、訓方、形方，以及山師、川師、原師、匡人、撣人，皆所以柔遠人，懷諸侯，且秉天下之土地形勢，山川林澤原埶之險易，而遏其僭侈，施訓道匡正之法，以釋其悖心，可銷兵於未形，止亂於未萌者，都家司馬，在食邑采地中，故附見焉。蓋愚聞於元兄，而推廣其意如此。自"大司馬"至職末，爲官凡七十。

【校記】

① "上"，原誤作"土"，據《十三經註疏》改。
② "不"，《禮記·玉藻》作"弗"。
③ 《禮記·曲禮》作"國君下齊牛，軾宗廟"，李光坡于《禮記述註》中以爲此誤，當從此註爲"國君下宗廟，式齊牛"。按：此句下文句式及其所表達意思，李光坡的看法是對的。
④ 以上"四騏"和"四鐵"之"四"，《詩經·駟鐵》均作"駟"。
⑤ "馭"，《儀禮·士喪禮》作"御"。
⑥ 據《考工記》，"大"應爲"地"字之誤。
⑦ 據《考工記》，"間"應爲"上"字之誤。
⑧ 《詩》中無《圃田》，而有《甫田》。
⑨ 此處引語"宿有"和"委"之間，脫"路室，路室有"五字；"市有"和"積"之間，脫"候館，候館有"五字。
⑩ "古犬反"，原作"古大反"，據《十三經註疏》改。
⑪ "丸"，原作"九"，據《十三經註疏》改。

周禮述註卷二十

秋官司寇第五

序　官

鄭目録云：象秋所立之官。寇，害也。秋者，遒也。如秋義殺害，收聚、斂藏於萬物也。天子立司寇，使掌邦刑。刑者，所以驅恥惡，納人於善道也。

惟王建國，辨方正位，體國經野，設官分職，以爲民極。乃立秋官司寇，使帥其屬，而掌邦禁，以佐王刑邦國。註曰：禁，所以防姦者也。刑，正人之法。《孝經説》曰："刑者，侀也。過出罪施。"〇侀，音刑。

刑官之屬：大司寇，卿一人；小司寇，中大夫二人；士師，下大夫四人；鄉士，上士八人，中士十有六人，旅下士三十有二人，註曰：士，察也，主察獄訟之事者。鄭司農説以《論語》曰："柳下惠爲士師。"鄉士，主六鄉之獄。府六人，史十有二人，胥十有二人，徒百有二十人。

遂士，中士十有二人，府六人，史十有二人，胥十有二人，徒百有二十人。註曰：遂士，主六遂之獄者。〇縣士，中士三十有二人，府八人，史十有六人，胥十有六人，徒百有六十人。註曰：距王城三百里至四百里曰"縣"。縣士，主縣之獄者。〇方士，中士十有六人，府八人，史十有六人，胥十有六人，徒百有六十人。註曰：方士，主四方都家之獄者。〇訝士，中士八人，府四人，史八人，胥八人，徒八十人。註曰：訝，迎也。士官之迎四方賓客。〇疏曰：案：其職云："掌四方之獄訟。"非直迎賓客，以獄訟爲主，故亦士言之也。〇朝士，中士六人，府三人，史六人，胥六人，徒六十人。註曰：朝士，主外朝之法。○司民，中士六人，府三人，史六人，胥三人，徒三十人。註曰：司民，主民數。○疏曰：司民掌登萬民之數。凡斷獄、弊訟，必須知民年幾老幼。是以司民，雖非刑獄，連類在此也。○訝，五嫁反。

司刑，中士二人，府一人，史二人，胥二人，徒二十人。○司刺，下士二人，府一人，史二人，徒四人。註曰：刺，殺也。三訊罪定，則殺之。○劉迎曰：刺，蓋"刺舉"之"刺"也。刺史謂之刺，以其掌刺舉故耳。訊群臣謂刺，訊群吏訊萬民亦謂刺。既曰訊矣，而又曰刺者，訊其果無罪，則刺舉於上，而行赦宥也。○司約，下士二人，府一人，史二人，徒四人。註曰：約，言語之約束。○薛平仲曰：或以司約、司盟，非盛世之事，遂因以疑《周官》之書。風氣之開久矣，使天下或私相爲約，私相爲盟，以紛紛於下，孰若設官於上以司之，使不可逾乎！盟約不逾，則獄訟可息；獄訟可息，則刑法可措。甚矣！先王之不得已也！○司盟，下士二人，府一人，史二人，徒四人。註曰：盟，以約辭告神，殺牲歃血，明著其信也。《曲禮》曰："涖牲曰盟。"○鄭剛中曰：説者見春秋書盟，謂爲衰世之事。其説出于《穀梁》，所謂"盟詛不及三王"也。考之《書》載"苗民罔中于信，以覆詛盟"，則五帝之世，已有是事，第苗民覆之，故數之以爲罪也。《詩》云"君子屢盟，亂是用長"，非謂不可盟，謂其盟之屢而無信。學者不察，以《周官》太平之書，胡爲玉府有珠盤玉敦之事，戎右有贊牛耳桃茢之文，於此又設司盟之官？遂信何休"戰國陰謀"之説，不考之於《詩》、《書》耳。古者結繩足以示信，盟詛雖有，而未必用。去古稍遠，淳厚一散，世未嘗皆君子而無小人，皆善良而無觊覦，此司盟之官所由設。○刺，千賜反。敦，音對。觊，音巍。

職金，上士二人，下士四人，府二人，史四人，胥八人，徒八十人。註曰：職，主也。○司厲，下士二人，史一人，徒十有二人。註曰：犯政爲惡曰"厲"。厲士，主盜賊之兵器及其奴者。○犬人，下士二人，府一人，史二人，賈四人，徒十六人。黃文叔曰：犬逐盜，故以犬人次司厲。六牲之官，皆以義類相從，如《春官·雞人》掌雞牲，而以呼旦序於鬱鬯之後。○司圜，中士六人，下士十有二人，府二人，史六人，胥十有六人，徒百有六十人。註曰：鄭司農云：圜，謂圜土也。圜土，謂獄城也，今獄城圜。○掌囚，下士十有二人，府六人，史十有二人，徒百有二十人。註曰：囚，拘也。主拘繫當刑殺之者。○掌戮，下士二人，史一人，徒十有二人。註曰：戮，猶"辱"也。既斬殺，又辱之。○賈，音嫁。

司隸，中士二人，下士十有二人，府五人，史十人，胥二十人，徒二百人。註曰：隸，給勞辱之役者。漢始置司隸，亦使將徒治道溝渠之役，後稍尊之，使主官府及近郡。○罪隸，百有二十人。註曰：盜賊之家爲奴者。○蠻隸，百有二十人。註曰：征南夷所獲。○閩隸，百有二十人。註曰：閩，南蠻之別。○夷隸，百有二十人。註曰：征東夷所獲。○貉隸，百有二十人。註曰：征東北夷所獲。凡隸衆矣。此其選以爲役員，其餘謂之隸民。○王次點曰：四翟之民，南方之蠻，而閩乃東南之別種；東方之夷，而貉乃東北之聚落。獨不見西戎、北狄之隸者，蓋自文王時，西有昆夷之患，北有獫狁之難，而道化先被于南；至武王，通道于九夷、八蠻，所獲之民，其服屬有素，故帥而爲隸。○貉，音陌。

布憲，中士二人，下士四人，府二人，史四人，胥四人，徒四十人。註曰：憲，表也，主表刑禁者。

禁殺戮，下士二人，史一人，徒十有二人。註曰：禁殺戮者，禁民不得相殺戮。○禁暴氏，下士六人，史三人，胥六人，徒六十人。

野廬氏，下士六人，胥十有二人，徒百有二十人。註曰：廬，賓客行道所舍。○蜡氏，下士四人，徒四十人。註曰：蜡，骨肉腐臭，蠅蟲所蜡也。《月令》曰"掩骼埋胔"，此官之職也。蜡，讀如"狙司"之"狙"。○雍氏，下士二人，徒八人。註曰：雍，謂隄防止水者也。○萍氏，下士二人，徒八人。註曰：萍氏，主水禁。萍之草無根而浮，取名於其不沉溺。○司寤氏，下士二人,徒八人。註曰:寤,覺也。主夜覺者。○蜡,音蜡。雍,於用反。萍,音平。骼,更白反。埋,亡皆反。胔,似賜反。狙,七慮反。覺,音教。

司烜氏,下士六人,徒十有二人。註曰:烜,火也;讀如"衛侯燬"之"燬"。○條狼氏,下士六人,胥六人,徒六十人。註曰:杜子春云:條,當爲"滌器"之"滌"。玄謂:滌,除也;狼,狼扈道上。○脩閭氏,下士二人,史一人,徒十有二人。註曰:閭,謂里門。○烜,音燬。條,音滌。

冥氏,下士二人,徒八人。註曰:鄭司農云:冥,讀爲"冥氏春秋"之"冥"。玄謂:冥方之冥,以繩縻取禽獸之名。○薛平仲曰:自"脩閭"而上,達於"布憲"之官,凡十有一,皆先王所以盡乎人也;自"冥氏"以下至於"庭氏"之官,凡十有二人,又先王所以盡乎物。夫大而人之爲民害者既革,微而物之爲民害者已消,則先王之用刑,通乎天地之心矣。○庶氏,下士一人,徒四人。註曰:庶,讀如"藥煮"之"煮"。驅除毒蠱之言。書不作"蠱"者,字從聲。○劉執中曰:毒蠱蠱病人非一種,而下士一人者,掌其方書治禁之法。○穴氏,下士一人,徒四人。註曰:穴,搏蟄獸所藏者。○翨氏,下士二人,徒八人。註曰:翨,鳥翮也。鄭司農云:翨,讀爲"翅翼"之"翅"。○柞氏,下士八人,徒二十人。註曰:柞,除木之名。除木者,必先刊剝之。鄭司農云:柞,讀爲"音聲喈喈"之"喈","屋笮"之"笮"。○薙氏,下士二人,徒二十八。註曰:書"薙",或作"夷"。鄭司農云:掌殺草,故《春秋傳》曰"如農夫之務去草,芟夷薀崇之"。又,今俗間謂"麥下"爲"夷下",言芟夷其麥,以其下種禾豆也。玄謂:薙,讀如"鬀小兒頭"之"鬀"。書或作"夷",此皆剪草也。字從類耳。《月令》曰"燒薙行水",謂燒所芟草,乃水之。○硩蔟氏,下士一人,徒二人。註曰:鄭司農云"硩",讀爲"摘";"蔟",讀爲"爵蔟"之"蔟",謂巢也。玄謂"硩",古字從石折聲。○翦氏,下士一人,徒二人。註曰:翦,斷滅之言也。主除蟲蠹者。○赤犮氏,下士一人,徒二人。註曰:赤犮,猶言拂拔也。主除蟲豸自埋者。○蟈氏,下士一人,徒二人。註曰:鄭司農云:蟈,讀爲"蟈"。蟈，蝦蟇也。《月令》曰"螻蟈鳴"，故曰"掌去鼃黽"。鼃黽，蝦蟇屬。書或爲"掌去蝦蟇"。玄謂：蟈，今御所食蛙也。字從虫，國聲也。蛾，乃短狐與？○壺涿氏，下士一人，徒二人。註曰：壺，謂天鼓；涿，擊之也。○庭氏，下士一人，徒二人。註曰：庭氏主射妖鳥，令國中潔清如庭者也。○銜枚氏，下士二人，徒八人。註曰：銜枚，止言語囂讙也。枚，狀如箸，橫銜之，爲之繲結於項。○冥，迷形反。庶，音煮。曓，音熾。柞，側百反。註"喾"、"笪"音同。薙，它計反。註"翦"同。䈜，音摘。蔟，蒼獨反。犮，音拔。蟈，音國。先鄭讀"蛾"音或"涿"，陟角反。又音濁。捄，七跡反。豕，直氏反。蝦，音遐。蟇，音麻。螻，音樓。鼃，户蝸反。黽，莫辛反。射，食亦反。囂，五高反。繲，户卦反。

伊耆氏，下士一人，徒二人。註曰：伊耆，古王者號，始爲蜡以息老物。此主王者之齒杖。後王識伊耆氏之舊德，而以名官與？今姓有伊耆氏。○疏曰：在此者，案其職云"掌共杖"。杖，老者所依。秋是長老之方，故在此。○耆，巨之反。蜡，仕詐反。

大行人，中大夫二人。小行人，下大夫四人。司儀，上士八人，中士十有六人。行夫，下士三十有二人，府四人，史八人，胥八人，徒八十人。註曰：行夫，主國使之禮。○環人，中士四人，史四人，胥四人，徒四十人。註曰：環，猶"圜"也。主圜賓客任器，爲之守衛。○象胥，每翟上士一人，中士二人，下士八人，徒二十人。註曰：通夷狄之言者曰"象"。胥，其有才知者也。此類之本名，東方曰"寄"，南方曰"象"，西方曰"狄鞮"，北方曰"譯"。今總名曰"象"者，周之德，先致南方也。○薛平仲曰：大行人以中大夫二人掌禮之綱，小行人以下大夫四人掌禮之籍。威儀煩縟，屬之司儀。小事纖悉，達之行夫。衛其行李以送迎之，責之環人。及夫五服之外，若蕃國之人見，雖不能盡同於中國之禮，先王待之，又特建夫象胥之官。無所往而不接於禮，天下亦何事於刑禁之防哉？○掌客，上士二人，下士四人，府一人，史二人，胥二人，徒二十人。○掌訝，中士八人，府二人，史四人，胥四人，徒四十人。註曰：訝，迎也。賓客來，主迎之。鄭司農云：訝，讀爲"跛者訝跛者"之"訝"。知，音智。鞮，丁兮反。譯，音亦。蕃，音藩。跛，波可反。

　　掌交，中士八人，府二人，史四人，徒三十有二人。註曰：主交通，結諸侯之好。○掌察四方，中士八人，史四人，徒十有六人。○掌貨賄，下士十有六人，史四人，徒三十有二人。疏曰：在此者，蓋督察邦國之事，及掌邦國所致貨賄。但二官闕，不可强言也。

　　朝大夫，每國上士二人，下士四人，府一人，史二人，庶子八人，徒二十人。註曰：此王之士也，使主都家之國治，而命之朝大夫云。○疏曰：庶子者，蓋亦主采地之諸子，今在府史之下，蓋官長所自辟除也。○都則，中士一人，下士二人，府一人，史二人，庶子四人，徒八十人。註曰：都則，主都家之八則者也。當言每都如朝大夫及都司馬云。○都士，中士二人，下士四人，府二人，史四人，胥四人，徒四十人。家士，亦如之。註曰：都家之士，主治都家吏民之獄訟，以告方士者也。亦當言每都。

周禮述註卷二十一

大　司　寇

○大司寇之職，掌建邦之三典，以佐王刑邦國，詰四方：註曰：典，法也。詰，謹也。《書》曰：王"耄，荒度作詳①刑，以詰四方。"○鄭剛中曰：四方與邦國，一耳。言刑，又言詰，何也？諸侯之邦有不率者，刑得而加之。至四方之遠，殊俗異域，或羈縻而處之，或不得而盡臣之，於其不率，詰責之，有文告之辭；詰之不改，然後臨以甲兵之大刑。一曰刑新國，用輕典；註曰：新國者，新辟地立君之國。用輕法者，爲其民未習於教。二曰刑平國，用中典；註曰：平國，承平守成之國也。用中典者，常行之法。三曰刑亂國，用重典。註曰：亂國，篡弒叛逆之國。用重典者，以其化惡，伐滅之。○王介甫曰：用輕典，以柔乂之；用中典，以正直乂之；用重典，以剛乂之。《書》曰："惟敬五刑，以成三德。"

以五刑糾萬民：註曰：刑，亦"法"也。糾，猶察異之。○疏曰：此五刑，與尋常正五刑墨、劓之等別。刑，亦法也。此五法者，或一刑之中而含五，或此五刑，全不入五刑者。一曰野刑，上功糾力；註曰：功，農功。力，勤力。二曰軍刑，上命糾守；註曰：命，將命也。守，不失部伍。三曰鄉刑，上德糾孝；註曰：德，六德也。善父母爲孝。四曰官刑，上能糾職；註曰：能，能其事也。職，職事脩理。五曰國刑，上愿糾暴。註曰：愿，慤慎也。暴，當爲"恭"字之誤也。○坡謂：五者之序，自遂而鄉，自鄉而官、而國，由外以至內。王氏曰：鄉遂之間，官軍所在，故軍刑間於鄉、遂之中。○愿，音願。暴，註作"恭"。慤，苦角反。

以圜土聚教罷民。註曰：圜土，獄城也；聚罷民其中，困苦以教之爲善也。民不愍作勞，有似於罷。凡害人者，寘之圜土。而施職事焉，以明刑恥之。註曰：害人，謂爲邪惡，已有過失麗於法者，以其不故犯法，寘之圜土繫教之，庶其困悔而能改也。寘，置也。施職事，以所能役使之。明刑，書其罪惡於大方版，著其背。○其能改者，反于國中，不齒三年。註曰：反于國中，謂舍之還於故鄉里也。《司圜》職曰："上罪，三年而舍；中罪，二年而舍；下罪，一年而舍。"不齒者，不得以年次列於平民。○其不能改而出圜土者，殺。註曰：出，謂逃亡。○罷，音皮。寘，之豉反。著，丁略反。

以兩造禁民訟，入束矢於朝，然後聽之。註曰：訟，謂以財貨相告者。造，至也。使訟者兩至。既兩至，使入束矢，乃治之也；不至，不入束矢，則是自服不直者也。必入矢者，取其直也。《詩》曰："其直如矢。"古者，一弓百矢。束矢，其百个與。○疏曰：此并下二經，論禁民獄訟，不使虛誣之事。言禁者，謂令先入束矢，不實則没入官；若不入，則是自服不直，是禁民省事之法也。○以兩劑禁民獄，入鈞金，三日乃致于朝，然後聽之。註曰：獄，謂相告以罪名者。劑，今券書也。使獄者各齎券書。既兩券書，使入鈞金，又三日乃治之，重刑也。不券書，不入金，則是亦自服不直者也。必入金者，取其堅也。三十斤曰"鈞"。○造，七報反。劑，子隨反。

以嘉石平罷民。註曰：嘉石，文石也，樹之外朝門左。平，成也。成之使善。○疏曰：嘉，善也。有文乃稱"嘉"。欲使罷民思其文理，以改悔自脩。凡萬民之有罪過而未麗於法，而害於州里者，桎梏而坐諸嘉石，役諸司空。重罪，旬有三日坐，朞役；其次，九日坐，九月役；其次，七日坐，七月役；其次，五日坐，五月役；其下罪，三日坐，三月役。使州里任之，則宥而舍之。註曰：有罪過，謂邪惡之人所罪過者也。麗，附也。未附於法，未著於法也。木在足曰"桎"，在手曰"梏"。役諸司空，坐日訖，使給百工之役也。役月訖，使其州里之人任之，乃赦之。宥，寬也。○坡謂：上文，以五刑糾萬民，恐民有不服教以速於戾，故于其將然而戒禁之；過大內於圜土，過小平以嘉石。夫秋官諸職，所列刑戮之事，爲類至多，大司寇獨舉此二端者，蓋辟以止辟，莫善此也。兩造、兩劑，以聽凡民曲直之情，與圜土皆獄事也。下文，肺石以聽窮民冤怨之辭，與嘉石皆外朝事也。○著，直畧反。內，音納。

以肺石達窮民。註曰：肺石，赤石也。窮民，天民之窮而無告者。凡遠近惸獨老幼之欲有復於上，而其長弗達者，立於肺石三日，士聽其辭以告於上，而罪其長。註曰：無兄弟曰"惸"，無子孫曰"獨"。復，猶"報"也。上，謂王與六卿也。報之者，若上書詣公府言事矣。長，謂諸侯，若鄉、遂大夫。○鄭剛中曰：路鼓以待達窮者，掌於大僕。大僕，政官也。肺石達窮民，掌於司寇。司寇，刑官也。窮民之擊鼓者，豈以政之不善之故？而坐肺石者，無乃以刑之冤枉歟？先儒以爲窮民先在肺石，朝士達之，乃得擊鼓，奚爲哉？○肺，芳廢反。惸，音瓊。長，丁丈反。

正月之吉，始和布刑于邦國都鄙，乃縣刑象之法于象魏，使萬民觀刑象，挾日而斂之。王光遠曰：先王之法若江河，貴乎易避而難犯。使民觀象者，凡使之知所避而已。○縣，音懸。易，以豉反。

凡邦之大盟約，涖其盟書，而登之于天府。註曰：涖，臨也。天府，祖廟之藏。○疏曰：大盟約者，謂王與諸侯因大會同而與盟，有約誓之辭。大史、內史、司會及六官，皆受其貳而藏之。註曰：六官，六卿之官也。貳，副也。○會，古外反。

凡諸侯之獄訟，以邦典定之。凡卿大夫之獄訟。以邦法斷之。凡庶民之獄訟以邦成弊之。劉迎曰：邦典，有輕、中、重三典，以定其罪。邦法，八辟之麗邦法，有議親、議故、議賢之不同，所以斷其罪。邦成，蓋有邦汋、邦賊、邦諜之不同，以此八成弊萬民之罪。非冢宰之六典、八法、八成者也。○汋，上灼反。諜，音牒。

大祭祀，奉犬牲。疏曰：犬屬西方金，故司寇進之。○若禋祀五帝，則戒之日，涖誓百官，戒于百族。註曰：戒之日，卜之日也。百族，謂府史以下也。《郊特牲》曰："卜之日，王立于澤，親聽誓命，受教諫之義也。獻命庫門之内，戒百官也。大廟之内，戒百姓也。"○疏曰：誓百官，大宰掌之。餘小官誓之，司寇臨之也。戒于百族，大司寇親之。○及納亨，前王。祭之日，亦如之。註曰：納亨，致牲。○疏曰：納亨，將祭之辰。祭之日，旦明也。○奉其明水火。註曰：明水火，所取於日月者。○疏曰：奉此水火者，水以配鬱鬯與五齊，火以給爨烹也。○王光遠曰：《書》曰"明清于單辭"，此亦刑官明清之事。○亨，普庚反。齊，才細反。

凡朝覲、會同，前王。大喪，亦如之。註曰：大喪所前，或嗣王。

大軍旅，涖戮于社。註曰：社，謂社主在軍者也。

凡邦之大事，使其屬蹕。註曰：屬，士帥以下也。蹕，止行也。○王介甫曰：《小司寇》"國之大事，使其屬蹕"，則事在國中而已；《大司寇》"邦之大事，使其屬蹕"，則事之所在，通國野焉。

小　司　寇

○小司寇之職，掌外朝之政，以致萬民而詢焉：一曰詢國危，二曰詢國遷，三曰詢立君。註曰：外朝，朝在雉門之外者也。國危，謂有兵寇之難。國遷，謂徙都改邑也。立君，謂無冢適，選于庶也。鄭司農云：致萬民，聚萬民也。詢，謀也。《詩》曰："詢于芻蕘。"《書》曰："謀及庶人。"○疏曰：外朝在雉門之外，則亦在庫門之外也。案：下文"群吏"並在内，而此經獨云"致萬民"者，但群吏在朝是常，萬民不合在朝，惟在大事及疑獄乃致之，故特言之也。○其位：王南鄉，三公及州長、百姓北面，群臣西面，群吏東面。註曰：群臣，卿、大夫、士也。群吏，府、史也。其孤不見者，孤從群臣。鄉大夫在公後。○小司寇擯，以敘進而問焉，以衆輔志而弊謀。註曰：擯，謂揖之使前也。敘，更也。輔志者，尊王賢明也。○王介甫曰：以王志爲主，而輔之以衆；以衆謀爲稽，而弊之于王。○鄉，許亮反。長，丁丈反。難，乃旦反。適，丁歷反。

以五刑聽萬民之獄訟，附于刑，用情訊之，至于旬乃弊之，讀書則用法。註曰：附，猶"著"也。訊，言也。用情理言之，冀有可以出之者，十日乃斷之。《王制》曰："刑者，侀也。侀者，成也。一成而不可變，故君子盡心焉。"鄭司農云：讀書則用法，如今時讀鞫已，乃論之。○疏曰：讀書則用法者，謂行刑之時，當讀刑書罪狀，則用法刑之。○凡命夫、命婦，不躬坐獄訟。註曰：爲治獄吏褻尊者也。躬，身也，不身坐者，必使其屬若子弟也。《喪服傳》曰："命夫者，其男子之爲大夫者；命婦者，其婦人之爲大夫妻者。"《春秋傳》曰："衛侯與元咺訟，甯武子爲輔，鍼莊子爲坐，士榮爲大理。"○凡王之同族有罪，不即市。註曰：鄭司農云：刑諸甸師氏。《禮記》曰："刑于隱者，不與國人慮兄弟。"○咺，況阮反。鍼，其廉反。

以五聲聽獄訟，求民情：疏曰：案：下五事惟"辭聽"一是聲，而以五聲目之者，四事雖不是聲，亦以聲爲本故也。案：《呂刑》云"惟貌有稽"，在獄定之後；則此五聽，亦在要辭定訖，恐其濫失，更以五聽觀之，以求民情也。一曰辭聽，註曰：觀其出言，不直則煩。○疏曰：直，則言要理深；虛，則辭煩義寡。二曰色聽，註曰：觀其顏色，不直則赧然。三曰氣聽，註曰：觀其氣息，不直則喘。四曰耳聽，註曰：觀其聽聆，不直則惑。五曰目聽。註曰：觀其眸子視，不直則眊然。○項平甫曰：心者，形之君；辭者，心之聲。聲發於中，不能掩於外。其辭信，則色定氣舒，耳目不亂；其辭僞，則色變氣索，耳目皆惑。以此聽之，人焉廋哉！

以八辟麗邦法，附刑罰。註曰：辟，法也。杜子春讀"麗"爲"羅"。玄謂：麗，附也。《易》曰："日月麗乎天。"附，猶"著"也。○疏曰：案：《曲禮》云"刑不上大夫"，鄭註云：其犯法，則在八議，輕重不在刑書。若然，此八辟爲不在刑書；若有罪當議，議得其罪，乃附邦法，而附于刑罰也。○坡謂：此承命夫、命婦及王之同姓有罪而言，亦是獄定之後，以此八辟附於邦法而議之，然後加以刑罰之所當施。一曰議親之辟，註曰：鄭司農云：若今時宗室有罪，先請是也。二曰議故之辟，註曰：故，謂舊知也。鄭司農云：故舊不遺，則民不偷。三曰議賢之辟，註曰：鄭司農云：若今時廉吏有罪先請是也。玄謂：賢，有德行者。四曰議能之辟，註曰：能，謂有道藝者。《春秋傳》曰：夫謀而鮮過，惠訓不倦者，叔向有焉。社稷之固也，猶將十世宥之，以勸能者。今壹不免其身，以棄社稷，不亦惑乎！五曰議功之辟，註曰：謂有大勳力立功者。六曰議貴之辟，註曰：鄭司農云：若今時吏墨綬有罪，先請是也。七曰議勤之辟。註曰：謂憔悴以事國。○疏曰：自此已上七者，雖以王爲主，諸侯一國之尊，賞罰自制，亦應有此議法。是以議能，鄭引叔向之事，是其一隅也。惟"八曰議賓"，惟據王者而言，不及諸侯也。八曰議賓之辟。註曰：謂所不臣者，三恪二代之後歟？○坡謂：議親、議故，親親也；議賢、議能，崇德也；議功，報功也；議貴，謂其近於賢能也；議勤，謂其近於功也；議賓，謂其近於親故也。○辟，音璧。

以三刺斷庶民獄訟之中：註曰：中，謂罪正所定。○疏曰：三刺之言，當是罪定斷訖，乃向外朝始行三刺。庶民已上，皆應有刺。直言庶民者，庶民賤，恐不刺，賤者尚刺，已上刺可知。○鄭剛中曰：凡言刺，有二義。刺，取也，殺也。如《春秋》"刺公子偃"之"刺"，則刺者，殺也。此云"三刺"，則有"探取"之義。一曰訊羣臣，二曰訊羣吏，三曰訊萬民。註曰：刺，殺也。三訊罪定，則殺之。訊，言也。○疏曰：所刺，不必是殺。餘四刑，亦當三刺。是以下文云"上服下服"，是兼輕重皆刺也。○聽民之所刺、宥，以施上服、下服之刑。註曰：宥，寬也。民言殺，殺之；言寬，寬之。○鄭剛中曰：上服，服上刑也；下服，服下刑也。○坡謂：自"以五刑"至此四節，首言用情訊之，貴有以得其理，法之宜也。次以五聲求民情，恐理法雖似，而察其容貌辭氣，或有濫失，則情狀微曖，更當求之，蓋深於訊矣。然猶未可遽斷也，必三刺而後施刑焉，則以一時雖有罪戾，而素行或未足以滅身；天罰不極，遽施刑殺，亦傷和氣也。然亦非全宥之也，特服上刑，服下刑。因民所刺宥，而輕重施之爾。用情求情，致其哀也。三刺，致其敬也。故曰"哀敬，折獄也"。八辟以議親故之等，所以優於凡民,則又不徒三刺而已。○刺,七賜反。斷,丁亂反。

及大比,登民數,自生齒以上,登于天府。註曰:大比,三年大數民之衆寡也。人生齒而體備。男八月而生齒,女七月而生齒。○內史、司會、冢宰貳之,以制國用。疏曰:得民數乃制國用,以其國用出於民故也。○比,必里反。註同。

小祭祀,奉犬牲。凡禋祀五帝,實鑊水。納亨,亦如之。註曰:納亨,致牲也。其時鑊水,當以洗解牲體肉。○鑊,戶郭反。

大賓客,前王而辟。註曰:鄭司農云:小司寇爲王道辟除姦人也。疏曰:此爲王辟,亦謂於宮中饗燕、在寢及廟時也。后、世子之喪,亦如之。註曰:謂后、世子之喪,當朝廟之時,王出入,亦爲之辟也。○辟,婢亦反。

小師涖戮。註曰:小師,王不自出之師。○凡國之大事,使其屬躍。註曰:屬,士師以下。○疏曰:國之大事,即《士師》云"諸侯爲賓"是也。

孟冬,祀司民,獻民數於王;王拜受之,以圖國用而進退之。註曰:司民,星名,謂軒轅角也。小司寇於祀司民,而獻民數於王,重民也。進退,猶損益也。國用,民衆則"益",民寡則"損"。○坡謂:孟冬獻民數者,蓋一年之內,或民氣安樂,或值凶饑妖孽之疾,因民之登耗,可知生斂之豐匱;有豐匱,則知所入之多少。以之圖度國用,量入以爲出也。曰:上文又云"大比","制國用",何也?曰:三年矣,天道凶豐之數,至此齊矣;公私出入之經,上下可較量矣。民之少者,則已壯;未老者,則及老矣,故大比之。而凡受田、歸田之令,或征或舍之差,耕三餘一之法,民數有稽,則國用可制也。圖者,隨分而營度;制者,總成而經畫,義各有指焉。曰:上既"大比",何此方言"歲獻"?曰:此以孟冬獻,與下文"歲終"、"正歲",爲類而連之,無別義也。曰:司寇,刑官也,何以職民數?曰:未有以必其然也。或者以寓好生之德乎?抑又聞之,古者悼與耄,不加刑;而此經亦有赦幼弱、赦老旄及七十與未齓者不爲奴之法。或者刑罰之下,當知老幼以爲刺宥,有取此義而屬之乎?○歲終,則令羣士計獄弊訟,登中于天府。註曰:上其所斷獄訟之數。○疏曰:羣士,謂鄉士、遂士以下皆是。必登斷獄之書於祖廟天府者，重其斷刑，使神監之。○齍，音襯。

正歲，帥其屬而觀形象，令以木鐸曰："不用法者，國有常刑。"令羣士。坡謂："令羣士"三字，疑衍文。○乃宣布于四方，憲形禁。註曰：宣，徧也。憲，表也，謂縣之也。刑禁，士師之五禁。○疏曰：此布憲職也。此官主之，彼乃布之，事相成也。○乃命其屬入會，乃致事。註曰：得其屬之計，乃令致之于王。○坡謂：此九字，當在"登中于天府"之下，"正歲"之上。蓋小宰、小司徒文，皆言考成、受會、致事，方繼以正歲帥屬云云，可見矣。○憲，音懸。註"縣"同。會，古外反。

士　　師

○士師之職，掌國之五禁之法，以左右刑罰：一曰宮禁，二曰官禁，三曰國禁，四曰野禁，五曰軍禁。皆以木鐸徇之于朝，書而縣于門閭。註曰：左右，助也；助刑罰者，助其禁民爲非也。宮，王宮也。官，宮府也。國，城中也。古之禁書亡矣，今宮門有符籍，官府有無故擅入，城門有離載下帷，野有田律，軍有嚻讙夜行之禁，其觕可言者。○疏曰：凡設五刑者，刑期于無刑，以刑止刑，以殺止殺，殺一人使萬人懲，是欲不使犯罪。今於刑外豫施禁，禁民使不犯刑，是左右助刑罰，無使罪麗于民也。○鄭剛中曰：徇于朝，示貴者。巷門曰"閭"。縣于門閭，示賤者。○縣，音懸。觕，音粗。

以五戒先後刑罰，毋使罪麗于民：一曰誓，用之于軍旅；二曰誥，用之于會同；三曰禁，用諸田役；四曰糾，用諸國中；五曰憲，用諸都鄙。註曰：先後，猶"左右"也。誓、誥於《書》，則《甘誓》、《湯誓》、《大誥》、《康誥》之屬。禁，則"軍禮"曰"無于車、無自後射"，此其類也。糾、憲，未有聞焉。○坡謂：禁，是平日所遵守者，使之畏戢而不爲；戒，則一時所當行者，使之知信而從命。如軍禁，不過各守部署。若誓軍旅，則更有步伐止齊，是其一隅也。○射，食亦反。

掌鄉合州、黨、族、閭、比之聯，與其民人之什伍，使之相安、相受，以比追胥之事,以施刑罰慶賞。註曰:鄉合,鄉所合也。追,追寇也。胥,讀如"宿偦"之"偦"。偦,謂司搏盜賊也。○疏曰:士師掌鄉中合聚之法者,以爲有施刑賞也。州、黨、族、閭、比之聯,即是鄉合之事。與其民人之什伍者,五家爲比,比即一伍也,二伍爲什,據追胥之時。○坡謂:掌其聯者,使之相安、相受也。掌其什伍者,以比追胥之事也。以施刑罰慶賞,總言之。夫上五禁、五戒,自宫中、府中,以至國野都鄙,獨不及鄉,至此方言鄉者,蓋六鄉多重教事,明刑所以弼教,故特出而詳之與。○比,毗志反。下"比追"之"比",如字。

掌官中之政令,註曰:大司寇之官府中也。○劉執中曰:官中政令,謂秋官之屬所行政令。○察獄訟之辭,以詔司寇斷獄弊訟,致邦令。疏曰:獄訟,辭訴各有司存;謂若鄉士、遂士、縣士、方士,各主當司之獄訟,其有不決,來問都頭士師者;則士師審察,以告大司寇斷獄弊訟也。致邦令者,此即所察獄訟斷訖,致與本官鄉士之等,謂之"致邦令"也。

掌士之八成:註曰:鄭司農云:八成者,行事有八篇,若今時決事比。○疏曰:士,即士師以下。一曰邦汋,註曰:鄭司農云:汋,讀如"酌酒尊中"之"酌"。國汋者,斟汋盜取國家密事,若今時刺探尚書事。二曰邦賊,註曰:爲逆亂者。三曰邦諜,註曰:爲異國反間。○疏曰:異國欲來侵伐,先遣人往間,候取其委曲,反來說之,其言諜諜然,故謂之"邦諜"。四曰犯邦令,註曰:干冒王教令者。五曰撟邦令,註曰:稱詐以有爲者。六曰爲邦盜,註曰:竊取國之寶藏者。七曰爲邦朋,註曰:朋黨相阿,使政不平者。八曰爲邦誣。註曰:誣罔君臣,使事失實。○坡謂:此言斷獄弊訟,其成式有此八品也。邦汋、邦賊、邦諜,悖逆作亂之事也;犯邦食②、撟邦令、爲邦盜,罔上行私之事也;邦朋,比黨爲姦,逆亂之階也;邦誣者,誣罔造妖以惑衆,私罔之漸也。○撟,音矯。比,必利反。間,去聲。冒,音墨。藏,才浪反。

若邦兇荒,則以荒辨之法治之。劉迎曰:荒辨之法,所以別其荒歲之輕重,而知其中年、凶年、無年,欲爲移民通財,糾守緩刑之備。使凶札而無辨,安知食二鬴與不能人二鬴者哉?上饑,則發上年之粟;中饑,則發中年之粟;下饑，則發下年之粟，未必不自"荒辨之法"知之。先儒既以"辨"爲"別"，又改爲"貶"，而援"刑貶"爲證，則荒辨豈特緩刑之一乎？○劉執中曰：不辨其荒而概施救政，則僥幸之民出矣，故士師治以荒辨之法。○令移民，通財；糾守，緩刑。註曰：移民，就賤救困也。通財，補不足也。糾守，備盜賊也。緩刑，舒民心也。○餔，音脯。

凡以財獄訟者，正之以傅別、約劑。註曰：傅別，中別，手書也。約劑，各所持券也。鄭司農云：若今時市買爲券書以別之，各得其一，訟則案以券正之。○鄭剛中曰：稱貴之財，則傅之以約束，別而爲兩，人執其一。買賣之財，則立爲限約，而有劑券以身執，故以財致訟者，操此以爲決。

若祭勝國之社稷，則爲之尸。註曰：以刑官爲尸，罨之也。周謂亡殷之社爲"亳社"。○易彥祥曰：亳社，以陰爲主；而刑，乃陰之類。媒氏以男女之陰訟，而聽於勝國之社，類也。此祭勝國之社，而刑官爲之尸，亦類也。

王燕出入，則前驅而辟。註曰：道王，且辟行人。○疏曰：言燕出入，謂宮苑皆是。○道，音導。

祀五帝，則沃尸及王盥，洎鑊水。註曰：洎，謂增其沃汁。○疏曰：案《特牲》《少牢》：尸尊，不就洗，入門北面，則以盤匜盥手。王盥，謂將獻尸時，先就洗盥。鑊水，亨人實之，此官增之，示敬而已。此直言"祀五帝"，"沃尸及王盥"，其餘冬至、夏至及祭先王、先公所沃盥者，案《小祝》職云"大祭祀，沃尸盥"，《小臣》職云"大祭祀，沃王盥"。如是，則冬至、夏至及先王、先公，小祝沃尸盥，小臣沃王盥。《鬱人》云"凡祼事沃盥"，惟在宗廟爲祼時。○洎，其器反。匜，音移。亨，普庚反。

凡刉珥，則奉犬牲。註曰：珥，讀爲"衈"。刉衈，釁禮之事。用牲，毛者曰"刉"，羽者曰"衈"。○刉，音機。珥，而志反。註"衈"同。

諸侯爲賓，則帥其屬而蹕于王宮。註曰：謂諸侯來朝，若燕饗時。大喪，亦如之。

大師，帥其屬而禁逆軍旅者，與犯師禁者，而戮之。註曰：逆軍旅，反將命也。犯師禁,干行陳也。○行,戶剛反。陳,直忍反。

歲終,則令正要會。正歲,帥其屬而憲禁令于國及郊野。註曰:去國百里爲"郊",郊外謂之"野"。

坡謂:《春官·大祝》云"大禮祀"、"祭示"、"逆牲"、"逆尸",是天地有尸也。五帝有尸,則具於此文。坡疑天地至大,何人精氣道德,可與之準,而代爲歆享乎?竊謂:郊以稷配,所云尸者,或爲稷尸;至祀五天帝,則配以五人帝。是此尸,當亦人帝之尸,如大皡,則尸風氏之類也。然或古者,祭必立尸,雖天地不廢,則準以王父孫尸之義,當以大子爲尸。存此二說,蓋疑而不敢質言。今案:《曲禮》"孫可以爲王父尸"經下孔疏云:異義《公羊》說"祭天無尸",《左氏》說"晉祀夏郊,以董伯爲尸",《虞夏傳》云"舜入唐郊,以丹朱爲尸",是祭天有尸也。許慎引"魯郊祀曰,祝延帝尸",從《左氏》之說也。又案:橫渠張子曰"節服氏言郊祀送逆尸從車",則祀天有尸也。天地山川之類,非人鬼者,恐皆難有尸。節服氏言郊祀有尸,不害后稷配天而有尸也。是此二說,先儒已有明論,獨恨區區寡陋耳。然以理求之,則張子爲長。夫舜入唐郊,丹朱爲尸,以爲天尸似矣;而有虞氏禘黃帝而郊嚳,丹朱嚳孫也,安知非舜入唐郊,祀天配嚳,以其孫丹朱爲其王父帝嚳尸乎?此張子之可據一也。"晉祀夏郊,董伯爲尸",韋氏註云:神不歆非類。董伯或姒姓者,則韋氏不以董伯爲天尸,而以爲鯀尸,又彰然矣!此張子之可據二也。然亦有疑。本經神示,五帝言尸,至爲何尸,皆不著別,則未知其天與人與?可疑一也。此經祭勝國社稷,士師爲尸。夫勝國社稷有尸,則社稷亦當有之。五祀有尸,則朱子常著之矣。社稷五祀有尸,則嶽瀆亦當有之。周公祭泰山,以大公爲尸是也。祭百物,如迎貓、迎虎之類,皆有尸,則祭四方亦當有之。自社稷至百物,皆地祭也;而皆有尸,則天神亦當有尸,可疑二也。故孔疏又云:天子祭天地、社稷、山川、四方、百物,及七祖之屬,皆有尸也。諸侯祭社稷竟內、山川,及大夫有采地祭五祀,皆有尸也。外神之屬,不問同姓異姓,但卜吉則可爲尸。由此觀之,張子雖長於理,抑孔疏亦斷置於經者,若張子曰天地、山川之類,非人鬼難有尸,則社稷五祀,亦非人鬼,而何以有尸？坡從子鍾倫云：貓、虎有尸，貓、虎豈死而鬼者？嗚呼！三代之制遠矣，微矣，外史雜篇，苟可徵者，猶將取焉，況諸賢之所稽，其理與事，昭昭有是乎？不敢妄有折衷，在賢者之裁之也。

鄉　　士

　　○鄉士，掌國中，註曰：鄭司農云：謂國中至百里郊也。玄謂：其地則距王城百里內也。言掌國中，此中國中獄也。六鄉之獄在國中。各掌其鄉之民數而糾戒之，註曰：鄉士八人，言"各"者，四人而分主三鄉。○黃文叔曰：糾戒之，恐其昏迷抵誤，而陷於法也。

　　聽其獄訟，察其辭，辨其獄訟，異其死、刑之罪而要之，旬而職聽于朝。註曰：辨、異，謂殊其文書也。要之，爲其罪法之要辭，如今劾矣。十日乃以職事治之于外朝，容其自反覆。○疏曰：劾，實也。正謂棄虛從實，收取要辭爲定，容其自反覆，恐囚虛承其罪；十日不翻，即是其實。然後向外朝對衆更詢，乃與之罪。○坡謂：職，多也。《莊子》曰："萬物職職。"職聽，言諸獄官衆聽之也。○司寇聽之，斷其獄，弊其訟于朝；羣士、司刑皆在，各麗其法，以議獄訟。註曰：麗，附也。各附致其法，以成議也。○疏曰：《呂刑》之書"聽五辭"是也。恐專有濫，故衆獄官共聽之。各麗其法者，罪狀不同，附法有異；當如其罪狀，各依其罪，不得濫出濫入。○獄訟成，士師受中。協日刑、殺，肆之三日。註曰：受中，謂受獄訟之成也。鄭司農云：士師受中，若今二千石受其獄也。中者，刑罰之中也。故《論語》曰："刑罰不中，則民無所措手足。"協日刑殺，協，合也，和也，和合支幹善日，若今時望後利日也。肆之三日，故《春秋傳》曰"三日棄疾請尸"，《論語》曰"肆諸市朝"。玄謂：士師既受獄訟之成，鄉士則擇可刑、殺之日，至其時而往涖之；尸之三日，乃反也。○疏曰：肆之三日，據死者而言，其四刑之類，刑訖即放，不須肆之。○若欲免之，則王會其期。註曰：免，猶"赦"也。期，謂《鄉士》職"聽于朝"。司寇聽之日，王欲赦之，則用此時親往議之。○坡謂：所欲免者，親故之等，在於八議也。○不中，丁仲反。

大祭祀、大喪紀、大軍旅、大賓客，則各掌其鄉之禁令，帥其屬夾道而蹕。註曰：屬，中士以下。○疏曰：大祭祀，若祭天，四時迎氣，即於四郊。大喪紀，當葬所經道。大軍旅，王出行所經過。大賓客，四方諸侯來朝。各由方而入，並過六鄉路，以是故，"各掌其鄉之禁令"。

三公若有邦事，則爲之前驅而辟。其喪，亦如之。註曰：鄭司農云：鄉士爲三公道也，若今時三公出城，郡督郵道也。

凡國有大事，則戮其犯命者。疏曰：大事言戮犯命者，止謂征伐、田獵之大事，故有戮犯命之事也。

遂　士

○遂士，掌四郊。註曰：鄭司農云：謂百里外至三百里也。玄謂：其地則距王城百里以外至三百里。言掌四郊者，此主四郊獄也。六遂之獄在四郊。各掌其遂之民數，而糾其戒令，註曰：遂士十二人。言"各"者，二人而分主一遂。

聽其獄訟，察其辭，辨其獄訟，異其死、刑之罪而要之，二旬而職聽于朝。疏曰：去王城漸遠，恐多枉濫，故至二旬，容其反覆也。○司寇聽之，斷其獄，弊其訟于朝；羣士、司刑皆在，各麗其法以議獄訟。獄訟成，士師受中，協日就郊而刑、殺，各於其遂，肆之三日。註曰：就郊而刑殺者，遂士也。遂士擇刑、殺日，至其時往涖之，如鄉士爲之矣。言各於其遂者，四郊六遂，遂處不同。○疏曰：鄉士獄在國中，不須言"就"。此去郊差遠，故云"就郊"也。六鄉之獄，并在國中，不得言"各"；六遂之獄，分在四郊之上，故須言"各"也。○若欲免之，則王令三公會其期。註曰：令，猶"命"也。王欲赦之，則用遂士職聽之時，命三公往議之。

若邦有大事聚眾庶，則各掌其遂之禁令，帥其屬而蹕。黃文叔曰：

大事,即大祭祀、大喪紀、大軍旅、大賓客也。鄉舉其目,遂舉其凡,不必言王所親也。邦之大事,遂未必盡與。政令及之,則聚其衆庶,遂士掌其禁令。

六卿若有邦事,則爲之前驅而辟。其喪,亦如之。疏曰:六鄉近,則使;三公、六遂差遠,使六卿。

凡郊有大事,則戮其犯命者。黃文叔曰:其事在郊,有犯命者,遂士專戮之,遂獄在郊也。

縣　　士

〇縣士,掌野。註曰:鄭司農云:掌三百里至四百里。大夫所食,晉韓須爲公族大夫食縣。玄謂:地距王城二百里以外,至三百里曰野;三百里以外,至四百里曰縣;四百里以外,至五百里曰都。都、縣、野之地,其邑非王子弟、公卿大夫之采地,則皆公邑也。謂之縣,縣士掌其獄焉。言掌野者,郊外曰"野",大總言之也。獄居近。野之縣獄,在二百里上;縣之縣獄,在三百里上;都之縣獄,在四百里上。各掌其縣之民數,疏曰:序官,縣士三十二人,縣獄既有三處,蓋三百里地狹人少,當十人;四百里、五百里,地廣民多,當各十一人。故云"各掌"。糾其戒令。

而聽其獄訟,察其辭,辨其獄訟,異其死、刑之罪而要之,三旬而職聽于朝。司寇聽之,斷其獄,弊其訟于朝;羣士、司刑皆在,各麗其法,以議獄訟。獄訟成,士師受中,協日刑、殺,各就其縣,肆之三日。註曰:刑殺各就其縣者,亦謂縣士也。〇若欲免之,則王命六卿會其期。

若邦有大役聚衆庶,則各掌其縣之禁令。疏曰:直言大役,不言大事,又不言率其屬而躇者,則非王行征伐之事。謂起人役,役使民衆,故直"各掌其縣之禁令"而已。

若大夫有邦事,則爲之前驅而辟。其喪,亦如之。凡野有大事,則戮其犯命者。註曰:野,距王城二百里以外及縣、都。

方　　士

〇方士，掌都家，註曰：鄭司農云：掌四百里至五百里公所食，魯季氏食於都。玄謂：都，王子弟及公卿之采地；家，大夫之采地。大都在畺地，小都在縣地，家邑在稍地。不言掌其民數，民不純屬王。〇疏曰：上縣，士掌三等公邑之獄。此方士，掌三等采地之獄。縣士所掌，是親自掌之；若方士，乃遥掌之。蓋采地自有都家之士掌獄，有事，則上於方士。〇畺，居良反。

聽其獄訟之辭，辨其死、刑之罪而要之，三月而上獄訟于國。註曰：三月乃上要者，又變朝言國，以其自有君異之。〇司寇聽其成于朝；羣士、司刑皆在，各麗其法，以議獄訟。註曰：成，平也。鄭司農説以《春秋傳》曰："晉邢侯與雍子爭鄐田，久而無成。"〇疏曰：上三處直言"司寇聽之"，此獨云"聽其成"者，成，謂采地之士所平斷文書，亦異於上也。〇獄訟成，士師受中，書其刑、殺之成與其聽獄訟者。註曰：都、家之吏自協日刑、殺，但書其成與治獄之吏姓名，備反覆有失實者。〇疏曰：書之者，亦是自有君，異於鄉士之等。〇鄐，許六反。

凡都、家之大事聚衆庶，則各掌其方之禁令。註曰：方士十六人。言"各掌其方"者，四人而主一方也。其方以王之事動衆，則爲班禁令焉。

以時脩其縣法，若歲終則省之，而誅賞焉。註曰：縣法，縣師之職也。其職掌邦國、都鄙、稍甸、郊野之地域，而辨其夫家人民、田萊之數，及其六畜、車輦之稽。方士以四時脩此法；歲終，又省之，則與掌民數亦相近。

凡都家之士所上治，則主之。註曰：都家之士，都士、家士也。主之，告於司寇聽平之。〇黄文叔曰：所上治者，罪與法，疑而讞者也。〇讞，魚竭反。

訝　　士

〇訝士，掌四方之獄訟，註曰：鄭司農云：四方諸侯之獄訟。〇諭罪刑于邦國。註曰：告曉以麗罪，及制刑之本意。○凡四方之有治於士者，造焉。註曰：謂讞疑辨事，先來詣，乃通之於士也。士，主謂士師也，如今郡國亦時遣王者吏詣廷尉議者。○四方有亂獄，則往而成之。註曰：亂獄，謂若君臣宣淫，上下相虐者也。往而成之，猶吕步舒使治淮南獄。○造，七報反。

邦有賓客，則與行人送逆之。入於國，則爲之前驅而辟；野，亦如之。居館，則帥其屬而爲之蹕。誅戮暴客者。客出入，則道之；有治，則贊之。註曰：送逆，謂始來及去也。出入，謂朝覲於王時也。《春秋傳》曰："晉侯受策以出。出入三覲。入國入野，自以時事。"○道，音導。

凡邦之大事聚衆庶，則讀其誓禁。疏曰：大事者，自是在國征伐之等。聚衆庶，非諸侯之事也。

朝　　士

○朝士，掌建邦外朝之法。左九棘，孤、卿、大夫位焉，羣士在其後。右九棘，公、侯、伯、子、男位焉，羣吏在其後。面三槐，三公位焉；州長、衆庶在其後。左嘉石，平罷民焉；右肺石，達窮民焉。註曰：樹棘以爲位者，取其赤心而外刺，象以赤心三刺也。槐之言"懷"也，懷來人於此，欲與之謀。羣吏，謂府史也。州長，鄉遂之官。鄭司農云：王有五門，外曰皋門，二曰雉門，三曰庫門，四曰應門，五曰路門。路門，一曰畢門。外朝在路門外，内朝在路門内。左九棘，右九棘，故《易》曰："繫用徽纆，寘于叢棘。"玄謂：《明堂位》說魯公宫曰"庫門，天子皋門；雉門，天子應門"。言魯用天子之禮，所名曰庫門者，如天子皋門；所名曰雉門者，如天子應門。此名，制二兼四，則魯無皋門、應門矣。《檀弓》曰"魯莊公之喪，既葬，而絰不入庫門"，言其除喪而反，由外來。是庫門在雉門外必矣。如是，王五門，雉門爲中門。雉門外設兩觀，與今之宫門同。閽人幾出入者，窮民蓋不得入也。《郊特牲》"幾譯於庫門内"[③]，言遠當於廟門。廟在庫門之内，見於此矣。《小宗伯》職曰："建國之神位；右社稷，左宗廟。"然則，外朝在庫門之外，皋門之内與？今司徒府有天子以下大會殿,亦古之外朝哉?周天子、諸侯,皆有三朝,外朝一,内朝二。内朝之在路門内者,或謂之燕朝。帥其屬而以鞭呼趨且辟。註曰:趨朝辟行人,執鞭以威之。○禁慢朝、錯立、族談者。註曰:慢朝,謂臨朝不肅敬也。錯立、族談,違其位,傅語也。○易彦祥曰:王朝有三,皆所以聽政。此言外朝之政,特詳於治朝燕朝,蓋不特諸侯羣臣之咸在,雖州長衆庶,與夫窮民罷民之類,皆得羣至於左右前後之列,其可忽乎?朝士以鞭呼趨,則呼朝者之趨於位也;且爲之辟,則使人避焉而丘其位也。位定,然後爲之禁其慢朝者、錯立者、族談者,尊君故也。○長,丁丈反。罷,音皮。辟,音闢。縆,亡北反。傅,子損反。

凡得獲貨賄、人民、六畜者,委于朝,告于士,旬而舉之;大者公之,小者庶民私之。註曰:俘而取之曰"獲"。委于朝十日,待來識之者。人民,謂刑人奴隷逃亡者。《司隷》職曰:"帥其民而搏盜賊。"鄭司農云:若今時得遺物及放失六畜,持詣鄉亭縣庭。大者公之,大物没入公家也。小者私之,小物自畀也。玄謂:人民之小者,未齔七歲以下。○疏曰:告于士者,得物之人告朝士。○俘,音孚。搏,音博。齔,音襯。畀,必二反。

凡士之治有期日:國中一旬,郊二旬,野三旬,都三月,邦國期。期内之治聽,期外不聽。註曰:鄭司農云:謂在期内者聽,期外者不聽,若今時徒論決滿三月,不得乞鞫。○疏曰:凡士之治有期日者,即上文鄉士、遂士之等,獄訟成,來於外朝職聽,遠近節之,皆有一旬、二旬、期日。期内聽,期外不聽者,所以省煩息訟也。

凡有責者,有判書以治則聽。註曰:判,半分而合者。鄭司農云:謂若今時辭訟有券書者,爲治之。○鄭剛中曰:責,如今之理欠。○凡民同貨財者,令以國法行之,犯令者刑罰之。註曰:鄭司農云:同貨財者,謂合錢共賈者也。以國法行之,司市爲節以遣之。○坡謂:國法,如度量淳制及僞飾之禁也。犯令者刑罰之,如二人同財,一人犯令,則惟刑罰其犯令,不相及也。然言同貨財,則自賈者,亦在其中。○凡屬責者,以其地傅而聽其辭。註曰:屬責,轉責使人歸之,而本主死亡,歸受之數相抵冒者也。以其地之人相比近能爲證者來，乃受其辭爲治之。〇凡盜賊軍鄉邑及家人，殺之無罪。註曰：鄭司農云：謂盜賊群輩若軍，共攻盜鄉邑及家人者，殺之無罪；若今時無故入人室宅廬舍，上人車船，牽引人欲犯法者，其時格殺之無罪。〇鄭剛中曰：軍鄉邑及家人者，屯於鄉邑，姦犯及家人也。〇凡報仇讎者，書於士，殺之無罪。疏曰：士，即朝士也。〇坡謂：此謂或孤稚羸弱，長成而將復仇者；或仇人始逃，而今乃歸者；或始無如之何，而今乃可復者，皆是也。註疏意以殺人者會赦不死，乃不辟於遠方，猶與所殺之親同國，將報之，先書於士。妄意唐、虞只告災肆赦，而此經列有三宥三赦。古所謂赦者，如是而已。豈有當誅而能會赦乎？肆大眚始見於《春秋》。漢唐方有大赦，未可以爲斷也。〇責，側賣反，又如字。賈，音古。比，毗志反。辟，音避。

若邦兇荒、札喪、寇戎之故，則令邦國、都家、縣鄙慮刑貶。註曰：慮，謀也。貶，猶"減"也。謂當圖謀緩刑，且減國用，爲民困也。所貶，視時爲多少之法。〇疏曰：縣鄙，謂六遂。不言六鄉者，舉遂，則鄉在其中。

司　　民

〇司民，掌登萬民之數，自生齒以上皆書於版，辨其國中與其都鄙及其郊野，異其男女，歲登下其死生。註曰：登，上也。男八月、女七月而生齒。版，今戶籍也。下，猶"去"也。每歲更，著生去死。〇疏曰：國中，據六鄉在城中者。都鄙，據三等采地。及其郊野者，郊，謂六鄉之民在四郊者；野，謂六遂及四等公邑。是徧畿內矣。〇著，丁略反。

及三年大比，以萬民之數詔司寇。司寇及孟冬祀司民之日，獻其數于王；王拜受之，登于天府。内史、司會、冢宰貳之，以贊王治。註曰：司民，軒轅角也。天府，主祖廟之藏者。贊，佐也。三官以貳佐王治者，當以民多少，黜陟主民之吏。〇疏曰：軒轅十七星如龍形，有兩角；角有大民、小民。〇鄭剛中曰：内史、司會、冢宰貳之，以見民非特王之事，而爲大臣者，不可不任其責。小司寇貳之，以制國用。此言貳之，以贊王治者，司寇，刑官也；民至於犯刑，以其貧窮而抵冒爾，故言"制國用"，意欲使三官知爲民富之術，不至使之犯刑也。司民，掌民數之官耳；民之貧而犯刑，非己所得而知也。以爲民者王所當治，民有登耗，則爲公卿大臣者，當據是數，佐王以治之，使之繁庶而已，故曰"以贊王治"。

司　　刑

〇司刑，掌五刑之法，以麗萬民之罪：墨罪五百，劓罪五百，宮罪五百，刖罪五百，殺罪五百。註曰：墨，黥也；先刻其面，以墨窒之。劓，截其鼻也。今東、西夷或以墨、劓爲俗，古刑人亡逃者之世類與？宮者，丈夫則割其勢，女子閉於宮中，若今官男女也。刖，斷足也。周改"臏"作"刖"。殺，死刑也。《書傳》曰："決關梁、踰城郭而略盜者，其刑臏；男女不以義交者，其刑宮；觸易君命，革輿服制度，姦宄盜攘傷人者，其刑劓；非事而事之，出入不以道義，而誦不祥之辭者，其刑墨；降畔寇賊，劫略奪攘撟虔者，其刑死。"此二千五百罪之目畧也，其《刑書》則亡。夏刑，大辟二百，臏辟三百，宮辟五百，劓墨各千，周則變焉。所謂刑罰世輕世重者也。鄭司農云：漢孝文帝十三年，除肉刑。〇疏曰：文帝所赦肉刑，惟墨、劓與刖三者，其宮刑至隋乃赦。〇劓，魚器反。刖，音月。黥，其京反。臏，頻忍反。降，戶江反。撟，居兆反。

若司寇斷獄弊訟，則以五刑之法詔刑罰，而以辨罪之輕重。註曰：詔刑罰者，處其所應不，如今律家所署法矣。

司　　刺

〇司刺，掌三刺、三宥、三赦之法，以贊司寇聽獄訟：註曰：刺，殺也。訊而有罪，則殺之。宥，寬也。赦，舍也。〇疏曰：刑有五，一者是殺，餘皆訊之。獨言殺者，立官名刺，據重而言故也。〇壹刺曰訊羣臣，再刺曰訊羣吏，三刺曰訊萬民；疏曰：此三刺之事所施，謂斷獄弊訟之時。〇壹宥曰不識，再宥曰過失，三宥曰遺忘；註曰：鄭司農云：不識，謂愚民無所識，則宥之;過失,若今律過失殺人,不坐死。玄謂:識,審也。不審,若今仇讎,當報甲,見乙,誠以爲甲而殺之者。過失,若舉刃欲砍伐而軼中人者。遺忘,若間帷薄,忘有在焉,而以兵矢投射之。○坡謂:不識者,僻陋之人,未識國法,非下文生而蠢愚者比;過失,無心也;遺忘者,疎狂之夫,健忘者也。○壹赦曰幼弱,再赦曰老旄,三赦曰惷愚。註曰:惷愚,生而癡駿童昏者。鄭司農云:幼弱,老旄,若今時律令,年未滿八歲、八十以上,非手殺人,他皆不坐。○王介甫曰:幼而不弱,老而不旄,愚而非蠢,則不在所赦。○坡謂:上三宥,如今律所謂減等;此三赦,則全放之。○以此三法者求民情,斷民中,而施上服、下服之罪,然後刑殺。王光遠曰:以此三法者求民情,斷民中,則情盡於內,而辭孚於外矣。情重者,上服;情輕者,下服。或刑或殺,各得其罪而無疑也。○刺,七賜反。旄,耄同。惷,丑江反。軼,待結反。軼④。中,丁仲反。間,讀如"間厠"之"間"。射,食亦反。癡,丑之反。駿,丑駭反。

司　約

○司約,掌邦國及萬民之約劑。治神之約爲上,治民之約次之,治地之約次之,治功之約次之,治器之約次之,治摯之約次之。註曰:此六約者,諸侯以下至於民皆有焉。劑,謂券書也。治者,理其相抵冒上下之差也。○坡謂:六約既兼邦國萬民,則治神之約,以邦國言之,天子郊,諸侯社,廟制自諸侯至士各有差,至於非其當祀而命之,亦爲之約,若魯禘郊之類也;以民言之,所謂庶士、庶民祭於寑也。治民之約,以邦國言之,分鄉以寓軍,制邑以授農,各容其民,不得爲逋逃主也,至於非所當有而授之,若分晉以九宗之類者,亦爲之約;以民言之,本註謂征稅、遷移、仇讎既和是也。治地之約,以邦國言之,五等封土,各有定制,不得相侵凌,至若魯朝宿之許,鄭祭泰山之祊者,亦爲之約;以民言之,則閭里、版圖、田首、界比是也。治功之約,以邦國言之,司勳六功是也;以民言之,司寇上功、糾力是也。治器之約,以邦國言之,典命所列國家、宮室等之節,至若非所用而頒之,若魯得用四代之服器者,亦爲之約;以民言之,如庶人役車、端衰、喪車無等之類也。治摯之約，宗伯之六瑞、六摯詳矣。鄭剛中曰：六者，或爲上，或爲次，以事之大小輕重爲序也。○劑，子隨反。祊，音崩。

凡大約劑，書於宗彝；小約劑，書於丹圖。註曰：大約劑，邦國約也；書於宗廟之六彝，欲神監焉。小約劑，萬民約也。丹圖，未聞；或有彤器簠簋之屬有圖象者與？《春秋傳》曰"斐豹隸也，著於丹書"，今俗語有"鐵券丹書"，豈此舊典之遺言？○若有訟者，則珥而辟藏；其不信者，服墨刑。註曰：訟，訟約，若宋仲幾薛宰者也。辟藏，開府視約書。不信，不如約也。珥，讀爲"衈"，謂殺雞取血釁其戶。○若大亂，則六官辟藏；其不信者，殺。註曰：大亂，謂僭約；若吳楚之君，晉文公請隧以葬者。六官辟藏，明罪大也，六官初受盟約之貳。○珥，音二。註"衈"同。辟，音闢。隧，音遂。

司　　盟

○司盟，掌盟載之法。註曰：載，盟辭也。盟者，書其辭於策，殺牲取血，坎其牲，加書於上而埋之，謂之"載書"。《春秋傳》曰："宋寺人惠牆伊戾，坎用牲，加書，爲世子痤與楚客盟。"○痤，才戈反。

凡邦國有疑會同，則掌其盟約之載及其禮儀，北面詔明神；既盟，則貳之。註曰：有疑，不協也。明神，神之明察者，謂日月、山川也。《覲禮》加方明于壇上，所以依之也。詔之者，讀其載書以告之也。貳之者，寫副，當以授六官。

盟萬民之犯命者，詛其不信者，亦如之。註曰：盟詛者，欲相與共惡之也。犯命，犯君教令也。不信，違約者也。《春秋傳》曰："臧紇犯門，斬關以出，乃盟臧氏。"又曰："鄭伯使卒出豭，行出犬雞，以詛射潁考叔者。"○疏曰：凡言盟者，盟將來；詛者，詛往過。○凡民之有約劑者，其貳在司盟。註曰：貳之者，檢其自相違約。○疏曰：此謂司約副寫一通，來入司盟；檢後相違約，勘之。○有獄訟者，則使之盟詛。註曰：不信，則不敢聽此盟詛，所以省獄訟。○坡謂：此承上文約劑而言。○惡，烏路反。紇，恨發反。猳，音加。

凡盟詛，各以其地域之衆庶共其牲而致焉。既盟，則爲司盟共祈酒脯。註曰：使其邑閭出牲而來盟。已，又使出酒脯，司盟爲之祈明神，使不信者必凶。○坡謂：此一官，見聖人防民之周。夫邦國兆民情僞之出，蓋千態萬貌矣。邦國之間，或有讒人交搆其間，小將相惡，大將相暴。欲以王法正之，則彼此各有其是，難爲輕重；欲和之，則終懷猜忌。使詔於明神，雖有大疑，兩亦釋然矣。若夫萬民之獄訟，或有情事曖昧，無佐証可成其罪。欲赦之，則受害者不肯甘心；欲罰之，則爲惡者不服其罪。計惟有盟詛，使神人交疾之耳。蓋聖人有以見夫逆於倫而感於氣者，必召殃禍，使之有所不敢；又有以見夫天理民彛不容泯滅無情者，必負羞而畏神，使之有所不忍，實善於佐法之窮者也。況所對者，日月山川之神，豈爲妖妄乎？而或謂先王之世，令行禁止，安有誨以不經之事？此似是而非，可言不可行之論也。嗚呼！誓、誥不及五帝，盟、詛不及三王，蓋言其盛時耳。聖人之法，豈獨紀一時之宜哉？寧使世治民淳，法設而不用；不可使世衰民僞，值其事而無法以處之也。

職　　金

○職金，掌凡金玉錫石丹青之戒令。註曰：青，空青也。○疏曰：此數種同出於山。《地官》"礦人"已主，職金又主之者，彼官主其取，此官主其藏，故二官共主之也。○受其入征者，辨其物之媺惡，與其數量，楬而璽之，入其金錫于爲兵器之府，入其玉石丹青于守藏之府。註曰：爲兵器者，攻金之工六也。守藏者，玉府、内府也。鄭司農云：受其入征者，謂主受采金玉錫石丹青者之租稅也。楬而璽之者，楬，書其數量，以著其物也；璽者，印也。既楬書揃其數量，又以印封之。今時之書，有所表識，謂之"楬櫫"。○入其要。註曰：要，凡數也，入之於大府。○媺、美同。楬，音渴。守，音狩。礦，音礦。揃，音戔。識，音志。櫫，音豬。

掌受士之金罰、貨罰，入于司兵。註曰：給治兵及工直也。貨，泉貝也。罰,罰贖也。《書》曰:"金作贖刑。"○疏曰:古者,出金贖罪,皆據銅爲金。士之金罰者,謂斷獄訟者有疑,即使出贖。既言金罰,又曰貨罰者,出罰之家,時或無金,即出貨以當金直,故兩言之。

旅于上帝,則共其金版;饗諸侯,亦如之。註曰:鉼金謂之"版"。此版所施,未聞。○鉼,必領反。

凡國有大故而用金石,則掌其令。註曰:主其取之令也。用金石者,作槍雷、椎柠之屬。○疏曰:大故,寇戎也。○槍,七羊反。雷,郎對反。椎,直追反。柠,音烹。

司　厲

○司厲,掌盜賊之任器、貨賄,辨其物,皆有數量,賈而楬之,入于司兵。註曰:鄭司農云:任器貨賄,謂盜賊所用傷人兵器,及所盜財物也。入于司兵,若今時傷殺人所用兵器,盜賊贓加責,没入縣官。○疏曰:任器多是金刃。所盜財貨,雖非金刃,以其賊物,亦入司兵,給治兵刃之用,故並入司兵也。○賈,音嫁。

其奴,男子入于罪隸,女子入于舂槀。註曰:鄭司農云:謂坐爲盜賊而爲奴者,輸于罪隸舂人、槀人之官也。由是觀之,今之爲奴婢,古之罪人也。故《書》曰:"予則奴戮女。"⑤《論語》曰:"箕子爲之奴。"罪隸之奴也,故《春秋傳》曰:"斐豹,隸也;著於丹書,請焚丹書,我殺督戎。"恥爲奴,欲焚其籍也。玄謂:奴,從坐而没入縣官者。男女同名。

凡有爵者,與七十者,與未齔者,皆不爲奴。註曰:有爵,謂命士以上也。齔,毀齒也。男八歲、女七歲而毀齒。○鄭剛中曰:盜賊之罪,宜加以無餘刑,故凡親戚皆從。其家有爵者,有老幼者,特免爲奴而已。○易彦祥曰:先王之於天下,固有殺未足以懲惡,亦有不刑可以勸善者,此之謂夫!○齔,音襯。

犬　人

○犬人,掌犬牲。凡祭祀,共犬牲,用牷物。伏、瘞,亦如之。註曰：鄭司農云：牷，純也。物，色也。伏，謂伏犬，以王車軷之。瘞，謂埋祭也。《爾雅》曰："祭地曰瘞埋。"○凡幾珥、沈辜，用駹可也。註曰：鄭司農云：幾，讀爲"庪"。《爾雅》曰："祭山曰庪縣，祭川曰浮沈。"《大宗伯》職曰："以埋沈祭山林、川澤，以疈辜祭四方、百物。"駹，謂不純色也。玄謂：幾，讀爲"刏"，珥，當爲"衈"。刏衈者，釁禮之事。○瘞，於例反。軷，音歷。駹，亡江反。庪，音詭。縣，音懸。

凡相犬、牽犬者屬焉，掌其政治。註曰：相，謂視擇，知其善惡。○疏曰：犬有三種：一田犬，二吠犬，三食犬。若田犬、吠犬，觀其善惡；若食犬，觀其肥瘠，故皆相之。牽犬者，謂呈見之。故《少儀》云"犬則執緤"是也。○緤，音薛。

司　圜

○司圜，掌收教罷民。鄭剛中曰：拘之圜土而役之，所以收之也；勞之苦之，使其善心自生，所以教之也。○凡害人者，弗使冠飾，而加明刑焉。任之以事而收教之。能改者，上罪三年而舍，中罪二年而舍，下罪一年而舍；其不能改而出圜土者，殺。雖出，三年不齒。註曰：弗使冠飾者，著墨幪，若古之象刑與。舍，釋之也。鄭司農云：罷民，謂惡人不從化，爲百姓所患苦，而未入五刑者也。故曰"凡害人者"，不使冠飾，任之以事，若今時罰作矣。○罷，蒲宜反。

凡圜土之刑人也，不虧體；其罰人也，不虧財。註曰：言其刑人，但加以明刑；罰人，但任之以事耳。圜土所收教者，過失害人已麗於法者。

掌　囚

○掌囚，掌守盜賊，凡囚者。上罪梏拲而桎，中罪桎梏，下罪梏。王之同族拲，有爵者桎。以待弊罪。註曰：凡囚者，謂非盜賊，自以他罪拘者也。鄭司農云：拲者，兩手共一木也。桎梏者，兩手各一木也。玄謂：在手曰"梏",在足曰"桎"。中罪不拲,手足各一木耳。下罪又去桎。王同族及命士以上,雖有上罪,或拲或桎而已。弊,猶"斷"也。○疏曰:此謂五刑罪人。古者五刑不入圜土,故使身居三木,掌囚守之。○梏,古毒反。拲,音鞏。桎,之實反。

及刑殺,告刑于王。拲而適朝,士加明梏,以適市而刑殺之。註曰:告刑于王,告王以今日當行刑,及所刑姓名也。其死罪,則曰"某之罪在大辟";其刑罪,則曰"某之罪在小辟"。拲而適朝者,重刑,爲王欲有所赦,且當以付士。士,鄉士也。鄉士加明梏者,謂書其姓名及其罪於梏,而著之也。囚時雖有無梏者,至於刑殺皆設之。以適市,就衆也。庶姓無爵者,皆刑殺於市。○疏曰:刑殺各於本獄之所。今此經云"以適市"者,此文止謂六鄉之獄在國中,推問在獄,行刑殺則在市。若遂士以下,自在本獄之處刑殺之。故此云"士,鄉士也"。若遂士以下於此時,掌囚亦當付士也。○凡有爵者與王之同族,拲而適甸師氏,以待刑殺。註曰:適甸師氏,亦由朝乃往也。待刑殺者,掌戮將自市來也。《文王世子》曰:"雖親不以犯有司,正術也,所以體異⑥姓也。刑于隱者,不與國人慮兄弟也。"

掌　　戮

○掌戮,掌斬殺賊諜而搏之。註曰:斬以鈇鉞,若今要斬也;殺以刀刃,若今棄市也。諜,謂姦寇反間者。賊與諜,罪大者斬之,小者殺之。搏,當爲"膊諸城上"之"膊",字之誤也。膊,謂去衣磔之。○凡殺其親者,焚之;殺王之親者,辜之。註曰:親,緦服以內也。焚,燒也。《易》曰:"焚如,死如,棄如。"辜之言"枯"也,謂磔之。○搏,音博。註"膊"同。要,一遙反。

凡殺人者踣諸市,肆之三日。刑盜于市。註曰:踣,僵尸也。肆,猶"申"也,"陳"也。凡言刑盜,罪惡莫大焉。○坡謂:殺罪就市;其餘四刑,宮罪就蠶室,餘刑就屏處,所云"五刑三就"也。若盜,殺之固在市矣;雖刑亦於市,則異於平人之犯罪者。○凡罪之麗於法者,亦如之。唯王之同族與有爵者，殺之于甸師氏。註曰：罪二千五百條，上附下附，刑五而已。於刑同科者，其刑殺之一也。○坡謂：亦如之者，合入死者，亦賭之；合入四刑者，雖不於市，亦刑之其處，故總言之。殺之于甸師氏者，謂不賭。賭者，陳尸使人見之。既刑於隱處，故不賭也。○賭，皮北反。僵，居良反。

凡軍旅、田役斬殺刑戮，亦如之。註曰：戮，謂膊、焚、辜、肆。

墨者使守門，註曰：黥者，無妨於禁禦。劓者使守關，註曰：截鼻亦無妨；以貌醜，遠之。宮者使守內，註曰：以其人道絕也，今世或然。刖者使守囿，註曰：斷足驅衛禽獸，無急行。髡者使守積。註曰：此出五刑之中。而髡者，必王之同族不宮者。宮之爲翦其類，髡頭而已。守積，積在隱者宜也。○髡，苦門反。積，子賜反。

司　　隸

○司隸，掌五隸之法，辨其物，而掌其政令。註曰：五隸，謂罪隸、四翟之隸也。物，衣服、兵器之屬。

帥其民而搏盜賊，役國中之辱事，爲百官積任器，凡囚執人之事。註曰：民，五隸之民也。鄭司農云：百官所當任持之器物，此官主爲積聚之也。玄謂：任，猶"用"也。○疏曰：民者，上序官五隸，皆百二十員。員外，皆是民也。任器者，除兵之外，所有家具之器皆是。○搏，音博。

邦有祭祀、賓客、喪紀之事，則役其煩辱之事。註曰：煩猶"劇"也。《士喪禮・下篇》曰："隸人涅廁。"○涅，乃結反。

掌帥四翟之隸，使之皆服其邦之服，執其邦之兵，守王宮與野舍之厲禁。註曰：野舍，王行所止舍也。厲，遮列也。○疏曰：服其邦之服，執其邦之兵者，若東方、南方衣布帛、執刀劍，西方、北方衣氈裘、執弓矢。○鄭剛中曰：司隸正掌其事，而師氏又使其屬董之而已。

罪　　隸

○罪隸，掌役百官府與凡有守者，掌使令之小事。註曰：役，給其小役。○凡封國若家。牛助爲牽傍。註曰：鄭司農云：凡封國若家，謂建諸侯，立大夫家也。牛助爲牽傍，此官主爲送致之也。玄謂：牛助，國以牛助轉徙也。罪隸牽傍之，在前曰"牽"，在旁曰"傍"。○疏曰：車轅內一牛，前亦一牛，今還遣二隸，前者牽前牛，傍者御當車之牛，故據人而言牽、傍也。○其守王宮與其屬禁者，如蠻隸之事。○傍，步浪反。

蠻　　隸

○蠻隸，掌役校人養馬。其在王宮者，執其國之兵以守王宮；在野外，則守厲禁。疏曰：按《校人》：良馬，乘一師，四圉；不見隸者，蓋是雜役之中。

閩　　隸

○閩隸，掌役畜養鳥，而阜蕃教擾之，掌子則取隸焉。坡謂：役畜，謂爲掌畜之役也。掌子則取隸者，此句當有闕誤。

夷　　隸

○夷隸，掌役牧人養牛馬，與鳥言。註曰：鄭司農云：夷狄之人，或曉鳥獸之言，故《春秋傳》曰："介葛盧聞牛鳴，曰是生三犧，皆用矣。"是以《貉隸》職"掌與獸言"。○其守王宮者，與其守厲禁者，如蠻隸之事。

貉　　隸

○貉隸，掌役服不氏而養獸，而教擾之，掌與獸言。註曰：不言阜蕃者，猛獸不可服，又不生乳於圈檻也。○其守王宮者與其守厲禁者，如蠻隸之事。○乳，而樹反。圈，求阮反。檻，戶覽反。

布　　憲

○布憲，掌憲邦之刑禁。正月之吉，執旌節以宣布于四方，而憲邦之刑禁,以詰四方邦國及其都鄙,達于四海。註曰:憲,表也,謂縣之也。刑禁者,國之五禁,所以左右刑罰者。詰,謹也,使四方謹行之。《爾雅》曰:"九夷、八蠻、六戎、五狄,謂之四海⑦。"○坡謂:自"執旌節",至"達於四海",皆一時事。言於司寇布刑之日,執旌節適四方,以宣布之而表縣其刑禁之書,使四方、邦國、都鄙、四海莫不謹行也。○縣,音懸。

凡邦之大事合衆庶,則以刑禁號令。疏曰:邦之大事合衆庶者,謂征伐、巡守、田獵,皆是大事合衆庶也。

禁殺戮

○禁殺戮,掌司斬殺戮者。凡傷人見血而不以告者,攘獄者,遏訟者,以告而誅之。註曰:司,猶"察"也。察此四者,告於司寇罪之也。斬殺戮,謂吏民相斬、相殺、相戮者。傷人見血,見血乃爲傷人耳。○坡謂:攘,猶"距"也。攘獄者,法當獄,官有文書追攝,攘距不受捕也。遏訟者,遏止欲訟者也。

禁暴氏

○禁暴氏,掌禁庶民之亂暴力正者,撟誣犯禁者,作言語而不信者,以告而誅之。註曰:民之好爲侵陵、稱詐、謾誕,此三者,亦刑所禁也。力正,以力強得正也。○吳氏曰:力正,謂脅衆從己,以邪爲正也。○撟,其表反。

凡國聚衆庶,則戮其犯禁者以徇。凡奚、隸聚而出入者,則司牧之,戮其犯禁者。註曰:奚、隸,女奴、男奴也。其聚出入,有所使。○疏曰:聚衆庶者,謂征伐之等。奚、隸聚而出入者,謂國有煩辱之處,使奚隸。

野廬氏

○野廬氏,掌達國道路至于四畿。註曰:達,謂巡行通之,使不陷絕也。去王城五百里曰"畿"。

比國郊及野之道路、宿息、井樹。註曰：比，猶"較"也。宿息，廬之屬，賓客所宿及晝止者也。井，共飲食。樹，爲蕃蔽。○疏曰：此經所云王爲賓客，在道須得其丞守衛之事。國郊，謂近郊、遠郊。野，謂百里外至畿。宿，謂十里有廬，三十里有宿，五十里有市。直言宿者，舉中言之。○若有賓客，則令守涂地之人聚橐之。有相翔者，誅之。註曰：守塗地之人，道所出廬宿旁民也。相翔，猶昌翔，觀伺者也。鄭司農云：聚橐之，聚擊橐以宿衛之也。有姦人相翔於賓客之側，則誅之，不得令寇盜賓客。○橐，音託。

凡道路之舟車擊互者，敘而行之。註曰：舟車擊互，謂於迫隘處也，車有輾轅抵閣，舟有砥柱之屬，其過之者使以次敘之。○鄭剛中曰：擊者，相值而礙也；互者，交互而不行也。○凡有節者及有爵者至，則爲之辟。註曰：辟，辟行人，亦使守涂地者。○擊，音計。輾，戶關反。

禁野之橫行徑踰者。註曰：皆爲防姦也。橫行，妄由田中。徑踰，射邪趨疾，越隄渠也。○射，食亦反。

凡國之大事，比脩除道路者，註曰：比校治道者名，若今次金敘大功。○疏曰：大事，謂若征伐、巡守、田獵、郊祀天地，王親行所經，並須脩除道路。○掌凡道禁。註曰：禁，謂若今絕蒙布巾，持兵杖之屬。

邦之大師，則令埽道路，且以幾禁行作不時者，不物者。註曰：不時，謂不夙則莫者也。不物，謂衣服操持非比常人也。幾禁之者，備姦人、內賊及反間。

蜡　　氏

○蜡氏，掌除骴。註曰：《曲禮》："四足死者曰漬。"骴，鄭司農云"謂死人骨也"。《月令》曰"掩骼埋骴"，骨之尚有肉者也，及禽獸之骨皆是。○坡謂：骴有掩埋而無除去。此"除骴"二字，各自爲義。蓋"除"，一事也；"骴"，二事也。下文自明詳之。○蜡，音蜡。骴，似賜反。註"漬"、"胔"皆同。骼，古百反。

383

凡國之大祭祀，令州里除不蠲，禁刑者、任人及凶服者。以及郊野大師、大賓客，亦如之。註曰：蠲，讀如"潔圭惟饎"之"圭"。圭，潔也。刑者，黥劓之屬。任人，司圜所收教罷民也。凶服，服衰絰也。此所禁除者，皆爲不欲見人所薉惡也。○疏曰：大祭祀，謂郊祭天地。大賓客，謂諸侯來朝。若據天地，其神位在郊，至郊而已；若賓客，則至畿。故兼言野。郊外曰野，大總言也。○坡謂：此一節言掌其除之事也。○蠲，古懸反。饎，昌志反。薉、穢同。惡，烏路反。

若有死於道路者，則令埋而置楬焉，書其日月焉，縣其衣服、任器于有地之官，以待其人。註曰：有地之官，主此地之吏也。其人，家人也。鄭司農云：楬，欲令其識取之，今時楬櫫是也。有地之官，有郡界之吏，今時鄉亭是也。○掌凡國之骴禁。註曰：禁，謂孟春"掩骼埋胔"之屬。○坡謂：此二節，言掌其骴之事也。○楬，音竭。縣，音懸。

雍　　氏

○雍氏，掌溝、瀆、澮、池之禁，凡害於國稼者。春令爲阱、擭、溝、瀆之利於民者，秋令塞阱、杜擭。註曰：溝、瀆、澮，田間通水者也；池，謂陂障之水道也。害於國稼，謂水潦及禽獸也。阱，穿地爲塹，所以禦禽獸；其或超踰，則陷焉，世謂之"陷阱"。擭，柞鄂也。堅地阱淺，則設柞鄂於其中。秋而杜塞、阱擭，收刈之時，爲其陷害人也。《書‧粊誓》曰："敜乃擭，敽乃阱。"時秋也，伯禽以出師征徐戎。○擭，胡化反。陂，披宜反。塹，七艷反。柞，才伯反。鄂，五格反。粊，音秘。敽，音杜。敜，乃協反。

禁山之爲苑、澤之沈者。註曰：爲其就禽獸、魚鼈自然之居而害之。鄭司農云：不得擅爲苑囿於山也。澤之沈者，謂毒魚及水蟲之屬。

萍　　氏

○萍氏，掌國之水禁。註曰：水禁，謂水中害人之處，及入水捕魚鼈不時。○幾酒,註曰:苛察沽買過多,及非時者。○謹酒。註曰:使民節用酒也。《書‧酒誥》曰:"有政有事,無彝酒。"○黄文叔:掌水禁而使禁酒,酒亦水之害人者也。○禁川游者。註曰:備波洋卒至沈溺也。

司寤氏

○司寤氏,掌夜時,註曰:夜時,謂夜早晚,若今甲、乙至戌。○以星分夜,以詔夜士夜禁。註曰:夜士,主行夜徼候者,如今都候之屬。○易彦祥曰:此謂施於國中者。蓋國中有啓閉之候,國事有朝夕之禮;以星分夜,則星見爲夜,星没爲畫,朝夕啓閉於是乎在。以是詔夜守之士。○禦晨行者,禁宵行者、夜游者。註曰:備其遭寇害及謀非公事。禦,亦禁也,謂遏止之,無刑法也。晨,先明也。宵,定昏也。《書》曰:"宵中星虚。"《春秋傳》曰:"夜中,星隕如雨。"○徼,古弔反。先,悉薦反。

司烜氏

○司烜氏,掌以夫遂取明火於日,以鑒取明水於月,註曰:夫遂,陽遂也。鑒,鏡屬。取水者,世謂之方諸。取日之火、月之水,欲得陰陽之潔氣也。○鄭剛中曰:或謂鑒遂之齊,同用金錫之半可以取水,亦可以取火,何也?蓋金錫半者,陰陽之雜,用諸晝,則陽氣應之而爲火;用諸夜,則陰氣應之而爲水。○以共祭祀之明齍、明燭,共明水。註曰:明燭,以照饌陳。明水,以爲玄酒。鄭司農云:夫,發聲。明齍,謂以明水脩滌粱盛黍稷。○疏曰:鬱鬯,五齊以明水配;三酒,以玄酒配。玄酒,井水也,與明水别。然對則異,散文通謂之玄酒。○烜,音燬。夫,如字,司農音符。

凡邦之大事,共墳燭、庭燎。註曰:故書"墳"爲"蕡"。鄭司農云:蕡燭,麻燭也。玄謂:墳,大也。樹於門外曰"大燭",於門内曰"庭燎",皆所以照衆爲明。○疏曰:大事者,謂若大喪紀、大賓客。○墳,扶云反。註"蕡"同。燎,音聊。

中春，以木鐸脩火禁于國中。註曰：爲季春將出火也。火禁，謂用火之處，及備風燥。○軍旅，脩火禁。邦若屋誅，則爲明竁焉。註曰：屋，讀如"其刑劓"之"劓"。劓誅，謂所殺不於市，而以適甸師氏者也。明竁，若今楬頭，明書其罪法也。司烜掌明竁，則罪人夜葬與。○坡謂：屋誅爲明竁者，蓋凡殺人，皆肆之三日，明暴其罪。今殺于甸師者，因不肆諸市，壙埋之，楬其罪於竁上。○中，音仲。竁，昌銳反。劓，音握。

條　狼　氏

○條狼氏，掌執鞭以趨辟。王出入，則八人夾道，公則六人，侯、伯則四人，子、男則二人。註曰：趨辟，趨而辟行人，若今卒辟車之爲也。孔子曰："富而可求，雖執鞭之士，吾亦爲之。"言士之賤也。○疏曰：案序官，條狼氏下士六人；今云天子八人，少二人矣，蓋取胥徒中兼充也。○條，音滌。辟，音闢。

凡誓，執鞭以趨於前，且命之。誓僕右曰殺，誓馭曰車轘，誓大夫曰敢不關鞭五百，誓師曰三百，誓邦之大史曰殺，誓小史曰墨。註曰：前，謂所誓衆之行前也。有司讀誓辭，則大言其刑，以警所誓也。誓者，謂出軍及將祭祀時也。出軍之誓，誓左右及馭，則《書》之《甘誓》備矣。《郊特牲》說祭祀之誓曰，"卜之日，王立于澤，親聽誓命，受教諫之義也"。車轘，謂車裂也。師，樂師也。大史、小史，主禮事者。鄭司農云：誓大夫曰"敢不關"，謂不關於君也。玄謂：大夫自受命以出，則其餘事，莫不復請。○疏曰：誓自有大官，若《月令》田獵，司徒"北面誓之"；誓時，此條狼氏爲之大言，使衆聞知，故云"且命之"。○轘，户串反，一音環。大，音泰。

脩　閭　氏

○脩閭氏，掌比國中宿、互、樓者，與其國粥，而比其追胥者，而賞罰之。註曰：國中，城中也。粥，養也。國所游養，謂羡卒也。追，逐寇也。

胥,讀爲"伯"。鄭司農云：宿,謂宿衛也；互,謂行馬,所以障互禁止人也；欙,謂行夜擊欙。○粥,音育。伯,音胥。

禁徑踰者,與以兵革趨行者,與馳騁於國中者。註曰：皆爲其惑衆。○徐氏曰：且疑其姦非也。

邦有故,則令守其閭互,惟執節者不幾。註曰：令者,令其閭內之閭胥、里宰之屬。○疏曰：有故,謂大喪、寇戎等,恐有姦非,則命各守閭。閭,巷門。○坡謂：互,亦如"楗柘"之"柘"。

【校記】

① 據《尚書·呂刑》原文,無"詳"字。
② "食",《周禮》作"令",當從。
③ "譏譯於庫門內",《儀禮·郊特牲》作"繹之於庫門內"。
④ 此字同上"軼",衍。
⑤ "予則奴戮女",《尚書·甘誓》作"予則孥戮汝"。
⑥ "異",《禮記·文王世子》作"百",當從。
⑦ "九夷、八蠻,六戎、五狄,謂之四海",《爾雅·釋地》作"九夷、八狄,七戎、六蠻,謂之四海。"

周禮述註卷二十二

冥　氏

○冥氏，掌設弧、張，註曰：弧、張罿罦之屬，所以扃絹禽獸。○爲阱、攫，以攻猛獸，以靈鼓敺之。註曰：靈鼓，六面鼓，敺之使驚趨阱攫。○若得其獸，則獻其皮、革、齒、須備。註曰：鄭司農云：須，直謂頤下須。備，謂"搔"也。○冥，音覓。敺，丘于反。後同。罿，昌容反。罦，音浮。扃，古熒反。絹，音犬。搔，音爪。

庶　氏

○庶氏，掌除毒蠱，以攻、説襘之，嘉草攻之。註曰：毒蠱，蟲物而病害人者。賊律曰："敢蠱人及教令者，棄市。"攻説，祈名，祈其神，求去之也。嘉草，藥物，其狀未聞。攻之，謂燻之。鄭司農云：襘，除也。玄謂：此襘，讀如"潰癕"之"潰"。○疏曰：攻説襘之，據去其神也。嘉草攻之，據去其身也。○《字彙》曰："柳子厚種白蘘荷。"《詩》云："庶氏有嘉草。"攻襘事久泯，是嘉草即蘘荷也。蘘荷，春初生，葉似甘蕉，根似薑芽而肥，性好陰。○凡敺蠱，則令之、比之。註曰：使爲之，又校次之。○庶，註作"者"，一音章預反。襘，音潰。説，如字。燻，許云反。蘘，汝陽反。

穴　氏

○穴氏，掌攻蟄獸，各以其物火之。注曰：蟄獸，熊羆之屬，冬藏者也。將攻之，必先燒其所食之物於穴外，以誘出之，乃可得之。○鄭剛中曰：魚龍有淵，鳥獸有山林窟穴，是其所藏之地。先王惡其逼人，驅而遠之可也。乃特設一官，攻而取之，毋乃暴乎？蓋除害者，不待其害已及人，然後除也；惡其爲一旦之害，必先索而除之可也。熊羆之屬，不可使之藏於窟穴以俟人之隙，則設穴氏以攻，未爲過矣。○以時獻其珍異、皮革。鄭剛中曰：若其獸之身，可以備珍異之羞，如熊掌之類，則必獻以爲膳羞；其皮與革，可以爲器用之須，則亦獻之以爲國家之用。然獻必以時，則不常攻之矣。

翨　　氏

○翨氏，掌攻猛鳥，各以其物爲媒而掎之。註曰：猛鳥，鷹隼之屬。置其所食之物於絹中，鳥下來，則掎其腳。○以時獻其羽翮。○翨，音熾。掎，居綺反。

柞　　氏

○柞氏，掌攻草木及林麓。註曰：林，人所養者。山足曰"麓"。○疏曰：此柞氏與薙氏治地，皆擬後年乃種田。○夏日至，令刊陽木而火之；冬日至，令剝陰木而水之。註曰：刊剝，互言耳，皆謂斫去次地之皮。生山南爲"陽木"，生山北爲"陰木"。火之、水之，則使其肄不生。○疏曰：必以夏刊陽木，冬剝陰木者，夏至陰生，冬至陽生，陽木得陰而鼓，陰木得陽而發，故須其時而刊剝之也。山虞取其堅韌，冬斬陽，夏斬陰。此欲死之，故夏陽、冬陰。○若欲其化也，則春秋變其水火。註曰：化，猶"生"也，謂時以種穀也。變其水火者，乃所火則水之，所水則火之，則其土和美。○凡攻木者，掌其政令。註曰：除木有時。○王氏曰：先王之於林麓，欲其材爲用，則設官爲厲禁以養蕃之；欲其地宅民稼穡，則刊剝而化之。帝省其山，松栢斯兌，柞棫斯拔，則虞衡之官脩焉。作之屏之，其菑其翳，脩之平之，其灌其栵，則柞氏之職用焉。○柞，側百反。薙，他計反。後同。斫，音灼。刊，苦干反。肄，羊至反。韌，音刃。翳，於計反。灌，音貫。栵，音例。

薙　氏

○薙氏，掌殺草。春始生而萌之，夏日至而夷之，秋繩而芟之，冬日至而耜之。註曰：萌之者，以茲基斫其生者。夷之，以鉤鐮迫地芟之也，若今取茭矣。含實曰"繩"。芟其繩，則實不成孰。耜之，以耜側①凍土劉之。○疏曰：此所掌除地。從春至冬，亦一年之事，後年乃可種也。○若欲其化也，則以水火變之。註曰：謂以火燒其所芟萌之草，已而水之，則其土亦和美矣。《月令》季夏"燒薙行水，利以殺草，如以熱湯"，是其一時著之。○掌凡殺草之政令。鄭剛中曰：江南主患閣前草生，徐鍇令以桂屑布磚縫中，宿草盡死，則殺之之法，不必一年矣。○繩，音孕。芟，所銜反。鐮，音廉。茭，音交。劉，初産反。

哲　蔟　氏

○哲蔟氏，掌覆夭鳥之巢。註曰：覆，猶"毀"也。夭鳥，惡鳴之鳥，若鴞、鵩。○鄭剛中曰：唐子西云：吾少時讀哲蔟氏、庭氏，以爲不急之務；後讀聖惠方言，有鳥夜飛，謂之無辜，小兒衣服遭之輒成疾，因以"無辜"名之。狀如五痔，是以知夭鳥之害有如此者。驅而遠之，周公之所建置，不可謂不切於事。○以方書十日之號，十有二辰之號，十有二月之號，十有二歲之號，二十有八星之號，縣其巢上，則去之。註曰：方，版也。日，謂從甲至癸。辰，謂從子至亥。月，謂從陬至荼。歲，謂從攝提格至赤奮若。星，謂從角至軫。夭鳥見此五者而去，其詳未聞。○王介甫曰：日、辰、月、歲、星之神，凡有氣形者制焉；故書其號焉，可以勝夭。○鄭剛中曰：鵲忌庚，燕避戊、己，廬逢申日則過街，鵲作巢則避太歲，狐潛上伏，不越度阡陌，虎豹知衝破，然則鳥避此五者，制伏之理或爾，口非明哲有所不知。○哲，音摘。蔟，蒼獨反。縣，音懸。覆，芳復反。鵩，音伏。陬，于侯反。荼，音徒。廬，草夜反。

翦氏

〇翦氏，掌除蠱物，以攻禜攻之，以莽草熏之。註曰：蠱物穿食人器物者，蠱魚亦是也。攻禜，祈名。莽草，藥物殺蟲者，以熏之則死。〇凡庶蠱之事。註曰：庶除毒蠱者，蠱蠱之類，或熏以莽草則去。〇疏曰：除蠱自是庶氏，今此云凡庶蠱者，同類相兼，左右而掌之。〇鄭剛中曰：日南蠻方，以五月五日聚百種蟲，大者至蛇，小者至蝨，合置皿缶中，餓，使相啗。其獨存者爲蠱，以其矢因食入人腹，人輒死。〇禜，音詠。蠱，音瑟。啗，徒濫反。

赤犮氏

〇赤犮氏，掌除牆屋，以蜃炭攻之，以灰洒毒之。註曰：洒，灑也。除牆屋者，除蟲豸藏逃其中者：擣其炭，坋之則走，淳之以灑之則死。凡隙屋，除其貍蟲。註曰：貍蟲，䑕肌蚗之屬。〇犮，音跋。貍，莫皆反。豸，直氏反。坋，蒲悶反。肌，居其反。蚗，音求。

蟈氏

〇蟈氏，掌去䵷黽，焚牡蘜，以灰洒之則死。註曰：牡蘜，蘜不華者。齊、魯之間謂"䵷"爲"蟈"。黽，耿黽也。蟈與耿黽，尤怒鳴爲聒人耳，去之。〇以其煙被之，則凡水蟲無聲。註曰：杜子春云：假令風從東方來，則於水東面爲煙，令煙西行，被之水上。〇蟈，古獲反。䵷，烏瓜反。黽，米引反。蘜，弓六反。

壺涿氏

〇壺涿氏，掌除水蟲，以炮土之鼓敺之，以焚石投之。註曰：水蟲，狐蜮之屬。炮土之鼓，瓦鼓也。焚石投之，使驚去。〇若欲殺其神，則以牡橭午貫象齒而沈之，則其神死，淵爲陵。註曰：神，謂水神龍罔象。故書

"樟"爲"梓","午"爲"五"。杜子春云：梓，當爲"樟"。樟，讀爲"枯"。枯，榆木名。書或爲"樗"。又云："五貫"當爲"午貫"。○疏曰：午貫者，十字爲之，以樟爲幹穿孔，以象牙從樟貫之爲十字。○涿，知角反。炮，步交反。樟，音沽。

庭　　氏

○庭氏，掌射國中之夭鳥。若不見其鳥獸，則以救日之弓與救月之矢夜射之。註曰：不見鳥獸，謂夜來鳴呼爲怪者。獸，狐狼之屬。鄭司農云：救日之弓，救月之矢，謂日月食所作弓矢。玄謂：日月之食，陰陽相勝之變也。於日食，則射大陰；月食，則射大陽與？○疏曰：城郭之所，人聚之處，不宜有夭鳥，故去之。○若神也，則以大陰之弓與枉矢射之。註曰：神，謂非鳥獸之聲，若或叫于宋太廟"譆譆出出"者。大陰之弓，救月之弓。枉矢，救日之矢與。不言救月之弓與救日之矢者，互言之。救日用枉矢，則救月以恒矢可知也。○射，食亦反。下同。譆，許其反。出，鄭引作"詘"，劉音出，本亦作"出"。

銜　枚　氏

○銜枚氏，掌司囂。註曰：察囂讙者，爲其聒亂在朝者之言語。○囂，五羔反。讙，呼九反。

國之大祭祀，令禁無囂。註曰：令，令祭祀者。○疏曰：令主祭祀之官使禁止，無得讙囂。讙囂，則不敬鬼神故也。

軍旅田役，令銜枚。註曰：爲其言語以相誤。

禁叫呼歎鳴於國中者，行歌哭於國中之道者。註曰：爲其惑衆相感動也。鳴，吟也。○鄭剛中曰：亦禁其爲妖異之聲以惑衆耳。○叫，音叫。

伊　耆　氏

○伊耆氏，掌國之大祭祀，共其杖咸。註曰：咸，讀爲"函"。老臣雖杖於朝,事鬼神尚敬,去之。有司以此函藏之,既事乃授之。○耆,巨之反。

軍旅,授有爵者杖。註曰:別吏卒,且以扶尊者,將軍杖鉞。○黃文叔曰:有爵者,皆有統率。在軍見王、見帥,宜當執杖。今三衙兵官常朝,亦執杖也。

共王之齒杖。註曰:王之所以賜老者之杖。鄭司農云:謂年七十,當以王命受杖者,今時亦命之爲王杖。玄謂:《王制》曰:"五十杖於家,六十杖於鄉。七十杖於國,八十杖於朝。"○王氏曰:秋物成而養老,故列職於此。

大 行 人

○大行人,掌大賓之禮及大客之儀,以親諸侯。註曰:大賓,要服以內諸侯。大客,謂其孤卿。○鄭剛中曰:語其體,則曰禮;見於揖遜周旋,則曰儀。行禮未嘗不見於威儀,威儀未嘗不本於禮。其所以異言者,別尊卑耳。○要,於遙反。下文同。

春,朝諸侯而圖天下之事;秋,覲以比邦國之功;夏,宗以陳天下之謨;冬,遇以協諸侯之慮;時會,以發四方之禁;殷同,以施天下之政。註曰:此六事者,以王見諸侯爲文。圖、比、陳、協,皆考績之言。王者春見諸侯,則圖其事之可否;秋見諸侯,則比其功之高下;夏見諸侯,則陳其謀之是非;冬見諸侯,則合其慮之異同。六服以其朝歲,四時分來,更迭如此而徧。時會,即時見也,無常期。諸侯有不順服者,王將有征討之事,則既朝,王命爲壇於國外,合諸侯而發禁命事焉。禁,謂九伐之法。殷同,即殷見也。王十二歲一巡狩;若不巡狩,則殷同。殷同者,六服盡朝。既朝,王亦命爲壇於國外,合諸侯而命其政。政,謂邦國之九法。殷同,四方四時分來,歲終則徧矣。九伐、九法,皆在《司馬》職。《司馬法》曰:"春,以禮朝諸侯,圖同事;夏,以禮宗諸侯,陳同謀;秋,以禮覲諸侯,比同功;冬,以禮遇諸侯,圖同慮。時,以禮會諸侯,施同政;殷,以禮宗諸侯,發同禁。"○陳及之曰:諸侯以春來則曰"朝",以夏來則曰"宗",以秋來則曰"覲",以冬來則曰"遇"耳。猶漢律"春曰朝,秋曰請"。吳王鼻春不朝，使人爲秋請是也。○坡謂：春朝而圖事者，蓋當春朝之時，則有圖事之禮。來朝者與之面圖，不朝者亦當有奏白也。若謂朝而圖之，則非其朝歲之侯，遂不與圖乎？夏、秋、冬，倣此。○時聘以結諸侯之好，殷頫以除邦國之慝。鄭剛中曰：諸侯之事天子，則有時聘、殷頫之文。《大宗伯》所謂"時聘曰問，殷頫曰視"是也。天子之於諸侯，亦有以報其禮，故此行時聘、殷頫之禮以答之。但天子遣行人以往，則曰"結好除慝"，此所以不同也。諸侯比年小聘，三年大聘矣，王又以時遣人聘之，《春秋》書"天王使凡伯來聘"是也。聘，則有財以爲禮，所以結好於諸侯。頫，省視也。王者省視其所爲，慮其有相惡之慝。慝者，怨惡之匿乎心也。積怨不除，至於相吞滅者有之；爲之講解，使銷除焉。○間問以諭諸侯之志，歸脈以交諸侯之福，賀慶以贊諸侯之喜，致襘以補諸侯之災。註曰：此四者，王使臣於諸侯之禮也。間問者，間歲一問諸侯，謂存省之屬。諭諸侯之志者，諭言語、諭書名，其類也。交，或往或來者也。贊，助也。致襘，凶禮之弔禮，襘禮也。補諸侯災者，若《春秋》澶淵之會，謀歸宋財。○朝，音潮。比，毗志反。頫，通笑反。間，記莧反。脈，上忍反。襘，音會。澶，市然反。

以九儀辨諸侯之命，等諸臣之爵，以同邦國之禮，而待其賓客。註曰：九儀，謂命者五：公、侯、伯、子、男也；爵者四：孤、卿、大夫、士也。○易彥祥曰：爵命不同如此，而曰同者，命同於上公，皆以九爲節；命同於侯、伯，皆以七爲節；命同於子、男，皆以五爲節；以至爵同於孤，則皆以四爲節；爵同於卿大夫，而有大國、次國、小國之異。命，則亦各視其命之數而爲節。以此待賓客，則大行人之所掌有定籍，而其爵命之上下隆殺，各當於禮，而舉不敢踰其分，其爲同也至矣。

上公之禮：執桓圭九寸，繅藉九寸，冕服九章，建常九斿，樊纓九就，貳車九乘，介九人，禮九牢，其朝位賓主之間九十步，立當車軹，擯者五人，廟中將幣，三享。王禮，再祼而酢；饗禮，九獻；食禮，九舉；出入，五積，三問、三勞。諸侯之禮，執信圭七寸，繅藉七寸，冕服七章，建常七斿，樊纓七就，貳車七乘，介七人，禮七牢，朝位賓主之間七十步，立當前疾，擯者四人，廟中將幣，三享。王禮，壹祼而酢；饗禮，七獻；食禮，七舉；出入，四積、再問、再勞。諸伯執躬圭，其他皆如諸侯之禮。諸子執穀璧五寸，繅藉五寸，冕服五章，建常五斿，樊纓五就，貳車五乘，介五人，禮五牢，朝位賓主之間五十步，立當車衡，擯者三人，廟中將幣，三享。王禮，壹祼不酢；饗禮，五獻；食禮，五舉；出入，三積、壹問、壹勞。諸男執蒲璧，其他皆如諸子之禮。註曰：繅藉，以五采韋衣板，若奠玉則以藉之。冕服，著冕所服之衣也。九章者，自山龍以下。七章者，自華蟲以下。五章者，自宗彝以下也。常，旌斿也；斿，其屬幓垂者也。樊纓，馬飾也，以罽飾之，每一處五采備爲一"就"。就，成也。貳，副也。介，輔己行禮者也。禮，大禮饗餼也，三牲備爲一"牢"。朝位，謂大門外賓下車及王車出迎所立處也。王始立大門內，交擯三辭，乃乘車而迎之，齊僕爲之節。上公立當軹，侯、伯立當疾，子、男立當衡，王立當軫。與廟，受命祖之廟也。饗，設盛禮以飲賓也。問，問不恙也。勞，謂苦倦之也。皆有禮以幣致之。鄭司農云：車軹，軹也。祼，讀爲"灌"。再灌，再飲公也。而酢，報飲王也。出入五積，謂饋之芻米也。前疾，謂駟馬車轅前胡下垂柱地者。玄謂：三享，皆束帛加璧，庭實惟國所有。朝士儀曰：奉國地所出重物而獻之，明臣職也。朝先享，不言朝者，朝正禮不嫌有等也。王禮，王以鬱鬯禮賓也。《鬱人》職曰："凡祭祀，賓客之祼事，和鬱鬯以實彝而陳之。"禮者，使宗伯攝酌圭瓚而祼；王既拜送爵，又攝酌璋瓚而祼，后又拜送爵。是謂再祼。再祼，賓乃酢王也。禮侯、伯一祼而酢者，祼賓，賓酢王而已，后不祼也。禮子、男一祼不酢者，祼賓而已，不酢王也。不酢之禮，《聘禮》禮賓是與？九舉，舉牲體九飯也。出入，謂從來訖去也。每積，有牢禮米、禾、芻、薪。凡數不同者，皆降殺。○疏曰：此一經，總列五等諸侯來朝天子，天子以禮迎待之法。上公執桓圭九寸，繅藉九寸，此主行朝禮於朝所執，其服則皮弁。若行三享，則執璧瑞。自"冕服九章"已下至"將幣三享"，見行三享已前之事。自"王禮"已下至"三勞"，見王禮諸公之禮。樊，馬腹帶。纓，馬鞅。

貳車九乘者，按《覲禮·記》云"偏駕不入王門"，鄭云：左傍與己同，曰"偏"。同姓金路，異姓象路，四衛革路，蕃國木路，此等不入王門，舍於館。乘墨車龍旂以朝，彼據《覲禮》。《覲禮》，天子不下堂而見諸侯，故諸侯不得申偏駕。今此春夏受贄，在朝無迎法，亦應偏駕不來。今行朝後，行三享在廟，天子親迎，並申上車，明乘金路之等。若不申上車，何得有樊纓九就之等？以此知皆乘所得之車也。但貳車所飾無文，未知諸侯貳車，得與上車同否？立當車軹者，軹謂轂末，車轅北向，在西邊，亦去大門九十步；公於車東，東西相望當轂末。擯者五人者，大宗伯爲上擯，小行人爲承擯，嗇夫爲末擯，其餘二人是士。九獻者，王酌獻賓，賓酢主人，主人酬賓，酬後更八獻，是爲九獻。出入五積者，謂在路供賓來去，皆五積。三問者，使卿大夫問之，有禮以致之；所行三處，亦當與三勞同處也。三勞者，案《小行人》"逆勞於畿"，案《覲禮》云"至于郊，王使人皮弁用璧勞"，註云：郊，謂近郊，其遠郊勞無文。但近郊與畿，大小行人勞，則遠郊勞，亦使大行人也。前疾，謂若《輈人》輈深四尺七寸，軾前曲中是也。〇繅，音藻。籍，在夜反。旂，音留。樊，步干反。乘，繩證反。軹，之氏反。祼，古亂反。食，音嗣。積，子賜反。勞，老報反。信，音申。"衣板"之"衣"，於既反。著，丁略反。幓，音衫。蔚，居例反。齊，側皆反。蕃，音藩。轂，音谷。輈，音舟。軾，音式。

　　凡大國之孤執皮帛，以繼小國之君，出入三積，不問，壹勞，朝位當車前，不交擯，廟中無相，以酒禮之；其他，皆視小國之君。註曰：此以君命來聘者也。孤尊，既聘享，更自以其贄見，執束帛而已，豹皮表之爲飾。繼小國之君，言次之也。朝聘之禮，每一國畢，乃前。不交擯者，不使介傳辭交于王之擯，親自對擯者也。廟中無相，介皆入門，西上而立。不前相禮者，聘之介是與。以酒禮之，酒，謂齊酒也，和之不用鬱鬯耳。其他，謂貳車及介牢禮，賓主之間，擯者將幣、祼酢、饗食之數。〇疏曰：若行正聘，則執瑑圭璋八寸以行聘，不得執皮帛也。但侯、伯以下臣，無此更見法。惟大國孤尊，故天子別見之。案：趙商問孤執皮帛，所尊衆多；下云"其他，視小國之君"，以五爲節，今此亦五。下云"諸侯之卿，各下其君二等以下"，註云：公使卿亦七，侯、伯亦五，子、男三。不審大國孤五而卿七何？答曰：卿奉君命，七介；孤尊，更自特見，故五介。此有聘禮可參之，未之思耶？又問：孤出入三積，此即與小國同，何須特云"三積"？答曰：三積者，卿亦然，非獨孤也，故不在視小國之中。然則一勞者，亦是卿亦然，故須見之。牢禮卿亦五，視小國君，其餘則異。案：《聘禮》及《掌客》可見。然則孤聘，天子既以聘使受禮，又自得禮，如是孤法再重受禮矣也。○相，息亮反。齊，才計反。

凡諸侯之卿，其禮各下其君二等；以下及其大夫、士，皆如之。 註曰：此亦以君命來聘者也。所下其君者，介與朝位賓主之間也。其餘，則自以其爵。《聘義》曰："上公七介，侯、伯五介，子、男三介。"是謂使卿之聘之數也。朝位，則上公七十步，侯、伯五十步，子、男三十步與。○疏曰：及其大夫、士皆如之者，大夫又各自下卿二等也。士無聘之介數，而言如之者，士雖無介與步數，至於牢禮之等，又降殺大夫。《聘義》惟見卿各下其君二等，仍不見大夫下卿二等。案《聘禮》云：小聘使大夫，"其禮，如爲介，三介"。彼侯、伯之大夫三介，則亦三十步。若上公大夫五介，五十步；子、男大夫一介，一十步可知。註不言者，舉卿，則大夫見矣。

邦畿方千里。其外方五百里，謂之"侯服"，歲壹見，其貢祀物。又其外方五百里，謂之"甸服"；二歲壹見，其貢嬪物。又其外方五百里，謂之"男服"；三歲壹見，其貢器物。又其外方五百里，謂之"采服"；四歲壹見，其貢服物。又其外方五百里，謂之"衛服"；五歲壹見，其貢材物。又其外方五百里，謂之"要服"；六歲壹見，其貢貨物。 註曰：要服，蠻服也。此六服，去王城三千五百里，相距方七千里，公、侯、伯、子、男封焉。其朝貢之歲，四方各四分，趨四時而來。或朝春，或宗夏，或覲秋，或遇冬。祀貢者，犧牲之屬，故書"嬪"作"頻"。鄭司農云：嬪物，婦人所爲物也。《爾雅》曰："嬪，婦也。"玄謂：嬪物，絲枲也。器物，尊彝之屬。服物，玄纁、絺繡也。材物，八材也。貨物，龜、貝也。○疏曰：此因朝而貢，與《大宰》

"九貢"及下《小行人》"春入貢"者別。彼二者，是歲之常貢也。○九州之外，謂之"蕃國"；世壹見，各以其所貴寶爲摯。註曰：九州之外，夷服、鎮服、蕃服也。《曲禮》曰："其在東夷、北狄、西戎、南蠻，雖大曰'子'。"《春秋傳》曰："杞，伯也；以夷禮，故曰'子'。"然則九州之外，其君皆子、男也。無朝貢之歲，父死子立，及嗣王即位，乃一來耳。各以其所貴寶爲摯，則蕃國之君，無執玉瑞者。是以謂"其君爲小賓，臣爲小客。所貴寶見傅者，若犬戎獻白狼、白鹿是也"。其餘，則《周書·王會》備焉。○綌，勑之反。纊，音曠。

王之所以撫邦國諸侯者：歲，徧存；三歲，徧頫；五歲，徧省；七歲，屬象胥，諭言語，協辭命；九歲，屬瞽史，諭書名，聽聲音；十有一歲，達瑞節，同度量，成牢禮，同數器，脩法則；十有二歲，王巡守，殷國。註曰：撫，猶"安"也。存、頫省者，王使臣於諸侯之禮所謂"間問"也。歲者，巡守之明歲以爲始也。屬，猶"聚"也。自五歲之後，遂間歲徧省也。七歲省，而召其象胥；九歲省，而召其瞽史，皆聚於天子之宮教習之也。胥，讀爲"諝"。《王制》曰："五方之民，言語不通，嗜慾不同。達其志，通其慾，東方曰寄，南方曰象，西方曰狄鞮，北方曰譯。"此官正爲象者，周始有越裳重譯而來獻，是因通言語之官爲象胥。云諝，謂象之有才知者也。辭命，六辭之命也。瞽，樂師也。史，大史、小史也。書名，書之字也，古曰"名"。《聘禮》曰："百名以上，至十一歲又徧省焉。"度，丈尺也。量，豆區釜也。數器，銓衡也。法，八法也。則，八則也。達同成脩，皆謂齊其法式。行至，則齊等之也。成，平也，平其僭踰者也。王巡守，諸侯會者，各以其時之方。《書》曰"遂覲東后"是也。其殷國，則四方四時分來，如平時。○疏曰：如平時者，謂分四方，各遂春、夏、秋、冬如平時。若六服盡來，即與四時別也。○王光遠曰：存者，問而存之也。頫者，問而視之也。省者，巡而察之也。頫則詳於存，省則詳於頫。○徐氏曰：十一歲而達同成脩之者，爲巡守考制度張本也。○呂伯恭曰：巡守之禮，此乃維持政治，攝提人心。大抵人心久則易散，政治久則必有缺。一次巡守，又提攝整頓一次，此所以新新不已之意。○屬，章束反。譯，音亦。諝，思敘反。鞮，丁兮反。齋,子分反。

凡諸侯之王事,辨其位,正其等,協其禮,賓而見之。註曰:王事,以王之事來也。《詩》云:"莫敢不來王。"《孟子》曰:"諸侯有王。"○疏曰:位,謂九十、七十、五十步之位。等,謂尊卑之等。冕服、旌旗、貳車之類也。禮,謂牢禮、饗燕、積膳之禮。

若有大喪,則詔相諸侯之禮。註曰:詔相,左右教告之也。○疏曰:諸侯爲天子斬,其哭位、周旋、擗踊、進退,皆有禮法。○相,息亮反。

若有四方之大事,則受其幣,聽其辭。註曰:四方之大事,謂國有兵寇,諸侯來告急者。禮動不虛,皆有贄幣,以崇敬也。受之,以其事入告王也。《聘禮》曰:"若有言,則以束帛,如享禮。"

凡諸侯之邦交,歲相問也,殷相聘也,世相朝也。註曰:小聘曰"問"。殷,中也。久無事、又於殷朝者,及而相聘也。父死子立曰"世"。凡君即位,大國朝焉,小國聘焉。此皆所以習禮考義,正刑一德,以尊天子也,必擇有道之國而就脩之。鄭司農說"殷聘"以《春秋傳》曰"孟僖子如齊,殷聘"是也。○疏曰:言諸侯邦交,謂同方嶽者。

小　行　人

○小行人,掌邦國賓客之禮籍,以待四方之使者。註曰:禮籍,名位尊卑之書。使者,諸侯之臣使來者也。○疏曰:大行人,待諸侯身;小行人,待諸侯之使者。其邦之禮籍,則諸侯及臣皆在焉。

令諸侯春入貢;秋獻功,王親受之,各以其國之籍禮之。註曰:貢,六服所貢也。功,考績之功也。秋獻之,若今計文書斷於九月,其舊法。○疏曰:此云貢,即大宰"九貢"。

凡諸侯入王,則逆勞于畿。註曰:鄭司農云:入王,朝於王也。故《春秋傳》曰"宋公不王",又曰"諸侯有王","王有巡守"。○及郊勞、視館、將幣,爲承而擯。註曰:視館,致館也。承,猶"丞"也。王使勞賓於郊,致館於賓；至將幣，使宗伯爲上擯，皆爲之丞而擯之。○疏曰：此經三事，皆爲丞而擯之。視者，使鄉大夫往視，觀其可否。郊勞，王使大行人勞於郊也。惟將幣時，大宗伯爲上擯。○凡四方之使者，大客則擯，小客則受其幣，而聽其辭。註曰：擯者，擯而見之王，使得親言也。受其幣者，受之以入告其所爲來之事。○疏曰：此時聘、殷、頫之時，要服以内之使臣，則擯而見之王；蕃國之使臣，是夷人，不能行禮，故直"聽其辭"而已。○勞，力報反。

使適四方，協九儀賓客之禮：朝、覲、宗、遇、會同，君之禮也；存、頫、省、聘、問，臣之禮也。註曰：適，之也。協，合也。○黃文叔曰：朝、覲、宗、遇、會同，諸侯所以尊天子也。而通乎兩君之相朝，是則皆君禮也。存、頫、省，天子所以撫諸侯也。聘、問，邦交歲相問，殷相聘也。是則皆臣禮也。

達天下之六節：山國用虎節，土國用人節，澤國用龍節，皆以金爲之；道路用旌節，門關用符節，都鄙用管節，皆以竹爲之。註曰：此謂邦國之節也。達之者，使之四方，亦皆齋法式以齊等之也。諸侯使臣行頫、聘，則以金節授之，以爲行道之信也。虎、人、龍者，自其國象也。道路，謂鄉遂大夫也。都鄙者，公之子弟及卿大夫之采地之吏也。凡邦國之民，遠出至他邦，他邦之民若來，入由國門者，門人爲之節；由關者，關人爲之節；其以徵令及家徒鄉遂大夫及采地，吏爲之節。皆使人執節將之以達之，亦有期以反節、管節，如今之竹使符也。其有商者，通之以符節如門關。門關者與市聯事，節可同也，亦所以異於畿内也。凡節，有天子之法式存於國。○疏曰：此經亦是適四方之事。言達天下之六節者，據侯國而言。案：《掌節》云："守邦國者用玉節。"此不言達玉節者，文畧，亦達可知。又《掌節》貨賄璽節，門關符節各別。此中無貨賄文，明有商同用"符節"可知。

成六瑞：王用瑱圭，公用桓圭，侯用信圭，伯用躬圭，子用穀璧，男用蒲璧。註曰：成，平也。瑞，信也。皆朝見所執以爲信。○疏曰：此亦適四方。○瑱，吐電反。宜作"鎮"。信，音申。

合六幣：圭以馬，璋以皮，璧以帛，琮以錦，琥以繡，璜以黼。此六物者，以和諸侯之好故。註曰：合，同也。六幣，所以享也。五等諸侯，享天子用璧，享后用琮，其大各如其瑞，皆有庭實，以馬若皮。皮，虎豹皮也。用圭、璋者，二王之後也。二王後尊，故享用圭、璋而特之。《禮器》曰"圭璋特"，義亦通於此。其於諸侯，亦用璧琮耳。子、男於諸侯，則享用琥璜，下其瑞也。凡二王後，諸侯相享之玉，大小各降其瑞一等。及使卿大夫頫、聘，亦如之。〇疏曰：此亦小行人至諸侯之國也。六者之中，馬、皮二者本非幣，云六幣者，二者雖非幣帛，以用之當幣處，故總號爲幣也。〇王光遠曰：以其通情而來，則謂之好；以其因事而來，則爲之故。〇劉原父曰：九儀既正，乃達六節，以爲行道之符，乃成六瑞，以爲朝見之信；乃合六幣，以致用享之誠。〇琮，才宗反。琥，音虎。璜，音黄。

若國札喪，則令賻補之；若國凶荒，則令賙委之；若國師役，則令槁禬之；若國有福事，則令慶賀之；若國有禍災，則令哀弔之。凡此五物者，治其事故。註曰：鄭司農云：賻補之，謂賻喪家，補助其不足也。若今時一室二尸，則官與之棺也。槁，謂犒師也。玄謂：師役者，國有兵寇以匱病者也。使鄰國合會財貨以與之。《春秋》定五年夏，歸粟於蔡是也。《宗伯》職曰：以禬禮哀圍敗、禍災水火②。〇疏曰：凶禮有五，唯不見"恤禮"，以義差之，當於師役中兼之。〇李子華曰：凡此五物者，《大宗伯》雖已具是法，《小行人》則令行是法，諸侯不得自相往來，"小行人"所以令之。〇坡謂：治其事故者，如札喪則令賻補，凶荒則令賙委之類，不得有失，且使悉有實惠。不如澶淵無歸，宋財皆治也。事故，事之舊式也。〇賻，故書作"傅"。槁作"犒"，可奥反。禬，音會。

及其萬民之利害爲一書，其禮俗、政事、教治、刑禁之逆順爲一書，其悖逆、暴亂、作慝、猶犯令者爲一書，其札喪、凶荒、厄貧爲一書，其康樂、和親、安平爲一書。凡此五物者，每國辨異之，以反命于王，以周知天下之故。註曰：慝，惡也。猶，圖也。〇鄭剛中曰：康樂，謂民之樂。和親，謂鄰國之交歡。安平，謂其國之寧静。〇疏曰：此總陳小行人使適四方,所採風俗善惡之事,各各條録,別爲一書,以報上也。〇徐氏曰:録其利害,則興除之宜在是;録其逆順,則慶讓之道在是;録其悖逆等,則征誅之舉在是;録其札喪與共康樂等,則休戚共之矣。凡此五物,每國辨異之,以爲使歸之獻,則王必有以處此矣。〇樂,音洛。

司　　儀

〇司儀,掌九儀之賓客擯相之禮,以詔儀容、辭令、揖讓之節。註曰:出接賓曰"擯",入贊禮曰"相"。以詔者,以禮告王。〇李子華曰:儀者,禮文也。此儀既設,人情委曲,行乎揖遜儀容之節,自然有士君子之行。司儀之職,特司之而已。〇相,悉亮反。

將合諸侯,則令爲壇三成,宮旁一門。註曰:合諸侯,謂有事而會也,爲壇于國外以命事。宮,謂壝土以爲牆處。所謂爲壇壝宮,天子春帥諸侯拜日於東郊,則爲壇於國東;夏禮日於南郊,則爲壇於國南;秋禮山川丘陵於西郊,則爲壇於國西;冬禮月四瀆於北郊,則爲壇於國北。既拜禮而還,加方明於壇上而祀焉,所以教尊尊也。《覲禮》曰"諸侯覲於天子,爲宮方三百步,四門;壇十有二尋,深四尺"是也。王巡守殷國而同,則其爲宮亦如此與?鄭司農云:三成,三重也。《爾雅》曰:"丘,一成爲敦丘,再成爲陶丘,三成爲昆侖丘,謂三重。"〇疏曰:令,令封人。〇詔王儀:南鄉見諸侯,土揖庶姓,時揖異姓,天揖同姓。註曰:謂王既祀方明,諸侯二介,皆奉其君之旂置于宮,乃詔王升壇,諸侯皆就其旂而立:諸公中階之前,北面,東上;諸侯東階之東,西面,北上;諸伯西階之西,東面,北上;諸子門東,北面,東上;諸男門西,北面,東上。王揖之者,定其位也。庶姓,無親者也。土揖,推手小下之也。異姓,昏姻也。時揖,平推手也。衛將軍文子曰:獨居思仁,公言言義。其聞詩也,一日三復白圭之玷,是南宮縚之行也。夫子信其仁,以爲異姓,謂妻之也。天揖,推手小舉之。〇疏曰:謂諸侯各就位立,王在壇亦立,司儀乃告王升壇,南向見諸侯,乃揖之。土揖庶姓已下,先疏後親爲次。〇及其擯之,各以其禮:公於上等,侯、伯於中等,子、男於下等。註曰:謂執玉而前見於王也。擯之各以其禮者,謂擯公者五人,侯、伯四人,子、男三人也。上等、中等、下等者,謂所奠王處也。壇三成,深四尺,則一等一尺也。壇十有二尋方九十六尺,則堂上二丈四尺,每等丈二尺。與諸侯各於其等奠玉,降拜,升,成拜,明臣禮也。既乃升堂授王玉。○疏曰:下云"將幣",據三享,故知此文"擯之",據執玉見王也。○**其將幣,亦如之。其禮,亦如之。**註曰:將幣,享也。禮,謂以鬱鬯祼之也,皆於其等之上。○**王燕,則諸侯毛。**註曰:謂以須髮坐也。朝事尊尊,上爵;燕則親親,上齒。鄭司農云:謂老者在上也。老者二毛,故曰毛。○疏曰:此乃不問爵之尊卑,取以年齒爲先後也。○壝,惟癸反。鄉,許亮反。重,直龍反。下"三重"、"重耳"同。

凡諸公相爲賓,註曰:謂相朝也。○**主國五積,三問,皆三辭拜受,皆旅擯;再勞,三辭,三揖,登,拜受,拜送。**註曰:賓所停止,則積;間闊,則問;行道,則勞。其禮皆使卿大夫致之。從來至去,數如此也。三辭,辭其以禮來於外也。積、問不言"登",受之於庭也。旅,讀爲"鴻臚"之"臚"。臚陳之也。賓之介九人,使者七人,皆陳擯位,不傳辭也。賓之上介出請使者,則前對,位皆當其末擯焉。三揖,謂庭中時也。拜送,送使者。○疏曰:再勞,一勞在境,一勞在遠郊,皆使卿。其近郊勞,當主君親爲之也。其積、問,當使大夫。故下句云"致飧如致積之禮"。《聘禮》:"宰夫朝服設飧。"宰夫,即大夫。問亦小禮,明亦使大夫也。○**主君郊勞,交擯,三辭,車逆,拜辱,三揖,三辭,拜受。車送,三還,再拜。**註曰:主君交勞,備三勞而親之也。交擯者,各陳九介,使傳辭也。車迎拜辱者,賓以主君親來,乘車出舍門而迎之,若欲遠就之然;見之,則下拜迎,謝其自屈辱來也;至去,又出車若欲遠送然。主君三還,辭之,乃再拜送之也。車送迎之節,各以其等,則諸公九十步,立當車軹也。三辭重者,先辭,辭其以禮來於外;後辭,辭升堂。○疏曰:三揖者,入門及當曲、當碑,爲三揖拜受,賓再拜乃受幣。主君亦當拜送,不言,省文也。鄭謂:各陳九介者,以其在道,俱不爲主,故無五擯之事,故各陳九介。云"立當車軹"者,賓主俱立當軹。致館，亦如之。註曰：館，舍也。使大夫授之，君又以禮親致焉。〇疏曰：凡云"致"者，皆有幣以致之。〇致飧，如致積之禮。註曰：俱使大夫，禮同也。飧，食也。小禮曰"飧"，大禮曰"饔餼"。〇及將幣，交擯，三辭，車逆，拜辱。賓車進答拜，三揖，三讓。每門止一相，及廟，惟上相入。賓三揖，三讓，登，再拜，授幣。賓拜送幣。每事如初。賓亦如之。及出，車送，三請，三進，再拜。賓三還，三辭，告辟。註曰：鄭司農云：交擯，擯者交也。賓三還，三辭，告辟，賓三還辭謝，言已辟去也。玄謂：既三辭，主君則乘車出大門；而迎賓見之而下拜其辱，賓車乃前下答拜也。三揖者，相去九十步，揖之使前也；至而三讓，讓入門也。相，謂主君、擯者及賓之介也。謂之相者，於外傳辭耳。入門，當以禮詔侑也。介，紹而傳命者。君子於其所尊，不敢質，敬之至也。每門止一相，彌相親也。君入門，介拂闑，大夫中棖與闑之間，士介拂棖，此爲介鴈行相隨也。止之者，絶行在後耳。賓三揖、三讓，讓升也。登再拜授幣，授當爲受，主人拜至，且受玉也。每事如初，謂享及有言也。賓當爲儐，謂以鬱鬯禮賓也。上於下曰"禮"，敵者曰"儐"。《禮器》曰："諸侯相朝，灌用鬱鬯，無籩豆之薦。"謂此朝禮畢。儐，賓也。三請、三進，請賓就車也。主君每一請車一進，欲遠送之也。三還、三辭，主君一請者，賓亦一還、一辭。〇疏曰：至將幣，謂賓初至館，後日行朝禮之時幣，即圭璋也。交擯三辭者，賓去門九十步，而陳九介；主君在大門外之東，陳五擯，上擯入受命，出請事，傳辭與承擯，承擯傳與末擯，末擯傳與末介，末介傳與承介，承介傳與上介，上介傳與賓，賓又傳與上介，自下逆上，傳至上擯，上擯入告君。如是者三，謂之交擯三辭。凡交擯者，例皆如此也。〇致饔餼，還圭，饗、食，致贈，郊送，皆如將幣之儀。註曰：此六禮者，惟饗食速賓耳，其餘主君親往。親往者，賓爲主人，主人爲賓。君如有故不親饗食，則使大夫以酬幣侑幣致之。鄭司農云："還圭，歸其玉也。"故公于重耳受飧反璧。玄謂："聘以圭璋，禮也；享以璧琮，財也。"已聘而還圭璋，輕財而重禮。贈，送以財。既贈，又送至于郊。〇賓之拜禮：拜饔餼，拜饗食。註曰：鄭司農云：賓之拜禮者，因言賓所當拜者之禮也。所當拜者,拜饔餼,拜饗食。玄謂:賓將去,就朝拜謝此三禮。三禮,禮之重者也。賓既拜,主君乃至館贈之;去,又送之于郊。○疏曰:案:《聘禮》饔餼、燕羞、俶獻之"明日",賓皆"拜③于朝";將去,又"三拜乘禽于朝"。彼臣,故盡拜謝。君畧小惠,將去,惟拜其大,禮也。○賓繼主君,皆如主國之禮。註曰:鄭司農云"賓繼主君,復主人之禮費也",故曰"皆如主國之禮"。玄謂:繼主君者,儐主君也。儐之者,主君郊勞、致館、饔餼、還圭、贈郊送之時也。如其禮者,謂玉、帛、皮、馬也。有饌陳之積者不如也。若饗食主君及燕,亦速焉。○積,子賜反。旅,如字,又音臚。飧,素尊反。授幣,音受。賓亦如之,依註作"儐"。辟,音避。食,音嗣。凡"饗食"皆同。侑,音又。闌,魚列反。脹,直庚反。行,戶剛反。

諸侯、諸伯、諸子、諸男之相爲賓也,各以其禮;相待也,如諸公之儀。註曰:賓主相待之儀,與諸公同也。饔餼、饗食之禮,則有降殺。○疏曰:五等諸侯,以命數分爲三等。其圭璋、饔餼、飧積、步數,儐介皆降殺。其進退、揖讓之儀,則一與公同。○殺,色界反。下同。

諸公之臣相爲國客,註曰:謂相聘也。○則三積,皆三辭拜受。註曰:受者,受之於庭也。侯、伯之臣不致積。○疏曰:案:《聘禮》是侯、伯之卿使者,經不云"積",明不致積可知。但不以束帛行禮致之,豈於道全無積乎?明有也。○及大夫郊勞,旅儐,三辭,拜辱,三讓;登,聽命,下拜,登受。賓使者如初之儀。及退,拜送。註曰:登聽命,賓登堂也。賓,當爲"儐"。勞,用束帛;儐,用束錦。侯、伯之臣,受勞於庭。○疏曰:案:《儀禮》,此亦近郊勞也。賓使者如初之儀者,謂使傳命訖,禮畢出門,賓以束錦儐使者,如初行勞時之儀。○致館,如初之儀。註曰:如郊勞也,不儐耳。侯、伯之臣,致館于庭。不言致飧者,君於聘大夫,不致飧也。《聘禮》曰:"飧不致,賓不拜。"○及將幣,旅儐,三辭,拜逆,客辟,三揖,每門止一相;及廟,唯君相入。三讓,客登。拜,客三辟。授幣,下,出。每事如初之儀。註曰:客辟,逡巡不答拜也。唯君相入,客臣也,相不入矣。拜,主君拜客至也。客三辟,三退負序也。每事,享及有言。○疏曰:將幣,亦謂圭璋也。旅擯,三辭,亦謂於主君大門外,主君陳五擯,客陳七介,不傳辭也。三辭者,辭主君以大客禮當己也。拜逆者,三辭訖,主君遣上擯納賓;賓入大門,主君在大門內,南面拜賓。○及禮,私面,私獻,皆再拜稽首。君答拜。註曰:禮,以醴禮客。私面,私覿也。既覿,則或有私獻者。鄭司農云:說私面,以《春秋傳》曰,楚公子棄疾見鄭伯,以其乘馬私面。○疏曰:此三者,皆於聘之日行之,故并言之。○出及中門之外,問君,客再拜對。君拜,客辟而對。君問大夫,客對。君勞客,客再拜稽首。君答拜,客趨辟。註曰:中門之外,即大門之內也,問君曰:"君不恙乎?"對曰:"使臣之來,寡君命臣于庭。"問大夫曰:"二三子不恙乎?"對曰:"寡君命使臣於庭,二三子皆在。"勞客曰:"道路悠遠,客甚勞。"勞介則曰:"二三子甚勞。"問君,客再拜對者,為敬慎也。○疏曰:賓來,主為以君命行聘享,是以先行聘享;訖,乃始行私相慰問之事。○致饔餼,如勞之禮。饗、食還圭,如將幣之儀。註曰:饗食,亦謂君不親,而使大夫以幣致之。○疏曰:致饔餼,如勞之禮者,同使卿,威儀進止皆如上郊勞之禮。致饗及還玉,賓主皆是大夫。其將幣,主君與使臣行禮,如將幣者,蓋不盡如之。所如者,如旅擯,主人皮弁,賓皮弁襲,將幣同,自餘則別。是以《聘禮》"君使卿皮弁,還玉于館。賓皮弁,襲,迎于外門外,不拜;帥大夫以入。大夫升自西階,鉤楹。賓自碑內聽命,升自西階,自左,南面受圭,退負右房而立"。是與將幣別之序也。○君館客,客辟,介受命。遂送,客從,拜辱于朝。註曰:君館客者,客將去,就省之,盡殷勤也。遂送,君拜以送客。○明日,客拜禮賜,遂行;如入之積。註曰:禮賜,謂乘禽,君之加惠也。如入之積,則三積,從來至去。○積,子賜反。勞,老報反。辟,音避。從,才用反。甚勞,如字。

　　凡侯、伯、子、男之臣,以其國之爵相為客而相禮,其儀亦如之。註曰:爵,卿也,大夫也,士也。○疏曰:諸侯之臣言爵,相為客而相禮者,不離三等卿、大夫、士;蓋以命數,則參差難等,署於臣用爵而已。以此三等相禮也,其儀亦如之者,亦以三等相差,七十步七介,五十步五介,三十步三介。小聘使大夫,又降殺也。○相禮,息亮反。

凡四方之賓客,禮儀、辭命、餼牢、賜獻,以二等從其爵而上下之。註曰:上下,猶豐殺也。○疏曰:二等,即與《大行人》云"諸侯之卿,各下其君二等,大夫、士亦如之"。大夫下卿,士下大夫,降殺,以兩解之同也。○坡謂:上言公與公國君臣相賓客,侯、伯、子、男與侯、伯、子、男君臣相賓客,其爵等,其禮同,如上所言也。此經則言一國待四方之禮。

凡賓客,送逆同禮。註曰:謂郊勞、郊送之屬。○凡諸侯之交,各稱其邦而爲之幣,以其幣爲之禮。註曰:幣,享幣也。於大國則豐,於小國則殺。主國禮之如其豐殺,謂賄用束紡,禮用玉帛乘皮及贈之屬。○疏曰:此一經論享幣多少,及主國報禮輕重之事。○稱,尺證反。

凡行人之儀,不朝、不夕,不正其主面,亦不背客。註曰:謂擯相傳辭時也。不正東鄉,不正西鄉,常視賓主之前卻,得兩鄉之而已。○鄉,許亮反。

行　　夫

○行夫,掌邦國傳遽之小事,媺惡而無禮者。凡其使也,必以旌節,雖道有難而不時,必達。註曰:傳遽,若今時乘傳騎驛而使者也。媺,福慶也。惡,喪荒也。此事之小者,無禮,行夫主使之。道有難,謂遭疾病他故,不以時至也,必達王命,不可廢也。其大者,有禮,大、小行人使之。有故,則介傳命,不嫌不達。○疏曰:行夫者,以身自行於外,無擯介而單行,謂之"無禮"也。媺,謂諸侯生男及嫁娶等;惡,謂民有死喪及年穀不熟。若諸侯薨等大事,即使卿大夫,不使行夫也。○傳,張戀反。註同。使,色吏反。難,乃旦反。

居於其國,則掌行人之勞辱事焉;使,則介之。註曰:使,謂大、小行人也,故書曰"夷使"。鄭司農云:夷使,使於四夷,則行夫主爲之介。玄謂:夷,發聲。○焉,劉音夷。

環　　人

○環人,掌送逆邦國之通賓客,以路節達諸四方。註曰:通賓客,以常事往來者也。路節,旌節也。四方,圻上。○疏曰:邦國之賓客,謂朝覲、會同者也。云"四方圻上"者,至畿,即入諸侯國,諸侯國自有通之者也。○舍則授館,令聚櫄。有任器,則令環之。註曰:令,令野廬氏也。鄭司農云:四方人有任器者,則環人主令,殉環守之。○疏曰:任器,謂賓客任用之器。○殉,音循。

凡門關無幾,送逆及疆。註曰:環人送逆之,則賓客出入不見幾。

象胥

○象胥,掌蠻、夷、閩、貉、戎、狄之國使,掌傳王之言而諭説焉,以和親之。註曰:謂蕃國之臣來頫聘者。○閩,迷巾反。使,色吏反。

若以時入賓,則協其禮,與其辭言傳之。註曰:以時入賓,謂其君以世一見,來朝爲賓者。凡其出入送逆之禮節、幣帛、辭令,而賓相之。註曰:自來至去,皆爲擯而相侑其禮儀。○疏曰:夷狄無玉帛來向中國,而云幣帛者,謂王有賜,與之禮也。○徐氏曰:辭令,天子誥諭之辭令也。○賓相,音擯。相,息亮反。下同。

凡國之大喪,詔相國客之禮儀,而正其位。凡軍旅、會同,受國客幣,而賓禮之。鄭剛中曰:國客,謂四夷遣其臣來也。中國之客,自有大、小行人掌正其位。○劉執中曰:若其人賓,而遇國之大喪,則詔相其禮儀,以正其位;若遇軍旅、會同,則受其幣而賓禮之,皆謂蕃國也。

凡作事,王之大事諸侯,次事卿,次事大夫,次事上士,下事庶子。註曰:作,使也。鄭司農云:王之大事諸侯,使諸侯執大事也;次事卿,使卿執其次事也;次事使大夫,次事使上士,下事使庶子。○王光遠曰:凡作事,謂作四夷之事。王之大事,謂有戎事於四夷也。諸侯以辭王所愬爲事,故大事在諸侯。次事,則非戎事,謂威讓之令,文誥之辭。或施於四夷者,則量其事之輕重,或以卿大夫,或以上士也。若夫下事,則事之尤小者,故以庶子而已。

掌客

○掌客,掌四方賓客之牢禮、餼、獻、飲食之等數,與其政治。註曰:政治,邦新殺禮之屬。

王合諸侯而饗禮,則具十有二牢,庶具百物備。諸侯長,十有再獻。註曰:饗諸侯而用王禮之數者,以公、侯、伯、子、男盡在是,兼饗之,莫敢用也。諸侯長,九命作伯者也。獻公、侯以下,如其命數。○疏曰:合,謂時會殷同。○長,知丈反。敵,丁歷反;一作"適",音的。

王巡守、殷國,則國君膳以牲犢,令百官百牲皆具。從者,三公視上公之禮,卿視侯、伯之禮,大夫視子、男之禮,士視諸侯之卿禮,庶子壹視其大夫之禮。註曰:國君者,王所過之國君也。犢,繭栗之犢也。以膳天子,貴誠也。牲孕,天子不食也,祭帝不用也。凡賓客,則皆用尸。令者,掌客令主國也。百牲皆具,言無有不具備。○疏曰:王巡守則殷同。殷同,則殷國也。王巡守至於四嶽之下,當方諸侯;或所在經過,或至方嶽之下。若殷國,或在王城;出畿外,在諸侯之國。所之之處,皆設禮待王,故巡守殷國並言也。膳,亦謂殷膳時也。令百官百牲皆具者,此文與下爲目。百官,即三公以下是也。○從,才用反。繭,古典反。

凡諸侯之禮:上公五積,皆視飧牽。三問皆脩,群介行人宰史皆有牢。飧五牢,食四十,簠十,豆四十,鉶四十有二,壺四十,鼎簋十有二,牲三十有六,皆陳。饗餼九牢,其死牢如飧之陳,牽四牢,米百有二十筥,醯醢百有二十罋,車皆陳。車米視生牢,牢十車,車秉有五籔;車禾視死牢,牢十車,車三秅,芻薪倍禾,皆陳。乘禽日九十雙。殷膳大牢。以及歸,三饗、三食、三燕;若弗酌,則以幣致之。凡介、行人、宰、史,皆有飧、饗餼,以其爵等爲之牢禮之陳數,唯上介有禽獻。夫人致禮:八壺、八豆、八籩,膳大牢,致饗大牢,食大牢。卿皆見以羔，膳大牢。侯、伯四積，皆視飧牽。再問皆脩。飧四牢，食三十有二，簠八，豆三十有二。鉶二十有八，壺三十有二，鼎簋十有二，腥二十有七，皆陳。饔餼七牢，其死牢如飧之陳，牽三牢，米百筥，醯醢百罋，皆陳。米三十車，禾四十車，芻薪倍禾，皆陳。乘禽日七十雙。殷膳大牢。三饗、再食、再燕。凡介、行人、宰、史，皆有飧、饔餼，以其爵等爲之禮，唯上介有禽獻。夫人致禮：八壺、八豆、八籩，膳大牢，致饗大牢。卿皆見以羔，膳特牛。子、男三積，皆視飧牽。壹問以脩。飧三牢，食二十有四，簠六，豆二十有四，鉶十有八，壺二十有四，鼎簋十有二，牲十有八，皆陳。饔餼五牢，其死牢如飧之陳，牽二牢，米八十筥，醯醢八十罋，皆陳。米二十車，禾三十車，芻薪倍禾，皆陳。乘禽日五十雙。壹饗、壹食、壹燕。凡介、行人、宰、史，皆有飧、饔餼，以其爵等爲之禮，唯上介有禽獻。夫人致禮：六壺、六豆、六籩，膳視致饗。親見卿，皆膳特牛。註曰：積，皆視飧牽，謂所共如飧，而牽牲以往，不殺也。不殺，則無鉶、鼎、簠、簋之實。其米，實于筐；豆，實實于罋。其設筐陳于楹內，罋陳于楹外，牢陳于門西，車、米、禾、芻、薪陳于門外。壺之有無，未聞。三問皆脩。脩，脯也。上公三問皆脩，下句云"群介行人宰史皆有牢"，君用脩，而臣有牢，非禮也。蓋著脱字失處，且誤耳。飧，客始至致，小禮也。公、侯、伯、子、男，飧皆飪一牢，其餘牢則腥。食者，其庶羞，美可食者也。其設蓋陳于楹外，東西不過四列。簠，稻粱器也。公十簠，堂上六，西夾、東夾各二也。侯、伯八簠，堂上四，西夾、東夾各二。子、男六簠，堂上二，西夾、東夾各二。豆，菹醢器也。公四十豆，堂上十六，西夾、東夾各十二。侯、伯三十二豆，堂上十二，西夾、東夾各十。子、男二十四豆，堂上十二，西夾、東夾各六。《禮器》曰："天子之豆，二十有六；諸公，十有六；諸侯，十有二；上大夫，八；下大夫，六。"以聘禮差之，則堂上之數與此同。鉶，羹器也。公鉶四十二，侯、伯二十八，子、男十八，非衰差也。二十八，書或爲"二十四"，亦非也。其於衰，公又當三十。於言，又爲無施。禮之大數,鉶少於豆,推其衰,公鉶四十二,宜爲"三十八",蓋近之矣。則公鉶堂上十八,西夾、東夾各十;侯、伯堂上十二,西夾、東夾各八;子、男堂上十,西夾、東夾各四。壺,酒器也。其設於堂夾,如豆之數。鼎,牲器也。簋,黍稷器也。鼎十有二者飪一牢,正鼎九與陪鼎三,皆設于西階前。簋十二者,堂上八,西夾、東夾各二。合言鼎簋者,牲與黍稷,俱食之主也。牲,當爲"腥",聲之誤也。腥,謂腥鼎也。於侯、伯云腥二十有七,其故"腥"字也。諸侯禮,盛腥鼎有鮮魚、鮮腊,每牢皆九爲列,設于阼階前,公腥鼎三十六,腥四牢也。侯、伯腥鼎二十七,腥三牢也。子、男腥鼎十八,腥二牢也。皆陳,陳,列也。殽,門內之實,備于是矣。亦有車、米、禾、芻、薪。公殽五牢,米二十車,禾三十車。侯、伯四牢,米、禾皆二十車。子、男三牢,米十車,禾二十車。芻、薪皆倍其禾。饗飧,既相見,致大禮也。大者既兼殽積,有生、有腥、有熟,餘又多也。死牢如殽之陳,亦飪一牢在西,餘腥在東也。牽,生牢也。陳于門西,如積也。米橫陳于中庭,十爲列,每筥半斛。公、侯、伯、子、男,黍、粱、稻皆二行,公稷六行,侯、伯四行,子、男二行。醯醢夾碑從陳,亦十爲列。醯在碑東,醢在碑西,皆陳於門內者,於公門內之陳也。言車者,衍字耳。車米,載車之米也。《聘禮》曰:"十斗曰斛,十六斗曰籔,十籔曰秉。"每車秉有五籔,則二十四斛也。禾,稾實并刈者也。《聘禮》曰:"四秉曰筥,十筥曰稯,十稯曰秅。"每車三秅,則三十稯也。稯,猶"束"也。米禾之秉、筥,字同數異。禾之秉,手把耳。筥,讀爲"棟梠"之"梠",謂一穧也。皆陳,橫陳門外者也。米在門東,禾在門西。芻薪雖取數於禾,薪從米,芻從禾也。乘禽,乘行群處之禽,謂雉、雁之屬。於禮,以雙爲數。殷,中也。中又致膳,示念賓也。若弗酌,謂君有故,不親饗食燕也。不饗,則以酬幣致之;不食,則以侑幣致之。凡介、行人、宰、史,衆臣從賓者也。行人主禮,宰主具,史主書,皆有殽、饗飧,尊其君以及臣也。以其爵等爲之牢禮之數陳。爵,卿也,則殽二牢,饗飧五牢。大夫也,則殽大牢,饗飧三牢。士也,則殽少牢,饗飧大牢。此降小禮,豐大禮也。以命數,則參差難等,畧於臣用爵而已。夫人致禮,助君養賓也。籩豆陳於户東,壺陳於東序。凡夫人之禮,皆使下大夫致之。於子、男云"膳視致饗",言夫人致膳於小國君。以致饗之禮,則是不復饗也。饗有壺酒,卿皆見者,見於賓也。既見之,又膳之,亦所以助君養賓也。卿見又膳,此《聘禮》卿大夫勞賓、餼賓之類與。於子、男云"親見卿,皆膳特牛",見,讀如"卿皆見"之"見",言卿於小國之君,有不故造館見者,故造館見者乃致膳。鄭司農說"牽"云:牲,可牽行者也。故《春秋傳》曰"餼牽竭矣"。秅,讀爲"秅秭麻荅"之"秅"。○疏曰:此一經,並是諸侯自相朝,主國待賓之禮。若然,天子掌客不見天子待諸侯禮,而見諸侯自相待者,以外包內。天子待諸侯,亦同諸侯自相待可知。○鄭剛中曰:考此下文有"夫人致禮"之事,則知爲諸侯待賓之禮無疑。○積,子賜反。鉶,音刑。牲三十有六及牲十有八,當作"腥"。筥,姜呂反。甕,烏弄反。簌,素口反。秅,丁故反。三"食",音嗣,下"食大牢"、"再食"、"壹食"、註"不食"同,餘如字。見,賢遍反。飪,而甚反。差,初宜反。衰,初危反。"相見"、"不見"、"而見",皆讀如字。行,戶剛反。稯,子工反,又音總。梠,音呂。穧,才計反。造,七報反。秭,音姊。

凡諸侯之卿、大夫、士爲國客,則如其介之禮以待之。註曰:言其特來聘問,待之禮,如其爲介時,然則《聘禮》凡所以禮賓,是亦禮介。○坡謂:自"上公五積"至此,皆詳主國所以待公、侯、伯、子、男及其卿、大夫、士之禮;而王之從者,公、卿、大夫、士、庶子待之之禮,舉視此矣。○從,才用反。

凡禮賓客,國新殺禮,凶荒殺禮,札喪殺禮,禍災殺禮,在野、在外殺禮。註曰:皆爲國省用愛費也。國新,新建國也。凶荒,無年也。禍災,新有兵寇水火也。○疏曰:野外忽遽,禮物不可卒備,故亦殺之。○殺,色界反。

凡賓客死,致禮以喪用。註曰:死,則主人爲之具而殯矣。喪用者,饋奠之物。○疏曰:如小殮,特豚一鼎;大殮時,特豚三鼎之類是也。○賓客有喪,惟芻稍之受。註曰:不受饗食,饗食加也。喪,謂父母死也。客則又有君焉。芻,給牛馬。稍,人廩也。其正禮,殯饗飱,主人致之則受。○遭主國之喪,不受饗食,受牲禮。註曰:牲,亦當爲"腥",聲之誤也。有喪,不忍煎亨,正禮,殯饗飱,當熟者,腥,致之也。○稍,所教反。亨,普庚反。

掌訝

○掌訝,掌邦國之等籍,以待賓客。註曰:等,九儀之差數。○訝,誤化反。

若將有國賓客至,則戒官脩委積,與士逆賓于疆,爲前驅而入。註曰:官,謂牛人、羊人、舍人、委人之屬。士,訝士也。既戒,乃出迎賓。○及宿,則令聚橾。註曰:令,令野廬氏。○及委,則致積。註曰:以王命致于賓。

至于國,賓入館,次于舍門外,待事于客。註曰:次,如今官府門外更衣處。待事于客,通其所求索。

及將幣,爲前驅。註曰:道之以如朝。○至于朝,詔其位,入復。及退,亦如之。註曰:鄭司農云:詔其位,告客以其位次也。玄謂:入復者,入告王以客至也。退亦如之,如其爲前驅。○疏曰:于朝者,即是大門外陳擯介之處。○道,音導。下同。

凡賓客之治,令訝,訝治之。註曰:賓客之治,謂欲正其貢賦,理國事也,以告訝。訝爲如朝而理之。○凡從者出,則使人道之。註曰:從者,凡介以下也。人,其屬胥徒也。使道賓客之從者,營護之。○及歸,送亦如之。註曰:如之者,送至於竟,如其前驅聚橾待事之屬。○從,才用反。註同。竟,音境。

凡賓客:諸侯有卿訝,卿有大夫訝,大夫有士訝,士皆有訝。註曰:此謂朝覲、聘問之日,王所使迎賓客於館之訝。○疏曰:案:《聘禮・記》云:"卿,大夫訝;大夫,士訝;士,皆有訝。賓即館,訝將公命,又見之以其摯。"聘問之日,亦使之訝。天子有掌訝之官,即館之訝,餘事皆掌主之。惟朝覲、聘問之日,使卿、大夫訝,諸侯兼官,故大夫、士爲訝。賓即館時,即爲之訝。與此掌訝不同也。

凡訝者，賓客至而往，詔相其事，而掌其治令。易彥祥曰：上經因訝賓客，而及卿、大夫即館之訝。此復言掌訝之職。凡言脩委積，以王皆所治之令。〇相，息亮反。

掌　　交

〇掌交，掌以節與幣巡邦國之諸侯，及其萬民之所聚者，道王之德、意、志、慮，使咸知王之好惡，辟行之。註曰：節，以爲行信。幣，以見諸侯也。咸，皆也。辟，讀如"辟忌"之"辟"。使皆知王之所好者而行之，知王所惡者辟而不爲。〇疏曰：案：序官，掌交中士八人。天下九州，千六百餘國，使皆周徧，必無徧理；今言之者，蓋是國有不知治者，徧使知之也。〇好，呼報反。惡，烏路反。辟，音避。註同。

使和諸侯之好，註曰：有欲相與脩好者，則爲和合之。〇疏曰：下有結其交好，爲朝聘；則此好，謂使爲婚姻之好也。〇達萬民之說。註曰：說，所喜也。達者，達之於王若其國君。〇說，音悅。

掌邦國之通事，而結其交好。註曰：通事，謂朝覲、聘問也。〇以諭九稅之利，九禮之親，九牧之維，九禁之難，九戎之威。註曰：諭，告曉也。九稅，所稅民九職也。九禮，九儀之禮。九牧，九州之牧。九禁，九法之禁。九戎，九伐之戎。〇坡謂：下而九稅，取之有常，則民足而君利；中之九禮、九牧，則善鄰而親仁；上之九禁、九伐，則奉法而畏威。《夏官》之匡人、撢人，所以消兵於未形也；此之掌交，刑期于無刑也。〇難，乃旦反。撢，他南反。

掌　　察

〇掌察，闕。

掌　貨　賄

〇掌貨賄，闕。

朝　大　夫

○朝大夫,掌都家之國治。註曰：都家,王子弟、公、卿及大夫之采地也。主其國治者,平理其來文書於朝者。日朝以聽國事故,以告其君長。註曰：國事故,天子之事,當施於都家者也。告其君長,使知而行之也。君,謂其國君；長,其卿大夫也。○朝,直洛反。長,丁丈反。下同。

國有政令,則令其朝大夫。註曰：使以告其都家之吏。○坡謂：上文"國事故",乃天子日所施爲者,聽之以告其君長,使知王之所好惡而辟行之也。此政令,方是當施於都家者。○辟,音避。

凡都家之治於國者,必因其朝大夫,然後聽之,唯大事弗因。註曰：謂以小事文書來者,朝大夫先平理之,乃以告有司也。大事者,非朝大夫所能平理。

凡都家之治有不及者,則誅其朝大夫。註曰：不及,謂有稽殿之。在軍旅,則誅其有司。註曰：有司,都司馬、家司馬。

都　則

○都則。闕。

都　士

○都士。闕。

家　士

○家士。闕。

坡謂：右自大司寇、小司寇、士師三長官而下,鄉士主國獄；遂士主郊；縣士主野；方士主都家,畿內也；訝士主四方獄訟,畿外也。次以朝士者,諸斷獄弊訟,皆於外朝也。次以司民者,見民者,天之所司,王之所敬,作天之牧,受王嘉師,當有仁恩憫念也。獄訟既弊有五,刑以麗其辟,故次司刑。有刺宥以議其輕重,故次司刺。有大亂獄,則故府之典章在,故次司約。有疑獄不決,則天威之嚴在,故次司盟。於是,罪輕而贖刑者,則職金受其入,次之。罪重而孥戮者,則司厲執其法,次之。稍重而未麗於法者,則司圜主收教,又次之。已在刑者,則囚而刑殺,故掌囚、掌戮又次之。從坐者恕其死,因存其生,故司隸、罪隸又次之。繼以蠻、閩、夷、貉四隸者,蓋征伐四夷所得,同名爲隸,皆此意也。繼犬人于司厲者,司厲治盜,犬能逐盜者也。雖然,刑非得已也,禁於未發,則民安而上不煩,故布憲禁於天下。禁殺戮、禁暴氏,禁于國中。野廬氏、蜡氏、雍氏、萍氏、司寤氏,所以使行者無害,死者有主,陸走者無險阻,水浮者不没溺,時其宵晝,行止以節,皆道路之禁也。司烜氏、條狼氏、脩閭氏,皆祭祀、軍旅之禁也。自冥氏至庭氏十二職,草木鳥獸爲民害者,驅而除之,義之盡也。繼以銜枚氏、司嚻者,無端歌哭,雜氣妖聲,人化物者,不祥也,故次之,於是刑事盡矣。次以伊耆氏者,秋養耆老故也。次以大行人等官者,賓位於西北,天地之義氣屬秋也。朱子又曰:凡諸侯朝覲、會同之禮既畢,則降而肉袒請刑。司寇主刑,故屬焉。此又較著也。大行人、小行人主迎賓客,賓客既至,見於王則有儀,故司儀次之。而行夫掌小事,環人掌送逆,象胥掌四夷國使,官卑禮簡,又次之。賓客朝見既畢,有饗飧、牢禮之歸,故掌客次之。賓客自來至去,皆有訝,故掌訝終焉。掌交,則王所以交於諸侯也。附以朝大夫者,都家王畿之內也。自大司寇至職末,凡官六十有六,其掌察、掌貨賄、都則、都士、家士,文闕,不敢強爲之次。○貉,音陌。蜡,音娶。烜,音燬。條,音滌。強,其兩反。

【校記】

① "側",《十三經註疏》等本均作"測"。

② 此爲《大宗伯》職,有關引語的原文作"以弔禮哀禍災,以襘禮哀圍敗","禍災"所指乃"水火"。

③ 按原文,"拜"之下尚有"禮"字。

周禮述註卷二十三

冬官考工記第六

三十三工總叙

鄭目録云：象冬所立官也。是官名"司空"者，冬閉藏萬物，天子立司空，使掌邦事，亦所以富立家，使民無空者也。《司空》之篇亡，漢興，購求千金不得。此前世識其事者，記録以備大數，古《周禮》六篇畢矣。○疏曰：鄭義既然，今案《漢書·藝文志》云："經禮三百，威儀三千。及周之衰，諸侯將踰法度，惡其害己，皆滅去其籍。孔子時而多不具。"以此觀之，《冬官》一篇，其亡已久。有人尊集舊典，録此三十工，以爲《考工記》。雖不知其人，又不知作在何日，要知在於秦前，是以遭秦滅焚典籍，韋氏、裘氏等闕也。○坡聞之兄曰：《尚書》"伯禹作司空"，而後契爲司徒，是唐、虞之官也。《王制》司空度地居民，而後司徒脩禮明教，是夏、殷之官也。《洪範》"四曰司空，五曰司徒"，殷官又其著者。帝王皆首司空，而周公獨後之，何？蓋與《易》以艮成終成始義合也。是故冢宰掌天，司徒掌地，兼總條貫。是二官者，包乎上下；其外，春、夏、秋、冬，各司一事。宗伯以禮樂教，而實由司空之富邦國、生萬民，而後教化行，則自冬而春，貞下起元之義也。禮以節之，樂以和之，政以行之，刑以防之；極其效，不過欲老有所終，幼有所長，黎民不饑不寒，矜、寡、孤、獨、廢、疾者有養而已，則春生、夏長、秋收，以至冬藏之義也。以此爲終，而實王道之始；以此爲始，而要其成，何以加兹！深哉！周公之意，豈有異於堯、舜、禹、湯之心乎？○矜，讀鰥。

國有六職，百工與居一焉。註曰：百工，司空事官之屬。司空掌營城郭都邑，立社稷宗廟，造宮室車服器械，監百工者。唐、虞已上曰"共工"。○疏曰：六職，即下云"或坐而論道"至"治絲麻以成之"是也。○或坐而論道；或作而行之；或審曲、面埶，以飭五材，以辨民器；或通四方之珍異以資之；或飭力以長地財；或治絲麻以成之。註曰：言人德能、事業之不同者也。論道，謂謀慮治國之政令也。作，起也。辨，猶"具"也。資，取也，操也。鄭司農云：審曲、面埶，審察五材曲直、方面、形埶之宜以治之，及陰陽之面、背是也。《春秋傳》曰："天生五材，民並用之。"謂金、木、水、火、土也。玄謂：此五材，金、木、皮、玉、土。○坐而論道，謂之王公。註曰：天子、諸侯。作而行之，謂之士大夫。註曰：親受其職，居其官也。審曲面埶，以飭五材，以辨民器，謂之百工。註曰：五材各有工。言百，衆言之也。通四方之珍異以資之，謂之商旅。註曰：商旅，販賣之客也。《易》曰：至日，"商旅不行"。飭力以長地材，謂之農夫。註曰：三農受夫田也。○疏曰：飭，勤也。地財，穀物皆是。治絲麻以成之，謂之婦功。註曰：布帛，婦官之事。○鄭敬仲曰：記之所載，自王、公、士大夫，以至於農夫、婦功，皆有職於國者也。而百工者，事職之所主，故列於事官而爲之屬也。然上無道揆，則下無法守；朝不信道，則工不信度。三公坐而論道，則上有道揆，而朝信道，此道德之所以明也；士大夫作而行之，則下有法守，而工信度，此風俗之所以同也。先王之時，所以同風俗者，尤謹於百工，以其衣服、器械之所由出也。然則，其可不屬之以官乎？○與，音預。長，丁丈反。埶，音勢。監，古銜反。共，音恭。販，甫萬反。

粵無鎛，燕無函，秦無廬，胡無弓車。註曰：此四國者，不置是工也。鎛，田器。《詩》云"俶①乃錢鎛"，又曰"其鎛斯捣"。鄭司農云：函，讀如"國君含垢"之"含"。函，鎧也。廬，讀爲"纑"，謂矛戟柄。胡，今匈奴。○粵之無鎛也，非無鎛也，夫人而能爲鎛也。燕之無函也，非無函也，夫人而能爲函也。秦之無廬也，非無廬也，夫人而能爲廬也。胡之無弓車也，非無弓車也，夫人而能爲弓車也。註曰：言其丈夫人人皆能作是器，不煩國工。粵地塗泥多草蘵，而山出金錫，鑄冶之業，田器尤多。燕近強胡，習作甲胄。秦多細木,善作矜柲。匈奴無屋宅,田獵畜牧,逐水草而居,皆知爲弓車。○粵、越同。鎛,音博。燕,音煙。廬,魯吳反。夫人,註方無反,沈音扶。待,直里反。錢,子淺反。挏,音趙。鎧,音愷。纑,音盧。蔵,音穢。矜,巨巾反。柲,音祕。

　　知者創物,註曰:謂始闖端造器物,若《世本》作者是也。巧者述之,守之世,謂之工。註曰:父子世以相教。○知,音智。闖,音開。

　　百工之事,皆聖人之作也。註曰:事無非聖人所爲也。鑠金以爲刃,凝土以爲器,作車以行陸,作舟以行水。此皆聖人之所作也。註曰:凝,堅也。○坡謂:此申知者創物事。○鑠,始灼反。

　　天有時,地有氣,材有美,工有巧。合此四者,然後可以爲良。註曰:時,寒、溫也。氣,剛、柔也。良,善也。○材美工巧。然而不良,則不時,不得地氣也。註曰:不時,不得天時。○劉執中曰:不言不得天時、地氣,而曰"則不時,不得地氣"者,蓋東、西、南、北之異宜,在地之氣不均也。而器遷乎其地而不能良者,則於地之氣,有得、有不得之辨。若天時春、夏、秋、冬之行,孰有不同之方歟?其失之者,非時不然也,人也!○橘踰淮而北爲枳,鸜鵒不踰濟,貉踰汶則死。此地氣然也。註曰:鸜鵒,鳥也。《春秋》昭二十五年,有鸜鵒來巢,《傳》曰:"書所無也。"鄭司農云:不踰濟,無妨於中國有之。貉,或爲獌,謂善緣木之獌也。汶水,在魯北。○鄭之刀,宋之斤,魯之削,吳粵之劍,遷乎其地而弗能爲良,地氣然也。註曰:去此地而作之,則不能使良也。○疏曰:若據經所言,則鄭之刀,以此刀之鐵移向宋而作斤;宋之斤,移向鄭而作刀,皆不得爲良。○鄭剛中曰:言橘、貉、鸜鵒,賦性以生者,猶非其地則不能生,況刀、斤、削、劍之器,出於人爲者乎!引彼喻此,以見地氣之不可不順也。○燕之角,荊之幹,妢胡之笴,吳粵之金錫,此材之美者也。註曰:荊,荊州也。幹,柘也;可以爲弓弩之幹。妢胡,胡子之國,在楚旁。笴,矢幹也。《禹貢》:荊州貢"櫄、幹、栝、柏"及"箘簵、楛"。○天有時以生,有時以殺；草木有時以生，有時以死；石有時以泐；水有時以凝，有時以澤。此天時也。註曰：言百工之事，當審其時也。鄭司農云：泐，讀如"再扐而後掛"之"扐"。泐，謂石解散也；夏時，盛暑大熱則然。○坡謂：此數節，皆申巧者述之事。審時、得氣、掄材，惟巧者能之。○枳，諸氏反。鷁，其俱反。鵒，音欲。濟，子禮反。貉，音涸。汶，音問。削，思約反，又思詔反。妢，音焚。笴，干上聲。泐，音勒。澤，音亦。瑗，音袁。柘，音蔗。橘，勒倫反。箘，其隕反。簬，音路。楛，音枯。

凡攻木之工七，攻金之工六，攻皮之工五，設色之工五，刮摩之工五，搏埴之工二。註曰：攻，猶"治"也。搏之言"拍"也。埴，黏土也。故書"七"為"十"。刮，作"捖"。鄭司農云："十"當為"七"。捖摩之工，謂玉工也。捖，讀為"刮"，其事亦是也。○毛氏曰：凡此諸工，以職多者上，寡者次之，尤寡者為下。○攻木之工：輪、輿、弓、廬、匠、車、梓。攻金之工：築、冶、鳧、㮚、段、桃。攻皮之工：函、鮑、韗、韋、裘。設色之工：畫、繢、鍾、筐、㡛。刮摩之工：玉、楖、雕、矢、磬。搏埴之工：陶、瓬。註曰：事官之屬六十。此職其五材、三十工，略記其事耳。其曰某人者，以其事名官也；其曰某氏者，官有世功，若族有世業，以氏名官者也。廬，矛戟矜柲也。《國語》曰"侏儒扶廬"。梓，榎屬也。鄭司農云：鮑，讀為"鮑魚"之"鮑"。書或為"鞄"。《蒼頡篇》有"鞄䩵"。韗，讀為"歷運"之"運"。㡛，讀為"芒芒禹迹"之"芒"。楖，讀如"巾櫛"之"櫛"。瓬，讀為"甫始"之"甫"。玄謂：瓬，讀如"放於此乎"之"放"。○疏曰：某人者，若匠人、梓人、韗人、鮑人之類。此等直指事上名。官曰某氏者，義有二：一者，官有世功，以官為氏，若韋氏、裘氏、冶氏之類；二者，族有世業，以氏名官，若鳧氏、㮚氏之等。○坡謂：此二節，皆申守之世謂之工也。○刮，古八反。搏，音團。埴，時職反。㮚，音栗。韗，音運。繢，戶對反。㡛，莫黃反。楖，音即。瓬，音紡。拍，普百反。黏，女廉反。捖，音刮。侏，音朱。榎，古馬反。鞄，匹學反。䩵，如充反。放，甫罔反。

有虞氏上陶，夏后氏上匠，殷人上梓，周人上輿。註曰：官各有所尊,王者相變也。舜至質,貴陶器,甈大瓦棺是也。禹治洪水,民降丘宅,土卑宮室,盡力乎溝洫,而尊匠。湯放桀,疾禮樂之壞,而尊梓。武王誅紂,疾上下失其服飾,而尊輿。○故一器而工聚焉者,車爲多。註曰:周所尚也。○陳君舉曰:車制用在輪,故察車自輪始。輪之外鞣爲圍,圍之中,直指湊轂者爲輻。輻之所蓄而利轉者,謂之轂。轂裏之大穿,謂之賢;轂外之小穿,謂之軹;轂中空處,謂之藪。轂上橫通通載者,謂之軸。軸末以防輪而固,謂之軎。軸上橫伏而納辀者,謂之䡊。䡊上所載三面材,謂之任正。任正之上,謂之軫。輿前掩軓版,謂之陰。輿深,謂之隊。植於輿兩傍,謂之輢。蔽風塵,謂之茀。橫於兩輢而爲人所憑者,謂之式。中系驂馬內轡處,謂之觼。式下之植從者,謂之轛。兩輢之上出於式者,謂之較。較之下從者,謂之軹。以革鞁式,以皮覆式,謂之鞃。以篁衣式,謂之車帆。納轡之環,謂之䡅。著車之衆環,謂之指。有曲䡊而出,從前稍曲而上,謂之辀。辀前持衡者,謂之頸。頸下衡者,謂之衝。衝下兩馬,謂之服。服外兩馬,謂之驂。兩服之四轡,兩驂之四轡,謂之八轡。兩驂之內轡系於式,其在手者外轡,與服馬之四轡,謂之六轡。前系於衡,後系於軫,以防驂馬之入者,謂之脅驅。驂馬之系車四條,謂之靷。內兩條納於陰者,謂之陰靷。外系於軸者,謂之外靷。拘二靷以絆其背者,謂之鞶背。爲環以管外、內轡,謂之游環。削革三就當胃,謂之繁纓。鏤金以當盧,謂之錫。著鈴於兩鑣,謂之鸞。置鈴於式,謂之和。兩驂內轡,謂之勒。車上之覆則有蓋,蓋之斗,謂之部;蓋上撩,謂之弓;蓋之小柄,謂之達常。大扛長八尺,謂之桯。此車之通制也。○甈,音武。鞣,人九反。輻,音福。轂,音谷。軸,音逐。軎,音轄。辀,音舟。䡊,音濮。軓,同軏,音犯。輢,音倚。鞁,莫官反。轛,音對。較,音覺。鞃,音儀。靷,羊晉反。鞶,音顯。錫,音陽。撩,音聊。扛,虎項反。桯,音汀。

車有六等之數:註曰:車有天地之象,人在其中焉。六等之數,法《易》之三材、六畫。○車軫四尺,謂之一等;戈柲六尺有六寸,既建而迆,崇於軫四尺,謂之二等;人長八尺,崇於戈四尺,謂之三等;殳長尋有四尺,崇於人四尺,謂之四等;車戟常崇於殳四尺,謂之五等;酋矛常有四尺，崇於軹四尺，謂之六等。註曰：此所謂兵車也。軫，輿後橫木。崇，高也。八尺曰"尋"，倍尋曰"常"。殳長丈二。戈、殳、戟、矛，皆插車輢，鄭司農云：迤，讀爲"倚移從風"之"移"，謂著戈於車邪倚也。酋，發聲直謂"矛"。○楊謹仲曰：此以軫爲輿後橫木，後注以軫爲輿，故學者惑焉。軫，正是"輿"之名。蓋四畔各以木加於輿上，以閑其所載，《詩》所謂"俴收"也。其四方則象地，故曰"軫方象地"，惟四畔皆木也。故論軫之高，則以後橫木爲度，六分其廣，以一爲軫圍。車廣六尺六寸，則是輿後橫木圍一尺一寸，徑三寸三分寸之二，輪六尺六寸。故軹高三尺三寸，并後軫與轐七寸，共高四尺。故指後橫木爲高之度。軫之義，不止後橫木也。○車謂之六等之數。註曰：申言數也。○柲，音秘。迤，以氏反。殳，音殊。酋，在由反。著，丁略反。邪，似嗟反。俴，在演反。

凡察車之道，必自載於地者始也；是故察車自輪始。註曰：先視輪也。自，從也。○坡謂：凡車材皆載於輪上，惟輪載於地。○凡察車之道，欲其樸屬而微至。不樸屬，無以爲完久也；不微至，無以爲戚速也。註曰：樸屬，猶附著堅固貌也。齊人有名疾爲戚者，《春秋傳》曰"蓋以操之爲已戚矣"。速，疾也。微至，謂輪至地者少，言其圜甚，著地者微耳。著地者微，則易轉，故不微至，無以爲戚速。○鄭剛中曰：察車之道，必觀乎輪；而觀輪之法，又自有術。○輪已崇，則人不能登也；輪已庳，則於馬終古登阤也。註曰：已，大也，甚也。崇，高也。齊人之言"終古"，猶言"常"也。阤，阪也。輪庳，則難引。○毛氏曰：輪樸屬而微至，固盡善矣；而高下，又不可以無節。○故兵車之輪，六尺有六寸；田車之輪，六尺有三寸；乘車之輪，六尺有六寸。註曰：此以馬大小爲節也。兵車，革路也。田車，木路也。乘車，玉路、金路、象路也。兵車、乘車，駕國馬；田車，駕田馬。○六尺有六寸之輪，軹崇三尺有三寸也，加軫與轐焉，四尺也。人長八尺，登下以爲節。註曰：此車之高者也。軫，輿也。鄭司農云：軹，𨏣也。轐，讀爲"旟僕"之"僕"，謂伏兔也。玄謂：軹，轂末也。此軫與轐，并七寸，田車又宜減焉。乘車之軌,廣取數於此。軌廣八尺,旁出輿亦七寸也。○疏曰:車輿六尺有六寸,軌廣謂轍。廣轍八尺,則車輿外旁出輿兩相各七寸。七寸之數,取於軫轐之數也。○趙氏曰:轐置於輪輻軸上,如兩短柱,以承軫者。○屬,章欲反。戚,音促。庳,音婢。阤,堂何反。阪,音反。轐,音卜。軎,音衛。

輪　人

○輪人爲輪,斬三材必以其時。註曰:三材,所以爲轂輻牙也。斬之以時,材在陽,則中冬斬之;在陰,則中夏斬之。今世轂用雜榆,輻以檀,牙以橿也。○三材既具,巧者和之。註曰:調其鑿內而合之。○轂也者,以爲利轉也;輻也者,以爲直指也;牙也者,以爲固抱也。註曰:利轉者,轂以無有爲用也。鄭司農云:牙,讀如"跛者讶跛"之"讶",謂輪輮也。世間或謂之罔,書或作"輮"。○輪敝,三材不失職,謂之完。註曰:敝盡而轂、輻、牙不動。○牙,音讶。中,音仲。橿,居良反。內,同"枘",如銳反。

望而視其輪,欲其幎爾而下迤也;進而視之,欲其微至也;無所取之,取諸圜也。註曰:輪,謂牙也。幎,均致貌也。進,猶行也。微至,至地者少也,非有他也,圜使之然也。○疏曰:望而視之,謂車停止時。下迤者,謂輻轂上轂下,兩兩相當,正直不旁迤。○趙氏曰:此段是分別察輪之節目,據牙、輻、轂、綆四者而言,皆謂輪已成,而視其所作之善否,非謂方制輪之時。上文以轂爲先,輻次之,牙次之,自內言之至於外也;此以輪爲先,輻次之,轂次之,自外以及內也。方其制輪,則自內以及外;及其既成而視之,則自外以及內。事之序如此。○幎,音覓。綆,讀爲"餅",音丙。下同。

望其輻,欲其揱爾而纖也;進而視之,欲其肉稱也;無所取之,取諸易直也。註曰:揱纖,殺小貌也。肉稱,弘殺好也。鄭司農云:揱,讀爲"紛容揱參"之"揱"。玄謂:如"桑螵蛸"之"蛸"。○疏曰:凡輻,皆向轂處大,向牙處小。言揱纖,據牙處小而言也。肉稱,向轂爲稱。○揱,音蕭,又音朔。稱,尺證反。易,以豉反。殺,色界反。參,所林反。螵,毗昭反。蛸,音蕭。

望其轂,欲其眼也;進而視之,欲其幬之廉也;無所取之,取諸急也。註曰:眼,出大貌也。幬,幔轂之革也。革急,則裹木廉隅見。鄭司農云:眼,讀如"限切"之"限"。○眼,魚懇反。幬,音蹈,一音疇。幔,莫干反。裹,音果。見,賢遍反。

視其綆,欲其蚤之正也。註曰:蚤,讀爲"爪",謂輻入牙中者也。鄭司農云:綆,讀爲關東言"餅"之"餅",謂輪箄也。玄謂:輪雖箄,爪牙必正也。○察其菑蚤不齵,則輪雖敝,不匡。註曰:菑,謂輻入轂中者也。菑與爪不相佹,乃後輪敝盡不匡剌也。鄭司農云:菑,讀如"雜廁"之"廁",謂建輻也。泰山平原所樹立物爲菑,聲如胾,博立梟棊亦爲菑。匡,枉也。○疏曰:人之牙齒參差,謂之"齵"。○綆,音餅。蚤,音爪。下同。菑,側吏反。齵,五構反。箄,薄歷反。佹,九委反。剌,洛葛反。胾,則吏反。梟,古堯反。

凡斬轂之道,必矩其陰陽。註曰:矩,謂刻識之也。○疏曰:此欲斬轂之時,先就樹刻之,記識其向日爲陽,背日爲陰之處。必記之者,爲後以火養其陰故也。○陽也者,稹理而堅;陰也者,疏理而柔。是故,以火養其陰而齊諸其陽,則轂雖敝,不藃。註曰:稹,致也。火養其陰,炙堅之也。鄭司農云:藃,當作"耗"。玄謂:藃,藃暴。陰柔後必橈減,幬革暴起。○疏曰:言以火養炙陰柔之處,使堅與陽齊等也。○轂小而長則柞,大而短則摯。註曰:鄭司農云:柞,讀爲"迫唶"之"唶",謂輻間柞狹也。摯,讀爲"縶",謂輻危縶也。玄謂:小而長則菑中弱,大而短則轂末不堅。○是故六分其輪崇,以其一爲之牙圍。註曰:六尺六寸之輪,牙圍尺一寸。參分其牙圍,而漆其二。註曰:不漆其踐地者也。漆者七寸三分寸之一,不漆者三寸三分寸之二。令牙厚一寸三分寸之二,則内外面不漆者,各一寸也。椁其漆内而中詘之,以爲之轂長,以其長爲之圍。註曰:六尺六寸之輪,漆内六尺四寸,是爲轂長三尺二寸,圍徑一尺三分寸之二也。鄭司農云:椁者,度兩漆之内相距之尺寸也。○以其圍之阞捎其藪。註曰:捎,除也。阞,三分之一也。鄭司農云：捎，讀爲"桑蠥蛸"之"蛸"；藪，讀爲"蜂藪"之"藪"，謂轂空壺中也。玄謂：此藪，徑三寸九分寸之五。壺中，當輻菑者也。蜂藪者，猶言趨也。藪者，衆輻之所趨也。○疏曰：車轂之法，其孔必大頭寬，小頭狹。當輻入處謂之藪，寬狹處中而已。阞者，三分之一也；於前一尺三分寸之二，三分取一，以除空中當藪之處，使容車轂也。○五分其轂之長，去一以爲賢，去三以爲軹。註曰：鄭司農云：賢，大穿也；軹，小穿也。玄謂：此大穿，徑八寸十五分寸之八；小穿，徑四寸十五分寸之四。大穿甚大，似誤矣。大穿實五分轂長去二也。去二，則得六寸五分寸之二。凡大、小穿，皆謂金也。今大、小穿金，厚一寸，則大穿穿內徑四寸五分寸之二，小穿穿內徑二寸十五分寸之四。如是，乃與藪相稱也。○疏曰：上經言轂空壺中，此言轂大小兩頭。○容轂必直，陳篆必正，施膠必厚，施筋必數，幬必負幹。註曰：鄭司農云：讀容上屬曰"軹容"。玄謂：容者，治轂爲之形容也。篆，轂約也。幬負幹者，革轂相應，無贏不足。○趙氏：轂約不專指軹而言，蓋轂以革鞔之，約，謂鞔也。於鞔之上而飾以采色，如《巾車》"孤乘夏篆"，註亦謂"夏篆，五采畫轂約也"。陳設其篆采之文，則欲正而不邪。○既摩，革色青白，謂之轂之善。註曰：謂丸漆之乾，而以石摩平之。革色青白，善之徵也。○疏曰：此謂以革鞔轂訖，將漆之，先以骨丸之；待乾，以石摩之。色青白，則善也。○積，之忍反。藪，呼暴反。柞，莊百反。摯，註讀"槷"，魚列反。詘，丘勿反。阞，音勒。捎，音簫。藪，素口反。篆，直轉反。膠，音交。識，音志。耗，呼報反。暴，步莫反。橈，乃孝反。碏，莊百反。數，色角反。鞔，莫官反。乾，音干。

參分其轂長，二在外，一在內，以置其輻。註曰：轂長三尺二寸者，令輻廣三寸半，則輻內九寸半，輻外一尺九寸。○凡輻，量其鑿深，以爲輻廣。註曰：廣深相應，則固足相任也。輻廣而鑿淺，則是以大扤；雖有良工，莫之能固。註曰：扤，搖動貌。鑿深而輻小，則是固有餘，而彊不足也。註曰：言輻弱，不勝轂之所在也。○疏曰：鑿深而輻小者，謂轂大，故鑿得深。○故竑其輻廣以爲之弱，則雖有重任，轂不折。註曰：言力相稱也。

弱,菡也;今人謂蒲本在水中者爲弱,是其類也。鄭司農云:紘,讀如"紘綖"之"紘",謂度之。○疏曰:力相稱者,止謂輻廣與鑿深相稱。蒲本在水爲菡,則此弱亦是輻入轂中者也。○參分其輻之長而殺其一,則雖有深泥,亦弗之溓也。註曰:殺,衰小也。鄭司農云:溓,讀爲"黏",謂泥不黏着輻也。○疏曰:假令輻除入轂之中,其外長三尺,則殺一尺以向牙,以本粗末細,塗則向下利,故泥不黏着之。○參分其股圍,去一以爲骹圍。註曰:謂殺輻之數也。鄭司農云:股,謂近轂者也;骹,謂近牙者也。方言,股以喻其豐,故言骹以喻其細。人脛,近足者細於股,謂之骹;羊脛,細者亦謂骹。○疏曰:上經云"殺其一"者,據長短之中,殺一分;此經三分殺一,據本麤末細而言。○揉輻必齊,平沈必均。註曰:揉,謂以火槁之,衆輻之直齊如一也。平沈,平漸也。鄭司農云:平沈,謂浮之水上無輕重。直以指牙,牙得,則無槷而固;註曰:得,謂倨句鑿內相應也。鄭司農云:槷,搣也。蜀人言"搣"曰"槷"。玄謂:槷,讀如"涅",從木,熱省聲。不得,則有槷,必足見也。註曰:必足見,言槷大也。然則,雖得猶有槷,但小耳。○鄭剛中曰:輻直而倨,牙曲而句,倨句之勢,難乎相得。苟輻之直而指牙,牙與輻二者相入,而各得其正,雖無槷,亦固也,況於有槷乎?槷,楔也。若夫佹戾各不相得,雖有木以槷之,其槷不隱,必有時而見矣。足見,謂其槷之大也。輻之入牙,未必不用槷而能固者也。但二者相得,則有槷而小,似無槷焉,其勢亦固;不相得,則有槷必大,雖大亦不能固。上云"無槷而固",非無也,必其相得若無也。○量,音良。扤,五骨反。深,尸鳩反。下同。彊,其良反。紘,獲耕反。殺,色界反。溓,註作"黏",女廉反。骹,胡飽反。揉,如九反。槷,魚列反。見,賢遍反。紘,音宏。菡,音弱。麤,音粗。倨,音據。句,古侯反。鑿內,如銳反。搣,素結反。涅,乃結反。楔,音屑。佹,音詭。

六尺有六寸之輪,綆參分寸之二,謂之輪之固。註曰:輪箄,則車行不掉也。參分寸之二者,出於輻股鑿之數也。○趙氏曰:蓋凡造車,必置綆於輻外,一頭入轂,一頭入牙,所以遮護撐住著輪,使行時不至於搖扤也。三分寸之二，謂綆在輻外近轂處。輻廣三寸半，輻是側安者，此處甚高，必礙住綆。綆不容與輻一般排鑿孔，使兩頭俱入牙，所以鑿轂與牙之時，綆鑿孔向外侵三分寸之二。疏雖只說鑿牙，其實兼轂而言，蓋綆那頭必入轂故也。所謂三分寸之二者，以一寸三分之，而得其二也。以數計之，則綆離輻菑爪鑿孔六分有奇，如此則綆不被輻，高處閣起又輔助住輻。輻有倚靠，則車行不掉，輪自堅固，所以謂之輪之固也。據"輪人爲蓋"疏云："則向外謂近輿處，綆是安在輪之內面，外面無有綆；或謂綆兩頭俱入於牙，不入於轂。"此說不然。蓋輻中間高閣住綆，綆如何俱入於牙得？若使綆一頭不入於轂，皆入於牙，註當言出於輻骹鑿數，不當言輻股矣。輻股是近轂處故也。○綆，方穎反。掉，徒弔反。撐，丑庚反。

凡爲輪，行澤者欲杼，行山者欲侔。註曰：杼，謂削薄其踐地者。侔，上下等。杼以行澤，則是刀以割塗也，是故塗不附；註曰：附，著也。侔以行山，則是搏以行石也，是故輪雖敝，不甑於鑿。註曰：搏，圜厚也。鄭司農云：不甑於鑿，謂不動於鑿中也。玄謂：甑，亦敝也。以輪之厚，石雖嚙之，不能敝其鑿旁使之動。○凡揉牙，外不廉，而內不挫，旁不腫，謂之用火之善。註曰：廉，絕也。挫，折也。腫，瘣也。○疏曰：古者車輞屈一木爲之。凡屈木，多外廉絕理，內挫折中，旁腫負起。無此三疾，是用火之善也。○杼，直呂反。搏，音團。甑，音名。挫，作臥反。瘣，胡罪反。輞，音罔。

是故，規之，以視其圜也；註曰：輪中規，則圜矣。萭之，以視其匡也；註曰：等爲萭蔞以運輪上，輪中萭蔞，則不匡剌也。萭，鄭司農云：書或作"矩"。○趙氏曰：輪，圜物也；中規，則可，如何欲其中矩？蓋以規合之，固可驗其不員處；以矩合之，其四方四角有不員處，亦可因矩以驗之。縣之，以視其輻之直也；註曰：輪輻三十，上下相直，從旁以繩縣之，中繩則鑿正輻直矣。水之，以視其平沈之均也；註曰：平漸其輪無輕重，則斲材均矣。○疏曰：兩輪俱置水中。量其藪以黍，以視其同也；註曰：黍滑而齊，以量兩壺，無贏不足，則同。○疏曰：謂兩輪俱用黍量，視其容受同不？權之，以視其輕重之侔也。註曰：侔，等也。稱兩輪鈞石同，則等矣。輪有輕重，則引之有難易。○故可規、可萬、可水、可縣、可量、可權也，謂之國工。註曰：國之名工。○易彥祥曰：此又總括輪人一篇之意。大抵注目而視方員，不如付諸規矩之爲公；膽口而議平直，不如付諸準繩之爲審；援手而度多寡輕重，不如付諸權量之爲當。六者設，則天下之爲方員、平直、多寡、輕重者，皆不能外是，固不容加毫末於其間也。○萬，姜禹反。縣，音懸。蔞，良主反。

○輪人爲蓋，疏曰：輪輻三十，蓋弓二十有八。器類相似，故因遣輪人造蓋。

達常圍三寸；註曰：圍三寸，徑一寸也。鄭司農云：達常，蓋斗柄下入杠中也。○王光遠曰：蓋之制：上爲部，中爲達常，下爲桯，旁爲弓。達常小於桯，桯小於部，故非部無以納弓於其旁，非桯無以含達常於其中。○桯圍倍之，六寸。註曰：圍六寸，徑二寸，足以含達常。鄭司農云：桯，蓋杠也。讀如"丹桓宮楹"之"楹"。○信其桯圍以爲部廣，部廣六寸，註曰：廣，謂徑也。鄭司農云：部，蓋斗也。○疏曰：此言蓋之斗，四而鑿孔，內蓋弓者。○部長二尺。註曰：謂斗柄達常也。○疏曰：此部，即達常。以此達常，上入部中，遂名此。遠常爲部，其實是達常也。○桯長倍之，四尺者二。註曰：杠長八尺，謂達常以下也；加達常二尺，則蓋高一丈，立乘也。○桯，讀楹，音盈。信，音申。廣，古曠反。杠，音江。

十分寸之一謂之枚。註曰：爲下起數也，枚一分。故書"十"與上"二"合爲"二十"字。杜子春云：當爲四尺者，二十分寸之一。○部尊一枚，註曰：尊，高也。蓋斗上隆高，高一分也。○弓鑿廣四枚，鑿上二枚，鑿下四枚，註曰：弓，蓋橑也。廣，大也。是爲部厚一寸。○鑿深二寸有半，下直二枚，鑿端一枚。註曰：鑿深對爲五寸，是以不傷達常也。○疏曰：此經說蓋斗之上鑿孔，內弓二十八；孔之上下、廣狹之義。○趙氏曰：下直二枚者，上云"鑿下四枚"，今於內畔於下，亦四枚，與外正平。故經謂之"下直"。上云"鑿上二枚",今於内畔孔低二分鑿上,亦四枚。故經謂之"二枚",下直鑿之下;二枚,鑿之上。此一句指兩事而言也。鑿端一枚者,謂部高一寸;今鑿上、鑿下俱四枚,其中只有二枚在。以二枚之中,取一枚鑿深放尖,故云"鑿端一枚"。端,謂鑿頭也。所以如此,以弓外、畔上、下方、正大四枚。今於弓入鑿内處,平剡其弓下畔二分;於弓尖處,又削去一分,以納入鑿中,使與鑿孔恰好相應。如此,則弓向處頭仰,卻以蓋弓三分之,近部一分揉放低,外二分爲宇曲,又以衣蒙之,則弓雖低,而其力常健;雖曲,不至一向低斜。此皆仰其弓,故如此。若俯其弓,則弓自部以下,皆低而蔽目矣。先儒言"鑿上二枚,鑿下四枚",指鑿之外也;"下直二枚",指鑿之内也,鑿廣而内狹,上低而下正,先高而揉之使下,弓本仰而覆之使俯,斯言盡之矣。○鑿,才報反。撩,音老。

弓長,六尺謂之庇軹,五尺謂之庇輪,四尺謂之庇軫。註曰:庇,覆也。杜子春云:謂覆軡也。玄謂:軹,轂末也。輿廣六尺六寸,兩轂并六尺四寸,旁減軌内七寸,則兩軹之廣凡丈一尺六寸也。六尺之弓倍之,加部廣,凡丈二尺六寸。有宇曲之減,可覆軹,不及軡。○疏曰:上云以"其轂長,二在外,一在内,以置其輻",輻内九寸半,綆三分寸之二,金轄之間三分寸之一,輻又三寸半,總尺四寸。以此計之,以七寸承輿,七寸爲軌,凡減一尺四寸,則兩軹之廣才丈一尺六寸也。○庇,筆肆反。軡,音管。

參分弓長而揉其一。註曰:參分之,持長撓短。短者近部而平,長者爲宇曲也。六尺之弓,近部二尺,四尺爲宇曲。○疏曰:撓而曲之謂之"揉"。必撓近部二尺者,以其本鑿弓孔時,外畔弓上二枚,弓下四枚,内畔上下俱四枚,由弓頭仰,故須近部撓之使平,向下四尺持之爲宇曲,吐水也。○參分其股圍,去一以爲蚤圍。註曰:蚤,當爲"爪"。以弓鑿之,廣爲股圍,則寸六分也。爪圍一寸十五分寸之一。○疏曰:此言弓近蓋斗粗,近末頭細之意。

參分弓長,以其一爲之尊。註曰:尊,高也。六尺之弓,上近部平者二尺,爪末下於部二尺,二尺爲句,四尺爲弦,求其股,股十二除之,面三尺幾半也。○鄭剛中曰:前云"部尊一枚",言部之高耳。若弓之入部,則三分其長,以其一爲之尊。假如六尺之弓,則以二尺近部爲高也。○上欲尊而宇欲卑,註曰:上,近部平者也。隤下曰"宇"。上尊而宇卑,則吐水疾而霤遠。註曰:蓋者,主爲雨設也。乘車無蓋。禮所謂"潦車",謂蓋車輿。○霤,力又反。隤,大回反。

蓋已崇,則難爲門也;蓋已卑,是蔽目也。是故,蓋崇十尺。註曰:十尺,其中正也。蓋十尺,宇二尺,而人長八尺。卑於此,蔽人目。○鄭剛中曰:車出入乎門,蓋太高,則門不能容人立乘乎車;蓋太卑,則目無所見。古人制蓋之法,欲無害于門,欲不蔽乎目,故以十尺爲度。○良蓋弗冒、弗紘、殷畝而馳不隊,謂之國工。註曰:隊,落也。善蓋者,以橫馳於壟上,無衣若無紘,而弓不落也。○坡謂:弗紘,謂有衣而弗係以組也。○紘,户耕反。殷,音隱。隊,直類反。

輿　　人

○輿人爲車,輪崇、車廣、衡長,參如一,謂之參稱。註曰:稱,猶"等"也。車,輿也。衡亦長,容兩服。○疏曰:參如一者,謂俱六尺六寸也。驂馬別有鞅鬲引車,故衡唯容服馬也。○稱,尺證反。鞅,古侯反。鬲,同"軶",於革反。

參分車廣,去一以爲隧。註曰:兵車之隧,四尺四寸。鄭司農云:隧,謂車輿深也。讀如"鑽燧改火"之"燧"。玄謂:讀如"邃宇"之"邃"。○參分其隧,一在前,二在後,以揉其式。註曰:兵車之式,深尺四寸三分寸之二。○薛士隆曰:植於車輿兩旁爲輢,橫於兩輢,在車前爲人所憑者,爲式。○以其廣之半爲之式崇。註曰:兵車之式,高三尺三寸。○以其隧之半爲之較崇。註曰:較,兩輢上出式者。兵車自較而下,凡五尺五寸。○疏曰:較,謂車輿兩相,今人謂之平鬲也。言兩輢,謂車相兩旁豎之者。二者既別而云爾者,以其較之兩頭,皆置于輢上,二木相附,故據兩輢出式言之。○六分其廣,以一爲之軫圍。註曰：軫，輿後橫者也。兵車之軫，圍尺一寸。○參分軫圍，去一以爲式圍。註曰：兵車之式，圍七寸三分寸之一。○參分式圍，去一以爲較圍。註曰：兵車之較，圍四寸九分寸之八。○毛氏曰：輢，植乎輿之四隅，較式附焉。而不言其圍者，舉較則輢可知。○參分較圍，去一以爲軹圍。註曰：兵車之軹，圍三寸二十七分寸之七。軹，輢之植者，衡者也，與轂末同名。○疏曰：此軹，是車較下豎直者，及較下衡者，並縱橫相貫也。○參分軹圍，去一以爲轛圍。註曰：兵車之轛，圍二寸八十一分寸之十四。轛，式之植者，衡者也。轛者，以其鄉人爲名。○疏曰：此轛形狀，一與前經軹同；但在式木之下，對人爲言耳。○隧，音遂。註"燧"、"邃"同。較，古學反。轛，音對。輢，音倚。鄉，許亮反。

圜者中規，方者中矩，立者中縣，衡者中水，直者如生焉，繼者如附焉。註曰：治材、居材，如此乃善也。如生，如木從地生；如附，如附枝之弘殺也。○中，丁丈反。縣，音懸。殺，色界反。

凡居材，大與小無并。大倚小，則摧；引之，則絕。疏曰：上言"居材"，得所此言，不得所之事。并，偏邪相就也。倚則并也。凡居材，當各自用力。若使大材倚并小材，小材強，不堪大材所倚，則摧折；若小并於大，大木振其小木，力不搛，則斷絕也。

棧車欲弇，註曰：爲其無革鞔，不堅，易坼壞也。士乘棧車。○疏曰：無革鞔，輿易可坼壞，故當弇，向內爲之。飾車欲侈。註曰：飾車，謂革鞔輿也。大夫以上革鞔輿。○疏曰：侈，謂向外侈也。○棧，才產反。弇，於驗反。鞔，莫干反。易，以豉反。坼，勅白反。

輈　　人

○輈人爲輈。註曰：輈，車轅也。《詩》云："五楘梁輈。"○疏曰：於三十工，無《輈人》之官；但車事是難，故車官別主此職也。○輈有三度，軸有三理。註曰：目下車②度淺深之數。○易彥祥曰：軸以貫轂，持輪之一器，於輈人何與？而言於三度之後者，軸待輈而後運，輈待軸而後行，其勢實相資焉。○輈，張留反。楘，音木。

　　國馬之輈，深四尺有七寸；註曰：國馬，謂種馬、戎馬、齊馬、道馬，高八尺。兵車、乘車，軹崇三尺有三寸，加軫與轐七寸，又幷此輈深，則衡高八尺七寸也。除馬之高，則餘七寸爲衡頸之間也。鄭司農云：深四尺七寸，謂轅曲中。○薛士隆曰：輈之形，自從軓前梢曲而上，至衡下，其頸以持衡，其曲如屋之梁焉。○田馬之輈，深四尺；註曰：田車，軹崇三尺一寸半，幷此輈深而七尺一寸半。今田馬七尺，衡頸之間亦七寸，則軫與轐五寸半，則衡高七尺七寸。○駑馬之輈，深三尺有三寸。註曰：輪軹與軫轐大小之減，率寸半也。則駑馬之車，軹崇三尺，加軫與轐四寸，又幷此輈深，則衡高六尺七寸也。今駑馬六尺，除馬之高，則衡頸之間亦七寸。○率，音律。

　　軸有三理：一者以爲媺也，註曰：無節目也。二者以爲久也，註曰：堅刃也。三者以爲利也。註曰：滑密。○媺，音美。

　　軓前十尺，而策半之。註曰：謂輈軓以前之長也。策，御者之策也。"十"，或作"七"。合七爲弦，四尺七寸爲鉤，以求其股，股則短矣，七非也。鄭司農云：軓，謂式前也。書或作"軌"。玄謂：軓，是軓法也。謂輿下三面之材，輈式之所樹，持車正也。○疏曰：軓，謂車式。式前十尺謂轅曲中，而策半之，則五尺矣。○趙氏曰：據下文軓"中有灂"，則輿上置隧處，乃是軓，正在隧之下，式之前。蓋輈身長一丈四尺四寸，入輿隧下，隧以前只有十尺，以此見軓即隧之下面，隧外空著一分輿，軓即是閣住隧版之木橫子。謂之軓者，取其在下持住車，有爲則爲法之意。○軓，音犯。註"軌"音同。灂，子肖反。

　　凡任木，註曰：目車持任之材。任正者，十分其輈之長，以其一爲之圍；衡任者，五分其長，以其一爲之圍。小於度，謂之無任。註曰：任正者，謂輿下三面材，持車正者也。輈，軓前十尺，與隧四尺四寸，凡丈四尺四寸，則任正之圍，尺四寸五分寸之二。衡任者，謂兩軛之間也。兵車、乘車，衡圍一尺三寸五分寸之一。無任，言不勝其任。○疏曰：名"任正"者，此木任力，車輿所取正，以其兩輈之所樹於此木，較式依於兩輈，故曰"任正"也。衡任，謂兩軛之間，當輈頸之處，費力之所者也。○軛，於革反。勝，音升。

　　五分其軫間，以其一為之軸圍。註曰：軸圍亦一尺三寸五分寸之一，與衡任相應。○疏曰：軫間，即輿廣與衡長俱六尺六寸。

　　十分其輈之長，以其一為之當兔之圍。註曰：輈當伏兔者也，亦圍尺四寸五分寸之二，與任正者相應。○疏曰：當兔，謂輿下當橫軸之處。○參分其兔圍，去一以為頸圍。註曰：頸前持衡者，圍九寸十五分寸之九。○趙氏曰：疏云：衡在輈頸之下，其頸於前向下，持制衡扃之轅。觀"向下"二字，知輈過頸處，又低下去。禮書亦云：輈從軓前微曲而上，至衡則向下勾之。○五分其頸圍，去一以為踵圍。註曰：踵，後承軫者也。圍七寸七十五分寸之五十一。

　　凡揉輈，欲其孫而無弧深。註曰：孫，順理也。弧，木弓也。凡弓引之中參。中參深之極也。揉輈之倨句，如二可也，如三則深，傷其力。○疏曰：揉者，以火揉，使曲也。揉之欲使順理，無得如弓之深。弓之深，太曲也。○今夫大車之轅摯，其登又難；既克其登，其覆車也必易。此無故，惟轅直且無橈也。註曰：大車，牛車也。摯，輈也。登，上阪也。克，能也。○疏曰：牛車自在下車人，今於此說"大車"者，輈人造輈，主為四馬車轅。因說駕牛者，亦須曲橈之意。○王光遠曰：摯，言其至，謂其勢直而下至也。○是故大車平地，既節軒摯之任；及其登阤，不伏其轅，必縊其牛。此無故，惟轅直且無橈也。註曰：阤，阪也。○王光遠曰：軒，言其高而上于。摯，言其輕而下至。既節軒摯之任，則高下適中，而無上于、下至之患。○坡謂：登阤之時，轅直而柔，則牛挽而下之，必伏其轅。轅堅，牛挽之不下，則組急而縊牛頸。以意度之自見。○故登阤者，倍任者也，猶能以登；及其下阤也，不援其邸，必緧其牛後。此無故，惟轅直且無橈也。註曰：倍任，用力倍也。

433

○王光遠曰：由此觀之，則轅雖不可以過曲，亦不可以不曲。此輈之三度，所以其深皆有常數也。○坡謂：援，拔也。邸，大車後也。下阤之時，苟轅直無橈，牛行急，則必拔車後而覆之；牛行緩，則必縋絆牛後，亦能覆車。度之亦見。○孫，音遜。弧，音胡。覆，芳服反。易，以豉反。橈，音閙。邸，丁禮反。縋，音秋。縊，於計反。輈，音周。輕，音智。

是故輈欲頎典。註曰：頎典，堅刃貌。鄭司農云：頎，讀爲"懇"，典讀爲"殄"。駰車之轅，率尺所一縛，懇典似謂此也。○疏曰：此已下，還説四馬車轅。○輈，深則折，淺則負。註曰：揉之太深傷其力，馬倚之則折也；揉之淺，則馬善負之。○輈，注則利準，利準則久，和則安。註曰：故書"準"作"水"。鄭司農云：注則利水，謂轅脊上兩注，令水去利也。玄謂：利水重讀，似非也。注則利，謂輈之揉者形如注星，則利也。準則久，謂輈之在輿下者，平如準，則能久也。和則安，注與準者和，人乘之則安。○坡謂：注星，張星也。○輈，欲弧而無折，經而無絶。註曰：揉輈太深，則折也。經，亦謂順理也。進，則與馬謀；退，則與人謀。註曰：言進退之易，與人馬之意相應。馬行主於進，人則有當退時。○王光遠曰：馬所以駕車，車之進，則以馬行爲主，故"進，則與馬謀"；人所以馭馬，車之退，則以人馭爲主，故"退則與人謀"。終日馳騁，左不楗；註曰：杜子春云：楗，讀爲"蹇"。左面不便，馬苦蹇。輈調善，則馬不蹇也。書"楗"，或作"券"。玄謂：券，今"倦"字也。輈和，則久馳騁；載在左者，不罷倦。尊者在左。行數千里，馬不契需；註曰：鄭司農云：契，讀爲"爰契我龜"之"契"。需，讀爲"畏需"之"需"，謂不傷蹄，不需道里。終歲御，衣衽不敝。註曰：衽，謂裳也。此唯輈之和也。註曰：和則安。是以然也，謂進則與馬謀而下。○毛氏曰：終日馳騁，一日之事也。行數千里，一月之事也。終歲御，一歲之事也。一日之間，左可楗而不楗。一月之間，馬可病而不病。一歲之間，衣可敝而不敝。豈非輈之和而然歟？上曰"和則安"，所謂安者，非特君子安乘而已，馬與御者皆安焉，是之謂安。○勸登馬力，註曰：登，上也。軓和,勸馬用力。馬力既竭,軓猶能一取焉。註曰:馬止,軓尚能一前取道,喻易進。○頎,苦狠反。典,音珍。楗,音倦。契,苦結反。罷,音皮。

良軓環灂,自伏兔不至軓七寸,軓中有灂,謂之國軓。註曰:伏兔至軓,蓋如式深。兵車、乘車,式深尺四寸三分寸之二。灂下至軓七寸,則是半有灂也。軓有筋膠之被,用力均者,則灂遠。鄭司農云:灂,讀爲"灂酒"之"灂"。環灂,謂漆沂鄂如環。○疏曰:"自伏兔不至軓七寸"者,是從内向外之言;更云"軓中有灂",則七寸外,軓内乃有灂。○灂,子肖反,一音在學反。沂,魚巾反。

軫之方也,以象地也。蓋之圜也,以象天也。輪輻三十,以象日月也。蓋弓二十有八,以象星也。註曰:輪象日月者,以其運行也。日月三十日而合宿。

龍旂九斿,以象大火也。註曰:交龍爲旂,諸侯之所建也。大火,蒼龍宿之心,其屬有尾,尾九星。○疏曰:自此以下,爲上造車,車上皆建旌旂,故因説斿旗之義也。然此以下九斿、七斿、六斿、四斿之旌旗,皆謂天子自建,非謂臣下。知者以此九、七、六、四不與臣下命相當故也。若臣下,則皆依命數。然天子以十二爲節,而今有九、七、六、四者,蓋謂上得兼下也。○鳥旟七斿,以象鶉火也。註曰:鳥隼爲旟,州里之所建。鶉火,朱鳥宿之柳,其屬有星,星七星。○熊旗六斿,以象伐也。註曰:熊虎爲旗,師都之所建。伐屬白虎宿,與參連體而六星。○龜蛇四斿,以象營室也。註曰:龜蛇爲旐,縣鄙之所建。營室,玄武宿與東壁連體而四星。○陳用之曰:旂以交龍,所以寓其仁;旟以鳥隼,所以寓其禮。而其數以九、以七者,爲其主陽也。旗以熊虎,所以寓其義;旐以龜蛇,所以寓其智。而其數以六、以四者,爲其主陰也。○弧旌枉矢,以象弧也。註曰:《覲禮》曰:侯氏"載龍旂,弧韣",則星旗之屬,皆有弧也。弧以張縿之幅,有衣謂之韣。又爲設矢,象弧星有矢也。妖星有枉矢者,蛇行有尾,因此云枉矢,蓋畫之。○劉執中曰:龍旂以下,皆所以象德也。有德必有威,故繼之以"弧旌枉矢,以象弧也"。○斿,音留。伐,扶廢反。宿,音秀。韣,音獨。緵,所銜反。

攻金之工,築氏執下齊,冶氏執上齊,鳧氏爲聲,栗氏爲量,段氏爲鎛器,桃氏爲刃。註曰:多錫爲"下齊",大刃、削殺矢、鑒燧也。少錫爲"上齊",鐘、鼎、斧、斤、戈、戟也。聲,鐘、錞于之屬。量,豆區鬴也。鎛器,田器錢、鎛之屬。刃,大刀、刀劍之屬。○疏曰:下齊、上齊,據下文六等言之,四分已上爲上齊,三分已下爲下齊。若然,鳧氏入上齊,桃氏入下齊,其栗氏、段氏,亦當入上齊中。○齊,才細反。段,丁亂反。錞,音淳。區,烏侯反。鬴,音輔。錢,子淺反。

金有六齊:註曰:目和金之品數。六分其金而錫居一,謂之鐘鼎之齊;五分其金而錫居一,謂之斧斤之齊;四分其金而錫居一,謂之戈戟之齊;參分其金而錫居一,謂之大刃之齊;五分其金而錫居二,謂之削殺矢之齊;金錫半,謂之鑒燧之齊。註曰:鑒燧,取水火於日月之器也。鑒,亦"鏡"也。凡金多錫則忍,白且明也。○鄭剛中曰:攻金之工,獨無爲鼎、爲斧斤、爲鑒燧之工。鼎,亦鐘之屬,可附於鳧氏之官;斧斤,亦上齊,可附於戈、戟之列;鑒燧獨無所可附。意者:自有鑒燧之工執中齊,記者亡之爾。○忍,柔。忍之忍,今作"靭"。

築　　氏

○築氏爲削,長尺,博寸,合六而成規。註曰:今之"書刀"。○疏曰:漢時蔡倫造紙,秦蒙恬造筆。古者未有紙筆,則以削刻字。至漢,雖有紙筆,仍有書刀,是古之遺法也。若然,則經"削"反張爲之,若弓之反張,以合九合、七合、五成規也。欲新而無窮,註曰:謂其利也。鄭司農云:常如新無窮已。敝盡而無惡。註曰:鄭司農云:謂鋒鍔俱盡,不偏索也。玄謂:刀也,脊也,其金如一,雖至敝盡,無瑕惡也。

冶　　氏

○冶氏爲殺矢,刃長寸,圍寸,鋌十之,重三垸。註曰:殺矢與戈、戟,異齊而同其工,似補脱誤在此也。殺矢,用諸田獵之矢也。鋋,讀如"麥秀鋋"之"鋋"。鄭司農云:鋋,箭足入槀中者也。垸,量名,讀爲"丸"。○坡謂:"爲殺矢"四句,當屬上《築氏》"敝盡無惡"之下,錯簡在此耳。蓋削殺,矢皆下齊,而《築氏》之所執,觀上序可見矣。○鋋,徒頂反。垸,音丸。

戈廣二寸,内倍之,胡三之,援四之。註曰:戈,今句孑戟也,或謂之雞鳴,或謂之擁頸。内,謂胡以内接秘者也。長四寸,胡六寸,援八寸。鄭司農云:援,直刃也;胡,其子。○趙氏曰:戈、戟皆刺兵也。戈,二刃;戟,三刃。戈小而戟大。戟,兵器之最健者,其別於戈以此。内,謂胡下接秘處,正是鐵筒子入木柄者。這裏面謂之"内"。胡,謂矛之旁出者。援,謂自秘直至上尖頭刺刃也。戈廣二寸,總内與援與胡言,三者皆徑廣二寸;内倍之,其長四寸;胡三之,共長六寸;援四之,其長八寸。○**已倨則不入,已句則不決,長内則折前,短内則不疾。**註曰:戈,句兵也,主於胡也。已倨,謂胡微直而邪多也,以啄人,則不入。已句,謂胡曲多也,以啄人,則創不決。胡之曲直,鋒本必橫,而取圜於磬折。前,謂援也。内長則援短,援短則曲於磬折,曲於磬折則引之與胡並鉤。内短則援長,援長則倨於磬折,倨於磬折則引之不疾。○疏曰:已倨,謂胡頭大舒;已句,謂胡大橫也。胡子橫捷微邪向上,不倨不句,似磬之折殺也。内四寸,援八寸,並有定數。若胡内長,則胡向上侵援;援無八寸,則短矣。短則胡向上近援,胡頭低,則胡曲於磬折也。胡既與援近,故援共胡並鉤;並鉤則援折,故云"折前"也。胡内本四寸,今胡近下爲之,胡下無四寸,則上援長踰八寸矣;胡近下安之,則頭舒,則胡倨於磬折也。以頭舒,故引之不疾。○**是故,倨句外博。**註曰:博,廣也。倨之外,胡之裏也;句之外,胡之表也。廣其木,以除四病而便用也,俗謂之"曼胡",似此。○疏曰:倨,謂胡上;句,謂胡下。倨與句,皆有外廣。倨之外,胡之裏,謂胡下近本,增使廣;句之外,胡之表,謂於胡上近本,增之使廣。若然,則胡本上下俱寬,自然合於磬折,無上四疾而便用矣。○**重三鋝。**註曰:鄭司農云:鋝,量名也,讀爲"刷"。玄謂:許叔重《説文解字》云:"鋝,鍰也。"今東萊稱,或以大半兩爲鈞,十鈞爲環,環重六兩大半兩。

鍰、鋝似同矣,則三鋝爲一斤四兩。○援,音袁。句,古侯反。鋝,色劣反。孑,音結。祕,音秘。鍰,户關反。

戟廣寸有半寸,内三之,胡四之,援五之。倨句中矩,與刺重三鋝。註曰:戟,今三鋒戟也。内長四寸半,胡長六寸,援長七寸半。三鋒者,胡直。中矩,言正方也。鄭司農云:刺謂援也。玄謂:刺者,著祕直前如鐏者也。戟,胡横貫之。胡中矩,則援之外句磬折與。○疏曰:刺,謂於援、胡之横上中使出者也,但長短無文。蓋與胡同六寸,乃可克三鋝之數也。胡六寸,横貫三寸,直下三寸,是胡中矩也。援七寸半,亦以三寸爲横,稍舉之,使不中矩。以四寸半者,向上爲磬折,磬折向外,故云"外句"。○中,丁仲反。刺,七賜反。鐏,祖悶反。

桃　氏

○桃氏爲劍。臘廣二寸有寸半,註曰:臘,謂兩刃。○兩從半之。註曰:鄭司農云:謂劍吞兩面,殺趨鍔。○趙氏曰:半之,自脊分斷,一邊廣一寸四分寸之一。○以其臘廣爲之莖圍,長倍之。鄭剛中曰:莖者,劍鐔也,柄謂之夾。莖者,人所把握之處,在夾之中,如竹木之莖然,故名曰"莖"。長倍之,則長五寸。○中其莖,設其後。註曰:鄭司農云:中,謂穿之也。玄謂:從中以郤,稍大之也。後大,則於把易制。○參分其臘廣,去一以爲首廣而圍之。註曰:首圍,其徑一寸三分寸之二。○疏曰:此首廣,謂劍把接刃處之徑也。圍之,謂圜之。故廬人皆以圍爲圜之也。○臘,力闔反。莖,户耕反。鐔,音尋,一音徒南反。把,音霸。

身長五其莖長,重九鋝,謂之上制,上士服之;身長四其莖長,重七鋝,謂之中制,中士服之;身長三其莖長,重五鋝,謂之下制,下士服之。註曰:上制長三尺,重三斤十二兩;中制長二尺五寸,重二斤十四兩三分兩之二;下制長二尺,重二斤一兩三分兩之一,此今之匕首也。人各以其形貌大小帶之。此士,謂國勇力之士,能用五兵者也。《樂記》曰:武王克商,"裨冕搢笏,而虎賁之士説劍"。○説,吐活反。

鳧氏

○鳧氏爲鍾。陳用之曰:鳧氏爲鍾,而記序言"爲聲"者,蓋凡爲樂器,以十二聲爲之齊量,而十二聲皆主於鍾故也。○兩欒謂之銑,註曰:銑鍾口兩角。○疏曰:古之樂器應律之鍾,狀如今之"鈴",不圜,故有兩角。○銑間謂之于,于上謂之鼓,鼓上謂之鉦,鉦上謂之舞,註曰:此四名者,鍾體也。鄭司農云:于,鍾脣之上祛也,鼓所擊處。○鄭剛中曰:鍾口兩間名"于"。謂之祛者,以鍾脣厚,褰祛然。○舞上謂之甬,甬上謂之衡。註曰:此二名者,鍾柄。○鍾縣謂之旋,旋蟲謂之幹。註曰:旋,屬鍾柄,所以縣之也。鄭司農云:旋、蟲者,旋以蟲爲飾也。玄謂:今時旋有蹲熊、盤龍、辟邪。○鍾帶謂之篆,篆間謂之枚,枚謂之景。註曰:帶,所以介其名也。介在于鼓。鉦舞、甬衡之間,凡四。鄭司農云:枚,鍾乳也。玄謂:今時鍾乳俠鼓與舞,每處有九面三十六。○疏曰:舉漢法,一帶有九。古法亦當然。鍾有兩面,面皆三十六也。○于上之攠,謂之隧。註曰:攠,所擊之處攠弊也。隧,在鼓中,窐而生光,有似夫隧。○欒,力端反。銑,先典反。鉦,音征。甬,音勇。篆,直轉反。攠,音靡。隧,音遂。祛,丘書反。褰,音愆。蹲,音存。辟邪,獸名,上音僻,下似嗟反。俠,同"夾"。窐,於蛙反。

十分其銑,去二以爲鉦。以其鉦爲之銑間,去二分以爲之鼓間。以其鼓間爲之舞脩,去二分以爲舞廣。註曰:此言鉦之徑,居銑徑之八,而銑間與鉦之徑相應。鼓間又居銑徑之六,與舞脩相應。舞脩,舞徑也。舞上下促,以横爲脩,從爲廣。舞廣四分,今亦去徑之二分,以爲之間,則舞間之方,恒居銑之四也。舞間方四,則鼓間六,亦其方也。鼓六、鉦六、舞四。此鍾口十者,其長十六也。鍾之大數,以律爲度,廣長與圜徑,假設之耳。其鑄之,則各隨鍾之制爲長短、大小也。凡言"間"者,亦爲從篆以介之,鉦間亦當六。今時鍾或無鉦間。○坡謂:鍾有三層,銑與鼓同一層,鉦一層,舞一層。假如銑徑一尺,去二分以爲銑間,因於銑間內去二分以爲鼓間,此一層也;鉦徑八分,去二分以爲鉦間,此二層也;舞徑六分,去二分以爲舞廣,三層也。鍾弇上侈下,分數如此,註自明矣。○以其鉦之長,爲之甬長。註曰:并衡數也。○以其甬長,爲之圍。參分其圍,去一以爲衡圍。註曰:衡,居甬上,又小。○疏曰:以自兩欒已上至甬,皆下寬上狹。衡又在甬上,故宜小一分。○參分其甬長,二在上,一在下,以設其旋。註曰:令衡居一分,則參分,旋亦二在上,一在下,以旋當甬之中央,是其正。○從,子容反。

薄厚之所震動,清濁之所由出,侈弇之所由興,有説。註曰:説,猶"意"也。故書"侈"作"移"。鄭司農云:當爲"侈"。○坡謂:上詳鍾之形制,此則言其器已成,則厚薄、清濁、弇侈之聲,皆生於此。蓋泛言聲出於器,非言其病也。"有説"二字,宜連下文爲句。○鍾,已厚則石,註曰:大厚,則聲不發。○已薄則播,註曰:大薄,則聲散。○侈則柞,註曰:柞,讀爲"咋咋然"之"咋",聲大外也。○弇則鬱,註曰:聲不舒揚。○長甬則震。註曰:鍾掉,則聲不正。○疏曰:《典同》云"薄聲甄",甄,猶"掉"也。掉者,據鍾形薄。此不據鍾體,據甬長,縣之不得所,則鍾掉,故聲不正也。○坡謂:此乃言其病也。蓋大鍾宜厚,小宜薄;鍾上宜狹,下宜寬。厚薄、侈弇,所不可無者,但過則爲病。不言清濁者,不外於此也。○柞,側百反。註"咋"同。大,音太。下同。大鍾,如字。

是故大鍾,十分其鼓間,以其一爲之厚;小鍾,十分其鉦間,以其一爲之厚。註曰:言若此,則不石、不播也。鼓、鉦之間同方六,而今宜異。又十分之一,猶太厚,皆非也。若言鼓外、鉦外,則近之。鼓外二,鉦外一。○坡謂:鼓與銑同間,鼓間即銑間也。銑間八,鉦間六,則大小鍾之厚薄異矣。此言欲去其病,當厚薄中法也。

鍾大而短,則其聲疾而短聞。註曰:淺則躁,躁易竭也。○鍾小而長,則其聲舒而遠聞。註曰:深則安,安難息。○坡謂:此言欲去其病,當長短中度也。不言其制者,上文自銑至衡,長短詳矣,故惟言不合者以爲戒。

爲遂,六分其厚,以其一爲之深而圜之。註曰:厚,鍾厚。深,謂窒之也,其窒圜。

㮚　氏

○㮚氏爲量,改煎金錫,則不耗;註曰:消涷之精,不復減也。㮚,古文或作"歷"。玄謂:量,當與鍾鼎同齊。工異者大器。○鄭剛中曰:改煎者,煎而又煎也。○不耗,然後權之;註曰:權,謂稱分之也。雖異法,用金必齊。○疏曰:法,謂"模"。○權之,然後準之;註曰:準,擊平正之,又當齊大小。○鄭剛中曰:準,是準其金錫。六分金,一分錫,準其多少也。準,平也。知其輕重,又欲平其多寡。○準之,然後量之。註曰:鑄之於法中也。量,讀如"量人"之"量"。○疏曰:此量,謂既準訖,量金汁以入模中鑄作之時也。○爲量,音亮,註謂量同。餘"量之"及註"量人"等,並音良。涷,音練。同齊,才計反。餘如字。

量之以爲鬴,深尺,内方尺而圜其外,其實一鬴。註曰:以其容爲之名也。四升曰"豆",四豆曰"區",四區曰"鬴"。鬴,六斗四升也。鬴十則鍾。方尺,積千寸。於今粟米法,少二升八十一分升之二十二。其數必容鬴。此言内方耳。圜其外者,謂之脣。○蔡氏曰:案周鬴,容六斗四升,實一千二百八十龠,計一百三萬六千八百分,爲一千三十六寸八分。嘗考漢斛,容十斗,實二千龠,計一百六十二萬分,爲一千六百二十寸。蓋方尺圜其外,庣旁九釐五毫,故羃百六十二寸,深尺,積一千六百二十寸。今考周家八寸、十寸,皆爲尺。范蜀公曰:周鬴方尺者,八寸之尺;深尺者,十寸之尺。方八寸,圜其外,庣其旁,則羃一百三寸六分八釐,深十寸,則積一千三十六寸八分。與漢斛同法無疑也。鄭氏云"方尺積千寸",又云"圜其外者謂之脣",二說皆非是。方鄭之世,漢斛尚在,豈偶不及見與?抑鄭氏以爲周鬴之制,異於漢斛與?○其臀一寸,其實一豆。註曰:臀,謂覆之,其底深一寸也。○其耳三寸,其實一升。註曰：耳在旁，可舉也。○重一鈞。註曰：重三十斤。○其聲中黃鍾之宮。註曰：應律之首。○疏曰：不直言"中黃鍾之聲"，而云"之宮"者，子上有宮、商、角、徵、羽五聲具。今之所中者，中其宮聲，不中商、角之等，故以"宮"言之也。○概而不稅。註曰：鄭司農云：令百姓得以量而不租稅。○疏曰：此官量鎮在市司，所以勘當諸廛之量器以取平，非是尋常所用，故不稅。○鬵，徒門反。中，丁丈反。概，古愛反。區，烏侯反。龠，音藥。庣，音祧。冪，莫狄反。覆，方服反。

其銘曰："時文思索，允臻其極。"註曰：銘，刻之也。時，是也。允，信也。臻，至也。極，中也。言是文德之君，思求可以爲民立法者，而作此量，信至於道之中。嘉量既成，以觀四國。註曰：以觀示四方，使倣象之。永啓厥後，玆器維則。註曰：永，長也。厥，其也。玆，此也。又長啓道其子孫使法則此器長用之。○索，所白反。觀，古玩反。啓道，音導。

凡鑄金之狀，註曰：杜子春云：狀，謂鑄金之形狀。金與錫，黑濁之氣竭，黃白次之；黃白之氣竭，青白次之；青白之氣竭，青氣次之，然後可鑄也。註曰：消湅金錫精麤之候。○疏曰：此鑄冶所候烟氣，以知生熟之節。

段　　氏

○段氏，闕。

函　　人

○函人爲甲。犀甲七屬，兕甲六屬，合甲五屬。註曰：屬，讀如"灌注"之"注"，謂上旅、下旅札續之數也。革，堅者札長。鄭司農云：合甲，削革裏肉，但取其表，合以爲甲。○疏曰：一葉爲一札。上旅之中，續札七節、六節、五節；下旅之中，亦有此節。○犀甲，壽百年；兕甲，壽二百年；合甲，壽三百年。註曰：革堅者，又支久。○屬，音注。

凡爲甲，必先爲容，註曰：服者之形容也。鄭司農云：容，謂象式。○疏曰：凡造衣甲，須稱形大小、長短而爲之。然後制革。註曰：裁制札之廣袤。○權其上旅與其下旅，而重若一。註曰：鄭司農云：上旅，謂要以上；下旅，謂要以下。○疏曰：謂札葉爲旅者，以札衆多，故言旅。旅，即衆也。○以其長爲之圍，註曰：圍，謂札要廣厚。○疏曰：此據一札之上。先量上下之長，乃以長中央圍之一帀。如此，則長短、廣狹相稱也。○要，於遥反。帀，音浹。

凡甲，鍛不摯則不堅，已敝則橈。註曰：鄭司農云：鍛，鍛革也。摯，謂質也。鍛革大孰，則革敝，無強曲橈也。玄謂：摯之言致。○疏曰：摯，謂孰之至極也。○鍛，丁亂反。摯，音至。大，音太。

凡察革之道：視其鑽空，欲其惌也；註曰：鄭司農云：惌，小孔貌。惌，讀爲"宛彼北林"之"宛"。○視其裏，欲其易也；鄭剛中曰：易者，治之精而無敗薉也，與《孟子》"百畝不易"之"易"同。○視其朕，欲其直也；註曰：鄭司農云：朕，謂革制。○坡謂：線縫處曰"朕"。○橐之，欲其約也；註曰：鄭司農云：謂卷置橐中也。《春秋傳》曰："橐甲，而見子南。"○疏曰：橐，甲衣。○趙氏曰：此是革鍛至軟熟，故卷時甚少。如此革，密緻而能周，革內更無少生硬之處，故下文曰"周"也。○舉而視之，欲其豐也；註曰：豐，大。○衣之，欲其無齘也。註曰：鄭司農云：齘，謂如齒齘。○疏曰：人之齒齘，前卻不齊，札葉參差，與之相似，故以"齘"爲喻。○視其鑽空而惌，則革堅也；視其裏而易，則材更也；視其朕而直，則制善也；橐之而約，則周也；舉之而豐，則明也；衣之無齘，則變也。註曰：周，密致也。明，有光耀。鄭司農云：更，善也。變，隨人身便利。○鄭剛中曰：材不更，則裏不易。裏之易，則知其材之累更鍛治也。又曰：朕之直者，必其裁制之盡善。○鑽，作官反。空，音孔。惌，於阮反。易，以豉反。朕，直忍反。橐，音羔。衣，於既反。齘，户界反。更，音庚。硬，額去聲。

鮑　　人

　　○鮑人之事，註曰：鮑，故書或作"鞄"。鄭司農云：《蒼頡篇》有"鞄䒦"。○望而視之，欲其荼白也；註曰：韋革，遠視之，當如茅莠之色。○進而握之，欲其柔而滑也；註曰：謂親手煩撋之。○卷而摶之，欲其無迆也。註曰：鄭司農云：卷，讀爲"可卷而懷"之"卷"。摶，讀爲"縛一如瑱"之"縛"，謂卷縛韋革也。迆，讀爲"既見而迆之"之"迆"。無迆，謂革不皵。○視其著，欲其淺也；註曰：韋革調善者，鋪著之，雖厚如薄然。○察其線，欲其藏也。註曰：線，杜子春云：謂縫革之縷。○鄭剛中曰：革若堅縮，則受縷也必没而不露；其線若藏，則革之堅縮可知。○荼，音徒。摶，直轉反。註"縛"同。著，直略反。鞄，匹學反。䒦，人充反。撋，人專反。瑱，他見反。皵，音奎。線，思賤反。

　　革欲其荼白而疾澣之，則堅；註曰：鄭司農云：韋革不欲久居水中。○趙氏曰：此革既欲荼白，又欲柔滑，則知不爲甲明矣。又甲用生皮，鮑人乃熟皮。鮑人之革，諒是爲裹戳、矢、箙、韗、烏之類，要柔白皮方可用。韋氏卻是工於穿縛皮條，爲韋弁等物。○欲其柔滑而腥脂之，則需。註曰：故書"需"作"𩋰"。鄭司農云：腥，讀如"沾渥"之"渥"。𩋰，讀爲"柔需"之"需"；謂厚脂之，韋革柔需。○引而信之，欲其直也。信之而直，則取材正也；信之而枉，則是一方緩，一方急也。若苟一方緩一方急，則及其用之也，必自其急者先裂。若苟自急者先裂，則是以博爲帴也。註曰：鄭司農云：帴，讀爲"翦"，謂以廣爲狹也。○鄭剛中曰：革體既博，一方先裂，不可棄也；必裁去其裂者，而用其不裂者，則壞廣爲狹也，故曰"以博爲帴"。○毛氏曰："引而信之"以下數句，當在"卷而摶之"之下，脱誤在此。○卷而摶之而不迆，則厚薄序也；註曰：序，舒也，謂其革均也。○視其著而淺，則革信也；註曰：信，無縮緩。○察其線而藏，則雖敝不甐。註曰：鄭司農云：甐，讀爲

"磨而不磷"之"磷",謂韋革縫縷,没藏於韋革中,則雖敝,縷不傷也。○澣,户管反。腥,於角反。註"渥"同。需,人充反。信,音申。幐,音踐。韠,音必。舃,音昔。劀,而髓反。瓵,音咨。

韗　人

○韗人爲皋陶,註曰:鄭司農云:韗,書或爲"鞠"。皋陶,鼓木也。玄謂:鞠者,以皋陶名官也。鞠,則"陶"字從"革"。長六尺有六寸,左右端廣六寸,中尺,厚三寸,註曰:版,中廣頭狹,爲穹隆也。鄭司農云:謂鼓木一判者,其兩端廣六寸,而其中央廣尺也。如此,乃得有腹。○穹者三之一,註曰:鄭司農云:穹,讀爲"志無空邪"之"空",謂鼓木腹穹隆者,居鼓三之一也。玄謂穹,讀如"穹蒼"之"穹"。穹隆者,居鼓面三分之一,則其鼓四尺者,版穹一尺三寸三分寸之一也。倍之爲二尺六寸三分寸之二,加鼓四尺,穹之徑六尺六寸三分寸之二也。此鼓合二十版。○上三正。註曰:鄭司農云:謂兩頭一平,中央一平也。玄謂:三,讀爲"參"。正,直也。參直者,穹上一直,兩端又直,各居二尺二寸,不弧曲也。此鼓兩面,以六鼓差之。賈侍中云:晉鼓,大而短。近晉鼓也。以晉鼓鼓金奏。○韗,音運。陶,徒刀反。穹,區邕反。"上三"之"三",七南反。鞠,音陶。

鼓長八尺,鼓四尺,中圍加三之一,謂之鼖鼓。註曰:中圍加三之一者,加於面之圍以三分之一也。面四尺,其圍十二尺,加以三分一四尺,則中圍十六尺,徑五尺三寸三分寸之一也。今亦合二十版,則版穹六寸三分寸之二耳。大鼓,謂之鼖。以鼖鼓鼓軍事。鄭司農云:鼓四尺,謂革所蒙者,廣四尺。○疏曰:中圍加三之一,與上穹三之一者異。彼據一相之穹加面三之一,故兩相加二尺六寸三分寸二;此則於面四尺,總加三分之一,則總一尺三寸三分寸一。此穹隆,少校晉鼓之半也。版穹六寸三分寸二者,亦據一相而言。○鼓,扶云反。

爲皋鼓,長尋有四尺,鼓四尺,倨句磬折。註曰:以皋鼓鼓役事。磬折,中曲之,不參正也。中圍與鼖鼓同,以磬折爲異。○疏曰:磬折者,龘處近上，不得參正也。○陳用之曰：鼓之名多矣。此所記者，二而已。蓋此一篇，或言其鼓之制，或言其鼓木之制，或舉中圍以見上下，使後人可觸類而長之。然則，雷鼓、靈鼓之大，鼖鼓、鼛鼓之小，皆可知矣。

凡冒鼓，必以啓蟄之日。 註曰：啓蟄，孟春之中也。蟄蟲始聞雷聲而動，鼓所取象也。冒，蒙鼓以革。

良鼓瑕如積環。 鄭剛中曰：瑕者，漆之文理也。冒鼓之革，苟調而急，則漆之也。其瑕，如累積玉環然。

鼓大而短，則其聲疾而短聞；鼓小而長，則其聲舒而遠聞。

韋　　氏

○韋氏，闕。○趙氏說見《鮑人》。

裘　　氏

○裘氏，闕。○易彥祥曰：《裘氏》篇亡，亦不可考。然《天官·掌皮》爲大裘，以至良裘、功裘，此經復有《裘氏》；亦猶《春官》有《典瑞》，此經復有《玉人》。或者《裘氏》掌其制，而《掌皮》言其用。

畫　　繢

○**畫繢之事，雜五色。** 陳用之曰：畫，爲之畫而已；繢，爲之會五采焉。○鄭剛中曰：色別有六，獨言五色者，自其辨而言之，則玄淺而黑深，故六；自其體而言之，初不甚相遠也，故特以雜五色言焉。○畫，胡卦反。繢，胡對反。

東方謂之青，南方謂之赤，西方謂之白，北方謂之黑，天謂之玄，地謂之黃。青與白相次也，赤與黑相次也，玄與黃相次也。 註曰：此言畫繢，六色所象，及布采之第次，繢以爲衣。○疏曰："青與白相次"以下，論繢於衣，爲對方之法也。○易彥祥曰：相次，非次序之謂，亦雜比以爲設色之美而已。

青與赤謂之文,赤與白謂之章,白與黑謂之黼,黑與青謂之黻,五采備謂之繡。註曰:此言刺繡采所用,繡以爲裳。○疏曰:此一經皆比方爲繡次。凡繡,亦須畫乃刺之,故畫繡二工,共其職也。○易彥祥曰:書言六章之裳,宗彝、藻火、粉米、黼、黻絺繡。言藻,而繼之以火,青與赤之文也。言火,而繼之以粉米,赤與白之章也。言粉米,而繼之以黼,白與黑之黼也。言黼,而繼之以黻,黑與青之黻也。惟黃之色無所見,而宗彝繡以虎蜼,則亦以黃爲色。兹實五采備之證。○蜼,音誄。

土以黃,其象方。天時變。註曰:古人之象,無天地也;爲此記者,見時有之耳。子家駒曰:天子僭天,意亦是也。鄭司農云:天時變,謂畫天隨四時也。火以圜,註曰:鄭司農云:爲圜形似火也。玄謂:形如半環然,在裳。山以章,註曰:章,讀爲"獐"。獐,山物也。在衣。齊人謂麇爲獐。○趙氏曰:章,是山之草木。星辰,天之章;草木,地之章。畫山雖有形,須畫出草木之文而成章。水以龍,註曰:龍,水物,在衣。鳥、獸、蛇。註曰:所謂華蟲也,在衣,蟲之毛鱗有文采者。○疏曰:言華者,象章華。言蟲者,是有生之總號。言鳥,以其有翼。言獸,以其有毛。言蛇,以其有鱗。以首似鷩,亦謂之鷩冕也。雜四時五色之位以章之,謂之巧。註曰:章,明也。繢繡皆用五采鮮明之,是爲巧。○獐,音章。麇,俱倫反。鷩,必列反。

凡畫繢之事,後素功。註曰:素,白采也。後布之,爲其易漬汙也。不言繡,繡以絲也。鄭司農説以《論語》曰"繢事後素"。

鍾　氏

○鍾氏染羽,以朱湛、丹秫三月而熾之。註曰:鄭司農云:湛,漬也。丹秫,赤粟。玄謂:湛,讀如"漸車帷裳"之"漸"。熾,炊也。羽,所以飾旌旗及王后之車。○淳而漬之。註曰:淳,沃也。以炊下湯,沃其熾,烝之以漬羽。漬,猶"染"也。○三入爲纁,五入爲緅,七入爲緇。註曰:染纁者,三入而成；又再染以黑，則爲緅。緅，今禮俗文作"爵"，言如爵頭色也。又復再染以黑，乃成緇矣。鄭司農云：以《論語》曰"君子不以紺緅飾"，又曰"緇衣羔裘"。《爾雅》曰："一染謂之縓，再染謂之䞓，三染謂之纁。"《詩》云："緇衣之宜兮。"玄謂：此同色耳。染布帛者，染人掌之。凡玄色者，在緅、緇之間，其六入者與？○鄭剛中曰：設色之工五，畫、繢、鍾、筐、㡛。今以《天官·染人》考之：春暴練者，其㡛氏歟？夏纁玄者，其鍾氏歟？若夫染夏雖不見於《考工》，而經有五采備之文；不然，其《筐人》之職乎？○湛，子潛反。秫，音述。淳，章均反。纁，許云反。緅，側留反。縓，音茜。䞓，音赬。

筐　人

○筐人，闕。

㡛　氏

○㡛氏涑絲，以涗水漚其絲。七日，去地尺，暴之。註曰：涗水，以灰所沸水也。漚，漸也。楚人曰"漚"，齊人曰"凁"。○晝暴諸日，夜宿諸井，七日七夜，是謂水涑。註曰：宿諸井，縣井中。○㡛，音芒。涑，音練。涗，書銳反。漚，烏豆反。暴，步卜反。沸，子禮反。凁，烏禾反。縣，音懸。

涑帛，以欄爲灰，渥淳其帛，實諸澤器，淫之以蜃。註曰：渥，讀如"鄆人渥營"之"渥"。以欄木之灰，漸釋其帛也。杜子春云：淫，當爲"涅"。書亦或爲"湛"。鄭司農云：澤器，謂滑澤之器。蜃，謂灰也。《士冠禮》曰："素積白屨，以魁柎之。"說曰："魁，蛤也。"《周官》亦有白盛之蜃。蜃，蛤也。玄謂：淫，薄粉之，令帛白。蛤，今海旁有焉。○趙氏曰：淳，沃也。渥漬之使厚也。○毛氏曰：以欄爲灰，變生而熟；以蜃爲灰，變質而白。○坡謂：欄似欒，欒似白。槿而細，華黃。○清其灰而盝之，而揮之，註曰：清，澄也，於灰澄而出。盝，晞之；晞而揮去其蜃。○而沃之，而盝之，而塗之，而宿之；註曰：更渥淳之。○王光遠曰：塗之，塗以蜃灰。宿，經宿。○明日，沃而盝之；註曰：

朝更沃,至夕盡之;又更沃,至旦盡之;亦七日,如漚絲也。○晝暴諸日,夜宿諸井,七日七夜,是謂水湅。○湅,音練,一音蘭。渥,與"漚"同,烏豆反。盡,音鹿。柎,方于反。蛤,言盍反。晞,音希。

【校記】

① "徛",《詩》作"庤",音義皆同。
② "車",《十三經註疏》等本均作"事"。
③ "烏",原作"鳥",上文無"鳥"字,因據上文及註音改。

周禮述註卷二十四

玉　人

○玉人之事：王龜齡曰：《玉人》一職，與《典瑞》同。但《典瑞》言其名以及其用；《玉人》言其名，而又及其所制之尺寸。豈非《玉人》爲之，《典瑞》掌之乎？然文經秦火，非錯則闕，不若《典瑞》之文爲有倫理也。

鎮圭尺有二寸，天子守之；命圭九寸，謂之桓圭，公守之；命圭七寸，謂之信圭，侯守之；命圭七寸，謂之躬圭，伯守之。註曰：命圭者，王所命之圭也。朝覲執焉，居則守之。子守穀璧，男守蒲璧；不言之者，闕耳。故書或云"命圭五寸，謂之躬圭"。杜子春云：當爲七寸。玄謂：五寸者璧，文之闕，亂存焉。○信，音身。朝，直遥反。

天子執冒四寸，以朝諸侯。註曰：名玉曰：冒者，言德能覆蓋天下也。四寸者方，以尊接卑，以小爲貴。○趙氏曰：冒所以冒諸侯圭，以齊信瑞。方四寸，邪刻之。蓋冒圭之制：邪刻其下以爲驗，其形則方正，其大則四寸。天子命臣爲諸侯，則班瑞玉與之，使守之以爲寶。及其來朝，則輯而合之以爲驗。故諸侯瑞圭，則邪銳其首。天子冒圭，則邪刻其下。以邪銳之圭首，合天子之冒。○陳用之曰：天子、諸侯之玉，用則執之，居則守之。或言"守"，或言"執"，相備也。

天子用全，上公用龍，侯用瓚，伯用將。註曰：鄭司農云：全，純色也。龍，當爲尨，尨謂雜色。玄謂：全，純玉也。瓚，讀爲"餐屑"之"屑"。龍、瓚、將，皆雜名也。卑者下尊，以輕重爲差。玉多則重，石多則輕。公、侯四玉一石，伯、子、男三玉二石。○疏曰：此經因天子以下執玉，遂説尊卑之玉，善惡不同。○繼子、男,執皮帛。註曰:謂公之孤也。見禮次子、男,贄用束帛,而以豹皮表之爲飾。天子之孤,表帛以虎皮。此説玉,及皮帛者,遂言見天子之用贄。○疏曰:此公之孤,上不言"子、男",而此云"繼子、男"者,以子、男與伯同用三玉二石,故空其文。見子、男與伯等,以是得言以皮帛繼子、男也。○龍,莫江反。瓚,才旱反。餐屬,俱音餰。

天子圭中必。註曰:必,讀如"鹿車縪"之"縪",謂以組約其中央,爲執之以備失隊。○疏曰:案《聘禮·記》,五等諸侯及聘使所執圭璋,皆有繅藉及絢組;絢組所以約圭中央,即此"中必"之類。若然,圭之中必,尊卑皆有。此不言諸侯圭,舉上以明下可知。○縪,音畢。絢,許縣反。

四圭尺有二寸,以祀天。註曰:郊天,所以禮其神也。《典瑞》職曰:"四圭有邸以祀天,旅上帝。"○趙氏曰:《典瑞》疏謂:用一大玉,琢出中央爲璧形,亦肉倍好孔,四面琢出四圭,各尺二寸,與鎮圭同。其璧爲邸,徑六寸,總三尺,與大圭三尺等,皆一玉俱成兩圭。祀地者亦然。據此,則四圭是就璧平出,不是植立起者。邸,則於璧中琢成寓穴。○坡謂:《爾雅》"獸屬爲寓"。寓穴,獸窠也。琢成寓穴,非以注酒而何?則坡於《典瑞》謂"邸亦瓚類"者,信與!○邸,丁禮反,又音帝。窠,音科。

大圭長三尺,杼上,終葵首,天子服之。註曰:王所搢大圭也,或謂之"珽"。終葵,椎也。爲椎於其杼上,明無所屈也。杼,殺也。相玉書曰:珽玉六寸,明自照。○疏曰:三尺圭上,除六寸之下,兩畔殺去之,使已上爲椎頭。言六寸,據上不殺者而言;服之者,以其搢於衣帶之間,同於衣服,故以服言之。○杼,直吕反。珽,他頂反。椎,直追反。殺,色界反。相,色亮反。

土圭尺有五寸,以致日,以土地。註曰:致日,度日景至不。夏日至之景,尺有五寸;冬日至之景,丈有三尺。土,猶"度"也。建邦國,以度其地,而制其域。○度,待洛反。景,言影。

祼圭尺有二寸,有瓚,以祀廟。註曰:祼之言"灌"也,或作"淉",或作"果"。祼,謂始獻酌奠也。瓚如盤,其柄用圭,有流前注。○疏曰:鄭註《小宰》云"唯人道宗廟有祼，天地大神至尊不祼"，故此唯云"以祀廟"。○祼，古亂反。註"祼"、"果"皆同。

琬圭九寸而繅，以象德。註曰：琬，猶"圓"也。諸侯有德，王命賜之，使者執琬圭以致命焉。繅，藉也。○琬，於阮反。繅，音早。

琰圭九寸，判規，以除慝，以易行。註曰：凡圭，琰上寸半。琰圭，琰半以上，又半爲琢飾。諸侯有爲不義，使者征之，執以致命也。除慝，誅惡逆也。易行，去煩苛。○趙氏曰：琰之爲言"剡"也，謂此圭剡一半，至首爲鋒芒，取戈兵之象。半，則圓焉。判言"半"也，規言"圓"也。半其圓而剡之，故曰"判規"。○琰，餘再反。易，音異。行，去聲。

璧羨度尺，好三寸，以爲度。註曰：鄭司農云：羨，徑也。好，璧孔也。《爾雅》曰："肉倍好謂之璧。好倍肉謂之瑗。肉好若一，謂之環。"玄謂：羨，猶延其袤一尺而廣狹焉。○薛士隆曰：璧員九寸，好三寸，延其袤爲一尺，旁各損半寸，則廣八寸矣。然則，璧羨袤十寸，廣八寸，同謂之度。尺以十寸之尺起度，則十尺爲丈，十丈爲引；以八寸之尺起度，則八尺爲尋，倍尋爲常。故鬴深十寸，內方八寸，而爲嘉量。幣長一尺八寸，而爲制幣。凡此，皆璧羨縱橫之尺數然也。度必爲璧以起之，則圍三徑一之制，又寓乎其中矣。○羨，以善反。瑗，于眷反。袤，音茂。

圭璧五寸，以祀日、月、星、辰。註曰：禮其神也。○疏曰：圭璧，謂以璧爲邸，旁有一圭。

璧琮九寸，諸侯以享天子。註曰：享，獻也。《聘禮》：享君以"璧"，享夫人以"琮"。○疏曰：此據上公九命；若侯、伯，當七寸；子、男，當五寸。

穀圭七寸，天子以聘女。註曰：納徵，加於束帛。

大璋、中璋九寸，邊璋七寸，射四寸，厚寸，黄金勺，青金外，朱中，鼻寸，衡四寸，有繅。天子以巡守，宗祝以前馬。註曰：射，琰出者也。勺，杜子春云：謂酒尊中勺也。鄭司農云：鼻，謂勺龍頭鼻也。衡，謂勺柄龍頭也。玄謂：鼻，勺流也。凡流，皆爲龍口也。衡，古文"橫"假借字也。衡，謂勺徑也。三璋之勺，形如圭瓚。天子巡守，有事山川，則用灌焉。於大山川，則用大璋，加文飾也；於中山川，用中璋，殺文飾也；於小山川，用邊璋，半文飾也。其祈沈以馬，宗祝亦執勺以先之。禮王過大山川，則大祝用事焉。將有事於四海、山川，則校人飾黃駒。○疏曰：三璋，據爲勺柄；黃金勺已下，據爲勺頭。○大璋亦如之，諸侯以聘女。註曰：亦納徵加於束帛也。大璋者，以大璋之文飾之也。亦如之者，如邊璋七寸，射四寸。○陳用之曰：以文考之，當繼天子以聘女之後；亦如之者，亦如穀圭之七寸。蓋聘女，天子以圭，諸侯以璋，是爲降殺之等。若以繼邊璋之後，則邊璋與黃金勺用以酌者；聘女加於束帛，非酌事，禮安所用哉？○射，食亦反。下同。勺，上灼反。殺，色界反。大祝，音泰。

　　瑑圭璋八寸，璧琮八寸，以覜聘。註曰：瑑，文飾也。覜，視也。聘，問也。衆來曰覜，特來曰聘。《聘禮》曰：“凡四器者，唯其所寶，以聘可也。”○疏曰：此謂上公之臣，執以覜聘，用圭璋；享，用璧琮，於天子及后也。若兩諸侯自相聘，亦執之，侯、伯之臣，宜六寸；子、男之臣，宜四寸。○覜，吐弔反。

　　牙璋、中璋七寸，射二寸，厚寸，以起軍旅，以治兵守。註曰：二璋皆有鉏牙之飾於剡側。先言牙璋，有文飾也。○疏曰：此與《典瑞》文同。彼無“中璋”者，以其大小等，故不見也。○趙氏曰：言軍旅，則必有征誅之事也。以治兵守，則用兵守禦去處，以此璋治之，使不失其備，不必有征誅之事也。《禮》書引《春秋》“宋司馬請瑞，以命其徒攻桓氏”，杜預註曰：瑞是符節發兵者。此事甚親切，在哀公十四年。○鉏，側魚反。

　　駔琮五寸，宗后以爲權。註曰：駔，讀爲“組”。以組繫之，因名焉。鄭司農云：以爲稱錘，以起量。○駔，音祖。錘，直僞反。

　　大琮十有二寸，射四寸，厚寸，是謂內鎮，宗后守之。註曰：如王之鎮圭也，射其外，鉏牙。○疏曰：言大琮者，對上駔琮五寸爲大也。言十有二寸者，并角經之爲尺二寸。言射四寸者，據角各出二寸，兩相并四寸。云“射其外，鉏牙”者，據八角鋒，故云“鉏牙”也。

　　駔琮七寸，鼻寸有半寸，天子以爲權。註曰：鄭司農云：以爲權，故有鼻也。〇疏曰：上后權，不言鼻者，舉以見后亦有鼻可知。

兩圭五寸有邸，以祀地，以旅四望。註曰：邸，謂之"柢"。有邸，僢共本也。〇柢，音帝。僢，昌絹反。

瑑琮八寸，諸侯以享夫人。註曰：獻於所朝聘君之夫人也。〇疏曰：五等諸侯朝天子，享用璧、琮，不降瑞。若自相享，降瑞一等。此八寸，據上公、侯、伯當六寸，子、男用琥璜四寸，經言諸侯正是朝，註兼云聘者，其臣聘，瑑圭璋璧琮，亦皆降一等，與君寸數同也。此經直言"瑑琮"，不言瑑璧以享君，文畧可知也。

案十有二寸，棗栗十有二列，諸侯純九，大夫純五，夫人以勞諸侯。註曰：純，猶"皆"也。鄭司農云：案，玉案也。夫人，天子夫人。玄謂：案，玉飾案也。夫人，王后也。記時諸侯僭稱王，而夫人之號不別，是以同王后於夫人也。玉案，十二以為列。王后勞朝諸侯，皆九列；聘大夫，皆五列。則十有二列者，勞二王之後也。棗、栗實於器，乃加於案。《聘禮》曰："夫人使下大夫勞以二竹簠方，玄被纁裏，有蓋；其實棗烝栗擇，兼執之以進。"〇疏曰：案十有二寸者，謂十有二枚。棗栗十有二列者，案案皆有棗栗為列。十有二者，還據案十二為數，不謂一案之上十有二也。〇坡謂："寸"字或"个"字之誤。不然，或言每案之制，高廣寸數有此。〇勞，力報反。

璋邸射，素功，以祀山川，以致稍餼。註曰：邸射，剡而出也。致稍餼，造賓客納廩食也。鄭司農云：素功，無瑑飾也。〇疏曰：剡而出者，向上謂之"出"，半圭曰"璋"，璋首邪卻之。今於邪曲之處，從下向上總邪卻之，名為"剡而出"。

榼　人

〇榼人，闕。

雕　人

〇雕人，闕。

磬　氏

○磬氏爲磬，倨句一矩有半。註曰：必先度一矩爲句，一矩爲股，而求其弦；既而以一矩有半觸其弦，則磬之倨句也。磬之制有大小，此假矩以定倨句，非用其度耳。○疏曰：樂云：磬，前長三律，二尺七寸；後長二律，尺八寸。是磬有大小之制也。此經，倨句各一矩并矩半，假設言之。及作磬，非用此度，自依律長短爲之。○其博爲一，註曰：博，謂股博也。博，廣也。○股爲二，鼓爲三。參分其股博，去一以爲鼓博；參分其鼓博，以其一爲之厚。註曰：鄭司農云：股，磬之上大者；鼓，其下小者，所當擊者也。玄謂：股外面，鼓內面也。假令磬股廣四寸半者，股長九寸也；鼓廣三寸，長尺三寸半，厚一寸。○疏曰：若定尺寸，自當依律爲長短。以四寸半爲法者，直取從此以下爲易計，非實法也。○倨，音據。句，音鉤。先度，待洛反。

已上則摩其旁，註曰：鄭司農云：磬聲大上，則摩鑢其旁。玄謂：大上，聲清也；薄而廣，則濁。○疏曰：凡樂器，厚則聲清，薄則聲濁。今大上，是聲清，故摩使薄。薄而廣，則濁也。○已下則摩其耑。註曰：大下，聲濁也；短而厚，則清。○疏曰：此聲濁由薄，薄不可使厚，故摩使短。短則形小，形小則厚，厚則聲清也。○耑，音端。大，音泰。鑢，音慮。

矢　人

○矢人爲矢。鍭矢參分，茀矢參分，一在前，二在後。註曰：參訂之而平者，前有鐵，重也。《司弓矢》職，"茀"，當爲"殺"。鄭司農云：一在前，謂箭槀中鐵莖，居三分殺一以前。○易彥祥曰：三分其槀之三尺，則一尺在前，二尺在後。以後二尺之重，與前一尺相等，則槀前之鐵爲極重矣。故其發遲，而近射用焉。○鍭，音侯。茀，音拂。殺，色點反。

兵矢、田矢五分，二在前，三在後。註曰：鐵差短小也。兵矢，謂枉矢、絜矢也，此二矢亦可以田。田矢，謂矰矢。○易彥祥曰：五分其槀之三尺，則尺有二寸在前，尺有八寸在後也。以後尺有八寸之重，而與前尺有二寸相等，則稾前之鐵，比殺矢蓋短而小矣。故其發遠，而火射用焉。○絜，音結。矰，音增。

殺矢七分，三在前，四在後。註曰：鐵又差短小也。《司弓矢》職，"殺"，當爲"骲"。○疏曰：此經直言"骲矢"，不言矰矢者，以其與骲矢同制，故畧而不言也。○易彥祥曰：七分其稾之三尺，則在前者尺有二寸七分寸之六，在後者尺有七寸七分寸之一也。以後七分之四，與前七分之三相等，則稾前之鐵，比兵矢又短而小矣。故其發高，而弋射用焉。至於恒矢、庳矢，前後皆四分。而此不言者，以其無所輕重故也。

參分其長而殺其一。註曰：矢稾長三尺，殺其前一尺，令趣鏃也。○**五分其長而羽其一**，註曰：羽者，六寸。○**以其笴厚爲之羽深**。註曰：笴，讀爲"稾"，謂矢幹，古文假借字。厚之數未聞。○**水之以辨其陰陽**，註曰：辨，猶"正"也。陰沈而陽浮。○疏曰：就其浮沈，刻記之。○**夾其陰陽以設其比，夾其比以設其羽**。註曰：夾其陰陽者，弓矢比在稾兩旁，弩矢比在上下，設羽於四角。鄭司農云：比，謂"括"也。○坡謂：比者，箭受弦處也。○**參分其羽以設其刃**，註曰：刃二寸。**則雖有疾風，亦弗之能憚矣**。註曰：鄭司農云：憚，謂風不能驚憚箭也。○趙氏曰：矢之輕重，羽刃相稱，則其發不可禦矣。雖有疾風，亦不能驚憚其矢，而使緩其勢也。○**刃長寸，圍寸，鋌十之，重三垸**。註曰：刃長寸，脫"二"字。鋌一尺。○趙氏曰：此言刃長寸，而上文三分其羽以設其刃，乃謂二寸。意者一寸刃也。二寸，一半刃鏃，一半刃根，併而言之。○笴，古老反。夾，古洽反。比，毗志反。憚，音怛，又都達反。鋌，徒頂反。垸，音丸。殺，其前"殺"，本又作"銳"，色界反。趣，音促。鏃，子木反。

前弱則俛，後弱則翔，中弱則紆，中強則揚；羽豐則遲，羽殺則趮。註曰：言幹羽之病，使矢行不正。俛，低也。翔，迴顧也。紆，曲也。揚，飛也。豐，大也。趮，旁掉也。○鄭剛中曰：上文言其法，此又言其不中法之狀。○俛，同"俯"。趀,音躁。

是故夾而搖之,以視其豐、殺之節也;註曰:今人以指夾矢儷衛是也。○疏曰:此言知矢之羽病狀。○橈之,以視其鴻、殺之稱也。註曰:橈,搦其幹。○疏曰:此言知矢幹之病狀。鴻,即上文"強"是也。殺,即上文"弱"是也。○趙氏曰:上是試羽,下是試笴。笴體欲相稱,故於鴻、殺言稱。羽欲有節,故於豐、殺言節。○凡相笴,欲生而摶,同摶欲重,同重節欲疏,同疏欲栗。註曰:相,猶"擇"也。生,謂無瑕蠹也。摶,讀如"摶黍之摶",謂"圜"也。鄭司農云:欲栗,欲其色如栗也。○橈,乃孝反。稱,尺證反。相,息亮反。摶,徒丸反。儷,音舞。搦,尼革反。

陶　　人

○陶人爲甗,實二鬴,厚半寸,脣寸。註曰:量,六斗四升曰"鬴"。鄭司農云:甗,無底甑。○趙氏曰:甗必有物以爲底,如今甑以竹爲箄之類。厚半寸,言其身。脣寸,言其口邊又厚也。○甗,音彥。鬴,音輔。箄,音篦。

盆,實二鬴,厚半寸,脣寸。毛氏曰:盆以盛物,亦以爲量。《荀子》謂:"瓯,數盆。"○盆,步奔反。

甑,實二鬴,厚半寸,脣寸,七穿。鄭剛中曰:制與甗同;異者有底,其底七孔。

鬲,實五觳,厚半寸,脣寸。庾,實二觳,厚半寸,脣寸。註曰:鄭司農云:觳,讀爲"斛"。觳受三斗。《聘禮①·記》有"斛"。玄謂:豆實三而成觳,則觳受斗二升。庾,讀如"請益與之庾"之"庾"。○坡謂:甗,《博古圖》云"上若甑,可以炊;下若鬲,可以飪"。蓋兼二器而有之。盆,所以盛,甑所以炊。鬲,鼎屬。○鬲,音歷。觳,音斛。下同。

㫓　　人

○㫓人爲簋,實一觳,崇尺,厚半寸,脣寸豆,實三而成觳,崇尺。

註曰：崇，高也。豆，實四升。○疏曰：祭宗廟，皆用木籩；今此用瓦籩，據祭天地及外神，尚質，器用陶匏之類也。○瓬，方往反。

凡陶、瓬之事，㔉、墾、薜、暴不入市。註曰：爲其不任用也。鄭司農云：㔉，讀爲"刮"。薜，讀爲"藥黃蘗"之"蘗"。暴，讀爲"剝"。玄爲②：㔉，讀爲"朔"。墾，頓傷也。薜，破裂也。暴，墳起不堅致也。○疏曰：㔉，謂器不正敧邪者也。○㔉，音刮。薜，音蘗。暴，音剝。朔，音月。墳，扶粉反。敧，音崎。

器中膊，豆中縣。註曰：膊，讀如"車轐"之"轐"。既拊泥而轉其均，尌膊其側，以擬度，端其器也。縣，縣繩正豆之柄。○膊崇四尺，方四寸。註曰：凡器，高於此則浮，不能相勝；厚於此，則火氣不交。○疏曰：方四寸，謂浮拊四畔各一寸也。○趙氏曰："中"義，謂上文止言崇尺，何用四尺高以爲式？不知膊者，先王特爲定則，燒時爲準。凡高下斜曲，皆就四尺內忖度。如今之木匠，手持五尺則子，起屋量一尺高升也，是此"則子"，量一二丈柱櫨也，是此則子。"中"義，未之思爾。○中，音仲。膊，市專反。註"轐"同。縣，音懸。尌，音樹。度，待洛反。浮，芳符反。勝，音升。櫨，音盧。

梓　　人

○梓人爲筍虡。註曰：樂器所縣，橫曰"筍"，植曰"虡"。鄭司農云：筍，讀爲"竹筍"之"筍"。○筍，息允反。虡，音巨。縣，音懸。

天下之大獸五：脂者，膏者，臝者，羽者，鱗者。註曰：脂，牛羊屬。膏，豕屬。臝者，謂虎、豹、貔、獌，爲獸淺毛者之屬。羽，鳥屬。鱗，龍蛇之屬。○疏曰：鄭註《內則》云：凝者曰"脂"，釋者曰"膏"。○宗廟之事，脂者、膏者以爲牲。註曰：致美味也。臝者、羽者、鱗者以爲筍虡。註曰：貴野聲也。○臝，力果反。貔，音毗。獌，來知反。

外骨，內骨，卻行，仄行，連行，紆行，以脰鳴者，以注鳴者，以旁鳴者，以翼鳴者，以股鳴者，以胸鳴者，謂之小蟲之屬，以爲雕琢。註曰：刻畫祭器，博庶物也。外骨，龜屬。內骨，鱉屬。卻行，蝝衍之屬。仄行，蟹屬。

連行,魚屬。紆行,蛇屬。脰鳴,黽電屬。注鳴,精列屬。旁鳴,蜩蜺屬。翼鳴,發皇屬。股鳴,蚣蝑動股屬。胷鳴,榮原屬。○卻,羌畧反。仄,音側。紆,乙俱反。脰,音豆。螶,必滅反,本又作"黽"。蠵,羊忍反。黽,户媧反。電,其辛反。蜩,音條。蜺,五兮反。蚣,思容反。蝑,思餘反。

厚脣,弇口。出目,短耳,大胷,燿後,大體,短脰;若是者,謂之臝屬,恒有力而不能走,其聲大而宏。有力而不能走,則於任重宜;大聲而宏,則於鍾宜。若是者以爲鍾虡,是故擊其所縣,而由其虡鳴。註曰:燿,讀爲"哨",頎小也。鄭司農云:宏,讀爲"紘綖"之"紘",謂聲音大也。由,若也。○弇,於檢反。燿,所教反。哨,音稍。頎,音奇。

銳喙,決吻,數目,顅脰,小體,騫腹;若是者,謂之羽屬,恒無力而輕,其聲清揚而遠聞。無力而輕,則於任輕宜;其聲清揚而遠聞,於磬宜。若是者以爲磬虡,故擊其所縣,而由其虡鳴。註曰:吻,口腃也。顅,長脰貌。○疏曰:鳥喙長決,物食之時,則以近喙本決,故云"決吻"。○趙氏曰:騫,虧少也。○喙,況廢反。吻,無憤反。數,音促。顅,苦顔反。聞,音問。下同。腃,音權。

小首而長,摶身而鴻;若是者,謂之鱗屬,以爲筍。註曰:摶,圜也。鴻,傭也。○疏曰:上論鍾磬之虡,用鳥獸不同;此論二者之筍,同用龍蛇鱗物爲之也。○摶,徒丸反。傭,勅龍反。

凡攫閷援噬之類,必深其爪,出其目,作其鱗之而,註曰:謂筍虡之獸也。深,猶"藏"也。作,猶"起"也。之而,頰頷也。○疏曰:攫閷者,攫著則閷之。援,攬則噬之。深其爪,出其目,作其鱗之而,則於視必撥爾而怒。苟撥爾而怒,則於任重宜,且其匪色必似鳴矣。註曰:匪,采貌也。○王光遠曰:言於視,若撥動其體而怒也。○攫,俱博反。閷,色界反。援,音袁。噬,音筮。撥,必末反。頷,音窟。

爪不深,目不出,鱗之而不作,則必頯爾如委矣。苟頯爾如委,則加任焉,則必如將廢措,其匪色必似不鳴矣。註曰:措,猶"頓"也。○疏曰:此經説脂者、膏者,止可爲牲,不可以爲虡之義也。○穨,徒回反。措,七故反。

○梓人爲飲器。王光遠曰:梓人爲筍虡,爲樂器也;爲飲器,爲禮器也。○勺一升,爵一升,觚三升。獻以爵而酬以觚,一獻而三酬,則一豆矣。註曰:勺,尊升也。觚,"豆"字聲之誤。觚,當爲觶;豆,當爲斗。○趙氏曰:勺以酌酒,今之杓是也。○劉氏曰:一獻而三酬者,獻以一升,酬以三升也。并而計之,爲四升。四升爲豆,豆雖非飲器,其計數則然。食一豆肉,飲一豆酒,中人之食也。註曰:一豆酒,又聲之誤,當爲"斗"。○勺,上灼反。觚,依註作"觶",之豉反。杓,是若反。

凡試梓飲器,鄉衡而實不盡,梓師罪之。註曰:衡,平也。平爵鄉口灑不盡,則梓人之長罪於梓人焉。○鄉,許亮反。註同。長,丁丈反。

○梓人爲侯,廣與崇方。參分其廣,而鵠居一焉。註曰:崇,高也。方,猶"等"也。高、廣等者,謂侯中也。天子射禮,以九爲節,侯道九十弓,弓二寸以爲侯中。高廣等,則天子侯中丈八尺。諸侯於其國,亦然。鵠,所射也,以皮爲之,各如其侯也。居侯中三分之一,則此鵠方六尺。唯大射以皮飾侯。大射者,將祭之射也。其餘有賓射、燕射。○上兩个,與其身三,下兩个半之。註曰:个,讀若"齊人擥幹"之"幹"。上个、下个,皆謂"舌"也。身,躬也。《鄉射禮·記》曰:"倍中以爲躬,倍躬以爲左右舌。下舌半上舌。"然則,九節之侯,身三丈六尺,上个七丈二尺,下个五丈四尺,其制身夾中,个夾身,在上下各一幅。此侯凡用布三十六丈。言上个與其身三者,明身居一分,上个倍之耳,亦爲下个半上个出也。个,或謂之"舌"者,取其出而左右也。侯制:上廣下狹,蓋取象於人也。張臂八尺,張足六尺,是取象率焉。○上綱與下綱出舌尋,縜寸焉。註曰:綱,所以繫侯於植者也。上下皆出舌一尋者,亦人張手之節也。鄭司農云:綱,連侯繩也。縜,籠綱者。縜,讀爲"竹中皮"③之"縜"。舌,維持侯者。○易彥祥曰：綱，所以持侯而繫於植；緄，所以持綱而繫於侯。○个，古旦反。下及註同。緄，音云。擶，力答反。率，音類。植，直吏反。

張皮侯而棲鵠，則春以功。註曰：皮侯，以皮所飾之侯。《司裘》職曰："王大射，則共虎侯、熊侯、豹侯，設其鵠。"謂此侯也。春，讀爲"蠢"。蠢，作也，出也。天子將祭，必與諸侯群臣射，以作其容體，出其合於禮樂者，與之事鬼神焉。○疏曰：張皮侯者，天子三侯，用虎、熊、豹飾侯之側，號曰"皮侯"。而棲鵠者，各以其皮爲鵠。○春，註音蠢。

張五采之侯，則遠國屬。註曰：五采之侯，謂以五采畫正之侯也。《射人》職曰"以射法治射儀。王以六耦，射三侯，三獲，三容，樂以《騶虞》，九節，五正"，下曰"若王大射，則以貍步，張三侯"。明此五正之侯，非大射之侯明矣。其職又曰"諸侯在朝，則皆北面"。遠國屬者，若諸侯朝會，王張此侯與之射，所謂賓射也。正之方，外如鵠，內二尺五采者。內朱，白次之，蒼次之，黃次之，黑次之。其侯之飾，又以五采畫雲氣焉。○疏曰：此據"賓射"之侯，言五采，是九十弓之侯；若七十弓者，則三正；五十弓，則二正。遠國，對畿內諸侯爲遠也。○正，音征。

張獸侯，則王以息燕。註曰：獸侯，畫獸之侯也。《鄉射·記》曰："凡侯：天子熊侯，白質；諸侯麋侯，赤質；大夫布侯，畫以虎豹；士布侯，畫以鹿豕。凡畫者，丹質。"是獸侯之差也。息者，休農息老物也。燕，謂勞使臣，若與群臣飲酒而射。○疏曰：獸侯者，亦畫雲氣，飾侯之側，燕射事褻，天子已下，惟有五十步侯而已，無尊卑之別。○勞，力報反。使，色吏反。

祭侯之禮，以酒脯醢。註曰：謂司馬實爵而獻獲者于侯。薦酺醢折俎，獲者執以祭侯。○疏曰：三等射皆同。○其辭曰："惟若寧侯，註曰：若，猶"女"也。寧，安也，謂先有功德，其鬼有神。○疏曰：祭侯，祭先有功德之侯。若射侯，則射不寧侯，有罪者也。下文"毋或"一經是也。舉有功以勸示，又舉有罪以懲之，故兩言之也。毋或若女不寧侯，不屬于王所，故抗而射女。註曰：或，有也；若，如也。屬，猶朝會也。抗，舉也，張也。強飲強食，詒女曾孫諸侯百福。"註曰：詒，遺也。曾孫諸侯，謂女後世爲諸侯者。○女，音汝。強，其丈反。詒，羊之反。

廬　　人

○廬人爲廬器。戈柲六尺有六寸，殳長尋有四尺，車戟常，酋矛常有四尺，夷矛三尋。註曰：柲，猶"柄"也。八尺曰"尋"，倍尋曰"常"。酋夷，長短名。酋之言"遒"也。酋近，夷長矣。○疏曰：凡此經所云柄之長短，皆通刃爲尺數而言。○廬，魯吴反。柲，音秘。殳，音殊。酋，在由反。註"遒"同。

凡兵，無過三其身。過三其身，弗能用也，而無已，又以害人。註曰：人長八尺，與尋齊。進退之度三尋，用兵力之極也；而無已，不徒止耳。○疏曰：人，自己身也。

故攻國之兵欲短，守國之兵欲長。攻國之人衆，行地遠，食飲饑，且涉山林之阻，是故兵欲短。守國之人寡，食飲飽，行地不遠，且不涉山林之阻，是故兵欲長。註曰：言罷羸宜短兵，壯健宜長兵。○疏曰：案《司馬法》云："弓矢圍，殳矛守，戈戟助。"此言攻國之兵欲短，則弓矢是也；守國之兵欲長，則殳矛是也。言戈戟助者，攻守皆有以助弓矢、殳矛，以其戈戟長短處中故也。○罷，音皮。羸，劣皮反。

凡兵，句兵欲無彈，刺兵欲無蜎。是故句兵椑，刺兵搏。註曰：句兵，戈戟屬。刺兵，矛屬。鄭司農云：彈，謂掉也；蜎，謂橈也。玄謂：蜎，亦掉也，謂若井中蟲蜎之蜎。齊人謂柯斧柄爲椑；則椑，隋圜也。搏，圜也。○毄兵同強，舉圍欲細，細則校；刺兵同強，舉圍欲重，重欲傅人，傅人則密，是故侵之。註曰：改"句"言"毄"，容殳無刃。同強，上下同也。舉，謂手所操。鄭司農云：校，讀爲"絞而婉"之"絞"。重欲傅人，謂矛柄之大者。在人手中者，侵之能敵也。玄謂：校，疾也。傅，近也。密，審也，正也。人手操細以毄則疾，操重以刺則正。然則爲矜，句兵堅者在後，刺兵堅者在前。○句，音鉤。

彈,徒旦反。刺,七賜反。蜎,於全反。椑,薄兮反。搏,徒九反。骰,紀益反。校,紀巧反。傅,音附。隋,他果反。

凡爲殳,五分其長,以其一爲之被而圍之;參分其圍,去一以爲晉圍;五分其晉圍,去一以爲首圍。凡爲酋矛,參分其長,二在前,一在後而圍之;五分其圍,去一以爲晉圍;參分其晉圍,去一以爲刺圍。註曰:被,把中也。圍之,圜之也。大小未聞。凡矜八觚。鄭司農云:晉謂矛戟下銅鐏也。刺,謂矛刃胸也。玄謂:晉,讀如"王搢大圭"之"搢",矜所捷也。首殳,上鐏也,爲戈戟之矜,所圍如殳,夷矛,如酋矛。○被,皮義反。把,音霸。鐏,有悶反。

凡試廬事,置而搖之,以視其蜎也;灸諸牆,以視其橈之均也;橫而搖之,以視其勁也。註曰:置,猶"樹"也。灸,猶"柱"也。以柱兩牆之間,輓而内之,本末勝負可知也。正於牆,牆涩。○疏曰:置而搖之,謂竪之於地上,以手搖之,以視其蜎蜎然均否。橫而搖之,謂橫置於膝上,以一手執一頭搖之,以視其堅勁與否也。○灸,音救。輓,音挽。涩,所立反。

六建既備,車不反覆,謂之國工。註曰:六建,五兵與人也。反覆,猶軒輖。○輖,音周。

匠　　人

○匠人建國,註曰:立王國,若邦國者。水地以縣,疏曰:縣者,於造城之處,四角立四柱,於柱四畔縣繩以正柱。柱正,然後去柱,遠以水平之法遥望柱,高下定,即知地之高下。然後平高就下,地乃平也。乃後行下以景,正四方之事。○鄭剛中曰:天下之至平莫如水。將以知地之高下,則用水而視之。天下之至直莫如繩。將以知埶之邪正,則用繩而視之。謂之水地以縣者,既度地而築之,未知其高下,乃用水以望之也。然水可以望高下,必以繩而驗之。用水以平地,立柱以懸繩,觀水矣,而又觀繩,則平與直皆可知也。○縣,音懸。下同。

置槷以縣,視以景。註曰:槷,古文"臬",假借字。於所平之地中央,樹八尺之臬,以縣正之。視之,以其景將以正四方也。《爾雅》曰:"在牆者,謂之杙;在地者,謂之臬。"○爲規,識日出之景與日入之景。註曰:日出日入之景,其端則東西正也。又爲規以識之者,爲其難審也。自日出而畫其景端,以至日入。既則爲規,測景兩端之內規之。規之交,乃審也。度兩交之間,中屈之以指臬,則南北正。○槷,魚列反。註"臬"同。景,倚丙反。杙,以職反。度,待洛反。

　　晝參諸日中之景,夜考之極星,以正朝夕。註曰:日中之景,最短者也。極星,謂北辰。○疏曰:前經之正東西南北,恐其不審,猶更以此二者,以正南北。言朝夕,即東西也。南北正,則東西亦正,故兼言東西也。

　　○匠人營國,方九里,旁三門。註曰:營,謂丈尺其大小。天子十二門,通十二子。○疏曰:案《典命》云:上公九命,國家、宮室、車旗、衣服、禮儀以九爲節;侯、伯、子、男已下,皆依命數。鄭云:國家,謂城方。公之城,蓋方九里。侯、伯七里,子、男五里。并《文王有聲》詩箋差之,天子當十二里。此云九里者,案下文有夏、殷,則此九里,通異代也。鄭《異義》駮,或云:周亦九里城,則公七里,侯、伯五里,子、男三里,不取《典命》等註,由鄭兩解,故義有異也。

　　國中九經、九緯,經涂九軌。註曰:國中,城內也。經緯,謂涂也。經緯之涂,皆容方九軌。軌,謂轍廣。乘車,六尺六寸,旁加七寸,凡八尺。是爲轍廣。九軌,積七十二尺。則此涂十二步也。旁加七寸者,輻內二寸半,輻廣三寸半,綆三分寸之二,金轄之間三分寸之一。○左祖,右社;面朝,後市。註曰:王宮所居也。祖,宗廟。面,猶"向"也。王宮當中經之涂也。市、朝一夫。註曰:方各百步。○疏曰:案《司市》,市有三期,總於一市之上爲之。若市總一夫之地,則爲大狹。蓋市曹,思次、介次所居之處,與天子三朝,皆居一夫之地,各方百步也。○涂,音塗。綆,方穎反。轄,胡瞎反。

　　夏后氏世室,堂脩二七,廣四脩一。註曰:世室者,宗廟也。魯廟有世室,牲有白牡,此用先王之禮。脩,南北之深也。夏度以步。令堂脩十四步,其廣益以四分脩之一,則堂廣十七步半。○五室,三四步,四三尺。註曰:堂上爲五室,象五行也。三四步,室方也。四三尺,以益廣也。木,室於東北;火,室於東南;金,室於西南;水,室於西北。其方皆三步,其廣益之以三尺。土室於中央,方四步,其廣益之以四尺。此五室,居堂南北六丈,東西七丈。○趙氏曰:中間既爲明堂,又爲土室。意者土室包在明堂之内也。此所計丈尺,係五室四角相接,無路可通。所以《環溪圖》於四室角皆約空一筵或一步者,不爲無見也。○九階。註曰:南面三,三面各二。○疏曰:《明堂位》云:"三公中階之前,北面東上;諸侯之位,阼階之東,西面北上;諸伯之國,西階之西,東面北上。"故知南面三階也。○四旁兩夾窗。註曰:窗,助户爲明。每室四户八窗。○白盛。註曰:蜃灰也。盛之言"成"也。以蜃灰堊牆,所以飾成宫室。○門堂三之二,註曰:門堂,門側之堂,取數於正堂。令堂如上制,則門堂南北九步二尺,東西十一步四尺。《爾雅》曰:"門側之堂,謂之塾。"○坡謂:門堂有二,《書·顧命》所謂"左塾右塾"是也。因經文合計其數,故註之東西步尺,亦計二而合之。○室三之一。註曰:兩室與門,各居一分。○疏曰:此室,即在門堂之上作之也。○坡謂:上正堂,東西十七步三尺。五室,東西七丈,計以六尺之步,爲十一步四尺。合二者,凡二十九步一尺。今門堂居正堂三之二,東西十一步四尺,兩室與門各居正堂三分之一,共爲十七步三尺,合二者,亦二十九步一尺。蓋二門堂,上與五室對;門與兩室,上與正堂對也。○夾,古洽反。窗,初江反。蜃,常軫反。堊,烏路反。塾,音孰。

殷人重屋,堂脩七尋,堂崇三尺,四阿,重屋。註曰:重屋者,王宫正堂,若大寢也。其脩七尋五丈六尺,放夏;周則其廣九尋七丈二尺也,五室各二尋。崇,高也。四阿,若今四柱屋。重屋。複笮也。○疏曰:四阿,四霤者也。○重,直龍反。放,方往反。複,音福。笮,側白反。霤,音溜。

周人明堂,度九尺之筵,東西九筵,南北七筵,堂崇一筵,五室,凡室二筵。註曰:明堂者,明政教之堂。周度以筵,亦王者相改。周堂高九尺,殷三尺,則夏一尺矣。相參之數,禹卑宫室,謂此一尺之堂與?此三者,或舉宗廟，或舉王寢，或舉明堂，互言之，以明其同制。〇疏曰：謂當代三者，其制同。非謂三代制同也。〇度，待洛反。下及註同。

室中度以几，堂上度以筵，宮中度以尋，野度以步，涂度以軌。註曰：周文者，各因物宜爲之數。室中，舉謂四壁之内。〇疏曰：此記據周而作，故備於周而畧於夏、殷。下文皆據周而説。室中坐時憑几；堂上行禮用筵；宮中合院之内，無几無筵，故用手之尋也。在野，論里數皆以步，故"用步"。涂有三道，車從中央，故用車之軌。〇坡謂：《春官·司几筵》疏曰：阮諶云：几長五尺，宮中總堂奥阼之稱。凡居度其地，足以容身，故取張臂八尺之尋。

廟門容大扃七个，註曰：大扃，半鼎之扃，長三尺。每扃爲一个，七个二丈一尺。〇闈門容小扃參个，註曰：廟中之門曰"闈門"。小扃，膷鼎之扃，長二尺。參个六尺。〇路門不容乘車之五个，註曰：路門者，大寢之門。乘車，廣六尺六寸；五个，三丈三尺。言不容者，是兩門乃容之。兩門乃容之，則此門半之，丈六尺五寸。〇應門二徹參个。註曰：正門謂之"應門"，謂"朝門"也。二徹之内八尺，三个二丈四尺。〇扃，古熒反。个，古賀反。膷，音香。

内有九室，九嬪居之。外有九室，九卿朝焉。註曰：内，路寢之裏也。外，路門之表也。九室，如今朝堂諸曹治事處。九嬪，掌婦學之法，以教九御。六卿、三孤爲"九卿"。〇疏曰：案《内宰》，王有六宮，九嬪已下分居之。若然，不得復分居九室矣。此九嬪之九室，與九卿九室相對而言之。九卿九室，是治事之處；則九嬪九室，亦是治事之處，故與六宮不同。〇九分其國以爲九分，九卿治之。註曰：九分其國，分國之職也。三孤，佐三公論道。六卿，治六官之屬。

王宮門阿之制五雉，宮隅之制七雉，城隅之制九雉。註曰：阿，棟也。宮隅、城隅，謂角浮思也。雉，長三丈，高一丈；度高以高，度廣以廣。〇疏曰：阿者，謂門之屋，兩下爲之，其脊高五丈。隅者，浮思，則小樓也。《明堂位》

云"疏屏",註亦云"今浮思也"。刻之爲雲氣、蟲獸,如今闕上爲之矣。則門屏有屋覆之,與城隅及闕,皆有浮思,刻畫爲雲氣并蟲獸者也。○經涂九軌,環涂七軌,野涂五軌。註曰:廣狹之差也。杜子春云:環涂,謂環城之道。○疏曰:野涂,國外謂之"野"。不言"緯"者,以與"經"同也。○門阿之制,以爲都城之制。註曰:都,四百里外距五百里,王子弟所封。其城隅高五丈,宮隅、門阿皆三丈。○宮隅之制,以爲諸侯之城制。註曰:諸侯,畿以外也。其城隅制高七丈,宮隅、門阿皆五丈。《禮器》曰:"天子、諸侯臺門。"○疏曰:案《異義》古《周禮説》云:"天子城高七雉,隅高九雉;公之城高五雉,隅高七雉;侯、伯之城高三雉,隅高五雉;都城之高,皆如子、男之城高。"其天子及公城,與此《匠人》同;其侯、伯已下,與此《匠人》説異者:此《匠人》云:"門阿之制,以爲都城之制。"高五雉,亦謂城隅也。其城高三雉,與侯、伯等。如是,子、男豈不如都乎?明子、男城亦與伯等,是以《周禮説》不云子、男及都城之高,直云都城之高,皆如子、男之城高。有此《匠人》相參,明子、男之城,不止高一丈、隅二丈而已。如是,則此經惟謂上公之城制。○環涂以爲諸侯經涂,野涂以爲都經涂。註曰:經,亦謂城中道。諸侯環涂五軌;其野涂及都環涂、野涂,皆三軌。

　　○匠人爲溝洫。註曰:主通利田間之水道。○耜廣五寸,二耜爲耦。一耦之伐,廣尺、深尺謂之"畎"。田首倍之,廣二尺、深二尺謂之"遂"。註曰:古者耜一金,兩人併發之,其壟中曰"畎",畎上曰"伐"。伐之言"發"也。畎,甽也。今之耜,岐頭兩金,象古之耦也。田,一夫之所佃。百畝,方百步地。遂者,夫間小溝,遂上亦有徑。○鄭剛中曰:古者,耕種在畎上,而水流乎畎中。一耦之所發者,其土廣深各一尺,名之曰"畎",則畎爲田間流水之道矣。又於田首倍其數,名之曰"遂",遂之爲言水之所道達也。此言一夫所受之田如是也。○疏曰:案《遂人》註云:以南畝圖之,遂縱溝橫,洫縱澮橫。九澮而川周其外。以彼遂在夫間,故以南畝,遂則縱矣。此井田云,田首倍之爲遂,以南畝圖之,遂則橫矣。○畎、甽同。佃,音電。

九夫爲"井",井間廣四尺、深四尺謂之"溝"。方十里爲"成",成間廣八尺、深八尺謂之"洫"。方百里爲"同",同間廣二尋、深二仞謂之"澮"。註曰:此畿内采地之制。九夫爲井。井者,方一里,九夫所治之田也。采地制井田,異於鄉遂及公邑。三夫爲屋,屋具也。一井之中,三屋九夫,三三相具,以出賦稅,共治溝也。方十里爲成,成中容一甸。甸方八里出田稅,緣邊一里治洫。方百里爲同,同中容四都六十四成。方八十里出田稅,緣邊十里治澮。采地者,在三百里、四百里、五百里之中。《載師》職曰:"園廛二十而一,近郊十一,遠郊二十而三,甸、稍、縣、都皆無過十二。"謂田稅也,皆就夫稅之輕近重遠耳。滕文公問爲國於孟子,孟子曰:"夏后氏五十而貢,殷人七十而助,周人百畝而徹,其實皆什一也。徹者,徹也;助者,藉也。龍子曰:'治地莫善於助,莫不善於貢。'貢者,校數歲之中以爲常。"文公又問井田,孟子曰:"請野九一而助,國中什一使自賦。卿以下必有圭田,圭田五十畝,餘夫二十五畝。死徙無出鄉,鄉田同井,出入相友,守望相助,疾病相扶持,則百姓親睦。方里而井,井九百畝,其中爲公田。八家皆私百畝,同養公田。公事畢,然後治私事,所以別野人也。"又曰:"《詩》云:'雨我公田,遂及我私。'惟助爲有公田。由此觀之,雖周亦助也。"魯哀公問於有若曰:"年饑用不足,如之何?"有若對曰:"盍徹乎?"曰:"二,吾猶不足,如之何其徹也?"《春秋》宣十五年秋,初稅畝,《傳》曰:"非禮也。穀出不過藉,以豐財也。"此數者,世人謂之錯而疑焉。以《載師》職及《司馬法》論之,周制畿内用夏之貢法,稅夫無公田,以《詩》、《春秋》、《論語》、《孟子》論之,周制,邦國用殷之助法,制公田不稅。夫貢者,自治其所受田,貢其稅穀,助者藉民之力,以治公田,又使收斂焉。畿内用貢法者,鄉遂及公邑之吏旦夕從民事,爲其促之以公,使不得恤其私。邦國用助法者,諸侯專一國之政,爲其貪暴,稅民無藝。周之畿内,稅有輕重。諸侯謂之徹者,通其率以什一爲正。孟子云"野九夫而稅一,國中什一",是邦國亦異外内之法耳。圭之言珪,絜也。周謂之士田,鄭司農說以《春秋傳》曰"有田一成",又曰"列國一同"。○專達於川,各載其名。註曰:達,猶"至"也,謂澮直至于川,復無所注入。載其名者,識水所從出。○葥,音助。雨,于付反。率,音律。識,音志。

凡天下之地埶,兩山之間必有川焉,大川之上必有涂焉。註曰:通其壅塞。○疏曰:此言同間有澮,澮水入川,其川是自然而有,又非平地而出,必因山間有之。又大川不可輒越,巡川必當有涂,地勢然也。○易彥祥曰:此言同間有澮之水入川,川在兩山之間,與《遂人》萬夫之川,其說大異。蓋《遂人》"夫間有遂",其地百畝,十夫則其首爲橫溝;方一里十溝,則東畔爲南北之洫;方三里有奇十洫,則於南畔爲橫澮;九澮則於四畔爲川,是萬夫之川。故其爲川,方三十三里少半里;又九之,而後方一同。以南畝圖之,九澮而川周其外,又從而九之,則一同之間,方八十一澮,何其澮洫之稠多也!此《遂人》之制,至《匠人》則百里一同,始有一澮,達於兩山之川而已。

凡溝逆地阞,謂之不行;水屬不理孫,謂之不行。註曰:溝,謂造溝。阞,謂脉理。屬,讀爲"注"。孫,順也。不行,謂決溢也。禹鑿龍門,播九河,爲此逆阞與不理孫也。○坡謂:上文有畎、遂、溝、洫、澮五者,此舉中而言。則凡畎、遂、洫、澮,皆不可逆阞與不理孫耳。自是以下,凡言溝者,皆舉一例餘也。○梢溝三十里而廣倍。註曰:謂不墾地之溝也。鄭司農云:梢,讀爲"桑螵蛸"之"蛸"。梢,謂水潄齧之溝,故三十里而廣倍。○坡謂:郭明龍云:"梢溝"句當有誤字。妄意"三十里"之"三",乃"至"字磨滅之餘也。蓋遂橫溝縱,溝行一里,受九遂之水;行十里,受九十遂之水。水勢愈大,則潄齧必力,故至十里爲之洫,廣八尺,深八尺,使倍於溝,以受其水,而殺其勢也。○阞,音勒。屬,之樹反。孫,音遜。梢,音蕭。潄,音瘦。齧,音臬。俱下同。殺,色界反。

凡行奠水,磬折以參伍。註曰:坎爲弓輪,水行欲紆曲也。鄭司農云:奠,讀爲"停",謂行停水,溝形當如磬,直行三折行伍,以引水者疾焉。○欲爲淵,則句於矩。註曰:大曲則流轉,流轉則其下成淵。○疏曰:凡川溝,欲得使教淵之深,當句曲於矩,使水勢到向上句曲尺,則爲迴溇,自然深爲淵。驗今皆然也。○奠,音停。句,音鉤。迴,音潰。溇,於偽反。

凡溝必因水埶,防必因地埶。善溝者,水潄之;善防者,水淫之。

註曰：潀，猶"鬵"也。鄭司農云：淫，讀爲"蔋"，謂水淤泥土留著，助之爲厚。玄謂：淫，讀爲"淫液"之"淫"。

凡爲防，廣與崇方，其𥻘參分去一。註曰：崇，高也。方，猶"等"也。𥻘者，薄其上。○大防外𥻘。註曰：又薄其上，厚其下。○疏曰：外𥻘，三分去一，之外更去也。○𥻘，色界反。

凡溝防，必一日先深之以爲式，註曰：程人功也。溝防，爲溝爲防也。○疏曰：將欲造溝防，先以人數一日之中所作尺數，後則以此功，程賦其丈尺步數。言深者，謂深淺尺數。○里爲式，然後可以傅衆力。註曰：里，讀爲"已"，聲之誤也。○凡任，索約大汲其版，謂之無任。註曰：約，縮也。汲，引也。築防若牆者，以繩縮其版；大引之，言版橈也。版橈，築之則鼓，土不堅矣。《詩》云："其繩則直，縮版以載。"又曰："約之格格，椓之橐橐。"○里，音以。傅，音附。格，音各。椓，丁角反。

葺屋參分，瓦屋四分。葺屋，草屋也。三分屋之南北深，以其一爲屋脊，高四分亦然。○鄭剛中曰：草之去水爲遲，瓦之去水甚疾，故其峻之勢，宜有差也。○陳用之曰：自此至堂涂十有二分，皆隨其宜而𥻘之之勢，主以去水而已。囷、窌、倉、城，逆牆六分。註曰：逆，猶"卻"也。築此四者，六分其高，卻一分以爲𥻘。囷，圓倉。穿地曰"窌"。○疏曰：卻牆六分者，六分其高，去一以爲𥻘。假令高丈二尺，下厚四尺，則於上去二尺爲𥻘，上惟二尺。其囷、倉、城，地上爲之，須爲此𥻘。其窌入地，亦爲此𥻘者，雖入地，口宜寬，則牢固也。堂涂十有二分。註曰：謂階前，若今令甓祴也。分其督旁之脩，以一分爲峻也。《爾雅》曰："堂涂謂之陳。"竇其崇三尺。註曰：宮中水道。牆厚三尺，崇三之。註曰：高厚以是爲率，足以相勝。○葺，七入反。囷，丘貧反。窌，古孝反。竇，音豆。𥻘，音殺，色界反。令，音零。甓，薄歷反。祴，音階。勝，音升。

車　人

○車人之事。半矩，謂之宣。註曰：矩，法也。所法者人也。人長八尺,而大節三:頭也,腹也,脛也。以三通率之,則矩二尺六寸三分寸之二。頭髮皓落曰"宣"。半矩,尺三寸三分寸之一,人頭之長也。柯欘之木,頭取名焉。《易》:"巽爲宣髮。"〇一宣有半,謂之欘。註曰:欘,斲斤柄長二尺。《爾雅》曰:"句欘謂之定。"〇一欘有半,謂之柯。註曰:伐木之柯,柄長三尺。《詩》云:"伐柯伐柯,其則不遠。"鄭司農云:《蒼頡篇》有柯欘。〇一柯有半,謂之磬折。註曰:人帶以下,四尺五寸。磬折,立則上俛。《玉藻》曰:"三分帶下,紳居二焉。"紳,長三尺。〇欘,張玉反。句,音劬。俛,音免。

〇車人爲耒,庛長尺有一寸,中直者三尺有三寸,上句者二尺有二寸。註曰:鄭司農云:耒,讀爲"耕耒"④。庛,讀爲"其頯有疵"之"疵",謂耒下岐。玄謂:庛,讀爲"棘刺"之"刺"。刺,耒下前曲接耜。〇疏曰:中直者,謂手執處爲句,故謂庛上句下爲中直。句者,謂人手執之處。〇自其庛緣其外以至於首,以弦其內,六尺有六寸,與步相中也。註曰:緣外六尺有六寸,內弦六尺,應一步之尺數。耕者以田器爲度宜;耜異材,不在數中。〇疏曰:弦其內者,據庛面至句下,望直量之。內,謂上下兩曲之內。中,應也。〇庛,音刺。句,音鉤。下同。緣,悅戰反。中,丁丈反。疵,似斯反。

堅地欲直庛,柔地欲句庛。直庛則利推,句庛則利發。倨句磬折,謂之中地。註曰:中地之耒,其庛與直者如磬折,則調矣。調,則弦六尺。〇鄭剛中曰:推者,推而前也。發者,舉而起也。〇推,湯雷反。

〇車人爲車。柯長三尺,博三寸,厚一寸有半。五分其長,以其一爲之首。註曰:首六寸,謂若金剛關頭斧。柯,其柄也。鄭司農云:柯長三尺,謂斧柯,因以爲度。〇疏曰:此車人謂造車之事。凡造作,皆用斧,因以量物。故先論斧柄長短,及刃之大小也。

轂長半柯,其圍一柯有半。註曰:大車轂徑尺五寸。輻長一柯有半,其博三寸,厚三之一。註曰:輻厚一寸也。渠三柯者三。註曰:渠二丈七尺,謂罔也,其徑九尺。鄭司農云:渠,謂車輮,所謂牙。〇疏曰:渠二丈七尺者,案上輻長一柯有半,兩兩相對,則九尺。尚有轂空壺中。於二丈七尺不合者,云輻長一柯有半,兩相九尺者,通計轂而言,其實輻無一柯有半也。○註:故書"博"爲"搏"。杜子春云:當爲"博"。牙,五稼反。

行澤者欲短轂,行山者欲長轂。短轂則利,長轂則安。註曰:澤泥,苦其大安;山險,苦其大動。○疏曰:此總言大車、柏車所利之事,以大車在平地并行澤,柏車山行,各有所宜也。○行澤者反輮,行山者仄輮。反輮則易,仄輮則完。註曰:鄭司農云:反輮,謂輪輮反其木裹,需者在外。澤地多泥,柔也。山地剛多沙石。玄謂:反輮,爲泥之黏,欲得心在外滑。仄輮,爲沙石破碎之,欲得表裹相依堅刃。○六分其輪崇,以其一爲之牙圍。註曰:輪高,輪徑也。牙圍尺五寸。○毛氏曰:此大車之輪,宜在渠三柯者三之下,故知其簡脫也。○輮,人九反。仄,音側。易,以豉反。大,音泰。需,人兗反。

柏車,轂長一柯,其圍二柯,其輻一柯,其渠二柯者三,五分其輪崇,以其一爲之牙圍。註曰:柏車,山車;輪高六尺,牙圍尺二寸。○疏曰:其輻一柯,其渠二柯者三,兩輻相對六尺,渠圍丈八尺,亦謂通轂空壺中并數而言也。

大車,崇三柯,綆寸,牝服二柯有參分柯之二。註曰:大車,平地載任之車,轂長半柯者也。綆,輪箄。牝服長八尺,謂較也。鄭司農云:牝服,謂車箱,服讀爲"負"。○綆,方穎反。服,音負。箄,薄歷反。較,音角。

羊車,二柯有參分柯之一。註曰:鄭司農云:羊車,謂車羊門也。玄謂:羊,善也。善車,若今定張車,較長七尺。

柏車,二柯。註曰:較六尺也。柏車輪崇六尺,其綆大半寸。

凡爲轅,三其輪崇。參分其長,二在前,一在後,以鑿其鉤。徹廣六尺,鬲長六尺。註曰:鄭司農云:鉤,鉤心。鬲,謂轅端厭牛領者。○疏曰:輪崇雖不同,其轅各自三其輪崇。鬲長六尺者,以其兩轅,一牛在轅內,故狹。四馬車,鬲六尺六寸者,以其一轅,兩服馬在轅外,故鬲長也。○坡謂:鉤,謂轅之鉤心也；就中而鑿之，以鉤車箱也。〇徹、轍同。鬲，於革反。厭，於甲反。

弓　人

〇弓人爲弓，取六材必以其時。註曰：取幹以冬，取角以秋，絲漆以夏。筋膠未聞。〇六材既聚，巧者和之。註曰：聚，猶"具"也。〇幹也者，以爲遠也；角也者，以爲疾也；筋也者，以爲深也；膠也者，以爲和也；絲也者，以爲固也；漆也者，以爲受霜露也。註曰：六材之力，相得而足。〇王光遠曰：弓以幹爲質，以漆爲文，角附幹以安，膠得漆以完。筋則施於角之外，絲則用於膠之内。弓所以及遠者，其力在幹，故幹以爲遠。弓所以疾發者，其勢在角，故角以爲疾。角幹資筋以爲堅刃⑤，以射則中深，故筋以爲深。三者得膠，然後相合以爲和，故膠以爲和。結而固之在絲，故絲以爲固。飾而堅之在漆，故漆以受霜露。〇筋，音斤。膠，音交。

凡取幹之道七：柘爲上，檍次之，檿桑次之，橘次之，木瓜次之，荆次之，竹爲下。註曰：鄭司農云：檍，讀爲"億萬"之"億"。《爾雅》曰"杻檍"，又曰"檿桑、山桑"。《國語》曰"檿弧箕箙"。〇坡謂：檍，梓屬，葉似杏而尖。木瓜，狀如柰。〇凡相幹，欲赤黑而陽聲。赤黑，則鄉心；陽聲，則遠根。註曰：陽，猶"清"也。木之類，近根者奴。〇趙氏曰：上既辨其材之善否取之矣，然後相視而用之。〇凡析幹，射遠者用埶，射深者用直。註曰：鄭司農云：埶，謂形埶。假令木性自曲，則當反其曲以爲弓，故曰"審曲面埶"。玄謂：曲埶則宜薄，薄則力少；直則可厚，厚則力多。〇王光遠曰：既相之而得其材之美，然後可以析之而爲弓之幹。〇居幹之道，菑栗不迆，則弓不發。註曰：鄭司農云：菑，讀爲"不菑而畬"之"菑"。栗，讀爲"榛栗"之"栗"，謂以鋸副析幹。迆，讀爲"倚移從風"之"移"，謂邪行絕理者，弓發之所從起。玄謂：栗，讀爲"裂繻"之"裂"。〇疏曰：居，謂居處解析弓幹之法。但菑、栗皆謂以鋸剖析弓幹之時，不邪迆失理，則弓後不發傷也。〇柘，音蔗。檍，於力反。檿，於簟反。相,息亮反。下同。鄉,許亮反。遠,於願反。藯,側其反。栗,音烈。迆,羊氏反。杻,女丑反。箙,音服。畲,音餘。鋸,音據。副,普逼反。繻,音需。

　　凡相角,秋䐃者厚,春䐃者薄;犝牛之角直而澤,老牛之角紾而昔;註曰:鄭司農云:紾,讀爲"抮縛"之"抮"。昔,讀爲"交錯"之"錯",謂牛角觕理錯也。玄謂:昔,讀"履錯然"之"錯"。○王光遠曰:犝牛方少而氣血剛,則角之文正直而澤潤。老牛有疾而氣血衰,則其文粗紾而交錯。○灰疾險中,註曰:牛有久病則角裹傷。○疏曰:險傷也,中角裹。○瘠牛之角無澤。註曰:少潤氣。○角欲青白而豐末。夫角之本,蹙於劋而休於氣,是故柔;柔,故欲其埶也。白也者,埶之徵也。註曰:蹙,近也。休,讀爲"煦"。鄭司農云:欲其形之自曲,反以爲弓。玄謂:色白則埶。○夫角之中,恒當弓之畏,畏也者必橈;橈,故欲其堅也。青也者,堅之徵也。註曰:故書"畏"作"威"。杜子春云:當爲"威"。威,謂弓淵。角之中央與淵相當。玄謂:畏,讀如"秦師入隈"之"隈"。○夫角之末,遠於劋而不休於氣,是故脃;脃故欲其柔也。豐末也者,柔之徵也。註曰:末之大者,劋氣及煦之。○鄭剛中曰:所不休,則必脃而易折。此所以貴其柔,柔則不折矣。○角長二尺有五寸,三色不失理,謂之牛戴牛。註曰:三色,本白,中青,末豐。鄭司農云:牛戴牛,角直一牛。○犝,音治。䐃,色界反。紾,音軫。註"抮"同。昔,七各反。下同。灰,丑刃反。瘠,音籍。劋,乃老反,又作"腦"。休,音煦。畏,烏回反。脃,七歲反。縛,符約反。

　　凡相膠,欲朱色而昔。昔也者,深瑕而澤,紾而搏廉。搏,圜也。廉,瑕嚴利也。⑥欲朱色,案下諸膠惟"牛膠火赤",則牛膠爲善矣。深瑕而澤者,言其表裡皆有文,而其色潤澤。紾而搏廉者,其理紾密而搏圜,又廉瑕嚴利。○鹿膠青白,馬膠赤白,牛膠火赤,鼠膠黑,魚膠餌,犀膠黃。註曰:皆謂煑用其皮,或用角。餌,色如餌。○坡謂:餌,粉餅也。許氏《說文》曰:"餌之言堅潔，若玉珥也。"魚膠餌近之。○凡昵之類不能方。註曰：鄭司農云：謂膠善戾，故書"昵"。或作"樴"。杜子春云：樴，讀爲"不義不昵"之"昵"。或爲䵒。䵒，黏也。玄謂：樴，"脂膏䐑敗"之"䐑"。䐑，亦黏也。○坡謂：上文畢舉數者之膠色；此言凡膠黏之類衆多，不能盡比方之也。○相，息亮反。摶，徒丸反。昵，音暱。註"䵒"同。樴，音職，"䐑"同。黏，女廉反。

凡相筋，欲小簡而長，大結而澤。小簡而長，大結而澤，則其爲獸必剽，以爲弓，則豈異於其獸？簡，讀如"簡札"之"簡"。蓋竹簡一條爲一札，謂筋條之直相似也。結，謂細聚而不散。筋之小者，貴乎條直而長；筋之大者，貴乎積密而潤。剽，疾也。○筋欲敝之敝，註曰：鄭司農云：嚼之當熟。○剽，芳妙反。嚼，才略反。

漆欲測，註曰：測，讀如"測度"之"測"。測，猶"清"也。

絲欲沈。註曰：如在水中時色。得此六材之全，然後可以爲良。註曰：全，無瑕病。良，善也。

凡爲弓，冬析幹，而春液角，夏治筋，秋合三材，註曰：三材，膠、絲、漆。鄭司農云：液，讀爲"醳"。○疏曰：醳者，漬液之義。寒奠體，註曰：奠，讀爲"定"。至冬膠堅，内之檠中，定往來體。冰析灂。註曰：大寒中下於檠中，復内之。○陳用之曰：上文既明相幹、相角、相膠、相筋之理矣，於是始言爲弓之法。○王光遠曰：材美工巧，不得天時，則不可以爲良。故弓有六材，而治之各以其時也。冬析幹，則易；註曰：理致滑。○鄭剛中曰：木至冬堅凝，治之節目易去，其理滑易矣。春液角，則合；註曰：合，讀爲"洽"。夏治筋，則不煩；註曰：煩，亂。○鄭剛中曰：筋，本攣結不紓，宜緩而治之。夏者解緩之時，於斯治之，則筋埶慢易，不煩亂矣。秋合三材，則合；註曰：合，堅密也。寒奠體，則張不流；註曰：流，猶移也。○疏曰：體既定，則後用時，雖張不流移，謂不失往來之體也。冰釋灂，則審環；註曰：審，猶"定"也。○疏曰：納之檠中，析其漆灂，其漆之灂環則定，後不鼓動，故冰析之也。春被弦，則一年之事。註曰：期歲乃可用。○奠，音定。瀋，子召反。易，以豉反。醳，音亦。槃，音景。內，音納。復，扶又反。

析幹必倫，註曰：順其理也。析角無邪，註曰：亦正之。斲目必荼。註曰：鄭司農云：荼，讀爲"舒"。舒，徐也。目，幹節目。○鄭剛中曰：幹有節目，斲而去之，宜紆徐而勿急，則節目可盡。○斲目不荼，則及其大脩也，筋代之受病。註曰：脩，猶"久"也。夫目也者必強，強者在內而摩其筋；夫筋之所由幨，恒由此作，註曰：摩，猶"隱"也。幨，絕起也。○故角三液而幹再液。註曰：重醳治之，使相稱。○王光遠曰：液，謂以水治之，使其液作而耎也；角，則以火炙而治之，欲其和也，故"三液"。幹，則以火揉而治之，欲其堅也，故"再液"。○厚其帤則木堅，薄其帤則需，註曰：需，謂不充滿。鄭司農云：帤，讀爲"襦有衣絮"之"絮"。帤，謂弓中裨。○疏曰：造弓之法，弓幹雖用整木，仍於幹上裨之，乃得調適也。○是故厚共液而節其帤。註曰：厚，猶"多"也。節，猶"適"也。○鄭剛中曰：厚其液，則或三或再，其數之多也。節其帤，則不厚不薄，其處之得中。○約之不皆約，疏數必侔。註曰：不皆約，纏之繳，不相次也。皆約，則弓帤。侔，猶"均"也。○疏曰：約，謂以絲膠橫纏之，今之弓猶然。不皆約，謂不比次爲之。疏數必侔，須稀疎必均也。○荼，音舒。下同。幨，昌廉反。帤，女居反。需，人充反。數，音朔。侔，莫侯反。重，直龍反。稱，尺證反。下同。耎，音軟。襦，音儒。絮，《周易》作"袽"。裨，音卑。繳，音灼。

斲摯必中，膠之必均。註曰：摯之言"致"也。中，猶"均"也。○疏曰：斲幹厚薄，必均調爲之；施膠亦均，不得偏厚也。自此以下，説弓之隈裏施膠之事。○斲摯不中，膠之不均，則及其大脩也，角代之受病，夫懷膠於內而摩其角，夫角之所由挫，恒由此作。註曰：幹不均，則角蹴折也。○凡居角，長者以次需。註曰：當弓之隈也，長短各稱其幹。短者居簫。○趙氏曰：次者，處於此之意，如師左次是也。故居角之法，必以長者安頓在隈。弓隈,謂之"需"。○恒角而短,是謂逆橈;引之則縱,釋之則不校。註曰:恒,讀爲"搄"。搄,竟也。竟其角而短于淵幹;引之,角縱不用力,若欲反橈然。校,疾也。既不用力,放之又不疾。○疏曰:竟角而短,謂施角竟滿兩畔,而上下短於隈者也。○恒角而達,辟如終紲,非弓之利也。註曰:達,謂長於淵幹,若達於簫頭。紲,弓㢭角過淵接,則送矢大疾,若見紲於㢭矣。弓有㢭者,爲發弦時備頓傷。《詩》云:"竹㢭緄縢。"○鄭剛中曰:若其角長,自隈而通過於簫頭,則其弓必堅而不可引。譬如終紲,謂若見繋束於弓㢭之上。○今夫茭解中有變焉,故校;註曰:茭解,謂接中也。變,謂簫、臂用⑦力異。校,疾也。○疏曰:記人,別起義端,故言"今夫茭解中",謂隈與弓簫角接之處。有變者即異也,謂弓簫與臂用力異。異者引之則臂中用力,放矢則簫用力,既用力異,故校。○於挺臂中有柎焉,故剽。註曰:挺,直也。柎,側骨。剽,亦疾也。鄭司農云:剽,讀爲"湘漂絮"之"漂"。○疏曰:直臂中,正謂弓把處。有柎者,謂角弓於把處兩畔有側骨。骨堅强,所以與弓爲力,故剽疾也。因⑧角而達,引如終紲,非弓之利。註曰:重明達角之不利。變"辟"言"引"字之誤。○挫,子卧反。需,汝遠反。"恒角"之"恒",古鄧反。註"搄"同。校,古卯反。辟,音譬。紲,息列反。茭,音交。解,戸隘反。挺,勑頂反。柎,方輔反。引,如註,改作"譬"。蹴,子六反。㢭,音祕。緄,古本反。縢,徒登反。漂,匹妙反。

撟幹欲孰於火而無贏,撟角欲孰於火而無燂,引筋欲盡而⑨無傷其力,鬻膠欲孰而水火相得,然則居旱亦不動,居濕亦不動。註曰:贏,過孰也。燂,灸爛也。不動者,謂弓也。○疏曰:不言漆絲者,用力少。○趙氏曰:此段説幹、角、筋、膠得所、不得所之事。幹、角有曲直之勢,必以火撟之使止;筋有緩急拳縮之勢,必用引之;凡所攻治,必水火相得,不可過,不可不及。角三液,幹再液者,以此爾。筋欲敝之,敝不盡則有生硬處而不軟,過則傷其刀而不强。膠以水浸,以火燒,水火相得,則體熟而質化。○苟有賤工,必因角、幹之濕以爲之柔,善者在外,動者在内。雖善於外,必動於内,雖善亦弗可以爲良矣。註曰：苟，愉也。濕，猶"生"也。○撟，居兆反。贏，音盈。燂，音尋。鬻，音呂反。愉，吐侯反。

凡爲弓，方其峻而高其柎，長其畏而薄其敝，宛之無已，應。註曰：宛，謂"引之"也。引之不休止，常應弦，言不罷需也。峻，謂簫也。鄭司農云：敝，讀爲"蔽塞"之"蔽"，謂弓人所握持者。○趙氏曰：弓稍頭要叩弦，方而不員，則健而有力；稍頭尖削而不平闊，故謂之峻。柎，乃把處，兩頭兩側畔稍高，接角畏者。弓彎謂之"畏"。畏，言曲處敝，即把處稍細者。○下柎之弓，末應將興。註曰：末，猶"簫"也。興，猶"動"也，"發"也。○疏曰：下柎者，謂把骨大，下爲之，由弓隈下短，故簫應弦，則柎將動發也。○趙氏曰：柎，正富弓之要。惟高其柎，以壯其力，故引之而弓稍不能以橈之；若柎骨大，卑下爲之，簫方應弦，則柎發動，由柎力弱，撐壓弓隈不住故也。○爲柎而發，必動於韣。註曰：韣，接中。○疏曰：此重釋上文"末應將興"，若如上爲柎而發動，則接中亦動也。○趙氏曰：接是敝接畏處，柎插在兩傍，雖相襯貼作一柄，其實是兩木湊合成柎，與韣相爲表裏；柎動則韣亦動，理之必然。○弓而羽韣，末應將發。註曰：羽，讀爲"扈"。扈，緩也。接中動則緩，緩簫應弦，則角幹將發。○趙氏曰：此段先言峻、柎、畏、敝。至論病處，止説柎一節，全不及峻、畏、敝，則所重在柎。柎當弓之要，正是制壓一弓之接處，最要強固。柎壞，則其餘都壞，所以特詳言之。○畏，烏回反。下及註同。韣，色界反。羽，音户。註"扈"同。罷，音皮。需，汝遠反。撐，丑庚反。

弓有六材焉，維幹強之，張如流水；註曰：無難易也。○疏曰：無難易，則強弱得所也。○趙氏曰：此統論弓之成體。○維體防之，引之中參；註曰：體，謂內之於檠中，定其體。防深淺所止，謂體定張之，弦居一尺，引之又二尺。○疏曰：深淺所止者，若王弧之弓，往體寡，來體多。弛之，乃有五寸；張之，一尺五寸。夾庚之弓，往體多，來體寡。弛之，一尺五寸；張之，得五寸。唐弓、大弓，往來體若一。弛之，一尺；張之，亦一尺。是防之深淺所止，弦居一尺，引之又二尺者，據唐大中者而言。餘四者，弛之、張之，雖多少不同，及其引之皆三尺,以其矢長三尺,須滿故也。○維角定之,欲宛而無負弦,引之如環,釋之無失體如環。註曰:負弦,辟戾也。負弦,則不如環。如環,亦謂無難易。鄭司農云:定,讀如"掌距"之"掌"、"車掌"之"掌"。○疏曰:掌,正也,謂置角於隈中而正也。宛,順也。○鄭剛中曰:無負弦,言不與弦相反也。非惟不與弦相反,又且引之則如環。環,言其勢之圓也。非特引之勢圓,及其釋而不引之時,其體不失,常如環然。此皆角有以定之之力。○材美,工巧,爲之時,謂之參均;角不勝幹,幹不勝筋,謂之參均;量其力有三均。均者三,謂之九和。註曰:有三,讀爲"又參"。量其力又參均者,謂若幹勝一石,加角而勝二石,被筋而勝三石,引之中三尺。假令弓力勝三石,引之中三尺。弛其弦,以繩緩擐之,每加物一石,則張一尺。故書"勝"或作"稱"。鄭司農云:當言"稱",謂之不參均。玄謂:不勝,無負也。○九和之弓,角與幹權。筋三侔,膠三鋝,絲三邸,漆三斛,上工以有餘,下工以不足。註曰:權,平也。侔,猶"等"也。角幹既平,筋三而又與角幹等也。鋝,鍰也。邸、斛輕重,未聞。○鄭剛中曰:良工能調,使多寡適平。而拙工,雖足用之物,其用之無法,每每見其不足也。○定,直庚反。註"掌"同。勝,音升。鋝,音劣。邸,丁禮反。斛,羊主反。易,以豉反。內之,音納。辟,匹亦反。擐,戶串反。鍰,音環。

爲天子之弓,合九而成規;爲諸侯之弓,合七而成規;大夫之弓,合五而成規;士之弓,合三而成規。註曰:材良,則句少也。○疏曰:此據角弓形不張而言。○句,居侯反。

弓長六尺有六寸,謂之上制,上士服之;弓長六尺有三寸,謂之中制,中士服之;弓長六尺,謂之下制,下士服之。註曰:人各以其形貌大小服此弓。凡爲弓,各因其君之躬志慮血氣。註曰:又隨其人之情性。○王光遠曰:射之道,其中在巧,其至在力。巧存乎志慮,力出乎血氣。躬者,血氣志慮之所寓焉者也。人之躬有長短,志慮有緩急,血氣有強弱,故爲弓者必因之也。且射者，必内志正，外體直，然後持弓矢審固，而可以觀德焉。苟不因其志慮，則志慮有不和於心，内志其能正乎？苟不因其血氣，則血氣有不調於體，外體其能直乎？爲弓者，各因君之躬志慮血氣者，凡以此也。豐肉而短，骨直以立，所謂弓有長短也。寬緩以荼，忿埶以奔，所謂志慮有緩急，血氣有強弱也。○豐肉而短，寬緩以荼，若是者爲之危弓，危弓爲之安矢。骨直以立，忿埶以奔，若是者爲之安弓，安弓爲之危矢。註曰：言損贏濟不足。危，奔，猶"疾"也。骨直，謂強毅。荼，古文"舒"，假借字。鄭司農云：荼，讀爲"舒"。○疏曰：此以下說君之躬與志慮所宜。危弓，則夾庾弱者爲言。安弓，謂王弧之類強者而言。若然，危矢據恒矢，安矢據殺矢者也。○其人安，其弓安，其矢安，則莫能以速中，且不深。註曰：鄭司農云：速，疾也。三舒不能疾而中，言矢行短也，中又不能深。○其人危，其弓危，其矢危，則莫能以愿中。註曰：愿，慤也。三疾不能慤而中，言矢行長也。長，謂過去。○肉，如字，又而樹反。荼，依註音舒。埶，同"勢"。中，丁丈反。愿，音願。

往體多，來體寡，謂之夾庾之屬，利射侯與弋。註曰：射遠者用埶夾庾之弓，合五而成規。侯非必遠，顧執弓者材必薄。薄則弱，弱則矢不深，中侯不落。大夫、士射，侯矢落，不獲弋，繳射也。○往體寡，來體多，謂之王弓之屬，利射革與質。註曰：射深者用直，此又直焉，於射堅宜也。王弓合九而成規，弧弓亦然。革，謂干盾，質木椹。天子射侯亦用此弓。《大射》曰："中離維綱，揚觸，捆復，君⑩則釋獲。"其餘則否。○往體來體若一，謂之唐弓之屬，利射深。註曰：射深用直。唐弓合七而成規，大弓亦然。《春秋傳》曰："盜竊寶玉大弓。"○夾，古洽反。庾，音庾。射，食亦反。除"繳射"、"大射"如字，餘並同"繳"，諸若反。椹，張林反。捆，苦本反。

大和無灂，其次筋、角皆有灂而深，其次有灂而疏，其次角無灂。註曰：大和，尤良者也。深，謂灂在中央，兩邊無也。角無灂，謂隈裹。○疏曰：其次有灂而疏者，以土參之，此謂兩邊亦有，但疏之不皆有也。其次角無灂，謂隈裏無灂,簫頭及背有之。○鄭剛中曰:灂者,漆之文理也。大和之弓,六材至善,不見其文理。其次,於背上之筋隈中之角有之,雖有而文理深,不甚著也。其次,皆有文理,但疏而遠。又有次者,於角不見文理耳,他皆有也。○合灂若背手文。註曰:弓表裏灂合處,若人合手背文相應。鄭司農云:如人手背文理。角環灂,牛筋蕡灂,麋筋斥蠖灂。註曰:蕡,枲實也。斥蠖,屈蟲也。○疏曰:此言弓表及弓裡灂文也。角環灂,謂隈裏,灂文如環。牛筋蕡灂者,謂弓背用牛筋之漆,如麻子文;若用麋,則如斥蠖。○灂,子肖反。有灂,而疏之上,石經有"角"字。背,補內反。蕡,扶文反。斥,音尺。蠖,於郭反。

和弓毄摩。註曰:和,猶"調"也。毄,拂也。將用弓,必先調之、拂之、摩之。《大射禮》曰"小射正授弓",大射正"以袂順左右隈,上再下一"。○覆之而角至,謂之句弓;註曰:句,於三體材敝惡,不用之弓也。覆,猶"察"也,謂用射而察之。至,猶"善"也。但角善,則矢雖疾而不能遠。○疏曰:此以下論弓六材。角、幹、筋用力多,故特言之。○易彥祥曰:弓以角、幹、筋爲主。三者皆善,則爲弓之上,二善爲次,一善者爲下。○覆之而幹至,謂之侯弓;註曰:射侯之弓也。幹又善,則矢疾而遠。○覆之而筋至,謂之深弓。註曰:射深之弓也。筋又善,則矢既疾而遠又深。○鄭剛中曰:不言王弧,王弧則六材俱善故也。○王光遠曰:弓有六材,獨言角、幹、筋者,蓋六材以角、幹、筋爲主。而膠、絲、漆,則爲之輔而已。古人所以冬析幹,春夜角,夏治筋。至於合三材則一於秋者,亦以比也。○毄,紀益反。覆,孚屋反。句,音鉤。"大射"、"小射"、"用射",如字。餘"射"俱食亦反。善,本或作"蕭",同"善"。

【校記】

① "禮"字原缺,據《十三經註疏》等本補。
② "爲",應作"謂"。
③ "竹中皮",脫一"縝"字。
④ "耒,讀爲'耕耒'",《十三經註疏》等本作"耒,謂'耕耒'",當從。

⑤ "刃",原作"刀",據文意改。

⑥ 按:以下乃疏文,當補"疏曰"二字。

⑦ "用",原作"相",據《十三經註疏》等本改。

⑧ "因",應作"恒"。《十三經註疏》等均作"恒"。

⑨ "而",原作"禮",據《十三經註疏》等本改。

⑩ 按原文,"君",應作"公"。

校 點 後 記

李光坡(一六五一——一七二三),字耜卿,號茂夫,福建泉州安溪湖頭人,清大學士李光地之季弟。少承家學,矩度端重,喜讀秦、漢以上書,講治十三經,昌黎全集,濂、洛、關、閩之書,旁及子、史。家居不仕,潛心經學。質不甚敏,而以勤苦致熟。壯歲專治《三禮》,積四十年之功,撰就《周禮述註》、《禮記述註》和《儀禮述註》,乃有清一代全國知名的禮學研究專家。所著尚有《離騷註》和《皋軒文編》等。泉州清初一些碑文墓銘,也出自李光坡之手。《清史稿》、《福建通志》、《泉州府志》和《安溪縣志》,均有其傳。

《周禮》又名《周官》、《周官經》。作爲書名,《周官》首先出現,到西漢居攝年間(六一八)改名《周禮》;迄於東漢,兩名互見錯出。在東漢古文經學盛行後始有《周官經》之名。這部書,是搜集周王室官制和戰國時各國制度,添附儒家政治理想,增減排比而成的匯編。作者或謂周公,或謂出於戰國,或謂西漢末劉歆僞造等,而以成書於戰國較爲合理。全書六篇二十四卷,其中《冬官司空》早佚,漢時補以《考工記》而成《冬官考工記》。體大文繁,職文簡質,殊爲難讀。但對於我國西周史的研究,極富史料價值,對中國古代歷史文化研究有十分重要的作用。

《周禮述註》是李光坡所"述"有關《周禮》之"註"的著作。此書根柢漢鄭玄、唐賈公彥《周禮》註疏之文,刪繁舉要,以溯訓詁之源,又博采先儒經解,衷以己意,以闡制作之義。《四庫全書總目提要》認爲,《周禮述註》"雖於鄭、賈名物度數之文,多所刊削,而析理明通,措詞簡要,頗足爲初學之津梁",肯定此書"平心靜氣,務求理明而詞達,於説經之家,亦可謂適中之道矣"。

兹據以爲校點工作底本之《周禮述註》,是泉州市圖書館所藏之清乾隆八年(一七四三)鐫刻的清白堂藏版二十四卷本,前有李光坡於清康熙四十三年(一七〇四)十一月初三日所寫《〈周禮述註〉序》,落款處加鈐兩枚篆刻方形印章,上爲陰文"李光坡印"四字,下爲陽文"茂夫"二字。後有御書亭圖一張、光坡"恭紀八韻"、光坡小像一幅、引用姓氏五頁、光坡之四子鍾份於乾隆八年(一七四三)癸亥十二月十六日所寫《〈周禮述註〉後跋》,以及此書之編次、彙稿、書草、考証、考訂校梓、音釋、校對、收掌和督梓等姓氏三頁。在校點過程中,我們發現編次等姓氏第三頁誤置於引用姓氏第五頁之後,還有卷十四之第十一與第十二頁倒置,即予以糾正。書中蛀蝕不清之處,有的從述註所徵引的文獻原文中補入,有的從泉州藏書家蘇大山捐獻給泉州圖書館的清乾隆間安溪李氏清白堂刊本《三禮述註》中之《周禮述註》補入。極少數闕失的字,用方框表示。註疏中許多引文,盡可能找到原文進行對照。意引或找不到原文對照者,便不加引號。凡發現衍、脱、誤者,皆予以糾正並出註。

編　者
二〇一五年十月廿日

圖書在版編目(CIP)數據

周禮述註/(清)李光坡著;陳忠義點校. —北京:商務印書館,2019
(泉州文庫)
ISBN 978-7-100-16713-0

Ⅰ.①周… Ⅱ.①李… ②陳… Ⅲ.①禮儀—中國—周代 ②官制—中國—周代 ③《周禮》—注釋 Ⅳ.①K224.06

中國版本圖書館 CIP 數據核字(2018)第 235205 號

權利保留,侵權必究。

責任編輯　閻海文
特約審讀　李夢生

周禮述註
(清)李光坡　著

商務印書館出版
(北京王府井大街36號　郵政編碼100710)
商務印書館發行
山東鴻君傑文化發展有限公司印刷
ISBN 978-7-100-16713-0

2019年1月第1版　　開本705×960　1/16
2019年1月第1次印刷　印張32.5　插頁2
定價:130.00元